우리가 아는 장애는 없다

장애에 대한 문화인류학적 접근

Disability and Culture
edited by Benedicte Ingstad, Susan Reynolds Whyte

Copyright © 1995 The Regents of the University of California.
Korean translation copyright © 2011 Greenbee Publishing Company.
This edition is published by arrangement with University of California Press through
Shinwon Agency.

우리가 아는 장애는 없다 : 장애에 대한 문화인류학적 접근

초판 1쇄 발행 _ 2011년 3월 25일
초판 3쇄 발행 _ 2013년 4월 25일

엮은이 · 베네딕테 잉스타, 수잔 레이놀스 휘테 | 옮긴이 · 김도현

펴낸이 · 유재건
펴낸곳 · (주)그린비출판사 | 등록번호 · 제313-1990-32호
주소 · 서울시 마포구 동교로17길 7, 4층(서교동, 은혜빌딩) | 전화 · 702-2717 | 팩스 · 703-0272

ISBN 978-89-7682-747-0 93330
이 도서의 국립중앙도서관 출판시도서목록(CIP)은 서지정보유통지원시스템 홈페이지(http://seoji.
nl.go.kr)와 국가자료공동목록시스템(http://www.nl.go.kr/kolisnet)에서 이용하실 수 있습니다.
(CIP제어번호: CIP2011001142)

이 도서는 시각장애인이 음성이나 점자로 읽을 수 있도록 데이지(DAISY, Digital Accessible In-
formation System) 형태로도 제공되고 있습니다. 등록시각장애인은 국립장애인도서관 홈페이지
(http://nlid.nl.go.kr)에서 이용 가능하며, 〈그린비 장애학 컬렉션〉 도서들은 앞으로도 출간과 동시
에 데이지 파일로 제공될 것입니다.

이 책의 한국어판 저작권은 신원에이전시를 통해 University of California Press와 독점 계약한
(주)그린비출판사에 있습니다.
저작권법에 의하여 한국 내에서 보호를 받는 저작물이므로 무단전재와 무단복제를 금합니다.
책값은 뒤표지에 있습니다. 잘못 만들어진 책은 서점에서 바꿔 드립니다.

그린비출판사 나를 바꾸는 책, 세상을 바꾸는 책
홈페이지 · www.greenbee.co.kr | 전자우편 · editor@greenbee.co.kr

우리가 아는 장애는 없다

장애에 대한 문화인류학적 접근

베네딕테 잉스타·수잔 레이놀스 휘테 엮음 | 김도현 옮김

그린비 장애학 컬렉션·01

ㅎB
그린비

책머리에

인간의 몸에 있어 정신·감각·지체 기능의 손상들은 보편적으로 나타나는 것이다. 일정한 기능들의 수행 능력을 어느 정도 제약하고 치료될 수 없는 생물학적 결함을 지닌 채 살아가야만 하는 사람들은 어디에나 존재한다. 그러나 어떤 결손의 의미는 언제나 그 생물학적 본질을 넘어선 무언가에 달려 있다. 그 의미는 그것이 존재하게 되는 맥락, 즉 인간이 처한 상황에 의해 형성된다. 이 책은 문화적 맥락 내에서의 장애에 관한 것이다. 우리는 매우 상이한 상황들 내에서 사람들이 손상을 이해하고 그것에 반응하는 방식들을 고찰한다. 우리는 그들의 삶의 전개와 그들에게 가장 중요한 가치의 추구에 — 그들이 소의 수를 늘리는 것, 아이를 갖는 것, 자기개발 중 어떤 것에서 의미를 발견하든지 간에 — 손상이 어떻게 영향을 미치는가를 질문한다. 그리고 우리는 장애와 관련된 개념들 및 관행들에서의 역사적 변화들을 논한다.

이 책의 기고자들은 저술의 대상이 되고 있는 지역사회들 내에서 집중적인 현장연구를 수행했다. 어떤 이들은 그들 자신의 삶에서 손상의 경험을 지니고 있다. 어떤 이들은 재활 프로그램과 관련된 일을 해왔고 장애에 주요하게 초점을 맞춘 연구 의제들의 책임을 맡아 왔다. 또 다른 이들은 보건, 정체성, 인격, 문화적 구성cultural construction의 과정들에 대한 관심을 통해 장애 이슈에 이르게 되었다. 전반적으로 우리는 실천적이고, 경험적이고, 이론적인 관심의 어떤 결합물을 우리의 공동의 프로젝트에 담아내고 있다.

이러한 협동작업의 역사는 1983년으로 거슬러 올라간다. 엮은이 중 한 명인 수잔 레이놀즈 휘테Susan Reynolds Whyte는 세계보건기구World Health Organization, WHO와 덴마크국제개발기구Danish International Development Agency, DANIDA를 위해 탄자니아에서의 고문 활동을 막 끝마친 참이었는데, 그 과업에는 정신적 손상과 관련된 태도 및 관행에 대한 연구가 포함되어 있었다. 베네딕테 잉스타Benedicte Ingstad는 보츠와나로 가던 도중에 이 저작에 대한 논의를 위해 덴마크 코펜하겐에 들렀는데, 그곳 보츠와나에서 그녀는 전반적인 장애의 문화적 측면들에 대해서, 그리고 특히 WHO의 지역사회기반재활Community-Based Rehabilitation, CBR 프로그램들에 대해서 2년간의 연구에 착수할 예정이었다. 이 첫번째 모임에서 우리는 개발도상국들의 장애인에 관한 문헌이 결여되어 있다는 사실을 함께 애석히 여기게 되었다. 학술적 저작 대다수는 유럽과 북미의 장애만을 다루어 왔던 것이다.

보츠와나에 있는 동안, 그리고 이후에도 몇 차례나 잉스타는 에이나르 헬란데르Einar Helander 박사를 만났는데, 그는 당시 제네바에 있는 WHO 재활국의 국장이었으며, WHO 지역사회기반재활 프로그램의 창시자이기도 했다. 잉스타는 해당 지역들에서 지역사회기반재활 프로그램의 실행과 평가를 위한 문화적 분석 및 인식이 결여되어 있음을 지적했다. 너그럽게도, 헬란데르 박사는 이러한 문제제기를 받아들였고, 다양한 문화적 환경들 내에서의 장애인에 대한 신념 및 태도를 주제로 한 연구 네트워크를 꾸릴 수 있도록 WHO로부터 얼마간의 경제적 지원을 제공했다.

이러한 연구 네트워크는 노르웨이의 오슬로대학교에 재학 중인 인류학 전공 대학원생들에게 '장애와 문화'를 학위 논문의 주제로 택해볼 것을 장려하고, 이미 자발적으로 그러한 연구에 착수한 한 학생을 참여시키는 동시에 이제 막 현지조사를 시작하려는 동료들로 하여금 그들의 연구에 해당 주제를 포함하도록 설득함으로써 구성되었다. 그 네트워크는 아홉 개 나라들에서의 연구 프로젝트들을 포괄하게 되었다. 1990년에 우리는 노르웨이 외무부의 후원을 받아 오슬로대학교에서 워크숍을 열었으며, 이 워크숍에서는 짐바브웨, 말리, 케냐, 스웨덴, 그리고 제네바의 WHO로부터 초대된 학자들의 논문 발표와 더불어 이러한 연구 프로젝트들이 제출되었다. 이 워크숍의 결과물은 조사보고서 working paper의 형태로 출간되었고, 그 기고문들 중 네 편은 이 책에 포함시키기 위해 내용을 한층 더 발전시켰다(2, 3, 7, 9장).

다른 장들은 관련 자료를 갖고 있거나 이 영역에서 이미 작업을 하고 있던 사람들에게 간곡히 요청을 해서 받을 수 있었다. 우리는 로버트 머피Robert Murphy에게 편지를 썼고, 그는 우리의 노력에 대한 관심과 더불어 자신이 진행 중에 있는 작업을 마쳤을 때 글을 기고할 수 있기를 바란다는 희망을 피력했다. 로버트 머피가 죽고 난 후,[1] 그의 아내인 욜란다 머피Yolanda Murphy는 친절하게도 우리가 그의 저서 『침묵하는 몸』The Body Silent에서 한 개의 장을 이 책에 재수록할 수 있도록 동의해

---

1 로버트 머피는 컬럼비아대학교Columbia University의 인류학과 교수였으며 근경련과 척수종양을 지니고 있었는데, 글에서 언급된 워크숍이 열렸던 1990년노에 사망했다. ─옮긴이

주었다. 우리는 그가 이 프로젝트의 일원일 수 있기를 원했다.

오슬로와 코펜하겐의 동료들은 이 책의 발간으로 이어질 저술 작업을 하는 동안 우리를 격려하고 지원해 주었다. 수잔 또한 원고의 일부분을 준비하는 데 제공해 준 도움에 대하여 코펜하겐 소재 인류학연구소 Institute of Anthropology의 벤테 옌센Bente Jensen에게 감사해하고 있으며, 그녀가 수정본을 완성하는 동안 방문 부교수 자격을 제공해 준 환대에 대해 하버드대학교 사회의학과Department of Social Medicine[2]에도 감사하게 생각하고 있다.

우리는 또한 도움을 필요로 했을 때 젤리어 프랭크가 보내 준 지지와 유익한 제언들에 대해 감사드린다. 캘리포니아대학교 출판부의 스탠 홀위츠는 우리의 계획을 기꺼이 받아들여 주었고, 미셸 보니스와 린다 베네필드는 원고를 친절하고, 사려 깊고, 주의 깊게 다루어 주었다.

우리는 이 책이 세 유형의 독자들에게 도움이 되리라 생각한다. 첫번째는 우리의 사회과학 동료들과 학생들이며, 두번째는 보건의료 및 재활 프로그램 관련 일을 하는 사람들, 특히 개발도상국에서 그런 일에 종사하는 사람들이다. 그리고 세번째는 장애인들인데, 그들은 이 책의 여러 곳에서 그들이 처한 상황에 대한 새로운 관점들을 찾아낼 수 있을 것이다. 우리는 이 책이 다양한 논의와 더 진전된 연구를 불러일으킬 수 있기를, 그리고 장애의 문화적 차원들에 대한 이해를 높일 수 있기를 희망한다.

---

2 2008년에 국제보건 및 사회의학과Department of Global Health and Social Medicine로 개칭되었다. ─옮긴이

차례

| 일러두기 |

1 이 책은 Benedicte Ingstad and Susan Reynolds Whyte eds., *Disability and Culture*, University of California Press, 1995를 완역한 것이다. 단, 원서는 1장부터 14장까지로 구성되어 있으나, 이 책은 원서의 1장(Introduction)과 14장(Epilogue)을 각각 서장과 종장으로 하고, 원서의 2장부터 13장까지의 장 번호를 1장부터 12장으로 바꾸어 실었다.

2 본문의 주석은 각주로 표시되어 있다. 옮긴이 주는 끝에 '— 옮긴이'라고 표시했으며, 표시가 없는 것은 지은이 주이다. 짧은 주석은 본문에 대괄호([ ])로 표시했는데, '— 옮긴이' 표시가 없는 것은 모두 지은이가 삽입한 것이다.

3 단행본·정기간행물은 겹낫표(『 』)로, 논문·신문기사·영화제목 등은 낫표(「 」)로 표시했다.

4 외국 인명이나 지명, 작품명은 2002년에 국립국어원에서 펴낸 외래어 표기법을 따라 표기했다. 다만 관례가 굳어서 쓰이는 것들은 관례를 따랐다.

서장 장애와 문화
: 개관

수잔 레이놀스 휘테·베네딕테 잉스타[*]

장애에 대한 다소간 예비적인 상식적 정의는 아마도 그것이 능력의 결여나 제약이라는 것일 듯하다. 우리는 대개 특정한 활동과 사회생활 속에서 자신의 역할을 수행할 수 있는 정상적인 능력의 이상적 상태와 대비되는 것으로서 장애를 떠올린다. 병sickness 또한 능력을 제한하지만, 우리는 병과 장애를 구분한다. 병은 치료나 죽음에 의해 종료되는 일시적인 것이며, 장애는 지속되는 것이기 때문이다. 원칙적으로 장애인은 치료될 수 없다. 재활rehabilitation은 할 수 있겠지만 말이다. 장애는 개인의 신체 및 정신의 기능부전으로부터 초래되는 제약으로 언급되어 오곤 했다. 우리는 그것을 은유적으로 확장시켜 빈곤이나 인종 문제 같은

* 수잔 레이놀스 휘테Susan Reynolds Whyte는 덴마크 코펜하겐대학교University of Copenhagen 인류학연구소 교수이다. 우간다, 케냐, 탄자니아에서 현지조사를 수행했으며, 주요 연구 관심사는 우주론과 인격, 젠더, 질환의 인지, 의약, 개발도상국들에서의 보건의료의 변환이다.
베네딕테 잉스타Benedicte Ingotad는 노르웨이 오슬로대학교University of Oslo 일반의료·지역의료학과의 의료인류학 교수이다. 그린란드, 노르웨이, 보츠와나, 감비아에서 현지조사를 수행했으며, 짐바브웨, 탄자니아, 가나, 루마니아, 니카라과에서 재활에 대한 고문직을 수행했다. 주요 연구 관심사는 비교문화적 관점에서의 장애, 가구 내 의존적인 구성원들의 돌봄 문제, 개발도상국들에서의 노령 문제, 민간치료사와 민간의학, 에이즈의 사회문화적 차원, 개발에 있어 여성 중심 접근이다.

사회적 장애들을 말하기도 한다. 그러나 대다수 사람들에게 장애의 핵심적인 의미는 생물심리학적인biopsychological 것이다. 맹, 절름발, 정신박약, 만성적인 능력 제약을 일으키는 질환이 전형적인 장애인 것이다.

유엔에 의해 지정된 1981년의 국제 장애인의 해The International Year of Disabled Persons와 뒤이어 1983년에 공표된 유엔 장애인 10년 UN Decade of Disabled Persons은 장애를 지구적인 맥락 속에 놓이게 하였고, 다문화적인 세계 내에서 장애가 어떻게 이해되어야 하는가라는 질문을 제기하였다. 신체 및 정신의 결손은 서로 다른 사회들 내에서 어떻게 이해되며 다루어지고 있는가? 어떤 사람이 장애에 의해 영향을 받을 때, 개인에게서 나타나는 문화적으로 규정된 정체성은 어떤 것인가? 장애에 대해 상이한 지역적 인식을 형성해 낸 문화적 과정은 무엇이었나? 일련의 사례 연구를 통하여, 이 책은 이러한 질문들에 대한 몇 가지 기초적인 답변을 제공한다.

북부(유럽과 북미) 사회들에서는 장애 및 재활을 다루는 심리학자들과 사회학자들에 의해 장애에 관한 많은 연구들이 수행되어 왔다. 풍부한 문헌들과 몇몇 관련 저널들은 이 분야에서의 경험적·이론적 발전을 보여 준다. 다소 뒤늦게 인류학자들 또한 장애에 대한 저술 작업을 시작하였다. 장애에 대한 비교문화적 관점들을 다룬『사회과학과 의학』특별호의 서문에서, 노라 그로스Nora Groce와 제시카 셰어Jessica Scheer는 이 분야에서 인류학적 연구의 뒤늦은 등장을, 그리고 문화적 맥락 내에서 인격체의 전체론적holistic 개념화가 이루어져야 할 필요성을 지적하고 있다.[1] 그러나 초기의 인류학적 저술 대부분이 그러하듯이, 그 특별호에서의 기고문들은 북미 지역에서의 조사들에 기반을 두고 있다.[2] 남부의 나라들(우리는 '남부'를 유럽과 북미 이외의 나라들을 지칭하는 의미로 사용한다)에서 장애에 대한 연구들은 대부분 정신보건 영역에서 이루어져 왔다. 감각이나 지체장애보다는 만성정신질환, 간질, 정신지체 등이 더 많은 관심을 끌어왔던 것이다. 이러한 상황에서 로버트 에저턴Robert Edgerton은 한 명의 개척자였다고 할 수 있다. 동부아프리카에 대한 연구를 수행하였을 뿐만 아니라, 장애 및 일탈에 관한 일반적인 비교문화적 논점들의 정식화를 시도하였다는 점에서 말이다.[3] 그는 비서구 문화에서 정신 기능에 손상을 지닌 사람들을 향한 사회의 태도들이 부정적인 차별에서부터, 수용, 초자연적인 힘이라는 긍정적 속성을 지닌 것으로 간주하는 것에 이르기까지 매우 다양하다는 사실을 보여 주었다.

　　의료인류학에서의 대다수 연구들은 '치료적 주제'를 다루고 있다. 그러한 연구들은 질환illness이나 질병disease이라는 개념,[4] 치료의 방식, 환자와 의사 간의 상호작용에 집중해 왔다. 그러나 장애학은 우리에게

---

1 Nora Groce and Jessica Scheer, "Introduction", *Social Science and Medicine* vol. 30 issue 8, 1990, pp. v~vi.

2 Joan Ablon, *Little People in America: The Social Dimension of Dwarfism,* New York: Praeger Publishers, 1984; Robert B. Edgerton, *The Cloak of Competence: Stigma in the Lives of the Mentally Retarded,* Berkeley and Los Angeles: University of California Press, 1967; Nora E. Groce, *Everyone Here Spoke Sign Language: Hereditary Deafness on Martha's Vineyard,* Cambridge, Mass.: Harvard University Press, 1985[노라 엘렌 그로스, 『마서즈 비니어드 섬 사람들은 수화로 말한다』, 박승희 옮김, 한길사, 2003]. Robert F. Murphy, *The Body Silent*, New York: Henry Holt, 1987.

3 Robert B. Edgerton, "Mental Retardation in Non-Western Societies: Toward a Cross-Cultural Perspective on Incompetence", ed. H. Carl Haywood, *Social-Cultural Aspects of Mental Retardation,* New York: Appelton-Century-Crofts, 1970; Robert B. Edgerton, *Rules, Exceptions, and Social Order,* Berkeley, Los Angeles, London: University of California Press, 1985.

4 서구의 (의료)사회학에서는 일반적으로 질병disease을 의학적으로 진단된 생물학적 이상으로, 질환 illness을 질병 증상에 대한 주체적 경험으로, 그리고 병sickness을 아픈 사람들에게 기대되는 사회적 역할의 차원으로 구분한다. 물론 학자들에 따라서는 이러한 구분법에 대해 이견을 보이기도 하며, 쓰이는 맥락에 따라 그 경계가 흐려지기도 한다는 점은 유념할 필요가 있다. ──옮긴이

의료적 접근에서 벗어날 것을 요청하고 있다. 인간의 몸과 인격person-hood에 대한 문화적 가정들은 일상적인 사회적 상호작용의 맥락 내에서 이해되어야만 한다. 우리는 질병 자체보다 그것이 갖는 장기적인 결과에 더 관심을 두며, 치료보다는 개인과 사회 양자 간의 적응에 더 관심을 둔다. 심신의 손상은 인격, 책임성, 차이의 의미에 대한 도덕적·형이상학적 문제들을 제기한다. 이러한 문제들에서는 자율성과 의존, 능력과 정체성, 손실의 의미에 관한 질문이 중심적이라고 할 수 있다.

유럽과 북미에서는 장애인과 '일시적 비장애인'의 구분을 넘어, 모든 이들에게 영향을 미치는 인간의 문제이자 사회문제로서 장애화disablement[5]에 대한 의식이 확대되고 있다. 장애인 당사자에 의해 제시된 장애인에 관한 영향력 있는 대중적 설명은 손상에 대한 경험을 분명하게 표현한다.[6] 또한 이해당사자들의 정치적 행동주의는 사회가 어떻게 장애인들을 불리하게 만드는가에 대한 인식을 생성해 냈다. 더욱이 급성으로부터 만성으로 이행되는 여러 질환들의 존재, 그리고 생의학biomedicine이 전염병을 치료하는 것만큼 여타 질환들을 효과적으로 치료하는 것에 실패하고 있다는 주지의 사실은, 장애화가 산업사회에서의 보건의료에 대해 이데올로기적 도전을, 그리고 진정으로 어떤 위기를 부과하고 있음을 의미한다.[7] 따라서 비교문화적인 관점 속에서 이러한 이슈들을 검토하는 것은 시의적절하고도 유익한 일이라 할 수 있다.

---

5 장애화는 어떤 손상을 지닌 사람이 특정한 사회적 조건과 맥락 속에서 무언가 할 수 없는 상태로 만들어지는 과정을 포착하는 개념이다. ──옮긴이

6 이에 대한 예로는 Oliver Sacks, *The Man Who Mistook His Wife for a Hat and Other Clinical Tales*, New York: Summit Books, 1985 [올리버 색스, 『아내를 모자로 착각한 남자』, 조석현 옮김, 이마고, 2006]; Oliver Sacks, *Seeing Voices: A Journey into the World of the Deaf*, Berkeley, Los Angeles, Oxford: University of California Press, 1989를 보라.

문화적 대조법은 우리 자신의 상황에 대한 조망을 제공하는 하나의 방법으로서 인류학 내에 잘 확립되어 있다.[8] 매우 다양한 문화적 맥락 내에 있는 장애에 관한 연구들을 모아 냄으로써 이 책은 문화적 대조의 전통을 따르고 있으며, 우리는 여기서의 설명들이 무엇보다도 북부의 나라들에서 장애에 관심을 갖고 있는 사람들에게 도움이 되기를 바란다. 그러나 우리는 문화적 대조의 함정에 대해서도 주의를 기울이고자 했다. 다른 문화들을 우리 자신이 지닌 문제들의 견지에서 바라보고, 이로 인해 다른 문화권의 사람들이 지니고 있는 전제들을 파악하는 것에 실패하는 경향에 대해서 말이다. 우리는 다른 문화들의 연구에 도입한 장애에 관한 가정들의 명확한 인식을 통해, 부분적으로나마 이러한 위험에 대해 민감하고자 노력했다. 이러한 민감성은 남부의 나라들에서도 재활 프로그램들이 확립되어 감에 따라 특히 필수적인 것이 되고 있다. 우리는 그러한 환경들 속에서 보건의료의 발전과 관련된 일을 하는 사람들 또한 문화적 대조가 많은 측면들을 조명해 준다는 것을 확인할 수 있었으면 한다.

장애에 대한 보편적 정의?

'장애'라는 범주를 보편화하려는 시도는 가장 근본적인 종류의 개념적 문제들에 부딪치게 된다. 한편 상이한 정의들은 장애와 관련된 문제가

---

7 G. H. Williams, "Disablement and the Ideological Crisis in Health Care", *Social Science and Medicine* vol. 32 issue 4, 1991, pp. 517~524.

8 George E. Marcus and Michael M. J. Fischer, *Anthropology as Cultural Critique: An Experimental Moment in the Human Sciences*, Chicago: University of Chicago Press, 1986, p. 157ff[조지 마커스·마이클 피셔, 『인류학과 문화비평』, 유철인 옮김, 아카넷, 2005].

어느 정도인지 객관적으로 제시하는 것을 어렵게 만든다. 세계보건기구WHO는 처음에는 어느 나라이건 인구의 10% 정도는 장애를 지니고 있다고 추정하였다. 그후 이러한 수치는 6~7% 정도로 수정되었고, 전 세계의 장애 인구는 2억 4천 5백만 명 정도가 존재하는 것으로 제시되었다.[9] 이러한 추정치들은 무엇을 장애로 간주하는가(처음의 수치는 영양실조를 포함하고 있다), 어떤 손상이 기능제약을 일으키는 것으로 간주되더라도 그 손상이 얼마나 심해야만 장애로 볼 것인가, 실제로 자료를 수집할 때 어떠한 범주가 사용되는가에 따라 달라진다. 비록 다수의 설문조사들이 개발도상국들에서 실시되어 왔지만, 우리는 장애의 통계 수치와 관련하여 여전히 제한된 추측만을 할 수 있을 뿐이다.[10] 어떤 전염병학 연구는 문화적 요인들을 포함하고 있으며,[11] 그러한 문화적 요인들은 특히 장애의 수를 산정하려는 시도와 관련된다.

WHO의 장애 정의는 논리적 엄격성을 지니고 있으며, 보편적인 적용을 위해 설계되었다. 국제장애분류기준International Classification of Impairments, Disabilities, and Handicaps, ICIDH은 국제질병분류기준International Classification of Diseases, ICD 모델에 기반을 둔다.[12] 그러나 국제장애분류기준은 질병으로 인해 나타나는 결과를 범주화하고자 했기 때문에, 사회적 맥락에 대한 고려를 어느 정도 포함하고 있다.

손상impairment은 "심리학적·생리학적·해부학적 구조나 기능의

9 Einar Helander, *Prejudice and Dignity: An Introduction to Community-Based Rehabilitation*, United Nations Development Programme Report No. E93-Ⅲ-B.3, New York: UNDP, 1993.
10 K. Renker, "World Statistics on Disabled Persons", *International Journal of Rehabilitation Research* vol. 5 issue 2, 1982, pp. 167~177.
11 S. R. Johansson, "The Health Transition: The Cultural Inflation of Morbidity during the Decline of Mortality", *Health Transition Review* vol. 1 no. 1, 1991, pp. 39~68.
12 WHO, *International Classification of Impairment, Disabilities, and Handicaps*, Geneva, 1980.

상실 또는 비정상성"[13]으로 정의된다. 이 개념은 "생물학적 그리고/또는 심리학적 작용의 기능부전"이라는 아서 클라인만Arthur Kleinman의 질병에 대한 정의와 흡사하다.[14] 질병과 유사하게 손상은 "일차적으로 일정한 자격을 지닌 자가 일반적으로 받아들여지는 기준에 따라 신체적·정신적 기능을 판정하는 것에 의해" 규정된다.[15]

손상이 몸의 구성 요소들과 관련된다면('신체기관'의 차원), 장애 disability는 "과업·기술·행동으로 표현될 수 있는, 개인 또는 몸 전체의 차원에서 이루어지는 복합적이고 통합적인 활동"과 관련된다. 장애는 "손상으로부터 연유하며, 인간으로서 정상이라고 간주되는 방식으로 또는 그러한 범위 내에서 어떠한 활동을 수행할 수 있는 능력의 제한이나 결여"로 정의된다.[16] 핸디캡handicap[17]은 신체기관과 활동 수행에서의 결함으로 인한 사회적 결과와 관련된다. 핸디캡은 "손상 또는 장애로부터 연유하며 (연령·성 및 사회적이고 문화적인 요인들에 따라 달라지는) 정상적인 역할 수행을 제약하거나 가로막는, 어떤 개인에 대한 불이익"으로 정의된다.[18] 핸디캡은 장애인을 불리한 상황에 처하게 하는 평가나

13 ibid., p.27.
14 Arthur Kleinman, *Patients and Healers in the Context of Culture: An Exploration of the Borderland between Anthropology, Medicine, and Psychiatry*, Berkeley, Los Angeles, London: University of California Press, 1980, p.72.
15 WHO, *International Classification of Impairment, Disabilities, and Handicaps*, p.27.
16 ibid., p.28.
17 국제장애분류기준 내에서, 그리고 이러한 장애 정의를 기반으로 쓰인 문헌에서 handicap은 '사회적 불리'로 번역될 수 있다. 그러나 바로 이어서 설명되고 있듯이, 문화인류학적인 관점에서 쓰인 글들은 이러한 WHO의 장애 정의를 기반으로 하지 않는다. 따라서 이 책에서 handicap은 '사회적 불리'라는 의미를 지니는 경우도 있지만, 포괄적이고 다중적인 의미에서의 '장애'라는 함의를 지니는 경우가 더 많다. the handicapped가 그냥 장애인으로 번역되는 것처럼 말이다. 이러한 연유로 이 책에서는 handicap을 통일되게 원어 그대로 핸디캡으로 옮겼음을 밝혀 둔다. ─ 옮긴이
18 WHO, *International Classification of Impairment, Disabilities, and Handicaps*, p.29.

예단에 달려 있다. WHO의 안내서는 평가가 문화적 규범들에 의해 좌우됨을 명시하고 있다.

이러한 개념들의 정식화는 직접적인 생의학적 분류의 제한을 넘어서려는 가치 있는 시도라고 할 수 있다. 그럼에도 불구하고, 이러한 분류법은 생의학적인 개념, 즉 손상이라는 개념에 기반을 둔다. 장애와 핸디캡은 (그 자신이 질병 또는 트라우마trauma로 인해 발생하는) 손상의 결과이다. 보편적인 도구로서 제안된 분류법은 다름 아닌 손상의 생의학적 정의에 기반을 두고 있는 것이다. 생의학적 관심에 대한 우선성은 손상의 목록이 장애의 목록보다 훨씬 더 광범위하고 세밀하며, 또한 장애의 목록이 핸디캡의 목록보다 더 정교하다는 사실에 반영되어 있다.[19] 대다수의 인류학자들은 WHO에 의해 제시된 보편주의적 접근보다는 문화상대주의적 입장을 선호한다(그리고 이는 WHO가 제시한 정의의 체계적 활용을 선택한 인류학자가 거의 없다는 사실에 반영되어 있다).

하나의 예가 그러한 문제를 잘 설명해 줄 수 있을 것 같다. 말리 연구자 한 명과 노르웨이 연구자 한 명이 투아레그Tuareg족[20] 사이에서 어떤 개인의 정상적인 역할 수행 능력을 억제하는 특질들을 기술하기 위

---

19 국제장애분류기준ICIDH의 정식화에 대한 WHO의 경험은 문화적 편차의 영향을 받는 현상들에 대한 보편적 분류의 어려움을 나타내 준다. ICIDH의 1993년 재판 서문은 ICIDH 문서의 개정을 예견하면서, 그 문제에 대해 다음과 같이 언급하고 있다. "ICIDH 개정에서의 중요한 과업은 외부적 요인들이 ICIDH의 구성 요소에 영향을 미치는 방식에 대한 설명과 도해를 개선시키는 일이 될 것이다. …… 이러한 외부적 요인들은 …… 문화와 강력히 결합되어 있다. 이러한 외부적이고 문화적인 결정요인에 대해 보편적으로 받아들여질 수 있는 분류 작업이 현재로서는 성취될 수 없을 것 같은데, 이는 건강의 결정요인에 대해 보편적으로 받아들여질 수 있는 분류 작업을 가로막고 있는 이유들과 동일한 이유 때문이다"(WHO, *International Classification of Impairment, Disabilities, and Handicaps*, p.5).

20 알제리, 말리, 니제르, 나이지리아, 수단 등 사하라사막과 서아프리카의 건조지대에 걸쳐 유목 생활을 하며 살아가는 베르베르인의 한 종족——옮긴이

한 연구에 착수하였다. 그들은 '결함'fault 또는 '부족'default에 대한 투아레그족의 관념을 설명하면서, 그것이 노령과 미성숙(누군가를 신체적으로 의존적이게 만듦), 사생私生(누군가를 사회적으로 이례적이게 만듦), 추함(결혼하기 어렵게 만듦)을 언급하는 것으로 사용되고 있음을 보여 준다. 그들은 결함이라는 단어에 대한 투아레그족의 다양한 용법을 열거하고 있는데, 이는 농瞽, 과도한 주근깨, 툭 뛰어나온 배꼽, 얼빠진 상태, 축 처지거나 작은 엉덩이 등을 포함한다.[21] 이러한 손상들의 대부분은 WHO의 목록에는 존재하지 않는데, 사생과 같은 몇몇 것들은 사회적인 것이지 '신체기관의' 문제가 아니며, 또한 다른 몇몇 것들은 신체기관과 관련되기는 하지만 의료 당국에 의해 결코 손상으로서 간주되지 않았던 것들이기 때문이다. 그러나 두 연구자가 지적하고자 하는 요점은 식별이나 분류와 관련된 것이 아니라, '결함'이라는 것 자체에 대한 관념과 인격에 대한 투아레그족의 관점이다.

다양한 현상들이 그 사회의 문화적 맥락 내에서 이해되어야만 한다는 문화상대주의cultural relativism에는 두 가지 형태가 존재한다. 장애와 관련된 논의들 내에서는 '소극적 상대주의'weak relativism의 입장이 흔하게 나타난다. 소극적 상대주의에서의 요점은 장애에 의해 부과되는 불이익은 특정한 맥락 내에서 가장 가치 있고 필요한 능력들에 의해 좌우된다는 것이다. 우리 저자들 중 한 사람은 수년 전 알람브라 궁전 Alhambra[스페인 남부 그라나다에 있는 궁전 —옮긴이] 방문에 대한 기억

---

21 Fatima Halantine and Gunvor Berge, "Perceptions of Disabilities among Kel Tamasheq of Northern Mali", eds. Frank Jarle Bruun and Benedicte Ingstad, *Disability in a Cross-Cultural Perspective*, Working paper no. 4, Oslo: Department of Social Anthropology, University of Oslo, 1990, pp. 58~59.

을 지니고 있다. 장엄하게 솟아 있는 시에라네바다 산맥을 배경으로 한 그 도시의 아름다운 풍경, 그리고 성벽에 적혀 있던 그 기도의 내용을 말이다. "여신이시여, 자비를 베푸소서. 그라나다에서 장님이 되는 것이 란 최악의 불행입니다." 아름다움의 한가운데에서 보지 못한다는 것, 교육적 성취가 높게 평가되는 환경 속에서 정신지체인이라는 것, 고된 육체적 노동을 통해서만 생계를 유지할 수 있는 곳에서 신체적 장애를 갖게 된다는 것은 더욱 나쁜 일이라는 생각이 일반적으로 받아들여지고 있는 것이다. 그러나 이러한 형태의 상대주의에 만족하는 인류학자는 거의 없는데, 왜냐하면 소극적 상대주의는 특정한 기능이나 과업의 수준에 머물러 있으며, 문화가 총체적인 삶의 세계를 구조화하는 방식을 경시하고 있기 때문이다. 문화가 삶의 세계를 구조화하는 방식은 인간 상태의 개별적 편차들에 대해, 주어진 활동을 수행할 수 있는 단순한 능력을 넘어 훨씬 더 광범위한 의미를 부여한다.

'급진적 상대주의'radical relativism는 하나의 인격체라 함은 무엇인가, 주어진 사회적 맥락 내에 어떤 종류의 정체성들과 가치들이 존재하고 있는가와 관련된 기본적인 가정들을 드러내고자 한다. 사회적 정체성의 근원으로서 개별적 능력이란 얼마나 중요성을 갖는가? 사람들이 성취하고자 노력하고 있는 것은 무엇인가? 강력한 형태의 상대주의는 분석의 용어들 자체를 문제 삼고, 우리와는 다른 세계관들 속에 내재하는 범주들을 드러내 보이고자 시도한다. 즉, 장애라는 개념 자체가 당연한 것으로 간주될 수 없는 것이다. 많은 문화들 속에서 하나의 공인된 범주로서 '장애'가 존재하지 않는다는 간단한 이유로, 누군가는 '장애를 지닐' 수 없다. 맹인이 있고, 다리를 저는 사람이 있고, '발달이 느린' 사람이 있지만, 일반적인 용어로서의 '장애인'the disabled은 다른 많은 언어들로 쉽게 번역되지 않는다. 이 책에서 에우드 탈레Aud Talle는 영어 단어 장애disabled를 번역할 때 사용되는 마사이Maasai족의 용어가 실제로는 어색한 방식으로 걷는 도마뱀을 가리킴을 설명한다(2장). 강조점은 신체적인 움직임에 있으며, 정신지체나 만성 정신질환과 같은 상태는 포함되지 않는다. 장애, 핸디캡, 재활과 같은 개념들은 유럽의 특정한 역사적 환경 속에서 등장했다.[22] 하나의 사회적 정체성으로서 '장애'는 대다수 남부의 나라들 내에서는 이제야——다양한 설문조사, 연구 프로젝트, 재활 프로그램, 정부 정책들을 통해서[23]——생성되고 있는 중이다.

유럽-미국적인 장애

장애의 비교문화적 연구는 서구사회 내에서의 장애의 문화적 구성에 대한 고찰을 반드시 수반해야만 한다. 유럽과 북미의 사례 연구들을 이해하기 위해서뿐만이 아니라, 서구의(또는 북부의) 개념들·기구들·관행들이 여타 사회의 맥락들에까지 이전되기 때문에, 또한 문화적으로 특정한 가정들이 우리의 분석들 속에서 대개 절대화되기 때문에, 서구

---

22 프랑스의 사회학자 클로딘과 자닌은 유럽의 역사에서 '병자'the sick라는 범주 자체가 노동에 대한 능력과 관련된 의미를 담지하고 있으며, 질환의 개별화와 사회화를 향한 이중적 운동의 산물이라고 주장한다(Claudine Herzlich and Janine Pierret, *Illness and Self in Society*, trans.Elborg Forster, Baltimore: Johns Hopkins University Press, 1987, pp.50, 53). '장애'라는 상태와 관련해서도 동일한 논지가 아마도 훨씬 더 강력하게 주장될 수 있을 것이다. 그것은 무엇을 수행하거나 성취하는 데 있어 어떤 개인의 무능력이라는 의미를 내포하고 있으며, 동시에 사회와 관련해서는 어떤 집단적 정체성을 암시한다.

23 만성적으로 노동할 수 없는 개인들에 대한 신원확인은 영국이 아프리카 식민지에서 수행한 초기 인구총조사에서 시작되었다. 1983년부터 탄자니아에서는, 동사무소가 해당 마을에서 일할 수 없는 성인의 숫자에 대한 기록을 보관하도록 되어 있었다. 이러한 예들은 노동 능력에 기반을 두고 '장애인'이라는 보편적 범주의 확립을 향해 나아가는 단계들을 나타낸다.

사회 내에서의 장애의 문화적 구성에 대한 명확화가 필요하다.

장애에 대한 현대의 서구적 담론 속에서 기본적인 주제는 평등——같음sameness 또는 유사함similarity으로 이해되어 온——의 바람직함에 대한 가정이다. **핸디캡, 장애, 재활**이라는 용어들 자체가 이러한 일방적 가정에 대한 단서들을 제공한다. 어원적으로, **핸디캡**은 원래 일종의 제비뽑기 게임을 지칭했다. 이 게임에서는 승자가 벌금을 냈고, 심판은 그 돈을 모자 속에 가려진 손hand in a cap에 보관하였다. 후에 그 용어는 시합을 더 평등하게 만들기 위하여, 불평등한 경쟁자에게 일정한 부담을 지우는 경기와 관련하여 사용하게 되었다. 이렇게 그 단어는 경쟁을, 그리고 평등을 생성하려는 노력을 함축하고 있다. **장애**disability는 어떤 일을 수행할 수 있는 능력의 선천적인 결여를 나타내는 **무능력**inability과는 대조적으로, 요구되는 능력이나 자격의 박탈 또는 상실을 의미한다. 이러한 상실이라는 관념은 장애에 대한 대응, 즉 이전 상태로의 회복을 의미하는 **재활**에서 분명히 드러난다. 상실된 그리고 회복되어야 할 평등, 그리고 평등하게 참여할 수 있는 **권리**에 대한 근원적 이상이 존재하고 있는 것이다.

평등과 개인의 권리라는 서구적 개념들은 루이 뒤몽Louis Dumont이 '호모 아이쿠알리스'Homo aequalis(균등한 인간)라고 불렀던 인격체에 대한 관념에서 중심적인 것이라 할 수 있다. 뒤몽은 선천적인 차이들을 인정하는 정치적 이상으로서의 평등 개념(루소가 썼던 그러한 종류의 평등)과 선천적인 유사성의 이상을 향하고 있는 19세기 미국적 평등 개념 사이의 구별되는 요소를 추적하고 있다. 토크빌Tocqueville에 대해 논하면서, 뒤몽은 다음과 같이 적고 있다.

만일 평등이 인간의 본질 그 자체에 뿌리박고 있는 것으로 그리고 단지 악한 사회에 의해서만 거부되는 것으로 사고된다면, 조건이나 신분에 있어 어떤 정당한 차이도, 즉 서로 다른 종류의 인간도 더 이상 있을 수 없게 됨에 따라, 인간은 모두 유사하고 심지어 동일할 뿐만 아니라 또한 평등하게 된다. 이것이 바로 토크빌이 말하고자 하는 것이다. 불평등이 지배하는 곳에서는 사회적 범주들이 존재하는 것만큼이나 많은 구별되는 인류들이 존재하게 되며, 평등주의적인 사회 속에서는 그 역도 참이게 된다.[24]

앙리-자크 스티케Henri-Jacques Stiker가 서구사회에서 손상의 역사를 추적하면서 다루고자 했던 것도 바로 이러한 유사성과 차이라는 주제이다.[25] 스티케도 뒤몽도 평등이라는 관념의 냉소적 해체에 관심을 갖고 있는 것은 아니지만, 그들은 둘 다 같음으로서의 평등에 대한 추구가 가져올 수 있는 잠재적 결과들에 주의를 기울인다. 선천적인 다양성에 대한 불관용과 인격체의 사회적 본질을 거부하는 개인주의에 대해서 말이다. 이러한 관심은 스티케에게 매우 근본적인 것이어서, 그는 그 자신의 입장——차이에 대한 애호는 인간적인 사회적 삶으로 이어지며, 반대로 유사함에 대한 열정은 억압과 거부를 낳는다——을 명확히 밝히는 것으로부터 그의 저서를 시작하고 있다.

장애에 대한 서구적 개념들은 입법을 통해 보편적인 규범체계를 부과하려는 중앙집권주의적 국가라는 맥락 속에서 형성되었다. 스티케는

---

24 Louis Dumont, *Homo Hierarchicus: The Caste System and Its Implications*, Chicago: University of Chicago Press, 1980, p.16.

25 Henri-Jacques Stiker, *Corps infirmes et sociétés*, Paris: Aubier Montaigne, 1982.

입법행위가 장애infirmity[26]에 대해 이전에는 결코 존재하지 않았던 실체와 일관성, 즉 정의·기준·경중의 정도를 부여했음을 주장한다. 장애를 지닌 사람들은 주목받는 집단이 되었다. 그와 동시에 그들은 다른 사람들과 동일한 권리를 갖는 시민으로서 사회적 정체성을 부여받았고, 보통 사람들과 마찬가지의 방식으로 통합되어야 했다. 그들은 이중적인 자아상을 갖게 되었다. 한편으로는 손상된 존재로서, 다른 한편으로는 다른 모든 이들과 같은 시민/노동자로서 말이다. "역설적이게도, 그들은 사라지기 위하여 명시되었고, 언급되지 않기 위하여 이름을 부여받았다."[27]

스티케는 이러한 상황이 갖는 모순에 주의를 기울인다. '마치 ~인 것처럼'as if의 문화[28]는 핸디캡을 부정하려 하지만, 모두가 동일한 척 가장하는 것이 그들을 평등하게 만들지는 못한다. 사실상 이는 차이를 지닌 존재를 일반적이고 익숙한 존재 속에 가두어 버리는 일종의 유폐로 간주될 수 있다. 로버트 머피와 그의 공저자들이 '경계적'liminal이라고 불렀던 것은 바로 이러한 모순적 상황이다. 그 단어는 다른 상태로 전환될 수 있는 가능성을 암시한다는 점에서 상황을 오도할 수 있다. 그러나 그것이 나타내는 요점은 손상을 지닌 사람들의 역설적 지위에 대한 스티케의 평가와 잘 부합된다. 미국의 중산계급 문화 속에서 장애는 발설되지 않아야 하는 것, 보아도 보이지 않는 것으로 취급된다. 아이들은 자신이 만나는 사람의 손상을 가리키거나, 응시하거나, 언급하지 않도

---

26 영어의 infirmity에 대응하는 불어 단어 infirmité는 명시적으로 (신체)장애라는 의미로 사용된다. 따라서 스티케적인 맥락에서 infirmity가 사용될 때는 모두 장애로 옮겼다.—옮긴이

27 Stiker, *Corps infirmes et sociétés*, p.149.

28 장애인은 장애인이 아닌 것처럼 행동하려 하고, 비장애인도 장애인을 장애인이 아닌 것처럼 대하려는 문화를 지칭하고 있다.—옮긴이

록 교육받는다. "우리는 그렇게 다루어짐으로써, 매우 민감하고 불편하게 인식되는 존재 대신 누구도 '이해하지' 않는 존재가 되는 역설적 상황에 이르게 된다."[29] 유사함으로서의 평등이라는 이상이 지속되기 위하여 차이는 다른 무엇으로 보완되어야 한다고 가정되는 사회 속에서, 그러한 차이들은 매우 난감한 것이 되어 버리고 만다.

장애에 관한 유럽–미국적인 가정들은 특정한 정치철학에 기반하고 있을 뿐만 아니라, 일련의 법률들, 행정 절차들, 의료적 진단들, 복지 시설들, 전문 직업 분야들, 사업적 이해들을 통해 정교화된다. 유럽과 북미에서 장애는 재정적 지원과 일련의 서비스에 대한 자격을 부여해 주는 일종의 정치적 특권이다. 국가는 의사들에게 누가 이러한 권리를 부여받을지 결정하는 과업을 맡긴다. 이러한 방식으로, 지원을 받을 자격이 없는 자들로부터 받을 자격이 있는 자들을 분리해 내는 것과 관련된 재분배의 정치적 이슈는 의학적 문제가 되어 버리고 만다.[30] 스칸디나비아 국가들에서 의사는 누구에겐가 '폐질[31]연금'invalid pension 수급권을 부여할 만큼 심각한 알코올중독이란 어느 수준인지를 결정해야만 한다. 미국에서 사회보장급여들은 오직 지속적인 통증으로 고통을 겪는 자에게만, 즉 "의학적 징후나 진단 결과가 그러한 통증을 낳을 것으로 예견되는 의료적 상태를 보여 줄 때"에만 지급된다.[32] 행정적 분류로서

---

29 Robert F. Murphy et al., "Physical Disability and Social Liminality: A Study in the Rituals of Adversity", *Social Science and Medicine* vol. 26 issue 2, 1988, p. 239.

30 Per Sundby, "Norwegian Welfare Politics as Promotor of Cultural Change", eds. Frank Bruun and Benedicte Ingstad, *Disability in a Cross-Cultural Perspective*, 1990.

31 폐질廢疾은 1970년대까지도 우리나라의 법률에서 장애를 지칭하기 위해 쓰였던 용어이다. 고질痼疾과 마찬가지로 더 이상 치료될 수 없는 병을 뜻한다.—옮긴이

32 Marian Osterweis et al. eds., *Pain and Disability: Clinical, Behavioral, and Public Policy Perspectives,* Washington, D.C.: National Academy Press, 1987, p. 51.

의 장애의 역사에 대한 분석 속에서, 데버러 스톤Deborah Stone은 그러한 장애 범주가 확대되는 경향을 고찰하고 있다.[33] 장애 정의에서의 유연성을 유지하고 새로운 상태(만성피로증후군, 섬유조직염fibromyalgia[34] 등)를 장애에 계속적으로 편입하는 것에 의해 다양한 이해관계들이 충족되어 왔다. 비록 생의학적 용어 속에서 다루어져 왔지만, 장애 여부의 결정은 사회적 재화의 분배에 대한 정치적 결정을 수반한다. "우리는 장애를 사람들을 빈곤하게 만드는 일련의 객관적 특성으로 간주하는 대신, 재분배에 관한 사고방식과 가치라는 견지에서 정의할 수 있다."[35] 그럼에도 불구하고, 진행 중인 논의들은 무능력의 객관적인 기준과 측정에 관한 것인데, 그 이유는 바로 국가가 (점점 더) 부족한 재화를 (외견상으로는) 공정하고 체계적인 방식으로 분배하고 있는 것처럼 보여야만 하기 때문이다.

국가적 관심사로서 장애 정책의 발전은 제1차 세계대전 시기 손상된 몸에 대한 전문가적 관리를 위한 노력의 시작, 즉 의료적·준의료적 전문 분야로서 재활의 등장과 함께 진행되었다.[36] 미국에서는 인구가 노령화되고 더 많은 만성질병을 겪게 됨에 따라, 장애에 대한 연방정부의 입법이 확대됨에 따라, 건강보험 산업이 발전함에 따라, 장애는 하나의 거대한 사업 영역이 되었다. 게리 알브레히트Gary Albrecht는 미국에서

---

33 Deborah Stone, *The Disabled State*, Philadelphia: Temple University Press, 1984.

34 온몸이 아프고 힘든 일을 하지 않았음에도 불구하고 몹시 피곤함을 느끼는 증상을 보인다. 섬유조직, 즉 근육과 같은 살에서 발생하는 일종의 류머티즘 질환이며 여성들에게서 많이 발생한다. —옮긴이

35 Stone, *The Disabled State*, p.172.

36 Glenn Gritzer and Arnold Arluke, *The Making of Rehabilitation: A Political Economy of Medical Specialization, 1890-1980*, Berkeley, Los Angeles, London: University of California Press, 1985.

의 재활에 대한 정치경제적 접근 속에서, 장애가 시설수용의 대상이 되면서 구체화되어 왔고, 재활 관련 재화와 서비스는 전례 없이 성장하는 시장과 더불어 상품이 되어 왔음을 논한다.[37] 이러한 추세의 결과는 장애인이 소비자가 되었다는 것이다. 장애인들은 정체성을 발전시켰고, 그들이 사용할 수 있는 서비스의 이용자로서 집단을 형성했다. 장애인권운동은 여전히 미성숙한 상태이며, 단지 가장 능동적인 소비자들만을 포괄하고 있을 뿐이다. 그러나 장애인권운동은 소비자 그들 자신의 필요와 가치를 반영하기 위하여 재활시장의 형성에 관여할 수 있기를 요구하고 있다.[38]

이렇듯 유럽과 북미에서 장애는 국가적·법률적·경제적·생의학적 제도의 틀 내에 존재하고 있다. 그리고 그러한 제도의 틀에 의해 생성된다. 인격·정체성·가치라는 개념들은 제도들로 환원될 수 없지만, 그럼에도 불구하고 그러한 제도들에 의해 형성된다. 손상을 통해 상실되고 재활을 통해 다시 부가되는 것으로서의 시민권·노동보수·가치라는 관념들은 하나의 문화적 구성 개념으로서 제도적으로 강화된 장애의 구성 요소이다. 그러한 사고들로 인해, 장애는 (교육적·심리학적·사회적인) 전문지식이 응답해야 할 하나의 의학적 상태가 된다. 남부의 나라들에서 이러한 종류의 제도적 기반은 단지 매우 제한적으로만 존재하며, 하나의 개념과 정체성으로서의 장애는 명백한 문화적 구성 개념이 아니다. 손상의 의미는 우주론cosmology과 사회생활의 가치 및 목적이라는 견지에서 이해되어야만 한다.

37 Gary L. Albrecht, *The Disability Business: Rehabilitation in America*, Newbury Park, Calif.: Sage, 1992.
38 ibid., p. 285ff.

차이와 인격

장애의 비교문화적 연구를 위한 기본적인 질문들 중 하나는 생물학적 손상이 인격, 그리고 문화적으로 규정되는 인격체들 간의 차이와 어떻게 관련되는가 하는 것이다. 손상을 지닌 사람들은 그 가치가 손상된 사람들인가? 그들은 다른 사회 구성원들과 상이하게 평가되는가? 어빙 졸라Irving Zola는 장애인의 무효화invalidation와 유아화infantilization에 대해 이야기한다. 완전한 인격체로서 장애인의 유효성은 부정된다. 다르다는 것은 곧 열등하다는 것을 의미한다.[39] 머피는 이러한 모호한 인격의 상태가 지닌 특성을 기술하기 위하여 경계성境界性, liminality과 불순성impurity이라는 개념을 사용하고 있다. 노르웨이인인 핀 칼링Finn Carling은 평가절하될 뿐만 아니라 인간성을 박탈당하는 것에 대한 자신의 느낌을 『그럼에도 아직 우리는 인간이다』라는 저서의 제목에서 포착해 냈다.[40]

　이러한 이슈들을 다루는 작업에 착수하기 위하여, 먼저 인간성 humanity과 인격personhood을 구별하는 것이 유용할 듯싶다. 몇몇 사회들에서의 사례는 일정한 종류의 손상이나 생물학적 특성을 지닌 개인들이 인간으로 간주되지 못하고 있음을 보여 준다. 아니, 그러한 개인들의 인간성이 의심받게 되는 어떤 지점이 존재한다고 말하는 편이 좀더 정확할지 모르겠다. 많은 북부의 나라들에서 결함을 지닌 태아들의 낙

---

39 Irving K. Zola, *Missing Pieces: A Chronicle of Living with Disability*, Philadelphia: Temple University Press, 1982, pp. 235~237.
40 Finn Carling, *And Yet We Are Human: The Emotional Problem of Cripple*, London: Chatto and Windus, 1962.

태는 '정상적인' 태아들의 낙태보다 좀더 용인될 수 있는 것으로 간주되는데, 이는 손상을 지닌 개인들의 '인간으로서의' 지위가 협상될 수 있는 것임을 말해 준다. '식물인간'이라는 노골적 용어에서 나타나는 것처럼, 심각한 손상을 지닌 유아나 성인의 생명을 유지시켜야만 하는가와 관련된 논쟁도 인간성의 속성과 관련된다. 많은 사회들에서 선천적인 결함은 인간성이나 인격이 이미 확립된 이후 얻어진 후천적인 결함보다도 더 비인간적인 것으로서 간주되기 쉽다. 민족지학적인 문헌들은 인간으로 취급받지 못하고 죽음을 당한 것으로 추측되는 유아들에 대한 많은 사례들을 제시하고 있다. 낸시 셰퍼-휴스Nancy Scheper-Hughes는 브라질 북동부에서 빈곤한 여성들이 이러한 '열등하고 하찮은 생명체'를 어떤 식으로 방치하는지를 기술하고 있으며, 이를 누에르Nuer족[수단 남부에 있는 나일강 상류부터 빅토리아호·탕가니카호에 걸친 주변 지역에 분포하는 닐로트Nilotes족의 하나—옮긴이]의 '악어 아기'crocodile infant 및 아일랜드의 '바꿔치기된 아기'changeling[요정이 앗아간 예쁜 아이 대신에 두고 가는 못생긴 아이—옮긴이]와 비교하고 있다. 그 문화들에서 이들 모두는 인간성의 영역으로부터 배제되어 있는 존재들이다. "병에 걸렸거나, 쇠약하거나, 선천적으로 기형인 유아는 인간과 비인간, 자연과 초자연, 정상과 혐오스러운 비정상 사이의 모호하고 취약한 상징적 경계들에 의문을 제기한다."[41] 여기서 우리에게 중요한 것은 인간성의 문화적 개념화란 가변적이라는 사실이다. 비인간으로 간주되는 이례적 존재들은 사회마다 크게 다르며, 그들이 손상의 생의

41 Nancy Scheper-Hughes, *Death without Weeping: The Violence of Everyday Life in Brazil*, Berkeley, Los Angeles, London: University of California Press, 1992, p.375.

학적인 정의에 직접적으로 부합되는 것도 아니다. 푸난바Punan Bah족은 쌍둥이를 인간으로 간주하지 않으며(1장), 바리바Bariba족은 치아를 가지고 태어난 아이들을 인간으로 여기지 않는다.[42]

그러한 예들을 통해 우리는 장애의 문화적 구성이라는 문제와 관련하여 어떤 상투적인 일반화로 쉽게 나아갈 수 있을지도 모른다. 그러나 사실 이것은 장애와 인격이라는 주제를 탐구하는 데 있어 단지 시작에 불과하다. 인격이 단지 인간인 것 자체가 아니라 가치 있고 의미 있는 방식 속에서 인간으로 존재하는 것으로 파악된다면, 개인들은 더 크거나 혹은 더 작은 정도로 인간이 될 수 있다. 인격의 종류와 정도가 있을 수 있을 것이며, 어떤 인격체의 특질들은 일생에 걸쳐 진화되고 확립된다. (인격이란 자아성찰감과는 대조적으로 타인의 평가와 관련된다.) 그렇다면 인격체의 중요한 특성은 무엇인가? 개별적 능력? 공동체에 대한 멤버십? 가족? 어떠한 문화에서도 단일한 답변은 존재하지 않으며, 일련의 보편적인 우선순위들이 존재하는 것도 아니다. 이 책에서 기술된 몇몇 사회들에서는 가족의 구성원이 되고 아이를 갖는 것이 노동 능력이나 외모보다 훨씬 더 중요하게 여겨진다. 인격에 대한 자아중심적 개념과 사회중심적 개념들 사이의 대조는 이에 대한 하나의 비교틀을 제공한다.[43] 인격체의 가치가 개인의 능력과 성취라는 견지에서 사고되는 곳에서는 손상이 인격을 감소시킬 것이라 예상할 수 있다. 그러나 인

---

42 Carolyn Fishel Sargent, *The Cultural Context of Therapeutic Choice: Obstetrical Care Decisions among the Bariba of Benin*, Dordrecht: D. Reidel, 1982.

43 Clifford Geertz, "From the Native's Point of View: On the Nature of Anthropological Understanding", *The Interpretation of Cultures*, New York: Basic Books, 1973; Richard A. Shweder and Edmund J. Bourne, "Does the Concept of the Person Vary Cross-Culturally?" eds. Anthony J. Marsella and Geoffrey M. White, *Cultural Conceptions of Mental Health and Therapy*, Dordrecht: Kluwer, 1982.

격체가 다른 무엇보다도 타인들과의 관계라는 견지에서 고려되는 곳에서는, 반드시 그렇지 않을 수 있다. 그렇지만 이러한 이분법은 신중하게 사용되어야만 하는데, 왜냐하면 이러한 양자의 특질들은 어느 곳에서든 함께 인지되기 때문이다. 실질적인 문제는 특정한 특성들이 이해되는 방식에 놓여 있다고 할 수 있다. 즉 어떠한 특성들이 주어진 문화적 세계 내에서 손상으로 취급되는지 재능으로 취급되는지, 개인적인 성취와 타인 및 공동체와의 관계론적 통합을 방해하는지 용이하게 하는지가 중요한 것이다.[44]

　장애에 대한 미국적(그리고 유럽적) 개념화 속에서 반복적으로 나타나고 있는 주제 중의 하나는 자율autonomy과 의존dependency이다. 사실, 머피는 이러한 자율과 의존이라는 것이 모든 사회관계들에서 나타나는 보편적 측면이며, 의존은 모든 장애인들이 반드시 직면할 수밖에 없는 문제라고 주장한다.[45] 그러나 그는 또한 다른 사람에 대한 의존이 사랑과 상호존중감에 의해 어떻게 조건 지어질 수 있는지를 보여 준다. 즉, 의존 자체가 상이한 가치들과 함의들을 지닐 수 있는 것이다. 우리는 이미 어떤 문화들에서는 사회적 관계성sociability(가족과 공동체에

---

44 손상이 개인의 능력에 어떻게 영향을 미치는 것으로 사고되는가는 문화적으로 가변적이다. 미국 문화에서는 '확장'spread ─ 어떤 기능에서의 결손이 다른 기능들에까지 미치는 것 ─ 의 관념이 확인된다. 머피는 휠체어에 앉은 사람은 제대로 읽을 수도 없다는 가정하에, 웨이터가 휠체어에 앉은 자신만을 제외하고 모두에게 메뉴판을 제공했던 예를 제시하고 있다. 이는 아프리카 말리의 투아레그족이 견지하고 있는 '보정력'compensatory forces이라는 개념과 대조된다. 그들은 "신은 또 다른 능력을 열어 주지 않고서 눈을 멀게 하지는 않는다"라고 말한다. 즉, 어떤 한 가지 방식으로 무능력화된 사람들은 또 다른 방식의 재능을 부여받는다는 것이나. 맹인은 훌륭한 청취자이고, 절름발이는 좋은 조언자이며, 못생긴 여성은 매혹적인 향기를 지닌 것으로 간주된다(Fatima Halantine and Gunvor Berge, "Perceptions of Disabilities among Kel Tamasheq of Northern Mali", eds. Bruun and Ingstad, Disability in a Cross-Cultural Perspective).
45 Murphy, The Body Silent, p.156.

대한 멤버십)이 개인적 능력보다 하나의 가치로서 더 중요할 수 있음을 제시하였다. 바베이도스[서인도제도 카리브해 동쪽의 섬으로 영연방 내의 독립국—옮긴이]에서의 신체적 장애에 대한 안 괴르트Ann Goerdt의 연구는 하나의 흥미 있는 비교를 제공하는데, 이는 그곳에서의 장애가 의존에 대한 자아중심적 관심과 공동체에 대한 사회중심적 관심 사이의 어떤 지점에 위치해 있기 때문이다. 인격에 대한 바베이도스 사람들의 개념은 자율성과 유대감 사이의 균형을 강조한다. "누군가가 자율적임을 증명해야 하는 바로 그 순간에, 그 사람이 반드시 타인으로부터 지나치게 독립적일 필요는 없다. …… 왜냐하면 집단의 조화는 구성원들 각각의 기여뿐만 아니라, 그 각각의 구성원들이 타인으로부터의 도움을 기꺼이 받아들일 수 있는가에도 달려 있기 때문이다."[46] 이에 따라 바베이도스 사람들은 장애를 무력함, 의존, 미숙함(자율성의 부재)의 견지에서뿐만 아니라, 그들이 종종 '은신'hiding으로서 기술하는 사회적 상호작용의 제한(유대감의 부재)이라는 견지에서 또한 개념화하고 있는 것이다.

사회조직과 장애

차이에 대한 문화적 개념화들은 사회적 맥락과의 관련성 속에서 이해되어야만 한다. 장애에 대한 비교문화적 문헌들은 이를 위하여 일반적으로 두 가지 방식을 채택하고 있다. 사회조직의 전반적 특징들을 검토

---

46 Ann Goerdt, *Physical Disability in Barbados: A Cultural Perspective*, Ann Arbor: University Microfilms, 1984, p.88.

하는 것, 그리고 한 사회 내에서 특정한 사회적 특성들(성별·연령·계급)이 갖는 함의에 초점을 맞추는 것이 바로 그것이다. 전자의 관심은 가장 공통적인 것이라고 할 수 있는데, 이는 전체적인 사회 유형들의 대조와 비교에 대한 관심 때문이라 할 수 있다.

셰어와 그로스는 소규모사회small-scale society들과 복합사회complex society들에서 장애인이 처해 있는 다양한 상황들을 설명하기 위한 일반적인 사회구조적 가설을 제안한 바 있다. 셰어와 그로스는 개인들 사이의 대면 접촉이 빈번하고 사람들이 타인들과 다층적 경로의 방산적放散的 관계들을 맺고 있는 곳에서는, 사회적 정체성이 다양한 가족의 형태 및 이와 연동된 여타의 특성들에 기초한다고 말한다.

그러한 상황들에서는, 신체적 손상과 같은 어떤 단일한 개인적 특성이 일반화되어 누군가의 총체적인 사회적 정체성을 규정하지 않는다. 그러나 복합사회들에서 사회관계들과 맥락들은 보다 비인격적이고 특정 과업에 한정적이며, 개인들은 다양한 맥락들 내에서 상호 간에 관계를 형성하지 않는다. 따라서 가시적인 신체적 특성들이 그 개인의 정체성을 분류하고 사회적으로 확인하는 데 통상적으로 이용된다.[47]

전통적인 소규모사회들과 복합사회들 사이의 그러한 차이점들은 사회적 정체성의 유형들에서뿐만 아니라 장애를 지닌 개인들의 사회참여와 지원에서도 대조를 수반한다. 몇몇 연구들은 단순사회simple

---

47 Jessica Scheer and Nora Ellen Groce, "Impairment as a Human Constant: Cross-Cultural and Historical Perspectives on Variation", *Journal of Social Issues* vol. 44 issue 1, 1988, pp. 31~32.

society들 내에서 가족이나 공동체의 한 구성원으로서 장애인들의 '자연적 통합'natural integration이 이루어진 모습을 보여 주고 있다.[48] 아마도 가장 잘 알려진 예는 마서즈 비니어드 섬에서의 농聾에 대한 그로스의 민족역사학적 연구일 것이다. 그녀는 이 연구에서 청인이나 농인 모두가 수화를 사용했던 사실을, 그리고 농인들이 농사를 짓고 물고기를 잡고, 결혼을 하여 아이를 낳고, 여러 회합들과 일상적인 사회적 교류들에 자연스럽게 참여했던 사회의 모습을 기술하고 있다. 그들은 결코 '농인'으로서가 아니라, 그저 고유성을 지닌 개인들로서 사람들에게 기억되고 있었다.[49]

이 책에 기고된 글 중에서도, 말레이시아 사라와크Sarawak주 푸난 바족 사회에 대한 이다 니콜라이센Ida Nicolaisen의 글(1장)이나 케냐 마사이족에 대한 에우드 탈레Aud Talle의 글(2장)은 장애를 지닌 개인들이 자연스럽게 받아들여지고 통합되어 있는 상황을 기술하고 있다. 혈연 정체성, 롱하우스long house[50]나 대규모 복합주택 내에서의 공동 거주, 연령집단 내에서의 지위나 멤버십이 사회적 정체성에 있어 손상보다 더 중요한 요인들인 것이다. 단 하나의 진정한 핸디캡은 결혼할 수 없거나 공동체 내에 참여할 수 없을 때 발생하며, 이러한 일이 발생하지 않게 하기 위한 책임은 가족에게로 소급된다.

---

48 어떤 사회들은 장애아동에 대해 차별을 할 만큼의 발달 단계에 아직 도달하지 않았다고 주장되기도 했다(Karl Grünewald and Ture Jönsson, *Handikappade Barn I U-länder*[*Handicapped Children in Developing Countries*], Lund: Natur och Kultur, 1981). 이러한 식의 주장은 비록 진화론과 고결한 미개인noble savage에 대한 찬양의 결합에 근거하고 있는 듯 보이기는 하지만, 이 역시 단순사회와 복합사회 간의 동일한 대조점을 지적하고 있다.

49 Groce, *Everyone Here Spoke Sign Language*, p.4.

50 여러 세대가 각각 독립된 공간을 가지고 생활할 수 있도록 만든 단층의 공동주거 공간으로 보르네오 이반족의 주거가 전형적인 예이다. ─옮긴이

그렇지만 우리는 하나의 분석 도구로서 전통/소규모사회와 복합사회의 이분법은 중요한 제약을 지니고 있음을 주장할 것이다. 복합사회들 내에서의 모든 관계들이 비인격적이고 특정 과업에 한정적인 것은 아니다. 복합사회에서도 많은 상황에서 정체성은 신체적 특성보다는 다른 준거들에 기초한다. 그리고 소규모사회에서 역시 사회적 정체성을 좌우하는 손상의 유형들이 존재하고 있다. 아이를 갖는 데 있어서의 무능력은 사회관계들에서의 여러 경로들을 제약한다. 누군가가 자기 자신의 마을을 결코 떠나지 않는다고 해서, 모든 관계들이 다층적 경로를 갖는 것도 아니다. 사람들은 손상된 존재로서의 일차적 정체성을 자신의 이웃에 대해서는 부여하지 않을 수도 있는 반면, 자신들이 잘 모르는 사람들과의 관계에서는 그렇게 하기 쉽다.[51] 더욱이 오늘날의 세계에서 국가기관과 지구화된 경제에 의해 침범되지 않았다는 의미에서의 소규모사회는 거의 존재하지 않는다. 니콜라이센은 임노동과 목재산업의 등장이 장애를 지닌 푸난바족 사람들의 경제적 통합 가능성을 침해한다고 말한다. 탈레는 마사이족의 가족들이 장애아동들을 위한 학교나 거주홈 같은 국가기관들을 어떻게 이용하는지 보여 주고 있다.

소규모사회들에서 인간의 정체성이 일반적으로 손상 그 자체로부터 연유하지 않는다는 점이, 그곳에서도 또한 참여에 있어 손상의 존재 여부가 중심적 기준이 되는 역할과 활동들이 존재할 수 있다는 사실의 인식을 가로막아서는 안 된다. 마서즈 비니어드가 처음 외부로 알려진 시기인 1817년부터, 그곳의 농아동들은 국가의 비용으로 섬으로부터

---

51 광기에 대해서는 Goerdt, *Physical Disability in Barbados*, pp.26~27을, 그리고 간질에 대해서는 이 책의 11장을 보라.

하트포드Hartford에 있는 미국기숙농아학교American Asylum for the Deaf and Dumb로 보내졌다. 19세기 동안 농아동들은 다른 섬사람들보다 더 높은 수준의 교육을 받아 왔다.[52] 이러한 측면에서 그 섬은 소규모사회가 아니었으며, 손상을 준거로 한 농인들의 사회적 정체화는 섬 생활에 있어 그들의 참여를 지원하였다.

셰어와 그로스가 방산적인 사회관계 및 역할을 갖는 단순사회의 설명을 위해 사용한 또 다른 예는 존 괄트니John Gwaltney에 의해 연구된 남부 멕시코의 산페드로욜록스San Pedro Yolox 부락이다. 그 사회에서는 많은 성인들, 특히 노령자들이 사상충絲狀蟲 감염에 의한 시각장애를 갖고 있었는데, 괄트니는 그러한 시각장애인들이 실제적이고 가상적인 혈연관계의 유대를 통해 지역사회의 삶에 얼마나 깊이 묻어 들어가 있는지를 보여 주고 있다. 그는 또한 구걸 원정begging expedition의 중요성에 관해 적고 있는데, 시각장애인들은 그러한 활동으로부터 "커다란 승인감과 그들 부락의 삶에 있어 의미 있는 참여를 이끌어 내고 있다".[53] 사람들은 일반적으로 다른 마을에 가서 구걸을 해야 하지만, 어떤 이들은 자신의 마을에서 하기도 한다. 명백히 구걸은 스스로를 장애인으로 정체화하는 것을 필요로 하며,[54] 다른 마을에서의 구걸은 특별한 신체적 특성을 요하는 특정 과업에 한정된 사회관계라 할 수 있다. 개인들이 어떻게 자신의 불운을 해석하고 동정을 받아들이는가에 대한 괄트니의 설명으로부터 판단해 보면, 일상의 사회적 상호작용에서 또한 보지 못한다는 것은 정체성의 중요한 한 부분이다.[55] 셰어와 그로스가 역할 구

---

52 Groce, *Everyone Here Spoke Sign Language*, pp.77~78.
53 John Langston Gwaltney, *The Thrice Shy: Cultural Accommodation to Blindness and Other Disasters in a Mexican Community*, New York: Columbia University, 1970, p.112.

조role structure들을 사회적 정체성과 관련짓는 데 있어 어떤 중요한 차원을 지적하고 있기는 하지만, 문제는 양극단의 이념형 사회가 실제적인 사례들을 분석하기에는 너무 단순하다는 것이다.

장애와 관련하여 사회조직의 특성을 검토하는 데 있어, 세 가지 중요한 질문이 존재한다. 첫째, 장애를 지닌 구성원을 돌보는 가족의 능력은 무엇에 의해 결정되는가? 여기서는 경제 및 사회활동의 조직뿐만 아니라 가족의 규모와 같은 인구학적 요인들이 중요하다. 유럽 사회에서 '장애인이라는 사회적 현상'은 부분적으로 핵가족이 돌봄의 부담을 지는 데 있어서의 어려움과 관련하여 등장한 것이라고 주장되어 왔다. 사회적 행위(노동, 여가, 교육)는 시간과 공간이라는 구성 요소로 분해된다. 장애인에 대한 돌봄과 훈련에서의 기술적 제약들은 장애인을 가정이라는 공간으로부터 다른 곳으로 이동시킬 것을 요청한다. 최소한 그러한 돌봄 및 훈련의 시간들 중 일부분이라도 말이다. 이러한 상황들은 사회적 부합과 성취에 대한 표준적 요구들과 함께, 엄청난 양의 실제적

54 구걸은 구걸을 하는 사람이 반대급부로 줄 수 있는 것에 기초해서가 아니라, 그가 결핍되어 있는 것에 기초해 무엇을 요구한다는 점에서, 사회생활의 통상적인 교환 규칙을 무효화하는 상호작용의 한 형태로 묘사되어 왔다(Roger Gomm, "Bargaining from Weakness: Spirit Possession on the South Kenya Coast", Man vol.10 no. 4, 1975, pp.530~543). 비록 육체적 또는 정신적 결손이 진정 무언가를 받을 수 있는 자격을 부여하는 하나의 결핍으로 기능한다 하더라도, 증여자 또한 미덕을 성취하는 것 속에서 보상을 받는 것일 수 있다. 이러한 의미에서 구걸에서도 어떤 종류의 일반적 교환이 작동하고 있다. 그리스도교, 힌두교, 이슬람교는 모두 빈곤한 사람들에 대한 자선과 자비를 명하고 있다. 그리하여 힌두교 국가인 인도에서는 장애가 수입의 원천으로서 가치를 지닌다고 이야기된다(Gunnar Bjune, "Tuberkulose og lepra som folkehelseproblem"[Tuberculosis and Leprosy as Public Health Problems], eds.B.Ingstad and S.Møgedal, Samfunnsmedisin: Perspektiver frautviklingslandene[Social Medicine: Perspectives from Developing Countries], Oslo: Gyldendal, 1992를 보라). 괄트니의 설명(Gwaltney, The Thrice Shy)을 제외한다면, 다른 대다수의 연구들은 구걸행위란 도시와 시내, 시장, 여타의 중심지들과 연계되며, 그곳에서는 별다른 관계를 갖지 않는 사람들로부터의 구걸이 가능함을 지적한다. 즉, 구걸행위가 다층적 경로의 방산적 관계와 반드시 연동되는 것은 아니다.

55 Gwaltney, The Thrice Shy, p.114.

이고 심리적인 부담을 가족에게, 대개는 어머니에게 부과하고 있다.[56]

아프리카에 대한 한 연구는 현재적 환경 속에서 그곳의 가정들이 돌봄의 제공이라는 문제에 대처하는 방식에 대해 조사했다. 수잔 레이놀스 휘테는 탄자니아에서 정신질환, 정신지체, 간질을 지닌 사람들이 언제나 그들의 가족에 의해 돌봄을 받았으며, 돌봄은 지역사회가 아닌 가족의 책임으로 간주되었음을 확인하였다.[57] 가족의 규모가 크기 때문에, 돌봄의 부담이 일정하게 공유될 수 있었던 것이다. 그러나 취업 이주와 빈곤은 가족의 상태를 변화시키고 있다. 시드셀 세우에스타드 Sidsel Saugestad는 짐바브웨 촌락들에서 부모들(또는 결혼하지 않은 어머니들)이 읍내로 일을 하러 나가기 때문에 장애아동들을 돌보는 이가 대개 할머니가 되어 가는 과정을 기술하고 있다.[58] 보츠와나에 대해 베네딕테 잉스타와 공저자들도 유사한 양상을 기술한다.[59] 취업 이주로 인해 건강하고 유능한 가구 구성원들은 집을 떠나게 되고, 노인들, 어린이들, 병약한 구성원들은 자급 농업이나 대개 불규칙한 송금으로 살아가게 된다. 충실하고 애정 어린 돌봄이 이러한 '더 약한' 가족 구성원들 사이의 관계에서 중요하다는 것은 당연하다. 그러나 그러한 사실이 가장 '유능한' 가족 구성원으로부터 제공되어야 할 현금이나 다른 지원들에

---

56 Stiker, *Corps infirmes et sociétés*, p.175.

57 Susan Reynolds Whyte, "Family Experiences with Mental Health Problems in Tanzania", eds. Fini Schulsinger and Assen Jablensky, *The National Mental Health Programme in the United Republic of Tanzania*, Acta Psychiatrica Scandinavica Supplement no. 364, vol. 83, 1991, pp. 77~111.

58 Sidsel Saugestad, "Cases of Disability in a Social Context", eds. Bruun and Ingstad, *Disability in a Cross-Cultural Perspective*.

59 Benedicte Ingstad et al., "Care for the Elderly, Care by the Elderly: The Role of Elderly Women in a Changing Tswana Society", *Journal of Cross-Cultural Gerontology* vol. 7 no. 4, 1992, pp. 379~398.

대한 필요를 무시하게 만들 수는 없다. 돌봄에 대처하는 것은 가족이 지닌 자원의 운용에 대한 문제이며,[60] 또한 다른 필요나 목적들보다 그러한 돌봄에 기꺼이 우선권을 부여할 수 있는가에 관한 문제이다. 개발도상국에서 가족들에 대한 증가된 압력은 장애인을 위한 프로그램에 대한 요구를, 그리하여 '장애인'이라는 사회적 범주를 생성해 내는 동기가 될 수 있다.

사회조직과 장애에 대한 검토에 있어 두번째 질문은 다음과 같다. 그 사회의 직업 구조가 손상을 지닌 사람을 어떤 방식으로 편입시키는 가? 생산의 조직, 전문화의 정도, 노동의 본질은 손상을 지닌 사람이 노동활동에 참여할 수 있는 정도에 영향을 미친다. 가족이 생산의 기본 단위인 곳에서, 장애인이 생산에 기여하는 것은 상대적으로 용이해 보인다. 노동조건은 유연하고 과업은 다채로워서 거의 언제나 장애인들이 할 수 있는 일이 있으며, 다른 가족 구성원들과 이웃들로부터의 지원이 존재한다. 자급을 위한 생산, 가사 업무, 또는 시장판매를 위한 가내수공업에 있어서도 통상적으로 손상이 어떤 사람으로 하여금 일을 못하도록 만들지는 않는다. 그러나 노동이 경쟁적인 시장에서 정해진 시간과 기술 단위로 팔려야 하는 상품일 경우, 장애인의 노동참여는 보다 문제적인 것이 된다.

우리는 손상이 실제로 사람들에게 일정한 직업들에 대한 자격을 부여하는지, 또는 어떤 일자리가 장애인에게 특별히 적합한 것으로 사고될 수 있는지 물음으로써, 이 질문을 한 단계 더 진전시킬 수 있다(이 물음을 넌시는 순간에, 우리는 장애인을 위한 국가적 직업훈련 프로그램

---

60 Sandra Wallman, *Eight London Households*, London: Tavistock Publications, 1984.

은 고려하지 않고 있다). 역사적 문헌이나 민족지학적 문헌들에서 이 부분에 대한 정보는 제한되어 있다. 어떤 곳에서 맹인은 가수, 이야기꾼, 또는 전문적인 종교인이 될 가능성이 높았던 것 같다. 나라시만M. C. Narasimhan과 무케르지Asish Kumar Mukherjee는 한 유명한 맹인 보컬리스트의 성명을 따서 이름 붙여진, 인도의 맹인가수들인 수르다시Surdasi에 대해 언급하고 있다.[61] 많은 나라들에서, 손상은 구걸이라는 직업을 위한 유용한 자격이다. 인도에서 수행된 연구들은 자신의 결함들을 밖으로 드러내는 걸인의 기교들을 기술하고 있다. "자신들의 신체적 장애와 병든 상태를 교묘하게 과시함으로써 동정심을……불러일으키기"가 활용되었으며,[62] "어떤 사람들은 그들의 병든 부분과 신체적 핸디캡을 드러내 보인 채……아무 말 없이 앉아 있었고, 그렇게 함으로써 그들은 지나가는 사람의 감성을 울리고자 힘썼다".[63] 근대 이전의 대만에서, 적절한 '가엾은 이미지'가 부재했던 걸인들은 장애를 가장하거나, 손상을 지닌 사람을 '구걸을 위한 도구'로 이용하기도 했다.[64] 그러나 비록 구걸이 손상을 지닌 사람들에게 있어 가장 광범위하게 언급되는 특별한 직업이라 할지라도, 구걸이 하나의 선택 사항으로만 존재했던 사회들 내에서는 단지 일부분의 장애인들만이 실제로 그 일에 참여했을 것이다.

61 M.C. Narasimhan and Asish Kumar Mukherjee, *Disability: A Continuing Challenge*, New Delhi: Wiley Eastern, 1986, p.2.

62 Sumita Chaudhuri, *Beggars of Kalighat, Calcutta*, Memoir no.75, Calcutta: Anthropological Survey of India, 1987, p.33.

63 Bidyadhar Misra and Amiya Kumar Mohanty, *A Study of the Beggar Problem at Cuttack*, Bhubaneswar: Dept. of Rural Economics and Sociology, Utkal University, 1963, p.40.

64 David C. Schak, *A Chinese Beggars' Den: Poverty and Mobility in an Underclass Community*, Pittsburgh: University of Pittsburgh Press, 1988, p.47.

마지막 질문은 장애인을 위한 특별 프로그램, 시설, 단체들의 존재와 관련된다. 여기에는 특정한 종류의 손상을 지닌 사람들을 위한 시설과 이익단체들뿐만 아니라, 일반적 범주로서의 장애인을 위한 법률 및 복지 급여들이 포함된다. 몇몇 뛰어난 현지조사들의 설명이 그러한 시설들 내에서의 참여관찰에 기반을 두고 있으며,[65] 어떤 시설과의 관련 속에서[66] 또는 단체와의 관련 속에서[67] 규정된 사람들의 문제를 다루고 있다. 이와 대조적으로 개발도상국의 많은 장애인들은 (아직) 어떠한 종류의 특별 프로그램과도 접촉하지 않고 있다. 마서즈 비니어드나 산페드로로욜록스에서처럼 농과 맹이 우리가 일반적으로 아는 그것과 일치하지 않는 곳에서, 농인과 맹인들은 우리가 생각하고 있는 동일한 종류의 농인과 맹인을 알지 못할 것이다.[68] 그리고 누군가가 장애인이기 **때문에**, (구걸할 수 있는 권리라는 예외가 가능할 수는 있지만) 어떤 특별한 권리가 통상적으로 부여되지도 않는다. 그렇지만 개발도상국들에 장애 프로그램들이 도입되면서, 그리고 (흔히 유럽과 북미의 자매단체들의 지원 속에) 장애인의 단체가 형성되면서, 새로운 선택지들에 접근할 수 있게 된다. 나인다 센툼브웨Nayinda Sentumbwe는 우간다에서 맹인들을 위한

65 Zola, *Missing Pieces*.

66 Edgerton, *The Cloak of Competence*; Sue E. Estroff, *Making it Crazy: An Ethnography of Psychiatric Clients in an American Community*, Berkeley, Los Angeles, London: University of California Press, 1981.

67 Joan Ablon, "Dwarfism and Social Identity: Self-help Group Participation", *Social Science and Medicine Part B*, vol. 15 issue 1, 1981, pp. 25~30; J. Thomas May and Robert F. Hill, "How Shall We See Them? Perspectives for Research with Disabled Organizations", *Social Science and Medicine* vol. 19 issue 6, 1984, pp. 603~608.

68 나환자 거류지들은 하나의 중요한 예외에 속한다. 인도 쿠탁Cuttack의 나환자 거류지들은 대개 족내혼을 행하고, 그들 자신의 정치 조직, 오락 문화, 의례 생활을 지니고 있다. 그렇지만, 그들은 하나의 시설과 연관되어 있다. 그곳의 거주민 대다수는 부근의 나환자 수용소로부터 방출된 이들인 것이다 (Misra and Mohanty, *A Study of the Beggar Problem at Cuttack*).

프로그램들로부터 어떻게 '족내혼'族內婚이 등장하게 되었는지를 보여준다(7장). 괴르트는 바베이도스에서의 장애인을 위한 직업 프로그램에서 나타나는 후원관계를 검토한다.[69] 비록 거의 모든 나라들이 최소한 몇몇의 장애 관련 시설들을 지니고 있기는 하지만, 그 접근성이나 사람들의 삶에 영향을 미치는 방식에는 커다란 편차가 존재하고 있다.

사회적 처지와 장애

지금까지 우리는 사회조직의 일반적 특질들이 장애와 어떻게 관련되는가에 대해 논의하였다. 강조점은 사회들의 특성을 기술하거나, 손상을 지닌 사람들 일반에 영향을 미치는 사회적 특징들을 확인하는 데 있었다. 우리는 이제 사회들 내에 존재하는 장애인들 간의 편차라는 이슈로 돌아가고자 한다. 손상은 하나의 사회세계 내에서 상이한 상황을 생성해 내는 성·연령·경제적 지위와 같은 요인들과 어떻게 상호작용을 하는 것인가?

북미에서의 최근 작업들은 장애 내에서의 젠더적 차이들을 검토하기 시작했다. 에이드리엔 애시Adrienne Asch와 미셸 파인Michelle Fine은 장애여성이 장애남성들보다 결혼할 가능성이 적으며, 만약 그녀들이 손상의 발생 후 결혼하게 된다면 같은 경우의 장애남성들보다 장애를 지닌 배우자를 만날 가능성이 더 높음을 지적한다.[70] 미국 문화에서

---

69 Ann Goerdt, "Patron-Client Relationships for the Employment of People with Disabilities", eds. Bruun and Ingstad, *Disability in a Cross-Cultural Perspective*.
70 Adrienne Asch and Michelle Fine, "Introduction: Beyond Pedestals", eds. M. Fine and A. Asch, *Women with Disabilities: Essays in Psychology, Culture, and Politics*, Philadelphia: Temple University Press, 1988.

남성보다 여성의 외모와 체형에 더 높은 가치가 주어지는 것은 이러한 양상에 대한 설명의 일부일 뿐이다. 애시와 파인은 미국에서의 결혼에 존재하는 정서적 요소들을 강조하는데, 그러한 정서들 내에서 여성들은 당연히 애정 어린 돌봄과 배려를 제공하고 남성들의 공인되지 않은 필요들과 의존성을 충족시켜 줄 것으로 기대된다.[71] 그런데 자기 자신의 필요들을 짐으로 떠안고 있는 장애여성들은 남편들의 그러한 필요들과 의존성을 잘 충족시켜 줄 수 없을 것이라 가정되는 것이다. 머피는 남성과 여성에게 있어 손상을 지닌 배우자를 갖는다는 것이 가져다주는 상이한 결과를 요약하고 있다. "남편은 파트타임 돌보미가 되는데, 이는 사회적 관습과 배치된다. 아내는 자신이 또 한 명의 아이와 함께하고 있음을 깨닫게 되는데, 이는 그러한 사회적 관습과 배치되지 않는다."[72]

센툼브웨는 우간다의 맹인 여성들이 결혼이라는 견지에서 맹인 남성과 비교해 불리한 처지에 놓여 있는 것처럼 보일지라도, 아이를 가질 수 있다는 하나의 중요한 우월적 선택지를 지니고 있음을 발견했다(7장). 결혼을 하지 않았을 때조차 말이다. 아이를 통해 한 명의 여성은 여성으로서의 요건을 충족시킬 수 있으며 존중을 받는다. 아이가 있는 여성은 그녀의 아이를 통해 새로운 관계를 발전시키며, 역설적이지만 의지할 누군가가 있기 때문에 보다 독립적인 존재가 된다. 장애를 지닌 남성은 그처럼 용이하게 부모의 지위parenthood를 획득할 수 없다. 앞으로의 연구들은 장애와 관련하여 이러한 젠더적 차이의 함의들을 밝히는 것을 추구해야 할 것이다.

71 Asch and Fine, "Introduction", p.17.
72 Murphy, The Body Silent, p.159.

부모의 지위와 장애의 상호작용 방식은 슐로모 데셴Shlomo Deshen 과 힐다 데셴Hilda Deshen에 의해 수행된 이스라엘에서의 맹인 부모와 비장애아동의 관계에 대한 연구에서 검토된 바 있다.[73] 이스라엘에서 자 신의 아이에 대한 부모의 권위는 맹에 대한 일반적 낙인화에 의해 훼손 되며, 아동들은 그것을 곧 인식하게 된다. 부모들은 자신들의 위상을 강 화하기 위하여, 공무원들에게 동정을 이끌어 낼 수 있는 능력이나 비장 애인 친척들보다 대개 더 나은 교육을 받았다는 사실과 같은, 맹과 연계 된 사회적 자산들을 강조하는 것 같다. 미국에서 이루어진 농인 부모를 둔 청인 아동들에 대한 연구 또한 부모-아동 간의 동학dynamics과 더 광 범위한 사회 사이의 관계에 대해 보여 준다. 폴 프레스턴Paul Preston은 농인들이 지속적으로 높은 비율의 족내혼을 행하고, 청인 세계와 명백 히 구별되는 문화적 공동체를 형성하고 있다고 말한다.[74] 농인 부모에게 서 태어난 청인 아동들은 그러한 공동체에 대해 일체감을 갖고, 그러한 공동체를 정상적인 것으로서 경험한다. 그러나 이러한 아동들은 들을 수 있기 때문에, 궁극적으로 그들의 멤버십은 모호할 수밖에 없다. 이러 한 아동들은 농에 대해 한편으로는 자연스럽고 정상적인 것으로서, 다 른 한편으로는 낙인과 결핍으로서 분열된 이해를 갖게 된다. 프레스턴 은 장애의 의미가 궁극적으로 사회적 맥락에 의존하는 것임을 강조하 는 것으로 결론을 맺는다. 이처럼 각각의 특정한 사회적 처지가 갖는 중 요성을 검토하는 것은 반드시 필요한 일이라 할 수 있다.

73 Shlomo Deshen and Hilda Deshen, "Managing at Home: Relationships between Blind Parents and Sighted Children", *Human Organization* vol. 48 no. 3, 1989, pp. 262~267.
74 Paul Preston, "Mother Father Deaf: The Heritage of Difference", Paper presented at the American Anthropological Annual Meeting, Chicago, 1991.

장애화가 생애 주기의 어느 시점에서 발생하는가는 장애가 지니는 직접적 의미나 함의에 있어 결정적일 수밖에 없다. 한 사람의 사회적·경제적 위상이 잘 확립된 후, 그리고 연령에 의한 쇠약이 어느 정도 예상되는 삶의 후반기에 갖게 된 장애는 청소년 시절에 경험한 상실과는 상이한 의미를 지닌다. 미국에서 이루어진 한 연구는 일생 동안 이어진 장애는 한 사람의 정체성을 좌우하는 '지배적 지위'를 차지하는 반면, 노년에서의 장애는 한 사람의 정체성에 있어 부차적인 지위에 머무름을 지적한다. 나이 든 여성의 사회적 지위에 있어서는 육체적 '유효성'보다도 결혼과 아이가 훨씬 더 중요하다.[75] 보츠와나에서 이는 단지 아이를 가지고 있느냐가 아니라 그들로부터 존경과 부양을 받는가의 문제이기는 하지만,[76] 나이 든 여성의 사회적 지위에 있어 육체적 건강함보다도 결혼과 아이가 중요하다는 사실은 다른 많은 사회들에서도 마찬가지로 적용된다고 할 수 있다. 비록 법적으로 요구하는 것은 아니지만, 중국에서 정부 정책은 장애를 지닌 노인들에 대한 가족의 돌봄을 장려하는 것이었다. 광둥廣東에서의 한 연구는 노동력 이동의 제한, (부분적으로는 주택 공급의 부족으로 인한) 거주의 안정성, 조기 퇴직, 연금과 의료 급여들이 가족의 돌봄 제공을 용이하게 만들고 있음을 발견했다.[77] 대안적인 형태의 돌봄이 제공되지 않는 상황 또한 그러한 가족의 돌봄을 필수적인 것으로 만든다. 그러나 도덕의 힘, 세대 간 관계의 의미 역시 이에 자연스럽게 동원된다. 사람들은 나이 든 장애인들의 연령에 대한 존중과

---

75 Barbara I. Simon, "Never-married Old Women and Disability: A Major Experience", eds. Fine and Asch, *Women with Disabilities*, pp.218~219.

76 Ingstad et al., "Care for the Elderly, Care by the Elderly", pp.379~398.

77 Charlotte Ikels, "Aging and Disability in China: Cultural Issues in Measurement and Interpretation", *Social Science and Medicine* vol.32 issue 6, 1991, pp.649~665.

혁명기 세대 구성원으로서의 그들에 대한 부채감 때문에 노령의 장애인들을 돌보도록 고취된다.

장애의 사회적 위상 결정과 관련한 마지막 요점은 어떤 가족의 사회적·경제적 지위에 따른 차이가 결정적일 수 있다는 것이다. 베른하르드 헬란데르Bernhard Helander는 겉으로 보기에 비슷한 정도의 정신장애를 지닌 두 명의 소말리아 소년들에 대한 사람들의 인식과 그들의 상황을 비교하고 있다.[78] 한 명은 훌륭한 부계를 지닌 집안에 속해 있었고, 마을에서 잘 대우를 받고 있었다. 그의 '문제'는 어머니가 충분히 높은 신분에 있지 않다는 사실 때문인 것으로 설명되었지만, 어쨌든 그는 미친 것으로도 간주되지 않았고 굴욕감을 느껴야 하는 상황에도 처하지 않았다. 다른 한 명의 소년은 집 없는 고아였는데, 혼령에 홀렸다고 말해지고 있었다. 그는 괴롭힘을 당했고 멸시받았으며, 아이들은 때때로 "혼령을 맞히려고 노력하면서" 그에게 돌을 던졌다. 헬란데르가 전하는 메시지는 소말리아에서 장애의 설명모델explanatory model[79]이 부분적으로는 장애를 지닌 본인의 사회적 처지에 의해 형성된다는 점이다. 수전 라스무센Susan Rasmussen은 투아레그족 사람들 사이에서도, 사회경제적 지위에 따라 손상을 설명하는 데 있어 유사한 편차의 양상이 나타남을 보여 주고 있다.[80]

장애인과 그의 가족들은 생산 및 재생산과 관련하여 그들이 취하

---

78 Bernhard Helander, "Mercy or Rehabilitation? Culture and the Prospects for Disabled in Southern Somalia", eds. Bruun and Ingstad, *Disability in a Cross-Cultural Perspective*, pp. 42~44.

79 설명모델은 일반적 신념general beliefs과 대비되는 것으로, 아서 클라인만에 의해 사용된 개념이다. 좀더 자세한 내용은 이 책의 2장과 12장을 보라. — 옮긴이

80 Susan J. Rasmussen, "Accounting for Belief: Causation, Misfortune, and Evil in Tuareg Systems of Thought", *Man* vol. 24 no. 1, 1989, pp. 124~144.

는 선택 속에서 장애의 의미와 가치를 구성해 낸다. 다카르[세네갈의 수도로, 아프리카 서쪽 끝 베르데곶串에 있는 무역항이자 국제도시 ─ 옮긴이]의 신체적 장애를 지닌 사람들에 대한 디디에 파생Didier Fassin의 연구는 결혼 및 수입 획득 전략과 연관된 경제적 제약과 가능성들을 설명하고 있다.[81] 장애를 지닌 딸을 시집보낸다는 것은 '정상적인' 여성에게 지불되어야 하는 것보다 더 적은 신부대新婦貸[신랑 또는 신랑의 친족이 신부의 친족에게 제공하는 예물 ─ 옮긴이]를 받아들인다는 것을 의미한다. 반대로 장애를 지닌 아들에게 아내를 얻어 주기 위해서는 정상적인 것보다 더 큰 신부대의 지불이, 그리고 그것의 실현을 위해서는 여러 해가 걸릴 수 있는 하나의 프로젝트가 요구된다. 장애가 있는 가족 구성원들을 구걸을 위해 거리로 보내는 것은 즉각적인 응답을 준다. 반면 그들을 도제徒弟로 보내는 것은 그 가족이 회수하지 못할 수도 있는 자금의 투자가 필요하며, 단지 도제를 받은 고용주의 이윤만을 증가시켜 줄지도 모른다. 걸인들은 자신의 손상을 그들의 가족을 위한 노동의 도구로 활용한다. 반면에 도제들은 주인들을 위해 노동력을 제공해야 하고, 오직 장기적인 안목을 가질 때만이 자신의 가족들에게 이득이 되는 실질적인 노동을 할 수 있는 기회를 가질 수 있다. 손상이 결혼 시장에서 누군가를 불리하게 만드는지 그렇지 않은지, 또는 걸인으로서의 노동을 위한 도구가 되게 하는지 그렇지 않은지는, 단지 세네갈 사람들의 장애에 대한 개념 그 자체에만 달려 있지 않다. 그것은 또한 장애인 가족의 경제적·사회적 상황에 의해 결정된다.

81 Didier Fassin, "Handicaps physiques, pratiques économiques et strategies matrimoniales au Senegal", *Social Science and Medicine* vol. 32 no. 3, 1991, pp. 267~272.

농업중심 사회인 보츠와나에 대한 연구는 보츠와나 대다수의 가족들이 그들의 장애를 지닌 구성원들을 잘 돌보고 있음을 보여 준다. 학대와 방치가 나타나고 있는 것처럼 보이는 극소수 사례들의 경우, 그 가족들은 극히 어려운 환경에 놓여 있다. 장애인에 대한 돌봄에 있어 장애를 지닌 가족 구성원에 대한 '태도'보다는 그 가구가 지닌 자원이 더 큰 상관 관계를 지닌다. 극한 빈곤의 상황 속에서, 장애를 지닌 사람들은 특히 취약할 수밖에 없다.

장애 해석 과정들의 분석

의료사회학은 손상에 대한 해석·협상·꼬리표 붙이기가 이루어지는 과정들에 오랫동안 관심을 가져 왔다. 1960년대 이래로 상징적 상호작용론symbolic interactionism이라는 일반적 접근법 내에서 분석적 이슈들이 등장했고, 이는 장애학의 형성에 지속적으로 영향을 미쳐 왔다. 그 이슈 중 하나는 낙인stigma이라는 관념과 그것이 사회적 상호작용 내에서 협상되는 방식이다.[82] '확장'spread과 '일탈 부인'deviance disavowal이라는 관련 개념은 대인 관계에서 차이의 관리를 분석하는 도구가 되었다.[83] 또 다른 주요한 개념은 '이력'career이라는 것으로, '일탈된' 개인에 대한 사회적 역할과 정체성이 어디서 기인되는지를 기술하는 데 사용되었다. 꼬리표 이론labeling theory의 요점 중 하나는 사회기관들에 의해 어떤

---

82 Erving Goffman, *Stigma: Notes on the Management of Spoiled Identity*, Englewood Cliffs, N.J.: Prentice-Hall, 1963.

83 Fred Davis, "Deviance Disavowal: The Management of Strained Interaction by the Visibly Handicapped", *Social Problems* vol. 9 no. 2, 1961, pp. 121~132.

특이성에 대한 확인이 이루어지면, 이는 손상을 지닌 사람의 이후 이력에 상응하는 영향력을 지닌다는 것이다. 일단 꼬리표가 붙여진 일차적 일탈은 사회적으로 결정된 이차적 일탈에 의해 둘러싸이게 된다.[84] 대면적 상호작용과 정체성 관리의 문제를 기술하기 위한 것이든, 또는 개인 및 가족들과 치료기관의 상호작용을 다루기 위한 것이든, 상징적 상호작용론에 입각한 연구들에서의 강조점은 실재의 사회적 생산에, 그리고 개인들이 타인들과의 상호작용 내에서 주체이자 동시에 객체가 되는 방식에 주어진다. 해석은 사회적 과정인 것이다.

장애의 동학에 대한 이러한 종류의 접근법은 인류학적 연구들 내에서도 또한 영향력을 지녀 왔다. 비록 강조점에 있어 일정한 차이들이 분명히 존재한다 하더라도 말이다. 이 책의 10장에서 리스베트 사크스Lisbeth Sachs는 병약하다는 꼬리표가 부여되는 과정을 추적하고 있다. 상이한 개념들이 공존하고 있는 변동적이고 다문화적인 상황 내에서 이러한 과정이 얼마나 복잡할 수 있는지를 설명하면서 말이다. 그러한 문제에 대한 의사의 확인이 단순하게 수용되는 일은 존재하지 않는다. 수 에스트로프Sue Estroff는 사람들이 "문화적으로 규정된 가치 및 타인들의 행위와 상호작용하면서 그들의 일탈된 정체성을 채택하거나, 애써 다듬거나, 그리고/또는 거부한" 일탈자로서 어떻게 정체화되는지를 보여 주는 것이 인류학의 특징적 과제임을 확인하고 있다.[85] 그녀는 '미친' 사람들을 향한 미국 사회의 문화적 가치와 관행을, 그리고 미쳤

---

84 Thomas J. Scheff, *Being Mentally Ill: A Sociological Theory*, Chicago: Aldine Publishing, 1966; Robert A. Scott, *The Making of Blind Men: A Study of Adult Socialization*, New York: Russell Sage, 1970.
85 Estroff, *Making It Crazy*, p.211.

다고 규정된 사람들이 지배적 가치를 조작하고 활용하는 방식을 검토하고 있다. 사크스나 그 밖의 논자들과 마찬가지로,[86] 그녀는 특정한 개인의 사회적 상황이나 사회적 이력보다는, 의미와 가치에 대한 보다 광범위한 문화적 양상들의 특징을 기술하고자 노력한다. 이와 대조적으로, 사회학 연구들 중 몇몇은 문화를 당연한 것으로 간주하는 경향을 보이기도 한다.

만성질환에 대한 사회학적 연구들을 개관하면서, 유타 게르하르트 Uta Gerhardt는 의료사회학과 인류학 간에 현지조사 및 방법론에 관한 공통된 '자의식'에 있어 하나의 수렴지점이 존재함을 지적한다.[87] 실재란 이중적인 의미에서 구성된다는 것에 대한 인식이 존재하는 것이다. 즉, 연구자들은 행위자들의 (일차적) 해석을 바탕으로 (이차적) 구성물을 만들어 낸다. 장애화의 연구에 적용해 보자면, 이러한 인식은 장애에 관한 자료가 분석 내에서 표상되는 방식에 대한 비판적 주의뿐만 아니라, 장애인과 그 가족들이 그들의 상태와 상황을 규정하는 과정에 대한 주의 깊은 검토를 수반한다.

구성과 표상의 과정에 대한 관심은 담론 분석에 대한 커다란 관심 속에 반영되어 있으며, 이는 우리에게 어떤 묘사나 서술이 어떻게 그리고 누구에 의해 작성되었는지를 비판적으로 바라볼 필요성을 일깨워 준다. 담론은 어떤 현상에 관해 이야기하거나 또는 그 현상을 다루는 방식이다. 즉, 제도·관행·담론은 어떠한 가정과 관점을 현실화하고, 그리하여 그러한 가정과 관점의 대상을 특정한 방식 속에서 구성해 낸다. 재

---

86 Murphy et al., "Physical Disability and Social Liminality", pp.235~242.
87 Uta Gerhardt, "Qualitative Research on Chronic Illness: The Issue and the Story", *Social Science and Medicine* vol.30 issue 11, 1990, pp.1149~1159.

활 전문가들은 개발도상국 장애인들의 애처로운 상황에 대한 이미지를 제시하고, 민족지학자들은 이례적인 것의 우주론을 명쾌하게 분석해 내지만, 정작 장애인 가족들은 애처롭지도 않고 하나의 체계적 우주론과 부합하지도 않는 말들 속에서 그들의 상황을 표현할지도 모른다.

장애인들에 대한 생활사와 내러티브는 장애에 관한 문헌 내에서 중심적 위치를 차지해 왔다. 부분적으로 이는 개인들을 사회적이고 문화적인 분석 내로 인입引入시키고자 하는 욕구를 반영한다.[88] 또한 부분적으로 그것은 현대 사회학과 인류학의 경험주의적이고 해석주의적인 관심을 반영한다. 텍스트와 내러티브 분석에 대한 관심은 또한 개인들의 이야기가 갖는 대중성과도 잘 들어맞는다. 그러나 우리의 목적에 있어, 생활사와 관련해 중요한 것은 그것이 장애에 대한 통시적이고 과정적인 관점을 도입해 준다는 것이다.

우리는 과정에 대한 상이한 분석적 정의들뿐만 아니라 다양한 종류의 기술記述들 또한 구별해야 할지 모른다. 생활사나 사례사는 어떤 정보제공자와의 협력 및 상호작용 속에서 연구자가 그에 기초해 작성한 기술로서 정의될 수 있을 것이다. 그러한 생활사나 사례사는 맥락에 대한 서술과 연구자에 의해 이루어진 관찰을 통합하게 되며,[89] 그러한 기술이 어떻게 생산되었고 그것이 무엇을 의미하는지에 관한 고찰들을

88 Robert D. Whittemore et al., "The Life History Approach to Mental Retardation", eds. Lewis L. Langness and Herold Gary Levine, *Culture and Retardation*, Dordrecht: D. Reidel, 1986.

89 Mary-Jo DelVecchio Good et al., *Pain as Human Experience: An Anthropological Perspective*, Berkeley, Los Angeles, London: University of California Press, 1992; Arthur Kleinman, *The Illness Narratives: Suffering, Healing, and the Human Condition*, New York: Basic Books, 1988; Lewis L. Langness and Harold Gary Levine, *Culture and Retardation: Life Histories of Mildly Mentally Retarded Persons in American Society*, Dordrecht: D. Reidel, 1986; Peter J. Wilson, *Oscar: An Inquiry into the Nature of Sanity*, 1947, Reprint, New York: Vintage Books, 1975.

포함할 수도 있다.[90] 장애를 지닌 삶에 대한 많은 기술들은 손상 및 치료를 위한 모색의 내력, 그리고 손상의 문제가 그들 삶의 다른 측면들과 연결되는 방식의 내력에 대해 개인들이 이야기를 해주는 면담을 통해 도출된다.[91] 5장에서 분석되고 있는 종류의 자전적 내러티브들은 장애인 자신의 주도성에 기초해 쓰였으며 직접적인 대화의 산물은 아니지만, 확장된 의미에서 의사소통의 산물이라 할 수 있다. 그 내러티브들은 필자의 동기부여에 의해 영향을 받으며, 어떤 사회적 맥락 내에서 그리고 사회적 맥락 때문에 생성된다.[92]

장애에 관한 개인적 내러티브의 생산은 그 자체가 하나의 과정이며 연구물 생산자들과 독자들에게 어떤 영향을 미친다. 삶의 내러티브 재구성은 고난의 정당성과 화자의 도덕적 적격성moral competence을 옹호하는 것을 통해 문제적 경험을 정상화하는 하나의 방식일 수 있다.[93] 어떤 의미 있는 방식 속에서 자신의 이야기를 말하는 것을 통해, 화자는 변화를 경험하게 된다. 더욱이, 그 이야기는 자신의 경험에서 어떤 의미를 찾고자 하는 다른 고통받는 이들을 '위한 모델'로서 기능하게 될지도 모른다.[94] 주디스 멍크스Judith Monks와 로널드 프랑켄버그Ronald Frankenberg는 이를 전범적 기능exemplar function이라고 부른다(5장).

90 Vincent Crapanzano, *Tuhami: Portrait of a Moroccan*, Chicago: University of Chicago Press, 1980.
91 Good et al., *Pain as Human Experience*.
92 장애에 대한 많은 자전적 기술들과 생활사 기술들은 부모의 내러티브이며, 장애아동을 가진 가족의 경험을 기록하고 있다. 특히 정신지체의 경우에는 거의 항상 부모의 시점을 취하게 된다(Whittemore et al., "The Life History Approach to Mental Retardation", pp.2~3).
93 Gerhardt, "Qualitative Research on Chronic Illness", p.1154.
94 Clifford Geertz, "Religion as a Cultural System", ed. Michael Banton, *Anthropological Approaches to the Study of Religion*, London: Tavistock, 1966을 보라.

그 내러티브들은 '무엇이 길인지' 그리고 '무엇이 길이 되어야 하는지'를 제시하는 것이다.

　장애에 대한 자전적 기술로서의 이러한 내러티브들이 지니는 형식, 그리고 자아와 몸을 강조하는 그 내용은 양자 모두 시간이 흐르면서 유럽과 북미 문화에서 특징적인 것이 된 듯 보인다. 우리는 사실상 비서구적 맥락에서의 장애 경험에 대한 자전적 자료들을 가지고 있지 않으며 생활사 또한 거의 가지고 있지 않다. 하나의 예증적 설명 차원에서 문헌들에 산재해 있는 사례들조차, 자아 및 몸의 동학이나 개인의 실존적 문제를 주제로 삼지는 않는다. 내러티브 재구성의 과정들이 추적될 수 있는 경우에도, 그것들은 장애를 지닌 삶의 과정보다는 오히려 장애의 원인을 해석하는 것을 통하여 도덕적 적격성을 옹호하는 데 관심이 있는 것처럼 보인다. 거기에는 손상의 발생에 선행하는 사건들, 그리고 타인 및 영적 존재와의 도덕적 관계들에 대한 강조가 존재한다. 이러한 종류의 기술들을 통해, 손상을 지닌 개인들은 하나의 몸과 관련된 하나의 자아로서보다는, 타인들 및 우주론적 환경과의 관련 속에서 해석된다. 여기서 수반되는 해석의 일시성은 개인의 발달에 의해 나타나는 그러한 종류의 것은 아니다. 오히려 그러한 일시성 자체가 부모의 저주나 금기의 위반과 같은 하나의 사건들과 어떤 가족 구성원의 결과적인 장애를 잇는 연결 고리가 된다.

역사적 변환들

지금까지 언급된 종류의 과정 분석은 일정한 장소 및 역사적 시기의 가능성들 내에 존재하는 사람들의 해석 활동들 및 노력들과 관련된다. 그

러나 장애와 문화에 대한 모든 개관은 또한 가능성의 범위와 관행의 본
질을 변화시키는 역사적 과정을 고려해야만 한다. 그러한 역사적 과정
분석의 한 가지 방식은 미셸 푸코Michel Foucault의 '계보학적 방법'이
며,[95] 그것은 담론적 실천discursive practice의 사회사를 추적해 낸다. 광
기에 대한 푸코 자신의 연구를 별도로 한다면,[96] 그러한 방법을 장애에
적용한 최상의 예는 프랑스 학자 앙리-자크 스티케의 저작이라고 할
수 있는데,[97] 그의 작업은 영어권 연구자들에게 사실상 알려져 있지 않
은 것처럼 보인다.[98] 수잔 레이놀스 휘테는 장애에 대한 유럽적 담론들
에 대해 스티케가 행한 분석 중 일부를 요약하는데, 스티케는 그러한 분
석 속에서 개인의 기술적이고 사회적인 적응으로서 재활의 등장을 검
토한다(이 책의 종장). 스티케가 행하고 있는 재활에 대한 포괄적인 특징
화에는 다소 이의가 있을 수 있지만, 그의 '역사적 대조' 방법은 고무적
이며 또한 계발的啓發的이다. 그는 장애가 구성되도록 하는 범주들, 가정
들, 제도적 관행들의 조건을 밝히는 데 성공하고 있다. 푸코주의자들의
작업을 별도로 하더라도, 북부 나라들에서는 장애 및 재활에 대한 다수
의 역사적 연구들이 존재한다.[99] 그렇지만, 남부 나라들에서의 장애 및

95 David Armstrong, "Use of the Genealogical Method in the Exploration of Chronic Illness: A
　Research Note", *Social Science and Medicine* vol.30 issue 11, 1990, pp.1225~1227.
96 Michel Foucault, *Madness and Civilization: A History of Insanity in the Age of Reason*, trans.
　Richard Howard, New York: Vintage Books, 1973.
97 Stiker, *Corps infirmes et sociétés*.
98 스티케의 본 저작은 이 책 『우리가 아는 장애는 없다』(원제 *Disability and Culture*, 1995)가 출간
　된 이후인 1999년에 미국에서 *A History of Disability*(William Sayers trans., Ann Arbor: The
　University of Michigan Press)라는 타이틀로 번역 출간되었다.──옮긴이
99 Albrecht, *The Disability Business*; Gritzer and Arluke, *The Making of Rehabilitation*; Stone,
　The Disabled State; Robert Straus, "Social Change and the Rehabilitation Concept",
　ed.Marvin Sussman, *Sociology and Rehabilitation*, Washington, D.C.: American Sociologi-
　cal Association, 1965.

재활에 대해 진행 중인 역사적 과정의 분석은 거의 없다고 할 수 있다.[100]

개발도상국에 도입된 프로그램들은 장애인을 대상으로 한 상이한 모델들이라는 견지에서 살펴볼 수 있으며, 각각의 모델들은 그 자신의 역사적이고 이데올로기적인 배경을 지닌다.[101] 우리는 특화된 시설기반 서비스, 외부방문 프로그램outreach program, 지역사회기반 서비스, 이익단체들을 구별해 볼 수 있을 것이다. 장애인에 대한 법적·생의학적·사회적 정체성들이 공식화되는 것은 대개 정부나 원조단체들의 지원 속에 이루어지는 이러한 프로그램들의 성과를 통해서이다.

특화된 시설기반 서비스들은 대개 개발도상국들 내에서 실행되는 조직화된 원조의 첫번째 유형이라고 할 수 있다. 그러한 서비스들은 특정한 손상을 대상으로 하는데, 최초로 설립된 것들 가운데에는 맹인 학교를 들 수 있다. 통상적으로 그것들은 식민지 개척 국가들 내의, 그리고 대개 종교적이거나 자선적 기반을 지닌 단체들에 의해 시작된다. 그 서비스들은 북부 나라들의 여러 자매단체들과 지역사회의 기부, 그리고 간혹 약간의 국가적 지원에 의해 자금이 조달된다. 이는 곧 만성적인 자금 부족의 상태를 의미한다. 그로 인해 학교의 경우에는 수업료가 부과되어야만 하는 상황이 되는데, 이는 많은 아동들이 학교에 다니는 것을 불가능하게 만든다. 선택의 기회는 그러한 시설의 위치와 매우 제한된 정원으로 인해 더욱 한정된다.

---

100 그렇지만 인도에서의 이러한 과정에 대한 유익한 기술로는 Narasimhan and Mukherjee, *Disability. A Continuing Challenge*를, 그리고 짐바브웨에서 재활의 역사에 대한 주목할 만한 특징의 기록으로는 June Farquhar, *Jairos Jiri: The Man and His Work*, Gweru: Mambo Press, 1987을 보라.

101 Purushottam Rao Satapati, *Rehabilitation of the Disabled in Developing Countries*, Frankfurt: AFRA Verlag, 1989.

이전에, 그러한 특화된 시설들은 때때로 최소한의 돌봄과 감금을 위한 장소였다(이는 특히 정신장애 시설의 경우 진실인데, 초기에 그런 시설들은 위험하다고 간주된 사람들을 몰아넣기 위한 창고 이상이 아니었으며, 그 가족들은 수용된 사람과 연락을 유지할 수도 없었다). 오늘날에는 특수교육이나 직업훈련에 대한 강조가 이루어지고 있으며, 이는 또한 북부 나라들에서 시설의 발전을 특징짓는 경향이라 할 수 있다.

그러한 시설의 돌봄과 훈련으로 인한 결과는 '클라이언트들'이 정상적인 사회생활로부터 고립되고, 그들이 시설을 떠날 때에는 지역사회 내에서의 삶에 적응하기 어렵다는 것을 깨닫게 된다는 것이다. 부분적으로는 그러한 결과들에 대응하기 위해서, 많은 개발도상국이 지금은 가정에서 생활하는 학생들에게 보육원, 주간보호센터, 특수학교, 또는 일반학교 내의 특수학급의 형태 속에서 특수교육을 제공하고 있다.

외부방문 프로그램은 때때로 특화된 시설로부터 생겨났는데, 이는 시설 내에서 자리를 잡을 수 있는 일부의 장애인을 넘어 서비스를 확대하기 위한 노력 속에서였다. 그렇지만, 실제적 필요와 비교하여 이러한 프로그램들은 여전히 단지 소수의 사람들만을 포괄하고 있다. 탈집중화된 특별서비스들이 시설의 확장이 아닌 하나의 독립된 프로그램인 곳에서조차, 서비스의 정원은 하나의 문제다. 비용이 높고 자원들이 제한되어 있을 때, 적절한 서비스들은 위치·장애 유형·연령집단과 같은 준거에 따라 선별된 단지 소수의 사람들에게만 제공될 수 있을 뿐이다.

지역사회기반재활CBR은 하나의 대안으로 등장한 것인데, 현재 개발도상국들 내에서 (수사학적 실천과 실제 프로그램의 실천 양자의 의미에서) 지배적 담론이 되어 있다. 일차보건의료primary health care, PHC[102]의 증진에 따라, WHO는 재활서비스를 보편적으로 접근할 수 있도록 만들기 위하여, 이를 지역 차원의 보건의료에 통합시키는 계획을 발전시켰다.[103] 핵심 원리는 낮은 비용, 간소화된 기술, 지역 자원의 활용, 지역사회 참여이다. CBR 개념은 이제 많은 단체들에 의해 채택되고 있으며, 다양한 판본으로 실행되고 있다.

WHO는 보건 종사자, 장애인, 장애인 가족을 위한 간단한 안내 지침서를 만들어 냈으며, 이는 다양한 언어로 발간되었다.[104] 재활 원조는 현지의 자원으로부터 구성되어야 하며, 가족 구성원들은 장애인을 일상생활활동Activities of Daily Living, ADL 속에서 훈련시켜야 한다. 학교, 작업장, 이웃들은 장애인들을 동등한 입장에서 통합하도록 장려된다. 이상적으로 CBR은 현존하는 구조들을 통해서 실행되어야 하며, 문화적 의미에서의 지역사회 내에 기초해야만 한다.

국제노동기구International Labor Organization, ILO에 의해 발전된 CBR 모델은 보다 특별히 직업훈련과 현지의 자원에 기초한 소규모 생산 단위의 설립에 초점을 맞춘다. ILO 프로그램은 공장과 공공기관의 모든 일자리 중 2%를 장애인을 위해 할당하는 법률적 요건의 채택을 요청하고 있다.

---

102 과학기술의 진보와 함께 의학도 놀라운 발전을 이루어 냈지만, 한편으로 세계 인구의 절대다수가 기본적인 현대의료의 혜택을 받을 수 없고 음료수와 식량조차 충분히 얻지 못하는 등 문제점이 지적되면서 제기된 보건의료 영역에서의 실천적 이념과 활동을 말한다. WHO는 이러한 흐름 속에서 PHC의 보급·추진운동을 벌이게 되며, 1978년 카자흐스탄 알마아타에서 WHO와 유니세프가 개최한 PHC 국제회의에서는 '2000년까지 모든 이들에게 건강을'이라는 슬로건하에 알마아타 선언Alma-Ata declaration을 채택하게 된다. 알마아타 선언은 PHC의 조건으로서 ①과학적이고 실제적인 방법과 기술의 추진, ②개발의 정도에 따라 가능한 범위 안에서의 비용 부담, ③주민의 자주적 참가 등 세 가지를 강조하고 있다. ─ 옮긴이

103 E. Helander, *Prejudice and Dignity*.

104 Einar Helander et al., *Training Disabled People in the Community: A Manual on Community-Based Rehabilitation for Developing Countries*, Geneva: WHO/UNICEF/ILO/UNESCO, 1989.

한편 다비드 베르너David Werner는『의사가 존재하지 않는 곳에서』라는 선구적 입문서에서 독자적인 재활 모델을 제시했으며,[105] 이에 근거해 쓰인『장애인 마을 아이들』이라는 책에서 또 다른 CBR의 판본을 제안한다.[106] 멕시코 한 마을에서의 자신의 경험에 기초하여, 그는 주로 의료적·물리적 치료로서 기술하고 있는 재활 사업에서의 주요 동력으로 장애인들 자신을 동원할 것을 강조하는 프로그램을 제출하고 있다.

이러한 전망은 개발도상국들 내에서 실제로 어느 정도까지 실현되어 왔는가? 통상적인 기부 관련 보고서를 제외하고, CBR 프로그램에 대한 독립적인 연구는 거의 존재하지 않는다. 딜라이앤 버크Deliane Burck는 짐바브웨에서 ILO 프로젝트와 연관된 연구를 수행하였는데, 이 연구에서 그녀는 지역사회기반의 원리를 쟁점으로 다룬다.[107] 그러한 원리가 진지하게 채택되길 바란다면, 장애에 대한 현지의 개념, 민간적이고 전문적인 치료의 관행, 장애인의 사회적 처지에 더 큰 주의가 기울여져야만 하며, 그녀는 자신의 연구에서 이 모든 문제에 대해 기술하고 있다. 파트리크 데블리허르Patrick Devlieger 또한 CBR 프로그램의 실행에 있어 현지의 개념과 관행들이 고려되어야 할 필요성을 강조한다(4장). 베네딕테 잉스타는 2년이라는 기간에 걸쳐 보츠와나에서의 WHO 프로젝트를 철저히 점검하였는데,[108] 이는 부분적으로는 CBR 모델을 평가하기 위한 것이었다. 또한 이는 부분적으로는 그곳의 장애인들이 가족들

105 David Werner, *Where There Is No Doctor*, London: Macmillan, 1979.

106 David Werner, *Disabled Village Children: A Guide for Community Health Workers, Rehabilitation Workers, and Families*, Palo Alto: Hesperian Foundation, 1987.

107 Deliane Jannette Burck, *Kuoma Rupandi(The Parts Are Dry): Ideas and Practices Concerning Disabilities and Rehabilitation in a Shona Ward*, Research Report no. 36, Leiden: African Studies Centre, 1989.

에 의해 숨겨지며 방치되고 있다는 통상적인 견해를 비판적으로 고려하면서, 농촌적인 아프리카의 환경 내에서 장애인들이 처한 상태에 대한 기본적 정보를 모으기 위한 것이기도 했다. 그녀는 CBR 프로그램이 지역사회에 기반을 두고자 의도하기는 하지만 실제로는 상의하달 방식으로 실행되며, 재활 과정 내에서 결코 지역사회를 활성화시키지 못하고 있음을 확인했다. 그것은 CBR 프로그램이라기보다는 오히려 하나의 외부방문 프로그램이 되어 버렸던 것이다.

장애인에 대한 프로그램들의 확립은 각 나라에서 상이한 속도로, 그리고 상이한 역사적 환경을 통해 진행된다. 전쟁과 이로 인해 발생된 상이군인들에게 서비스와 보상을 제공하려는 정부의 뒤이은 노력은 그러한 발전을 촉진할 수 있다. 신체불구자들의 가공할 만한 양산을 수반했던 제1차 세계대전이 유럽과 북미에서 장애에 대한 사회적 의식과 일련의 총체적인 재활제도의 마련으로 이어졌던 것처럼, 남부의 나라들에서도 전쟁은 장애를 입게 된 사람들을 돌보고 보상하려는 노력으로 이어졌다. 니카라과의 경우, 장애를 지닌 퇴역군인에 대한 정부 프로그램들은 여타의 장애인을 위한 단체들 또한 활성화되면서 함께 실시되었다. 프랑크 잘레 브룬Frank Jarle Bruun은 니카라과에서 장애인에 대한 사회적 정체성의 발전에 있어 이러한 영향력들의 상호작용을 보여 준다(9장). 짐바브웨 또한 파괴적인 내전을 겪었는데, 이 나라에서 재활을 향한 최초의 주요한 노력은 장애를 갖게 된 퇴역군인을 위한 대규모 시설을 세우는 것이었다. 이후에 이 시설은 몇몇 장애인단체들을 위한 자

---

108 Benedicte Ingstad, "The Myth of the Hidden Disabled: A Study of Community-Based Rehabilitation in Botswana", Working paper, Oslo: Section for Medical Anthropology, University of Oslo, 1991. 또한 이 책의 12장을 보라.

원센터로 재편되었으며, 정부는 참전 군인들뿐만 아니라 모든 장애인들에 대해 탈집중화된 지역사회기반재활 정책을 실시하였다.

장애인을 위한 단체들과 자선단체들은 북미와 유럽에서 오랜 역사를 지니고 있으며 남부의 나라들에서도 어느 정도 잘 확립되어 있는 반면, 개발도상국들에서 장애인에 의해 통제되는 단체들은 상대적으로 최근에야 나타나고 있다.[109] 그러한 단체들은 북부 나라들의 장애인 당사자 단체 모델에 기반을 두고 있으며, 대개 이들과 협력관계를 유지한다. 북부의 나라들에서, 장애인 당사자 단체들은 주로 장애인의 권리에 관심을 갖는다. 홍보와 로비 등을 통해, 그 단체들은 사회의 모든 영역에서 통합을 촉진하기 위하여 법률과 제도의 변화를 시도한다. 남부의 나라들에서는, 장애인 당사자 단체들 자신이 가장 당면한 필요가 실제적인 재활 프로그램이라 느끼고 있다. 많은 원조자들이 장애인 당사자 단체들을 통해 원조를 제공하는 것을 선호하고 있으며, 장래에 그 숫자나 활동 면에서 상당한 확장이 이루어질 것임은 의심할 바가 없다. 문제는 그러한 단체들이 어느 정도까지 장애인들을 대표할 수 있는가, 시골 지역에서 살아가고 있는 장애인들과 그 가족들의 광범위한 다수에게 활동이 미칠 수 있는가이다.

우리는 전 지구적인 장애의 정도를 조사하고자 시도하는 것에서의 어려움을 언급하는 것으로 이 장을 시작했다. 역사적 변환에 대한 이 절에서의 얘기들은, 장애를 산정하려는 시도 역시 또 다른 방식으로 문제

---

109 장애인을 위한 단체organization for disabled people라고 하면 전문가나 비장애인의 주도하에 장애인을 지원하는 조직을 가리키는 반면, 장애인의 단체organization of disabled people나 장애인에 의한 단체organization by disabled people는 장애인 당사자들에 의해 통제되고 운영되는 조직을 지칭한다. ─옮긴이

적일 수 있음을 언급하는 것으로 결론을 맺는 것이 적절할 듯하다. 국제 장애인의 해가 선언되었을 때 프로젝트들을 입안하기 위해 몇몇 개발도상국에서 설문조사가 실시되었다. 어떤 경우들에 있어, 그러한 설문조사는 매우 많은 비용이 드는 것이어서 프로그램들을 시행하는 데 활용할 수 있는 극히 적은 자원을 잠식했다. 장애에 관해 사람들을 면담하는 바로 그 행위가 그들을 위해 무언가 시행될 것이라는 희망을 상승시켰다. 어떤 후속적 이행 조치 없이, 장애에 관한 의식이 생성되었다. 간단히 말해, 이는 현재의 상황에 어떤 위험이 존재함을 시사한다. 즉, 사람들은 장애인이라는 꼬리표가 그들에게 부여할 것이라 기대할지 모를 어떤 급여도 존재하지 않는 상태에서 장애인으로서 정체화될 것이다.

이 책에서 우리는 장애를 상이한 문화들 내에서의 인간성과 인격에 관한 근본적인 가정들과 연관시킬 수 있기를 바란다. 우리는 손상이 인간으로서의 누군가의 가치와 사회적 인격체로서의 누군가의 위상에 영향을 미치는지 아닌지, 그리고 영향을 미친다면 어떻게 영향을 주게 되는지를 묻고 있다. 손상을 지닌 사람들은 그 가치가 손상된 사람들인가? 이 질문에 답하기 위해, 이 책의 기고자들은 장애라는 개념을 권력과 몸, 정상성과 질서, 개인적 능력과 사회적 존재라는 관념들과 연관시키고 있다. 그러나 인격과 장애라는 개념들은 단지 문화적 분석 '내에서 발견되는' 그러한 종류의 것이 아니다. 그러한 개념들은 미디어, 성직자, 의료보건직 종사자, 각종 개발기구들에 의해 주장되는 것이다. 그러한 개념들은 부모들에 의해 협상되고, 의례 속에서 표상되며, 손상을 지닌 사람들에 의해 논쟁되거나 또는 무시된다. 인류학자들로서, 우리는 그러한 개념들이 현지조사에서의 상호작용과 대화들을 통해 파악되거나 어렴풋이 감지됨을, 어느 정도 엄밀하게 체계화됨을, 다양한 정도의 권위와 감수성을 수반하며 쓰이고 있음을 알고 있다. 따라서 장애와 인격에 관한 하나의 질문은 또 다른 질문으로 이어지게 된다. 장애는 일상의 상호작용 속에서, 내러티브의 말하기 속에서, 학자들의 표상과 전문가들의 담론 속에서 어떻게 구성되는가? 이러한 구성들은 시간이 지남에 따라 어떻게 변화되는가?

이 책의 여러 장들은 두 개의 부로 묶여 있는데, 각 부는 어떤 내용이 들어 있고 각 장들이 서로 어떻게 연관되어 있는지에 대한 사전 개관을 독자들에게 제공하기 위해 짧은 서론을 동반한다. 1부에서의 주제는 장애와 인격의 개념이며, 이러한 주제가 다섯 개의 문화적 조건 내에서 검토된다. 2부에서 일곱 명의 기고자들은 손상들이 해석되고 경험되는 사회적 맥락과 과정들을 탐구한다. 마지막 장은 장애와 문화를 다루는 것과 관련된 분석적 이슈들을 조금 더 고찰하는 하나의 후기이다. 이 글은 더 진전된 연구를 위한 방향들을 제안하고 있으며, 이 책에 실린 논문들이 어떻게 그 길을 가리키고 있는지를 보여 주고 있다.

1부 | **장애, 우주론, 인격**

1부 서론

어떤 손상의 의미는 사람들이 인격체의 본질·기능·목적들과 관련하여 지니고 있는 가치 및 가정에 달려 있다. 사람들이 그들 자신을 평가하는 데 있어 준거가 되는 이상과 기대는 무엇인가? 인격체는 우주론적 양상 및 영향력과 관련하여 어떻게 이해되는가? 무엇이 인간이고 무엇이 비인간인가? 1부의 여러 장들은 사람들이 활동하고 있는 문화적으로 구성된 세계들이라는 견지에서 장애를 검토한다.

파트리크 데블리허르(4장)는 인간성의 문화적 범주들에 대한 전체론적 접근법의 가치를 예증한다. 자이르의 송계Songye족 사이에서, 아이들의 신체적 비정상성은 세 가지 유형으로 구분된다. 우선 '식동'式童, ceremonial children이 있는데, 그러한 아이의 출산은 어떤 예외적인 방식을 띤다(예를 들어, 쌍둥이로 나오거나 보기 드문 태위胎位를 띰). 그들은 특별히 존중되며, 치유의 능력을 포함하여 대개 어떤 특별한 힘들을 지닌다. '결함을 지닌 아이들'faulty children은 왜곡된 관계들을 나타내는 몸의 결손들(지체 손상, 경련성 마비)을 지니고 있으며, 보통 사람들과의 관계에 있어 경계적 위치를 점한다. (백색증 환자albino, 난쟁이, 뇌수종 환자를 포함하는) '부정한 아이들'bad children은 비인간이다. 비록 그들이 돌봄을 받기는 하지만, 그들의 가족은 아이가 살기 위해서가 아니라 죽기 위해서 이 세계에 온 것이라 믿고 있다. 이와 같이 생물학적 비정상성은 초인적인superhuman, 모호하게 인간적인, 비인간적인inhuman 것으로서 해석된다. 그러나 신체적 장애에 대한 송계족의 이해에 있어 중심적인 것은 몸의 특이성들에 대한 분류라기보다는 오히려 관계의 망들 내에서 체화된 인격체들이 지닌 배태성embeddedness이다. '왜 장애인이 되었나?'라는 질문에 대한 답변은 문제적인 관계들 내에서 구해진다.

　인격의 관계론적 개념은 이 책에서 기술되고 있는 몇몇 문화들에서 여러 다양한 방식으로 정교화된다. 이다 니콜라이센(1장)에 따르면 사라와크주 푸난바족 사이에서 하나의 인격체가 된다는 것은 사회적으로 인정된 아버지를 갖는가에, 그리하여 어떤 계층에 속하고 혈연 정체성을 갖는가에 달려 있다. 사생아들은 쌍둥이, 마녀, 혼령 아이들spirit children과 같은 비인간들과 마찬가지로 이를 획득할 수 없다. 그러나 그러한 것보다도 우선해서, 인격은 결혼과 아이들을 갖는 것을 통해서 실현된다. 어떤 종류의 손상들이 결혼과 아이를 갖는 것을 어렵게 할 수는 있지만, 그것을 가능하게 만드는 것은 가족의 책임이며, 필요하다면 손상을 지닌 개인에게 아이를 주는 것에 의해서 그 책임이 담보된다. 따라서 인격은 개인의 능력에 의존한다기보다는 사회적 정체성과 가족의 의무성에 달려 있다.

　유사하게, 에우드 탈레는 마사이족에게 있어 인격의 규정적 특성이 사회적 관계성 ─ 다른 사람들과 더불어 공동체적으로 사는 것 ─ 임을 제시한다(2장). '장애'란 마사이족에게 있어 주로 일상적 과업들을 수행하는 데 있어서의 실제적 무능력을 가리키는데, 이러한 무능력이 인격을 떨어뜨리지는 않는다. 신체적 차이들은 삶의 정상적인 일부로서 받아들여진다. 그리한 차이들이 이러쿵저러쿵 말해지기는 하지만, 사회적 관계성을 가로막지는 않는다. 누구든지 결혼할 기회를 또는 최소한 아이를 가질 기회를 지녀야만 하는데, 왜냐하면 하나의 인격체란

타인들과 더불어 그리고 타인들을 통해서만 존재하기 때문이다. 진실로 장애화된 인격체는 공동체로부터 배제된 자이다. 자신의 아버지에 의해 저주를 받은 아이인 파멜레우의 경우에서와 같이 말이다.

소말리somali족 사이에서의 인격에 대한 베른하르드 헬란데르의 접근법은 우주론과 건강추구의 관행들에 묻어 들어가 있는 기본적인 문화적 가정들을 분석하는 것이다(3장). 혈연 정체성이 중요하기는 하지만, 개인적인 차이들과 능력들도 인정되고 존중된다. 인격은 적응성, 성장, 변화를 필요로 한다. 따라서 이러한 것들을 가로막는 병약함은 인격의 감축이라고 할 수 있다. 헬란데르가 보여 주고 있는 것처럼, 어떤 이상이 치료될 수 없음을 받아들이는 것은 정체된 상태를 묵인한다는 것을 의미한다. 재활을 통한 적응과 발전이라는 사고는 이러한 관점과 조화되지 않는다. 즉, 치료될 수 없는 이상들은 자비를 받을 만한 것일 뿐 변화되지 않는다는 것이 그들의 관점인 것이다. 헬란데르의 글은 인격에 대한 개인주의적 개념과 사회중심적 개념 간의 단순한 이분법이 제시하는 것처럼 개인적 동학에 대한 관심이 서구 문화들에만 한정되지는 않는다는 것을 우리에게 일깨워 준다.

주디스 멍크스와 로널드 프랑켄버그의 글 또한 장애와 관련한 개인적 변화의 과정들을 다룬다(5장). 그러나 그들은 타인들에 의해 인식되고 있는 대상이 아니라, 자신의 상황을 성찰하고 있는 주체들을 다룬다. 다발성경화증을 지닌 사람들에 의해 쓰인 자서전들을 검토하는 데 있어, 저자들의 관심은 환경적 맥락보다는 이야기들 자체의 내용과 동학에 더 많이 기울여지고 있다. 그들은 시간·몸·자아의 개념과 이러한 요소들이 내러티브의 흐름에 연결되는 방식을 분석한다. 그렇게 하는 가운데, 그들은 유럽적 문화 내에서의 기본적인 가정들을 드러내며, 손상에 직면하여 인격의 의미가 해석되는 과정에서의 양상들을 확인한다. 이러한 내러티브에서의 인격체는 자율적이고 성찰적인 자아——의식에 자리를 잡고 있지만, 경험적인 측면뿐만 아니라 물질적이고 의료적인 측면 또한 지니고 있는 몸에 체화된 개인——이다. 내러티브의 전개는 상이한 시간의 개념들을 통해 이루어지며, 여러 다양한 단계들에서 관심과 시간은 자아와 몸에 각각 얼마간의 차이를 갖고 투여되는 듯 보인다. 내러티브들이 종료되어 감에 따라 자아-시간self-time이 지배적이게 되지만, 이는 질병의 수용과 더불어, 그리고 경험적이고 물질적인 몸에 대해 질병이 부여하는 제약들과 더불어 이루어진다.

손상의 원인에 대한 관심은 아프리카의 상황을 연구한 모든 기고문들에서 두드러진다. 혼령이나 인간 존재의 형태를 띠는 인격주의적인 personalistic 손상의 작인作因들은 이러한 환경들 내에서 인격의 관계론적 본질을 반영한다. 개인들은 그처럼 기본적으로 다른 존재들과 관련되어 있기 때문에, 그들의 몸과 마음은 그들 자신 외부의 작인들에 의해 쉽사리 영향을 받는다. 원인들이 관계론적인 것과 마찬가지로, 장애인들에게서 기대되는 수명 또한 관계론적이다.

자신에 관한 내러티브를 썼던 다발성경화증을 지닌 유럽인들은 다른 사람들과의 관계에 관심을 덜 지니며, 그들 자신의 마음 상태와 몸에 훨씬 더 주의를 기울인다. 아마도 우리는 유럽 문화에 있어 인격의 한 측면인 몸과 마음의 이원론이라는 견지에서 이러한 양상을 어느 정도는 예측할 수 있을지도 모르겠다. 몸 또는 적어도 몸의 한 유형[1]의 구성

---

1 5장에서 멍크스와 프랑켄버그는 체화된incarnate 몸, 생체적corporeal 몸, 육체적somatic 몸을 구별하고 있다. 자세한 내용은 본문을 참조하라. ——옮긴이

에 있어 생의학의 중요성은 이러한 분석에서 매우 뚜렷하다. 이 책에서 다루어지는 여타 예들에서의 장애 개념들보다 유럽-미국적인 장애 개념들에서 생의학은 훨씬 더 큰 문화적 중요성을 지닌다.

이러한 다섯 개 장의 저자들은 세계 여타 지역에 대한 연구들에서도 우리가 기대하는 장애에 대한 접근법을 계속해서 이어 나갈 것임을 시사하고 있다. 특정한 과업을 수행할 수 있는 능력이라는 견지에서 손상을 바라보는 대신, 그들은 우주론과 관련하여 인격에 대해 묻는다. 그들은 그 지역 고유의 분류법과 평가를 조명하면서, 그들이 기술하고 있는 사고들에 생명력을 불어넣는 풍부하고 다양한 사례 이야기와 예들을 제공하고 있다.

1장 인격체와 비인격체
: 보르네오 중부 푸난바족 사이에서의 장애와 인격

이다 니콜라이센*

"그 아이를 기르는 데 있어 핵심이 되는 것은, 아이가 혼령spirit이라는 점이에요." 그것은 다름 아닌 바로 아이 아버지의 말이었다. 그 아이를 함께 봤을 때, 이러한 견해를 피력한 것이다. 그것은 아이 할머니의 견해이기도 했다. 아이의 어머니는 아이를 안고 싶어 하지 않았다. 일단 당신 눈으로 직접 그 아이를 한번 보라. 아이의 손을 보고, 아이의 발을 보고, 아이의 얼굴을 보라. 그러면 당신은 뭐라고 말할까? 아이는 혼령인 것이다. 이 아이는 말이다. 아이의 어머니는 아이를 돌보고 싶다고 느끼지 않았다. 그녀는 아무것도 하지 않았다. 그녀는 그저 가만히 있기만 했다. 며칠이고 계속해서 아이는 아무것도 먹지 못했다. 누구도 아이에게 먹을 것을 주지 않았다. 그제야 아이의 아버지는 아이를 불쌍히 여겼다. 그는 아이를 그대로 보고만 있을 수 없어서 얼마간의 분유를 샀

---

* 이다 니콜라이센Ida Nicolaisen은 코펜하겐대학교 북유럽아시아학연구소Nordic Institute of Asian Studies 선임연구원, 칼스버그재단Carlsberg Foundation 유목민연구프로젝트Nomad Research Project 편집장으로 있다(2008년 현재). 차드, 니제르, 보르네오에서 현지조사를 수행했으며, 주요 연구 관심사는 문화적 정체성과 젠더, 종족 정체성, 사회문화적 변환, 우주론, 구비전승, 아동개발이다.

다. 그것이 지금까지 일어났던 일이다. 아이의 아버지가 분유를 샀다. 그것이 아이가 아직까지 살아 있는 이유다. 이 아이가 말이다. 아이의 아버지가 아이를 불쌍히 여겼을 뿐이다.

롱하우스에 있는 노파의 방 돗자리에 우리가 함께 앉자, 그녀는 준비해 두었던 베텔betel[아시아 남부와 동인도제도에서 널리 재배되는 식물로 그 열매와 잎이 씹는 담배처럼 애용됨—옮긴이]로 자신의 모든 주의를 돌렸다. 그녀는 석회를 바른 베텔 잎에 싼 열매 한 조각을 입안에 가져다 넣고는 침묵에 빠졌다. 나는 그러한 모습에 신경 쓰지 않았다. 나는 노파가 자신의 손자에 관해 이야기해 줌으로써 내게 보여 준 신뢰감을, 우리의 관계에 스며들어 있고 서로 이야기를 나누지 않고도 평온하게 앉아 있을 수 있게 해주는 친밀감을 소중히 여겼다. 그녀의 어둑한 방은 타는 듯한 열대의 일광과는 대조적으로 상쾌하게 시원했는데, 그러한 뜨거운 일광은 주변 우림의 벌레와 새들마저 조용하게 만들고 있는 듯 보였다. 그 방의 다른 거주자들은 자리에 없었는데, 내가 생각하기에는 논에서 일을 하고 있거나 롱하우스의 다른 방을 방문 중인 듯했다. 아이들은 롱하우스의 베란다와 강둑에서 놀고 있었다. 장애를 지닌 그 노파의 손자를 제외하고는 말이다. 그 아이는 처음엔 내 곁에 오지 않았지만, 이내 두리안durian[인도·미얀마·말레이반도 등지에서 재배하는 연한 황색의 과일—옮긴이] 열매를 먹으며 우리 사이에 조용히 앉아 있었다.

나는 그 '혼령'을 바라보았다. 그 아이는 약 다섯 살쯤 되어 보였고 바싹 여위었으며, 나이에 비해 작았다. 그리고 팔다리가 기형인 중증의 손상을 지니고 있었다. 아이에게는 손가락과 발가락이 없었다. 얼굴에는 언청이의 흉터가 있었으며, 정신적으로도 다소간 지체되어 있었다.

그는 탈리도마이드thalidomide[1]에 의해 손상된 아이의 외양을 지니고 있었는데, 보르네오 중부의 여러 종족집단 사이에서 의약품들이 철저히 통제되지 않은 채 입수되고 사용되었다는 사실을 고려하면, 약품이 그에게서 나타난 재난의 원인으로서 결코 제외될 수는 없었다. 그렇지만, 그의 핸디캡은 실패한 낙태에 의해 야기되었을 가능성이 더 높아 보였다. 그것이 아이의 할머니와 롱하우스의 다른 여성들이 지니고 있는 견해였다. 낙태는 푸난바족 여성들 사이에서 빈번한 일인데, 대개 검은 후춧가루를 바른 날카로운 대나무 칼을 가지고 시술한다. 그 아이의 기형은 충분히 그러한 시술방식이 태아에게 가한 손상의 결과일 수 있었다.

나는 아이의 상태와 아이 할머니의 말들을 곰곰이 생각해 보았다. 그 아이를 혼령, 즉 오투otu라고 말함으로써 그녀가 의미하고자 했던 것은 무엇이었을까? 그것은 단지 비유적 표현이었을까, 아니면 푸난바족은 실제로 그를 인간이 아닌 혼령으로, 인간과는 다른 종류의 존재로 인식하고 있는 것일까? 나는 그 아이가 자신의 고유한 인명을 지니고 있지 않다는 것을 알게 되었는데, 그는 내가 만난 이들 중 인명을 갖고 있지 않은 유일한 푸난바족이었다. 그 아이는 '베어 내다' 또는 '잘려진'을 의미하는 모툰motun의 약어인 오툰Otun으로 불렸는데, 그 이름은 분명히 그의 기형인 팔다리를 암시하고 있었다. 그 아이의 운명을 결정했던 것은 왜 아이의 아버지였을까? 어머니는 왜 처음에 자신의 아이를 만지

---

1 1953년 서독에서 개발되어 1950년대 후반~1960년대 초에 임산부들의 입덧 치료제로 판매되었던 약이다. 그러나 약물을 복용한 임신부들이 팔·다리가 없거나 뇌가 손상된 아이들을 출산하면서 사용이 전면 금지되었다. 탈리도마이드에 의한 장애아 출산은 전 세계 46개국에서 1만 명이 넘었으며, 특히 유럽에서만 8천 명이 넘었다. 이 때문에 탈리도마이드는 의약품의 부작용에 대한 가장 비극적인 사례로 기록되었다. 그러나 나병 합병증과 다발성 골수종 등에 이 약이 효과를 보이는 것으로 확인되면서, 1990년대 말 이후 제한적으로 다시 사용되고 있다. —옮긴이

는 것조차 원치 않았을까? 나는 푸난바족 사이에서 머물렀던 기간 동안 이러한 질문들 및 장애의 개념과 관련된 여타의 물음들에 대한 답을 추적했으며, 상황이 허락할 때면 언제나 신체적·정신적으로 손상을 지닌 사람들에 대한 푸난바족의 행동을 관찰했다.

1975년[2]으로 거슬러 올라가는 한 노파와의 이 대화는 우리로 하여금 분석의 노선 및 이 장에서 추적되고 있는 질문들을 일정한 궤도를 따라 밀고 갈 수 있도록 해준다. 그러한 분석과 질문들은 장애의 문화적 구성에 대한 새로운 통찰을 생성하고, 능력의 상실이 야기하는 사회적·심리학적 문제들에 보다 적절히 대처할 수 있는 역량을 강화하기 위한 것일 터이다. 장애는 걷기·보기·듣기·말하기·숨쉬기·배우기·수작업 수행하기와 같은 주요한 일상활동들을 제약하는 생물학적 또는 신체적 손상으로 정의되어 왔다. 이러한 정의는 서구의 의학적 관점에 뿌리를 박고 있기 때문에, 수잔 레이놀즈 휘테에 의해 지적되었던 것처럼 결코 객관적인 것도 가치중립적인 것도 아니다.[3] 장애에 대한 인식은 사회들 간에 차이가 있으며, 하나의 다종족사회 내에서조차 서로 다르다. 우리는 장애가 묻어 들어가 있는 문화적·사회적·심리학적 구조들에 민감할 경우에만, 그러한 장애를 과학적이고 실제적으로 다룰 수 있다. 모든 문화는 선입관에 대해 어떤 도전을 제기하며, 우리로 하여금 장애가 이해되고, 개념화되며, 다루어지는 방식에 대해 새로이 질문하지 않을 수 없도록 만든다. 따라서 우리는 비교문화적 일반화가 도출될 수 있는 과학

---

2 말레이시아 사라와크주 푸난바족 사이에서의 광범위한 현지연구는 1973년, 1974~1975년, 1980~1981년, 1983~1984년, 1986년에 수행되었다.

3 Susan R. Whyte, "Problems in Cross Cultural Research on Disability", eds. Frank Jarle Bruun and Benedicte Ingstad, *Disability in a Cross-Cultural Perspective*, Working paper no. 4, Oslo: Department of Social Anthropology, University of Oslo, 1990, pp. 197~198.

적인 지식체계의 생성을 촉진하는, 그러한 인식틀들을 선택해야만 한다. 내가 보기에 하나의 유망한 연구 노선은 여러 사회들에서 인격을 규정하고 개념화하는 방식을 조사하는 것이다. 최근에 이러한 분야는 인류학자들의 관심을 획득해 왔고, 상당한 문헌들을 산출했다.[4] 나는 우리가 이러한 분야에 대한 고전적 접근법을 넘어설 필요가 있음을 주장할 것인데, 그러한 고전적 접근법 내에서 인격은 단지 사회의 고유한 속성이라는 견지에서 규정되고 기술되어 왔다. 그리고 나는 또한 인간 존재그 자체의 생물학적 본질에 대한 문화적 인식을 분석할 필요가 있음을 주장할 것인데, 이는 주어진 문화 내에서 장애의 의미와 그것의 사회적중요성을 온전히 파악하기 위함이다.

모든 문화는 그 문화의 기본적인 가정들에 도전하는 이례적인 것들과 타협을 이루어 내야만 하며, 사회가 그러한 타협을 이루어 내는 방식은 그 사회의 구조에 관해 많은 것을 이야기해 준다. 메리 더글러스Mary Douglas는 깔끔하게 범주화될 수 없는 문제는 사회질서를 위협하는 것으로, 그리하여 위험하고 오염된 것으로 여겨진다는 것을 논증했다.[5] 그녀는 위험이 과도기적 상태 내에 존재한다고, 왜냐하면 과도기는 하나의 상태도 아니고 그다음의 상태도 아니기 때문이라고 썼다.[6] 그것은 정의할 수 없는 무엇인 것이다. 우리가 앞으로 보게 될 것처럼, 이는 빅터

4 M. Carrithers et al. eds., *The Category of the Person: Anthropology, Philosophy, History*, Cambridge: Cambridge University Press, 1985; A. W. Frank, "Bringing Bodies Back in: A Decade Review", *Theory, Culture and Society* vol. 7 no. 1, 1990, pp. 131~162; Grace Harris, "Concept of Individual, Self, and Person in Description and Analysis", *American Anthropologist* vol. 91 issue 3, 1989, pp. 599~612를 보라.

5 Mary Douglas, *Purity and Danger: An Analysis of Concepts of Pollution and Taboo*, London: Routledge and Kegan Paul, 1966.

6 ibid., p. 96.

터너Victor Turner에 의해 한층 더 정교하게 다듬어진 사고의 노선이다. 그러므로 우리는 아마도 정상적인 또는 완전한 사회적 인격체로서 여겨지는 존재와 장애인 사이에 존재하는 구분선의 상징적 경계로서 오염과 금기에 대한 관념들을 발견하게 되리라 예상할 수 있을 것이다. 장애인들이 별도로 분리되어, 하나의 범주로 사고되는 서구사회의 경우에서처럼 말이다.

서구세계에서 상당수의 장애 연구들은 로버트 머피와 그의 공저자들에 의해 지적되었던 것처럼,[7] 일탈의 관점으로부터 인격의 규정과 개념화에 대한 연구 분야에 접근해 왔다. 장애는 낙인에 대한 어빙 고프먼Erving Goffman의 저작에서처럼 주로 핸디캡의 견지에서 기술되었다. 그리고 장애인은 때때로 그들의 손상에 의해 오명이 찍히는, 사회적으로 주변화된 인격체로 간주되었다. 고프먼은 사회적 꼬리표 붙이기와 차별을 발생하게 만드는 구조적 요인들에 대한 탐구 속에서, 그러한 요인들에 뒤따르는 낙인의 유형들 사이에 전적으로 사회학적인 방식에 의한 구분을 두었다. 신체적 손상, 성격적 결함, 부족 또는 친족에 기반을 둔 낙인이 그것인데, 부족 또는 친족에 기반을 둔 것이란 그에게 있어 인종·민족·종교에 의한 낙인을 의미한다.[8] 그는 이러한 것들이 그들 자체로 또는 다른 것과 결합되어 긍정적 또는 부정적 가치를 부여받으며, 사회적 정체성들과 정상성에 대한 문화적 개념들을 형성하고, 긍정하고, 불신하는 데 있어 적용되는 기준들이라고 주장한다. 그렇지만 고

---

7 Robert Murphy et al., "Physical Disability and Social Liminality: A Study in the Rituals of Adversity", *Social Science and Medicine* vol. 26 issue 2, 1988, pp. 235~242.

8 Erving Goffman, *Stigma: Notes on the Management of Spoiled Identity*, Reprint, Kobenhavn: Munksgaard, 1975, p. 17.

프먼의 낙인 개념은 너무 포괄적이어서, 인격 및 장애의 관념들을 규정하고 형성하는 문화적 기준과 사회적 구조들을 탐구하려는 우리의 시도에 있어서는 제한적인 적용 가능성만을 지닌다.

최근의 한 논문은 장애인이 처한 상황이 '경계성'의 상태로서 분석되어야만 한다는 관점을 옹호하고 있다.[9] 그 개념은 일찍이 1908년에 프랑스의 인류학자인 아르놀드 방주네프Arnold van Gennep에 의해 『통과의례』라는 자신의 저서에서 사용되었다.[10] 방주네프는 삶의 중대 국면에서 행해지는 의례들은 개인들이 하나의 사회적 지위로부터 또 다른 지위로 이동하는 것에 대한 상징적 표현들이며, 그러한 의식들은 그 순서와 내용이라는 견지에서 고찰해 보면 세 단계로 구성되어 있다고 주장했다. 어떤 개인이 그/그녀의 이전 정체성으로부터 이탈하는 단계, 과도기 단계, 하나의 새로운 인격체로서 사회에 편입되는 단계가 그것이다. 방주네프에게 그러한 의례의 과도기, 중간적 상황, 경계적 단계는 동일한 외연을 나타냈다. 60년 후, 빅터 터너는 방주네프가 작업을 멈춘 지점에서 그러한 작업을 이어 나갔다. 그는 사회생활은 본래 개인들이 끊임없이 하나의 지위로부터 또 다른 지위로 이동 중에 있는 변증법적인 과정으로, 즉 정해진 지위가 없는 상태 또는 경계성이라는 림보limbo[11]를 통과하는 과정 내에 있는 것으로 사고되어야만 한다고 주장했다.[12] 경계적 사람들은 구조와 구조 사이의 위치에 있는 것이다. 그들은 하나

---

9 Murphy et al., "Physical Disability and Social Liminality", pp.235~242.
10 Arnold van Gennep, *Les rites de passage*(1908), trans. Monika B. Vizedon and Gabrielle L. Caffee, *The Rites of Passage*, Chicago: University of Chicago Press, 1960.
11 가톨릭교에서 사용되는 용어. 지옥과 천국 사이에 있으며 그리스도교를 믿을 기회를 얻지 못했던 착한 사람 또는 세례를 받지 않은 어린이·이교도·백치의 영혼이 사는 곳을 말한다.—옮긴이
12 Victor Turner, *The Ritual Process: Structure and Anti-Structure*, London: Routledge and Kegan Paul, 1969, p.97ff.

의 분류로부터 제외되었지만 아직 재분류되지도 않았다. 이러한 이유 때문에 그들은 위험한 사람들이며, 그들과의 상호작용은 의례적 형식주의라는 보호막 내에서 일어나게 된다.[13]

머피와 그의 공저자들은 미국 문화에서 장애인들은 그들 자신이 위와 유사한 이도 저도 아닌 불명확한 상태에 있음을 확인하게 된다고, 사춘기 통과의례를 겪는 이들과 장애인의 상황 간에는 어떤 유사성이 도출될 수 있다고 주장한다. 경계적 상태에 있는 신입자와 마찬가지로, 장애인은 별도로 분리되어 있다. 장애인들은 아픈 것도 건강한 것도 아니다. 그들은 명확한 지위를 갖고 있지 않으며, 오지 학교의 신입자들처럼 사회로부터 공간적으로 격리되어 있다. 그들은 회피되고 마치 보이지 않는 것처럼 취급된다. 머피는 어떤 휠체어 이용자가 비록 방 안에 있는 모두에 의해 인지되지만, 그럼에도 불구하고 어떻게 어느 누구에 의해서도 인정되지 않음을 경험하는지에 대한 강력한 예를 제시하고 있다.[14]

이제 푸난바족으로 다시 돌아가 보자. 푸난바족의 장애에 대한 사고와 그들의 문화적 전제들 및 사회적 구조 사이의 동태적 상관성을 검토하기 위해서 말이다. 그들의 사고·가치·사회생활은 이어지는 분석을 위한 민족지학적 현장을 구성해 줄 것이다. 우리는 푸난바족의 인간과 인격에 대한 개념들을 탐구할 것인데, 그러한 개념들은 그들의 장애 이해에 대한 틀을 형성한다. 이러한 배경하에서 우리는 장애의 문화적 구성과 손상을 지닌 사람에 대한 푸난바족의 가치 및 태도들 사이의 관계를 면밀히 고찰할 것이다. 우리는 인간의 범주들 사이에 존재하는 개념

13 Victor Turner, *The Forest of Symbols: Aspects of Ndembu Ritual*, Ithaca, N.Y.: Cornell University Press, 1967, p.93ff.
14 Murphy et al., "Physical Disability and Docial Liminality", p.238.

적 경계들을 분별하기 위한 하나의 방법론적 장치로서 더글러스의 견해들을 활용할 것이다. 그러한 개념적 경계가 존재하는 한에 있어서는 말이다. 그리고 푸난바족의 사회적 현실 내에서 머피가 제시한 경계적 존재로서의 장애인 개념에 대한 적용 가능성을 논할 것이다.

푸난바족, 그들의 사회와 문화

푸난바족은 보르네오 중부, 좀더 정확히는 말레이시아 사라와크주 제4지구 및 제7지구의 7개 롱하우스 거류지에서 살아가는 약 1,500명 정도의 소수종족 집단이다. 여기서 그들은 화전농업·사냥·어획·채집으로 생계를 꾸려 간다. 현금 수입은 사냥한 짐승, 물고기, 경질硬質 목재나 등나무와 같은 밀림의 산물을 팔고, 고무액을 추출하고, 목재 회사에서 임노동자로서 일을 해 얻는다. 푸난바족 사회는 계층화되어 있다. 수적으로는 적지만 큰 영향력을 지닌 귀족과 다수의 평민들로 구성되어 있는 것이다. 제2차 세계대전 이후 상황이 개선될 때까지는 노예들 또한 존재했으며, 그들은 귀족 가구들에 딸린 식솔들이었다.

우리가 푸난바족의 역사를 상당 정도 면밀히 추적할 수 있는 지난 150년의 기간 동안, 푸난바족 사회는 자국 및 여타의 외부적 힘들에 의하여 부과된 사회적·경제적·정치적 자극에 대한 역동적 반응 속에서 일련의 변환을 겪었다. 예를 들어 1920년대에 브룩 라즈Brooke Raj[15]가 사

---

15 사라와크 지역은 본래 브루나이의 영토였으나, 1841년에 영국인 제임스 브룩James Brooke이 연안의 해적들을 소탕한 공로로 브루나이의 술탄으로부터 영토를 수여받아 사라와크 왕국을 창설하였다. 브룩 라즈란 이후 1946년까지 사라와크 왕국을 지배했던 왕조를 일컫는다. 백인 왕조였기에 화이트 라자White Rajahs라고도 불린다. 사라와크 왕국은 1888년 이후 영국의 보호령으로 있다가, 1963년에 말레이시아의 한 주로 편입되었다. —옮긴이

라와크에서 인간사냥을 최종적으로 금지시키자, 푸난바족은 자애로운 조상 수호정령들에게 바쳐야 할 필수적 제물인 신선한 인간의 머리를 더 이상 구할 수 없게 됨에 따라, 그들 종교의식의 정점이라 할 수 있는 사베Save敎 방식의 의례에 변화를 주었다. 1950년대에 벌목이 처음으로 그들의 생활방식에 영향을 주기 시작하자, 사베교의 예언에 대한 신봉은 임노동과 양립 불가능해짐에 따라 결국 포기되었고, 푸난바족은 혼합주의적 성격을 띤 붕간Bungan교를 채택했다. 평가를 해보자면, 이는 세계 및 인간 상태에 대한 푸난바족의 이해를 구조화하고 있는 기본적 사고들의 유지를 가능하게 해주었다고 볼 수 있다. 인간의 몸과 인간에 대한 그들의 인식은 수십 년간 극히 적은 변화를 겪은 듯 보인다. 그리고 우리가 앞으로 살펴보게 될 것처럼, 이러한 인간의 몸과 인간에 대한 인식은 푸난바족이 장애를 인식하고 장애에 대응하는 데 있어 기반이 되는 개념체계의 핵심을 이룬다.

몸의 이미지들과 장애

푸난바족에게 인간의 재생산이란 일부는 생리학적이고, 또 일부는 영적인 과정이다. 태아는 남성의 '액체'인 일링ileang으로부터 창조된다. 즉, 일링으로부터 몸과 형체를 부여받는다. 일링은 혈액처럼 남성의 정맥을 따라 흐르며, 정자처럼 성교 시 사정된다. 여성의 자궁은 보금자리를 제공하며, 그 안에서 태아는 월경 피를 먹고 자란다. 남성은 몸에 이 귀중한 체액을 단지 한정된 양만 보유하고 있기 때문에, 혈액이나 정자와 마찬가지로 자신의 '액체'를 무분별하게 낭비하지 않도록 주의를 기울여야만 한다. 반면에 여성은 액체나 혈액을 풍부하게 지니고 있다. 매달 그러한 액체나 혈액은 심장으로부터 넘쳐 나와 질을 통해 배출된다. 푸난바족의 개념에 따르면, 태아는 자신의 조그만 손에 여성의 혈액을 받아 흐르지 않게 꼭 움켜 담고서, 이 자양분이 풍부한 액체로 살아간다. 세상에 나올 때까지 말이다.

창조자로서의 남성과 양육자로서의 여성이라는 이러한 이해방식은 푸난바족이 사베교를 따랐던 동안 고수했다고 알려진 일련의 금기 내에서 그 상징적 표현이 발견된다. 비록 더 이상 의무적인 것으로 여겨지지는 않지만, 젊은 남성들과 여성들은 그들이 최근까지 이와 같은 다양한 금기를 준수해 왔으며, 앞으로도 계속해서 준수할 생각임을 나에게 확인시켜 주었다. 아내의 임신 기간 동안에 남성이 금기를 지켜야만 어떤 불행한 일이 아이에게 발생하지 않는 것, 그리고 순조로운 출산이 이루어지는 것을 보장할 수 있다. 반면에 임신 중 여성이 준수해야 할 금기는 단지 출산하고만 관련된다. 그러나 남편과 달리 여성은 아이를 질환으로부터 보호하고 아이가 잘 자라는 것을 보장하기 위하여 출산 후에도 또한 금기를 준수해야만 한다.

신체적 손상의 형태들은 인간 개념에 대한 이와 같은 이해 및 이러한 이해 내에서의 남녀의 역할과 부합하는 관점에서 설명된다. 아이의 창조자이기 때문에, 선천적인 신체적 손상에 대해 책임을 져야 하는 것은 주로 아버지이다. 반면에 어머니의 행동은 출산과 일단 태어난 아이의 운명에만 영향을 미친다. 그러나 어머니의 탓으로 돌려지는 하나의 예외가 있는데, 그것은 맹이다. 여성이 임신 기간 중에 자신의 남편이나 다른 어떤 남성과의 성교를 허락했을 경우, 푸난바족이 말하는 바에 따르자면 "그 남성의 칼에 찔려" 아이의 눈이 손상을 입을지도 모른다. 그렇지만, 남성도 여성도 아이의 선천적 장애에 대해 반드시 책임이 있는 것은 아니다. 그들에게 책임이 있는지 아닌지는 여론을 형성하는 일련의 복합적인 사회적 요인들에 달려 있다. 이는 가족들 간의 사회적 경쟁, 그리고 지위나 통상 '뉴스'라고 불리는 것을 둘러싼 투쟁들과 밀접히 관련된다. 예를 들어, 한 젊은 남성은 그의 첫아이가 경련성 마비를 앓았다는 사실에 대해 인척들로부터 책임을 추궁받았다. 아이가 머리를 똑바로 들지 못한다는 사실에 의해 처음으로 자명해진 그 손상은 아이 아버지의 탓으로 돌려졌는데, 왜냐하면 아내의 임신 기간 동안에 그가 거북이 한 마리를 머리를 잘라 죽였기 때문이다. 그의 처부모와 처부모의 형제들은 이 불길한 사건에 대해 되풀이해서 언급했다. 그들의 이러한 행위가 그 젊은 부부의 삶을, 그리고 특히 그 남성의 삶을 사실상 견딜 수 없게 만들고 있다는 것을 잘 인식한 채로 말이다. 실질적인 쟁점은 그 아이의 손상이 아니었다. 그렇게 비난을 가한 것은 자신들의 딸을 그와 이혼시키기 위한 총체적인 노력의 일부였는데, 왜냐하면 그들은 그 남성의 사회적 배경, 경제적 성취, 전반적인 행동 모두가 불만족스러웠기 때문이다.

인간에 대한 개념은 영적인 힘들──좀더 구체적으로 말하자면, 어떤 부부를 통해 환생하고자 하는 조상들의 의지──에도 또한 의존한다. 신생아의 몸은 신체적 껍데기에 지나지 않는 것, 단순히 무언가를 실어 나르는 바구니, 푸난바족 말로 알라트allat로 간주될 뿐이다. 아이가 진정한 인간인 리노우linou가 되는 것은 오직 조상의 혼령이 그 아이 안에 영구히 자리를 잡을 때이다. 그 이전까지 아이는 단지 핏덩어리인 다da일 뿐이며, 이러한 환경하에서 낙태가 아무런 도덕적 문제를 수반하지 않는 것은 전혀 놀랄 만한 일이 아니다. 신생아가 진정한 인간이 되었다는 것은 몸을 돌리는 아이의 능력이나 첫번째 이가 나오는 것에 의해 알 수 있는데, 이러한 일은 대략 태어난 지 6개월 정도의 시점에 발생한다. 그리고 나서야 아이는 이름을 부여받으며, 정당한 한 명의 인격체로, 그 사회와 일정한 가족 및 계층의 새로운 구성원으로 간주된다. 그런 이후에야 죽었을 경우 그 영혼을 내세로 인도하는 의례와 더불어, 그리고 현세로 되돌아와 다시 한번 환생하는 것과 자기가 속한 가족의 존속을 보장하는 개장改葬의례와 더불어 온당하게 매장된다. 태어난 지 반년에 이를 때까지, 아이들은 근본적으로 진정한 인간이 아니며 사회적으로 인격체로서 규정되지도 않는다. 그때까지 아이들은 인명으로 불리거나 친족으로 대해지지 않으며, 단지 아기로서만 생각될 뿐이다. 터너의 말을 인용하자면, 그들은 구조와 구조 사이의 위치에 있는 경계적 사람들인 것이다.[16] 그리고 더글러스의 견해를 따르자면, 그들은 사람들을 오염시키는 것으로 간주된다. 이 경우에 있어서는 몸을 부여해 준 정액의 제공자인 아버지를 제외한, 모든 남성들을 말이다.

쌍둥이 신생아들은 이러한 경계적 사람들이라는 범주의 특정한 사례를 구성한다. 쌍둥이의 출산은 사회적인 불명예이며, 어머니와 아이들 모두에게 신체적인 위험성을 지니는 것으로 여겨진다. 쌍둥이의 출산은 일반적으로 탐욕스러운 성적 충동의 지표로, 부부가 여성의 임신 기간 동안에 성교를 자제하지 못한 표시로 해석된다. 즉 임신 기간 동안 성교를 했음에 틀림없고, 그리하여 쌍둥이를 낳았다는 것이다. 그렇지만, 이들은 "환생하기로 결정한" 조상의 혼령들에 의해 주어진 생명이다. 출산 시 이러한 혼령들은 그 아기들의 몸속에 들어가지 않지만—그러한 일은 이후에야 발생한다—어머니의 가슴에 자리를 잡

16 Turner, *The Forest of Symbols*, p.93ff.

는다. 그러한 강력한 두 개의 혼령을 머물게 하는 것은 여성에게 위험한 일이라고 푸난바족은 설명한다. 오늘날에는 만일 가능하다면, 해당 가족은 쌍둥이 한 명을 또 다른 롱하우스의 친족이 아닌 이에게 양자로 보내려 할 것이다. 그렇게 하는 데 실패한다면, 쌍둥이 중 한 명은 굶어 죽는다. 내가 아는 한 푸난바족 사이에 성인 쌍둥이는 존재하지 않는다.

심각한 선천적 기형 또한 마찬가지로 개인들을 경계적 지위에 놓이게 한다. 그러한 손상을 입은 개인들은 앞서 언급된 노파의 손자 경우에서처럼 비인간으로, 혼령으로 분류된다. 왜 그런지를 이해하려면, 우리는 푸난바족의 인간에 대한 이해를 좀더 면밀히 고찰해야만 한다. 푸난바족은 남성은 7개의 영혼을, 여성은 6개의 영혼만을 지니고 있다고 믿는다. 여성에게 없는 그 영혼은 오늘날 그들에게 거의 중요성을 지니지 않으므로 여기서 다루지는 않을 것이다. 남성과 여성 모두에게 가장 중요한 영혼은 몸의 영혼이라는 의미의 블루오우 오마르bluou omar 또는 생명의 영혼이라는 의미의 블루오우 우립bluou urib으로 알려진 영혼이다. 이 영혼은 호흡, 즉 잉가드ingad와 관련되며, 종국적으로는 간장肝臟, 즉 생명의 줄기 또는 중심이라는 의미의 포오 우립po'o urib에 위치하게 된다. 좀더 광의에서 보자면, 잉가드는 인간의 마음과 혼령을 의미한다. 그것은 감정·양심·성격·기질뿐만 아니라 지능과 기억까지를 포함한다. 몸의 영혼은 따라서 영적 자아·인성personality으로 여겨지며, 본질적으로 환생한 조상이다. 그러한 몸의 영혼은 정확히 몸과 비슷한 외형을 띠고 있으며, 환생한 조상을 닮았다고 여겨진다. 전통적으로 푸난바족은 아이에게 온당한 이름을 찾아주기 위해서, 어떤 조상이 그/그녀 자신을 환생시키기로 했는지 알아보는 데 점술을 활용했다.

일생에 걸쳐 몸의 영혼은 잠깐씩 자신의 신체적 껍데기를 떠나 떠돌아다닐 수도 있다. 이러한 일은 통상적으로 그 개인이 알지 못한 채 발생하며, 예를 들어 어떤 개인이 다른 누군가의 꿈에 나타난다는 사실에 의해서 드러난다. 영혼들은 동료 인간들의 부주의하거나 악의적인 행동에 의해 위협감을 느껴 몸 밖으로 나갈 수도 있고, 다른 혼령들에 의해 쫓겨날 수도 있다. 여하튼 그렇게 나간 영혼은 반드시 되돌아와야만 한다. 그렇지 않으면 병과 죽음이 나타나게 된다. 몸과 영혼 간의 구별, 그리고 영혼의 불안정성과 취약성에 대한 신념은 정신장애와 다양한 여타 질환뿐만 아니라 앞서 언급된 아이의 것과 같은 주요한 선천적 핸디캡들에 대한 푸난바족 이해방식의 주요한 설명원리를 형성한다. 그 아이의 외양은 비인간의 혼령에 의해 야기된 것으로서 해석되었다. 적절한 조상의 혼령 대신 그러한 비인간의 혼령이 그 아이의 몸을 점유했던 것이다. 그 아이는 괴물처럼 보였다. 몸을 점유한 혼령의 모습이 그러한 것처럼 말이다. 그리하여 아이는 그런 외양을 띠고 있는 것이다.

푸난바족 사이에서 나는 다운증후군이나 다른 형태들의 중한 정신지체를 발견하지 못했다. 그러한 손상을 지니고 태어난 아이들은 쌍둥이 중 한 명이 그러한 것처럼 '굶어 죽거나' 이른 나이에 사망하는 것이 아닐까 짐작된다. 좀더 경한 정신적 결함의 사례들은 발견된다. 그러한 개인들은 반半인간이라는 의미의 스텡가 리노우stenga linou로서 이야기되며, 그들의 손상은 좋지 않은 몸의 영혼에 의해 야기된 것이라 말해진다. 그들은 정상적인 사람들처럼 과업을 수행할 수 없고 사회적 역할을 충족시킬 수 없다는 견해가 완전히 받아들여지고 있었다. 어떤 남성은 한 젊은 정신지체 여성에 대해 "J는 왕겨와 같아요, 낟알이 존재하지 않는. 그녀는 일정한 목적 없이 여기저기를 떠돌아다니며, 아무것도 알지 못하죠"라고 말했다. 그러나 그녀는 유사한 상태에 있는 다른 이들과 마찬가지로 잘 보살핌을 받았다. 내가 잘 알고 있던 다섯 명의 정신지체인 각각은 가족들과 함께 안락하게 살고 있었으며, 그들 가족의 일부로 대우받았다. 그렇지만 가족들은 그 정신지체인들의 결혼을 성사시키기 위해 노력하지는 않았다. 나는 "단지 반쪽뿐인 사람들에게 결혼은 적절한 것이 될 수 없어요"라는 말을 들었다. "그러한 사람들은 배우자와 태어날 자식을 적절히 보살필 수 없기 때문에 미혼인 채로 살아가야만 하죠"라고 그 설명은 이어졌다. 그렇지만 나는 함께 살기 위해서 스스로의 힘으로 준비를 하고 있던 정신지체를 지닌 두 쌍의 남녀를 만났다. 양쪽 경우 모두 가족들의 우려가 존재하고 있었는데, 가족들은 그 커플이 태어날 아이들을 적절히 돌볼 수 없을 것이라고 판단했다. 이 경우에 있어서는 가족들의 견해가 옳은 것으로 판명되었다.

간질(라논lanon), 정신병이나 신경증 같은 광기(방겐bangen)는 푸난바족의 해석에서 또 다른 원인을 지니고 있는 것으로 간주된다. 간질과 광기는 어떤 이의 몸에 침입해서 몸의 영혼을 부차적인 위치로 밀어낸 채, 그 몸을 부분적으로 점령한 비인간의 혼령에 의해 야기된다는 것이다. 따라서 그와 같은 질환은 그 개인을 부분적으로, 그리고 아마도 단지 일시적으로만 비인간화시키는 것으로 인식되는 듯하다. 광인들은 폭력적으로 행동할 때에만 그들의 가족이나 같은 롱하우스 거주자들에게 위험한 것으로 여겨진다. 해당 가족의 관심과 재산에 따라, 광인들의 치료에는 얼마간의 노력이 기울여지게 될 것이다. 푸난바족은 다양한 정신질환들을 구별하지만, 그 질환의 정체나 원인을 항상 명시하는 것은 아니다. 모든 정신질환에 있어, 치료는 영매에 의존한다. 건강은 '몸을 교란하는' 혼령이 두 부분으로 분리될 경우에만 회복될 수 있다. 이러한 혼령의 분리는 장시간에 걸친 야간의 교령交靈집회 동안 영매에 의해 칼로써 상징적으로 이루어진다. 몸을 교란하는 혼령의 절반은 영매를 돕는 혼령들에 의해 내쫓겨지고, 나머지 절반은 자애로운 수호정령으로 변환된다. 그러한 수호정령은 그 개인을 미래의 공격들로부터 보호하고, 그/그녀가 또 다른 정신장애인들을 위해 자신이 받았던 것에 상응하는 치료의례를 수행할 수 있게 해준다고 말해진다. 광기의 혼령을 몰아내고 나면, 영매는 몸의 영혼에게 원래 위치를 되찾아 주고 상징적인 정화의례를 수행해서, 그 개인 안에 있는 영혼을 회복시킨다. 정신장애를 그러한 방식으로 이해하기 때문에, 푸난바족이 서구의 의사들에 의해 제공되는 치료에 제한적인 신뢰만을 갖는 것은 당연하다. 비록 전통적 방법으로 대처하기 어려운 경우에는 서구적 치료를 추구하지만 말이다. 그렇지만 그들은 영매와 그를 돕는 혼령들에 의해 제공되는 주문呪文 및 원조를 수반하는, 며칠 동안 계속해서 환자를 대중적 관심의 한가운데 놓이게 하는 그들의 전통적 의례들만이 궁극적으로 효과가 입증된 것이라고 믿는다. 몇몇 사례들에서 이러한 그들의 견해가 옳은 것처럼 보인다고 해도, 이것이 그다지 놀라운 일은 아닐 것이다. 정신질환자를 일시적으로 비인간화된 것으로서 파악하고, 특정한 치료를 위해 그들을 선별하고(치료를 받은 정신질환자가 원한다면, 그러한 치료는 그들로 하여금 삶의 나머지 기간 동안 다른 정신질환자를 치료하는 것을 가능케 해준다), 결정적으로 그들에게 일정한 음식 금기를 강제함으로써, 푸난바족은 정신질환자를 자신의 사회 내에서 특별한 범주의 사람들로 규정한다. 그들의 질환은 실제로 그들이 사회생활에 온전히 참여하는 것을 가로막기는 하지만, 푸난바족 사회는 일반적으로 그들로부터 성인의 인격을 규정해 주는 사회관계들을 박탈하지 않도록 그들이 처한 상황에 대처하고자 노력한다. 우리가 앞으로 보게 될 것처럼 말이다.

마녀, 즉 냐마닌nyamanin이 되었다는 혐의를 받는 이들에 대해서는 얼마간 또 상이한 이야기가 전개된다. 정신질환이 성공적으로 치료됨으로써 어떤 인격체가 획득한 수호정령이 갑자기 인간의 피를 갈망하게 되면 마법이 발생한다. 그러한 수호정령의 본성을 변화시킨 것이 무엇인지는 설명되지 않는다. 푸난바족의 견해에 따르자면, 그러한 일이 일어났다는 것은 롱하우스에서 인격체들이 말라 죽고 불가해한 죽음이 발생하는 것에 의해서, 그리고 마법이 의심되는 그 인격체의 소행과 관련된 꿈들을 통해서 입증된다. 마녀는 반드시 노인이며, 대개는 사회적으로 주변적인 지위에 있는 노인이다. 비록 예외가 있기는 하지만 말이다. 마녀들은 자신의 귀에 소문이 들어오고 나서야 그들의 수호정령이 한 행위를 알게 된다. 또는 타인들이 자신을 두려워하거나 회피한다는 것에 의해 이를 깨닫게 된다. 그러한 혐의에 관해 그들이 할 수 있는 것은 아무것도 없으며, 이 세기까지는 아마도 공개처형으로 끝을 맺게 될 것이다. 마녀는 여전히 비인간화된 사람들에 대한 또 하나의 범주를 구성한다. 그들의 인간으로서의 정체성은 기각되어 왔으며, 그들은 회피되고 있다. 그들의 신체는 선의의 힘이 아닌 악의 힘과, 혐의자들에게 심각한 결과를 초래할 수 있는 상황과 연계하여 사고된다.

전술된 내용으로 보자면, 푸난바족은 신체적·정신적으로 손상을 지닌 사람들이 그들의 상태에 대한 책임을 지닌다고 생각하지 않는 것은 분명하다. 우리가 하나로 뭉뚱그려 장애라는 꼬리표를 다는 다양한 분야에서의 능력의 결핍은 여러 다양한 해석을 부여받게 되며, 그 인격체에 대해, 요컨대 손상을 지닌 사람에 대해 전혀 다른 함의를 갖는다. 이러한 측면은 맹·농·농아·지체장애(예를 들어, 절름발)와 같은 신체적 손상에 대한 푸난바족의 이해를 고찰함으로써 한층 더 잘 조명될 수 있다. 이러한 불행들 중 어떤 것도 그러한 손상을 지닌 사람이 인간 이하의 존재로 인식되도록 만들지 않는다. 그 불행들은 몸의 영혼과 연계하여 사고되지 않으며, 따라서 그러한 인격체를 완전한 인간으로 평가하는 것을 가로막지 않는다. 그러한 불행은 어떤 인격체에게 통상적으로 깃들어 있는 여타의 영혼들 중 하나 또는 그 이상의 불완전함이나 부재 때문이라고 주장된다. 이러한 몸의 영혼 이외의 영혼들은 감각들, 즉 시력 및 청력과 연결되어 있으며, 운동능력과도 연결되어 있다. 선천적 맹은 아마도 눈의 영혼의 부재나 임신 기간 동안 어머니의 성행위에 의해서 야기된 것으로 설명될 것이다. 반면에 백내장이나 녹내장으로 인한 점진적인 시력의 상실은 눈의 영혼이 점차적으로 떠나가는 것에 의해 야기된다고 말해진다. 위의 영혼은 소화계를 통제한다. 또 다른 영혼은 성적 충동을 제어한다. 이러한 영혼들은 감각·운동·성적 발달에 따라 점차적으로 그리고 상호 독립적으로 몸에 들어온다. 이러한 견해는 감각 또는 운동기능의 손상을 지닌 사람들이 보완적인 능력을 획득하지 못한다는 사실과 합치된다. 그들이 자신의 장애를 보완할 수 있는 정도는 손상의 본질, 장애를 지닌 그 개인의 인성과 지능, 그/그녀 가족의 동정심에 달려 있다.

공간성과 가시성

직장생활과 가정생활이 뚜렷이 분리되고 개인적 성취를 강조하는, 상내적으로 부유하고 고도로 분화·전문화·세속화된 서구사회에 의해 장애인에게 제공되는 삶의 상태 및 질은 푸난바족 사회에서 발견되는 그 것과는 근본적으로 대조된다. 푸난바족 사회는 일과·의례·가족생활이 밀접히 통합되어 있으며 사회적 관계성에 가치가 주어지는, 물질적으로 가난하고 상당히 동질적이며 전문화되지 않은 사회인 것이다. 서구 사회에서 인격이란 개인의 능력 및 성취와 연관된다. 푸난바족 사이에서 인격은 무엇보다도 먼저 사회관계들과 연관된다. 혈연에 기반을 둔 다른 많은 사회들에서 그러한 것처럼 말이다. 조화될 줄 아는 사람, '타인들과 함께할 줄 아는 사람'이 사회적으로 존중받는다. 그렇다고 해서 개인성이 경시되는 것은 아니다. 푸난바족은 사회적으로 형성된 인격과 개인주의를 구별하며, '자신의 길을 추구하는' 이들에게는 그렇게 할 여지가 존재한다.

공동의 베란다에 공공의 공간을 지니고 있고, 그러한 공간을 거쳐야만 문을 통해 각각의 가족이 점유하고 있는 방에 이르게 되는 롱하우스의 바로 그 설계 자체가, 푸난바족 고유의 인격 형태가 형성되는 데 기여를 한다. 이러한 공동의 베란다는 부모, 조부모, 종종 고모와 삼촌, 배우자와 아이들을 동반한 형제와 사촌들이 함께 먹고, 즐기고, 일하고, 쉬고, 의례를 행하는 장소이다. 그 공간은 장애인이든 아니든 간에, 어떤 개인이 사회 속에 묻어 들어가 있는 존재로서 그/그녀 자신을 경험하게 하는 환경을 만들어 낸다. 롱하우스 내에서 공간적 격리는 가능하지 않으며, 그곳에서는 장애인 또한 별달리 분리되는 것이 가능하지 않다. 단지 광인들만이 그들의 질환 때문에 롱하우스와 떨어진 곳에 거처를 정하고 일시적으로 부근의 농장에서 생활하게 된다. 그러한 분리는 사회적 압력에 의해서가 아니라, 광인이 롱하우스 내에서의 부산스러운 생활을 견딜 수 있는 능력이 부재하다는 사실에 의해 야기된다. 광인들은 그들의 질환에 대한 진단에 따라 변화되는 일련의 음식 금기들에 의해 단지 상징적으로만 정상적인 삶으로부터 분리되는데, 그들은 병세가 회복된 후에도 그러한 금기를 유지한다. 신체적·정신적으로 손상을 지닌 사람들은 확대가족extended family[한 쌍의 부부와 그 미혼 자녀로 구성된 핵가족이 확대된 형태로, 근친을 포함하는 개념 —옮긴이]의 성원으로 살아간다. 그들은 그들 가족의 방에서 지내며, 친척들과 함께 먹고 잔다. 같은 롱하우스 거주자집단 속에서 여가 시간을 보내며, 그들의 능력이 닿는 데까지 사회적 행사와 의례에 참여한다. 그들의 핸디캡에 따라, 그들은 자신의 연령과 성별에 맞춰 가구의 일과에서 자기의 몫을 수행한다. 얼마간의 근면함을 실증해 보이면서, 가족의 여타 구성원들과 마찬가지로 말이다. 내가 알고 있던 장애여성들은 절름발이였든, 정신지체였든, 노령에 의해 무력해졌든 간에, 어린아이들을 보살피고, 음식 만드는 일에 참여하고, 건조를 위해 돗자리에 널어놓은 쌀로부터 닭을 쫓고, 옷들을 수선하고, 햇볕 가리개용 모자를 만들고, 담뱃잎을 따고, 집에서 쓰거나 내다 팔아 현금 수입을 올리기 위해 바구니와 돗자리를 짰다. 장애남성들도 마찬가지로 생산노동에 종사하며, 장애여성과 같이 그들도 성인이 부족한 가족들 내에서 거의 대부분 없어서는 안 될 존재로 여겨진다. 장애남성들은 도구를 제작하고, 닭장과 통발을 만들고, 어망을 짜고 수선했는데, 그것들은 가구의 생계에 반드시 필요한 일들이다. 나는 몇몇 장애인들, 특히 선천적 장애를 지닌 이들의 능력에 몇 번이나 깜짝 놀랐다. 한 맹인 남성은 마흔이 넘었는데, 코코야자 나무를 최고로 잘 탔다. 그는 아이를 데리고 물고기잡이를 다녔으며, 화전을 일구기 위해 덜 자란 2차림secondary forest[화재·병충해·벌목·풍해와 같은 큰 소요 이후 다시 자라난 심림지대 —옮긴이]을 밀림용 칼로 성리하는 작업에도 용케 참여했다. 나는 배의 후미에 앉아 있는 한 소년으로부터 단지 몇 마디의 안내를 받으며, 긴 보트의 뱃머리에 서서 삿대를 저어 급류를 통과하고 있는 한 맹인을 보았다. 내가 관찰할 수 있었던 한에서, 푸난바족은 신체적·정신적 손상을 지니고 있는 아이들을 다른 아이들과 마찬가지로 대한다. 내가 분간하지 못한 미묘한 차이가 있을 수도 있겠지만 말이다. 장애인들은 그들의 손상을 암시하는 별칭에 의해 별도로 구분되지도 않았고, 대개는 그들의 장애를 나타내는 용어로 불리지도 않았다. 내가 인식할 수 있는 한에서, 이는 그들이 인간과 인격체 양자 모두로서 인정되기 때문이다. 그들은 환생한 조상인 몸의 영혼을 지니고 있으며, 그러한 환생한 조상은 존중되어야만 한다. 그렇지 않으면, 그 경솔한 자에게 질환과 불행이 덮쳐들지도 모른다. 내가 푸난바족 사이에서 살았던 거의 3년의 기간 동안, 나는 그들 자신의 기본적인 필요를 살필 수 없을 정도로 그렇게 정신적으로나 신체적으로 손상된 개인들을 만나지 못했다. 단지 아이들과 매우 늙거나 병든 사람들만이 집중적인 돌봄을 필요로 하는 무력한 상태에 있다.

요컨대 신체적·정신적으로 손상을 지닌 사람들은 비가시화되지 않으며, 공간적으로 분리되지도 않는다. 머피와 그의 공저자들에 따르면, 서구사회에서 전형적으로 나타나는 사례에서처럼 말이다.[17] 롱하우스의 공간적 설계, 제한된 전문화, 단지 연령과 성별에만 따른 분업은, 신체적으로 손상되고 정신적으로 지체된 개인들이 다양한 일과들에서 그들의 몫을 수행하고 사회적·의례적 행사들에 참여하는 것을 가능하게 해준다. 나병leprosy[18]이나 결핵처럼 전염성이 있다고 여겨지는 질병에 걸린 사람들 또한 공간적으로 격리되지 않는다. 그들이 사용하는 접시와 컵을 따로 두는 조치가 취해지기는 하지만 말이다. 장애는 입에 담을

---

17 Murphy et al., "Physical Disability and Social Liminality", pp.235~242.

수 없는 어떤 것이 아니다. 푸난바족은 신체적 또는 정신적 손상들에 관해 터놓고 이야기하며, 손상을 지닌 사람 앞에서 그렇게 하는 것을 잘못된 태도라고 간주하지 않는다. 장애인 또한 그들의 핸디캡을 거리낌 없이 논하는 것을 회피하려 하지 않는다. 그들이 추함을 다루는 방식은 이와 대조적인데, 못생겼다고 여겨지는 인격체 앞에서 그러한 문제를 꺼내는 것은 가장 요령 없는 짓이라 할 수 있다. 우리는 이제 푸난바족의 견지에서 완전한 인격의 성취에 결정적이라 할 수 있는 사회적 능력과 그 기준들을 살펴볼 것이며, 그러한 사회적 능력과 기준에 대한 푸난바족의 개념들을 상술하는 한층 더 나아간 시도들에 대한 디딤돌로서 이와 같은 상징적 분리 및 낙인화의 부재라는 문제를 다룰 것이다.

인격과 장애

어떤 사회든 그 사회의 개인들이 단순한 인류human race의 성원으로서가 아니라 인격체로서, 즉 사회관계에 기반을 둔 일정한 구별되는 범주들의 표상으로서 인식되는 것을 매개하는 복수複數의 상징적 구조들을 지니고 있다. 클리퍼드 기어츠Clifford Geertz가 지적했던 것처럼 말이다.[19] 여러 다양한 문화에서의 인격체 개념을 탐구하고 인격체의 사회적 개념과 어떤 인간의 자기인식을 명확히 구별하도록 인류학자들을 고취

---

18 최근에는 나병이라는 단어에 각인되어 있는 부정적인 이미지를 피하기 위해 언론이나 공식문헌 등에서는 한센병Hansen's disease이라는 용어가 솜너 많이 사용되고 있다. 그러나 여기서는 leprosy/leper라는 단어 자체가 갖고 있는 원래의 뉘앙스를 살리기 위해 그대로 나병/나환자라고 옮겼음을 밝혀 둔다.—옮긴이

19 Clifford Geertz, "Person, Time, and Conduct", *The Interpretation of Cultures*, New York: Basic Books, 1973, p.363.

한 것은 인격에 대한 마르셀 모스Marcel Mauss의 고전적인 연구였다.[20] 어느 사회에서나 인격체의 개념은 광범위한 행동, 감정, 사건들을 해명해 준다. 우리가 장애에 대한 푸난바족의 이해와 반응을 구성하는 개념화들을 더 깊이 탐구할 수 있는 것은, 인격이 인식되고 표현되는 것 양자를 매개하는 상징적 형태들을 면밀히 고찰함에 의해서이다. 이후부터 나는 장 라퐁텐Jean La Fontaine을 따라서, 필멸의 인간 존재를, 말하자면 관찰의 대상을 지시하기 위해 **개체**individual라는 용어를, 그러한 대상에 사회적 의미와 정체성을 부여하는 개념을 가리키기 위해 **인격체**person라는 용어를 이후부터 계속 사용할 것이다.[21] 인격체라는 개념과 사회생활에 대한 완전한 참여를 가로막는 부정적 특질들은 사회적 맥락의 세부 지점들에 대한 역동적인 반응 속에서 형성된다. 그러한 개념과 특질들은 사회 그 자체에 대한 관념들과 권위·신념·도덕의 본질뿐만 아니라 조직구조를 조건으로 한다. 우리는 여기서 이러한 복합적 전체의 단지 일부 측면들만을 다룰 수 있으며, 그리고 나서 바로 푸난바족의 장애 개념과 중심적인 관계를 지니고 있는 측면들로 방향을 돌릴 것이다.

　　인격체에 대한 푸난바족의 관념을 주로 형성하는 사회관계들은 혈연, 계층, 결혼 여부, 연령에 의해 규정된다. 따라서 인격체는 인명, 친족 호칭어, 테크너님teknonym[자식, 특히 맏아이의 이름을 이용해 부르는 성인에 대한 호칭 —옮긴이], 네크러님necronym[죽은 사람의 이름을 이용해

---

20 Marcel Mauss, trans. W. D. Halls, "A Category of the Human Mind: The Notion of Person; The Notion of Self", 1938, eds. M. Carrithers et al., *The Category of the Person: Anthropology, Philosophy, History*, Cambridge: Cambridge University Press, 1985.

21 Jean S. La Fontaine, "Person and Individual: Some Anthropological Reflection", eds. Carrithers et al., *The Category of the Person*, p. 126.

부르는 호칭 ―옮긴이], 출생순서 호칭에 의해 불린다. 우리는 인격체에 대한 관념이 푸난바족 사회에 활성화되어 있는 친족 유대의 개념화와 밀접하게 연관되어 있다는 것을 익히 들어 왔다. 근본적으로 살아 있는 푸난바족이라면 누구든 어떤 조상의 화신이다. 그렇지만 모든 아이는 부계 친족집단과 같은 계층의 성원으로서 자리매김되기 위하여, 귀중품의 상징적 교환을 통해 어떤 인간의 정당한 자손으로서 인정되어야만 한다. 이러저러한 이유로 부계친족이 확립되어 있지 않은 개체들은 '개의 아이들'이라는 의미의 에네아 아우enea au로 알려진다. 그들은 단지 모계친족과의 유대만을 지닌, 어떤 경계적 지위에 있는 것이다. 그들의 사회적 지위는 심각하게 약화되어 있다. 그들은 의지할 아무런 부계 가족이 없다. 그러한 사람들은 아버지의 여자 형제가 실질적으로든 단지 분류상으로든 존재하지 않는다. 예를 들자면, 아버지의 여자 형제들은 신부대의 지불을 위해 반드시 필요한 귀중품들을 모아 줄 수 있는 존재들이며, 따라서 에네아 아우는 제대로 된 결혼을 할 수 없다. 끝내 이러한 불행한 상황에 처하게 되는 개체들이 많지는 않지만, 그렇게 결혼을 하지 못한 이들은 완전한 인격을 획득할 수 없다.

게다가 어떤 인격체는 성, 연령, 결혼 여부가 결합된 기준에 의해 다음과 같이 규정된다. 콜로비kolovi는 '아이(들)'를 의미한다. 콜로비 오로/콜로비 엘레이kolovi oro/kolovi elei는 글자 뜻 그대로는 '아이-여성/아이-남성'을 의미하는데, 이는 신체적으로 성숙한 십대의 미혼인 젊은 인격체, 성인기의 미혼녀와 미혼남, 결혼을 다시 고려할 수 있을 만큼 충분히 젊은 이혼한 인격체들을 포괄하는 범주이다. 오로/엘레이는 글자 뜻 그대로는 '여성(들)/남성(들)'을 의미하며, 이는 결혼한 상태임을 의미하는 분류 표시이다(의미전달이 불확실한 경우에는 '결혼한'을 의미하는 파우보pauvo라는 단어가 추가적으로 명기된다). 마지막으로 발루/블루아이balu/bluai라는 범주가 있는데, 이는 '과부/홀아비'를 의미한다. 주목할 만한 것은 성인이고 가임능력이 있지만 미혼인 인격체들이 각각 아이-여성/아이-남성으로 분류된다는 것이다. 우리는 여기서 장애 개념에 대한 푸난바족의 이해에 있어 핵심 이슈에 접근하게 된다. 그것은 바로 완전한 인격의 성취에 대한 또 하나의 필요조건이 결혼과 자식을 보는 일이라는 사실이다. 결혼을 하지 않았다는 것, 특히 자식이 없다는 것은 경계적 상태에 있는 것이며, 아이도 아니고 완전한 성인도 아닌 단지 중간적인 인격체, 즉 아이-여성 또는 아이-남성이 되는 것이다. 이러한 경계적 상태는 다수의 방법들을 통해, 특히 개장의례 동안 특정한 역할을 부여하는 것을 통해 상징적으로 표현된다. 그러한 개장의례는 죽은 인격체의 환생을 보장하는 데 기여하며, 따라서 궁극적으로 하나의 다산의례로 고려될 수 있다.

어떤 미혼인 인격체라도 그/그녀 가족의 성원이며 그들과 함께 산다. 시간이 지나가고 결혼이 영영 가능하지 않게 됨에 따라, 미혼녀들과 미혼남들은 주변화되어 감을 느낄 것이며, 점점 더 자기가 속한 가구의 부속물로 인식될 것이다. 그리고 그 가구는 여자 형제나 좀더 관계가 먼 여성 친척이 꾸려 나가게 될 것이다. 결혼하여 부부를 이루지 못했다는 것에 의해, 그 개체는 권리나 의견을 주장하는 것이 사회적으로 가로막히게 되며, 손님을 접대하거나 일정한 의례를 수행하는 것에 있어서도 마찬가지다. 가장 중요한 것은, 미혼인 인격체는 자신의 가구 내에서 반독립적인 경제단위를 구성하는 것과 적절한 시기에 완전히 독립적인 경제단위를 구성하는 것이 금해진다는 것이다. 여기서 인격의 이러한 측면들에 대해 상세히 설명하지는 않으려 하며, 완전한 인격의 성취를 위한 핵심요인인 자식을 갖는 것에 부여되어 있는 문화적·사회적 중요성에 대한 논의로 나아갈 것이다.

아이들은 단지 정서적 욕구를 충족시키고, 해당 가구에 대한 연속적인 노동력을 확보하고, 나이 든 부모를 부양하고 돌보며, 가족의 규모를 늘림으로써 그 지위를 튼튼하게 하는 것만은 아니다. 아이들은 궁극적으로 그 가족의 존속을 보증하기 때문에 원해지며, 문화적으로 원천적인 중요성이 존재하는 것이다. 자식은 현재 살아 있는 가족 성원들의 환생이 가능하기 위한 전제조건을 제공한다. 그 가족이 환생할 기회가 지속적으로 존재하도록 보증하는 것이다. 푸난바족은 아주 단호하게 사회란 신성한 조상에 의해 설립된 것이라고 이해한다. 사회는 전통의 사고들에 기반을 두고 있으며, 이전 형태의 투영이라고 인식된다. 이는 기본적으로 그 아이에게 환생한 조상의 이름을 따서 이름을 올바르게 지어 주기 위한 점술의 관행에서 상징적으로 표현된다. 이러한 사회 내에서 인격이란 본질적으로 사회적으로 중요한 이력의 충족이며, 부모의 지위는 그 이력의 알파와 오메가라고 할 수 있다. 문화적으로 유사한 다른 사회들과 마찬가지로,[22] 푸난바족 사회에서 모든 개체들이 완전한 인격을 성취하는 것은 아니다. 누군가가 아이를 갖고 있지 않다는 이야기를 들었을 때, 푸난바족은 루기 쿠오우lugi kuou라고 말할 것이다. 이는 '당신은 실패했다'는 의미이다. 그리고 그 말이 궁극적으로 나타내고 있는 것은, 아이가 없는 상태가 가져오는 위와 같은 지극히 중대한 측면이다. 성숙했지만 아직 미혼이라는 것, 아이-여성 또는 아이-남성이라는 것이 십대들로서는 자연스러운 상태이다. 그러나 십대들조차 애인

---

22 La Fontaine, "Person and Individual", pp.136~139를 보라.

이 있는지 없는지, 곧 결혼할 예정인지 아닌지에 대해 끊임없이 질문을 받는다. 궁극적으로 복표는 아이들을 낳는 것이다. 그렇게 하는 것이 정당한 인격체가 되는 것이다.

완전한 인격의 성취를 향한 핵심적 단계로서 부모의 지위에 대한 상징적 확인은 테크너님과 네크러님의 광범위한 사용에 반영되어 있다. 어떤 아이가 태어난 지 대략 6개월 정도의 시점이나 때때로 조금 더 늦게 자신의 인명을 획득했을 때, 그 아이는 하나의 인격체로 전환되며 인격체로서 존중되어야만 한다. 그 아이는 출생의 정당함만 인정된다면, 아버지의 가족과 어머니의 가족 양쪽 모두에 대한 유대에 의해 규정된 한 명의 친척이 된다. 이러한 유대의 형성은 그 아이를 부르거나 언급하는 데 친족호칭어를 사용하는 것에 의하여 상징적으로 확인된다. 만일 A라는 그 아이가 첫째라면, 부모는 친족호칭어와 동시에 테크너님 또한 사용하게 될 것이다. 즉 A의 아버지는 오만Oman A로, A의 어머니는 이난Inan A로, 조부모는 아케Ake A로, 증조부모는 아케 알로프Ake Alop A로 불리게 되는 것이다. 이러한 테크너님은 증대된 권위와 결합된 인격의 등급을 형성하는 것으로 간주될 수 있다. 그것은 완전한 인격의 성취를 암시하는 호칭인 것이다. 부모의 인명은 이전처럼 부모를 호칭하는 데 결코 사용되지 않으며, 그렇게 부모의 인명을 사용하는 것은 잘못된 태도이다. 그 아이가 죽었을 때를 제외하고는 말이다. 이러한 경우에 그 부모는 적절한 네크러님을 채택할 것이며, 조부모와 증조부도 역시 마찬가지이다. 그렇지만 그 아이가 단지 몇 살밖에 되지 않았다면, 즉 진정한 인격체로서 그 아이의 지위가 아직 미약한 연령이었다면, 그들은 그렇게 네크러님을 채택하려 하지 않을 것이다. 죽은 아이의 육신에 대한 개장이 수행되고 애도의 기간이 끝나면, 부모·조부모·증조부모의 인명들이 이전처럼 다시 사용될 것이다. 또는 그들은 테크너님과 네크러님이 혼합된 명칭으로 불리게 될지도 모른다. 그것은 같은 출생 대의 다음 아이, 즉 죽은 아이의 여자 형제나 남자 형제의 이름을 따서 구성된다. 이러한 명칭은 손자의 인명을 딴 테크너님을 채택할 수 있을 때까지 사용된다. 테크너님은 인격의 성취가 아이들을 갖는 것에 달려 있음을 나타내는 다양한 상징적 표현들 중 단지 하나라고 할 수 있다.

푸난바족의 현실을 기술하기 위하여 장애와 같은 개념을 사용하는 데 어떤 한계들이 내재하고 있는 것이라면, 즉 푸난바족에게 서구적인 장애 개념에 상응하는 개념이 존재하지 않는 것이라면, 나는 우리가 장애인으로 간주될 수 있는 상태하에 있는 두 범주의 사람들을 구별해야 함을 주장할 것이다. 하나의 범주는 비인간으로서 보류되어 있고 그리하여 사회적 인격체가 될 수 없는 사람뿐만 아니라, 일시적으로만 인격체였거나 영구히 비인간화되어 있는 존재를 포함한다. 마녀의 경우가 후자에 해당한다고 할 수 있다. 사회 일반에 위험한 것으로 간주되기 때문에, 마녀들은 주변화된 인격체로서 취급된다. 사람들은 그들을 두려워하고 회피한다. 그리고 동시에 그들에 대해 감히 어떤 것을 거부하지 못한다. 그들은 낙인화되어 있고, 그들의 지위는 재활을 불가능하게 만든다. 피를 갈망하는 마녀의 수호정령에 개입하고 도전할 만큼 충분히 용감한 영매는 존재하지 않는다. 다른 하나의 범주는 사생아, 즉 '개의 아이들'을 포함한다. 그들에게는 부계 쪽의 친족과 계층이 존재하지 않는다. 자식이 없는 사람들과 대조적으로, 이들 또한 '재활될' 수는 없다.[23]

---

23 이후 단락에서 설명되듯이 자식이 없는 사람들은 입양을 통해 자식이 없는 상태를 보완할 수 있지만, 아버지가 없는 사람은 부계의 친족이 없는 상태를 회복할 수 없다는 의미이다. ——옮긴이

누군가가 같은 가족의 성원으로서 환생할 수 있고 혈연체계 내에서 안정적인 지위를 확보할 수 있는 것은 단지 자식을 가지고 있을 때뿐이기 때문에, 자식이 없는 이들은 장애화된다. 자식이 없을 경우 그는 가계를 이을 수 없으며, 죽은 자와 산 자 모두를 포괄하고 있는 사회체계 내에서 제대로 자리를 잡을 수 없게 된다.

완전한 인격의 인식이라는 문제에 있어, 푸난바족이 지니고 있는 관념들은 탈렌시Tallensi족의 관념과 유사한 결과를 초래하는 것으로 간주될 수 있다. 마이어 포르테스Meyer Fortes는 조상 숭배가 중요한 역할을 하는 탈렌시족 사이에서, 진정한 삶을 완성하는 것만이 어떤 개체에게 완전한 인격을 부여한다고 말한다. 어떤 인격체가 아이들을 남기지 못하면, 이러한 진정한 삶은 성취되지 않는다.[24] 따라서 결혼을 하고 아이를 보는 것을 방해하는 요인들은 잠재적으로 장애를 일으킬 수 있다. 그러한 요인들은 심각한 신체적·정신적 손상에서 절름발·언청·맹·농과 같은 몸의 기형들과 불임에까지 걸쳐 있다. 검은 안색·고르지 못한 치아·비만 또는 바싹 여윔으로 인한 추함이나, 성급함·게으름·이기심 등의 인성적 특질과 같은 여타 요인들 또한 결혼의 가능성을 억제할지 모른다. 그렇다면 이러한 사실은 우리가 전술한 방식의 손상을 지닌 개체들과 관련된 어떤 것을, 어쨌든 하나의 범주로서 장애를 다룰 수 있다는 것을 나타내 주는 것이 아닐까? 그 답은 나의 견해로는 '아니오'이다. 첫째는 이러한 요인들이 반드시 결혼을 가로막는 것은 아니기 때문이다. 둘째는 상당히 중요한 지점인데, 푸난바족이 완전한 인격의 성취라

---

24 Meyer Fortes, "On the Concept of the Person among the Tallensi", ed. Jack Goody, *Religion, Morality, and the Person*, 1973, Reprint, Cambridge: Cambridge University Press, 1987.

는 이슈를 사회적이고 도덕적인 문제로서, 개체의 문제가 아니라 가족의 문제로서 다루기 때문이다. 따라서 그들은 자식의 부재라는 문제를 입양을 통해 대처하게 된다.

아이가 없는 다른 남녀 형제에게 자신의 아이들 중 한 명을 주는 것이, 푸난바족에게는 친사촌까지를 포함하는 범주인 형제·자매의 도덕적 의무이다. 그렇게 하는 것은 동정심의 표현일 뿐만 아니라 의무감의 표현이며, 아이가 없는 인격체와 그/그녀의 배우자에게 최상의 존중감을 함께 제공해 준다. 푸난바족은 남녀 형제 또는 친사촌 간에 이루어지는 그러한 아이의 교환을 입양이 아니라 하나의 선물로서 인식한다. 푸난바족의 개념에서 입양이란 혈연관계가 아니거나 좀더 관계가 먼 혈연관계의 부부들 사이에서만 일어나는 것이다. 이러한 관습 때문에 아이 없이 남겨져 있는 푸난바족은 거의 존재하지 않는다. 어떤 부모-자식 관계는 또한 꿈들을 통해 맺어질 수도 있다. 우리는 또한 정신지체를 지닌 인격체들이 어떻게 그들 자신의 힘으로 결혼을 했고 아이를 가졌는지를 들은 바 있다. 그 최종적인 결과란 내가 아는 바에 있어서는, 푸난바족 사회에서 끝까지 완전한 인격이 부정되는 사람은 아무도 없다는 것이다. 그 누구도 구조적으로 장애화되지는 않는다.

결론

개체들이 정상적인 일과를 수행하는 것을 방해하거나 완전히 막아 버리는 신체적 또는 성신석 부능력은 모든 사회들에서 하나의 문제로 인식되며, 대개의 경우 그 개체에 대한 핸디캡으로 간주된다. 그렇지만, 그러한 손상이 완전한 사회생활, 완전한 인격의 성취를 가로막는 정도는 사회마다 다르다. 장 라퐁텐은 베버Max Weber와 포르테스에 의지해 다음과 같이 주장한다.

> 관료적 위계제를 지닌 근대국가들에서, 사회는 그 국가의 시민인 경쟁하는 개체들의 조직으로 이해된다. 그러한 사회들에서 인격체와 개체는 사실상 구별되지 않는다. 이와 대조적으로 사회가 그 사회를 창립한 조상들의 전래물로 간주되는 곳에서는, 인격이란 사회적으로 중요한 이력을 충족시키는 것이며, 그 결정적 요소는 부모의 지위이다.[25]

푸난바족의 현실은 이러한 명제를 확인해 준다. 푸난바족 사이에서, 개체의 능력은 사회적 정체성의 형성에 있어 결정적인 것이 아니다. 사회적 정체성은 친족집단 내의 지위에 의해서, 그리고 롱하우스 공동체 및 종족집단과 같은 더 넓은 사회적 실체들 내의 지위에 의해 확립되며, 인격의 성취는 신체적·정신적 손상에 의해 가로막히지 않는다. 이러한 방식에서는 장애를 지닌 사람들이 오염과 위험이라는 개념에 의해 경계 지어진 하나의 범주로서 인식되지 않으며,[26] 서구사회의 경우에서처럼 '비가시적인 것'으로서 보류되어 공간적으로 격리되거나 경계적 사람들로 여겨지지도 않는다.[27] 개체들 간의 중요한 문화적·사회적 구별은 또 다른 유형으로 이루어진다. 즉, 그러한 구별은 비인간과 인간, 비인격체와 인격체 사이에서 이루어진다. 출생 시, 모든 개체는 비인간으로서 규정된다. 최소한 태어난 지 6개월의 시점에 이른 이들만이 인

---

25 La Fontaine, "Person and Individual", pp.138~139.
26 Douglas, *Purity and Danger*를 보라.
27 Murphy et al., "Physical Disability and Social Liminality", pp.235~242.

간이 되며——우리가 보았던 것처럼 일부는 그렇지 못하다——단지 그들만이 인격체로서, 친족의 일원으로서, 그 아버지와 같은 계층의 사회적 인격체로서 규정된다. 그와 같은 자격으로 인해 그들은 손상을 지녔든 아니든 존중되며, 그렇지 않다면 조상들의 격노를 초래하게 될 것이다. 자신의 몸이 악령에 의해 부분적으로 점령당했기 때문에 심각한 정신질환을 갖게 되고, 그리하여 일시적으로 비인간화된 이들조차도 인격체로서의 자격을 부정당하지 않는다. 또 다른 구별은 사회적 인격과 반사회적 (비)인격 사이에 이루어진다. 마녀들의 예에서처럼 말이다. 이들은 낙인화되며, 과거에는 죽임을 당했다.

인격에 대한 푸난바족의 규정은 사회 및 필멸하는 존재로서의 그들 자신에 대한 푸난바족의 개념과 밀접히 연관되어 있다. 그들은 그들 자신을 가시적이고 동시에 비가시적인 세계 내에 존재하는 것으로, 선한 존재이자 동시에 악한 존재로 파악한다. 이해의 근본적인 수준에 있어, 그들 자신은 이미 죽었거나 아직 태어나지 않은 자들의 비가시적인 영혼들을 껴안고 있는 종족집단의 현존하는 대표자들이다. 그들 종족집단은 외부적 힘들, 즉 악령들이나 적대적인 다른 종족집단에 의한 절멸의 위험을 끊임없이 받고 있는 사회적 존재이다. 따라서 최우선의 관심사는 종족과 가족의 존속을 보장하는 것이다. 이는 자기 자신과 타인의 생명을 위태롭게 하지 않도록 사려 깊게 처신하는 것에 의해, 신체적 필요를 충족시키기 위한 생계활동에 참여하는 것에 의해, 자식을 보는 것에 의해, 죽은 이의 환생을 지켜 내기 위한 공을 들인 장례와 2차 장례를 수행하는 것에 의해 성취될 수 있다. 신체적·정신적으로 손상을 지닌 사람들은 이러한 사회적 실체의 일부분이다. 그들 또한 조상들의 살아 있는 화신이며, 제한된 지능을 지녔든 정신질환이나 신체적 손상을 지넜든 간에 그들을 적절히 돌보는 것은 그들 근친의 도덕적 의무이다. 그들은 현세에서 정당한 존중을 받아야만 하며, 그렇지 않으면 조상의 응징이 있게 될 것이다. 그리고 그들의 영혼이 길을 잃지 않도록, 임종 시 적절한 돌봄을 받아야만 한다. 단지 비인간으로서 규정된 이들만이 이러한 대우로부터 보류된다. 비인격체이기 때문에, 그들은 사회적 권리와 의무의 망 내로 받아들여지지 않는다. 그들은 돌봐지거나 관심을 받지 않으며, 전통적으로 비인간으로 규정된 개인들에 대해서는 치명적인 결과가 수반된다.

사라와크주 일반과 특히 푸난바족 사회의 현재적인 사회경제적 변환에 의해 이와 같은 문화적 개념들은 위협을 받고 있으며, 그에 따라 신체적·정신적으로 손상을 지닌 사람들의 상황도 함께 위협을 받고 있다. 우림의 광범위한 벌목은 그 지역의 경제를 바꾸어 놓았으며, 이에 따라 보르네오 중부의 푸난바족 및 다른 많은 종족집단의 생활방식 전체를 바꾸어 놓고 있다. 대규모의 확대가구는 핵가족 단위와 소규모의 확대가족 단위로 분해되었고, 가족 성원들 사이의 공유와 협력은 감소하고 있다. 1980년대 초반 이래로, 푸난바족은 젊은 남성들이 목재회사를 위한 임노동을 통해 벌어들이는 현금소득과 그에 따라 확대된 교역 및 서비스에 의해 생성되는 현금소득에 점점 더 의존해 왔다. 현금은 또한 급속히 확장된 공공 영역에서도 획득되었다. 화전농업·사냥·밀림 산물의 채집과 같은 생계활동에는 더 적은 중요성만이 주어지고 있는데, 이는 암암리에 장애인들을 덜 호의적인 처지에 놓이게 하는 변화이다. 그러한 변화는 장애인들이 수행할 수 있었던 폭넓은 다양한 과업들, 게다가 그들에게 사회적 가치를 부여해 주었던 과업들을, 그 중요성뿐만 아니라 숫자까지도 줄어들게 만들고 있다. 내가 여기서 고려하고 있는 과업은 남성들의 경우 농장에 딸린 헛간의 지붕을 잇는 재료나 어망을 준비하는 일, 여성들의 경우 모자와 바구니를 만들고 돗자리를 짜는 일이다. 여성들에 의해 이루어지는 후자의 일들이 전형적인 예이다. 수십 년 동안 소비와 교역을 위해 채집되어 왔던 등나무는, 무한궤도식 트랙터를 가지고 목재를 뽑음으로써 초래된 피해로 인하여 점점 더 부족해지고 있다. 등나무를 채집하는 데는 더 많은 시간이 소요되며, 이에 따라 장애인들과 나이 든 여성들이 돗자리를 짜기 위해 등나무를 얻는 것은 훨씬 더 어려워졌다. 그것은 이전에는 그들에게 사회적 존중과 현금 양자 모두를 가져다주었던 활동이었다. 이러한 사회경제적 변화들에 순응하는 것은 문화적 변환들로 이어지고 있다. 즉 전통적 신념에 대한 지식과 그러한 신념이 적용 가능한 범위에 대한 확신이 줄어들고 있다. 이는 의례활동에 더 적은 노력만이 투여되는 것에 의하여 강제된 경향이라고 할 수 있다. 그들 자신 및 세계에 대한 푸난바족의 사고방식 속으로 부지불식간에 스며든 자본주의적인 서구의 가치에 발맞춰, 인격에 대한 재규정이 한 번 더 진행 중인 것처럼 보인다. 이는 그 '혼령' 아이와 같은 손상을 지닌 아이들의 생명을 구할지도 모른다. 그러나 그것은 아마도 다른 많은 이들의 삶을 상당히 덜 충만하고 더 어렵게 만들 것이다.

2장 아이는 아이일 뿐이다
: 케냐 마사이족 사이에서의 장애와 평등

에우드 탈레*

네가 아무리 영리하다 할지라도,
신은 너에게 모든 것을 동시에 주지는 않으신다.

한 마사이족 노인으로부터 들은 이 지혜의 말은 장애의 개념에 대한 배경을, 그리고 신체적 손상을 지닌 사람들이 케냐의 목축민 마사이족 사이에서 인식되고 대우받는 방식을 제시한다.[1] 그 진술에 담겨 있는 교훈은 삶에서 그 어떤 것도 당연한 자신의 것으로 받아들여서는 안 된다는 것이다. 왜냐하면 인간이 무언가를 얻게 되는 과정은 인간의 통제 너머에 있는 힘에 의해 형성되기 때문이다. 동전의 양면과 같은 행운과 불운은 무작위로 주어지며, 우리는 다음에 행운과 불운 중 어떤 것이 언제 그리고 어디서 닥쳐오게 될지 결코 알지 못한다. 전통적으로 유목생활을 해왔기 때문에, 마사이족 목축민들은 자연의 변화에 따라 가축 떼와

* 에우드 탈레Aud Talle는 스웨덴 스톡홀름대학교University of Stockholm 사회인류학 교수이자, 노르웨이 베르겐대학교University of Bergen 협력연구원이다. 탄자니아, 소말리아, 케냐에서 현지조사를 수행했으며, 주요 연구 관심사는 개발의 결과로 유목민 여성들이 처한 상황의 변화, 여성의 할례, 섹슈얼리티, 에이즈이다.
1 이 장을 쓰는 데 기초가 되는 자료들은 1979년에서 1981년 사이에 케냐 마사이족의 루도킬라니Loodo-kilani 지역에서 이루어진 현지조사 기간 동안, 그리고 이후의 짧은 후속 방문 시 수집된 것이다. 나는 모제스 올레 샤라르Moses ole Sharrar에게 진정으로 감사의 말을 전한다. 그는 현지연구에 참여해 주고 이 장의 초고에 건설적인 견해를 제공해 주었다. 나는 또한 그 초고를 읽고 논평을 해준 멜키오리 올레 마트위Melkiori ole Matwi에게도 큰 빛을 지고 있다.

함께 가족을 이동시키는 데 익숙하다. 마사이족은 얼마간 불확실하고 예측할 수 없는 환경에 적응하며 살아가는 과정에서, 예기치 못한 것에 대처하는 경험을 쌓아 왔다.

　마사이족은 장애를 일으키는 이상을 지닌 사람들을, 어떤 표준화된 일련의 행동들에 준거하여 언급할 수 있는 하나의 독립적이고 단일한 범주로 여기지 않는다. 바꿔 말하면, '장애'는 사람들을 분류하기 위한, 또는 상호작용에 있어서의 어떤 기준이 아니다. 마사이족은 신체적 손상의 다양한 형태와 정도들을 인지하고 있다. 이러한 손상을 지닌 사람들을 향한 인식 및 태도, 그리고 그들이 사회생활에서 맺는 관계는 다양할 뿐만 아니라 그들의 손상과 일차적으로 관련되지도 않는다. 이러한 근거에 따라, 나는 서구적 맥락에서 우리에게 매우 익숙한 '장애인'이 마사이족 사이에서는 발견될 수 없는 현상임을 주장하고자 한다. 신체적 손상을 지닌 사람들에 대한 서구사회 대 마사이족 사회의 상이한 개념화는 마사이족 사회의 존재론뿐만 아니라 이러한 사람들이 사회적 역할에 참여하는 정도와 관련하여 이해되어야만 하며, 사회적 인격체라는 개념을 구성해 내는 여러 관계들과 연루되어 있다.[2]

　마사이족 사이에서 '인간' ── 하나의 인격체(올퉁가니oltungani) ──이라는 것은 공유·관대함·협력이 가장 높은 차원의 미덕인 확장된 거주집단 내에서 다른 사람들과 공동으로 살아간다는 것(즉 '사회적'이라는 것)을 의미한다. 마사이족은 이러한 공동체적인 환경 내에서 그러한 가치들을 견지해 왔으며, 그들은 자손을 늘리고 번창해 갈 것이

---

2 Meyer Fortes, "On the Concept of the Person among the Tallensi", ed. Jack Goody, *Religion, Morality, and the Person*, 1973, Reprint, Cambridge: Cambridge University Press, 1987을 보라.

다. 한 명의 마사이족으로서 완전한 삶을 살아가기 위해 결혼하고 자식을 보는 것은 필수적이다. 장수, 많은 자손들, 가축들이라는 축복을 받은 ('운이 좋은') 마사이족 노인들은 좋은 삶(엔키숀enkishon)에 대한 이미지를 구현하고 있다.

목축민 마사이족

마사이족은 반半유목적인 목축민들이며, 케냐와 탄자니아 국경 양쪽의 광활한 사바나 지대에 거주한다. 그들의 총인구는 약 30만 명에 달한다. 부계혈족 관계와 남성들의 연령집단 조직은 개인들의 사회적 정체성을 규정하는 데 있어 결정적인 구조적 원리들이라 할 수 있다.

마사이족 목축민들은 일부다처제를 기반으로 하는 몇 개의 독립적인 연합가족들로 구성된, 다수의 산재된 정착촌들 내에서 살아간다. 결혼한 각각의 여성들은 아이들과 함께 거주하는 정착촌 내에 그녀 자신의 분리된 가옥을 소유하고 있다. 마사이족의 정착촌은 열 채에서 열두채 남짓의 가옥들로 구성된다. 영토적 이동과 계절별로 이루어지는 정착촌 간의 주민 및 가축의 이동은 다소간 척박한 환경에 대한 마사이족의 적응에 있어 통합적인 일부가 되어 왔다. 최근 몇십 년 동안 목축민 마사이족은 점점 더 정착성이 증가되어 왔다. 거주양식도 대규모 집단에서 벗어나 개별적인 가족에만 근거한 좀더 작은 단위로 바뀌어 가는 경향을 나타내고 있다.[3] 마사이족의 정체성과 자아정의self-definition는

---

3 Aud Talle, *Women at a Loss: Changes in Maasai Pastoralism and Their Effects on Gender Relations*, Stockholm Studies in Social Anthropology, no. 19, Stockholm: University of Stockholm, 1988을 보라.

목축민적 실천과 밀접히 연관된다.

가축은 마사이족 경제의 버팀목이다. 가족들은 소·양·염소 떼가 제공하는 젖·고기·피를 먹고 살아가며, 목축이 제공하지 않는 식료품과 다른 생필품들을 구입할 현금을 얻기 위해 가축을 팔기도 한다. 마사이족은 목축이 제공하는 식품에 대한 두드러진 문화적 선호를 지니고 있다. 그들은 그러한 음식이 그들을 강하고, 적절하며, 건강한 상태로 유지시켜 준다고 믿는다. 가축을 통한 생산물들은 또한 높은 가치를 지닌 것으로 평가되며 병자의 돌봄과 치료에 광범위하게 사용된다. 예를 들어, 질병이 발생했을 때 종종 염소가 도살된다. 염소의 뼈·지방·피로 만들어진 수프는 매우 영양가가 높으며 맛좋은 음식으로 간주되는데, 식물의 줄기·껍질·뿌리로부터 얻어지는 다양한 약용식물과 함께 요리되면 병자들을 위한 약으로 사용된다. 신선하게 받아 낸 소의 피는 언제나 새롭게 할례[남성 성기의 귀두 부분, 또는 여성 성기의 음핵이나 소음순 부분의 포피를 잘라 내는 의식—옮긴이]를 행한 소녀 및 소년들과 해산을 한 여성들에게, 잃어버린 피를 보충해 주고 원기를 회복시켜 주기 위해 제공된다. 이러한 사람들은 아픈 것으로 간주되지는 않지만, 그들이 허약하고, 치유되지 않으면 질병을 일으킬 수 있는 상태에 있다고 보는 것이다. 실제로, 피와 지방은 신체적으로 긴장되고 피로한 상태에 있는 사람들을 위한 일반적인 음식이라고 할 수 있다. 다양한 증상에 대해 약으로 사용되는 그 밖의 가축의 산물들로는 젖·지방·오줌·소의 똥 등이 있다.

현대적 보건의료체계는 마사이족 사이에서 지금까지는 건강에 있어 사선예방적인 것이라기보다는 사후치료적인 것으로서 다루어져 왔다. 정부는 주요 장소마다 진찰소를 운영하고 있으며, 행정구의 중심지에는 진찰소들이 다루기 어려운 환자들을 의뢰하는 병원이 존재한다.

아프리칸인랜드처치African Inland Church가 관할하고 있는 연구 지역에는 장애아동을 위한 재활원이 적어도 하나씩은 존재한다. 재활센터는 정원 약 70명 내외의 입소자들을 수용하고 있으며, 그들에게 치료와 교육을 제공한다. 또한 외래환자로서 매일 내원하고 있는 백 명 이상의 영양실조 아동을 돌보면서 음식을 제공한다.

아프리칸인랜드처치의 연구 지역에서 멀지 않은 마사이 거주 지역에 대한 한 설문조사에서는 마사이족의 대략 25%가 그들이 병들었을 때 정부가 운영하는 현대적 의료시설에서 치료를 구하고 있는 것으로 나타났으며, 거의 같은 정도의 비율이 개인병원의 '의사들' 또는 전통치료사들에게 진찰을 받고 있었다. 대다수가 어떠한 전문적인 의료적 지원을 전혀 찾지 않으며, 다양한 방법을 통해 스스로 알아서 치료하는 것을 선호한다.[4] 마사이족 사이에서는 의사의 처방 없이 살 수 있는 약품(이는 대다수의 지역 상점들에서 얻을 수 있다)뿐만 아니라 전통약을 이용한 자가 치료가 매우 광범위하게 퍼져 있는 것이다. 전통약은 주로 다양한 나무와 풀의 껍질, 뿌리, 잎으로부터 생산된다. 실제로 약을 지칭하는 단어와 나무를 지칭하는 단어가 마사이족의 용어에서는 올카니olcani로 동일하다. 나무와 풀의 치료적 특성에 관한 지식은 치료 전문가에게 제한되어 있지 않다. 그러한 지식은 대부분의 마사이족 성인들에게는 범상한 것이다. 그럼에도 치료사로서 일정한 계통을 이어받는 몇몇의 남성과 여성이 존재하고, 그들은 어느 정도 의료적 전문가로 간주되며, 따라서 약의 '효력'과 어떠한 질병을 치료하는 능력으로 인해 명성을 얻기

---

4 P.S.Nestel, "Nutrition of Maasai Women and Children in Relation to Subsistence Production", Ph.D.thesis, University of London, 1985.

도 한다. 그렇지만 마사이족 사이에서 의료적 전문화의 정도는 제한적이다. 소다회, 연기, 전지 산battery acid, 고춧가루, 꿀, 지방과 같은 산물들은 단독으로 또는 가축의 산물들과 혼합되어 치료의 과정에서 광범위하게 사용된다.

치료소, 개인병원의 '의사들', 전통치료사, 자가 치료와 같은 대안들 중 어떠한 질병에 대해 마사이족이 선택하는 치료의 방도는 질병의 원인에 대한 정의와 해석, 다양한 보건의료 선택지에 대한 물리적 거리, 상이한 치료 방법들에 대해 환자나 환자의 가족이 지니고 있는 신뢰도와 같은 다수의 정황들에 달려 있다.

누가 장애인인가?

마사이족 사이에서의 장애라는 관념을 정의하고자 노력할 때, 우리는 문화 번역cultural translation 및 언어 용법과 관련된 몇 가지 심각한 문제들에 직면하게 된다. 영어 단어 **장애**disabled는 통상 자신의 몸을 적절히 사용할 수 없는 누군가를 나타낼 때 사용된다. 그러나 그 단어는 어떠한 신체적 손상에 대한 단순한 인지를 훨씬 더 넘어서는 함의를 지닌다. 하나의 역사적이고 문화적인 구성 개념으로서, 서구적 맥락 내에서 장애라는 관념에는 사회적 열등함과 낙인이라는 함의가 매우 강하게 담겨 있는 것이다. **장애**의 이러한 문화 특정적 의미 때문에, 마사이족의 경우에는 그 용어를 직접적으로 적용하기가 어렵다. 그럼에도 불구하고 언어적 편의를 위해서 그 단어를 계속 유지하겠지만, 나는 문화적 함의들을 배제하고 단지 지시적인 의미 내에서만 사용한다는 것을 강조하기 위하여, 장애라는 단어에 인용부호를 사용하고자 한다.

'장애'인은 어떠한 방식으로든 어느 곳에서나 비장애인과 차이를 지닌 존재이다. 신체적으로, 정신적으로, 사회적으로 말이다. 마사이족 사이에서도 또한 그렇다. 그렇지만 누가, 어떠한 징후들에 의해, 언제, 무슨 이유로 장애인으로서 정체화되는지는 문화적으로 가변적이다. 지금 여기에서의 분석에 있어 결정적으로 중요한 것은 그러한 개인 내에서 발견되는 단순한 신체적 또는 정신적 차이들이, 위계의 개념을 내포하고 예외적인 조치와 관행을 요구하는 하나의 변별적인 '차이'로서 어느 정도까지 사회적이고 문화적으로 구성되는가를 아는 것이다.

마사이족에게 장애라는 개념은 매우 현저한 수준의 실제적 무능력이라는 의미를 지닌다. 장애인으로 인정된 사람은 근본적으로 자기 자신을 실제적으로 도울 수 없거나(절름발, 불구, 신체 일부가 절단된), 하나 또는 그 밖의 상태에 의해 자신의 활동에 있어 제한(맹, 기형, 간질 등)이 있는 자이다. 정신지체인이나 광인은 이러한 신체적인 의미에서의 장애인으로서 간주되지 않고, '정상이 아닌'(올모다이olmodai, 즉 '바보') 상태로 언급되는 것이 일반적이다. 외관이 정상적 표준으로부터 일탈되어 있는 사람들(언청이, 심한 화상을 입은 이들 등)은 그의 상해/손상이 신체적 활동을 제한할 경우에만 장애를 지닌 것으로서 간주된다.

마사이족에게는 장애를 일으키는 상태의 모든 범주들을 포괄하는 하나의 단일한 용어가 존재하지 않으며, 이는 그들이 장애를 그 자체로는 하나의 유의미한 개념으로서 사고하지 않음을 나타낸다. 마사이족은 장애를 일으키는 각각의 상태들에 대해 특정한 용어를 사용한다. 맹을 가리키는 에모두니emodooni, 농을 가리키는 에밍가니emingani, 간질을 가리키는 엔키테리아enkiterria(글자 뜻 자체는 '졸도한 사람'), 미쳤음을 의미하는 올로이리루아oloirirua(소리 지르고 난폭하게 행동한다는 의

미에서 미친), 난쟁이를 의미하는 엥오키eng'oki(불운한 꼬마라는 뜻) 등
이 그것이다. 영어에서의 장애에 가장 근접해 있고, 영어를 읽고 쓸 줄
아는 마사이족 사람이 장애disabled를 번역할 때 사용하는 단 하나의 용
어는 올마이마olmaima(지체장애를 뜻하는 영어 단어 crippled에 가까움)
이다. 글자 뜻 자체로 보자면, 올마이마는 짧은 다리를 지니고 있으며
걷는 동안 몸을 심하게 흔드는 큰 갈색의 도마뱀을 의미한다. 다시 말
해, 그 도마뱀은 어색하고 느리며 힘들게 걷는다. 그 용어는 신체적 손
상을, 그리고 다른 이들처럼 이동하고 걸을 수 없다는 사실을 강조한다.
이동성과 거주에서의 유연성이 일상적으로 요청되는 유목사회에서, 걸
을 수 있는 능력과 장거리를 빠르게 이동할 수 있는 능력은 생존을 위한
필요조건인 것이다.

　인간에게 있어 장애를 일으키는 상태를 묘사하기 위해 동물에 대한
은유를 사용한다는 사실이, 마사이족이 이동성에 손상을 지닌 인격체
와 동물인 도마뱀 사이의 유사성을 강조하고 있다는 의미로 해석되어
서는 안 된다. 클로드 레비-스트로스Claude Lévi-Strauss를 따르자면, 이
는 오히려 하나의 분류의 문제이다. 도마뱀이 빠르게 달릴 수 있는 다른
동물들과 구별되는 것처럼, '장애'인은 쉽게 걸을 수 있는 사람과 구별
된다. 올마이마라는 단어는 '장애'에 대한 마사이족의 개념화에 있어 신
체에 초점이 맞추어져 있음을 강력히 나타낸다.

　골절이나 그 밖의 다른 손상으로 인해 일시적으로 다리를 절뚝거리
게 된 사람 또한 어떤 상황에서는 올마이마로서 언급된다는 것도 주목
할 만하다. 마사이족 사이에서, 어떤 신체적 손상을 지니고 있는 사람은
대개 그러한 개별적 손상의 특질에 의해 정체화되고 명명된다. 맹이라
거나 농이라고 말해지는 것에서처럼 말이다. 그 사람이 지니고 있는 현

저한 신체적 특성에 근거하여 명명하는 이러한 관행은 우리가 장애인이라고 부르는 사람들뿐만 아니라, 모든 종류의 두드러진 생물학적 특질을 지닌 사람들에게도 마찬가지로 적용된다. 예를 들어, 마사이족은 종종 사람들을 '갈색의/검은색의 누구'와 같이 그들의 피부색을 통해 구별한다. '키 작은/키 큰 누구'와 같이 키를 통해 구별하기도 하며, '마른/뚱뚱한 누구', '하얀/갈색의 이를 가진 누구' 등등과 같이 여타의 두드러진 특징을 통해 구별하기도 한다. 신체적 특질에 근거한 명명하기가 어떤 경멸적 저의를 지니고 있는 것으로 해석되어서는 안 된다. 오히려 그러한 관행은 차이들에 대한 문화적 수용을 드러내 준다.

그렇지만, 다른 사람의 손상을 흉내 내기 등의 방법으로 조롱하는 사람은 상대방에게 불운을 야기할 수 있다. 마사이족은 '장애'인이 된 사람이 그러한 상태로 인해 비난받아서는 안 된다는 것을 인정하는데, 그처럼 된 것이 그 사람의 바람은 아니었기 때문이다. 어떠한 신체적 손상은 불운하거나 '나쁜' 것으로 간주된다. 마사이족은 '아픈 것' 내에 '힘'(엥골란engolan, 즉 '신력神力')이 존재한다는, 이를 자극하면 그 힘이 다시 나타날 수도 있다는 생각을 지니고 있다. 역효과를 막기 위하여, 마사이족은 좋은 것이든 나쁜 것이든 어떤 대상에 대한 직접적인 언급을 피할 목적으로 자주 완곡어법을 사용한다.

잠정적으로, 우리는 마사이족의 문화 내에서 장애인으로 간주되는 사람이 표준으로 규정된 것에서 신체적이나 정신적으로 일탈된 사람이 아니며, 그보다는 일상적 과업에서 필요한 도움 때문에 타인들에게 신체적으로 의존하는 사람이라고 진술할 수 있을 듯하다. 이러한 의미 속에서는, 노인(인타사티intasati)도 많은 실제적 도움을 필요로 하고 있다면 장애인으로 간주될 것이다.

마사이족 사이에서, '장애'인은 단일하지 않은 이질적 집단이다. 그들이 함께 공유하고 있는 것이 아무것도 없다고 사고되기 때문에, 그들에 대한 어떤 공통분모에 도달하기 어렵다. 마사이족 사회의 다른 모든 구성원들과 마찬가지로, 그들도 개인적 특성·능력·자원에 있어 상이하다. 그렇지만 그들의 신체적 능력이 손상되어 있다는 사실에 대해서는, 구성원 모두가 그렇게 간주하며 생각하고 있다.

우리의 목적이 그러한 마사이족 사이에서 하나의 개념으로서 '장애'를 구성해 내기 위한 것이어서는 안 된다. 오히려 비교문화적 대조와 번역이라는 우리의 프로젝트를 위해서는, 장애라는 개념을 해체하고 장애를 일으키는 상태의 구체적인 세부 항목을 고려해야만 한다. 이는 우리가 장애를 논할 때 가리키고 있는, 그러한 종류의 사회적이고 문화적인 현상을 보다 명백하게 만들어 줄 수 있을 것이다. 신체적이고 정신적인 손상 그 자체는 우리의 분석에서 그다지 중요성을 갖지 않는다.

질병과 장애에 관한 신념

모든 사회에는 질병과 보건의료에 대한 그 나름의 신념이 존재한다. 그러한 신념은 공통적이고 공유된 문화적 지식이며, 그 사회의 인식구조 내에 묻어 들어가 있다. 그렇지만 질병의 개별적 사례에 있어, 이러한 일반적 신념은 어떠한 특정 질병을 설명하고 해석하는 지침으로서 다소간 더 혹은 덜 관련될 수도 있다. 사람들은 대개 어떤 질병의 원인과 전개에 대해 그들 자신만의 특정한 이해를 지니고 있으며, 이러한 특정한 이해는 일부분 일반적 신념들 내의 목록들에 의지하기도 하지만, 사회적·경제적·정치적 특징에 따른 상황적 요인들에도 의존한다. 그러한 공유된 일반적 신념체계와 환자나 환자의 가까운 친족 및 보건 종사자들에 의해 이루어지는 개별적 사례에 대한 진단 간의 불일치는 아서 클라인만Arthur Kleinman으로 하여금 질병에 대한 설명과 치료에 있어 '일반적 신념'과 '설명모델' 간의 분석적 구별을 형성하도록 고무했다.[5] 이러한 두 수준은 필연적으로 상호 연관되며, 지속적인 상호과정과 피드백이 존재한다. 나는 클라인만의 이러한 구별이 유효하고도 중요하다는 사실을 알게 되었다. 신념체계의 일반적·전체적인 수준뿐만 아니라 구체적 설명의 개별적·상호작용적인 수준에 대한 분석을 동시에 유지함으로써, 우리는 신념체계가 어떻게 생성되고 재생산되는지를 기술하고 묘사할 수 있다. 이러한 관점은 질병에 대한 설명 및 해석의 역동적 분석을 위한 길을 열어 놓는다. 예를 들어 장애에 대한 마사이족의 개념화를 이해하고자 노력하면서, 그러한 이해를 단지 문화적 신념과 관련하여 기술하는 것은 현실을 오도할 수 있다. 우리가 장애라는 현상을 온전한 사회적·문화적 배경 내에서 파악하며 이해하고자 한다면, 그 장애 사례에 대한 맥락적 분석은 유익한 것이 될 수 있다. 나는 마사이족 사이에서 널리 퍼져 있는 질병과 장애에 관한 일반적 신념을 참조할 테지만, 그러나 동시에 인간 삶의 이러한 문화적 영역이 갖는 복합성과 상황적 특성을 지적하기 위하여 몇몇 사례를 설명할 것이다.

마사이족은 질병을 인간의 몸에 투영된 사회적 또는 우주론적 부조화의 신호로 인식한다. 그러므로 질병과 여타의 불운에 대한 가장 효과적인 예방은 사회적·영적 관계를 잘 돌보고 관리하는 것이다. 이에 따

5 Arthur Kleinman, *Patients and Healers in the Context of Culture: An Exploration of the Border-land between Anthropology, Medicine, and Psychiatry*, Berkeley, Los Angeles, London: University of California Press, 1980.

르면, 도덕적 비행과 규범적 준칙의 위반은 쉽사리 치료할 수 없는 질병과 같은 재앙으로 이어질 수 있다.

통상적으로, 마사이족은 질병의 두 범주 간에 구별을 둔다. 드물고 심각한 것들(엔키야enkeeya, 죽음과 동일한 용어로서 치명적인 가축 질병과 관련해서도 종종 사용된다)과 열병·독감·말라리아 등과 같이 범상한 것들(에무에이안emueyian)로 말이다.[6] 질병의 이러한 두 가지 범주는 어느 정도 상이한 치료방법을 요구한다. 후자의 범상한 질병은 가축을 도살하고 약초를 마련할 수 있는 누구에 의해서라도 치료될 수 있다. 그렇지만 전자의 심각한 질병에 대한 치료는 보다 세련된 방법을 필요로 하며, 전문적인 의례 지식을 요하는 문제다. 장애는 비록 범상한 질병(예를 들어 트라코마[7], 바아샤baasha)으로 시작되어 점점 장애를 일으키는 상태(맹)로 발전해 갈 수도 있지만, 그렇다고 치료가 수월한 질병도 아니기 때문에, 이러한 논의에서 하나의 경계적 사례에 위치한다. 드문 질병과 범상한 질병이라는 이분법적 시각 내에서, 선천적인 것이 아닌 종류의 장애 사례들은 전자의 범주에 속하게 될 가능성이 높다.

신체적으로 기형인 아이를 낳는다는 것은 일반적으로 불운(엔토로니entorroni, 즉 '나쁜 것', '죄')으로 범주화된다. 자연발생적인 유산, 여성의 불임, 장기간의 가뭄, 소의 유실, 여타의 불가해한 사건의 발생들 또

---

6 John Gordon Galaty, "In the Pastoral Image: The Dialectic of Maasai Identity", Ph.D. dissertation, University of Chicago, 1977; K. Århem, "Why Trees Are Medicine: Aspects of Maasai Cosmology", eds. Anita Jacobson-Widding and David Westerlund, *Culture, Experience, and Pluralism: Essays on African Ideas of Illness and Healing*, Uppsala Studies in Cultural Anthropology 13, Stockholm: Almqvist and Wiksell International, 1989.

7 눈의 결막질환으로 19세기 후반 전염성 질환이라는 것이 밝혀졌다. 경과가 길며 이전에는 실명 원인의 큰 부분을 차지하였다. 최근에는 예방법과 치료법이 크게 발달하였지만, 개발도상국에서는 여전히 비교적 많은 사례가 보고되고 있다.——옮긴이

한 생명을 부여하는 힘과 번창을 위협하기 때문에 엔토로니로 규정되며 '나쁜 것'이다. 불운은 근본적으로 '자연' 또는 엔카이Enkai(신)에 의해 초래되는 어떤 것이며, 마사이족이 겪어야 할 거친 삶의 조건들의 불가피하고 통합적인 일부분으로 간주된다. 다시 말해서, 장애를 지닌 아이는 마사이족이 일반적으로 받아들이는 삶의 현실 중 일부인 것이다. "우리는 단지 여타의 자연적 힘에 의한 불가해한 현상과 같이 그 아이를 만났을 뿐이에요"라는 장애를 지니고 태어난 아이에 대한 진술은, 그 아이의 손상이 엔카이의 작용에 의한 것이며 다른 방식으로 설명될 수 없다는 메시지를 전달한다. 장애는 인간의 이해와 치료의 능력 너머에 있다. 그것은 무작위로, 그리고 경고 없이 찾아온다. 마사이족은 초자연적이고 실제적인 수단들을 통해 그러한 사건들이 일어나는 것을 막기 위해 노력한다. 무엇보다도 우선, 집안에서의 일상적 의례를 실천하는 것뿐만 아니라 어떤 사람의 일생에 존재하는 여러 행사들에서 축원을 비는 규정된 종교적 의례를 거행함으로써, 그리고 가장 중요하게는, 사회관계의 지혜로운 관리와 돌봄을 통해서 말이다. 사람들 간의 상호작용과 사회적 질서에 있어 최우선시되는 하나의 원리는 엔카니트enkanyit라는 관념인데, 이는 조직상의 윗사람에 대한 '존경' 또는 '순종'으로 번역될 수 있는 것이다. 엔카니트라는 개념은 실제로 다양한 연령 집단에 속해 있는 남성들 간의 상호작용에 있어, 그리고 마사이족 사회의 남성과 여성들 간에 있어 하나의 지도적 원리라 할 수 있다.

때때로 기형인 아이와 관련하여 사용되는 용어에는 엥고키engoki(죄악)가 있는데, 이는 '불운'을 지닌 아이라는 의미다. 그 용어는 해당 가족 내에 어떤 종류의 물려받은 죄과가 존재함을 함축한다. 어떤 조상이 죽었을 때, 그가 후세에 나쁜 평판을 남겼을 수 있다. 마사이족이 생각하는 바에 따르자면, 하나의 중대한 악행은 나이 든 부모를 경시하는 것이다. 엥고키는 존속되어 어떠한 종류의 저주가 되는데, 이는 사람에 의해 사람에게 부과되는 것이 아니라, 신력에 의해 인간에게 부과된다. 신이 이러한 일이 일어나길 원한 것이며, 그 조상의 죄과에 대한 초자연적인 '징벌'이 장애를 지닌 아이라는 형태로 나타난 것이다. 그렇지만 그 아이가 그것 때문에 비난받아서는 안 된다.

그러나 또 다른 저주와 마법에 의해, 임신 기간이나 아이를 돌볼 때 행한 여성의 부정한 행위에 의해 다양한 종류의 장애와 질병이 초래될 수도 있다. 좋은 눈을 지닌 사람(일콘제크ilkonjek, 영어로 직역하면 'people with eyes') 또한 의식적이든 무의식적이든 동료 인간에게 다양한 방식으로 위해를 입힐 수 있다. 반드시 그들에게 영구적인 손상을 입히는 것은 아니지만, 장애 상태로 귀결될 수 있는 사고나 부상을 발생시키는 것을 통해서 말이다. 좋은 눈의 소유자는 춤추거나 노래하는 데 있어서의 특출한 재능과 같이 다른 사람이 소유한 능력이나 몸의 어떠한 부분을 (시샘의 의미에서) '찬탄하는' 개인들이다. 예언자처럼 앞을 내다보는 강력한 능력으로 잘 알려지고 경외를 받는 사람을 제외하고는, 좋은 눈을 지닌 사람은 쉽게 발견되거나 확인되지 않지만 우연한 계기 속에서 그 모습을 드러낼 수 있다. 한편 어떤 범주의 사람들은 다른 이들보다 '눈길'에 쉽게 감지될 수 있다. 특히 아기들은 피해를 입기 쉬우며, 마사이족 어머니들은 많은 사람들 사이에서 이동할 때 자신의 신생아를 보호하는 데 많은 주의를 기울인다. 또한 마사이족 전사들은 관목 숲 속의 고기 도축장에서 집으로 돌아올 때, 결혼한 여성의 시선으로부터 자신을 보호하기 위해 눈 주위에 숯을 칠한다. 가축을 도살하는 도축장에서 2~3주 정도가 지나면, 마사이족 전사들은 건강하고, 강하고, 매력적으로 보이게 된다. 성숙감과 번식력을 발산하기 때문에, 그들은 여성들에게 커다란 찬탄의 대상이 된다. 더욱이 가축무리 내에 있는 건장한 사람과 아이들은 언제나 눈길을 끄는 위험한 처지에 있다. 마사이족은 누군가가 소유한 많은 소 떼나 건강한 다수의 자손과 같이, 어떤 좋은 것에 대해 공개적으로 찬탄을 표현하는 것을 나쁜 징조로 간주한다. 그러한 이유로, 마사이족은 자신의 가축이나 아이들의 수를 세려고 하지 않는다. 그렇지만, 불길한 단어가 우연히 튀어나온다면, 그것을 말한 사람은 즉각적으로 그 부정적 효과를 중화시키기 위해 침을 뱉어야 한다.

인간에 의해 야기된 장애도 그 종류에 있어서는 신성에 의해 부과된 장애와 다르지 않을지 모르지만, 전자는 확인될 수 있으며 잠재적으로는 치료될 수 있다. 예를 들어, 소아마비('망가진'이라는 의미의 올퉁 오키길레oltung okigile, 또는 '절름발이의'를 의미하는 타루시tarrush)는 신에 의해서도, 그리고 인간의 개입에 의해서도 부과될 수 있다. 그러한 질병이 처음 누군가에게 나타났을 때, 주변 사람들은 그들이 사용할 수 있는 전통적·현대적 치유법을 통해 이를 치료하기 위해 노력할 것이다. 그러나 그 질병이 일정한 기간 내에 중단되지 않는다면, 이는 심각한 신체적 손상으로 귀결될지 모른다. 장애를 일으키는 상태로 발전한 질병은 물론 선천적인 기형을 지닌 아이를 낳는 것과는 매우 상이한 경험이다. 후자는 이견 없이 직·간접적인 엔카이의 작용으로 설명된다. 반면 전자는 보다 모호하고 다양한 원인을 지닐 수 있다. 저주의 부과, 마법, 규범을 어긴 비행, '존경'이라는 규칙의 위반 등으로 말이다. 그렇지만 이러한 두 가지 설명모델 간에는 아무런 명백한 구별도 존재하지 않는다. 오히려 이 두 가지 설명은 상호 교차된다. 상이한 인과이론 간의 상호 연결과 그 상대적인 설명적 가치는 사례에 따라 다르며, 사례의 구체적 내용을 통해 가장 잘 기술되고 분석될 수 있다.

저주를 의미하는 올데케트oldeket는 공개적으로 발언된 의례적 제재라고 할 수 있다. 그것은 어떤 한 사람에 의해서 '증거'를 앞에 두고 다른 사람을 향해 선언된다. 엥고카이engokai(신성한 저주)와 대조적으로, 그 효과는 다소 즉각적이다. 마사이족은 저주의 힘을 강하게 믿는다. 실제로, 사람들에게 일어난 불운의 대부분은 저주의 부과와 연결된다고 말해진다. 마사이족 사회에서 저주란 몇몇 친밀한 사회적 관계들의 한 측면이다. 특히, 아버지가 아들과 딸을 저주할 수 있다. 부인이 남편을, 역으로 남편이 부인을 저주할 수도 있으며, 어머니가 자식들을 저주할 수도 있다. 다른 친족들 또한 서로를 저주할 수 있으며, 연장자 집단이 연하자 집단을 저주할 수도 있다. 가장 유력한 저주는 '연장자들'에 의해 '연하자들'에게 부과된 저주인데, 이는 이러한 범주가 연령집단 제도에 의해 규정되며 연령집단 제도가 마사이족 내에서 지니는 강력함 때문이다. 그렇지만, 하나의 일반적 규칙은 어떤 저주가 도덕적으로 정당해야만 효력을 갖는다는 것이다. 저주의 부과, 또는 좀더 흔하게 이루어지는 저주를 하겠다는 위협은 와전된 상태를 제자리로 돌려놓는다.

비록 저주와 상이하기는 하지만, 마법(에사쿠토레esakutore, 에사쿠트esakut) 또한 영적인 힘을 사용하여 사람들에게 해를 입히는 의도적인 방식이다. 그렇지만 나쁜 의도를 지닌 사람들이 바라는 결과가 공공연히 말해지지는 않는다. 다른 사람에게 해를 입히기를 원하는 사람은 다양한 독초나 나무로부터 어떤 '약'(울로기ulogi, 스와힐리어[8]에서는 대

---

8 아프리카 남동부, 즉 탄자니아와 케냐를 중심으로 한 지역에서 공통어로서 쓰이는 언어. 아랍어에서의 차용어가 많으나 반투어족Bantu languages에 속하며, 반투어족에 속하는 언어의 대부분이 문자를 지니고 있지 않지만 스와힐리어는 오랜 문자의 역사를 지니고 있다. ─옮긴이

개 다와dawa로 언급된다)을 마련하여 이를 다른 성분들과 섞는다. 마법사를 제외하곤, 누구도 그러한 약의 다양한 성분과 이를 마련하는 절차를 실제로 알지 못한다. 그러한 약은 또한 다른 부족의 전문가들에게서 살 수도 있다. 마사이족 거주 지역의 동쪽에서 살아가며 반투어語를 사용하는 캄바Kamba족은 마법에 사용되는 약을 마련하는 기술로 특히 유명하다. 마법사는 마법의 목표로 삼은 사람에게서 얻은 타액, 머리카락, 또는 옷 조각과 같은 재료와 약을 혼합한다. 그리고 그것을 해를 입게 될 사람이 반드시 접촉하게 되어 있는 어떤 장소에 둔다. 즉, 집의 입구나 소 우리의 가운데 같은 곳에 말이다. 잇따라 몇 차례의 유산을 경험한 여성은 대개 마법에 걸린 것으로 의심받게 된다. 미쳐 버린 사람 역시 마찬가지이다. 광기를 지칭하는 단어인 올로이리루아 자체가 그 사람이 악령에 홀렸다는 사실을 함축한다. 매혹 또는 마법은 대개 마법에 걸린 사람을 시샘하거나 그에게 원한을 지니고 있는 사람에 의해 시행된다. 마법을 건 사람은 친형제이거나 먼 이웃일 수도 있다. 사람들은 자신에게 마법을 걸고자 원한 사람이 누구인지 결코 확신할 수 없다. 사실상 사람들은 자기가 마법에 걸린 것인지 아닌지조차도 확신할 수 없다. 자기 주변에서 어떤 기미를 느껴 다른 누군가가 자신에게 마법을 걸고자 노력하고 있거나 그러한 의도를 지니고 있는 것으로 의심된다면, 마법의 효력을 중화하는 최선의 방법은 예언자, 즉 올로이보니oloiboni에게 자문을 구하는 것이다. 예언자는 예언의 돌들을 '판독하여' 희생자에게 축원을 내린다.[9] 이러한 각각의 축원에는 사전에 관목의 잎으로 제조해 놓은 특별히 준비된 약과 같은 '제물'이 수반된다. 축원의 말을 내뱉는 동안, 예언자는 그 약을 입으로 내뱉는 방식으로 환자에게 뿌려 준다(인카물라크inkamulak, 말과 타액이 결합된 축원). 예언자의 자문과 축원은 마법이나 저주에 대한 치유로 간주된다. 이러한 예들에서 예언자의 축원은 또한 사람들과 가축의 증가와 번창을 위협하는 사악한 힘에 대해 보편적인 예방의 효과가 있는 것으로 여겨진다.

임신 기간과 그후에 행해진 여성의 어떤 행동이 아이를 병들고 약하게 만들거나, 예외적인 경우에는 기형이 되게 할 수도 있다. 마사이족 여성들은 임신해 있는 동안 몇 가지 계율을 준수해야 한다. 그러한 계율 중 하나는 임신 세 달째 이후부터는 성교를 금해야 한다는 것이다. 이러한 지침에 대해 부주의한 사람은 유산을 하거나 사산아 내지는 기형아를 낳을 위험을 각오해야 한다. 태아가 남근의 힘에 의해 다치거나 정액에 의해 위해를 입는다고, 정액이 성교를 하는 동안 자궁에 들어와 아이를 질식시키거나 아이의 몸을 하얀 반점으로 더럽힌다고 믿는 것이다(에르야타타eryatata, '반점을 지니고 태어난 아이'). 아이를 젖먹이는 동안에도 어머니는 여전히 성적 관계를 가져서는 안 되는데, 이는 수유 기간 동안의 성적 행위가 젖을 썩게 만들고 아이에게 설사를 일으킬 수 있다고 여겨지기 때문이다.

새로 결혼한 어떤 젊은 여성은 반복적인 설사의 발생으로 고통받는 젖먹이 아이를 키우고 있었는데, 그녀는 수유 기간 동안의 성행위 금지라는 규범을 위반한 것으로 비난을 받았다. 거의 석 달 동안의 지속적인

9 마사이족의 의례 전문가와 예언자(올로이보니, 복수형은 일로이보노크iloibonok)는 엔키동기enkidongi라 불리는 하위씨족으로부터 충원된다. 그들은 사람과 가축에게 다산과 안녕을 제공하고, 비를 불러오고, 미래를 예언할 수 있는 초자연적인 능력을 부여받은 이들이다. 그러한 의례적 능력은 부계를 통해 전승되지만, 가계의 구성원 중 단지 몇 시람민이 고토의 의례 기술을 실행할 수 있나(그렇지만 마사이족은 종종 치료의 능력을 지닌 모든 사람을 올로이보니로 언급하기도 한다). 예언의 돌은 특별한 조롱박이나 소의 뿔 속에 보관되어 있는데, 이를 엔키동기라고 부른다. 즉, 의례 전문가와 예언자가 배출되는 하위씨족의 이름 자체가 이로부터 유래한 것이다. 예언을 행할 때, 올로이보니는 조롱박을 흔들고 그 돌들을 바닥에 던진 후, 의뢰자를 위해 흩어진 돌들의 양태와 배열을 해석해 준다.

설사 후 그 아이는 매우 피폐한 상태에 놓이게 되었고, 어머니의 품을 떠나 아버지와 같은 집에 살고 있는 할머니에게로 넘겨졌다. 사실, 어머니와 할머니는 바로 옆집에 사는 이웃 사이이긴 했다. 그날 이후부터는, 할머니가 아이의 돌봄과 훈육에 대한 모든 책임을 졌다. 할머니는 아이에게 우유, 차, 오트밀 죽을 먹였다. 다행히 그 아이는 나아지긴 했지만, 몇 달 후 내가 그 아이를 보았을 때 여전히 매우 허약했고 영양실조 상태에 있었다. 그리고 그 아이는 무감응과 신체적 손상의 기미를 보였다. 그 가족은 아이를 위해 어떤 전문가적 도움도 구하지 않았고, 그 질병의 원인과 치료에 대한 그들 자신의 해석과 지식에 의존했다. 이 아이의 나쁜 건강 상태는 어머니의 도덕적으로 잘못된 행동에 의해 설명되었다.

이 절의 도입부에서, 나는 마사이족이 질병들과 그것의 관리 및 치료에 관해 어떠한 신념을 지니고 있음을 진술했지만, 동시에 개별적 질병의 사례에서 이러한 신념의 설명적 가치가 유동적임에도 주목했다. 위에서 기술된 어머니와 아래에서 살펴볼 파멜레우의 사례는 어떤 상황에서는 그러한 신념이 매우 강력하게 작용할 수 있음을 드러내 준다. 특히 그것이 여성의 도덕과 관련될 때는 말이다. 파멜레우의 사례는 마사이족 사회 및 그 도덕적 질서의 바로 그러한 근간, 즉 연령집단 제도에 의해 지배받는 것으로서의 남성과 여성의 성적 관계와 관련되기 때문에 특히 중요하다고 할 수 있다.

파멜레우: 저주의 사례

파멜레우가 태어났을 때 그는 자신의 아버지(즉 그의 사회적 아버지, 그의 어머니의 남편)에 의해 저주를 받았다. 그의 어머니가 다른 남자와의 관계를 통해 파멜레우를 임신했기 때문이다. 연령집단 조직은 마사이족 사회의 기본적 행동규범이라고 할 수 있으며, 다양한 연령 범주에 속하는 남성들 간의 관계뿐만 아니라 남성과 여성들 간의 관계도 통제하고 규정한다. 이러한 체계 내에서, 비록 결혼한 여성이 남편의 연령집단에 속해 있는 다른 남성과는 성관계를 맺을 수 있다 하더라도, 그렇지 않은 남성과 성교를 하는 것은 엄격히 금지된다. 파멜레우의 어머니는 남편보다 더 젊은 연령집단에서 연인을 만들었다. 파멜레우의 얼굴은 명백히 그의 생물학적 아버지의 인상을 드러냈다. 파멜레우의 출산은 하나의 스캔들이었으며, 그들이 살고 있는 지역의 모든 사람들이 그 사건에 관해 알고 있었다. 파멜레우의 사회적 아버지는 현재에도 활동 중에 있는 예언자이다. 그는 지금 다소 늙었지만, 이전에는 공동체 내에서 상당한 영향력을 지닌 사람이었다. 그는 파멜레우의 어머니 앞에서 "나는 아이를 죽이지는 않겠소. 그러나 그 아이는 무가치한 존재가 될 것이오"라고 말하면서 파멜레우를 저주했다. '무가치한 존재가 된다는 것'은 파멜레우가 소도, 아이도, 그 어떤 영향력도 갖지 못한 가난한 사람으로 살아가게 될 것임을 의미했다.

파멜레우가 자라나는 동안, 그는 언제나 다른 아이들과 지적으로 다소간 상이한 모습을 보였다. 그는 잘 보지 못했으며 인지력의 발달은 더딘 것처럼 보였다. 동시에 그는 힘이 셌고 일을 잘했다. 그는 자신의 친형제들 및 이복형제들(파멜레우의 아버지는 몇 명의 부인을 거느리고 있었다)과 함께 가축을 쳤다. 16~17세 정도가 되었을 때, 파멜레우는 조금 더 어린 이복형제와 함께 할례를 받았다. 그들은 같은 연령집단 내에 소속되었으며, 어린 전사들로서 시간을 함께 보냈다. 파멜레우는 인생에서 이 시점에 이르기까지는, 의무적인 성장의례들을 치러 냈다. 내가 듣기로는, 파멜레우의 형도 다른 아이들과 다소간 차이를 나타냈다. 그는 좋지 못한 시력을 지니고 있었고 말을 더듬었다. 그렇지만 파멜레우의 형은 아버지가 가장 아끼는 아들이었다. 그 형은 아직 젊고 결혼한 지 얼마 안 되었을 때, 그만 죽고 말았다. 파멜레우의 어머니 또한 그녀의 아들들과 마찬가지로 손상된 시력으로 인해 고통을 받았다.

아버지는 파멜레우를 항상 '바보'(올모다이)라고 불렀다. 아버지는 어머니에게 "당신의 그 바보 녀석을 갖다 버리시오"라고 말하기도 했다. 파멜레우가 커 감에 따라, 어머니 또한 파멜레우를 미워하기 시작했다. 파멜레우가 사소하지만 다양한 방식으로 지속적인 비행을 저질렀기 때문이다. 그 중에서도 특히, 파멜레우는 집에서 음식을 훔치는 버릇을 지니고 있었다. 그는 또한 빈번히 집을 나가기도 했다. 그는 명백히, 처음에는 그의 아버지로부터, 후에는 그의 어머니로부터 행해진 주술적 처방에 반응을 보인 듯했다. 부락의 다른 사람들은 파멜레우를 안쓰럽게 여겼지만, 사람들의 동정이 그의 아버지가 파멜레우를 저주했다는 사실을 바꾸어 놓을 수는 없었다.

내가 처음 파멜레우를 보았을 때, 그는 거의 맹이었고 자기 자신을 향해 중얼거리면서 하루 종일 아무것도 하지 않고 있었다. 그는 거의 움직이지 않았지만, 누군가가 그에게 말을 걸어오면 반응을 보였다. 비록 그의 주의를 끌기 위해서는 소리를 질러야 했지만 말이다. 누구도 그의 존재에 대해 별다른 주목을 하지 않았다. 그는 자신의 음식을 받아서 먹고 집에서 잠을 잤다. 어쨌든 그는 가족의 구성원으로 간주되기는 했다. 오랜 기간 동안 그는 집을 떠나 있었다. 그러나 그의 친척 중 누구도 그의 행방에 대해 그다지 염려하는 듯 보이지 않았다. 1981년의 어느 날 그는 집을 떠났고 1986년까지 돌아오지 않았다. 그가 사라진 후 몇 해 동안, 그의 가족은 파멜레우가 마사이 거주 지역 바깥에 나타났다는 소식을 듣기도 했지만, 가족들은 결코 그를 찾아내기 위해 노력하지 않았다. 파멜레우의 가족에게 그는 '죽은 사람'으로 간주되었다. 그는 한 명의 인간으로서 존재하기는 했다. 그러나 그는 결혼하지도 않았고 자식을 보지도 않았기 때문에, 요컨대 마사이적인 의미에서 그를 인격체로서 만들어 줄 수 있는 관계를 수립하지 않았기 때문에, 파멜레우는 그의 공동체 내에서 '실종된' 구성원일 뿐이었다.

사람들은 파멜레우의 운명을 아버지가 그에게 부과한 저주와 관련시켰다. 비록 그의 어머니 또한 파멜레우의 운명으로 인해 비난을 받기도 했지만 말이다. 파멜레우를 병들게 만든 것은 약한 시력이나 더디게 발달한 인지력이 아니며, 그가 자신의 아버지에 의해 저주를 받았다는 사실 때문이라고 사람들은 말했다. 파멜레우의 아버지는 자신이 아내를 벌하기를 원한다는 것을 구실 삼아, 그 저주를 풀기를 거부했다. 우리가 추측하건대, 동시에 그는 강력한 예언자로서 자신의 명성을 확고히 하기를 원했다. 파멜레우의 한탄스러운 상황은 파멜레우의 아버지가 강력한 힘을 지니고 있다는 것을 모두에게 분명히 했다. 마사이족의 예언자들은 유력한 축원자로 간주되는 것만큼이나, 효력 있는 저주의 힘을 지닌 것으로, 그리고 잠재적으로 위험스러운 마법사들로 알려져 있다.

파멜레우는 좋지 못한 시력을 가졌기 때문에, 분명히 신체적으로 손상된 존재이다. 그러나 마사이족 사회 내에서 파멜레우의 진정한 장애는, 그를 한 명의 인격체로서 주변화시키는 그러한 죄과적 관계의 산물이라는 불운한 운명으로부터 연유한다.

장애인의 치료와 장애인에 대한 태도

내가 아는 바로는, 마사이족은 전반적으로 장애인에 대해 어떠한 특별한 치료나 돌봄을 행하지 않는다. 그렇지만 몇몇 경우에는, 장애인도 회복을 위해 질병 진단과 치료의 통상적인 절차들을 필요로 하는 병자로 간주될 수도 있다. 예를 들어, 소아마비에 걸린 사람들이 그러하다. 소아마비에 걸린 개인들은 최소한 그 병의 첫 단계에서는 다양한 치료를 받는다. 어떠한 치료가 이루어질지는 장애의 원인에 달려 있기도 하고, 처음부터 장애를 갖고 태어났는지 후천적으로 그러한 병에 걸렸는지에 따라서도 달라진다. 마사이족은 엔카이에 의해 야기된 질병은 실제적 치료법이 없다는 사실을 받아들이고 있는 듯하다.

어떤 종류의 기형, 몸의 손상, '허약함'(저체중으로 태어난)[10]을 지니고 태어난 아이들은 많은 부분에 있어 다른 아이들과 같은 방식으로 다루어진다. 즉, 그들은 학대받거나 방치되지도, 특별히 호의적인 대우를 받지도 않는다. 그들은 다른 아이들과 같은 식단을 제공받고, 성장하는 동안 동일한 의례적 축원과 의식적 절차들을 경험한다. 사회적 집단에 통합되어 있다는 것이 주는 사회적이고 심리적인 이점은 그러한 아동의 생존과 관련되는 한에서는 또한 그 나름의 불리함을 지닌다. 장애를 지니거나 허약한 아동에게 어떤 특별한 치료나 대우가 제공되지 않는다는 사실은 종종 그 아동의 이른 죽음으로 귀결된다. 이러한 상황들은 마사이족 사이에서 장애인의 부재를 느낀 여행자들로 하여금, 마사이족이 선천적 기형아들에 대해 유아살해를 행한다는 잘못된 결론을 이끌어 내도록 하기도 했다.[11]

마사이족의 정보제공자들에 따르면, 기형아나 손상을 지닌 아동을 죽이거나 학대하는 것은 나쁜 것인데, 왜냐하면 그들이 '같은 혈족'이기 때문이며, 이는 그들도 인간임을 의미한다. 합법적인 성적 결합 속에서 한 남자와 여자에 의해 생겨난 아이는, 그 출생에 선행하는 관계들로 구성되어 있는 사회의 당연한 한 구성원이다. 비록 그 아이가 사회의 완전한 구성원이 되기 위해서는 인간화와 사회화를 위한 다수의 의례들을 통과해야 하지만, 탄생의 순간부터 사회적 존재라는 것에는 의심의 여지가 없다. 그러한 아이를 학대하는 것은 신에 대한 죄악(엥고키)이며 인간관계뿐만 아니라 신성에 대한 부당한 처사로 해석된다.

마사이족은 가축을 기르고 가축과 친밀한 관계 속에서 살아왔기 때문에, 그들은 또한 기형을 지니고 태어난 가축들을 경험하게 된다. 마사이족이 기형의 송아지, 새끼 염소, 새끼 양 또한 죽이려 하지 않는다는 것을 언급하는 것이 적절할 듯싶다. 기형으로 태어난 가축 새끼들을 죽이는 것은 매우 꺼려지는 행위이며, 그러한 행위가 어떤 좋지 않은 결과를 가져올지는 아무도 알 수 없다. 그렇지만 기형이 매우 심각한 경우라면, 마사이족은 자연의 섭리에 따라 그 짐승들이 죽도록 내버려 둘지도 모른다. 27마리의 새끼 염소를 낳았던 다리 셋인 한 염소가 집 안에서 길러지는 애완동물이 되었다는 일화도 존재한다. 나는 또한 그 주인들에게 매우 많은 도움이 되었던 기형인 가축들에 대한 예들을 듣기도 했다. '장애'아동들 또한 자손을 늘리고 쓸모 있는 존재가 될 수 있다. 마사이족은 아이가 어떻게 보이건 간에, 부모들이 언제나 그 아이를 돌보고

10 허약힘ameena, 즉 밀렸다는 의미에서의 약함은 일반적으로 장애나 질병으로 간주되지 않는다. 그렇지만 그것은 치유되지 않는다면 쉽게 장애나 질병으로 발전할 수도 있다. 마사이족은 허약함을 나쁜 건강의 징조로 간주하기 때문에 나는 그것을 여기서 언급했다.

11 Meritz Merker, *Die Masai: Ethnographische Monographie eines ostafrikanischen Semitenvolkes,* 1904, Reprint, Berlin: Dietrich Reimer, 1968, p.51.

책임을 지며 다른 여느 아이들처럼 가치 있게 여길 것이라는 점을 강조한다. 나는 손상을 지닌 아이들을 매우 헌신적으로 돌보는 부모들에 관하여 마사이족으로부터 많은 이야기를 들었다.

아기였을 때 침대에서 바닥에 놓인 화덕 위로 떨어졌던 한 소녀는 그와 관련된 하나의 예라고 할 수 있다. 그 소녀의 어머니는 술에 취해 깊은 잠에 빠졌고, 어떤 일이 벌어졌는지 알아채지 못했다.[12] 그 소녀는 이 사고로 손과 팔을 크게 다쳤다. 오른쪽 손은 절단해야만 했다. 왼쪽 손도 기형이 되었으며, 단지 두 개의 손가락만이 온전했다. 어머니는 그 소녀를 극진히 돌봤으며 그 둘은 언제나 함께 다녔다. 이웃들 중 몇몇은 그 소녀가 못쓰게 되었다고 말했다. 어머니는 항상 딸의 미래에 대해 걱정했다. 어머니는 딸이 여러 가지 일들을 수행할 수 없고, 그 중에서 특히 땔감을 모으거나 물을 긷는 것을 도와줄 누군가를 필요로 하기 때문에, 배우자를 찾는 데 어려움을 지닐 것임을 충분히 예견했다. 아이를 등에 매어 업는 여성의 가장 평범한 일조차도 그녀의 능력을 넘어서는 것이었다. 어머니는 딸을 위한 더 나은 미래를 그리면서, 그녀를 교육시켜야 한다고 주장했다. 신체적으로 장애를 지닌 아이들의 경우에 관한 한, 마사이족 부모들은 대개 정규교육을 그들이 추구하는 거칠고 힘든 유목적인 삶의 양식에 대한 현실적 선택지로 여긴다.

부모들의 지원과 보호에 대한 또 다른 예는 기형의 다리를 지닌 한 어린 소녀의 경우인데, 사람들은 그녀가 마법에 걸렸다고 말했다. 결혼할 수 있는 연령에 도달하여 할례를 받았을 때, 그녀는 일반적인 관습대

---

12 알코올의 남용은 마사이족 여성들 사이에서 흔한 일은 아니지만, 남성들 사이에서는 일반적이다. 그렇지만 알코올중독자가 된 여성들도 존재하며, 마사이족은 그 숫자가 증가하고 있다고 말한다.

로 한 남자와 결혼을 하고 남자의 집으로 옮겨 가 낯선 사람들 사이에서 살아가도록 강요받지 않았다. 부모의 집에서 계속해서 살아가고 그곳에서 아이를 가질 수 있도록 허락되었다. 그녀의 아이들은 그녀 자신이 속했던 가계의 일원이 되었고, 그녀 부모의 재산에 대한 합법적 상속인이 되었다. 할례 후에도 딸이 그녀 자신의 집에 머물도록 하는 이러한 관습(엔티토 엔캉entito enkang, '집에 머무는 소녀')은 실제로 상당수 부모들이 여러 다양한 이유로 선택하는 결혼에 대한 하나의 대안이다. 그것은 신체적으로 손상을 지닌 사람들에 대한 특별한 제도가 아닌 것이다. '집에 머무는 소녀'는 여성들 가운데서는 특권적 지위를 갖게 된다. 그녀는 그녀 자신의 혈족들 가운데에서 살아가며, 더욱 중요하게는 남편이라는 한 사람의 의지에 굴복할 필요가 없다. 그러한 여성들은 비록 독신이기는 하지만, 그럼에도 불구하고 합법적인 아이를 낳을 수 있으며, 이로 인해 공동체의 모든 행사들에 대한 완전한 참여를 보장받는다.

장애를 지닌 아이들을 적극적으로 돌보고자 하는 마사이족 부모들의 태도는 아동재활원에서 일하는 선교사들에 의해 확인된다. 그들은 치료를 위해서 다리를 절거나 기형인 아이들을 재활원에 데려오고자 굉장히 먼 거리를 마다치 않는 아버지들의 이야기를 들려주었다.

그렇지만, 때로는 상반된 시각의 이야기를 들을 수도 있다. 마사이 거주 지역 내에서 일차보건의료 프로그램에 종사했던, 교육받은 한 마사이족 여성은 어떤 어머니의 이야기를 들려주었다. 그녀는 백신접종을 위해 자신의 모든 아이들을 데리고 왔는데, 그들 가운데에는 정신지체아동이 있었고, 그 '장애'아동을 엥구구우enguguu로 언급했다. 이 용어는 짐승 같은 생명체(괴물), 즉 인간계의 경계를 벗어난 존재를 가리킨다. 그 여성은 마사이족이 그들의 '장애'아동에 대해 그다지 동정적이지 않다는 자신의 견해를 뒷받침하는 증거로 이 일을 인용했다. 그렇지만 우리는, 어쨌든 그 어머니가 백신을 맞히기 위해 정신지체아동을 데리고 왔다는 사실에 유념해야 한다. 그러한 사실의 견지에서 보자면, 아동의 정신적이고 신체적인 손상(즉 인정된 차이)에 대한 그 어머니의 노골적인 명명은 학대로 해석되어서는 안 된다. 반대로, 그녀의 행동은 그러한 차이에 대한 개방성과 수용을 반영한다.

마사이족이 거주지를 빈번히 그리고 대개는 서둘러서 옮긴다는 사실을 고려하면, '장애'를 지닌 가족 구성원들, 특히 혼자서 걸을 수 없는 사람들의 돌봄은 나머지 가족 성원들에게 상당한 추가적 과업임을 의미한다. 그들이 신체적으로 심각한 손상을 지닌 사람들의 돌봄에 대한 대안들을 제시받았을 때, 그들은 그러한 수고를 덜 수 있는 기회를 잡으려 할지도 모른다. 재활원은 그러한 기회의 하나임이 입증되었다.

손상을 지닌 아동이 여타의 아동들과 정확히 같은 방식으로 대우를 받아야만 한다는 것은 마사이족의 도덕적 규범에 확고히 뿌리내려 있다. "어떻게 보이건 간에, 아이는 아이일 뿐이다"라는 것은 마사이족 사이의 대화에서 통상적으로 듣게 되는 말이다. 아이들 사이에서 차별이 있어서는 안 된다는 규범은 어린 시절 동안의 훈육 및 양육뿐만 아니라, 결혼과 부모가 지닌 가축의 상속에 있어서도 또한 적용된다. 모든 아이들은 중대한 비행이나 '존경'이라는 규칙의 경시로 인해 자격을 잃거나 심각한 정신지체가 아닌 한, 결혼하고 아이를 가질 수 있는 기회를 부여받는다. 이러한 사실은 그들 사회의 어떤 구성원이라도 모든 인간의 권리들 중 가장 기본적인 것, 즉 재생산의 권리를 누려야 한다는 마사이족의 강력한 신념을 입증한다. 어떤 개인이 한 명의 인격체가 되는 것은 그 무엇보다도 그리고 최우선적으로 부모의 지위를 통해서이다. 부모라는 것이 그를 혹은 그녀를 '누군가'someone로 만든다. 아이 없이 죽은 마사이족은 뒤에 '아무것도'nothing 남기지 못한다. 그의 혹은 그녀의 이름은 기억으로부터 지워지게 될 것이다.

차이들 내에서의 정상성

'장애'인은 가능한 한 집안과 공동체에서의 일상적 일들에 통합된다. 이는 단지 마사이족이 다른 실제적 대안이 없다고 느끼기 때문만은 아니다. 위에서 주목했던 것처럼, 마사이족은 '장애'를 지니고 있는 사람을 공동체에서 배제함으로써 낙인을 부여하지 않는다. 그 상태가 아무리 심각하다고 할지라도 말이다. 신체적인 손상을 지닌 사람은 결혼하고, 부모가 되고, 그들의 힘이 닿는 데까지 모든 공동체의 활동에 참여한다. 신체적 장애를 지닌 남성은 지적이고 말을 잘한다면, 그의 연령집단 내에서 선출직의 정치적 지도자(올라이구에나니olaiguenani)까지도 될 수 있는데, 이는 마사이족 사회 내에서 최고의 정치적 공직이다. 나는 그러한 사례를 적어도 한 가지는 알고 있는데, 이 경우는 다소간 키가 작은 곱사등이 남성이었으며, 높은 지성을 지닌 타고난 연설가였다.[13] 파멜레 우조차도 건강이 급격히 나빠지기 전까지는, 그에게 성인으로서의 삶

---

13 그렇지만 연령집단 내에서 '의례 지도자', 즉 올투노oltuno의 역할은 오직 모든 면에서 '완벽한'(시냐티sinyati, 즉 '성스러운') 사람만이 차지할 수 있다. 신체적으로, 정신적으로, 도덕적으로, 그리고 혈통의 견지에서 말이다. 올투노는 거의 '성스러운' 지위라고 할 수 있으며, 그것이 후보자의 선발에 커다란 주의가 기울여지는 이유이다. 의례 지도자는 그의 연령집단 동료들의 의례적 '대부'로 간주된다. 선발된 사람에게 존재하는 어떠한 신체적·성신석·사회석 핸디캡도 연령집단 전체에 대한 나쁜 징조일 수 있다. 올투노를 선발하는 절차는 중요한 의례나 의식들에서 도살되는 가축의 선발에 비견될 수 있다. 그러한 짐승의 몸은 결함이 없어야만 한다. 그러한 짐승은 손상의 흔적이 없어야만 하고, 적절한 색을 지녀야 하며(통상적으로 검은색인데, 검은색은 마사이족의 상징체계 내에서 상서로운 색깔이다), 좋은 혈통을 소유하고 있어야만 한다(올키텡 오시나티olkiteng osinyati, '성스러운 황소').

을 준비시키는 사회적으로 규정된 의례와 의식을 치렀다. 다시 말해서, '장애'인은 숨겨지지도 않으며, 불결하거나 오염된 것으로 취급되지도 않는다. 그들은 친척 및 친구들과 함께 살아가며, 집안 및 이웃들과의 가치 있는 사교 모임에 온전히 참여하는 것이 허락된다.

다음의 두 가지 예는 사람의 신체적·정신적 능력에서의 차이들은 일정 정도 생물학적인 것이지만, 어떤 사람의 성취와 밀접한 연관을 갖는 차이들은 문화적으로 구성된 것이라는 점을 확인시켜 준다. 첫번째 사례는 온전치 않은 다리를 갖고 태어난 한 남자와 관련된다. 그는 두 명의 여성과 결혼했고 서기라는 안정된 직업을 가졌으며, 상당수의 가축을 소유하고 몇 명의 자녀를 두었다. 이러한 상황으로 인해 그는 마사이족 동료들 사이에서 많은 존중을 받았으며, 성공한 남자로서 규정되었다. 그는 재활센터에 다녔으며, 거기에서 교육을 받고 이후에는 관청에 고용되었기 때문에, 사람들은 그를 '축복받은' 것으로 간주했다. 그는 그의 고용주가 제공한 휠체어를 타고 돌아다녔다. 내가 확인할 수 있는 한에서, 이 남성은 그의 가구 내에서 통상적인 아버지와 연장자로서의 역할을 수행했다. 가축 무리의 운영과 관련된 필수적인 결정을 내리고, 아이들의 출생과 할례 시 의무적인 의례들을 거행하는 등 말이다. 그는 혼자서 걸을 수 없기 때문에, 물론 대부분의 일상적 일들을 그의 부인들에게 의지하기는 한다. 이 남성의 두번째 부인은 납치에 의해 그와 결혼했는데, 이는 마사이족 사이에서 때때로 있는 일이다. 그는 이러한 납치의례에 직접 참여할 수는 없었지만, 연령집단 내의 동료들이 그를 도와 아내를 자신의 집으로 데려왔다. 같은 연령집단 내의 구성원들은 매우 친밀한 것으로 생각되기 때문에, 대부분의 경우 한 사람이 또 다른 누군가를 대신할 수 있다.

두번째는 어렸을 때 뱀에게 물려 발을 절단한 한 여성의 사례이다. 그녀는 자기 남편의 유일한 부인이었고, 다섯 명의 아이를 두었으며, 가구의 살림을 자신의 힘으로 직접 챙겼다. 그녀는 가죽 끈으로 다리에 고정시킨 나무로 만든 매우 간단한 의족을 신고 걸었다. 먼 거리를 걸어서 이동할 때, 그녀는 지팡이를 가지고 다녔다. 그녀의 남편이 심하게 술을 마시고 가축이라는 중요한 자산을 남용하기 시작했을 때, 마사이족의 맥락에서 상당 정도 심한 손상을 지녔다는 사실은 그녀가 남편을 떠나 20~30킬로미터 떨어져 살고 있던 원래의 가족에게로 되돌아가는 것을 막는 이유가 되지 않았다. 남편(및 아이들)과 헤어지기는 했지만, 그녀는 자신의 친척들을 폭넓게 방문해서 한 명의 소녀로서 할례를 받았을 때 그녀에게 약속되었던 가축들을 모았다.

목축민인 마사이족 사이에서 성적 분업은 남성들보다 여성들에게 더 많은 신체적 공여를 요구하며, 이는 유사한 손상을 지닌 남성과 여성이 각각 얼마나 심각한 장애를 지닌 것으로 간주되는가에 일정한 영향을 미친다. 마사이족의 가족들이 큰 규모의 정착지 내에서 함께 살아간다는 것을 상기해 보면, 일상적 문제들에 있어 도움과 원조는 바로 가까이에서 구해질 수 있다. 일상적인 일들과 여가에서의 협력이 집안에서 상당 정도 광범위하게 이루어지기 때문에, 의족을 착용한 여성은 어떤 일에 어려움이 생겼을 때 도움을 제공받기 위하여 언제나 여성 친척이나 이웃들에게 의지할 수 있었다. 위의 예에서 휠체어를 이용하는 남성은 지원과 원조를 위하여 일부다처제나 연령집단 제도와 같은 마사이 속의 분화적 제도들에 의지할 수 있었다. 거주양식이 한가족 주택의 형태로 분할되는 것은 일반적으로 여성들을 상호 간에 고립시킬 뿐만 아니라, 많은 여성들에게 일의 부담을 증가시키고 있다는 지표들이 존재한다.[14] 남성들의 협력과 사회적 관계성도 참여하는 가구의 규모와 구성에 변화를 겪고 있다. 장애를 일으키는 어떤 종류의 이상을 지닌 여성 또는 남성에게 있어, 당연하게도 이는 장애를 지녔다는 것을 훨씬 더 큰 핸디캡으로 만드는 불운한 양상이다.

나는 이 장을 케냐의 목축민 마사이족 사이에서 장애가 사람들을 규정하는 하나의 기반이 아니라는 점을 지적하는 것으로 시작했다. 한 개인이 어떤 형태의 손상을 지녔다는 사실은 단지 그/그녀의 인격에 있어 한 측면일 뿐이며, 사회적이고 문화적인 조건에 있어 어떠한 차이를 발생시키지 않는다. 분명히 마사이족은 장애들을 인지하고 있으며 그것들을 나쁘거나 불운한 것으로서 간주한다. 그들은 그러한 차이를 명명하고 또한 구분하지만, 나는 이러한 명명과 구분이 차이를 지니거나 예외적인 것에 대한 수용, 그리고 두려움의 부재를 나타낸다고 주장한다. 장애를 지닌 아이를 낳는다는 것은 문화적으로 특정한 행위나 주의를 필요로 하는 하나의 위기로서 규정되지 않는다. 그것은 삶의 경험의 한 부분일 뿐이다. 마사이족은 그러한 상황에 대처하는 제도적이고 인지적인 수단들을 지니고 있는 듯 보이며, 그렇기 때문에 비록 그러한 차이들을 구분하기는 하지만, 그것을 정상적인 것으로 여긴다.

14 Talle, *Women at a Loss*를 보라.

3장 불치병으로서의 장애
: 소말리아 남부에서의 건강, 건강추구의 과정, 인격

베른하르드 헬란데르*

장애인을 다루는 현대의 인류학적 작업 대다수에는, 질병으로부터 장애의 경계를 설정하고 분리하는 데 어려움이 존재한다. 부분적으로 그에 대한 책임을 져야 하는 것은 "장애를 어떤 질병의 상태로……그렇지 않은 비장애인 인구 내에서의 일시적인 이례성으로" 간주하는 생의학적 관점이다.[1] 이에 대한 통상적인 인류학의 대응은 어떤 단일한 또는 한정된 숫자의 장애 유형에 조사의 초점을 맞추는 것이며,[2] 그리하여 장

* 베른하르드 헬란데르Bernhard Helander는 남부 소말리아, 케냐, 탄자니아, 자바 등에서 현지조사를 수행했다. 특히 1982년부터 수행한 소말리아 사회와 문화에 대한 연구로 이 분야의 대표적인 전문가로 평가받았다. 1990년대 초반에는 유엔 싱크탱크에서 소말리아 관련 뉴스 업데이트 및 편집 업무를 수행하기도 했다. 주요 연구 관심사는 출계론出系論, 의료인류학, 담화를 주제로 한 민족지학, 전쟁의 인류학이었다. 스웨덴 웁살라대학교Uppsala University 문화인류학과 부교수로 재직 중이던 2001년에 암으로 사망했다.

1 Nora Groce and Jessica Scheer, "Introduction", *Social Science and Medicine* vol. 30 issue 8, pp. v~vi.

2 이에 대한 예로는 Joan Ablon, *Little People in America: The Social Dimension of Dwarfism*, New York: Praeger Publishers, 1984; Sue E. Estroff, *Making it Crazy: An Ethnography of Psychiatric Clients in an American Community*, Berkeley, Los Angeles, London: University of California Press, 1981; Gelya Frank, "On Embodiment: A Case Study of Congenital Limb Deficiency in American Culture", *Culture, Medicine and Psychiatry* vol. 10 no. 3, 1986, pp. 189~219; Carol S. Goldin, "Stigma, Biomedical Efficacy, and Institutional Control", *Social*

애인이 보다 일반적인 차원에서 다루어질 때 나타나는 정의상의 어려움과 씨름하는 일을 피하는 것이다. 그러나 장애인을 여타의 사회적 범주들과 관련하여 폭넓게 접근하는 연구들 사이에서는, 로버트 머피와 그의 공저자들이 지적했던 것처럼 낙인과 여타의 극단적인 태도들에 집중하여 고찰을 수행하는 두드러진 경향들이 존재해 왔다.[3] 낙인은 장애인들만이 유일하게 겪는 어떤 것이 아니기 때문에, 장애인만이 그러한 조사의 관련 인구집단은 아닐 수 있다. 베네딕테 잉스타가 주장했던 것처럼, 장애인에 대한 낙인과 가혹한 학대에 초점을 맞추는 것은 장애인의 삶을 형성하는 여타의 기본적인 사회적 과정들에 대한 이해의 결여로 인한 산물일 것이다.[4]

그렇지만 장애의 정의와 관련된 문제들이 단지 어떤 분석적 현상의 차원에 머무는 것은 아니다. 장애인에 대한 비서구사회의 연구들은 서구적 관념과 다른 문화의 관념 사이에 존재하는 광대한 불일치를 지적하고 있다.[5] 소말리아의 장애인에 관한 논문을 쓰기 위해 자료를 수집하

Science and Medicine vol. 30 issue 8, 1990, pp.895~900; Nora E. Groce, *Everyone Here Spoke Sign Language: Hereditary Deafness on Martha's Vineyard*, Cambridge, Mass.: Harvard University Press, 1985; John Langston Gwaltney, *The Thrice Shy: Cultural Accommodation to Blindness and Other Disasters in a Mexican Community*, New York: Columbia University, 1970 을 보라.

3 Robert F. Murphy et al., "Physical Disability and Social Liminality: A Study in the Rituals of Adversity", *Social Science and Medicine* vol. 26 issue 2, 1988.

4 Benedicte Ingstad, "The Myth of the Hidden Disabled: A Study of Community-Based Rehabilitation in Botswana", Working paper, Oslo: Section for Medical Anthropology, University of Oslo, 1991.

5 이에 대한 예로는 Fatima Halantine and Gunvor Berge, "Perceptions of Disabilities among Kel Tamasheq of Northern Mali", eds. Frank Jarle Bruun and Benedicte Ingstad, *Disability in a Cross-Cultural Perspective*, Working paper no. 4, Oslo: Department of Social Anthropology, University of Oslo, 1990; Aud Talle, "Notes on the Concept of Disability among the Pastoral Maasai in Kenya", eds. Frank Jarle Bruun and Benedicte Ingstad, *Disability in a Cross-Cultural Perspective*를 보라.

는 일이 내게 처음 요구되었을 때, 나는 논제를 명확히 제시하는 데 다소 어려움을 겪었다. 나 자신과 그 논제를 함께 논의해야 할 소말리아 사람들 양자 모두에 대해서 말이다. 그 어려움은 내가 연구를 했던 소말리아의 일부 지역에서는, 우리가 질병이라고 부르는 것과 장애라고 부르는 것 사이에 어떤 뚜렷한 경계도 존재하지 않는다는 사실로부터 연유했다. 확실히 한 상태보다는 다른 상태에 좀더 정확히 대응되는 단어들이 존재하고 있으며, 분명히 어떤 사람들은 병들었다기보다는 장애를 지녔다고 말해진다. 그러나 그 어려움이 단지 용어법상의 것은 아니다. 어떤 장애를 확인하고, 그러한 발견에 따라 행동하고, 그 장애에 대처하는 것을 배우고, 장애를 치료하려 노력하는 과정 전체에 걸쳐, 또는 사람들이 따르고자 선택하는 여타의 경로들 중 어떤 것에도, 장애인에게 예정되어 있는 뚜렷한 일련의 태도나 행동이 존재하지 않는다. 이에 반하여, 그 분류와 취급 양자 모두에 있어, 소말리족 사람들은 장애인을 병든 것으로, 손상을 질병으로 간주하는 것처럼 보인다. 어떤 심대한 차이가 확인된다고 해봐야, 그것은 단지 우리가 장애라 칭하는 것이 통상적인 질병보다 좀더 치료하기 어려운 것으로 간주된다는 사실이다.

이 장에서 나의 목적은 질병과 장애 간의 명확한 구별의 결여가 소말리아에서 장애인들이 고려되고 다루어지는 방식에 대해 갖는 다양한 함의를 가려내는 것이다. 나의 접근법은 장애를 형성해 내는 과정을 세 가지 서로 다른 각도에서 관찰하는 것이다. 우선 장애인에 대한 소말리족의 관념들을 그들의 인격에 대한 이론의 맥락 내에 두고자 노력할 것이다. 그리고 나서 그들이 장애에 접근하는 방식을 건강을 추구하는 전반적인 양상 내에 위치시킬 것이다. 나는 또한 건강추구 과정 전체를 통해 질환에 대한 꼬리표가 구성되는 방식을 고려할 것이다. 나는 인간 존재가 구성되는 방식에 관한 이론이 변화하는 환경들에 맞춰 극히 유동적으로 조정될 수 있는 것인 한, 어떤 고정성을 수용할 수는 없음을 주장할 것이다. 인격체는 부단히 변화하는 것으로 사고될 수 있는 하나의 전체이다. 불완전한 것으로 간주되는 사람들은 수정의 과정을 겪게 될 수 있지만, 건강을 회복하려는 반복된 시도가 성공적이지 않을 때, 한 장애인은 영구적으로 무능력화되고 삶의 흐름으로부터 차단을 경험하는 것처럼 보인다. 어떤 심신의 이상이 질환으로 간주될 수 있는 한, 그에 대한 조치가 취해질 것이다. 그렇지만 그러한 시도들이 실패하거나 가망이 없는 것으로 판단될 때에는 절망만이 뒤따르게 되는 것이다.

연구의 자료는 주로 남부 소말리아 베이Bay의 한 지역사회에서 수행된 나의 현지조사로부터 도출되었다.[6] 내가 함께 접촉하면서 작업했던 집단은 대략 1만 5천 명 정도의 구성원을 지닌 휴비어Hubeer족으로 불리는 씨족이다. 휴비어족은 농목업자들이다. 그들은 씨족 자치구 내에 있는 마을 주변에서 사탕수수와 옥수수를 경작하고, 이웃한 씨족들과 함께 공유하고 있는 목초지에서 낙타, 소, 작은 가축을 방목한다. 휴비어족은 다른 소말리족 대다수와 마찬가지로, 수니파 이슬람의 샤피파Shafi'ite 법전을 신봉하고 있다. 여타의 소말리족 씨족들과 마찬가지로, 그들은 부계를 따라 분할된 가계집단 체계 내에 편제되며, 사교 모임과 정사政事에서의 주요 역할은 그러한 가계집단이 책임진다.[7] 인구 중 정착생활을 하는 집단들 또한 마을을 갖고 있고, 부계적이지 않은 형태의 지역사회를 꾸리고 있는데, 이러한 마을들은 사교 모임에 있어 중요한 중심지들로서 기능한다. 그러한 지역의 마을들은 대개 여러 다양한 씨족의 구성원들을 포함하고 있다. 씨족 그 자체도 대부분은 혈연관계에 있는 주민들과 다소간 혼합된 기원을 갖는 집단들의 연합이라는 형태를 띤다. 그렇지만 외부적으로 휴비어족은 그들 자신을 단일한 조상의 자손들로서 표현하며, 대개의 경우 그러한 이상에 따라 행동한다.

이 장의 추가적인 자료는 남부 소말리아의 여타 지역에 대한 단기간의 현지조사 기간 동안에 수집되었다. 여기에는 수도 모가디슈의 외래환자 재활센터, 그리고 지역사회기반재활 계획이 도입되어 있었던 한 농촌지역이 포함된다. 일부 보충적인 정보들은 스웨덴에서 살아가고 있는 남부 소말리족 난민들로부터 입수되었다.

장애인들

장애에 대한 세계보건기구WHO의 관념[8]과 가장 가깝게 접근해 있는 소말리족 단어는 나아포naafo이다. 이는 모가디슈의 재활사들이 재활 프

6 Bernhard Helander, "The Slaughtered Camel: Coping with Fictitious Descent among the Hubeer of Southern Somalia", Ph.D. thesis, Uppsala University, 1988을 보라.

7 소말리아민주공화국에서의 현지조사는 1983년과 1984~1985년 동안에 수행되었고, 인문사회과학연구협의회, 스웨덴연구협력기구, 헬예악셀손욘손재단Helge Axelson Johnson Foundation으로부터 풍부한 보조금 지원을 받았다. 또한 스웨덴연구협력기구, 세계보건기구, 유니세프로부터 자금 지원을 받아 1988년에 단기의 현지연구가 수행되었다. 지역사회기반 연구프로젝트 지역과 한 재활센터에서의 그 작업은 노르웨이 적십자사와 소말리아 적신월사赤新月社의 사려 깊은 협력 덕분에 용이하게 진행될 수 있었다. 나는 이 장의 초고에 대한 건설적인 비평에 대해 안제예프스키B. W. Andrzejewski, 엘렌 그륀바움Ellen Gruenbaum, 에이나르 헬란데르Einar Helander, 아미나 와르세임Amina Warsaame, 수잔 레이놀스 휘테에게 감사드린다.

8 다양한 유형의 장애를 논함에 있어, 나는 헬란데르 등에 의해 개요가 제시되었고(Einar Helander et al., *Training Disabled People in the Community: A Manual on Community-Based Rehabilitation for Developing Countries*, Geneva: WHO/UNICEF/ILO/UNESCO, 1989), 현재 지역사회기반재활을 위한 기초로서 전 지구적으로 활용되는 WHO의 분류를 때때로 사용할 것이다. WHO의 정의는 실용적이기는 하지만, 그것이 특정한 민속의학적 전통——서구적 생의학의 전통(Robert A. Hahn and Arthur Kleinman, "Biomedical Practice and Anthropological Theory: Frameworks and Directions", *Annual Review of Anthropology* vol. 12, 1983, pp. 305~333)——에 근거를 둔, 책상 앞에서 만들어진 산물임이 망각되어서는 안 될 것이다. 내가 여기서 '장애인'the disabled이라는 단어를 사용할 때는 언제나, 어떤 손상이나 기능적 제약의 사회적 인정social recognition에 의해 확립된 개인의 활동 제약 상태를 언급하는 일반적인 의미에서 사용하고 있는 것이다.

로젝트와 장애인들의 훈련을 위한 판별센터에서 사용하는 용어이다. 보통의 도시 사람들에게 그 용어는 적어도 부분적으로 움직임의 결함을 지니고 있는 사람들을 포괄하기는 하지만, 초점은 주로 팔다리가 절단되거나 심각하게 손상된 사람에게 맞추어지며, 그러한 이들의 전형은 아마도 불구가 된 병사들일 것이다. 여러 해 동안 소말리아는 치열한 전장이 되어 왔으며, 이는 그 나라에 상당한 숫자의 폐질자들을 남겼다. 부상당한 팔을 지닌 누군가가 있다면, 사람들은 그를 우선 병사로 생각하게 된다. 그렇지만, 시각이나 청각의 결함은 명확하게 나아포로 간주되지 않는데, 맹이나 농과 같은 용어가 줄곧 그것들을 지칭하는 데 사용되었기 때문이다. 장애와 전혀 무관하지는 않겠지만, 학습장애가 어느 정도까지 하나의 특정한 장애 범주로 인정되는지는 분명치 않다. 그렇지만, 발작과 이상행동, 그리고 만성결핵(그 모든 것이 WHO의 장애 정의에서는 장애에 포함된다)도 나아포라는 용어에 의해 포괄되지 않는다는 것은 분명하다. 나에게는 나병이 나아포로서 간주되는지에 대한 정보가 부족하지만, 그 질병이 갖는 무능력화의 효과들은 나아포라는 개념이 전달하는 어떤 불구 상태의 이미지에 대응하고 있는 것 같다.

이러한 상황이 자연스럽게 형성해 내는 장애에 대한 휴비어족/소말리족 관념의 중요한 특징은, 매우 특정한 환경 내에서만 '장애인'(다드카 나아파다dadka naafada)이 어떤 단일화된 범주로 간주되거나 이야기된다는 것이다. 우리가 장애라고 부르는 것의 여러 다양한 유형을 지니고 있는 사람들을 일괄적으로 다루고자 한다면, 그들은 '병자들'로서 기술되어야 할 것이다. 보다 일반적으로, 휴비어족에게 있어 장애인은 그들이 겪고 있는 특정한 장애로서 불리거나 논의되는 경향을 지닌다. 팔을 잃은 사람은 대개 '팔이 없는'이라는 뜻을 지닌 가칸레이gacanley

또는 가카메이gacamey로 이야기되거나 불린다. 다리를 절며 걷는 사람은 '절뚝거리는'이라는 뜻을 지닌 지스jees라는 별칭으로 불리게 될 것이다. 유사하게 농인은 '귀가 없는'이라는 뜻의 데굴레dhegoole로, 맹인은 '눈이 없는'이라는 뜻의 인둘레indhoole로 불리게 된다.

장애인에 관한 이러한 담화방식은 각각의 장애 그 자체에 대한 강조를 의미한다. 그러한 관습은 적어도 다른 사람들의 시각에서는 누군가를 무능력하게 만드는 증상을 통해 신원확인을 행하는 것으로 볼 수 있다. 장애인들 자신이 실제로 그러한 신원확인을 불쾌하게 여기는지에 대해서는 말하기 쉽지 않다. 나 자신은 어떤 장애인이 그것을 특별히 마뜩치 않게 여기는 듯한 기미를 본 적은 없지만, 여성들은 때때로 그러한 꼬리표를 싫어할 수 있다고 사람들이 말하는 것을 들었다. 장애인들이 어떤 개인적 특이성을 긍정하고 받아들이게 되는 과정에서 홀로 고립되어 있는 것이 아니라는 점은 언급될 필요가 있다. 나는 다른 곳에서 어떻게 개인적 일탈이 점성술 체계에 의해 일정한 우주론의 재가裁可와 종교적 정당화를 부여받게 되는지를 논했던 바 있다.[9] 인성을 규정하는 방식은 무엇보다도 일상의 담화에서 발휘되는 사람들의 정신적 힘에 초점이 맞추어져 있으며, 그러한 정신적 힘은 또한 종교적 치료법에 있어 두드러진 위상이 부여되는 어떤 것이기도 하다. 씨족의 종교지도자인 셰이크sheikh에 의해 제시되는 개별적 능력에 대한 해석과는 별도로,[10] 보통의 사람들도 개인의 특이성과 성향에 많은 주의를 기울인다.

---

9 Helander, "The Slaughtored Camel", ch. 5; Dernhard Helander, "Individual as Mysticism: on the Somali Concept Burji", ed. Annarita Puglielli, *Proceedings of the Third International Congress of Somali Studies*, Rome: Gangemi Editori, 1988.

10 개인적 정체성의 우주론적 차원은 신성한 속성을 지니며 성직자의 특권적 영역으로 간주되는 어떤 종류의 지식이다.

소말리아에서 매우 일반적인 별칭(나아나아이스naanaays)의 부여는 대개 적절성과 재미 양자 모두가 고려되며, 그것은 또한──적어도 남성들의 경우에는──조롱의 요소와 특징을 지닐 수 있다. 별칭으로 누군가를 인식하기 위해 뽑아낸 특성들은 어떤 신체적 속성(예를 들어 데고마두우dhego madoow, '검은 귀')일 수도 있고, 또는 행동적 특질(예를 들어 마시쿠울mashquul, '분주한')일 수도 있다. 이렇듯 사람들이 지닌 장애로부터 어떤 명칭을 이끌어 내 장애인을 부르는 것과 같은 방식은 장애인들에게만 유일하게 적용되는 태도가 아니다. 오히려 그러한 호명방식이 태도의 체계 중 일부를 형성하며, 그러한 체계 내에서 개별적 성향·특성·편차에 커다란 중요성이 덧붙여진다. 그러나 이러한 문제에 있어, 장애를 지닌 개인들과 관련해서는 인격체의 문화적 규정에 좀더 주의를 기울일 필요가 있다.

　한 인격체가 어떻게 구성되는가에 대한 휴비어족의 생각은 두 가지 상이한 사고의 요소들에 의존한다고 말할 수 있을 것이다. 한편으로는, 모두에게 알려져 있고 상당히 명백한 어떤 사람의 측면들이 존재한다. 이러한 측면들에는 어떤 사람과 그/그녀 가족의 가계적 신분 및 지위가 포함된다. 웅변술·지도력·경제력 같은 영역에서의 가치 있는 성취, 그리고 노동이나 전투에서 어느 정도 증명된 신체적 능력 또한 여기에 포함될 수 있다. 다른 한편, 휴비어족은 어떤 개인의 특성에 대한 다수의 덜 명백한 영향력들을 인정하고 있다. 수피파Sufism[이슬람교의 신비주의적 경향을 띤 한 종파──옮긴이] 점성술 전통의 지역적 다양함 속에서, 한 사람은 천체, 계절, 자연의 힘, 이슬람 성자의 영향력과 연결되어 있는 것으로 사고된다. 이러한 영향력들의 결합은 부르지burji라는 용어로 요약되는데, 그 용어는 아랍어로 12궁宮의 별자리를 의미하지만 휴비어족에게 있어서는 한 인간의 어떤 기본적인 측면을 나타내는 보다 넓은 함의를 지니며, 또한 정서적이고 정신적인 능력과도 연관된다. 그 개념을 서구적 전통과 연계 짓지 않는다면, 부르지는 아마도 인간 존재들의 내적 본질로서 기술될 수 있을 것이다.

이러한 주요 측면들 모두가 개인의 전체성과 결합되기는 하지만, 그것들은 사고와 행동의 어떤 구별되는 영역들을 표상한다. 소말리족 일반에게 있어, 씨족에의 소속, 정치, 경제와 같은 세속적인 영역은 종교적 현상들로부터 분리된 채 유지되고 있다. 역할의 가상적인 구분에서조차, '종교 담당자'(와다아드wadaad, 즉 셰이크)가 또한 '창槍의 소유자'(와란레waranleh), 즉 그가 속한 가계집단의 정사에 관여하는 사람이 될 수는 없다.[11]

한 인격체를 규정하는 이러한 특유의 방식과 관련하여 매우 흥미로운 것은, 그것이 함의하는 대단히 큰 융통성이다. 어떤 인격체는 결코 미리 정해진 어떤 존재, 완성된 존재일 수 없으며, 오히려 끊임없이 변동하는 영향력의 배치를 표상한다. 어떤 특정한 혈통에 속하는 것으로부터 오는 위신처럼 상당히 안정적이라고 가정되는 것조차도, 휴비어족의 맥락 내에서는 조정될 수 있는 어떤 것이다. 또한 다양한 형태의 불명료한 천체의 영향력으로부터 연유한다고 생각되는, 그러한 인성의 좀더 모호한 특성은 변경되거나 조작될 수 있는 것이다. 요컨대, '인격체'에 대한 휴비어족/소말리족 관념의 기본적인 특성은, 그것이 끊임없이 변화하는 영향력들의 접합점에 위치하는 어떤 것이라는 점이다.

---

11 I.M.Lewis, "Dualism in Somali Notions of Power", *Journal of the Royal Anthropological Institute of Great Britain and Ireland* vol.93, 1963, pp.109~116을 보라.

휴비어족이 지니고 있는 인격체 개념의 이러한 유동적 본질은 휴비어족 사회에서의 사회적 형태와 현저한 유사성을 지닌다. 휴비어족의 남성과 여성들은 자신을 강건한 일꾼으로 생각하기를 좋아하는데, 이는 그럴 만한 이유가 있다. 그들은 근면한 사람들을 높이 평가하며, 자신의 일을 꼼꼼하게 열심히 해야 할 필요성을 끊임없이 강조한다. 실제로, 그들 다수가 누리고 있는 어느 정도의 부유함을 일구어 내기 위해서는 대단히 많은 양의 고된 육체적 노동이 투입되어야 한다. 대다수의 사람들이 한 잔의 샤아shaah를 마시면서 교제하는 것을 좋은 일이라 생각하기는 하지만, 휴식시간이 끝나면 재빨리 하던 일로 복귀한다. 휴비어족이 하루 동안에 수행하는 농업 노동의 양은 대개 12시간에 이른다.[12]

휴비어족은 생산성을 자존감과 사회적 지위 양자 모두에 영향을 주는 것으로 간주한다. 유사하게, 그들은 부르지에 의해 부여되는 재능과 정신력 같은 타고난 특질이, 어느 정도까지는 어떤 사람이 살면서 겪는 사건 및 경험들에 의존하는 것으로 여긴다. "근심에 의해 잠식되는"이라는 표현은 그들이 때때로 영혼의 상실에 대한 걱정을 표현하는 많은 방식들 중 하나이다.[13] 어떤 다른 사람과의 관계에서 느껴지는 심적 불안이 있을 때, 그것은 종종 육체적 결과로 발전하게 될지도 모른다. 역으로, 어떤 사람들은 특정한 사건이나 사람을 그들에게 있어 상서로운

---

12 어느 날 오후, 나는 면담을 한 테이프를 들으며 보조연구자 한 명과 오두막 바깥에 앉아 있었다. 지나가던 한 여성이 우리를 향해 무엇을 하고 있는지 큰 소리로 외쳐 물었다. 내 보조연구자는 약간 성가시다는 투로 "저리 가세요, 우리는 일하고 있어요"라고 대답했다. 그 여성은 다음과 같이 응대했다. "당신은 앉아 있으면서, 어떻게 일을 하고 있을 수가 있어요?"

13 라이너 베르너 파스빈더Rainer Werner Fassbinder 감독의 「불안은 영혼을 잠식한다」Angst Essen Seele Auf라는 영화 제목이 상기되는 부분이다. 휴비어족이 이슬람교 문화를 지니고 있다는 것, 그리고 영화의 제목이 남자 주인공 아랍계 이주노동자 알리가 여자 주인공 엠미를 위로하기 위해 자기 나라 속담을 서툰 독일어로 번역해서 건넸던 말임을 생각하면, 직접적인 연계성을 지닌다고 할 수 있을 것이다. ——옮긴이

것으로 지적할 수도 있다.

인격에 대한 휴비어족의 관념은 일탈 일반에 대하여, 특히 몇몇 유형의 장애들에 대하여 얼마간의 매우 주목할 만한 함의를 지니고 있는 것처럼 보인다. 개인이 지닌 특이한 점들이 경멸되는 것이 아니라 오히려 인성을 반영하는 것으로 간주된다는 것은, 그러한 개인의 특이성에 대하여 휴비어족과 여타 소말리족이 대개는 극히 관용적임을 의미한다. 어떤 유형의 행동이 용인되지 않는 한계치가 매우 높고, 별난 행위들은 그저 재미있는 일로 보아 넘겨지며, 개별적인 기호들에 대한 존중 또한 관찰된다.

개인의 일탈은 비난받기보다는 그러한 체계에 의해 어느 정도까지 지지되기는 하지만, 그러한 지지가 모든 장애에 동등하게 적용되는 것은 아니다. 예컨대 맹인과 농인은 지역사회의 수용이라는 점에서 많은 것을 바랄 수 없으며, 몇몇 다른 종류의 장애를 지닌 사람들에 대한 휴비어족의 태도는 훨씬 덜 관용적이라는 것이 확인된다. 특히, 정신적으로 비정상이라고 간주되는 사람들은 '정상임'을 의미하는 이스카 카아디iska caadi나 '자기 스스로 미친 것이 아님'을 의미하는 하 이스 와알린ha is waalin이라는 휴비어족의 관념과 충돌할 위험을 무릅써야 한다. 다른 대다수 장애와는 대조적으로, 일반적으로 정신적 장애는 질병으로 간주되지 않는다. 정신적 장애인에게 제공되는 치료는 사례마다 상당히 다양하고 궁극적으로 관련 가족의 사회적 지위와 같은 요인에 달려 있지만,[14] 정신적 장애인에 대한 일반적 태도는 매우 비호의적이다. 어

---

14 Bernhard Helander, "Mercy or Rehabilitation? Culture and the Prospects for Disabled in Southern Somalia", eds. Bruun and Ingstad, *Disability in a Cross-Cultural Perspective*를 보라.

떤 의미에서, 그러한 태도는 이러한 사람들의 지적인 능력이 정지되어 있다는 느낌과 관련된다고 말할 수 있을 것이다. 휴비어족의 한 속담은 바보(도콘doqon)에게 전해 준 지혜의 말은 불임여성에게 제공된 정자, 경작지가 아닌 바다에 내린 비와 같다고 이야기한다. 불임, 죽음, 우둔, 헛된 지혜는 이러한 문화적 논리 내에서는 모두 가까운 유의어들이다.

인격체를 끊임없이 유동하는 상태에 있는 존재로 간주하는 휴비어족의 사고방식은 그들이 장애와 관련하여 통상적인 질환을 이해하는 방식과 뚜렷한 관계를 지닌다. 활동할 수 없다는 것은 아마도 어떤 사람에게 최악의 상태일 것이며, 그러한 그들의 시각에 따라, 활동할 수 없음은 중증의 질환으로부터도 벗어나 있는 어떤 것이 된다. 앞서 말했던 것처럼, 질병(쿠두르cudur)을 장애(나아포)로부터 구별해 주는 어떤 뚜렷한 경계선은 존재하지 않는다. 나아포라는 개념 자체가 이러한 구별을 만들어 내기에는 너무 모호한 것이다. 그렇지만, 나는 여러 차례 중증의 병자들로부터 비록 그들이 매우 아프기는 하지만 '폐질자'(부스boos)는 아니라는 설명을 들었다. 이처럼, 장애에 대한 용어법이 그다지 발전되어 있지는 않지만, 그러한 진술은 장애란 건강을 회복하기 위한 모든 시도가 실패로 돌아가는 지점의 경계선 끝부분에 위치해 있는 것이라는 견해를 반영하고 있는 듯 보인다. 휴비어족이 보기에, 폐질자와 장애인은 영구히 몸져누워 있고 사회생활의 흐름으로부터 단절되어 있는 것이다.[15] 보통의 사람들이 어떤 끊임없는 역동성에 의해 영향을 받는 반면, 장애인은 고정되고 정체되어 있다. 소말리아에서 대다수 장애인은 결국 그들 자신에 대한 얼마간 제한된 역할을 받아들여야 한다. 대개 그들은 구걸을 통해 스스로 부양하며, '빈민'이라는 의미의 마사아킨타masaakinta로서 언급되는 빔주의 사람들과 뒤섞여 존재하게 된다. 그러한 현실은 장애인들을 정상적인 사람들로부터 한층 더 멀리 거리를 두게 만드는 것처럼 보이는데, 가난하고 궁핍한 사람들——마간 알라magan allah, 즉 '신의 피후견인'으로서 흔히 이야기되는——은 대개 정치적 힘의 결여에 대한 보상으로서 주술적 힘을 지닌 것으로 생각되기 때문이다. 모가디슈의 장애인과 그 가족들 사이에서, 구걸의 대안이 얼마나 가까이에 있는 듯 보이는가는 관심을 집중시키는 중요한 문제였다. 재활센터에 찾아오면서도 "우린 그가 거리에 앉아 있는 것을 원치 않으며, 그것이 그를 계속해서 재활센터에 데리고 오는 이유예요"와 같이 그러한 관심이 소극적인 진술의 형태를 취하기는 하지만 말이다. 가난하고 무력한 이들과 장애인을 연계하여 사고하는 것이 어떤 직접적인 종류의 것은 아니다. 오히려, 그러한 추론은 빈민에게 부여된 모든 종류의 비참함과 불운의 속성에 기반을 두고 있는 듯 보이며, 따라서 빈민들 사이에서 장애인을 찾아내는 것 또한 당연한 일이라 할 수 있다.[16]

건강추구의 과정

건강관리의 관행이 장애인의 상태에 영향을 미치는 방식을 이해하기 위해서는, 이러한 과정의 사회적 특성을 강조하는 것이 반드시 필요하

15 나이가 들어 감에 따라 찾아오는 축소된 활동성은 폐질자나 장애인처럼 사회적으로 제한되는 특성을 갖는 것으로 여겨지지 않는다. 오히려, 노인들이 앉아서 서로 이야기를 나누는 것 외에 별다른 일을 하고 싶어 하지 않는 것은 자연스러운 것으로 간주된다.

10 이는 유럽적 진통에서 의학적 꼬리표 붙이기가 특정한 생리적 조건들을 여러 다양한 사회적 상태들과 연결 지었던 방식을 연상시킨다. Michel Foucault, *The Birth of the Clinic: An Archaeology of Medical Perception*, 1963, Reprint, London: Routledge, 1973[미셸 푸코, 『임상의학의 탄생』, 홍성민 옮김, 이매진, 2006]. 또한 Susan Sontag, *Illness as Metaphor*, New York: Random House, 1977을 보라[수전 손택, 『은유로서의 질병』, 이재원 옮김, 이후, 2002].

다. 그러한 특성의 모든 측면들은 사회관계의 망들 내에 자리 잡고 있으며, 다양한 종류의 사회적 자원들에 의존한다. 가족 내에서 나쁜 건강상태의 발견과 더불어 처음 시작되는 조치들은 가족 구성원들의 논의에 기초하여 그 증상에 꼬리표를 붙이는 것과 외부의 조력을 구하는 것 사이에서 오락가락하는 진자운동으로서 설명될 수 있을 듯하다. 이러한 진자운동은 확장된 범위의 주변 사람들을 포함하게 된다. 그리고 시간이 지남에 따라 유사한 방식으로 확장된 지리적 영역까지 포함한다.

아이에게서 어떤 비정상적인 증상들이 나타났을 때, 어머니들은 대개 그러한 이상을 어느 정도 그들 자신이 대처해야만 하는 어떤 것으로 간주한다. 대다수 통상적인 아이들의 질병에 대해서는, 총괄하여 바아노baano로 알려져 있는 다수의 식이요법과 약초요법이 존재하며, 그것이 대개는 첫번째로 선택하는 치료법이 된다.[17] 특히 아이들의 경우에 있어, 이러한 유형의 치료법은 장기간 동안 시도될지 모른다. 바아노 치료법이 성공적이지 못하다면, 그 어머니는 조언을 구하기 위해 아마도 마을의 여성들이나 이웃사람들에게 의지할 것이며, 왕래가 있는 친척들 또한 분명히 그러한 조언을 주는 일에 참여하게 될 것이다. 질병 발견의 초기 단계에서 남성들의 관여 정도는 가족들마다 많이 다르지만, 그들의 참여가 최소한에 머무는 때에도(그러한 사례는 드물다) 어떤 종류의 전문가에게 진찰을 받는 것이 고려되고 있는 경우라면 남성들이 발언권을 지니게 될 것이다. 조제된 의약품의 증대된 가용성과 실질적 이용은 아마도 보건과 관련된 어머니의 의사결정을 보다 독립적으로

---

17 한편 휴비어족을 제외한 다수의 소말리족에게 있어, 바아노라는 용어는 질환의 초기에 적용되는 치료법이라기보다는 주로 회복기에 공급되는 음식물을 가리킨다.

만드는 데 기여했을 것이다. 최소한 질환의 초기 단계에는 말이다. 병이 난 성인들에게 있어 지역의 약국을 찾아가는 것은 점점 더 통상적인 첫 번째 선택이 되고 있으며, 종종 여성들(과 남성들)은 그들의 아이를 위한 약을 얻기 위해서도 또한 약국에 의존한다.[18]

아이의 건강을 회복시키기 위한 초기의 시도들이 이루어진 후에도 만일 아무런 개선의 기미가 보이지 않는다면, 그 문제는 여타 가족 구성원들 사이에서 보다 심각한 것으로 여겨지고 더 많은 주목을 받게 될 것이다. 일반적으로 건강문제는 저녁식사 이후의 시간에, 대개는 사람들이 집 밖에 앉아 휴식을 취하면서 논의가 이루어진다. 이 시간은 사람들이 하루 중 다른 이들의 가정을 방문하는 때이기 때문에, 구성원들 중 어느 한 명의 건강과 관련한 가족의 논의는 대개 가족 구성원 외의 사람들을 또한 포함한다. 그러한 논의들에는 어떤 공통적인 형식이 존재한다. 함께 모인 사람들은 무엇이 잘못되었는지에 대해 통상 상당히 빠르게 합의를 이루고, 그 증상들에 대해 특정한 꼬리표를 붙인다. 그러한 꼬리표들을 생의학적으로 확립된 질병명과 구별하기 위해서, 나는 그것들을 '질환-꼬리표'illness-label로 부를 것이며, 이에 대해서는 아래에서 별도로 논할 것이다. 일단 어떤 질환-꼬리표가 확인되고 난 후, 그 질환이 어떻게 가장 잘 퇴치될 수 있는가에 관해서는, 그리고 전문가에게 진찰을 받는다면 지역의 전문가들 중 누구에게 받을 것인가에 대해서는, 대개 덜 일치된 합의가 존재하게 된다. 가족이 어떤 전문가에게 진찰을 받기로 결정을 내렸다 하더라도, 그들은 보통 발견된 증상들에 대

---

18 나는 다른 곳에서 농촌지역 보건의료의 의약화에 대한 더 자세한 설명을 제시한 바 있다(Bernhard Helander, "Getting the Most Out of It: Nomadic Health Care Seeking and the State in Southern Somalia", *Nomadic Peoples* no.25-27, 1990, pp.122~132를 보라).

한 상세한 설명을 제공하는 것에 의해서가 아니라, 질환-꼬리표를 활용하여 해당 사례를 제시한다. 질환-꼬리표들은 건강추구의 과정에서 재고되고 재공식화될 수 있기는 하지만, 그러한 꼬리표들은 취해져야 할 조치들의 전체적인 과정을 결정하는 것에 있어, 그리고 또한 치료사의 선택과 같이 반드시 이루어져야 할 좀더 특정한 결정과 관련하여 주요한 역할을 계속 유지한다.

소말리족과 같이 본질적으로 다원적인 의료적 전통을 지니고 있는 곳에서는, 가족 외부에서 많은 대안적인 보건의료 자원들이 제공된다. 보통의 휴비어족 마을은 다양한 기술을 지닌 공인된 종교적 치료사들을 몇 명 정도는 보유하고 있다. 약초요법의 전문가들과 그 밖에 다른 전통치료술의 전문가들, 예를 들어 방혈放血, 접골, 외과술의 숙련가들도 있다. 더불어 사람들은 시장에서 약장수를 만날 수 있으며, 몇몇 큰 마을에는 약품을 잘 갖춰 놓은 약국도 있다. 후자의 현대적 약국은 대개 일차보건의료에 상응하는 성격을 지닌다고 할 수 있다. 그 지역의 용어법에서, 이러한 보건의료 자원들은 세 가지 주요 범주로 구분된다. '소말리족 의약'(다오 수마알리dawo Soomaali) '현대 의약'(다오 카스리가dawo casriga), '종교'(디인diin)가 그것이다.[19] 보통 규모의 마을에는 일반적으로 약 열 명 정도의 공인된 치료사가 있으며, 그들 각각은 얼마간 서로 다른 전문 분야를 담당한다. 다른 치료사들에 의해 제공된 치료들은 배타적인 대안들로 간주되지 않으며, 오히려 동시적으로 또는 연속

19 Bernhard Helander, "Incorporation the Unknown: The Power of Southern Somali Medicine", eds. A. Jacobson-Widding and D. Westerlund, Culture, Experience, and Pluralism: Essays on African Ideas of Illness and Healing, Uppsala Studies in Cultural Anthropology no. 13, Stockholm: Almqvist and Wiksell International, 1989를 보라.

적으로 검토될 수 있는 상호보완적인 방법들로 여겨진다. 장기질환의 경우에는, 몇 가지 대안적인 치료법들이 거의 항상 함께 시도된다.[20]

병든 가족 구성원에 대한 건강추구는 여러 해 동안 지속될지도 모를 하나의 과정이다. 그것은 또한 통상적인 일상의 일들을 함께 수행하면서 이루어져야만 하는 어떤 것이다. 대다수의 휴비어족 가구들에게는, 8킬로미터 떨어져 있는 주도州都 바이다보에 있는 개인병원을 시급히 방문하는 일조차도 신중한 계획이 요구된다. 아픈 사람들은 혼자서는 거의 여행을 하지 않으며, 따라서 동반자가 지정되어야만 한다. 도시의 음식은 좋게 평가되지도 않고 또한 너무 비싸기 때문에, 며칠 동안 소비할 사탕수수가 준비된다. 그러한 준비는 보통 지하 곡물창고에서 사탕수수를 꺼내 가는 작업을 필요로 한다. 화물차들이 일주일에 몇 차례 바이다보로 가기는 하지만, 그 요금이 비싸서 차 삯을 지불하기 위해서는 추가적으로 사탕수수를 더 준비해 팔아야만 한다.

건강추구와 관련된 다양한 현금 비용 및 수고비를 지불할 수 있는 어떤 가구의 능력은 당연히 그 가구의 규모 및 경제적 지위와 같은 요인들에 달려 있다. 그렇지만, 건강추구의 과정에서 어떠한 결정이 이루어지는가에 있어 커다란 중요성을 갖는 또 다른 제약 요인이 존재한다. 어떤 가족이 치료사와 맺고 있는 개인적 연줄은 병든 가족 구성원에 대한 치료서비스를 얼마나 즉각적으로 이용할 수 있는가에 영향을 미친다. 가족 영역 바깥에서 전문가를 찾는 일이 시작되었을 때, 이전의 접촉을

---

20 전통적인 보건의료 자원과 치료사들의 유형에 대한 보다 완전한 목록을 확인하려면 Abdullahi Mohamed Ahmed, "Somali Traditional Healers: Role and Status", ed. Annarita Puglielli, *Proceedings of the Third International Congress of Somali Studies*, Rome: Gangemi Editori, 1988을 보라.

통해 알고 있는 사람들이 언제나 우선 대상이 된다. 가까운 사회관계 내에 있는 자원들이 모두 탐색되고 나면, 대다수의 사람들은 미상의 전문가들까지도 찾아 나서려 할 것이다. 다른 누군가가 받았다고 하는 어떤 기적적인 치료에 관한 풍문에 의해 희망이 촉발되는 것은 흔한 일이다. 특히 건강추구 과정의 후기 단계들에서는 말이다. 그러나 그러한 지점에까지 이르기 전에는, 누군가를 통하지 않은 채 미상의 치료사들과 접촉하는 것은 일반적으로 꺼려진다. 이러한 관행은 휴비어족 사이에서 모든 사회적 접촉들이 관리되는 양상과 어느 정도 합치된다. 이전에 면식이 없었거나 제3자의 매개를 거치지 않은 이들과의 상호작용은 드물며, 단지 같은 씨족에 속해 있다는 것은 대다수의 사회적 목적을 추구하는 데 충분한 근거가 되어 주지 못한다. 건강추구의 과정에서 새로운 사회적 연줄을 수립하는 것 또한 비용이 드는 일인데, 왜냐하면 조언이나 무료로 서비스를 받은 것은 장래에 보답해야 할 새로운 호혜적 의무가 발생함을 의미하기 때문이다.

의사소통과 평가하기

건강추구의 과정 전반에 걸쳐, 다양한 치료법의 결과들은 사람들로부터 평가를 받는다. 병든 사람이 성인이라면, 그/그녀의 주관적인 경험이 같은 치료를 더 받을 것인지 말 것인지에 대해 커다란 영향력을 갖게 될 것이다. 건강에 대한 평가들이 의사소통되는 방식은 주로 현재적인 고통의 양과 활동성의 정도에 초점을 맞춘다. 이를 설명하기 위해서 나는 여러 해 동안 다베일dabeyl('소아마비'에 해당, '질환-꼬리표'에 대해 기술한 다음 절을 보라)을 앓고 있다고 여겨졌던 여성과 한 여성 방문자 사이의 대화를 인용하고자 한다. 그 여성 방문자는 몇 주 전에 병든 여성을 방문했고, 그 당시 가족들에게 이웃 마을의 셰이크로부터 상담을 받아 볼 것을 권했다. 병든 여성의 남편은 그 자신이 셰이크였기 때문에 처음에는 그 제안에 찬성하지 않았다. 그렇지만 아내의 오빠에게 설득되어, 남편은 결국 이웃 마을의 셰이크를 방문했고, 그는 병든 여성을 위해 마레marre를 행했다.[21] 그 여성이 다시 마을을 방문했을 때, 나는 집에서 병든 여성을 면담하고 있었다. 나는 그 여성 방문자가 집 밖에서 남편을 만나 아내의 상태에 대해 묻고 있다는 이야기를 들었다. 그 남편은 그녀의 제안에 대해 반대했었기 때문에, 약간 당황했음에 틀림없다. 비록 마레를 행한 후 아내의 건강에는 아무런 개선이 없었지만, 그는 공손히 응대했고 아내가 "얼마간 좋아졌습니다"라고 말했다.

소말리족 내에서 다른 누군가의 건강에 관하여 물어볼 때는, 일정한 주의사항이 준수되어야만 한다. 사람들은 대다수의 질환이 흉안凶眼, evil eye에 의해 야기된다고 믿기 때문에, 질문들은 대개 너무 직접적이어서는 안 된다. 질문은 덜 명확하고 더 일반적일수록 더 좋은 것으로 간주되는데, 왜냐하면 그러한 방식의 질문에는 숨겨진 악의에 대한 어떠한 혐의도 존재할 수 없기 때문이다. 예를 들어, "다리에 통증이 있나요?"라고 직접적으로 묻는 것은 좋은 것이 아니며, "다리는 어떠세요?"라고 묻는 것이 더 좋다.[22] 병자와 방문자 사이의 대화에 있어 중요한 또 다른 요소는 예의 바른 대화 형식을, 건강에 대한 상호 확신이 수반된

---

21 마레는 쿠란 전체를 한 차례 읽는 행위를 말한다. 때로는 한 차례 이상 행해지기도 한다.
22 그렇지만, 타인들에 대한 긍정적인 평가를 담은 발언을 하는 경우라면, 반대로 일반적인 방식으로 표현하는 것을 피해야만 한다. 왜냐하면 그러한 방식의 표현은 시샘으로 해석될 수 있기 때문이다. 예를 들어, "너의 셔츠가 멋지구나"라고 말하는 것보다는, 오히려 "그 셔츠가 너에게 멋지게 어울리는구나"라고 이야기해 주어야만 한다.

대화 형식을 포기해서는 안 된다는 것이다. 아픈 친구를 방문한 그 여성의 경우에는, 추가적인 이슈가 수반되어 있었다. 그 여성 방문자는 최초의 방문 기간 동안에 아픈 여성의 가족들이 믿고 있는 질환-꼬리표가 무엇인지 듣지 못했다. 아마도 이는 그 여성에게 부여되어 있던 질환-꼬리표가 어떤 종류의 인간적 작인에 대한 혐의가 존재하는 질환-꼬리표들과 유사한 것이기 때문이었을 것이다. 그러한 질환-꼬리표들은 이론적으로 해당 질환의 고통을 발생시킬 수 있는 누군가에게 말해질 수 없는 것이다.

위에서 언급되었던 여성 방문자가 그 집에 들어섰을 때, 침대에 누워 있던 병든 여성은 자신의 목소리를 아주 나지막하게 만들었다. 그들은 양자가 파일란faylan한지를, 즉 '기분 좋은', '활기 있는', '건강한' 상태인지를 확인하는 관습적인 인사를 나누기 시작했다. 그후, 여성 방문자는 "건강은 어떠세요?"라고 다시 한번 물었다. 첫번째 인사와 이어지는 질문에 응답하면서, 그 아픈 여성은 열악한 건강 상태를 기술할 때 관습적으로 사용되는 표현들을 사용했다. 그녀는 자신이 여전히 누워서(지이포jiifo) 지내고 있고, '완전히 맥 빠진' 또는 '소진된'(타카바안 tacabaan) 느낌이라고 설명했다. 그녀는 자신이 너무 허약해져서 차조차 마실 수 없게 느껴질 정도라고 언급했다. 그녀는 또한 자신이 고통을 느끼는 몸의 다양한 부분을 가리키면서, 무언가 긁힐 때 만들어지는 것과 같은 소리('카라라시, 카라라시cararash, 고롱, 고롱gorong')를 흉내 냄으로써 자신이 느끼는 고통을 설명했다. 그녀는 여성 방문자가 추천해 준 셰이크를 찾아갔던 일이 이전에 지니고 있던 열을 경감시켜 주었고, 얼마간의 다원울Dawonool 알약[23] 또한 복용했다고 덧붙여 말했다.

비록 이러한 대화는 중병을 앓고 있는 여성과 관련되어 있기는 하지만, 그 여성과 다른 사람들이 그녀의 상태를 설명하기 위해 사용했던 용어법들은 휴비어족이 건강문제들을 의사소통하는 방식에 있어 전형적인 것이다. 그들 자신 사이에서나 그들이 전문가들과 접촉하는 양자 모두의 경우에 있어서 말이다. 활동성의 정도는 대개 그 사람이 더 이상 실행할 수 없는 어떤 통상적인 행위를 언급함으로써 설명된다. 완전히 맥 빠지고 소진되었음을 뜻하는 타카바안과 폐질자를 뜻하는 부스라는 용어는 부동성의 극단을 표현하며,[24] 위에서 기술된 사례에서 그 아픈 여성은 명백히 자신이 그와 같은 상태에 있다고 생각하기 시작한 것 같다. 특정한 증상들, 주로 고통의 양에 대해 이루어지고 있는 생생한 묘사 또한 전형적이다. 손상된 팔다리를 지닌 경우에 있어, 나아포라는 용어는 그러한 손상으로부터 초래된 수족의 기능·색깔·형태에서의 변화들을 되돌릴 수 없는 것처럼 보이는 단계에서 사용된다. 나아포, 부스, 타카바안과 같은 용어들이 농촌적 맥락에서 사용될 때, 이는 어떤 최종 단계 ──더 이상 해볼 수 있는 것이 없음──를 암시한다. 그러므로 불구의 병사들이 대개 나아포라는 꼬리표를 부여받고 있음에도 불구하고, 최상의 재활서비스를 받는 이들 가운에 속해 있다는 것은 얼마간 아이러니한 일이라 할 수 있다.

건강추구의 과정을 지속할 것인가 말 것인가에 대한 결정이 단지 건강 상태 그 자체에 대한 고려 속에서만 이루어지는 것은 아니다. 많은 치료들이 시도되어 왔을 경우, 여기에 수반되는 비용의 문제는 점점 더 고민거리가 된다. 특히 장기간에 걸쳐 몇몇 치료방법이 시도되었지만

23 케냐에서 처음 만들어진 흔히 쓰이는 진통제. 소말리족에게 그 알약의 명칭은 '좋은 약'을 의미한다.
24 양자의 용어들, 특히 타카바안이라는 용어는 누군가의 건강 상태를 설명하기 위해 좀더 엄밀하게 사용될 때, 훨씬 덜 심각한 뉘앙스를 지닌 대화에서도 활용될 수 있음을 덧붙여 말해 둘 필요가 있다.

성공적이지 못했던 장애의 경우, 앞으로 어떻게 할 것인지에 대한 각기 다른 의견들과 관련하여 가까운 사회관계들 내에서 긴장이 발견되는 것은 흔한 일이다. 자주 인용되곤 하는 "한 명의 병자에게는 많은 것들이 소비된다[또는 소비되어야만 한다]"는 소말리아어 속담은 그러한 문제를 매우 명시적으로 드러내 준다. 동일한 속담이 단지 발음상의 작은 변경을 수반하면 "한 명의 병자가 100[명의 사람]을 좌우한다[부린다]"는 의미가 되는데, 이는 또한 병자의 친척들 사이에 존재하는 의무감을 표현해 주고 있다.[25] 이 속담은 다시 모음 하나를 변경해 주면, 많은 사람들이 병자에게 조언을 해야 한다는 것을 의미할 수 있다.

이 아픈 여성의 사례에서 나타나는 하나의 양상은 그 아픈 상태가 여러 해 동안 지속되어 왔다는 것, 그리고 그녀를 치료하기 위하여 가족들에 의해 이루어진 적극적인 시도의 빈도가 점차 줄어들어 왔다는 것이다. 내가 이미 언급했던 것처럼, 그 여성의 남편은 비용이 지불되어야 하는 이웃 마을 셰이크에 대한 최종적인 방문 시도를 멈추려고 노력하기까지 했다. 세 명의 아이들까지를 포함해서 그녀의 가족은, 어떤 의미에서 그 여성을 다소간 영구적인 또는 최소한 치료할 수 없는 질환 상태에 놓아두게 되었다.

이것이 다베일을 앓고 있는 그 여성만의 사례는 아니다. 대다수의 장애인들이 병자로서 치료를 받기 때문에, 그들의 건강추구 과정에서 어떤 성공이 보고될 수 있는 경우는 매우 드물다. 가족들은 장애를 지닌

---

25 그 속담은 닌 부카 보콜 우 탈리(nin buka boqol u tali)인데, 그것은 글자 그대로 하자면 "한 명의 병자에게 100[실링, 양羊 등]을 소비한다"는 것을 의미한다. '부카'라는 단어의 마지막 모음을 길게 하여 '부카아'라고 하면, '탈리'라는 동사의 주어와 목적어가 바뀌고, 그 의미는 병자가 많은 사람들에게 명령을 한다는 것이 된다. 나는 이에 관한 가치 있는 전문적 지식을 제공해 준 데 대해, 안제예프스키 교수에게 감사드린다.

구성원의 치료가 불가능함을 확인했을 때, 대개는 이전에 다양한 약이나 치료법에 걸었던 희망이 절망과 체념에 자리를 내어 줌을 느끼게 될 수 있다. 그러한 새로운 느낌들은 대개 쌓여 가는 보건의료 비용과 나란히 나타나게 되는 것처럼 ― 또는 그러한 비용들 속에서 조성되는 것처럼 ― 보인다.

질환-꼬리표들

내가 질환-꼬리표라고 부른 것은 엄격히 말해서 몇 가지 상이한 것들의 결합이라고 할 수 있다. 몇몇 경우에 그것은 어떤 의료적 이상 상태에 대한 지역적 명칭에 지나지 않는다. 헤르가브hergab라는 감기에 대한 지역적 명칭처럼 말이다. 그렇지만 그러한 용어들은 대개 무엇이 그 질환을 야기하는지에 대한 지역적 이론을 포함하며, 따라서 비록 지역적으로 공인된 증상들이 현대의학에 의해 공인된 증상들에 대응될 수 있을지라도, 그 질환의 의미는 전적으로 다르다. 이에 대한 하나의 좋은 예는 와코라아드walkoraad인데, 이는 현상학적으로는 대체로 뇌수종에 대응하지만, 휴비어족 지역에서는 어떤 새의 환영에 의해 야기되는 것으로 여겨진다. 그렇지만 대다수의 질환-꼬리표들은 생의학에서와는 상이한 방식으로 증상들을 범주화하고 있는 것처럼 보인다. 예를 들어, 휴비어족의 지역적 용어인 헬메에소helmeeso는 홍역의 증상들을 포함하지만 아이들에게서 급작스럽게 고열이 오르는 몇몇 다른 경우들 또한 포괄한다.

소말리아에서 **하나**의 일관된 질병분류학이 존재하는 것은 아니라는 사실이 강조될 필요가 있다. 오히려, 여러 다양한 치료적 전통들은 동일한 일련의 증상들을 서로 다른 이론들에 비추어 판단하는 경향을 보이며, 그에 따라 때때로 상이한 꼬리표들을 부여한다. 그러한 다원론에 더하여 휴비어족 및 이웃한 씨족들 내에는 사회적 이질성이 존재하고 있는데, 그로 인하여 어떻게 건강문제를 다룰 것인가에 관해 다소간 상이한 관념을 지니고 있는 사람들이 동일한 마을에 거주하게 된다.

두 가지 측면이 소말리족의 질환-꼬리표에 어떤 특유의 성질을 부여한다. 첫째, 그러한 꼬리표들은 치료사나 전문가들에 의해서가 아니라, 주로 병든 구성원이 있는 해당 가구에 의해 생산된다. 그러므로 그러한 꼬리표들이 비록 약초요법과 이슬람교에 의해 영향을 받고, '비타민'·'세균'·'혈압'과 같은 개념들 또한 취하기는 하지만, 그것들은 독립적인 민간 점술의 전통에 속하는 것이며, 전문가들보다는 일반인들의 통제권하에 놓여 있는 것이다. 둘째, 일정한 범위의 변동성에도 불구하고, 다수의 상이한 질환-꼬리표들에 대해 중요성을 지니며 또한 다양한 치료적 전통들 간의 경계들을 가로지르는 한정된 수의 신체 내부 기능들이 존재한다. 어떤 의미에서 이는 여러 다양한 수준의 질병과 관련하여 의사소통 양식 내에 존재하는, 질병 분류의 가변성 및 유동성에 깔려 있는 동일한 일반적 선입견을 반영한다.

그러한 신체기능들 중 하나는 소화이다. 콰라스qaras라는 꼬리표를 달고 있는 변비는 매우 광범위한 영향력을, 어떤 경우에는 치명적인 영향력을 지니는 것으로 간주된다. 상당한 수의 전통적 약초요법들이 콰라스에 대한 치료법으로 지정되어 있으며, 사람들의 질환스토리들에서는 종종 그들의 아랫배가 "정지한 상태에 있는", "움직이지 않는" 것 등으로 언급된다. 커다란 중요성이 부여되는 또 다른 신체기능은 혈액의 상태와 관련된다. 피부 아래에 성체되어 있다고 가정되는 오래된 혈액이나 검은 혈액은 다양한 심신의 이상에 대한 원인으로 지목된다. 어떤 질환이 너무 '적거나' 또는 '많은' 혈액의 탓으로 돌려지는 것 또한 흔한 일이다. 간과 같은 일부 내장들 또한 종교적 치료사들과 소말리족 전통 의사들에게 있어 초점의 대상이 된다.

이러한 신체기능들과 연동되는 질환-꼬리표들의 범위 및 이에 수반되는 치료의 노력들은 막대하다. 나쁜 혈액은 그것이 몸 안에 유지되면, 간에 들러붙어 간을 손상시킬 수 있다고 여겨진다. 나는 그러한 전제 아래 치료가 이루어지는 가슴앓이나 궤양의 사례들을 보았다. 그렇지만, 간은 대개 비유적으로도 축어적으로도literally 깊은 감정이 자리를 잡은 곳으로 지적되기 때문에, 어떤 치료사들은 보다 심리적인 기질의 이상을 위해 마련된 치료법들에서도 또한 빈번히 간을 참조한다.

어떤 질환-꼬리표들은 적용되어야 할 요법의 유형을 직접적으로 암시한다. 예를 들어 혼령의 침범이 의심될 때, 적용될 수 있는 요법의 범위는 다양한 종교적 유형의 치료법들이나 빙의 관련 의식들에 한정된다. 그렇지만 유아 설사와 같은 평범한 신체적 이상들에 있어서까지도, 대다수의 통상적인 질환-꼬리표들은 그러한 이상이 어떻게 다루어져야만 하는지를 직접적으로 가리키고 있다.

질환-꼬리표들은 종종 갖가지 다양한 고통을 유발할 수 있다고 여겨지는 작인 그 자체와 동일한 용어가 사용되기도 한다. 그러한 일반적인 질환-꼬리표들 중에는 '흉안'(이샤isha, 일다드il-dad, 데지스dejis 등)이 가장 빈번하게 언급된다. 흉안은 그 희생자에게 거의 모든 종류의 병으로 귀결될 수 있는 극히 강력한 힘으로 간주된다. 만약 누군가가 어떤 음식을 몹시 바라는 사람 앞에서 바로 그 음식을 먹었다면, 그것이 유해한 것으로 변해서 그 음식을 먹은 누군가를 아프게 하거나 죽일 수 있다고 여겨진다. 유사하게, 다른 누군가의 소유물에 대한 과장된 칭찬은 그 물건을 지닌 사람이나 그 물건 자체에 해를 입힐지도 모른다. 다른 사람으로부터 자기 딸의 아름다움에 대한 이야기를 들은 사람은 종종 의혹의 마음을 품게 될 터인데, 왜냐하면 그 사람의 의도가 무엇일지 두렵기 때문이다. 무수히 많은 이야기들이 타인들의 갈망, 칭찬, 시샘 때문에 죽음에 이르거나 평생 불구가 된 사람들과 가축들에 대해 언급하고 있다.

어떤 특정한 증상들의 집합이 흉안과 연결되는 것은 아니지만, 흉안은 사람들이 어떤 예기치 않은 불행에 대한 설명을 구할 때 언제나 고려하게 되는 주요한 잠재적 원인들 가운데 하나이다. 흉안은 무작위적으로 공격을 가하거나 어떤 특정한 사람에 의해서만 야기된다고 여겨지지는 않는다. 나는 흉안이 대개는 그들의 인적 관계망 속에서 다소간 주변적인 위치에 있는 사람으로부터 발생한다고, 그리고 희생자에 의해 경시된 의무나 책임으로부터 유발된다고 여겨짐을 알게 되었다. 내가 확인한 사례들에서, 문제가 되고 있는 고통을 야기한 것으로 (내밀하게) 책임이 돌려지는 것은 대개 먼 친척들, 그리고 일시적으로 면식이 있었던 사람들이었다. 대개 이러한 불행은 누군가의 인사에 제대로 응답하지 않은 것, 불충분하게 베푼 환대, 불손한 태도 등과 같은 희생자의 어떤 사소한 결함 때문이라고 이야기되었다.

흉안에 의해 야기되었다고 믿어지는 고통들에 대한 치유책을 구하는 과정에서, 혐의를 받는 사람은 대개 그 희생자의 병상에 이끌려 오게 된다. 혐의를 받는 사람은 통상적으로 그 방문에 대한 실제 이유를 듣지 않는다. 대신, 방문자는 그 희생자가 하나의 호의로서 그/그녀의 방문과 애정 및 관심의 표명을, 그리고 병자들이 타인의 방문을 받아야만 하는 소말리족의 전통을 따라 줄 것을 요청했다고 듣게 된다.

질환을 야기하는 작인 그 자체와 동일한 용어인 또 다른 질환-꼬리표는 저주이다. 저주는 많은 고통과 질병, 그리고 장애를 일으키는 심신의 이상들에 대한 원인이라고 여겨진다. 저주(인카아르inkaar, 하바아르habaar)는 흉안과 마찬가지로 어떤 독특한 사회적 요소를 지닌다. 그렇지만 흉안과는 대조적으로, 저주는 어떤 사람이 지닌 사회관계들의 주변부에서 작동하는 것이 아니다. 오히려, 저주가 효력을 미치는 것은 밀접하게 엮여 있는 친척들의 영역 내부에서다. 저주는 어버이 세대(와알리드waalid)의 권위와 밀접한 관계를 맺고 있다. 이러한 세대의 모든 구성원들은 자식 세대(일모ilmo, 카루우르carruur)의 구성원들을 저주할 수 있는 역능을 소유한다. 그들은 다소의 차이는 있지만 이러한 역능을 어느 정도는 지니고 있다고 여겨지는 것이다. 가장 강력한 저주──그리고 사람들이 가장 두려워하는 것 ── 는 외삼촌의 저주이다.

어떤 사람이 저주에 걸렸을 때, 이는 규칙의 위반이나 연장자에 대한 의무의 불이행에 의해 초래되는 것으로 여겨진다. 저주에 의해 야기되는 어떤 특정한 유형의 장애나 병이 존재하는 것은 아니다. 그 문제에 관해 물어보았을 때, 사람들은 저주가 '불행'(바카아우bacaaw)으로 이어진다고만 말했다. 때로는 가축이 죽거나 젖의 생산을 멈출 것이라고, 밭이 산출하기를 그칠 것이라고, 자식 없이 죽게 될지도 모른다고 언급함으로써 그러한 저주를 설명했다. 몇몇 정보제공자들은 저주가 "당신의 수족을 말라비틀어지게" 만들 수 있다고 말했으며, 어떤 장애인의 상황을 잘 알지 못하는 사람들이 그/그녀의 장애를 자연스럽게 저주의 탓으로 돌리는 것은 흔한 일이라 할 수 있다. 예를 들어, 나는 불편하게 걷는 사람들에 대해서, 이것이 그들 부모로부터의 저주 때문이라는 이야기를 들었다. '비틀거리며 걷는 것'에 대한 표현 그 자체(헤에데에다 다레에레heedheeda dareere)가 불안정한 이동의 방식과 더불어 성공의 결핍을 나타낸다.

한번 어떤 질환-꼬리표가 결정되었다고 해서, 그것이 고정적이어야 할 필요는 없다. 대개 그러한 꼬리표는 그 질환을 얻었던 기간 동안의 환경들, 있음 직한 원인들, 그 병자의 성별, 어떤 경우에는 그 질환 자체의 성별과 같은 요인들에 의존한다. 하나의 좋은 예는 다양한 범주의 소아마비이다. 다베일이라는 명칭은 글자 뜻 그 자체로는 바람을 의미한다. 즉 그 명칭은 소아마비를 일으킨다고 생각되는 작인으로부터 유래한 것이며, 이는 많은 질환-꼬리표들이 선정되는 방식이라고 할 수 있다. 일정한 유형의 바람들, 예를 들어 광대한 면적의 경작지들을 휩쓸어 버릴 수 있는 작은 토네이도들은 장애와 병 양자 모두를 발생시키는 해로운 것으로 여겨진다. 콜레라와 같은 다양한 전염병의 발생이 그러한 바람의 탓으로 돌려지기도 하지만, 좀더 통상적이고 일반적으로 작은 토네이도는 소아마비의 원인으로서 간주된다.

다베일에 관한 신념들은 어떤 증상의 배후에 있는 의심되는 원인들 및 그와 같은 증상에 대한 해설의 혼합을 표상한다. 이러한 이슈는 내가 두 명의 소아마비 병자 및 그들과 가까운 사회관계 내에 있는 사람들에 대해 수행했던 일련의 면담들에서 특히 잘 설명된다. 그들 중 한 명은 젊은 시절에 소아마비를 앓았던 40세의 남성이었다. 다른 한 명은 면담이 이루어지던 당시 소아마비를 앓고 있던 세 아이의 엄마였으며, 그녀가 자신의 질환을 제시했던 방식은 앞선 절에서 기술된 바 있다. 그러한 인터뷰는 다베일이라는 용어를 관례적으로 '소아마비'로 해석하는 것이 항상 정확한 것은 아닐 수 있음을 드러내 주었다. 내가 면담을 했던 정보제공자 양쪽 모두에게 있어 다베일이라는 개념은 광범위한 증상들, 심신의 이상들, 불운 일반의 원인들을 포괄하고 있었다.

휴비어족 사이에서 다베일은 네 가지의 주요한 유형들로 분할된다. 그것은 다베일 인시dabeyl insi(흉안의 바람), 다베일 진니dabeyl jinni(혼령의 바람), 다베일 라브dabeyl lab(남성 바람), 다베일 데디그dabeyl dheddig(여성 바람)이다. 다베일 인시는 '사람들의 사악한 혀'라는 의미의 아프-다드af-dad, '흉안'이라는 의미의 (아랍어로부터 유래한) 카유우마나아스cayuumanaas와 동의어라고 말해진다. 그것은 현대적 방법과 전통적 방법 양자 모두에 의해서도 치료될 수 없다고 여겨지는 유형의 다베일이다. 이후 다시 별도로 언급되는 바와 같이, 그 용어 자체는 해당 질병의 가정된 기원에 대해서는 확인을 해주지만, 그 질병이 가져올 결과에 대해서는 거의 아무것도 말하고 있지 않다. 동일한 논평이 다베일 진니에 대해서도 적용된다. 그것은 눈에 보이지 않는 영적 존재에게서 비롯된다고 여겨지는 유형의 다베일이다. 예를 들어, 다베일 진니는 임신한 여성의 배에 침입할 수도 있다. 마지막으로, 다양한 '남성' 다베일과 '여성' 다베일 간의 구별은 증상의 심한 정도와 관련된다. 그 증상이 무엇이든지 간에 말이다. 좀더 중한 고통을 수반하는 다베일은 '여성적'인 것으로서 간주되며, 반면에 보다 가벼운(카피프khafif) 고통을 수반하는 유형의 것은 '남성적'인 것이 된다.

다베일의 다양한 하위유형들은 배타적인 범주가 아니다. '혼령의 바람'과 '흉안의 바람'은 그 질병의 근원들 간의 구별이고, 다른 두 개의 유형들은 고통의 심한 정도에 따른 구별이다.[26] 따라서, 다베일이라는

---

26 내가 접했던 사례들에서 보자면, 혼령 유형의 다베일이 좀더 변덕스럽고, 그 발병만큼이나 급작스럽게 종료될 수 있었다. 반면에 흉안 유형의 다베일은 보다 영구적인 손상을 남겨 주게 된다. 이에 따라 후자의 흉안 유형 다베일이 좀더 빈번히 '여성' 유형의 다베일로 발전해 가곤 하였다.

질환-꼬리표에 대한 합의가 이루어졌을 때라 하더라도, 하위유형들 사이에 존재하는 융통성은 동일한 기본적 증상들에 대해 근본적으로 새로운 해석을 내릴 수 있는 여지를 부여하고 있는 것처럼 보인다.

질환들이 일정 기간에 걸쳐 지속되고 다양한 치료법들이 시도됨에 따라, 그 꼬리표들도 영향을 받게 된다. 점술로 치료를 행하는 어떤 전문가가 병자와 그 가족들에 의해 제시된 질환-꼬리표를 기각하고 전적으로 새로운 규정을 내리게 될 수도 있다. 그렇지만 보다 통상적으로는, 어떤 특정한 꼬리표가 다른 질환-꼬리표들과 지닐 수 있는 연관성에 의존하여 질환-꼬리표들이 재지정된다. 다베일에 걸린 그 여성의 경우에도, 정확히 이것이 그녀에게 발생한 일이었다고 할 수 있다. 그녀의 가족이 이전에 2~3년 동안 합의하고 있던 최초의 질환-꼬리표는 '다리에서의 통증'이었다. 그러나 증상이 좀더 악화되어 감에 따라, 다베일이라는 용어가 점점 더 자주 사용되었다. 그 시점까지도 다베일이라는 용어에는 특정 하위유형을 지칭하는 첨가어가 덧붙지 않았다. 그러나 점차적으로 시간이 흐름에 따라, 그리고 다양한 치료법들이 시도되는 과정 속에서, 어떠한 진니jinni도 그녀의 병에 대해 책임이 있는 것으로 여겨질 수 없다는 이해가 생겨났다. 그녀의 고통은 최초에는 매우 '가벼운' 것이었고, 그래서 처음에는 '남성' 유형의 다베일로서 간주되었다.

그 여성은 대체적으로 남다른 아름다움을 지닌 것으로 여겨져 왔으며, 그녀와 가까운 많은 사람들은 그녀가 자신의 아름다움 때문에 타인들의 흉안에 피해를 입었다고 설명했다. 그녀의 가족은 사실 이러한 문제에 관해 결코 명시적으로 입장을 드러내지는 않았다. 그렇지만 그녀는 자신의 질환이 비록 다베일이기는 하지만 그것은 자신에게 해를 입히길 원했던 누군가에 의해 발생한 것이며, 따라서 자신의 고통이 흉안에 의해 야기된 것으로 간주되어어만 함은 그녀에게 있어 매우 명백한 사실이라고 말했다. 어떻게 보자면 그녀 가족이 이러한 사실을 인정하기를 주저하는 것이 다른 사람들에게는 그러한 혐의에 대한 확증일 수 있었다. 왜냐하면 흉안에 의해 야기된 고통에 대한 최상의 치료법은, 바로 그 흉안에 대해 책임이 있는 사람이 그러한 혐의를 인식하지 못한 채 병에 걸린 사람의 병상에 오도록 만드는 것이기 때문이다.

내가 그녀를 만났던 시점에, 그녀의 가족과 그녀 자신은 여전히 그녀의 문제에 대한 규정으로서 다베일을 고수하고 있었지만, 그들은 그 질환-꼬리표에 그녀가 치료될 수 없는 것처럼 보인다는 사실을 덧붙였다. 그녀의 질환은 이제 '여성적' 다베일로, 즉 중한 종류의 것으로 간주되고 있었다. 그녀의 남편이 그가 접근할 수 있는 범위 내에 있는 자원들을 모두 소진했다는 것은 명백했다. 이전에는 그녀의 남편으로 하여금 계속해서 노력을 해야 한다고 설득해 왔던 그 여성의 형제들조차도, 이제는 점점 더 치료의 시도를 중단하고 있는 것처럼 보였다. 어느 정도까지는 그 질환-꼬리표 자체에 내재되어 있던 동학 그 자체가 이러한 상황이 나타나도록 용인했다고 할 수 있다. 그러한 동학이 처음에는 그 가족으로 하여금 일정한 방향으로 치료를 추구하도록 이끌어 왔지만, 그것은 또한 치료활동의 중단에 대한 이론적 근거와 지금까지 시도되어 왔던 다양한 치료법의 실패에 대한 이유를 제공했다.

자비 또는 재활?

소말리아에서는 어떠한 핸디캡이 몸의 생리적 체질과 사회적 환경의 결합에 의한 결과물이라는 분명한 생각이 존재하지 않는다. '정상적인'

삶을 살아가고 있는 장애인들은 그들 자신의 개인적 능력을 통해 그러한 삶을 영위하는 것으로 여겨질 수는 있지만, 그들에 대한 장기적인 지원의 중요성은 보통 경시되고 있다. 그러한 지원적 조치들은 기껏해야 자비를 베푸는 하나의 종교적 의무로서 생각될 뿐, 장애인의 삶의 기회를 향상시키는 데 있어 어떠한 역할을 갖는 것으로 간주되지 않는다. 유사하게, 사람들은 지역사회와 가족 내의 장애인 문제들에 상당한 주의를 기울이기는 하지만, 동정 또는 자비의 견지에서 그러할 뿐이다. 재활을 하거나, 장애인에게 적절한 역할을 찾거나, 그들에게 적합화된 생활양식을 발전시킬 수 있는 가능성에 대한 인식은 거의 존재하지 않는다. 비록 성공적으로 재활한 개인들의 사례를 발견하는 것이 가능하기는 하지만,[27] 그것이 여타 장애인들을 위한 모범적인 예로서 거론되지는 않는다. 그들의 성공은 그들 자신의 개인적 능력들에서 비롯된 것으로 여겨지며, 반면에 그들이 받았던 훈련의 역할은 거의 그 가치가 인정되지 않는다. 다시 말해서, 어떤 장애인이 의지할 수 있는 지원체계의 질에 따라, 특정한 손상이 그 장애인을 사회적으로 무력하게 만드는 정도도 달라질 수 있다는 생각이 존재하지 않는 것처럼 보인다. 이러한 견지에서는, 장애가 훈련 또는 재활에 의해 변경될 수 없다. 모든 치료법들은 단지 해당 손상에 대한 치유책들이라는 관점에서만 선정될 뿐이다.

이는 소말리족이 누군가가 장애인을 돌보아서는 안 된다는 생각을 지니고 있음을 말하려는 것은 아니다. 그렇지만 내가 아는 바로는, 그러한 돌봄이나 지원이 어떤 식으로든 장애 그 자체에 영향을 줄 수 있다는 관념은 존재하지 않는다. 장애인에게 자비를 베푸는 것은 의무로 간

---

27 이에 대한 예로는 B. Helander, "Getting the Most Out of It"을 보라.

주된다. 이러한 태도는 어떠한 지원의 근거를 종교적 텍스트들로부터,[28] 그리고 중증의 병자들에게 어떻게 처신해야 하는가에 대한 일반적 정서 내에서 찾는다. 나는 부동성에 대한 일부 태도가 포착되는 지점 속에서 그러한 정서를 이해할 수 있었다. 누군가가 언제나 방문을 해야 하고, 요청이 있다면 음식물도 가져다주어야만 하는 두 범주의 사람이 있다. 그들은 감금된 사람들과 장기간 아픈 상태에 있는 사람들이다. 그렇지만 어떤 범주의 환자들에 대한 이러한 특별한 돌봄의 제공이, 그 사람으로 하여금 장애가 부과하는 제약들을 제거할 수 있게 해주는 어떤 것으로 간주되지는 않는다. 감금된 누군가에게 가져다준 음식물이 그 사람을 자유롭게 해줄 수 있는 것 또한 아니다. 그러한 돌봄은 종교적 의무에 의해 안내되는, 자비의 차원에서 행해지는 것이다. 가족들은 그들이 처해 있는 환경에 따라, 이러한 의무를 얼마간 만족스럽게 수행할 수 있는 것으로 여겨진다. 그러나 어떠한 경우이든 간에, 그 장애인에게 영향을 미치는 것은 손상이지 돌봄을 제공하는 그들의 가족이 아니다.

결론

소말리아에서 장애인과 관련된 이슈들에 접근하는 데 있어서의 어려움은 소말리족의 장애 정의가 서구의 그것보다 훨씬 더 제한적이라는 사실에 존재한다. 어쨌든 장애인이 하나의 단일한 범주로 추려져 묶일 수는 있지만, 그러한 장애 개념은 단지 매우 가시적인 신체적 손상을 지

---

28 결혼과 상속을 다루고 있는 코란의 4장은 신도들에게 정신박약자의 재산을 관리해 줄 것을, 그리고 그러한 재산을 가지고 그들을 부양할 것을 명하고 있다.

닌 사람들만을 포괄하며, 그들은 소말리족 장애인의 대다수를 대표할 수 없다. 대부분의 장애인들은 장애인 대신 병자로 간주되고 치료를 받으며, 내가 앞서 제시했던 바와 같이, 바로 그것이 소말리족 장애인들이 처해 있는 상황을 형성해 내는 핵심요인이다. 가족 건강 관리에서의 자원 할당은 모든 수준에 있어, 일단 작은 것으로부터 점차 큰 것을 투여하는 방향으로 나아간다. 질환의 발생에 대한 최초의 징조는——적어도 아이들의 경우에는——단지 어머니들에 의해서만 관찰되고 그 차원에서 대응이 이루어진다. 점차적으로 가구 내에서 문제가 다루어지기 시작하면서, 여타의 가족 구성원들도 그 문제를 접하게 된다. 가구 외부의 전문가에게 상담이 이루어지면서, 개인적 관계들 및 친척관계가 치료사의 선정을 인도한다. 그러나 그러한 확장된 인적 영역 및 동원될 수 있는 자원을 지녔을 때조차, 더 이상의 건강추구가 무의미한 것으로 간주되는, 또는 자금·시간·관계들에서의 비용이 너무 높아져 버리는 어떤 최종 지점이 존재한다.

그러나 장애에 대한 대응 과정이 단지 다양한 건강추구의 경로에 따르는 비용-편익 타산에 의해서만 결정되는 것은 아니다. 마찬가지로 중요한 것은 질환에 대한 자가 진단과 가족의 꼬리표 붙이기가 전문가의 선정 및 그들과의 의사소통과 어떻게 관련되는가이다. 어떤 건강 이상의 원인들을 요약함과 동시에 가장 두드러진 증상들을 지시해 주는 질환-꼬리표들은 해당 가구 내에서 그 아픈 가족 구성원의 특정한 측면들에 주의를 돌리도록 영향을 미친다. 전문가 및 치료사들과의 의사소통에서, 그러한 질환-꼬리표들은 상세한 병인病因의 설명을 대체하며, 장애인들에게 가장 빈번히 적용되는 꼬리표들의 다수는 진찰을 받아야 할 치료사의 유형을 직접적으로 제시하는 특질을 지닌다. 질환-

꼬리표들이 장애에 대한 대응 과정의 상당히 초기 단계에서 선정되기는 하지만, 그것들은 현재의 건강 상태와 받고 있는 치료 결과를 반영하기 위하여 끊임없이 변화되거나 수정된다. 가구의 자원들이 소진되었을 때, 질환-꼬리표들은 절망감과 질환의 치료 불가능성을——보건의료적 견지에서——반영하게 되는 것처럼 보인다. 그러한 시각은 부동성과 관련된 해당 질환의 은유적 표현에 의해서도 또한 구체화된다.

나는 휴비어족이 장애와 질병을 확고히 구별하지 않는다는 사실을 진지하게 받아들이고자 했다. 모든 건강문제들은 건강추구와 건강관리라는 틀을 통해 처리되는데, 장애인을 둘러싼 관행과 사고들 역시 그러한 틀 내에서 기술될 수 있다. 그리고 그렇게 기술될 만한 충분한 이유가 존재한다. 장애인이 된다는 것과 병자가 된다는 것 사이의 경계가 뚜렷하지 않을 뿐만 아니라, 건강에 대한 동일한 가치와 지표들이 양쪽의 범주 모두에 적용된다. 사실 장애인 역할[29]에 대한 속박들 중 일부는 그들이 '통상적' 질병을 지닌 사람들과 동일한 평가 기준들에 종속된다는 사실과 관련된다.

그러한 기준들은 대개 통증의 정도라는 견지에서 표현되는 건강하거나 아픈 것에 대한 주관적 경험, 돌아다닐 수 있고 사회적 사건의 주요한 흐름에 참여할 수 있는 능력이다. 휴비어족에게 있어 정상적인 인격체란 자유롭게 움직이는 사람이다. 활동성에 부여되어 있는 가치들은 사람들의 외적인 움직임에 제한되지 않으며, 혈액의 유동성과 신속한 소화에 대한 관심들에도 또한 반영되어 있다. 활동할 수 없다는 것은

---

29 여기서 장애인 역할disabled people's role은 의료사회학에서 많이 언급되는 병자 역할sick role에 상응되는 것이라 할 수 있다.——옮긴이

무언가 잘못되었다는 것을 알려 주는 신호이며, 장기간의 부동성은 중병의 징후이다.

비록 휴비어족 문화가 정상과 일탈 사이에 뚜렷한 경계를 두고 있지는 않지만, 상당한 정도의 일탈이 있을 경우에는 이를 개인적 정체성의 한 측면으로 부각시키며, 신체적 핸디캡에 의해 부과된 부동성은 대개 장애인과 비장애인을 분리하는 경향을 지닌다. 휴비어족에게 있어 인격은 생성 중에 있는 것이다. 인격은 결코 고정되어 있지 않으며, 경험과 나이가 축적되어 감에 따라 끊임없이 변동하고 성장한다. 좌절, 낙담, 질환은 승리와 성공만큼이나 개인의 전체성에 영향을 미친다. 긍정적이고 부정적인 영향력 양자 모두 어느 정도 추정될 수 있는 삶의 구성 요소이지만, 낙담에 대처할 수 있는 누군가의 능력이 소멸되기 시작하는, 그리고 바람직하지 않은 상황의 치유책을 구하는 것에 대한 아무런 힘도 남아 있지 않게 되는 어떤 지점이 존재한다. 그러한 지점에 대해 휴비어족은 나아포나 부스와 같이 더 이상 어떤 것도 행해질 수 없음을 의미하는 개념들을 사용한다. 어떤 장애인들에게 있어, 이러한 상태는 구걸을 제외하고는 어떠한 대안도 남겨 놓지 않을지도 모른다. 한 명의 걸인으로서 그러한 장애인은, 동정을 받고, 염려되고, 타인들의 자비를 입어야 하는 '신의 피후견인'이라는 역할에 갇히게 될 것이다. 비록 대다수의 장애인이 걸인들로서 삶을 끝내는 것은 아니라 할지라도, 그들이 지닌 부동성이라는 바로 그 사실이 통상적으로 빈민들에게 예정되어 있는 것과 유사한 태도들을 생성해 내는 것처럼 보인다.

휴비어족은 활동성을 지닌 사람들을 높이 평가하는 것과 마찬가지로, 기민한 정신을 또한 중히 여긴다. 우둔함과 광기는 불임과 죽음에 비유되며, 정신적 장애인은 대개 그들의 가족 바깥에서 가혹한 대우를 받는다. 어떤 사람은 일련의 끊임없이 변동하는 영향력들의 연쇄 내에 있는 존재로서 규정되지만, 그러한 규정은 또한 변화에 대한 높은 수용력을 요구한다. 신체적 손상은 삶의 환경들에서 나타나는 변화들에 대응할 수 있는 누군가의 능력을 감축시킬 수 있다. 그러나 정신적 결함은 그러한 변화들이 인지되는 것조차도 허용하지 않는다. 그것이 아마도 건강추구의 과정에 진입하는 정신적 장애의 사례가 여타 유형의 장애와 비교하여 극히 드문 주요한 이유일 것이다.

휴비어족 사이에서 어떤 장애가 생성되는 과정은 그들의 건강추구 양식과 연결되어 있으며, 상당 정도 그러한 건강추구 양식 자체에 의해 구체화된다. 그러므로 소말리족의 건강추구 양식과 같은 체계 내에서는, 보다 일반적으로 건강관리가 어떻게 이루어지는가의 문제와 연관 짓지 않고서 여러 장애들의 어떤 단일 범주나 전체적인 장애 영역에조차 접근하는 것은 불가능하다. 나는 이렇게 장애와 일반적인 건강관리의 문제를 연결 짓는 것이 장애의 인류학에 있어 좀더 보편적인 유효성을 지닐 수 있음을 제안하고자 한다. 왜냐하면 어느 사회에서나 장애인을 위해 사용 가능한 자원들의 범위는 병자 일반을 위해 사용 가능한 자원들의 범위와 해당 가구 내에서 동일한 원천으로부터 나오기 때문이다. 장애는 어느 곳에서나 대개 통상적 질환을 다루는 것과 관련되어 있는 과정들을 통해 사회적으로 생산된다. 그러므로 여러 다양한 지역적 보건의료의 전통들이 장애인의 삶을 어떻게 형성해 내는가에 한층 더 주의를 기울이는 것은 매우 적절한 일이 될 것이다.

4장 왜 장애인이 되었나?
: 한 아프리카 사회에서의 신체적 장애에 대한 문화적 이해

파트리크 데블리허르[*]

한 사회는 어떤 중요한 현상들을 다루는 방식 속에서 스스로를 드러낸다.[1] 장애는 바로 그러한 하나의 '현상'이다.[2] 문화적 관점에서 장애를 고찰한다는 것은 다음과 같은 질문을 하는 것으로부터 출발한다. 어떤 한 사회에서 장애란 무엇을 의미하는가? 장애를 지닌 사람의 지위는 그/그녀가 살고 있는 문화 내에서 어떻게 결정되는가? 어떤 사회에서 장애에 관해 이야기할 때 가장 중요한 이슈들은 무엇인가?

이러한 질문들이 이 글에서는 소위 개발도상국에서의 장애인에 대한 서비스의 발전과 연결되어 있다. 서비스 공급에서의 새로운 발전은 이전의 문화적 신념들을 제거하지 않았다.[3] 우리는 이제 재활의 개념과

---

* 파트리크 데블리허르Patrick Devlieger는 미국 일리노이대학교University of Illinois와 벨기에 루뱅가톨릭대학교Katholieke Universiteit Leuven에서 사회문화인류학으로 박사학위를 받았으며 현재 루뱅가톨릭대학교에서 외래연구조교수로 재직 중이다. 자이르와 짐바브웨에서 현지조사를 수행했으며, 주요 연구 관심사는 장애에 대한 비교문화적 연구, 지역사회 연구, 정신지체를 지닌 개인들의 전환기에 대한 민족지학이다.
1 나는 이 장의 초고를 읽고 가치 있는 논평을 해준 데 대해 제프리 타인스Jeffrey Tines, 수잔 레이놀즈 휘테, 베네딕테 잉스타에게 감사드린다.
2 Henri-Jacques Stiker, *Corps infirmes et sociétés*, Paris: Aubier Montaigne, 1982, p.25.

절차가 단지 서구 나라들에서의 발전으로부터만 도출된 것이 아니라는 것을 이해하기 시작했다. 그러한 식의 사고는 이 연구의 대상인 자이르[콩고민주공화국의 옛 명칭 —옮긴이]의 송게족[4]과 같은, 다른 지역 문화에서의 신념·관행·태도들로부터의 기여를 경시하는 것이다. 문화적 신념들이 단지 장애인 서비스 발전에 대한 장벽이라는 관념은 변화하고 있다.

전통적 신념들은 "어떠한 종류의 지역사회기반재활이 실행되기에 앞서 반드시 이해되어야만 한다".[5] 그러한 이해는 서비스 공급자와 어떤 지역사회의 장애인들 간에 대화가 이루어질 수 있는 기반이다. 그러한 대화 속에서, 사람들은 그들 문화의 요소들에 대해 논의하고 그것을 재해석할 수 있는 기회를 제공받아야 한다. 상담과 안내의 기술을 보완해 주는 이러한 문화의 이해는 또한 서비스 공급자들에게, 불가피하게 문화에 '역행하여' 일을 수행하는 것이 아니라 문화와 '더불어' 일을 할 수 있는 능력을 제공할 것이다. 필수적인 기술들에 의해 보완된 문화의 이해는 재활에 대한 진정한 아프리카적 개념의 등장에 크게 기여를 할 것이다.

나는 이 장에서 처음으로 그러한 개념을 발전시키고자 시도하려 한다. 앙리-자크 스티케Henri-Jacques Stiker를 따라 나의 시도는 기호론적

3 Helen Jackson and Rodreck Mupedziswa, "Disability and Rehabilitation: Beliefs and Attitudes among Rural Disabled People in a Community-Based Rehabilitation Scheme in Zimbabwe", *Journal of Social Development in Africa* vol. 3 no. 1, 1988, pp. 21~30.
4 송게족은 자이르의 동카사이East-Kasai 지방에서 살고 있는 사람들이다. 이 글에서 사용된 자료는 1903년부디 1985년까지 필자가 신체적 징애를 시닌 아동을 뉘한 의료 프로섹트에서 비트하위스 볼륀타리아트Withuis voluntariaat라는 단체(벨기에)의 자원활동가로 일하는 동안 수집되었다.
5 Willi Momm and Andreas König, *From Community-Based to Community-Integrated Programmes: Experiences and Reflections on a New Concept of Service Provision for Disabled People*, Geneva: ILO, 1989.

인 성격을 띨 것인데,[6] 왜냐하면 나는 문화적 세계를 이해하는 데 관심을 갖고 있기 때문이다. 그렇지만 이는 재활서비스의 발전과 관련이 있기 때문에, 실용주의적인 것이기도 하다. 이러한 시도에는 내재적인 제약들이 존재한다. 첫째, 내가 의존하고 있는 자료는 단지 한 아프리카 지역의 사람들의 생각만을 반영하고 있으며, 따라서 전체로서의 아프리카에 대한 일반화는 가능하지 않다. 둘째, 자료의 수집은 상지와 하지에 장애를 가지고 있는 사람들과 그 친척들에게로 제한되어 있다. 다른 유형의 장애에 대한 일반화가 이루어져서는 안 된다.

이 글에서 사용되고 있는 방법론은 어떠한 하나의 우주론 내에서 다양한 비정상성의 범주들을 고찰하는 것, 그리고 이를 장애의 서구적 개념과 대조하는 것을 포함한다. 더 나아가 나는 서구사회들의 관심사가 장애인의 삶을 개선시키는 것인 반면, 자이르의 송게족과 같은 어떤 아프리카 사회들에서는 최우선의 관심이 왜 그처럼 장애인이 되었는가에 있음을 보여 주면서, 일정한 문화 내에서 장애가 어떤 종류의 이슈를 제기하는지 설명할 것이다. 송게족 사회에서는 질병에 대한 전통의료적 치료가 매우 일반적이며, 장애가 발생했을 때 그것은 마치 질병인 것처럼 치료가 이루어질지 모른다. 그렇지만, 장애인의 삶의 상태를 개선시키고 환경에 적응시키는 지속적인 노력으로서의 재활이라는 것은 기본적으로 송게족의 사고 속에서는 낯선 서구적 개념이다. 그 대신, 송게족은 그들의 문화 내에서 장애에 대처하는 대안적인 방법과 수단을 발전시켰다. 그들에게는 장애로 인한 제한들을 극복하기보다는 그것과 더불어 살아가는 것이 가장 중요한 규범인 듯하다.

6 Stiker, *Corps infirmes et sociétés*.

나는 우선 장애아동의 사회적 지위를 문화적 범주들의 전체론적 상황 속에서 파악할 것이며, 그다음에 장애인의 사회적 지위가 어떻게 문화적 신념에 의해 형성되는지를 보여 주고자 한다.

신체적 장애와 사회적 지위

정상성은 매우 강한 의미에서 종족중심적인, 문화적으로 구성된 관념이다.[7] 이러한 점이 여기서는 정상적인 아이에 대한 송게족의 개념화를 고찰함으로써 설명될 것이다.

송게족에게 있어, 몸에서 발생한 일탈은 비장애인과 비교하여 더 높거나 더 낮은, 또는 불확정적인 지위를 야기할 수 있다. 그러므로 모든 일탈이 낙인화되는 것은 아니며, 모든 장애인이 그들의 장애 때문에 주변화되는 것도 아니다. 송게족 사회 내에서는, 비정상적인 것으로 구별되는 아이의 세 범주가 존재한다. 의식에 참여하는(미싱가mishinga), 부정한(말와malwa), 결함을 지닌(빌레마bilema) 아이가 그것이다. 영어 단어 장애disability는 송게족 사회 내에서 서로 구별되는 이러한 범주들 중 어떤 것과도 정확히 대응되지 않는다. 비록 '부정한' 그리고 '결함을 지닌' 아이들은 대부분의 서구사회에서 신체적 장애를 지닌 것으로 분류가 되겠지만, 이는 송게족 사회에서 상이한 개념이다. 부정한 아이들은 죽음을 연상시키지만, 결함을 지닌 아이들은 그렇지 않다.

식동式童, ceremonial children은 특별한 의식을 치르고, 특정한 이름

---

7 Patrick Fougeyrollas, "Normalité et corps différents: Regard sur l'integration sociale des handicapés physiques", *Anthropologie et Sociétés* vol. 2, 1978, p.54.

을 부여받으며, 그들 중 일부는 특별한 힘과 치유 능력을 지니고 있다고 믿어진다. 이러한 모든 특성이 그 아이들에게 더 높은 지위를 부여한다. 식동의 예로는, 비를 멈추게 하는 아이[8], 쌍둥이, 목에 탯줄을 감고 태어난 아이, 뺨에 손을 얹고 태어난 아이, 또는 머리보다 발이나 손이 먼저 나온 아이가 있다. 서구사회에서 이러한 특징들은 기껏해야 의학적 현상으로서만 간주되며, 그 아이의 사회적 지위에 영향을 주지 않는다.

이와 대조적으로, 부정한 아이들은 다른 사회 구성원보다 열등한 것으로 간주되며, 심지어 인간이 아닌 것으로까지 여겨진다. 그들은 악령의 힘을 빌린 마법사들의 반反세계와 접촉했기 때문에, 불가사의한 초자연적 존재이다. 그들은 이 세계에 잠시 머물기 위해 온 것이며 이후 그들 자신의 세계로 돌아가게 된다. 백색증 환자, 난쟁이, 뇌수종에 걸린 아동들이 이러한 범주에 속한다. 그들은 기본적인 돌봄을 받지만, 모든 부모들은 그들이 조만간 죽게 될 것이라고 생각하는데, 왜냐하면 송게족은 이러한 아이들이 살기 위해서 이 세상에 온 것이 아니라고 믿기 때문이다. 그러한 아이들은 진정으로 주변화되며, 따라서 주변 환경과의 상호작용은 제한된다.

결함을 지닌 아이들(음와나 와 킬레마mwana wa kilema)은 몸에 불완전함을 지니고 있을 뿐 아니라, 왜곡된 관계를 담지하고 있는 아동들이다. 사실, 장애 그 자체나 장애를 지니고 있는 아이보다는 그러한 왜곡된 관계에 주의가 맞춰진다. 이러한 아이들은 소아마비와 같은 질병, 경련성 마비로 귀착되는 출산 시의 문제, 내반족內反足과 같은 선천적 기

---

8 내리던 빗줄기가 약해졌을 때, 이제 곧 태어나게 될 아이가 그 비를 멈추게 하고 있는 것으로 여겨진다. 그러한 아이는 꿈을 통해 알려진다. 그러한 아이는 특정한 이름(은톰바Ntumba)을 부여받으며, 태어날 때 일정한 의식들이 치러진다.

형의 결과로 기형인 상지나 하지를 지니고 있다. 그들은 식동들과 대조적으로 그들의 특질로 인해 더 높은 존중을 받지도 않으며, 부정한 아이들의 경우처럼 어떤 열등한 지위를 부여받지도 않는다. 그들의 지위는 이도 저도 아닌 상태에 있으며 불확정적이다.[9] 이는 아마도 그들의 결함이 어떠한 변화가 없는 영구적인 것이기 때문일 것이다. 부정한 아이들은 이와 대조적으로 죽을 것이라 예견된다. 결함을 지닌 아이들을 특징 짓는 그러한 불확정적 지위는 경계적 지위liminal status로 불려 왔다.[10]

송계족 사회에서 결함을 지닌 사람들의 경계적 지위, 일상생활에서 그들이 어디에나 모습을 드러낸다는 것, 장애인에 대한 서비스가 매우 제한적이라는 사실은 그러한 사람들의 상황을 개선시키는 것을 별로 중요한 문제로 여기지 않는 태도가 보편화되어 있음을 의미한다. 그보다는 그러한 결함을 어떻게 해석할 것인가에 보다 많은 주의가 기울여진다. 그러한 이슈는 결함의 원인을 찾는 가운데 가족에 의해 다루어지며, 이는 결함을 지닌 사람 자신은 완전히 배제된 과정일 수 있다. 이러한 시각 속에서, 그러한 결함은 단지 보다 더 중요한 문제의 징후로서 다루어질 뿐이다. 따라서 해결책도 결함 자체에 대해서가 아니라 그러한 결함의 근저에 놓여 있는 문제에 대해 구해져야 한다.

이러한 상황의 긍정적 측면은 장애인이 비정상적이거나, 주변적이거나, 일탈된 존재로서가 아니라 경계적인 존재로 간주된다는 것이다. 이렇게 간주하는 것은 장애인에게 변화되어야만 할 어떤 부정적인 지

9 Victor Turner, *The Forest of Symbols: Aspects of Ndembu Ritual*, Ithaca, N.Y.: Cornell University Press, 1967.
10 Robert F. Murphy et al., ˝Physical Disability and Social Liminality: A Study in the Rituals of Adversity˝, *Social Science and Medicine* vol. 26 issue 2, 1988, pp. 235~242.

위를 선험적으로 부여하지 않는다. 장애인은 다른 이들과 마찬가지로 발전에 대한 권리와 더불어 '잠재력'을 지니고 있는 것으로 간주된다.

비장애인들이 장애인들을 반드시 부정적으로 바라보지는 않는다. 잘 알려져 있는 한 속담은 "결함을 지닌 사람을 조롱하지 마라. 신은 너를 계속해서 창조 중에 계신다"라고 말한다. "결함을 지닌 그 사람이 들어왔을 때, 그 문은 완전히 닫힌다"와 같은 몇몇 속담들은 존경의 태도를 권유하기조차 한다. 이 속담은 결함을 지닌 사람의 지혜가 잘 사용될 수 있음을 의미한다. 경솔한 사람이 들어서는 안 될 문제들을 어떤 결함을 지닌 사람과는 논의할 수 있을지 모른다.

그렇지만 다른 속담들은 결함을 지닌 사람이 스스로를 넘어서고자 만용을 부려서는 안 되며, 단지 그들의 능력에 맞는 활동에만 참여해야 함을 나타낸다. "북이 빠르게 울리면, 춤도 빠르게 추어야 한다"와 같은 것이 그렇다. 이는 춤을 제대로 출 줄 모르는 사람은 춤을 추어서는 안 됨을 의미한다. 이러한 사고는 월로프Wolof족[세네갈과 감비아의 대서양 연안에 사는 흑인종—옮긴이] 속담 "맹인은 구덩이를 뛰어넘으려 해서는 안 된다"와 같은 다른 아프리카 부족의 속담에 더욱 잘 표현되어 있다.[11] 결함을 지닌 사람들은 정상성의 동시대적 일부이며, 그러한 정상성과 분리되지 않는다. 이러한 속담들은 결함에 어떻게 대처해야 하는지에 대해 사람들에게 분명한 메시지를 전달한다. 그 메시지는 장애인들이 분명한 존중을 받을 가치가 있으며, 장애인들 또한 그들의 한계를 받아들여야 한다는 것이다.

11 나는 이 속담을 알려 준 파파 폴Papa Fall에게 감사드린다.

송계족 사회에서의 장애에 대한 대처

송계족 사회에는 상지나 하지의 장애에 대처하는 많은 양상들이 존재한다. 먼 거리를 걸을 수 없는 아이나 성인들은 마을 내에서 특정한 과업을 부여받는다. 걷는 데 문제가 있는 아이들은 더 어린 형제나 자매들을 보살피고, 부모의 부재 시 집을 돌볼 책임을 갖게 된다. 지팡이나 목판과 같은 간단한 도구들이 이동을 용이하게 하기 위해 사용된다. 지니고 다니는 것도 교체도 매우 쉽기 때문에, 그러한 간소함이 이러한 도구들을 다른 복잡한 것들보다 여러모로 나은 것으로 여기게 만든다. 신체적 장애를 지닌 아동을 위한 한 발달 프로젝트의 과정에서 아이들에게 양각兩脚 보행기(캘리퍼스calipers)가 주어졌을 때, 서구의 기준에서 보자면 매우 간소하게 만들어진 것이기는 하지만 이는 잘 사용되지도 않았고 이전의 간단한 도구들을 대체하지도 못했으며, 아이들은 결국 집에서 만든 것을 다시 사용했다.

그러나 송계족 여성에게 물 길어 오기, 나무 베기, 빨래하기와 같은 일상의 활동들을 제약하는 상지 또는 하지의 두드러진 장애는 매우 심각한 사태인데, 왜냐하면 이러한 일들이 성인 여성에게는 필수적인 것이기 때문이다. 그러한 여성에게 결혼의 기회는 실질적으로 존재하지 않는다. 이는 유사한 장애를 지닌 남성에게 결혼의 가능성이 상당 정도 존재하는 것과는 대조적이다.[12] 그렇지만 그러한 여성들의 상황에 대처하는 양식이 존재하며, 이를 통해 궁극적으로는 어느 정도 자립적인 삶

---

12 경미한 장애를 지니고 있는 여성은 결혼이 가능할지 모른다. 그렇지만 그러한 여성의 아버지는 신부대를 요구하지 못하거나 단지 그 일부만을 요청할 수 있을 뿐인데, 이마저도 대개는 사위의 선의에 달려 있다.

을 살아가게 된다. 그러한 여성도 아이를 가질 수 있으며, 아이가 대략 열 살 정도가 될 때까지는 그녀의 부모와 함께 지낸다. 부모의 집에서, 그러한 여성은 앉은 채 할 수 있는 일들을 수행한다. 일단 그녀의 아이가 물 길어 오기, 청소, 메시지 전달하기와 같이 엄마가 할 수 없는 간단한 일상적 일들을 수행할 수 있게 되면, 그 여성과 그녀의 아이를 위한 새로운 집이 지어진다. 아이의 도움이 있다면 결혼하지 않은 상태에서도, 그러한 여성은 어느 정도 자립적인 삶을 살아가게 되는 것이다.

문화에 의해 형성되는 장애 이슈들

송게족에게 있어, 결함과 관련된 가장 중요한 이슈는 '왜?'라는 질문에 대한 답변이다. 송게족은 '왜 장애인이 되었나?'라는 질문에 대한 궁극적인 답을 찾으며, 인간과 그들을 둘러싼 환경 간의 관계에 대한 탐색을 통하여 결함의 원인에 대한 답을 구한다. 서구적 맥락에서는 이러한 질문에 대해서 제공될 수 있는 답변이 거의 존재하지 않으며,[13] 따라서 별다른 주목을 끌지 못한다. 로버트 머피가 썼던 것이 서구사회에서의 많은 장애인들에게는 아마도 진실일지 모른다. "나에게 장애를 가져온 질환의 발생 이래로 그 모든 시간 속에서, 나는 결코 의식적으로 '왜 나에게?'라는 질문을 하지 않았다. 나는 이것이 전혀 실재하지도 않는 세계 내에서 목적과 지향의 어떤 우주론적 의미를 가정하는 어리석은 질문이라고 느낀다."[14] 아프리카적인 맥락 내에서, 머피의 견해는 받아들여

---

13 Benedicte Ingstad, "A Model for Analyzing the Coping Behaviour of Disabled Persons and Their Families: Cross-Cultural Perspectives from Norway and Botswana", *International Journal of Rehabilitation Research* vol. 11 no. 4, 1988, pp.351~359.

지기 어렵다. '우연의 일치'는 그러한 결함과 직접적으로 관련된 사람들에게 불만족스러운 답변이며, 결함이 발생한 이유들에 대한 탐색은 초자연적인 힘의 견지에서 설명을 구하게 된다.[15] '왜?'라는 질문이 서구적 맥락에서는 별다른 중요성을 갖지 않는 것처럼, 장애인의 삶의 상태를 개선시키는 기법은 전통적인 송게족 사회의 맥락에서 주요한 관심사가 아니다. 이처럼 '왜?'라는 질문이 중심적이기 때문에, 한 개인으로서의 장애인에게는 많은 주의가 기울여지지 않는다. 장애인들은 정상적인 생활 내에 평범한 방식으로 통합되어 있다. 특별한 의식儀式 없이, 의학적으로도 크게 주목받지 않고, 그렇다고 해서 숨겨지는 것도 아닌 채로 말이다.

장애의 발생에 대한 이유는 인간과 그들을 둘러싼 환경 간의 관계를 다양한 가설적 수준에서 심층적으로 분석하여 구해진다. **물리적 환경**과의 관계가 검토되고, 마찬가지로 마법이나 신부대 등을 매개로 한 **가족 구성원**들과의 관계가 검토되며, 마지막으로 **조상들**과의 관계 또한 다루어진다. 이러한 관계들 중 어떤 것도 왜곡된 것으로서 확인되지 않는다면, 신이 장애의 원인으로 간주된다. 신은 다른 어떤 이유가 발견되지 않을 때 사용되는 하나의 잔여적 범주이다. 신은 인간 존재의 통제를 넘어선 영역을 나타낸다.[16] 이 글에서는 설명의 명확함을 위하여 이러한 관계의 다양한 수준들을 구별할 텐데, 이로 인해 다소간 정태적인 인상

14 Robert F. Murphy, *The Body Silent*, New York: Henry Holt, 1987, p.89.
15 Angela P. Cheater, *Social Anthropology: An Alternative Introduction*, Gweru: Mambo Press, 1986, p.166.
16 Deliane Jannette Burck, *Kuoma Rupandi(The Parts Are Dry): Ideas and Practices Concerning Disabilities and Rehabilitation in a Shona Ward*, Research Report no.36, Leiden: African Studies Centre, 1989.

을 줄지도 모르겠다. 그렇지만, 관계들에 대한 실제적 탐색은 다른 중요한 요인들을 참조하면서 결과가 도출되는 동태적인 과정이다. 탐색의 과정 내에서, 사람들은 다른 요인들에 대한 참조의 결과로 인해, 또는 예기치 않게 발생한 중요한 사건들의 결과로 인해 장애의 원인에 관한 그들의 의견을 변경할 수 있다. 예를 들어 처음에는 마법의 견지에서 장애의 원인에 대한 설명이 이루어졌다가 시간이 지나면서 이것이 부적절한 것으로 간주되고 그 원인이 신에게 돌려지는 것과 같이, 보다 일반적이거나 덜 해악적인 설명으로 대체될 수도 있는 것이다.

이 지점에서 **관계**의 견지에서 장애의 원인을 사고하는 것, 즉 사고의 이미크한emic[17] 범주와 **선천적** 또는 **후천적**이라는 견지에서 장애를 사고하는 것, 즉 사고의 에틱한etic 범주라고 불릴 수 있는 것 사이의 관계에 대해 명확히 하는 것이 적절할 듯하다. 직관적으로 사람들은 '선천적 장애'(에틱한 범주)는 '신에 의해서 야기된'(이미크한 범주) 것으로 사고하는 것이 적합하고, '후천적 장애'(에틱한 범주)는 '마법을 통해 인간에 의해서 야기된'(이미크한 범주) 것으로 사고하는 것이 적합하다고 생각할 수 있을 것이다. 이는 많은 경우에 사실이지만, 언제나 이러한 견해가 유지되는 것은 아니다. 선천적 장애가 관계의 견지에서 해석되는 분명한 사례들이 존재한다.

물리적 환경

물리적 환경과의 관계는 임신한 여성이 준수해야만 할 음식 규정이나 성적 금기에서 나타난다. 이러한 금기 중 어떤 것을 위반하게 되면, 이는 장애로 이어지게 된다. 어떠한 종류의 고기를 먹는 것에 대한 금기

(비실라bishila)나 다른 유형의 것을 더 섭취하라는 규정은 송계족에게 중요하다. 금지된 종류의 고기를 먹는 것은 그 동물의 특성이 아이에게 전달되는 사태를 초래하게 되며, 이러한 특성이 출생 시 명백히 나타난다고 믿어진다.

아이가 일정한 특성을, 예를 들어 너무 허약하거나, 머리카락이 없거나, 작은 종기를 지닌 채 태어나게 되면, 그 부모는 음식 또는 성적 금기들을 제대로 지키지 않았다는 사실을 떠올리게 될지 모른다. 그러한 아이들은 '어떤 체질을 지니고 태어났다'고 말해지며, 이는 치유가 불가능한 것으로 간주된다. 이러한 경우, 사람들은 단지 그 체질이 발전되어 나가는 것을 지켜볼 뿐이다. 그러한 체질이 부정적으로 전개되어 나간다면 이는 '결함'으로 간주되고, 그 아동은 결함을 지닌 아이의 범주에 들어가게 된다.

송계족은 건강한 아이의 출산을 보장하기 위하여 많은 음식 금기들을 준수한다. 임신한 여성들에게 금지된 몇 가지 음식들 중 하나는 영양 고기(음부디mbudi)인데, 이는 아이가 치질(루푸수 르와 음부디lupusu lwa mbudi)을 지니고 태어나는 것을 막기 위해서이다. 양 고기는 아이가 새끼 양처럼 (허약하고 머리를 들 수 없는 상태로) 태어나도록 할 수 있다. '뱀은 일어설 수 없기' 때문에 뱀 고기는 키셰타kisheta라고 불리는, 걸음이 늦어져 너무 오랫동안 기어 다니는 아이의 탄생으로 귀결될 수 있다. 몇몇 다른 음식의 소비는 권장된다. 원숭이 고기는 아이가 기민해지도록 영향을 미치며, 몽구스 고기는 아이가 조화로운 움직임을 보일 수

---

17 이미크하다는 것은 언어·문화 현상·행동 등의 분석 및 기술에 있어 기능면을 중시하는 관점을 말하고, 에틱하다는 것은 반대로 기능면을 문제 삼지 않는 관점을 말한다.—옮긴이

있도록 만들어 준다. 아이가 출생 시 어떤 체질을 가지고 태어난 것으로 확인된다면, 어머니, 아버지, 또는 부모 양쪽 모두가 그들의 행동에 대해 친척들로부터 질책을 받고 향후에는 처신을 잘하라는 이야기를 듣게 된다.

마법

마법은 송계족 사이에서 해악에 대한 가장 중요한 설명방식이다. 그것은 같은 가족 구성원 사이에서 지켜져야 할 관계의 침해로 인해 발생하는 장애를 설명하는 문화적 도구이다. 가장 중요한 것은 부모들과 그들의 가까운 친척, 그리고 같은 남편을 둔 아내들 사이의 관계이다.

송계족은 상이한 유형의 해악을 설명하기 위해 서로 다른 유형의 마법을 식별한다. 예를 들어, 가장 강력한 유형의 마법인 마센데masende는 그 희생자에게 즉각적인 죽음을 발생시킨다. 마법의 세계는 낮과 밤, 삶과 죽음처럼 정상적인 세계의 정반대에 있다. 어떤 사람들은 낮 동안에는 평상의 삶을 살지만, 밤에는 마법사의 삶을 산다고 믿어진다. 마법사는 악을 통하여 힘의 증대를 추구한다. 가장 손쉬운 희생자는 어떤 규칙을 존중하지 않았거나 나쁜 행실을 보였기 때문에 허약해진 사람들 사이에서 발견된다. 이러한 의미에서, 마법은 사람들에게 그들의 허약한 도덕적 상태에 대한 하나의 징벌로 여겨진다. 그러므로 마법은 유대가 단단하지 않은 가족들 내에서 발생한다. 마법사들은 다툼과 불화가 존재하는 가족들을 '공격'한다.

그러한 지점으로부터, 마법이 하나의 강력한 사회적 통제 체계로 기능한다는 것이 이해될 수 있다. 가족 내에서 장애의 발생은 가족의 관계를 점검하는 출발점이 된다. 장애의 발생에 앞서 관계가 좋지 않았다면, 그 장애는 다음의 예에서처럼 마법의 탓으로 돌려지게 될 것이다.

한 아이에게서 발생한 경련의 원인은 아이의 어머니가 임신했을 때 그녀와 시숙 간의 다툼에서 찾아졌다. 그러한 언쟁의 과정에서, 시숙은 아이의 어머니에게 그녀가 정상적인 방식으로 아이를 낳지 못할 것이라고 말했다. 그 어머니는 시숙의 말을 결코 잊지 않았으며, 그녀가 마법의 희생자라고 믿었다. 그렇지만, 그녀는 시숙이 마법을 행했다는 것을 입증할 수 없었기 때문에 그를 비난하지는 않았다.

주변 관계에 대한 조사가 일차적으로 중요시된다는 것은, 장애의 원인이 마법에 대한 동기를 부여하는 시샘(키피타kifita)의 탓으로 돌려지는 상황에서도 매우 분명하다고 할 수 있다. 자신이 소유한 재산을 기준으로 스스로를 다른 가족들과 구별하는 가족은 시샘의 영향을 받을 수 있으며, 그러한 시샘은 다른 아이들과 상이한 아이의 탄생으로 귀결될 수 있다. 장애아동이 부유하고 일부다처인 가족들에게서 보다 빈번하게 발생할 수 있다는 신념은 상당히 널리 퍼져 있다. 내반족을 지니고 태어난 한 루바Luba족[자이르 남동부에 사는 흑인종의 하나—옮긴이] 소년으로부터 들은 다음의 이야기는 시샘이 장애의 한 원인으로 믿어지고 있음을 예증한다.

제 출생에는 하나의 내력이 있어요. 1960년대에, 우리 가족은 카낭가Kananga를 떠나 동카사이East-Kasai에, 그러니까 내가 태어난 마을인 카탄다Katanda에 정착했지요. 카낭가로부터 이주해 왔을 때, 어머니에게는 여덟 명의 아이가 있었어요. 우리 가족은 부유했고, 편히 살았습니다. 이 모든 게 마을 사람들로 하여금 우리를 시샘하게 만들었고, 그게 나의 장애를 초래한 거지요.

다음의 사례에서처럼, 같은 남편을 둔 아내들 사이의 관계는 장애의 원인을 찾아내는 또 다른 주요 영역이다.

소아마비를 지닌 한 소녀에 대한 장애의 원인은 그녀의 이복 자매(그녀 아버지의 첫번째 부인의 딸)와의 관계에서 찾아졌다. 그 이복 자매는 둘째 부인이 마법사라고 몇 차례나 단언했다. 게다가, 그 이복 자매는 아버지 앞에서 자신도 둘째 부인과 그녀의 아이들에게 마법을 걸 것이라고 공공연히 말했다.

둘째 부인의 아이가 장애, 즉 기형의 다리를 지녔음이 명백해졌을 때, 둘째 부인은 그녀의 남편에게 첫번째 부인의 마법사 딸이 했던 말들에 대해 불만을 털어놓았다. 남편은 그에 대해 조치를 취했고, 그 마법사 딸은 치료사에게 보내졌다. 그 소녀는 치료사 앞에서 토했다. 토한 것 속에서 고기·타고 남은 숯덩이·의자·달팽이 껍데기의 조각이 발견되었다. 치료사는 고기가 마법사 딸이 마법사들의 세계로 인도되었을 때 사용된 매개물을 나타내고, 타고 남은 숯덩이는 마법사들의 부정한 힘을 상징하며, 의자는 마법사와 만나는 동안 그녀가 거기에 있었음을 의미하고, 달팽이 껍데기는 마법의 힘이 유지되고 있음을 표시한다고 말했다. 한참 후에 그 마법사 딸은 예언자 공동체의 한 선지자에게 보내졌다. 그곳에서, 그녀는 거북의 껍데기를 토했는데, 그것 역시 부정한 힘의 상징이었다. 그러고 나서, 그 마법사 딸은 마법으로부터 치료되었다.

여기서 마법에 대한 신념과 가족 내 관계들에 대한 조사는 장애를 개인의 문제가 아니라 오히려 가족의 문제로 상정하고 있다는 사실을 고려하는 것이 중요하다. 장애는 인간 존재들 사이의 관계론적 문제인 것이다. 관계라는 견지에서의 장애 원인에 대한 탐색은 생의학적 견지에서의 설명과는 다르다. 생의학에서는 출생 이전과 이후에 발생한 것 사이의 구별이 결정적으로 중요하며, 그것으로부터 선천적 장애와 후천적 장애 간의 구별이 이루어진다. 이러한 생의학적 범주들은 관계라는 견지에서 장애의 원인을 찾을 때에는 별다른 의미를 갖지 않는다.

조상들

출생 시 어떤 장애가 명백할 때, 좋지 않은 가족관계들에 대한 분명한 기억이 존재한다면 그러한 장애는 단지 마법의 탓으로 돌려질 수도 있다. 그렇지만 일반적으로 송계족은 마법사가 임신한 여성의 자궁에는 접근하지 않는다고 믿는다. 따라서 출생 시 어떤 장애가 명백하다면, 대다수의 경우 **조상**과의 관계가 장애 원인 탐색의 초점이 된다. 조상에 대한 존중과 조상 대의 전통적 규칙이 이슈가 되는 것이다.

조상에 대한 존중의 표현이라는 문제에 있어 그 초점은 매장에 있다. 송계족은 적절한 존중과 함께 묻히지 못한 어떤 조상이 자신의 분노를 표명하면서 결함을 지닌 채 환생할 수 있다고 믿는다. 환생에 대한 신념은 매우 강력하다. 일정한 특성을 가지고 태어난 아이는 때때로 가족에게로 되돌아온 어떤 조상으로 간주된다. 그는 그 가족의 직접적인 구성원일 수도 있고, 심지어 친구관계였을 수도 있다. 중요한 점은 죽은 이와 새로 태어난 아이의 아버지 또는 어머니 사이에 강력한 친교관계가 존재했다는 사실이다. 조상의 환생이라는 사건은 통상적으로 임신한 여성에게 꿈을 통해 고지된다. 아이가 어떤 '결함'(킬레마)을 가지고 태어난다면, 이는 그 아이가 '조상의 영혼'(부상구busangu)을 지니고 태어났음을 의미하는 것으로 받아들여질 수 있다. 그리고 사람들은 그 조상이 적절하게 묻히지 못했다고 말할지 모른다. 예를 들어, 내반족을 지니고 태어난 한 아이의 경우, 그에 대한 해석은 어떤 조상이 잘 묻히지 못했다는 것이었다. 그의 관이 너무 작았고, 그래서 그의 다리가 매우 심하게 눌렸다고 사람들은 생각했다.

간통이나 절도를 저지르는 경우처럼 조상 대의 전통적 규칙들이 잘 존중되지 않았을 때에도, 조상들은 장애아동의 출산이나 또는 유산을 통하여 가족 구성원들을 향해 그들의 분노를 표명할 수 있다. 그러할 경우, 장애는 나쁜 행실에 대한 징벌로 간주된다. 이러한 신념들이 하나의 강력한 사회통제 기제로 작용하고 있음은 명백하다.

신부대

송게족의 신념 내에서 매우 중요하게 여겨지고 때때로 장애의 발생과 연관되는 또 하나의 문화적 제도는 신부대이다. 신부대는 결혼제도의 한 부분으로 남자의 가족에 의해 아내의 가족에게 제공되는 재화를 말한다. 그것은 아내의 가족에게서 한 여성이 상실되는 것에 대한 보상이며, 그 결혼의 중대함과 확고함에 대한 증표로 간주된다.

어떤 가족 내에서 장애가 발생했을 때, 장애아동의 아버지는 아내의 가족에게 신부대로 증여된 재화를 잘 받았는지, 그리고 그것이 신부의 가족들에게 잘 분배되었는지 아닌지를 물어볼지도 모른다. 장애아동의 아버지는 그러한 조사를 통하여 그의 장모나 신부의 형제들이 충분한 양의 재화를 받지 못했고, 그리하여 그를 향해 원망을 품고 있었음을 발견할 수도 있다. 그렇다면 이것이 장애의 원인으로 간주된다. 장애 아동의 아버지는 장인에게 얼마간의 재화를 재분배할 것을 요청하거나 또 다른 선물을 제공함으로써 그 문제를 해결하려 할 수 있다. 서구적 맥락에서의 장애에 대한 반응과는 대조적으로, 이러한 송게족 사회의 해결책이 갖는 목적은 공동체 내에서의 관계를 복원하는 것이라고 할 수 있다.

신

많은 경우들에 있어, 송게족은 장애를 신(에필레 무쿨루Efile Mukulu)에 의해 야기된 것으로 설명한다. 장애의 원인이 사회-가족적인 견지에서 풀리지 않을 때, 절대적인 미지의 힘으로서의 신이 유일한 가능성이자 최종적인 원인으로 남게 된다. 신은 선뿐만 아니라 악을 포함한 모든 것의 근원으로 여겨진다. 신은 상서로우면서 동시에 상서롭지 못한 하나의 실체이다. 신은 이렇게 양면적이고 양가적인 존재이다. 신은 모든 것의 근원이기 때문에, 그는 해악을 초래할 수 있는 자유 또한 부여한다. 마법사들은 신의 위임을 받아 해악을 야기할 수 있는데, 이 경우 그러한 해악은 하나의 시험과 같다. 그리고 마법사들은 그러한 위임 없이 해악을 초래할 수도 있는데, 이 경우 그러한 해악은 하나의 '저주'(키피타)이다. 저주에 의해 공격을 행하는 마법사는 손쉬운 희생자를, 즉 가족 구성원이나 조상, 신과의 좋지 않은 관계로 인해 취약점을 지닌 사람들을 찾는다고 믿어진다.

송게족에게 있어, 장애의 원인에 대한 설명은 결코 생의학적인 수준에 제한되지 않는다. 그러한 설명은 보다 광범위하고 포괄적인 사고방식의 일부분으로 존재한다. 비록 어떠한 생의학적 설명이 받아들여진다고 하더라도, 그러한 생의학적 설명이 충분함을 의미하는 것은 아니다. 물론 생의학적 사고 내에서 이러한 관계론적 요인들의 대부분은 무관한 것으로 간주된다.

결론

송게족 사회에서 어떤 장애가 고려될 때 관계들의 분석에 주어지는 크나큰 강조에 비추어 보아, 우리는 어떤 장애를 지닌 사람에 대한 올바른 이해란 그 사람 개인의 특성을 넘어서는 것이며, 그를 보다 넓은 사회문화적 제도의 틀 내에 위치시키는 것이라고 결론을 내려야만 한다. 장애의 설명에 대한 관계론적 본질은 아프리카 사회 우주론 일반의 특성임이 강조되어 왔으며,[18] 재활 프로그램에 대해 중요한 함의를 지닌다. 아프리카에서 장애인에 대한 재활 프로그램의 발전은 이러한 정보들을 고려해야만 한다. 그렇지만, 현존하는 지역사회기반재활 프로그램이나 가족지원 서비스들조차도, 장애아동에 대한 개별적 접근이 지배적이다. 지역사회기반재활 프로그램에서, 그 목표가 장애아동을 지닌 가족을 지원하는 것이라면, 전통적 신념에 대한 지식을 통합한 방법론이 발전되어야만 한다.

그러한 방법론이 발전되려면, 아래의 지침들이 준수되어야만 한다.

18 Cheater, *Social Anthropology*.

① 관계들에서의 초점에 대한 조사가 그러한 방법론의 핵심이 되어야 한다. 관계들에서 초점이 되는 것은, 사람들이 장애의 원인을 찾을 때 상기해 내는 국면들이다. 어떤 신뢰관계가 구축될 수 있다면, 조사자는 그러한 배경지식들을 대개는 어느 정도 용이하게 입수할 수 있다. 현지조사자들은 부모들에게 아이의 장애에 대한 원인이 무엇이라고 믿는지 물을 수 있다. 그들은 또한 그 지역의 문화적 제도에 대한 적절한 이해가 있다면, 함께 작업하고 있는 가족의 문화적 제도를 조사할 수 있다.

② 관계들에 대한 배경지식이 안정된 관계의 형성과 어떤 취약한 관계의 회복을 목표로 한 문제해결 조치들 내에서 활용되어야만 한다.

③ 안정된 관계들은 장애인의 통합을 위한 적절한 기반을 형성할 것이다. 문제해결 작업의 과정에서, 장애인과 그 가족들을 지원할 수 있는 맥락적으로 중요한 사람들이 확인되어야만 한다.

④ 그렇게 확인된 중요한 사람들이 장애인들도 비장애인들과 평등한 교육 및 고용에 대한 권리를 가지고 있으며 또한 수행할 수 있음을 설득하는 데 있어 첫번째 표적집단이 되어야만 한다. 그러한 사람들은 장애인들이 통합에 이를 수 있는 조건을 성취하는 데 있어, 매우 중요한 인적 자원이 되어 줄 수 있을 것이다.

그러한 방법론의 발전과 실행은 작지만 효과적인 규모로 지역사회 자원을 동원하는 것으로 이어질 수 있다. 이것이 가능하기 위해서는 아프리카적 사고방식은 비과학적이고 원시적이기 때문에 재활서비스의 전달에 통합될 수 없다는 널리 퍼져 있는 태도가 교정되어야 한다. 어느 사회나 발전된 문화적 차원이 존재하며, 더욱이 그러한 문화가 모든 발전의 기반이 되어야만 한다는 사실이 이제는 인정되고 있다.[19] 더 나아가, '관계'가 핵심 개념이 되는 방법론에 대한 필요성이 존재함을 이해해야만 한다. 왜냐하면 아프리카적인 사고방식 내에서, 장애인은 문제해결의 직접적이고 최우선적인 초점이 아니기 때문이다. 장애인의 가족, 조상들, 신과 같은 보다 광범위한 환경 내에서의 요소들이 실질적 초점이다. 이러한 관계들을 고려하는 것이 장애인의 가족을 강화할 뿐만 아니라 장애인에게도 실질적인 도움이 될 것이다.

관계들에 대한 조사는 또한 서구적 상황에서도 관심사가 되어야만 한다. 장애에 대한 아프리카적 이해의 강점 중 하나는 장애가 개인의 몸에 발생한 이상일 뿐만 아니라, 또한 그 가족 내에서의 혼란이기도 하다는 것의 인정이다. 장애인이 존재하고 있는 관계론적 맥락에 더 많은 주의를 기울여야 하며, 중요한 주변 사람들을 문제해결에 참여시키고 지원하기 위해 더 많은 노력을 해야 한다.

장애에 대한 아프리카적 접근법은 생물학적 일탈이 사회에 대해, 가족에 대해, 개인에 대해 갖는 의미에 관심을 둔다. 스티케의 용어법으로 하자면 그러한 접근법은 형이상학적인데, 기능 및 일상생활활동 Activities of Daily Living, ADL의 개선에 초점을 맞추고 있는 근대 서구사회의 기술적인 접근법과는 대조적이라고 할 수 있다. 많은 서구인들이 이러한 협소한 기술적 관점에 불만을 느끼고 있으며, 그들은 아프리카적인 모델이 보다 만족스러운 대안을 제공해 줄 수 있는지에 대해 질문할 수 있을지 모른다. '왜 장애인이 되었나?'라는 질문에 대해 아프리카

---

19 Thierry G. Verhelst, *Des racines pour vivre: Sud-Nord, identités culturelles et développement*, Paris/Gembloux: Duculot, 1987.

문화가 제시하는 답변들은 그들의 특정한 우주론과 사회세계에 기반을 두고 있다. 사실 그러한 질문 자체가 서구사회 내에서는 별로 중요하지 않을 수 있다. 서구인들은 아프리카적인 의미에서 장애의 원인을 확인하는 데 별다른 관심이 없다. 그렇지만 그러한 인과적 설명들만이 장애에 부여되는 유일한 종류의 형이상학적인 의미는 아니다. 어디에서나 사람들은 삶의 목적에 대한 의미를 밝히고자 노력하며, 육체적인 일탈의 존재론적 함의에 관심을 갖는다. '왜 나에게?'라는 질문에 대해 관심이 없음을 명백히 말했던 머피 그 자신도 다른 형이상학적 질문들에 많은 관심을 지니고 있었다. 아프리카의 문화는 장애를 지닌 개인들과 그 가족들이 해결하기 위해 노력할 수밖에 없는 이러한 일반적인 의미의 존재론적 이슈 내에서, 장애와 관련한 '왜?'라는 질문에 대해 좀더 주의를 기울여야 함을 우리에게 가르쳐 주고 있는 것인지도 모른다.

5장 병든다는 것 그리고 나를 찾는 것
: 다발성경화증 내러티브 속에서의 자아, 몸, 시간

주디스 멍크스·로널드 프랑켄버그*

병자 및 장애인들의 라이프스토리와 질환 내러티브는 보다 큰 사회적·
문화적 틀 내에서의 개인적 경험과 그러한 경험의 형성을 조사하는 데
있어 점점 더 가치 있는 도구가 되고 있다.¹ 라이프스토리와 질환 내러
티브가 지닌 각별한 가치란 (여러 다양한 수준과 상이한 영역들에 걸쳐 확
인되듯이) 맥락화의 폭이 넓다는 것에, 그리고 보다 일반적인 사회적·문
화적 관심사들을 논하고 규정하는 하나의 표현형식으로서 질환이 어떻
게 기능하는가에 관해 그것들이 제공할 수 있는 통찰에 있다고 이야기

* 주디스 멍크스Judith Monks는 영국 브루넬대학교Brunel University 건강·병·장애화연구센터CSHSD
연구원을 거쳐, 킬대학교University of Keele 명예연구원으로 있으며, 현재는 대학 밖에서 독립적으로
연구를 수행하고 있다. 다발성경화증 환자들을 연구하면서 장애학생들을 위한 연구 멘토로도 활동
중이다. 주요 연구 관심사는 병, 장애, 언어, 인격, 남미이다.
로널드 프랑켄버그Ronald Frankenberg는 킬대학교 사회학 및 인류학 명예교수로, 브루넬대학교 의
료인류학 부교수를 역임했다. 웨일스, 잠비아, 이탈리아에서 현지조사를 수행했다. 주요 연구 관심사
는 병을 테마로 한 문화적 퍼포먼스, 에이즈, 장애이다.
1 우리는 이 장의 초고를 읽고 가치 있는 논평을 해준 루스 핀더Ruth Pinder에게 감사드린다. 그리고 다
발성경화증을 지닌 사람들의 라이프스토리를 다룬 이언 로빈슨Ian Robinson의 초기 저작과 관련된
논의로부터 우리가 얻은 많은 것들에 대하여 로빈슨에게 감사드린다. 또한 원고를 작성하는 데 도움
을 준 크리스틴 올포트Christine Allport에게도 고맙다는 말을 전하고 싶다. 더불어 건강·병·장애화연
구센터에 재정적 지원을 해준 데 대해 '다발성경화증을위한행동과연구'에게도 감사의 말을 전한다.

되어 왔다.[2] 라이프스토리와 질환 내러티브는 또한 임상 및 여타 형식의 기술記述들에 대해 비판적으로 자리매김되어 왔다고 할 수 있으며,[3] 더욱이 그것들이 포착해 내는 시간적 양상은 질환 및 장애의 현상학이 갖는 과정적 특성을 이해할 수 있게 하는 매개수단을 제공하였다.[4] 지금까지, 내러티브 자료들은 거의 전적으로 면담 또는 여타의 구술 형태나 미간행 형태의 자료들로부터 나온 것이었으며,[5] 때로는 자전적 형식을 띠

2 Evelyn A. Early, "The Baladi Curative System of Cairo, Egypt", *Culture, Medicine and Psychiatry* vol. 12 issue 1, 1988, pp. 66~67; Paul Farmer, "Bad Blood, Spoiled Milk: Bodily Fluids as Moral Barometers in Rural Haiti", *American Ethnologist* vol. 15 no. 1, 1988, p. 80; Arthur Kleinman, *The Illness Narratives: Suffering, Healing, and the Human Condition*, New York: Basic Books, 1988, pp. 50~51; Gretchen C. Lang, "'Making sense' about Diabetes: Dakota Narratives of Illness", *Medical Anthropology* vol. 11 no. 3, 1989, pp. 308, 319~320.

3 Gelya Frank, "Life History Model of Adaptation to Disability: The Case of a 'Congenital Amputee'", *Social Science and Medicine* vol. 19 issue 6, 1984, p. 640; Gelya Frank, "On Embodiment: A Case Study of Congenital Limb Deficiency in American Culture", *Culture, Medicine and Psychiatry* vol. 10 no. 3, 1986, p. 192; Sharon R. Kaufman, "Illness, Biography, and the Interpretation of Self Following a Stroke", *Journal of Aging Studies* vol. 2 issue 3, 1988, p. 226.

4 Juliet Corbin and Anselm L. Strauss, "Accompaniments of Chronic Illness: Changes in Body, Self, Biography, and Biographical Time", eds. Julius A. Roth and Peter Conrad, *The Experience and Management of Chronic Illness*, Greenwich: JAI Press, 1987, pp. 261~264; Frank, "On Embodiment", p. 214; Kaufman, "Illness, Biography, and the Interpretation of Self Following a Stroke", p. 218.

5 클라인만의 '질환 내러티브들'은 그 자신의 사례에 대한 기록들로부터 구성되었다는 점에서, 그리고 그 하나의 사례가 세 명의 개별 환자들의 내러티브들에 대한 일종의 합성물을 표상하고 있다는 점에서 흔치 않은 것이다(A. Kleinman, *The Illness Narratives*, pp. 60, 88). 우리가 염두에 두고 있는 종류의 라이프스토리들, 적어도 그와 같이 보이는 라이프스토리들은 전반적으로 볼 때 거의 다루어지지 않아 왔으며, 단지 이러한 메타-구성물의 일부로서만 존재한다(pp. 236~237). 그리하여, 비록 그 텍스트의 앞부분에서 클라인만이 '회고적 이야기 엮기'(p. 50) 속에 등장하는 환자들에 대한 개인적 중요성을 강조하고 있으며, "만성질환의 실제적 사례들을 분석하였고, 이를 통하여 각 이야기의 첫 장들에서 개요가 제시된 이슈들로부터 그러한 사례들을 일반화하였다"(p. 55)고 주장하고 있기는 하지만, 사실상 그는 임상적으로 구성된 자료들의 임상적 해석에 집중하고 있다. 그렇다면 그가 예견되는 내러티브로부터의 이탈을 별다른 문제의식 없이, 예를 들어 부인(p. 35)이나 영웅주의(p. 144)로 다루고 있는 것은, 또는 그가 사람들의 삶에서 질환의 중심성(pp. 31, 44, 47)을 당연하게 여기고 있는 것은 그다지 놀라운 일이 아니다. 따라서 질환 내러티브에 대한 클라인만의 관념과 그의 관심사 및 해석틀 양자 모두는 우리 자신의 것과는 매우 상이하다고 할 수 있다.

지만 픽션인 문헌으로부터 나오기도 했다.[6] 내러티브 자료들은 또한 자서전이나 질환을 소재로 한 개인적인 에세이와 같은 간행물 형식의 자료들 속에서 입수되기도 한다.

라이프스토리라는 장르의 주요한 규정적 특성은 그것이 **개인적 삶**의 양상들을 다룬다는 것이다. 하나의 라이프스토리가 전달하는 구조, 내용, 인격 및 개인성의 의미는 인격체와 개인의 문화적 개념에, 그리고 보다 공식적인 표현들 속에서 어떤 삶과 이야기를 "만들어 내는" 요소들에 대한 문화적 개념에 근거하게 될 것이다. 개인성이라는 관념과 라이프스토리들의 전형적 구조 양자 모두는, 이것들이 서구 산업사회로부터 구체적으로 출현한 것인 만큼, 특수성을 지니는 것으로서 간주되어 왔다. 특히, 의식적인 면에서 개인성의 위상은 합리성, 책임성, (사회문화적 환경이나 몸의 변화들 양자 모두와 독립적으로 존재하는) 자아의 연속성에 대한 강조와 연계되어 왔다.[7] 자전적 글쓰기의 발전은 이러한 개념화의 내력과, 특히 그 자신의 삶을 거리를 둔 채 바라보고, 기술하고, 평가할 수 있는 독립된 자아 또는 '성찰적 자아'reflexive self라는 관념과 통합적으로 연계되어 있는 것으로 간주되어 왔다.[8] 토머스 헬러

---

6 이에 대한 예로는 Howard Brody, *Stories of Sickness*, New Haven: Yale University Press, 1987을 보라.

7 Gelya Frank, "Finding the Common Denominator: A Phenomenological Critique of Life History Method", *Ethos* vol. 7 no. 1, 1979, p.79; Deborah Gordon, "Tenacious Assumption in Western Medicine", eds. Margaret Lock and Deborah Gordon, *Biomedicine Examined*, Dordrecht: Kluwer, 1988, pp.34~37; Nancy Scheper-Hughes and Margaret Lock, "The Mindful Body: A Prolegomenon to Future Work in Medical Anthropology", *Medical Anthropology Quarterly* vol. 1 no. 1, 1987, p.14.

8 Frank, "Finding the Common Denominator", pp.82~83; John Freccero, "Autobiography and Narrative", eds. Thomas C. Heller et al., *Reconstructing Individualism: Autonomy, Individuality, and the Self in Western Thought*, Stanford: Stanford University Press, 1986, pp.16~17.

Thomas Heller와 그의 공저자들이 지적했던 것처럼[9] 최근의 몇몇 이론적 발전들이 자율적 자아에 대해 중요성을 덜 부여하기는 했지만,[10] 이러한 이론적 발전들이 지금까지는 서구의 대중문화 내에서 별다른 영향력을 발휘하지 못해 왔던 것처럼 보인다.

북미 사회와 관련하여, 코빈과 스트로스는 만성질환을 지니고 있는 사람들의 전기에서 세 가지 주요한 차원을 확인하고 있다.[11] 그것은 바로 자아, 몸, 시간이다. 그들은 자아를 개인적 정체성의 문제로 간주한다. 즉, 자아란 "내 전기의 과정 전반에서 확인되는 나라는 존재"인 것이다.[12] 그들은 몸이 행동의 매개수단을 제공하는 것으로 보며, 그러한 행동이 자아정체성에 담지된다고 본다. 전기적 시간은 기본적으로 과거로부터 현재를 거쳐 미래로 흘러가지만, 이러한 흐름 내에서 '물리적 시간'은 그날그날의 수준에서는 다양한 요구들에 맞춰 조정되어야만 한다. 살아가면서 획득된 균형감은 주요한 삶의 초점 중 하나로서 질환을 강조할 수도 있으며, 질환이 '전기의 구성'의 일부분이 되면서 '존재의 구성' 내로 통합될지도 모른다. 신체적 손상의 심각함이란, 질환이 이러한 방식으로 맥락화되는 정도 내에서 함의를 지니는 것으로 가정된다.[13]

이 장에서 우리는 다발성경화증multiple sclerosis, MS[14]을 지닌 사람

9 Thomas C. Heller et al. eds., *Reconstructing Individualism: Autonomy, Individuality, and the Self in Western Thought*, Stanford: Stanford University Press, 1986, p.12.

10 이에 대한 예로는 Heller et al. eds., *Reconstructing individualism*; Bryan S. Turner, *The Body and Society: Explorations in Social Theory*, Oxford: Basil Blackwell Publisher, 1984를 보라.

11 Corbin and Strauss, "Accompaniments of Chronic Illness".

12 ibid., p.252.

13 ibid., pp.250~251.

14 뇌와 척수의 전역에 걸쳐 축삭axon, 즉 신경세포의 돌기를 둘러싸고 있는 절연물질이 되풀이하여 산발적으로 파괴되는 병이다. 눈의 이상, 지각 장애, 언어 장애, 운동 실조, 운동 마비, 배설 곤란, 현기증 따위의 증상이 나타나는데 정확한 원인은 밝혀지지 않고 있다. ──옮긴이

들의 8개의 출간된 내러티브와 관련하여 자아, 몸, 시간이라는 주제를 다룬다. 이러한 자료들에 의지하여, 우리는 코빈과 스트로스에 의해 제시된 개념화들을 발전시킬 수 있었다. 좀더 정확히 말하자면, 우리는 자아(특히 개인적인 프로젝트들)에 투여된 시간, 그리고 몸 및 병에 투여된 시간과 관련하여 사람들의 삶에서 균형의 문제를 고찰하였다. 그리하여 우리는 자아-시간self-time이 궁극적으로 이야기 전반을 지배하게 되는 다양한 전기적 전략들에 주목할 수 있게 되었다. 우리는 또한 몸의 '체화된'incarnate, '생체적'corporeal, '육체적'somatic 측면들을 구별함으로써, 대개 미묘한 차이만이 존재하는 몸의 재현양식들을 비교할 수 있게 되었다.[15] 체화된 몸이란 세계 내에서의 존재에 대한 현상학적인 의미에서, 역사적이고 능동적으로 경험되며 또한 경험하고 있는 몸에 대한 관념을 내포한다. 생체적(또는 조금 더 느슨하게 표현하자면 물질적physical) 몸은 생물학적 존재로서 제한된 몸을 가리키며, 반면에 육체적 몸이란 의료적 과학기술에 의해 규정된 몸으로 보통 파편화되어 있다. 이러한 구별은 독일어에서 Leib(살아 있는 몸)와 Körper(신체적 구조) 사이의 분별에 의지하고 있다.[16]

유사하게, 우리는 과거로부터 미래로의 직선적 흐름이라기보다는 여러 다양한 형태들 속에서 재현되는 전기적 시간을 발견했으며, 다양한 삶의 시기들 내에서 그러한 시간이 몇몇 상이한 특질 가운데 하나를 취한다는 것을 확인하였다. 사람들이 자신의 이야기들을 엮어 내는 데

---

15 Ronald Frankenberg, "Disease, Literature, and the Body in the Era of AIDS: A Preliminary Exploration" [review article], *Sociology of Health and Illness* vol. 12 issue 3, 1990, pp.351~360.
16 Thomas Ots, "The Silent Körper: The Loud Leib", Paper Read at the Joint Meeting of the American Ethnological and Southern Anthropological Societies, Atlanta, Georgia, April 26~28, 1990.

사용하는 사건 및 시기들의 배열을 고찰하면서, 우리는 '경계성'의 개념을 참조하는 것이 유용하다는 것을 깨달았다. 프랑켄버그는 터너를 따라, 틀에 박힌 기존 일상의 속박들이 느슨해지는, 새로운 경험의 시기 또는 반反구조적 시기들을 묘사하는 데 이 용어를 사용할 것을 제안했다.[17] 그러한 시기들은 어떤 매개를 통해서보다는 직접적인 표현에 의해 구분되며, 개인 특유의 표현법이 비교적 쉽게 표출되는 것을 허용하는 경향을 지닌다. (아래에서 지적되는 바와 같이) 현재적 맥락에서 보자면, 그러한 시기들은 자기성찰과 방향전환의 기회들을, 그리고 그 본질에 있어 상이한 관습적 구조의 시기들 사이에 어떤 연계를 제공한 것이라 할 수 있다. 우리는 여기서 머피와 공저자들이 경계성이라는 관념을 장애인의 삶과 관련하여 상이한 의미로 사용했다는 것을 언급해 두어야 한다.[18] 그들은 장애인의 삶의 역사가 "경계적 단계의 통과의례에서 극적으로 표현되며" 그러한 단계에서 정지된 것으로 간주될 수 있다고 말했다.[19] 따라서 장애인들의 "존재적 상태는 애매하고 불확정적이며", 병듦과 건강함, 살아 있음과 죽음, 참여와 배제 사이에 모호하게 있게 된다.[20] 이에 반해 프랑켄버그의 용어법에서 경계성이란 장애화 또는 만성질환의 진행 과정 內에서 표현적 특질의 경계적 단계들을 나타낸다. 따라서 경계성은 병의 과정적 본질을 조명하고 사회적 속박뿐만 아니라 개인적 노력까지를 통합하는, 비교를 위한 하나의 틀을 제공한다.

17 Ronald Frankenberg, "Sickness as Cultural Performance: Drama, Trajectory, and Pilgrimage", *International Journal of Health Services* vol. 16 no. 4, 1986, pp. 603~626.
18 Robert F. Murphy et al., "Physical Disability and Social Liminality: A Study in the Rituals of Adversity", *Social Science and Medicine* vol. 26 issue 2, 1988, pp. 235~242.
19 ibid., p. 241.
20 ibid., p. 238.

다음 절에서, 우리는 연구에 대한 배경을 기술하고 논의될 자료에 대한 간략한 개요를 제시한다. 그다음 내러티브들의 주요한 세 단계(초기, 중기, 말기) 각각에 대해, 여러 사건들 및 좀더 확장된 시간적 단계들과 관련하여 자아, 몸, 시간에 대한 저자들의 재현방식을 비교할 것이다. 여기서 우리는 자격을 갖춘 보건의료 전문가들이기도 한 저자들과 그렇지 않은 저자들이 풀어내는 내러티브 내에서의 차이들에 특히 주목하고 있다. 마지막으로 얼마간 영속성을 지니는 전범들로서 그 텍스트들이 갖는 의미를 논할 것이다.

연구의 배경

거의 10년간, 영국 브루넬대학교 건강·병·장애화연구센터는 다발성경화증과 관련된 사회학적 연구를 수행해 왔다. 다발성경화증은 전기적 자극을 전달하는 중추신경계의 기능에 영향을 미치는 장기간 지속되는 불치의 질병이며, 다양한 징후 및 증상의 재발과 완화가 빈번히 나타난다. 그것은 남성보다는 여성에게 더 흔하며, 인생설계가 아직 불확실하거나 이제 막 실행에 옮겨지기 시작하는 성인기 초반(20~30세)에 보통 진단이 이루어진다. 다발성경화증은 그 자체로 치명적이진 않지만, 매우 심각한 장애로 이어질 수 있다. 예후의 불확실성과 매우 현저한 가변성(다른 환자들 사이에서뿐만 아니라, 개별 환자가 경험하는 재발과 완화의 짧은 기간들에 걸쳐서도)은 직접 질병을 앓는 사람뿐만 아니라, 그/그녀의 주변 사람들에게도 그 질병에 대한 적응을 어렵게 만든다.

참고도서 목록 확대의 한 작업으로서, 최근 건강·병·장애화연구센터는 다발성경화증 환자들의 출간된 내러티브 문헌들을 수집하기 시작했다. 자료 관리를 위해 독립적 저작으로 출간된 것들뿐만 아니라 저널이나 편저작들 내에 실린 것들, 그리고 보다 일반적인 텍스트의 일부로서 실린 것들까지를 포함해서 말이다. 지금까지 그러한 텍스트들이 8개 입수되었다. 그러한 수집 작업이 속속들이 철저하게 진행되었다고 말할 수는 없지만, 이 정도 숫자의 자료들로부터도 가치 있는 보고서를 작성하기에 충분히 흥미로운 지점들이 발견되었다.

그 내러티브들은 형식도 길이도 매우 다양했다. 두 개는 단행본의 형식이었다.[21] 비록 레나테 루빈스타인Renate Rubinstein에 의해 쓰인 것이 장애를 지닌 삶에 대한 일련의 고찰을 담은 니콜 다보우드Nicole Davoud의 것보다 훨씬 더 짧고, 덜 형식적인 자서전이긴 했지만 말이다. 루빈스타인의 내러티브는 그녀 자신의 경험과 타인의 경험에 대한 그녀의 지식에 의존하고 있었다. 또 하나의 상대적으로 짧은 내러티브는 소책자의 형식을 띠고 개인적으로 발간된 것이었다.[22] 세 개는 보건의료 전문가들에 의해 쓰인 것이었다. 하나는 간호사에 의해서, 두 개는 의사들에 의해서 말이다. 간호사의 내러티브는 보건의료 전문 저널에 논문으로 실린 것이었다.[23] 반면 의사들에 의해 쓰인 것 중 하나는 일반 대중들을 대상으로 한 병든 의사들의 내러티브 모음집 중 일부였다.[24] 또 다

21 Nicole Davoud, *Where Do I Go from Here?: The Autobiography of a Remarkable Woman*, London: Piatkus, 1985; Renate Rubinstein, *Take It and Leave It: Aspects of Being Ill*, London: Marion Boyars, 1989.
22 Liz Parkinson, "Snow on the Daffodils: MS, A Personal Experience", Manuscript, Available from Mrs. L. Aldridge(Ddol Hir, Glyn Ceiriog, Llangollen, Clwyd, Wales, LL20 7NP), 1982.
23 Anne Elizabeth Kinley, "MS: From Shock to Acceptance", *American Journal of Nursing* vol. 80 issue 2, 1980, pp.274~275.
24 Miriam C. Chellingsworth, "Multiple Sclerosis", eds. Harvey N. Mandell and Howard M. Spiro, *When Doctors Get Sick*, New York: Plenum Medical Book, 1987.

른 의사의 것은 일반 독자를 위해 다발성경화증을 다룬 텍스트의 첫번째 절로서 자신의 '라이프스토리'를 포함하고 있었다.[25]

　　나머지 두 개의 내러티브는 다발성경화증의 심리사회학적 측면과 관련된 하나의 편저작 안에 함께 실려 있었다. 첫번째 것은 남성에 의해서,[26] 두번째 것은 여성에 의해서 쓰인 것이다.[27] 존 브라운John Brown의 내러티브는 사실 남성에 의해 쓰인 유일한 것이다. 검토되고 있는 텍스트들 중 세 개는 영국인 저자(미리엄 첼링스워스Miriam Chellingsworth, 엘리자베스 포사이드Elizabeth Forsythe, 리즈 파킨슨Liz Parkinson)에 의해 쓰인 것이고, 한 명은 북미 출신 저자(앤 킨리Anne Kinley)였으며, 한 명은 독일인(레나테 루빈스타인), 한 명은 벨기에인(니콜 다보우드), 그리고 또 한 명의 저자는 뉴질랜드인(존 브라운)이었다. 마지막 한 명의 저자인 플로렌스 라우리Florence Lowry의 국적은 밝혀져 있지 않았다.

초기

> 　**진단 결과의 발표** …… 그녀[정신과 의사]가 다가왔다. 진단 결과는, 다발성경화증이라고, 그녀가 말했다. …… 그래도 다행이라고 나는 생각했다. …… 이어서 그녀가 그 질병이 실제로 어떤 것인지 설명해 주었으며, "다행이라고" 생각하고 싶었던 내 바람은 완전히 날아가 버렸다.[28]

25 Elizabeth Forsythe, *Multiple Sclerosis: Exploring Sickness and Health*, London: Faber and Faber, 1988.

26 John Brown, "One Man's Experience with Multiple Sclerosis", ed. Aart F. Simons, *Multiple Sclerosis: Psychological and Social Aspects*, London: William Heinemann, 1984.

27 Florence Lowry, "One Woman's Experience with Multiple Sclerosis", ed. Aart F. Simons, *Multiple Sclerosis: Psychological and Social Aspects*.

28 Rubinstein, *Take It and Leave It*, pp. 19, 21.

위와 같은 내러티브가 다발성경화증 환자들의 삶에서 본질적인 일부를 이룬다는 것은, 다발성경화증의 진단이 주는 심적 충격에 대해 상세한 언급이 이루어지는 것을 통해서 모든 텍스트들의 초기에 확인될 수 있었다. 그러한 진단은 진단 이전의 시기와 마찬가지의 문제를 겪기는 하지만 질적으로는 상이한, 뒤에 이어지는 시기를 유효하게 구분해 주는 하나의 사건이었다. 그렇지만 그러한 진단의 '사건적 중요성'은 또한 상이한 의미 내에서 구성되었다. 중요한 것은 어떤 특정한 시점에서의 단독적인 에피소드가 아니라, 하나의 이정표로서 요약되고 재현되는 일련의 에피소드들인 것이다. 전형적으로 이러한 일련의 에피소드들은 주치의에 대한 방문과 그에 이어지는 신경과 의사에 대한 방문, 그리고 대개 병원의 입원 환자로서 받게 되는 갖가지 종류의 검사들을 포함했다. 이러한 모든 에피소드들은 보통 텍스트상에서 비교적 짧은 기간으로 재현되었다. 비록 그 시간이 존 브라운의 경우에는 5년에 이를 정도로 상당히 길 수도 있지만 말이다.

불치의, 어찌해 볼 수 없는, 잠재적으로 진행되는 질병을 지닌 것으로 진단받는다는 것은 철저하게 부정적인 문화적 함의를 수반하는 사회적인 사건이다. 그러한 진단은 당연한 것으로 여겨졌던 일상적 경험의 의미들을, 그리고 무엇이 지금 실행 가능하고 앞으로 가능할 것인가에 관한 기존의 가정들을 붕괴시켰다. 삶이 구성되고 경험되는 매개가 되었던 일상의 활동들은 더 이상 예전의 방식대로 이루어질 수 없게 되었다. 몸——그 생체적 또는 물질적 측면——은 더 이상 유효하고 신뢰할 수 있는 도구가 아니었던 것이다. 이제 몸은 그 자신을 위한 의제를 설정하고 그 자신의 요구사항을 갖게 된 것처럼 보였으며, 이러한 의제와 요구는 이전에 우선성을 지녔던 활동들과 경합하고 그 활동들을 불편하게 만들었다. 물질적 몸은 체화된 몸으로서의 자아가 사회적 역할을 수행할 수 있는 매개적 수단을 제공해 왔으므로, 이러한 상황 또한 재협상되어야만 했다. 그리고 이 모든 것은 병의 진단에 대한 "적절한" 대응이라는 맥락 내에서 이루어져야만 했다. 저자들은 자신들이 받은 충격을 견디고 살아남는 데 시간을 "들여야" 했고, 그리고 빈번히 타인들에게서 시간을 "제공받아야" 했다.

진단 후 시기의 심적 충격, 특히 이와 연관된 자아에 대한 위협들은 저자들이 이를 언급하는 데 사용하는 표현들 속에서 확인된다.

> [진단 결과를 들은 후] 나는 홀로 그 고요한 건물을 떠나야 했다.…… 나는 누구와도 이 두려운 진실을 공유할 수 없을 거라는 생각에 휩싸인 채 무망하게 허공을 응시했다. 나는 상실감을 느꼈다. 전적으로 나 혼자뿐이구나.…… 나는 그 순간 음울한 감정에 빠져들고 말았다.[29]

> 느리지만 피할 수 없는 상태의 악화가 올 것이라는 생각은…… 분명히 충격적인 위협이었고, 진정 너무나 혼란스러워 그 무엇도 진지하게 생각하거나 이야기할 수 없었다.…… 그러한 진단은 나에게 납득키 어려운 것이었고, 그들[그녀의 아이들]에게도 마찬가지로 이해하기 불가능한 일일 것이라 생각했다. 나는 미래에 대한 형언키 어려운 위협감에 빠져들었다. 그리고 내 아이들은 자기 자신의 생존에 집중해야 하고, 극도로 제한된 식단과 매일 아침마다 오렌지 한 쪽과 함께 급히 들이마시는 한 병의 해바라기유에 모든 희망을 걸어야 하는 한 엄마에게 내맡겨져

29 Brown, "One Man's Experience with Multiple Sclerosis", pp.23~24.

버렸다. 도대체 무슨 이런 가족생활이 있을 수 있단 말인가!

나의 남편은 그 비참했던 해에 매우 드물게 집에 들어오곤 했다.[30]

여기서 강조되어야 할 것은 물리적 시간이라는 관점에서 본 그러한 시기의 길이 또는 그 시기 내에서 발생한 에피소드들의 순차적 목록이 아니라, 그러한 시기가 갖는 (대개는 경계적인) **특질**이다. 그러한 시기의 주요한 과업들에는 친척·친구·직장 동료들에게 발병의 사실을 알리는 것, 그리고 바랄 수 있는 도움 및 관심 또는 나와 상대방 양자에 의한 합리적 사고라는 견지에서의 역할 협상이 포함된다. 더불어 다발성경화증이라는 질병과 가능한 치료법에 관한 정보를 찾는 일, 그리고 병든 몸 자체의 요구에 관심을 집중하는 일이 있다. 이제 엄청나게 두드러진 존재감을 갖게 된 물질적(그리고 때때로 육체적인) 몸에 대한, 소외감이 수반된 명시적인 근심은 엘리자베스 포사이드, 플로렌스 라우리, 리즈 파킨슨의 경우에 두드러진다. 포사이드는 그녀의 감정을 다음과 같이 요약하고 있다.

나는 손상되었다. 나는 누가 보더라도 손상되어 있는 나의 몸이 혐오스러웠다. 그러므로 다른 모든 사람들 또한 내가 그런 것처럼 틀림없이 나의 몸을 혐오스러워할 것이다. 나는 어떤 식으로든 버림받은 존재가 되었으며, 기껏해야 동정이나 받을 수 있을 뿐 사랑받을 수 없는 존재가 되었다.[31]

30 Forsythe, *Multiple Sclerosis*, pp.11~12.
31 ibid., p.13.

그렇지만 존 브라운과 미리엄 첼링스워스의 경우에는, 예정된 몸의 변화로부터 주의를 다른 데로 돌릴 수 있게 하는 어떤 구조를 일상의 일들이 제공했다. 그들은 현재의 자신과 관련하여, 타인과의 관계에서 달라진 차이들의 좀더 단편적인 모습만을 표출했다. 그들이 겪고 있는 고통은 덜 공공연하게 느껴지는 것처럼 보였다. 즉, 겉모습을 잘 유지하는 것이 보다 중요했던 것이다. 비록 이후에 브라운은 동료들이 자신의 상황을 그가 생각했던 것보다 더 잘 인식하고 있었고, 조용히 지지를 보내고 있었다는 사실을 알게 되었지만 말이다.

일정한 사건들은 환자가 경험하는 어떤 시기들의 시작뿐만 아니라 종료 또한 나타내 준다. 진단 후 시기는 그 저자들이 공간적으로나 시간적으로 자아와 몸의 요구 사이에서 좀더 만족스럽게 균형 잡힌 생활로 진입하게 되면서 종료되었다. 파킨슨과 킨리는 그들의 일을 다시 시작했다. 다보우드는 집 밖으로 외출을 하고 휠체어의 실제적인 이점을 발견하게 되면서 자신의 "몽상"에서 깨어났다. 루빈스타인과 포사이드는 (말 그대로) 치료를 찾아 나섰고, 브라운은 유사하게 "의지할 수 있는 누군가"를 찾고자 했으며 찾아냈다. 첼링스워스의 증상은 안정화됐고, 그녀는 휴가를 떠났다. 질병과 물질적 몸에 대한 전적인 집중의 시기는 종료된 것이다.

그렇지만, 플로렌스 라우리의 경우에는 질병과 몸에 대한 이러한 집중이 지속되었다. 구조화된 시기로부터 반구조적 시기를 구별할 수 있는 어떠한 사건도 개입하지 않았다. 그 대신, 반구조적 상태가 하나의 **생활양식**modus vivendi이 되었다. 이것이 텍스트상에서는 에피소드들을 나열하던 것에서 습관성을 나타내는 문법적 표현을 사용하는 것으로의 전환에 의해 표현되고 있다. "나는 나의 남편에게 욕설을 퍼붓곤 했다……. 나는 비가 오는 것을 저주하곤 했다……." 라우리는 결혼 바로 직전에 다발성경화증이라는 진단 결과를 듣게 되었다. 그녀는 자신이 의존할 수 있는 안정적이고 관행화된 이전의 역할을 갖고 있지 않았다. 실제로 "그 질병을 앓는 것이 [그녀의] 유일한 역할이 되었고", 이는 우울증으로 인한 입원이라는 형태로 경계성의 시기가 다시 개입될 때까지 지속되었다.

중기

> 그들[친구들]이 찾아올 때면 언제나, 나는 나의 계획 및 프로젝트들과 치료사에 관하여, 그리고 나를 둘러싸고 발생하는 모든 것에 관하여 이야기하는 것을 멈출 수가 없었다.…… 비록 이상하게 보일지 모르겠지만, 비정상적으로 보이는 그 모든 겉모습에도 불구하고, 실제의 나는 정상으로 되돌아오고 있었다.[32]

다발성경화증의 진단에 뒤따랐던 경계적 시기 이후에 나타난 생활양식이 반드시 확정적인 것은 아니었다. 또한 그것이 언제나 안정된 일상을 구성하는 것도 아니었다. 다발성경화증을 지닌 삶은 하나의 **과정**으로서 묘사되고 있었다. 그것은 자아-시간, 즉 개인적 프로젝트와 관련된 일들에 투여된 시간과 물질적 몸 및 질병에 투여된 시간 사이의 상호작용인 것이다. 라우리와 파킨슨을 제외한 모두에게 있어, 자아-시간은 그들 내러티브의 초점으로서 유지되고 있었다. 그들의 삶은 그들의

---

32 Davoud, *Where Do I Go from Here?*, p.62.

매개적(체화된) 몸을 통해 성취된 것이 무엇이냐는 견지에서, 즉 얼마간 중요한 방식으로 사건들에 개입하는 그들 몸의 물질적 측면이라는 견지에서 이야기되고 있는 것이다. 그렇지만, 획득된 자아-시간의 특질과 그러한 특질이 지속되는 방식이 모든 관련 텍스트들에서 유사한 것은 아니었다.

아마도 획득된 자아-시간의 우세함(이러한 표현은 자아-시간이 통상적으로 하나의 성취로서 제시되고 있기 때문이다)에 있어 가장 인상적인 예는 다보우드의 내러티브에서 나타나고 있는 것 같다. 다보우드의 장애 정도와 재발된 병세의 중함 때문에, 누군가는 그녀의 물질적 몸에 대한 집중과 자아-지향적 활동의 붕괴가 훨씬 더 두드러지게 나타나리라 생각할지도 모르겠다. 그러므로 다보우드의 내러티브는 얼마간 상세히 고찰해 볼 만한 가치가 있다. 그녀는 도대체 어떻게 대개의 경우 자신의 물질적 몸을 부차적인 중요성만을 지니는 것으로 묘사할 수 있었던 걸까?

다보우드는 진단 결과를 들은 후 자신의 평범한 삶의 양상이 더 이상 유지될 수 없다는 것을 알게 됨에 따라, 거의 일 년 동안 장기적인 첫 번째 경계성의 단계를 겪었다. 이 시기로부터 벗어나게 되면서, 그녀는 다발성경화증협회Multiple Sclerosis Society[33]와 논쟁을 벌였다. 그 협회의 젊은 사람들을 위한 서비스 제공의 결여에 대해서, 그리고 그녀가 느끼기에 다발성경화증을 부정적으로 묘사했던 것을 주제로 말이다. 이 당시의 자신의 기분에 대해 기술하면서, 그녀는 "나는 지금 흥분됨을, 그

---

33 다발성경화증협회는 다발성경화증에 대한 의학적 연구의 촉진과 다발성경화증 환자들의 복지에 전념하는 영국의 전국적인 자선단체이다.

리고 이전의 아주 오랜 시간 그 어느 때보다도 더 고무되어 있고 살아 있음을 느낀다. 나는 내 안에 있는 예전의 니콜 다보우드를 발견하게 되었다"라고 썼다.[34]

"예전의 니콜 다보우드"는 지적이고 사회적인 활동을 통해 자신의 개인적 발전을 이루어 냈던 사람이었다. 그녀 인생의 "내리막"은 일상 으로부터 단절되고, 판에 박힌 집 안 생활을 하며, 극도의 신체적 또는 정신적 무능력에 빠져 있던 시기였다. 반면에 "오르막"은 사회적 지평 을 넓히고, 글을 쓰고, 캠페인활동을 수행하던 시기였다. 물질적 몸에 의 해 좌우되는 에피소드들은 의미 있는 활동의 가능성에 영향을 미치는 한에서만 중요성을 지녔다. 그리고 대개 증상들은 단지 의식적 성찰 속 에서만 인지되었다. 그러한 증상들은 정상적인 삶의 흐름과는 별개의 문제였던 것이다. 이것이 다보우드가 그 창립에 있어 주요한 역할을 했 던, 다발성경화증협회의 새로운 분파인 크랙엠에스CRACK MS라는 모임 의 출범에 이르게 됐던 시기를 그녀가 기술했던 방식이다.

나는 완전한 행복감의 상태에 있었고, 지쳤지만, 그러나 너무나 흥분되 고 지나치게 고무되어 있어서 잠들 수가 없었다. 내가 해야만 했을 다른 어떤 일을 깜박한 것은 아닐까 하는 생각을 하면서, 나는 밤새 잠들지 못하고 깨어 있었다. 셀 수 없이 많은 착상과 제안들이 머릿속으로 흘러 들어왔고, 다음날 나는 전화로 나의 동료들을 들볶곤 했다. 이러한 나의 상태는 점점 더 심해지고 있었지만, 나는 내가 그러고 있다는 것을 인식 조차 못하고 있었다. 단지 깨어나 앉아 있다가 나도 모르게 침대에 쓰

34 Davoud, *Where Do I Go from Here?*, p.48.

러져 버리는 경우에만, 현재의 내 상태를 알아차리곤 했다. 그러나 나는 그것에 관해 생각하거나 개의치 않았다. 밤이 되면 다리에 경련이 찾아왔지만, 보통 다른 어떤 것에 집중하고 있거나 착상 및 사고들을 발전시키고 있었기 때문에 나는 고통을 거의 느끼지도 않았다.[35]

유사하게, 다보우드는 그녀가 중요하다고 느끼는 것을 성취해 낼수 있는 증대된 능력을 통해서 자신의 상태가 개선되고 있음을 묘사하고 있다.

나는 정상과 마찬가지의 삶을 재개하였고, 더불어 점점 더 걸을 수도 있게 되었다. 나는 이제 지지틀을 이용해서 [그녀의 아들인] 알렉산더의 방으로 이동해 갈 수 있었고——비록 굽은 몸을 하고 다소 어색하게 이동하기는 하지만——그는 이제 나를 더 이상 놀리지 않았다. 그는 자신과 함께 무언가를 좀더 많이 할 수 있게 된 나를 보게 된 것에 그저 기꺼워할 따름이었다. 우리는 너무 많은 신체적 노력을 필요로 하지 않으면서도 우리가 함께할 수 있는 모든 종류의 게임들을 찾아냈다. 나는 그의 침대에 걸터앉아서, 함께 이야기를 지어내고, 수수께끼를 풀고, 그림을 그리곤 했다. 나의 손은 실제로 조금씩 더 힘을 회복해 갔다. 나는 아들이 나에게 던진 공을 한 번 내지 두 번 정도는 그럭저럭 다시 던져 줄 수 있었다.[36]

---

35 Davoud, *Where Do I Go from Here?*, p.82.
36 ibid., p.95.

약 8년 정도 지속되었던 이러한 중기 단계가 종료되고 나서야, 다보우드는 비로소 자신의 신체적 상태에 대해 보다 직접적으로 언급하기 시작했다. 이 지점에서부터 그녀는 자기 자신을 "병든" 그리고 "지친" 것으로 기술하고, 무언가를 하거나 모임에 참석함에 있어서의 실제적 어려움들을 훨씬 더 상세히 논하기 시작한 것이다. 그녀는 또한 자신의 보다 전면적인 캠페인활동이 오히려 그녀를 크랙엠에스의 멤버십으로부터, 그리하여 **그녀를** 이해하고 돌봐 주었던 사람들로부터 멀어지게 했다는 사실을 안타까워하고 있었다. 역설적이게도, 다발성경화증과 장애 이슈들에 대한 그녀의 적극적인 참여가 타인들에게는 그녀가 겪고 있는 개인적인 고통을 나타내 주지 못하고 있었다.

나의 겉모습은 내가 느끼고 있는 상태와 일치되지 않았다. 동료들이 내 상태가 그들만큼 좋지 않다는 것을 실감하는 것은, 단지 모임 후 나를 바래다주면서 ──정말로 너무 지쳐서 스스로는 올라탈 수 없었기 때문에 ──택시기사가 나를 택시 안으로 들어 옮겨 놓는 것을 볼 때뿐이었다. 그러나 그러한 문제는 그들이나 나에 의해서 결코 언급되지 않았다. 내가 바라는 것은 그 모임들에서 손을 떼고 자유로워지는 것이었지만, 내가 그렇게 하지 못하리라는 것도 알고 있었다. 어쨌든 나는 그에 대한 얘기를 꺼내긴 했다. 하지만, 중간에 모임을 그만둘 수는 없었다.[37]

어려움이 있었지만, 다보우드는 새로운 조건 속에서도 대부분 예전과 같은 삶을 살아가고 있었다. 그녀의 몸의 요구와 제약들은 의식적 성

---

37 ibid., pp. 167~168.

찰 속에서만 초점이 맞추어지거나 드물게만 문제적인 경험의 범주들로 맥락화되면서, 부차적인 것으로 치부되었다. 그녀의 관심은 그녀가 겪는 다발성경화증과 장애보다는, 주로 다발성경화증과 장애 그 자체에 향해 있었다. 그리하여 그녀의 개인적 질환은 누구나 겪는 보다 일반화된 병의 견지에서 자아-시간을 보낼 수 있는 맥락을 제공하였다.

레나테 루빈스타인 역시 물질적 몸이나 질병을 언급할 때, 일반화된 몸들과 교과서화된 다발성경화증을 참조하여 그렇게 하였다. ("2천 명의 사람들 중 1명만이 다발성경화증을 지니고 있기" 때문에) 진정 "그 질병이 [내게] 발생하였으니, 1,999명의 다른 사람들은 그 한 명이 그들이 아니라는 것에 대해서 [내게] 감사해야만 한다. 통계적으로 보자면, [내가] 결국 그들의 구제자이다─1,999명의 사람들을 대신하여 [내가] 다발성경화증 환자의 역할을 떠맡았으니 말이다."[38] 그녀의 개인적 질환이 관련되는 상황에서, 루빈스타인은 현재에 그리고 자신의 현재 능력에 집중하는 것을 통해서 "그러한 질환으로부터 초연해지는" 것을 배웠다. "낙담과 상실감에 대항하고자 한다면, 다음과 같은 계책을 실행하라. 아무것도 아닌 것으로부터 시작해서 모든 것을 경이롭게 느끼도록 해라. 당신도 어쨌든 죽게 될 것이고, 그후 내내 죽은 채로 남겨져 있을 것이다. 그때까지는, 당신이 움직일 수 있는 작은 손가락 하나도 일종의 보너스인 것이다."[39] 뒤이은 31개의 장 전반에 걸쳐 서술되고 있는 그녀의 활동과 선입견(예를 들어, 그녀가 결코 다시 하지 않으려는 것에 대하여), 대안적 치료법과 장애 보조기구의 활용, 사람들에게서 거부되는 것

38 Rubinstein, *Take It and Leave It*, pp.25~26.
39 ibid., p.27.

과 자신의 질병이 글쓰기에 투영되는 것의 두려움에 대한 그녀 자신의 고찰을 통하여, 우리는 루빈스타인의 물질적 몸 상태에 대해 알게 되었다. "질병은 당신에게 자신의 존재를 자꾸만 상기시키는 성향을 지니고 있는데",[40] 이러한 질병을 통한 '핸디캡'은 (걷기의) 회피, (경련에 대한) 약물, (피로와 고통을) "쓰레기와 함께 내다 버린…… 잃어버린 시간"으로 치부하기를 통하여 다루어질 수 있었다. "그리하여 핸디캡은 그다지 나쁘지 않은 것이 되고, 그것은 관리될 수 있다."[41]

다른 저자들도 그들의 내러티브 중기에는 자아-시간이 갖는 특질을, 그들이 과거에 알고 있던 그러한 자아-시간과 훨씬 더 가까운 것으로 기술하고 있다. 질병 및 물질적 몸을 일상생활의 관심사들로부터 분리하는 것은 다소 상이한 방식으로 이루어진다. 존 브라운과 앤 킨리 양자 모두는 **예전과 같은** 조건 속에서 예전과 같은 삶을 살아가고자 시도하고 있었는데, 그들은 신체적 상태를 무시하거나 이에 적응하려 시도함에 있어 서로 대비되는 내러티브를 보여 준다.

나를 둘러싸고 있던 '주문'은 풀려 버렸다. 내가 우리나라의 두번째로 큰 조간 신문사로 일자리를 옮겼을 즈음, 나는 그 편치 않은 발병 진단에 관한 기억을 잊을 수 있을 거라고 생각했다. 그러나 나는 다발성경화증에 대해 알지 못했으며, 증상이 자꾸만 재발하고 순간적으로 격렬하게 공격해 오는 그 병의 기만적인 성향을 간과했다! ……
1972년 크리스마스 때, 같은 아파트에 사는 이웃 중 한 명이 직장에서

---

40 ibid., p.86.
41 ibid., p.87.

퇴근하던 길에 거의 울음을 터뜨리기 직전에 있는 나를 발견했다. 나는 오른쪽 눈이 보이지 않았고, 두려움에 질려 있었다.…… 일주일 후, 내 시력은 정상으로 되돌아왔다. 아직까지 누구도 이런 일이 어떻게 일어날 수 있었는지 내게 말해 주지 않았다. 그에 대한 답을 얻기 위해, 나는 재진단을 받으러 병원에 다시 입원을 하기까지 6개월을 더 기다려야만 했다. 그리고 이번에는 나 자신의 요청에 의해서였다. 담당 의사는 내가 추가적인 도움을 원한다면, 다시 병원으로 오라고 말해 주었다. 나는 그렇게 할 수밖에 없으리라 생각했다. 다발성경화증은 내 삶을 방해하기 시작했다.[42]

그다음 두 달 동안, 나는 미니애폴리스에 있는 아동보건센터병원Children's Health Center and Hospital의 시간제 일자리로 복귀하기 위해 열심히 재활훈련을 받았다. 나는 나의 일자리로 돌아왔지만, 이내 문제들이 발생했다. 우리는 직원이 부족했고, 돌봄이 필요한 중증의 어린 환자들에게 집중해야 했다. 비록 이틀에 하루를 쉬면서 2주에 단지 6일만을 일할 뿐이었지만, 나는 완전히 소진되어 버렸고, 지팡이에 의지하면서 업무량 전부를 수행하기란 극히 어려웠다.

나는 점점 더 일에 압도되고 피로해졌다. 나는 그 직장으로 복귀해 간신히 만으로 두 달을 일하기도 전에, 신경과 담당의로부터 또 다시 휴가를 내라는 지시를 받았다.[43]

42 Brown, "One Man's Experience with Multiple Sclerosis", p.24.
43 Kinley, "MS: From Shock to Acceptance", p.275.

브라운의 증상들(초기 단계에서도 어떤 증상들을 경험했다면)은 겉으로 보기에는 킨리의 증상보다는 수용할 만한 것이지만, 양자 모두에게 있어 그들이 시도했던 삶의 양식은 지속될 수 없었고, 그들의 물질적 몸은 그들 각각이 기꺼이 기울였던 것보다 더 많은 관심을 요구했다. 그렇지만, 우리가 앞으로 확인하게 되는 바와 같이, 이것이 궁극적으로 물질적 몸이 계속해서 삶의 초점으로서 **지속되었음을** 의미하지는 않았다. 한편으로, 브라운의 시력 문제는 다보우드의 경우에서처럼, 하나의 삶의 범주로서의 일반화된 질병에 의해 특징지어지는 새로운 시기의 도래를 알리는 하나의 사건이었다. 다른 한편, 킨리는 그녀가 지닌 신체적 상태의 문제적 측면들을 심리적 자아의 쇠약으로 재규정하게 된다.

이러한 '중기'에서 첼링스워스의 내러티브는 지금까지 기술된 다른 이들의 중기 내러티브들과는 대조된다. 억제되거나 또는 망각되는 상태로서라기보다는, 오히려 독특하고 관리될 수 있을 만한 육체적 몸의 이상에 대한 에피소드들이라는 견지에서 질병을 다루고 있다는 점에서 그러하다.

1983년 4월. 나는 다른 지역으로 이주를 했고, 그곳의 새로운 병원이 마음에 들었으며, 집도 구매하려 하고 있었다.…… 나에게는 좀더 많은 문제가 생기기 시작했다. 그것은 오른편의 편측무감각증과 더불어 시작되었으며, 양쪽 다리의 약화 및 구후시신경염球後視神經炎이 뒤를 이었다. 이러한 각각의 에피소드들에 수반된 증상은 별문제 없이 회복되었고, 다음과 같은 일들이 이어졌다.……

나는 이주를 했기 때문에, 새로운 신경과 의사를 만나게 되었다. 다행히 나는 그와 매우 잘 지냈다. 나는 그가 내 증상의 빈번한 재발로 인해 나

만큼이나 좌절을 느낄 것이라고, 그리고 나처럼 스테로이드 약제의 사용을 바라지 않을 것이라 생각했다. 나는 애조시아프린azothiaprine[44] 치료에 착수했다. 나는 기꺼이 통제 임상실험에 참여하고자 했지만, 나의 증상은 그럴 수 있을 만큼 충분히 오랫동안 안정을 유지하지 못했다. 나에게선 계속해서 경미한 증상의 재발이 나타났지만 이럭저럭 직장으로 복귀를 했고, 영구적인 인공심박조율기를 삽입했다는 사실은 놀랍기조차 했다. 게다가 직장의 고문과 동료들은 극히 친절하게 대해 주었다. 비록 나의 휴직이 그들에게 상당량의 추가적 업무부담을 주었음에도 불구하고 말이다.[45]

첼링스워스의 그다음 시기는 "1984년 11월"을 기점으로 구분되며, 좀더 다양한 증상과 또 한 번의 이직을 포함한다. 시종일관, 몸에 대한 경험은 육체적 몸의 견지에서 기술되고 있으며, 물리적 시간과 의학적 용어를 통해 이해되고 있다. 즉, 사실상 의학적 사례사case history와 다르지 않은 내러티브가 이어지고 있는 것이다. 몸의 에피소드들은 정상적인 삶의 흐름에 대한 방해물이었다. 그와 같은 산발적인 일상의 침해는 대개 (정상적인) 직장활동에 대한 (비정상적인) 일시적 중단을 수반했다. 그 질환의 만성적 성격은 **불연속적인** 사건의 축적을 통해 묘사되었다. 마치 그 각각의 사건이 거의 갑작스레 찾아온 것처럼 말이다.

포사이드의 내러티브는 이러한 여타 텍스트들에서 이미 확인된

---

44 임파선종·백혈병 치료제인 시클로포스파미드cyclophosphamide와 항말라리아 약제인 히드록시클로로퀸hydroxychloroquine이 결합된 면역억제성 약품으로, 주로 류머티즘성 관절염의 치료에 사용되었다.—옮긴이

45 Chellingsworth, "Multiple Sclerosis", pp. 91~92.

다양한 특징들을 보여 주고 있다. 중기는 11년의 기간에 걸쳐 있고, 여러 사건들로 가득 차 있으며, 좀더 질적인 측면에서 기술된 시기였다. 이 단계에서, 포사이드는 특별히 도움이 되었던 신경과 의사를 정기적으로 방문하는 것에 힘입어, 자신의 몸에 대한 불쾌한 감정들을 극복했다. 그리고 우리는 증상의 발현이나 여타의 신체적 문제들을 비교적 거의 듣지 않게 된다. 이러한 중기의 후반부에서, 그녀는 "여러 해 동안 만족스러운 체력과 더불어 매우 좋은 건강 상태를 유지했다".[46] 예전과 같은 증상들은 타인들에게 두드러지게 드러나지 않았고 그녀의 일상생활 속에서 수용될 수 있을 만한 것이었기 때문에, 별달리 고려되지 않았다. 이동의 문제가 포사이드로 하여금 직장을 떠나도록 몰아갈 때까지는, 그녀가 자신의 어려움들을 그 질병과 전혀 연계시키지 않을 정도로 다발성경화증은 삶의 배경 속에서 희미해져 있었다. 자신의 물질적 몸을 고려하고 여기에 시간을 투여해야만 하는 달갑지 않은 필요성은 '자아'로 하여금 그 질병과 거리를 두도록 만들었다(나중에 자아와 질병의 관계에 대한 재개념화가 뒤따르게 된다).

1985년 11월에 나는 직장에서 계단을 올라가는 데 갑자기 어려움을 겪었다.…… 나는 내 다리의 문제에 대해 당시에 무엇을 생각했는지 전혀 떠오르지가 않는다. 이상하게 들릴지 모르겠지만, 나는 다발성경화증에 대한 생각이 내 의식 속에 들어와 있지는 않았다고 알고 있다. …… 나는 그 다리의 치료를 위해 무언가를 해줄 수 있는지 묻기 위하여 남모르게 물리치료사를 찾아갔다. 그녀는 다양한 치료법을 사용했지만 다

46 Forsythe, *Multiple Sclerosis*, p.18.

리는 조금도 나아지지 않았다. 나는 이 글을 쓰면서 '그 다리'가 더 이상 '나의 다리' 또는 내 몸의 일부가 아니었다는 것을 깨닫는다. 나는 이것이 당시에 내가 그 문제를 인식했던 방식이었다고 믿는다. '그 다리'는 글자 뜻 그대로뿐만 아니라 은유적으로도 나를 실망시켰고[영국 속어로 'leg'에는 '사기꾼'이라는 뜻이 있다— 옮긴이], 그리하여 더 이상 받아들일 수 있는 나의 일부가 아니었던 것이다.[47]

그녀의 질병이 발생시키는 신체적 문제들은 대체로 포사이드에게 일상적 근심을 야기하지는 않았지만, 다발성경화증이라는 진단은 그 자체로 그녀 자신과 그녀의 남편 사이에 "나날이 높아지는 담장"의 형태로 끊임없이 그 중요성을 유지했다. 그 '담장'은 결국 별거의 형태로 실현되고 말았다. 한때는 실제적으로뿐만 아니라 심리적으로도, 포사이드는 다발성경화증을 완전히 잊어버릴 수 있을 것처럼 보였고, 자신의 상태를 "회복가능하고 낙관적인" 것으로 기술하고 있었다.[48]

질병과 자아-시간의 균형을 잡아주는 데 있어, 그리고 성취된 자아-시간의 질을 결정하는 데 있어 친밀한 인간관계들이 매개적 수단의 역할을 하는 것으로 묘사하고 있는 이는 단지 포사이드만은 아니다. 브라운의 결혼생활 파경에 뒤이어서, 그의 증상들에 대한 적절한 설명의 부재라는 촉매적 상황은 '종양'의 가假진단으로까지 이어졌다. 브라운은 포사이드와 마찬가지로, 비록 단지 아주 짧은 기간 동안이긴 했지만 다발성경화증을 잊을 수 있었다. 그는 이 시점에서 여러 차례 직장에서

47 Forsythe, *Multiple Sclerosis*, p.19.
48 ibid., p.18.

그의 동료들로부터 그가 느꼈던 지지와 온정에 대해서 언급했다. 여기서 종양의 진단과 그것이 갖는 함의는 하나의 이슈로 부각되지 않았다. 포사이드와 다보우드가 그들의 가족과의 관계에서 그러했던 것처럼 말이다.

다보우드는 '중기 단계'의 종료를 향해 가고 있는 그녀의 삶을 되돌아보면서, 다음과 같이 적고 있다.

> 그 여러 해 동안에 내가 확인한 유일한 실재, 단 하나의 연속성은 내가 여전히 레이몬드의 아내이자 알렉산더의 엄마라는 사실이었다. 그것이 내가 연관될 수 있고 이해할 수 있는 어떤 것이며, 나는 이에 감사하고 있다. 비록 이러저러한 큰 어려움들을 겪어 온 흔적, 그러한 관계, 그 응어리들은 내 의식의 근저에 또렷이 남아 있지만 말이다.[49]

역설적이게도, 다보우드의 남편은 그녀의 다발성경화증 진단이 갖는 함의들을 받아들일 수 없었던 듯 보였으며, "[그녀의] 직장 일에 극히 무관심했다". 그렇지만, 이것은 그의 남편이 그녀를 "결코 과잉보호하지 않았음"을, 그리고 "어떤 어려운 상황에서도 전혀 동요하지 않았음을" 의미하기 때문에,[50] 대체적으로 그녀의 삶의 방식에 긍정적으로 기여했다. 다보우드와 그녀의 남편 모두에 의해 **일신상의**[51] 다발성경화증이 부차적으로 치부된 것은 킨리에 의해 기술되었던[52], 그리고 루빈스타

---

49 Davoud, *Where Do I Go from Here?*, p.137.
50 ibid., p.136.
51 (질)병, 다발성경화증 등을 수식하는 "일신상의"personal라는 표현은 앞서 마찬가지로 (질)병, 다발성경화증 등을 수식해 주는 "일반화된"generalized이라는 표현과 대조되는 개념이다.—옮긴이
52 Kinley, "MS: From Shock to Acceptance", p.275.

인에게 두려움의 대상이 되었던[53] 의존성의 증대를 허용하지 않았던 것처럼 보인다. 더구나, 다발성경화증의 진단 그 자체는 논쟁점이 되지도 않았다. 그렇다면 그러한 진단이 포사이드에게처럼 하나의 "방해물"로서, 즉 가족 및 친구들과의 관계에 있어 어떤 부정적인 "상호작용의 대상"으로서 표현될 수는 없는 일이었다.[54] 오히려, 다보우드와 그녀의 남편은 각자의 삶을 살았다고 해야 할 것이며, 그러한 삶 내에서 일신상의 질환은 아이러니컬한 방식으로 그 함의를 유지하고 있었다.

다발성경화증이라는 현실과 그것이 갖는 함의에 대한 경험이 사회관계들 내에서 해석되는 방식은 그러한 관계들 자체에 대해서뿐만 아니라, 일상생활의 과정에서 자아·물질적 몸·다발성경화증이라는 질병에 투여된 시간의 양상 및 특질에 대해서도 중요성을 지닌다. 대체로, 위에서 언급된 저자들은 자신의 질병과 장애 그 자체로부터 딴 곳으로 주의를 돌릴 수 있었다. 인간관계의 단절은 브라운과 포사이드로 하여금 일상생활의 일부분으로서 다발성경화증을 거의 완전히 잊어버리도록 했다. 다보우드의 다발성경화증은 그녀의 아들 및 남편과의 일상관계에 대한 기술 내에서 그와 같이 형상화되지 않는다. 그리고 다보우드는 다발성경화증이 그러한 방식으로 위협을 가할 때 (소극적으로는 휴가를 피해 버림으로써, 적극적으로는 병원에 입원함으로써) 스스로를 한발 물릴 수 있었던 것처럼 보인다. 따라서 다보우드의 가족관계는 그녀의 활동적인 삶과 직장생활을 뒷받침할 수 있었다. 킨리에게 있어서는 그러한 가족관계가 그녀 자신에 의해 규정된 결함들을 부각시켰을 뿐이

---

53 Rubinstein, *Take It and Leave It*, p.953.
54 Linda M. Hunt et al., "Views of What's Wrong: Diagnosis and Patient's Concepts of Illness", *Social Science and Medicine* vol. 28 issue 9, 1989, p.953.

었던 반면에 말이다. 이러한 모든 텍스트들에 있어 다발성경화증이 가족관계 내에서 구성되는 방식은, 일상생활 내에서 다발성경화증의 실감에 관한 내러티브와 아주 닮아 있다. 서로 상치되는 면을 내포하는 두 사례에서, 이러한 유사성은 주어진 진단의 의미들, 즉 진단된 병의 확실성과 병에 대해 견딜 수 있는 정도를 공유하는 것의 실패 여부를 중심으로 드러난다.

라우리와 파킨슨의 내러티브는 중기에 자아-시간이 지배적 형태로 재확립되어 있지 않다는 점에서 위에서 기술된 것들과는 다르다. 질병 및 물질적 몸 또는 그것이 지닌 함의들은 맥락화된 삶의 특징이 아니라, 그로부터 삶 전체가 파악되는 준거점이 되고 있는 것이다.

친구들은 주요 문제였다. 나는 염려하는 듯한 태도로 선심을 쓰는 것을 혐오했다. 그리고 그러한 지점을 가볍게 여기는 사람들에 대해 분개했다. 내가 던진 "이번에는 뭐?" 또는 "다음에는 또 뭔데?"와 같은 말들은 주변의 점증하는 염려들과 불협화음을 일으켰다. 나는 내 남편이 나에 대해 지나치게 염려를 할 때면 그를 욕하며 막 대하곤 했다. 그는 내 좌절감을 배출하는 하나의 대상이 되었다. 어떤 순간에는 화를 내는 것으로, 그다음에는 성적 요구를 통해서 말이다. 내가 스타니슬라프스키 방식Stanislavsky method[55]에 대한 광기 어린 탐닉에 사로잡힌 여배우와

---

[55] 러시아의 연극배우·연출가·이론가인 콘스탄틴 스타니슬라프스키Konstantin Stanislavsky가 오랜 시행착오를 거쳐 발전시킨 연극훈련 방식으로, 스타니슬라프스키 시스템이라고도 한다. 이는 19세기의 꾸민 듯한 연기양식을 지양하고 사실주의 연극에 부합하는 연기양식을 찾아내려는 데서 출발했다. 그의 방식은 배우가 자신의 삶 속에서 체득한 경험과 감정을 살려 맡은 역에 완전히 몰입하도록 개발되었으며, 배우가 무대에 들어서는 것은 연기 또는 등장인물로서의 인생의 시작이 아니라 배우가 겪었던 이전 상황의 연속으로 간주된다. —옮긴이

같이 되었을 때, 내 삶은 과도하게 극화되어 버렸다. 나는 과거의 나를 되찾고 싶었지만, 병자가 나의 유일한 역할이 되어 버린 것이다.[56]

나는 하루 전체를 정말로 내가 원하는 모든 것 ——생산적이고, 창조적인 것 ——을 하는 데 사용할 수 있기를 바랐지만, 실질적으로는 그 시간들이 내 쇠약해진 몸의 요구들과 돌봄에 대처하는 데 소모된다는 사실에 너무, 너무나 좌절했다. 매우 빈번히, 내게 자유롭게 남겨진 얼마 안 되는 시간들은 긴 등받이 의자에 엎드려 소비되었다. 지칠 대로 지쳐 멍한 상황에서, 다른 것들을 하는 데 소진된 에너지를 회복하기 위해 필사적으로 노력을 하며, 너무나 피곤해 텔레비전에조차 집중할 수 없는 상태로 말이다. 그림을 그린다는 것은 두말할 나위 없이 불가능했다. 그림 그리기 위해 필요한 온갖 준비를 나는 결코 번거로워하지 않았다. 그러나 이제는 누군가 다른 사람이 나를 위해 그러한 준비를 해준다 해도, 현재의 내 몸은 너무나 지쳐 있어서 그림을 그릴 수 있는 자세로 앉아 있을 수조차 없었다.[57]

다발성경화증을 지닌 삶에 대한 이러한 관점은 의미 있는 사회관계들에서 파악되고 있는 관점들 속에서 (다시 한번) 확인되었다. 라우리는 (그녀가 앞서 말했던 바처럼) 다발성경화증에 관하여 그녀와 더불어 잘 알고 있는 자신의 남편이 겪는 고통을 기술했다. "누가 가장 상처받았는지"를 질문하면서 말이다.[58] 다발성경화증은 적어도 가까운 가족은

56 Lowry, "One Woman's Experience with Multiple Sclerosis", p.32.
57 Parkinson, "Snow on the Daffodils", p.74.
58 Lowry, "One Woman's Experience with Multiple Sclerosis", p.30.

기꺼이 맞서 부딪치고자 하는 듯 보였던 "문제"였으며, "병원은 하나의 피난처가 되었다. 빈번한 병세의 악화는 나를 염려하는 타인들의 보호막 안에서 여러 달을 보내도록 했다. 나는 기꺼이 자기 연민에 의지했으며, 다른 사람들이 나를 위해 적극적으로 무언가를 하도록 내버려 두었다".[59] 그렇지만, 가족 외부와의 접촉들은 거의 언급되지 않고 있다. 그리고 자신의 직장을 그만둔 것조차, 포사이드의 경우가 그랬던 것처럼, 라우리로 하여금 큰 근심을 유발하지 않았던 것처럼 보인다.

파킨슨은 "내가 지금 의학적인 이유로 퇴직하고자 하는 것은 경영진과 나 자신 간에 상호 이해될 수 있을 만한 것이다"라고 간략히 진술하고 있는데,[60] 그녀에게 있어서도 또한 고용은 더 이상 그녀의 안중에 있지 않거나 어떤 특별한 중요성을 지니지 않았던 것처럼 보인다. 그녀의 "우선시되는 일은 변화하고 있었으며",[61] 그녀는 유급노동을 가사일과 병행하는 것을 포기했다. 가사일만 수행하는 것도 너무 어렵게 된 상태였던 것이다. 그렇지만, 직장 동료들로부터의 지지는 초기부터 중요한 가치를 지녀 왔다. 파킨슨 그녀 자신처럼, 그들은 파킨슨의 질환과 그 치료에 적극적인 관심을 가져 왔다. 일찍이 침술치료의 과정에 자금을 제공하기도 하면서 말이다. 어떤 갈등의 기미가 있는 듯 보였던 것은 단지 나중에 파킨슨이 그녀의 누이들과 함께 살게 되었을 때의 일인데, 우리는 그러한 갈등이 해결되었는지 그리고 어떻게 해결되었는지에 대해서는 거의 아무것도 듣지 못했다.

다발성경화증을 망각하거나 무시하는 것은 라우리와 파킨슨 양자

---

59 ibid., p.33.
60 Parkinson, "Snow on the Daffodils", p.47.
61 ibid., pp.34~35.

모두에 의해 선택지로서 고려되지 않았으며, 그들은 자신이 지닌 다발성경화증의 여러 양상들을 수용했다고 말해질 수 있다. 다발성경화증의 여러 양상들이 주기적이지만 불연속적인 에피소드들이라기보다는 일상의 한 부분이 되었다는 점에서 말이다. 예들 들어, 파킨슨에게 있어 "알약의 복용은 [그의 저작에서 7장에 이르면] 단지 하나의 삶의 방식이었다. 나는 추가로 한두 알 남짓 더 먹는 것에 별로 개의치 않았다".[62] 초기에는 지속적인 관심을 가지고 투여량을 빈번히 참조해 왔음에도 불구하고 말이다. 실제로 이들의 관심사가 어떤 특정 시점에 병소病巢인 듯 보였던 것과 일상 사이를 오갔던 것은, 상대적으로 어떤 쪽이 두드러지게 고려되는지를 이해하는 데 통찰력을 제공한다. 예를 들어 '주사' 또는 '복부팽만방지 약'은 결코 '알약의 복용'과 동등한 정도의 통상적 수준에 이르지 못한 듯 보였다. 일정한 증상들을 맥락적이라기보다는 에피소드적인 것으로 만드는 증상관리 기법의 중요성은, 주로 그러한 증상들이 사회적인 견지에서 일상생활을 방해하는 정도에 놓여 있는 것처럼 보였다. 파킨슨의 실금, 약물의 부작용으로 입술 윗부분에 자라난 털, 균형감의 결핍은 비근한 예들이다. 그녀의 오그라드는 손가락들은 이전까지는 덜 직접적으로 명백한 문제였다.

오른손이 지닌 하나의 작은 결함은 내가 손을 컵 모양으로 유지하려 할 때 손가락들이 자동적으로 손바닥을 향해 오그라든다는 것이었다. 내가 손바닥을 평평하게 유지하는 데 모든 주의를 집중하지 않는다면 말이다. 이러한 결함은 그동안 나에게 아무런 불편함을 야기하지 않았고,

---

62 Parkinson, "Snow on the Daffodils", p.47.

사실 제법 파티용 묘기가 되기도 했다. 그런데 이제 이러한 현상은 왼손에서도 발생하기 시작했다. 왼손은 내가 상점에서 넘어지지 않기 위해 최선을 다하며 오른손으로 카운터에 악착같이 매달려 있는 동안에, 잔돈을 받기 위해 습관적으로 내미는 손이었다. 잔돈이 손바닥 위에 놓이자마자 내 손가락들이 마치 끈끈이주걱처럼 탐욕스럽게 그것을 덮어버릴 때, 내 당황하는 모습을 상상해 보라! 그렇지 않으면, 그 손가락들이 제어되지 않아 물결치듯 흔들려서 그렇게 만들어진 틈을 통해 잔돈이 흘러 나가 버리고, 이는 근처에 있던 눈이 뒤집힌 쇼핑객들을 스크럼 짜듯 모여들도록 만드는 것으로 귀결되었다. 그러는 동안 나는 "내 꼴사나운 날들 중 하루로군"이라고 말하면서 허탈하게 웃어넘길 수밖에 없었다. 어느 날은 그러한 일이 연달아 일어난 후에, 눈물이 나오려 해서 급히 밖으로 뛰쳐나가야만 했다.[63]

그러나 이러한 증상들의 공인된 가시성은 심적인 충격을 주었다. 포사이드의 "꼴사나운 왼쪽 손"과 "균형을 상실하는 경향"과는 또 다른 방식으로 말이다. 그 증상들은 또한 **일신상의** 것으로 남게 되었다(비록 해부학적으로는 "그 손들"과 관련될 뿐이지만 말이다). 라우리 또한 "[다발성경화증]협회의 모호한 문헌,…… 그리고 의료적 텍스트들의 빈약하고 알아먹을 수 없는 말들로부터" 도움을 구하는 데 실패하면서, 그녀의 "**일신상의** 필요들과 상태"를 이해하는 데 관심을 가졌다.[64] 이는 다보우드와 루빈스타인의 일반화된 그리고 통계학적인 다발성경화증이나, 첼

63 ibid., p.19.
64 Lowry, "One Woman's Experience with Multiple Sclerosis", p.32.

링스워스가 기술한, 의료적으로 규정된 (육체적) 몸과 현저하게 대조를 이룬다. 실제로 파킨슨을 진료한 비뇨기과 의사가 "[그녀] 방광······ 기능의 모든 세부 항목들 하나까지" 요구했을 때, 그녀는 "내가 그런 것까지 알아야 합니까"라고 대꾸하며 자신의 생각을 표현했다.[65] 그녀는 의사들이 상정하고 있는 그러한 종류의 신체적 관찰을 행하지 않았다.

그렇다면 이러한 내러티브들은 **일신상의** 질병을 지닌 (생체적인 그리고 체화된 양자 모두의 측면에서) **일신상의** 몸들에 대한 이야기들이며, 그에 상응하는 질적인 시간틀 내에 자리를 잡게 된다. 파킨슨에게 주요 관심사는 물질적 몸, 물질적 몸의 증상들, 물질적 몸의 관리였다. 몸-시간body-time은 계절적 변화들에 둘러싸여 좋은 날과 좋지 않은 날이라는 견지에서, 또한 신체적 증상이 현저한 정도라는 견지에서 흘러갔다. 그러한 몸-시간의 흐름에는 휴일도, 잠깐의 휴식도 존재하지 않았다. 병원의 방문은 전체적인 상황의 단지 일부일 뿐이었다. 우리는 라우리의 삶의 세부적인 사항에 대해 거의 알지 못한다. 그녀의 내러티브는 그녀가 병자 역할을 명시적으로 수행하며 처해 있던 **존재의 상태**를 보여줄 뿐이다.[66] 병원은 그러한 역할이 보다 용이하게 수행될 수 있는 피난처였다.[67] 그러한 질병-시간의 초기 몇 해 동안의 특질은, 보다 긍정적으로 묘사되고 있는 후기의 특질과는 대조적으로 설정되어 있었다.

저자들이 그들 내러티브 중기의 특성을 기술하는 방식은 다양하게 존재하며, 그 각각은 질병을 가늠하는 특정한 양식, 몸의 상이한 측면들, 개인적인 관심들에 대한 통찰을 제공한다. 우리는 그러한 내러티브들

65 Parkinson, "Snow on the Daffodils", p.50.
66 Lowry, "One Woman's Experience with Multiple Sclerosis", p.32.
67 ibid., p.30.

에서 주요한 유사성과 차이들이라 생각되는 것을 뽑아 서술했다. 그리고 개인적·사회적 영역들에서의 몸과 질병에 대한 특성 묘사라는 견지에서, 또한 삶이 묘사되는 시간틀(들)이라는 견지에서 각 내러티브가 어떻게 내적으로 일관성을 형성하게 되는지를 보여 주었다. 다음 절에서 유사한 방식으로 이러한 내러티브들의 말기를 고찰하고 나면, 우리는 온전한 작품으로서 각 텍스트들의 구성에 존재하는 좀더 일반적인 대조점들을 찾아내게 될 것이다.

말기

나는 이 장을 끝마치기가 두렵다. 그러고 나면 나는 나머지 부분 전체를 다시 읽어야만 하고, 그것이 허튼소리의 더미에 지나지 않을까 두렵기 때문이다.……만일 그렇지 않다면, 나는 그것이 누군가에게 어떤 곳에서라도 도움이 되기를 바라고 기원한다. 비록 그것이 비극으로 해석될 수 있을 때에조차, 인위적으로 단지 삶의 즐거운 측면만을 보았던 것이라고 할지라도 말이다. 어쨌든, 나는 내가 쓴 내용이 비극이라고는 믿지 않는다.[68]

저자들 대부분에게 있어 내러티브의 마지막 주요 단계는 중기 단계와 마찬가지로 일련의 에피소드들을 통해 진입되는데, 그 에피소드들은 어떤 중요한 '사건'으로 응집되며 대개 병원 입원이나 이전 일상들로부터의 난설이라는 형태를 띠는 '경계적' 시기를 포함한다. 전형적으

68 Parkinson, "Snow on the Daffodils: MS, A Personal Experience", p.79.

로 그러한 사건은 현행의 사태 및 미래에 있어 그것이 갖는 의미들에 대한 총체적 성찰을 촉진하는, 물질적 몸에서의 어떤 인지된 변화를 중심으로 전개된다. 이러한 숙고의 결과는 종종 아주 뜻밖의 것을 드러내는, 어떤 계시적 특질을 갖는 것처럼 보인다.

예를 들어, 다보우드는 소진 상태에 있는 동안, (그녀의 직장일 그 자체보다는 오히려) 그녀의 질환이 신체적 문제들의 근원이라는, 의사의 최근 견해를 기억해 냈다. "그는 내가 나의 질환을 전혀 통제할 수 없다는 뜻으로 말했다. 내가 무얼 하든 간에, 그 질환은 진행되고 있다는 것이다. 나는 그 의미를 마치 번개처럼 순간적으로 실감하게 되었다."[69] 다른 한편, 킨리는 직장을 떠나고 히스테리 진단을 받은 후 일단 "[그녀의] 행동을 분석하기" 시작하자 "문제들이 명확해졌다".[70] 반면에 라우리는 정신병원의 입원 기간 동안에 다른 이들의 말을 "듣기 시작했는데", 그렇게 정신병원에 입원하는 것과 더불어 시작된 "수많은 일들"에 의해 "현실을 깨닫게" 되었다.[71] 세 명의 저자, 루빈스타인과 파킨슨과 첼링스워스에게 있어, '중기'로부터 '말기'로의 이행 과정은 본문에 좀더 면밀히 기록되어 있다. 내러티브의 결론 부분은 **명백히** 어떤 결론을 제시해주고 있다. 앞서 지나갔던 일들과 주변 사람들의 일반적 견해에 대한 성찰이 이루어지고 있었던 것이다.

각 내러티브에서는 (그들의 경험을 설명하는 데 있어서의 결정력에서 암시되는 바와 같이) 어떤 방식으로든 자아-시간이 궁극적으로 지배력을 갖게 되었다. 그러한 자아-시간의 영속감 또한 명백하다. 그러한 상

69 Davoud, *Where Do I Go from Here?*, p.186.
70 Kinley, "MS: From Shock to Acceptance", p.275.
71 Lowry, "One Woman's Experience with Multiple Sclerosis", p.33.

황의 새로운 안정성은, 반드시 자아 및 몸과 연관된 형식들의 상이한 조직화와 더불어 상이한 시간적 관점을 필요로 했다. 새롭게 등장한 조직화는 다른 형식에 대한 어떤 한 형식의 직접적인 우월함보다는, 어떤 해결책의 특질에서 좀더 두드러진다. 다음 두 세트의 대조가 특히 명백한 듯하다. 다보우드 및 브라운의 내러티브와 그 나머지 사이에서, 그리고 그 나머지 내에서는 보건의료 전문가들의 내러티브와 그렇지 않은 사람들의 내러티브 사이에서 분명한 대조점이 드러난다.

다보우드와 브라운에게 있어, 그 질병은 궁극적으로 그들의 "과업"이 되었고 그렇게 유지되었다. 우리는 다보우드의 내러티브에서 비교적 초기에 이러한 일이 어떻게 일어났는지 기술했던 바 있다. 그러나 그녀가 자신의 다발성경화증을 통제하고 있지 않다는 번개를 맞은 듯한 인식에 뒤이어, 이러한 과업의 각별한 의미, 그것에 투여된 시간의 특질, 가족과 비교된 그러한 과업의 위상, 여타의 개인적 관심들은 얼마간의 변화를 겪었다. 비록 그녀는 더 이상 크랙엠에스를 출범시키는 것과 더불어 지녔던, 희망과 회복을 위한 "투쟁, 투쟁, 투쟁"에 일체감을 갖지는 못하게 되었지만,[72] 아래와 같은 성찰을 보여 주게 된다.

내가 그것을 좋아하든 좋아하지 않든, 살아남고자 한다면 그 모토가 나의 것이 되어야만 한다는 깨달음이 존재하게 되었다. 내 상태가 더 좋아질 수 없더라도 상관없었으며, 완전히 회복될 수 있는가에도 신경 쓰지 않았다. 중요한 것은 내가 여전히 지니고 있는 어떠한 재능이라도 활용하여, 나의 삶과 더불어 할 수 있는 일이었다.[73]

---

72 Davoud, *Where Do I Go from Here?*, p.191.

그렇지만, 다보우드는 너무나 아프다고 느꼈기 때문에 그녀의 통상적인 페이스대로 나아갈 수가 없었다. 그녀는 "우울증에 빠져드는 단절의 시기를 필요로 했다".[74] 그럼에도 불구하고, 그녀는 자기 자신을 다음과 같이 일깨워 내면서, 하나의 고유한 과정으로서 이러한 단절의 시기를 거부했다.

나는 단지 기다리는 것에 의해서는 결코 어떤 방법을 찾아낼 수 없었다. 나의 정신이 무언가 다른 것에 부지런히 전념하고 있는 동안, 결국 내게 활로의 발견·적응·수용·상황의 타결이 이루어졌다. 내가 크랙엠에스를 설립하는 동안, 나는 내가 나 자신의 다발성경화증에 적응하고 있다는 것을 깨닫지 못했다. 그렇지만 크랙엠에스를 출범시킨 후에, 나는 세계로 나아갈 준비가 되어 있었다.[75]

다보우드가 필요로 했던 일상으로부터의 단절은 우리가 논의해 왔던 바로 그 책의 저술 작업을 통해 이루어졌다. 얼마간 역설적으로, 그녀는 이것을 자신의 이전 과업을 보완하는 "활동"으로 간주했다. 책을 쓰는 동안 그녀는 이전의 활동들을 "치료"로서 재해석했고, 이는 과거와의 연속성을 허용했으며 그 책의 마지막 장에서 기술된 삶의 새로운 전망에 대한 맥락을 설정할 수 있도록 했다.

저술활동의 시기는 번개와 같은 갑작스런 깨달음과 함께 시작된, 다소간 곤혹스러웠던 과도기를 종료시켰다. 다보우드의 저술에서 마지

---

73 Davoud, *Where Do I Go from Here?*, p.191.
74 ibid., p.191.
75 ibid., pp.191~192.

막 페이지들은 다시 한번 자아-지향적 에피소드들에 대한 언급들로 충만하다. 그녀의 집에 대한 순응, 데번Devon주에서의 휴가, 은혼식, 크랙엠에스의 창립 10주년 기념식 등으로 말이다. 그녀의 과업은 "여전히 계속되고 있지만, 그것은 많이 변화되었다".[76] 그녀는 이를 다음과 같이 요약하고 있다.

> 나는 내 기준에서 보자면 비교적 안정된 듯하다. 지난 몇 년간 나를 짓눌렀던 압박감은 사라지고, 처음으로 나는 현 지점에서 어느 방향으로 나아가야 할지에 대해 특별히 관심을 두거나 염려하지 않고 있다.…… 나는 이전처럼 완전히 회복될 수 있을 거라는 환상을 전혀 갖고 있지 않다. 내가 원하는 것은 현재의 생활을 영위할 수 있을 정도의 충분한 건강 상태를 유지하는 것뿐이다.[77]

비록 물질적 몸과 질병은 다보우드에게 있어 부차적인 위치를 유지하기는 했지만, 몸과 자아가 좀더 가깝게 화합하는 느낌을 주었다. 체화된 몸을 통해 행해지는, 자아에 초점이 맞추어진 관심과 활동들은 이제 몸 자체에 대한 **돌봄**의 통합적 일부였다. 즉, 그러한 관심과 활동들이 또한 다보우드가 어떻게든 살아남을 수 있도록 해줌으로써 생체적 몸을 돌보기도 하는 것일 터였다. 자아-시간 또한 이제는 직접적으로 질병-시간이기도 했고, 일반화된 질병뿐만 아니라 **일신상의** 질병과도 관련되었다. 브라운의 이야기도 유사한 종류의 결론을 보여 준다. 실제로 브라

76 ibid., p.196.
77 ibid., p.197.

운의 말기 전체는 그의 개인적 관심의 초점으로서 일반화된 다발성경화증을 채택하는 것과 관련된다.

나머지 저자들 또한 그들 자신을 다발성경화증을 받아들이거나 다발성경화증에 적응한 것으로, 또는 이에 대처하는 법을 배운 것으로 표현했다. 파킨슨은 "다발성경화증에 완전히 익숙해진" 경우였으며, 루빈스타인은 "다발성경화증을 받아들이고" 그러고 나서 "다발성경화증으로부터 초연해지는" 법을 배웠다. 이러한 저자들이 기술하고 있는 삶의 양식들에는 주목할 만한 일관성이 존재한다.

지속적으로 재등장하는 하나의 주제는 개인적 지평의 제한이었다. 시간적 지평에서의 변화들이 가장 빈번히 언급되었지만, 때때로 이는 협소하게 경계 지어진 공간들에 초점을 맞추는 것과도 결합되었다.

> 어떤 다른 방식으로 본질을 경험해 보자. 정원의 뭉뚱그려진 풍경이 아니라 한 뼘의 잔디밭, 박새나 굴뚝새를 각각 개별적으로 인지해 보자. 원하는 대로 손가락을 움직일 수 있거나, 읽고 이야기할 수 있는 한 즐거움은 유지될 수 있다.[78]

> 나는 신체적으로 정서적으로 최악의 상태까지 갔지만, 회복할 수 있을 것이라고 느꼈다. 나는 하루하루 그 자체를 잘 살아 내려고 노력하면서, 치료 프로그램에 적극적이게 되었다.…… 삶은 느긋해졌고, 이전에는 너무 성급하게 구느라 알아채지 못해 왔던 것을 보고, 느끼고, 즐기기 시작했다.

78 Rubinstein, *Take It and Leave It*, p.87.

현 시점에서 나는 다발성경화증을 갖게 된 것이 전적으로 나쁜 것만은 아니라고 거짓됨 없이 말할 수 있다. 나는 이러한 관점으로부터 좀더 느린 속도로 내 삶을 꾸려 나가는 능력을 획득하고 있으며, 길을 다니면서 더 많은 아름다움을 보고 있다.[79]

킨리의 기술은 이러한 말기를 특징짓는 듯 보이는 많은 주제를 제기한다. 정신적이고 심미적인 관심의 부상은 "어떤 것을 보고, 느끼고, 즐기"는 그리고 "길을 다니면서 더 많은 아름다움을" 볼 수 있는 그녀의 새로운 능력에서 분명히 나타나고 있다. 루빈스타인은 그러한 즐거움을 세부적인 것에 주의를 기울일 수 있는 자신의 능력과 결합시켰다. 유사하게, 라우리는 "삶이 [그녀에게] 가져다주는 모든 훌륭한 것들을 인식하는 것에 의해 [다발성경화증과] 더불어 살아"갈 수 있었고,[80] 파킨슨은 "몸에 어떤 일이 발생하든 정신, 사랑, 신념이 그것보다 우선할 수 있다"는 것을 발견했다.[81] 진정으로, 이러한 관점을 획득하는 것은 대개 질병과 물질적 몸의 요구에 대해 어떤 종류의 자아통제의 실현을 수반했다. 따라서 비록 타인의 도움과 지원이 높이 평가된다 하더라도, 그러한 적응에의 성공은 궁극적으로는 개별적인 자아의 노력에 달려 있었다.

그다음 2년 동안, 나는 점차적으로 그리고 뼈저리게 '다발성경화증'이 '나'와 분리될 수 없다는 것을, 그리고 어떠한 종류의 회복도 나의 완전한 참여 없이는 불가능하다는 것을 배워야만 했다. ……

79 Kinley, "MS: From Shock to Acceptance", p.275.
80 Lowry, "One Woman's Experience with Multiple Sclerosis", p.35.
81 Parkinson, "Snow on the Daffodils", p.79.

그것은 길고, 많은 노력을 요하며, 고통스럽고, 위험한 길이었다. 그냥 병을 유지하는 것이, 점진적으로 병과 장애가 진행되도록 관리하는 것이 더 간단하고 표면적으로 안전했을 수 있었다. 나는 나의 길이 다른 어떤 누구에게 적용될 수 있는지는 알지 못하지만, 그것이 얼마간의 건강을 회복하는 자신의 길을 찾고자 하는 다발성경화증 환자들에게는 아마도 하나의 지침이 될 수 있을 것이다.[82]

이것들은 어느 정도까지는 여섯 명의 저자 모두에 의해서 공유되는 정서들이다. 그들의 내러티브들 사이에 존재하는 주요한 차이는 이러한 정서의 일시성과 관련되며, 특히 보건의료 전문가들(첼링스워스, 포사이드, 킨리)과 다른 저자들(라우리, 파킨슨, 루빈스타인)의 이야기 사이에서 두드러진다. 그러한 차이들은 주로 저자들이 이러한 말기와 앞선 과거 시기 간에 어떤 종류의 연계를 형성해 내는가, 그리고 미래를 떠올리는 데 있어 그들의 삶과 이러한 연계의 함의로부터 어떤 종류의 일반적인 의미를 형성해 내고 있는가에서 분명히 나타난다.

보건의료 전문가들은 사건이나 에피소드들의 연대기적 질서와 연관된 시간적 관점, 그리고 그들의 경험을 체계화하는 데 대한 관심 양자로부터 유래되는 질서에 특히 관심을 갖는 듯 보였다. 즉, 그들의 삶에서 단계들을 확인하는 것과 이러한 단계들 사이의 논리적 연계를 형성하는 것에 말이다. 이는 킨리에게서 가장 명백히 드러난다. 그녀의 내러티브에서 말기의 두드러진 징후들 중 하나는 다음과 같은 깨달음이다. 즉 그녀는 "적응의 교과서적 단계들——충격과 부인——을 거친 후, 퇴

82 Forsythe, *Multiple Sclerosis*, p.22.

행의 방향으로 나아갔다.…… 나는 내 삶에 적응하고 이를 최대한 활용하기 위해서는, 내 질환을 직시하고, 내 새로운 몸의 이미지를 받아들이고, 나 자신을 개조해야만 한다는 것을 깨달았다".[83]

그녀 이야기의 마지막에 이르러, 킨리는 "나는 이제 내가 다발성 경화증을 지니고 있다는 사실을 받아들인다"라고 말할 수 있게 되었으며,[84] 유사한 방식으로 어떤 미래의 문제들을 받아들이는 것을 기대할 수 있게 되었다. 그러한 수용은 그녀의 이전 단계 내러티브에서 지배적이었던 직선적 시간틀을 불필요하게 만들었다. 이제 그녀의 날들은 다른 질과 가치들을 갖게 되었으며, 하루씩 하루씩 그 각각의 날들을 위해 소비되었다. 이전과 상이한 종류의 날들이 기대되고 있었다. 삶은 급작스러움 없이 안정을 유지했고, 비록 알 수 없는 것이기는 하지만, 미래 또한 유사하게 관리될 수 있는 것으로 묘사되었다.

포사이드는 또한 수용으로 이어지는 단계들을 확인했다. 책의 본문이 아닌, 그러한 단계의 확인을 언급하기 위해 할애된 별도의 장에서 그 내용을 설명하고 있기는 하지만 말이다. 그렇지만 그녀의 이야기 전반에 걸쳐, 그녀는 과거의 사건들을 자신의 현재적 이해에 비추어 어떻게 해석하고 있는지 보여 주기 위해 자주 내러티브를 반추했다. 그녀는 말기의 사건들을 직접 얘기하지 않고 있기에, 우리는 단지 이러한 반추를 통해 마지막 2년의 상황을 파악할 수 있다. 여기서의 진보는 주로 어떤 경로를 따라 측정될 수 있는 정신적인 종류의 것이었으며, 건강의 회복이 아니라(비록 이것이 중요하기는 했지만), 정신적 태도의 변화였다.

---

83 Kinley, "MS: From Shock to Acceptance", p.275.
84 ibid., p.275.

반면 첼링스워스는 그녀 이야기의 결론에서도 여전히 "궁극적으로는" 결혼과 아이들의 장래를 생각하고 있었다. 그녀는 **자신의** 다발성경화증에 대한 이해에 있어 어떤 직접적인 전환을 이야기하지 않았으며, 단지 그녀 환자들의 다발성경화증과 관련해서만 그러한 이해의 전환을 이야기했다. 그리고 그러한 환자들에 대한 이해의 전환은 그녀 자신의 질환의 전개 과정에 비추어 점진적으로 발전되었다. 비록 이제는 증상의 재발 및 이를 다루는 것이 "통상적인 것"의 범위 내에서 언급되고 있지만, 그녀는 여전히 자신의 전문가적 이력과 연관된 일련의 사건들이 일어날 수 있기를 기대했다. 비록 자신의 자립을 잃을지도 모른다는 두려움의 맥락 내에서이기는 하지만 말이다. 미래는 과거에도 언제나 그랬던 것처럼, 지금도 "한 순간이 하루인 것"처럼 앞으로 뻗어 나갔다.[85]

이러한 저자들이 보여 주는 다발성경화증과 관련된 수용, 적응, 상황대처는 의료적 텍스트들 내에서 묘사되는 단계들과,[86] 그리고 만성질환을 다룬 '전기적 저술'에 대한 논의에서 코빈과 스트로스에 의해 제시된 단계들과 유사함을 나타냈다.[87] 적응은 덜 성공적인 순응의 시기에 뒤이어 특징적으로 성취되는 어떤 성숙된 심리적 상태를 의미했다. 그것은 자아 이미지를 부정적으로 반추하지 않는, 신체적 제약들에 대한 현실주의적인 관점을 구체화했다. 미래는 이러한 관점에 의해 둘러싸여 있었지만, 동시에 또한 과하게 낙관적이지도 않았다. 그들의 날들은 보다 완전한 순응을 향한 길로 순차적으로 나아가고 있었다.

85 Chellingsworth, "Multiple Sclerosis", p.93.
86 이에 대한 예로는 Eunice Gorman et al., "Giving the Diagnosis of Multiple Sclerosis", eds. Charles M.Poser et al., *The Diagnosis of Multiple Sclerosis*, New York: Thieme-Stratton, 1984, p.218을 보라.
87 Corbin and Strauss, "Accompaniments of Chronic Illness", p.265.

이와 대조적으로, 라우리, 파킨슨, 루빈스타인 세 저자들의 내러티브에는 어떤 진전감이나 미래가 중요하다는 표시가 결여되어 있었다. 최소한 일상의 경험의 수준에서는 말이다. 대신, 현재가 한없이 지루하고 길게 느껴지는 듯 보였다. 예견할 수 있는 미래도 단지 그러한 동일한 일상의 반복이었다. 루빈스타인에게 있어 "미래는 너무나 불확실하여, 먼 앞날에 대해서는 사고할 수 있는 지점이 존재하지 않았다".[88] 변화의 실체가 인정되고 평가되기는 했지만, 미래에 대한 느낌은 현재와 직접적으로 연결되지 않는, 불연속적인 시나리오에 의해 재현되었다.

내가 장애화의 개념으로부터 거리를 두고 실제로 존재하는 것을 응시했을 때, 나는 한 달, 1년, 또는 5년 내에 내일 당장 중단될지도 모를, 그리고 내게서 자립을 박탈할지도 모를 어떤 미래를 보았다. "내가 더 이상 침대에서 몸의 방향을 바꿀 수 없게 되었을 때, 당신이 내 삶을 마감해 주길 원합니다"라고 나는 의사에게 말했다.…… 미래에 대한 그러한 두려움에 있어, 죽음이 하나의 선택지로 남아 있다는 것은 매우 위안을 준다.……그러나 통계적으로 아무리 인상적이라 할지라도, 미래는 여전히 하나의 관념이며 내가 매일 겪고 있는 핸디캡은 아니다.[89]

유사하게, 자신의 '비뇨기'에서 발생한 예기치 않은 개선을 언급한 후, 파킨슨은 앞으로 또 무슨 일이 일어나게 될지를 고려하고 있다.

---

88 Rubinstein, *Take It and Leave It*, p.120.
89 ibid., p.85.

누가 알겠는가. 이는 더 나은 이동성으로 이어질 수도 있다. 왜냐하면 많은 양의 에너지 소모를 덜 수 있을 것이기 때문이다. 그리고 나의 근심도 상당히 줄었다.…… 만약 내가 언젠가 완전히 무력한 존재가 된다면, 나는 나의 가족에게 그러한 짐을 지우길 원치 않으며, 차라리 병원으로 갈 것이다. 아니면 아마도 병원보다는 한층 더 나을지 모를 체셔 거주홈Leonard Cheshire Home[90]으로 가겠다.[91]

그들 경험의 논리적이고 단계적인 발달 양상들에 주의를 기울인 분석은, 그것이 어떤 중요성을 지닌다 하더라도, 이러한 저자들에게 부차적인 중요성만을 지닌 듯 보였다. 오히려 그들 삶의 서로 다른 단계들은 질적으로 상이한 상태에 있었으며, 연계된다고 하더라도, 비교나 단순한 통합을 통해서였다. 루빈스타인의 서로 연계되지 않는 액자형 이야기들은 아마도 그와 같은 전범일 것이다. 새로운 이해를 얻었다고 말해지지만 단편적인 방식으로 존재하는 그녀의 이야기들 중 일부는 개인적인 경험 하고만 직접적으로 관련되었다. "장애인에 대한 문헌"에 관한 그녀의 언급은 항상 의식적인 노력으로부터 기인하는 것보다는 단지 "발생하는" 것의 시야 속에서 그녀가 변화들을 확인했던 방식을 보여 주고 있었다.

---

90 영국의 대형 복지재단인 레너드체셔디스어빌리티Leonard Cheshire Disability가 운영하는 생활시설을 말한다. 이 재단은 영국뿐만 아니라 전 세계에 걸쳐 현지 재단을 두고 이러한 생활시설을 운영하고 있으며, 다양한 보건·복지·교육·자원봉사 사업을 펼치고 있다. 이 재단은 영국의 공군 장교인 레너드 체셔에 의해 1948년 설립된 체셔요양홈재단The Cheshire Foundation Homes for the Sick을 모태로 하며, 1976년 이래로 오랫동안 레너드체셔재단Leonard Cheshire Foundation이란 이름으로 운영되었으며, 2007년부터 현재의 이름으로 변경되었다. ─옮긴이

91 Parkinson, "Snow on the Daffodils", p.80.

자기 자신이 인식하지 못함에도 불구하고 발생하는 그런 불가사의한 어떤 것이 있다. 사람은 자신이 더 이상 할 수 없는 것에 대한 애도의 시기를 거친 후, 자신이 할 수 있는 것을 강조하기 시작한다. 장애인에 대한 모든 문헌은 이러한 태도를 권하며, 사람들은 그것을 처음 읽었을 때 생각할 것이다. 이 무슨 말도 안 되는 소리이며, 이 모두가 얼마나 지독히 슬픈 일이란 말인가! 그러나 운이 좋다면, 그러한 변화가 저절로 발생할 수도 있으며, 그렇다면 그것은 물론 전혀 슬픈 것이 아니다.[92]

앞서 언급했던 것처럼, 라우리의 내러티브는 매우 긴 초기 단계(여기서 진단기는 보다 안정적인 중기와 통합되어 있다)와 이후 현 단계 사이의 비교를 중심으로 구축되어 있었으며, 현 단계는 "그녀 자신에게 대처하는 방법을 알게 된" 또 하나의 길지만 완성된 시기와 통합되어 있었다. 다발성경화증 그 자체는 결코 "극복되는" 그런 것은 아니었다. 즉, 그러한 질병의 진단은 단지 그녀에게 "수용되었다". 이러한 단계들은 그 특유의 양상을 나타냈다. 또 한편, (루빈스타인의 내러티브와 같이) 연대기적 시간의 경계들을 가로질러 옆길로 벗어나기도 하는 내러티브의 진행 과정에서, 그 단계들은 서로 유입되는 것이 허용되고 있었다.

후자의 점에 있어 파킨슨의 내러티브는 라우리와 루빈스타인 양자 모두의 내러티브와는 달랐다. 그것은 에피소드들이 기억된 연쇄를 따라 기술되고 있다는 점에서, 시간적으로 좀더 정돈된 내러티브였다. 그렇지만, 그 시점들은 주로 생체적 몸이나 체화된 몸의(아주 드물게만 육체적인 몸의) 시섬이었다. 이러한 의미에서 파킨슨의 이야기가 취하는

---

92 Rubinstein, *Take It and Leave It*, p.121.

형식은 한편에서는 보건의료 전문가의 이야기 형식에, 다른 한편에서는 라우리와 루빈스타인의 이야기 형식에 걸쳐 있다고 말해질 수 있을 것이다. 질서는 중요했지만, 이는 매우 개인적인 사건들의 질서였다. 그리고 그러한 사건들은 전혀 명백하지 않은 방식으로 진전되었고, 엄밀하게 경계 지어진 단계들로 분할되지도 않았다. 진행 중에 있는 성찰이나 재해석은 존재하지 않았다. 대신, 그 내러티브는 계절적 변화에 대한 언급과 결합되고 있었다. 파킨슨의 내러티브는 "1976년의 길고 뜨거운 여름"에 시작되어 과거, 현재, 미래를 포괄하는 하나의 계절적 유비 analogy와 더불어 끝을 맺는다.[93]

나는 내 창문 바깥의 수선화들을 시들어 버리게 했던 그 봄철의 갑작스런, 무참한, 예기치 않은 강설을 기억하고 있다. 나는 그 수선화들이 죽었다고 생각했다. 그러나 그것들은 이전처럼 아름답게, 다시 꽃을 피웠다. 여전히 많은 삶들이, 많은 희망이 존재하고 있다.[94]

이러한 여덟 개 내러티브의 결론 부분에서, 우리는 자아-시간 및 몸-시간이 화해할 수 있는 최소한 세 가지 일반적인 양식들을 확인할 수 있었다. (다보우드 및 브라운에 의해 언급된) 첫번째는 다수의 활동들이 병 그 자체와 관련되는 어떤 맥락 내에서, 몸의 체화된 측면과 생체적 측면 양자 모두에 대한 치료로서의 자아-지향적 활동들에 대한 규정을 수반했다. 두번째 화해의 양식은 시간적이고 공간적인 지평들의

---

93 Parkinson, "Snow on the Daffodils", p.1.
94 ibid., p.82.

제한, 제약된 능력에 대한 일관된 존중, 세부적인 것의 아름다움을 통합해 냈다. 이러한 통합은 자아와 몸 간의 관계 및 물질적 몸이 제어될 수 있는 방식에 관한 자의식적인 학습을 수반하는 개별적인 노력에 의해서 성취되어야만 했다. 세번째 양식에 있어, 보건의료 전문가들인 저자들(첼링스워스, 포사이드, 킨리)은 일정한 단계들이나 보다 전통적인 연대기를 확인하고 있었으며, 이러한 단계나 연대기를 그들 삶의 다양한 단계들을 연결하는 데 활용했다. 나머지 저자들(라우리, 파킨슨, 루빈스타인)은 단계들 사이의 질적인 차이들에, 그리고 경계들을 가로지르는 흐름들에 좀더 관심을 지니고 있었다.

장애인의 삶에 대한 전범으로서의 라이프스토리와 질환 내러티브들

다발성경화증과 같은 질환을 갖는 것이 내게는 나의 일에 도움이 되었다. 나는 이제 "한 달 동안 쉬십시오"와 같은 조언의 결과를 받아들이는 과정이 무엇을 의미하는지 이해하고 있다. 환자들에게 그러한 조언을 하기 이전에, 우리는 진정으로 몇 번이나 숙고를 했던가? 나는 이제 환자에게 그/그녀의 생활양식을 극적으로 바꾸어 놓을 수도 있는 조언을 하기 이전에 잠시 멈추고 주의 깊게 숙고하기를 희망한다. 나는 여전히 내가 소아과를 택했다면 어땠을까 하고 생각한다. 누가 알겠는가?[95]

첼링스워스는 그녀의 의료계 동료들에게 장기질환의 주체적인 경험을 민감하게 느끼도록 해수기 위해서 자신의 이야기를 썼다. 간호사

95 Chellingsworth, "Multiple Sclerosis", p.92.

를 위한 전문 저널을 통해 글을 발표한 킨리도 유사한 이유를 지녔던 것으로 생각될 수 있다. 반대로, 포사이드는 그녀 자신이 비록 의사이기는 했지만, 다발성경화증을 지닌 일반 환자들을 위해 글을 썼다. 그녀의 의료적 지식뿐만 아니라, 개인적인 신념 또한 공유하기를 바라면서 말이다. 파킨슨도 외형적으로는 유사한 동기를 지녔던 것으로 보인다.

저술에 대한 이유들은 중요한데, 왜냐하면 그러한 이유들이 의도하고 있는 독자들에 관해 무언가를 말해 주기 때문이다. 브라운과 라우리의 이야기들은 "다발성경화증 환자들을 돌보는 현장에서 일하거나 이 분야를 연구하고 있는 모든 이들을 위하여, 그리고 의사의 진단 시 그들에게 건네지는 팸플릿의 내용을 넘어선 어떤 것을 원하는 다발성경화증 환자들을 위하여, 다발성경화증의 심리학적이고 사회적인 측면들에 대한" 하나의 책으로서 기술된 것이다.[96] 그렇지만 우리가 보았던 바대로 다보우드에게 있어 저술은, 루빈스타인에게 또한 그러했던 것처럼 좀더 개인적인 프로젝트였다.

나는 이 유쾌하지 못한 질병을 7년 동안 앓아 왔고, 그것에 관해 언제나 침묵을 유지해 왔다(물론 그것에 관해 이야기를 했지만, 글로 썼던 적은 결코 없었던 것이다). 이러한 침묵이 더 오래 지속될수록 그것을 깨는 것은 더 어려워지고, 나는 스스로의 침묵에 의해 협박당하면서 나 자신의 금기를 생성해 왔다. 나는 반 디스Van Dis[루빈스타인을 자신의 쇼에 출연시켜 그녀의 다발성경화증에 대해 이야기하도록 했던 유명 TV 탤런트]의 도움을 받아 그 문턱을 넘어섰으며, 그리하여 마침내 내가 그렇게 오랫동안 생각해 왔던 이 책을 쓰게 되었다.[97]

여러 상호보완적인 이유들이 모두 함께 존재하든, 위에서 제시된 이유들 중 어느 하나가 명확히 선택되든 간에, 그 내용의 대부분은 다른 사람들의 태도에 영향을 주기 위한 목적으로 쓰였다. 저자들은 그들이 다른 사람들에게 도움을 줄지도 모를, 이야기할 만한 특유의 어떤 것을 지니고 있다고 느꼈다. 다발성경화증을 직접 지니고 살아가는 사람들에게든, 또는 그들 자신이 다발성경화증을 지니고 있지 않은 경우라면 그러한 다발성경화증 환자들과 공감할 수 있도록 만들어 주는 데 있어서든 말이다. 위에서 루빈스타인이 은연중 나타내고 있는 것처럼, 저자들이 이러한 도움을 줄 수 있기를 바라고 그렇다고 느끼는 한에 있어, 그들은 아마도 일정한 마음의 평정을 또는 그들이 처한 환경에 대한 관점을 획득했던 것 같다. 이는 자신들의 라이프스토리를 (저술 능력과는 별도로) 달갑지 않거나 심지어 불가능한 과업으로 받아들이는 사람들과 저자들을 구분 짓게 만든다. 존 프레체로John Freccero는 서구권의 자서전에 존재하는 역설을 지적한 바 있다.[98] 즉, 자아의 연속성에 대한 신념이 그러한 자아 자신의 관찰자로서 기능할 수 있는 동일한 자아의 능력과 공존한다는 것이다. 따라서 자아에 대한 성찰은 어떤 의미에서 환위換位, conversion의 산물이어야만 한다. 그것은 일상적 사고보다 더 고도의 형태를 띠어야 하고, 지나간 과오들을 의식해야 하며, 이러한 과오들을 새로운 관점 내에서 바라볼 수 있어야만 한다. 이러한 견해는 우리가 살펴본 내러티브들 말기의 특징들 중 어떤 것, 즉 그러한 말기의 시작을 특징짓는 계시적 사건들, 성찰적 내용들, 차이 및 영속성의 말기적

96 Aart F. Simons ed., *Multiple Sclerosis*, p.vii.
97 Rubinstein, *Take It and Leave It*, p.14.
98 Freccero, "Autobiography and Narrative".

의미들에 대한 이해를 제공한다. 여타의 필자들 또한 만성질환의 발병 이후 자아를 재구성하는 데 전기적 저술 작업이 어떤 방식으로 요구되는지를 특별히 언급한 바 있다.[99]

물질적이고 육체적인 몸에 대한 자아의 개인적이고 도덕적인 승리는 자서전이라는 장르에 고유한 것이며, 독자들에게 나름의 방식으로 소용이 된다. 개별적인 저자들의 의도가 무엇이든 간에 말이다. 비록 출간된 자서전들에 대한 언급은 아니지만, 노먼 덴진Norman Denzin과 개러스 윌리엄스Gareth Williams는 여러 다양한 종류의 전기적 인물이 어떻게 진정으로 광범위한 효과를 미칠 수 있는지를 지적했다.[100] 알코올중독자치료협회Alcoholics Anonymous[101]의 모임들에서 말해진 자기 고백적인 이야기들이든,[102] 또는 어떤 자조自助집단의 뉴스레터 기사들이든,[103] 그 내러티브들은 하나의 전범으로서 기능하게 될지도 모른다. 덴진과 윌리엄스가 언급한 방식, 그리고 루이스 랭그니스Lewis L. Langness 와 젤리어 프랭크Gelya Frank가 사회의 주변화된 영역의 구성원들에게

---

99 Corbin and Strauss, "Accompaniments of Chronic Illness", p.265; Kaufman, "Illness, Biography, and the Interpretation of Self Following a Stroke", pp.217~227; Gareth H. Williams, "The Genesis of Chronic Illness: Narrative Re-construction", *Sociology of Health and Illness* vol. 6 issue 2, 1984, pp.175~200.

100 Norman K. Denzin, "Interpretive Interactionism and the Use of Life Stories", *Revista internacional de sociologia* vol. 44, 1986, pp.321~337; Gareth H. Williams, "Hope for the Humblest? The Role of Self-help in Chronic Illness: The Case of Ankylosing Spondylitis", *Sociology of Health and Illness* vol. 11 issue 2, 1989, pp.135~158.

101 알코올중독자들이 스스로 또는 알코올중독에서 벗어난 다른 사람들의 도움을 받아 금주를 실현하고자 결성된 자발적인 단체로 1935년 미국 시카고에서 시작되었다. 정기적으로 총회를 열고 뉴욕에 본부를 두고 있지만 실제 모임은 지역별로 자율적으로 운영되는데, 회원들은 서로를 이름과 성의 첫 글자로만 구별하여 익명성을 보장한다. 20세기 후반에 이르러 이 단체는 92개국에 2만 8천 개의 모임이 만들어졌고 회원도 약 100만 명에 이르게 되었다. ──옮긴이

102 Denzin, "Interpretive Interactionism and the Use of Life Stories", p.331.

103 Williams, "Hope for the Humblest? The Role of Self-help in Chronic Illness", p.149.

있어 자서전들이 경험의 공유를 위한 모델을 제공한다고 말했던 그러한 방식,[104] 양자 모두의 형태로 말이다. 장기질환이나 장애를 지닌 사람들의 라이프스토리들 또한 어떤 전범이 될 수 있는 것이라면(이는 그 자체로 탐구할 만한 가치를 지닌다), 우리는 그러한 이야기들이 어떻게 달리 이용될 수 있는지(또는 그렇게 이용될 수 있는 것인지 아닌지)에 대해 좀더 알아야 할 필요가 있다. 예를 들어, 보건의료 전문가들의 이야기가 좀더 믿을 만한 것으로 간주될 수 있는지, 그리고 만약 그렇다면 누구의 것이 그런 것인지 등에 대해서 말이다. 우리는 의사와 간호사들의 내러티브가 다른 이들의 내러티브와는 상이할 수 있는 몇 가지 방식에 대해 논의한 바 있다. 우리는 정통적인 의료적 훈련이 어떻게 의사 자신의 질환에 대해서조차 견지되는 일정한 관점을 제공할 수 있는지를 보았다(그리고 포사이드로부터 이를 확인했다[105]). 좀더 명확히 말하면, 어떤 특별한 종류의 '자아' 통제에 다다르게 되는, 자아와 몸 사이의 관계의 특정한 진화라는 관점을 말이다.[106] 병자들의 자서전을 읽는 많은 독자의 수는 그러한 독자들의 경험에 대한 여러 다양한 관점들을 생산하고 강화하는 데 있어, 그리고 보다 일반적으로는 만성질환의 도덕경제moral economy[107]내에서, 이러한 전기적 인물이 갖는 중요성에 대한 단서들을 담지하고 있다.

104 Lewis L. Langness and Gelya Frank, *Lives: An Anthropological Approach to Biography*, Novato: Chandler and Sharp, 1981, p. 93.
105 Forsythe, *Multiple Sclerosis*, pp. 137~138.
106 Frank, "On Embodiment", pp. 190~212; Gordon, "Tenacious Assumption in Western Medicine"을 또한 보라.
107 도덕경제는 도덕 또는 문화적 신념과 경제적 활동 간의 상호작용을 기술하기 위하여 다양한 맥락 속에서 사용되는 사회과학적 개념이다. 일반적으로는 선의, 공정함, 정의에 기초한 경제를 가리키는 개념으로 이해될 수 있다.─옮긴이

결론

이 책은 병든다는 것 그리고 나를 찾는 것에 관한 것이다.

이 둘은 분리될 수 없다.

이 책은 자기중심적인 책이다.

나 자신에 대한 훌륭한 조언들로 충만한.[108]

그렇다면 이러한 여덟 개의 내러티브들을 읽음으로써 우리는 무엇을 배울 수 있을까? 그것이 장기질환의 과정에서 "병든다는 것"과 "나를 찾는 것"의 관계에 대한 좀더 면밀한 이해에 다가설 수 있도록 해주는가?

그 텍스트들에 의지해서, 우리는 시종일관 자아 및 몸의 관념들 사이에, 그리고 몸의 매개적·경험적인 측면 및 물질적·의료적인 측면과 연관되는 몸의 개념화들 사이에 일정한 구별을 부여해 왔다. 우리는 주의 집중 및 시간의 투여라는 측면과 관련하여 (온갖 다양한 형태들 속에서) 자아와 몸의 요구에 대한 균형 잡기를 고찰했고, 이것이 다양하게 나타남을 확인했다. 개인들에 따라서뿐만이 아니라, 내러티브의 특정한 단계들에 따라서도 말이다. 내러티브들의 구조와 관련하여, 우리는 저자들이 어떻게 복합적 사건들에 대한 참조를 통하여 빈번히 중요한 시기들을 구분하게 되는지, 그리고 그러한 사건들과 시기들이 어떻게 그 유형과 전반적인 연쇄에 있어 대개는 유사함을 보게 되는지에 주목했다. 그렇지만, 우리는 또한 이러한 사건들과 시기들의 연쇄에 대한 저

108 Rubinstein, *Take It and Leave It*, frontispiece.

자들 자신의 해석을, 그 중에서도 특히 그 연쇄가 이해되는 시간적 틀을 지적한 바 있다. 그러한 시간적 틀은 의료적 훈련을 받은 사람과 그렇지 않은 사람들에게서 상이하게 나타나고 있었다. 그리고 우리는 이 글에서 논의된 것과 같은 출간된 텍스트들을 통해 전달되는 질병 또는 장애를 지닌 사람들의 삶에 대한 일정한 방식의 이해에 있어, 이러한 지점들이 갖는 잠재적 중요성을 지적했다. 이러한 작업 속에서, 우리는 그러한 텍스트들이 도출되는 사회들 내에서 사람들의 삶에 대한 그들 자신의 평가를 형성하게 하는 자아·몸·시간의 개념화에 대한 범위를 알게 되었다.

우리가 이야기할 수 없었던 것은 우리의 관찰 결과가 다발성경화증이 아닌 여타의 이상을 지닌 사람들, 또는 다른 사회나 다른 문화들 내에서 살아가는 사람들의 내러티브와 관련성을 갖는 정도에 대한 것이다. 다발성경화증 특유의 특징들——예를 들어, 그것의 예측불가능성, 상태의 빈번한 재발과 완화, 관련 증상들 다수의 비가시성——은 다발성경화증 환자들에게 잠재적으로 두드러진 사회적 중요성을 부여한다. 이는 다발성경화증을 지닌 사람들의 내러티브에서도, 그리고 다발성경화증과 관련된 문제들을 탐구하고 있는 연구들에서도 명백하다.[109] 피터 콘래드Peter Conrad는 "질환 경험 연구에 있어 반복적으로 등장하는 주제들" 일곱 가지를 확인한 바 있는데, 이 모든 것들이 이 글에서 살펴본

---

109 이에 대한 예로는 Nancy A. Brooks and Ronald R. Matson, "Managing Multiple Sclerosis", eds. Julius A. Roth and Peter Conrad, *The Experience and Management of Chronic Illness*; Diane J. Cunningham, "Stigma and Social Isolation: Self-perceived Problems of a Group of Multiple Sclerosis Sufferers", *HSRU Report* no. 27, Canterbury: Health Services Research Unit, University of Kent, 1977; Louise M. Duval, "Psychosocial Metaphors of Physical Distress among MS Patients", *Social Science and Medicine* vol. 19 issue 6, 1984, pp. 635~638; Ian Robinson, *Multiple Sclerosis*, London: Routledge, 1988을 보라.

다발성경화증에 관한 텍스트들에서도 그대로 되풀이된다.[110] 비록 몇몇 관심사들이 다발성경화증을 지닌 사람들에게 특히 더 민감하게 받아들여지거나 영속성을 갖는다고 할지라도, 다발성경화증에 관한 내러티브 내에서 그와 같은 주제들의 재현은 여타의 이상을 지닌 사람들에 대해서도 그 주제들이 지닌 잠재적 중요성을 강조하고 있다. 유사하게 다발성경화증을 "지닌 삶" 이외에 여타 만성질환의 "사회학적 전형들"을 지닌 사람들의 내러티브는 우리 자신의 전기 읽기 작업에 정보를 제공할 수 있다. 다발성경화증 내러티브 특유의 특징들이 존재하는 지점을, 그리고 다른 이상을 지닌 저자들과 공유되는 측면들을 알려 주는 것에 의해서 말이다. 예를 들어, 로버트 머피는 그의 "치명적 질환"에 대한 이야기에서, "자신의 마비가 지니는 논리와 의미" 속에 그가 어떠한 방식으로 "돌이킬 수 없게 묻어 들어가" 있는지에 대해서 기술하고 있다.[111] 여기서 자아의 해방("우리가 무엇이고 어디에 있는지에 대한 의식")은 역설적이게도 진정 어떤 가능성을 유지하고 있는데, 왜냐하면 장애인과 비장애인 양자 모두에 의해 똑같이 인내되어야 하는 "문화에 대한 노예적 상태"보다는 몸을 초월하는 것이 오히려 더 쉽기 때문이다. 그렇지만, 그의 이야기 속에서 진정한 승리는 삶 그 자체에 대한 소망의 영속에 놓여 있다.[112]

이 글에서 우리가 사용했던 모든 예들은 서구 산업사회의 틀 내에서 저자들과 출판자 사이의 협상을 통해 산출된 전기적 인물을 재현

---

110 Peter Conrad, "The Experience of Illness: Recent and New Directions", eds. Julius A. Roth and Peter Conrad, *The Experience and Management of Chronic Illness*, pp.7~17.

111 Murphy, *The Body Silent*.

112 ibid., pp.178~179.

하고 있다. 낸시 셰퍼-휴스Nancy Scheper-Hughes와 마거릿 락Margaret Lock이 명확히 하고 있는 바처럼 그리고 글의 도입부에서 우리가 지적했던 것처럼, 그 결과물은 필연적으로 이러한 협상 자체에 의해서뿐만 아니라, 보건의료 및 그 지식의 특유한 구성과 함께 엮여 있는 자아 및 병의 시간적 과정에 대한 특유의 개념화에 의해서 형성될 것이다.[113] 이 글에서 제시된 내러티브들과는 대조적으로, 다니자키 준이치로谷崎潤一郎는 그의 픽션화된 저술인 『늙은 광인의 일기』瘋癲老人日記에서 세밀한 의료적 연대기 모델을 제시하고 있다.[114] 그것은 락이 말해 주었던 일본 전통치료사들의 환자들에 의해 유지되고 있는 일기쓰기의 관행을 반영하고 있는 것인지도 모른다.[115] 다니자키 준이치로는 그의 내러티브를 자아 및 몸의 요구들에 대한 해결이 아니라, 자신의 간호사와 의사가 작성한 의료적 기록들의 육체적 병소와 더불어 마무리하고 있다. 주제가 되는 내용에서 나타나는 문화적 편차는 한 맹인 이집트 지식인의 자서전에 대한 페드와 말티-더글러스Fedwa Malti-Douglas의 비판적 독해를 통하여 지적되고 있다.[116] 그는 여기서 전통 대 근대 및 동양 대 서양이라는 주제들, 새롭게 등장한 근대 이집트 사회의 관심들이 저자의 "일신상의" 그리고 "사회적인" 맹이라는 주제와 어떻게 한데 엮일 수 있는지를 보여 주고 있다. 우리는 여기서 검토한 내러티브들에서 우리 자신이 확인했던 주제들도, 그리고 관련 저자들에 의해 질병이 다루어지는 방식

113 Scheper-Hughes and Lock, "The Mindful Body: A Prolegomenon to Future Work in Medical Anthropology", pp 6~41
114 Junichiro Tanizaki, *Diary of a Mad Old Man*(1961), Tokyo: Charles E. Tuttle, 1965.
115 1990년 마거릿 락과의 개인적인 대화.
116 Fedwa Malti-Douglas, *Blindness and Autobiography: "Al-Ayyam" of Taha Husayn*, Princeton: Princeton University Press, 1988.

도 어떤 편재성遍在性을 지닌다고는 주장하지 않는다. 우리는 진정으로 그러한 문제들이 라이프스토리와 질환 내러티브에 대한 앞으로의 독해가 치열하게 다룰 필요가 있는 복합성들의 일부를 나타낸다고 말하고 싶다.

2부 | **장애의 사회적 맥락**

2부 서론

손상과 인격의 문화적 분석은 장애의 의미가 작동되는 사회적이고 정치적인 관계들에 대한 고찰과 긴밀하게 맞물려야만 한다. 2부의 저자들은 (젠더나 직업과 같은) 사회적 처지의 중요성을 강조하면서, 어떻게 여러 개념들과 가치들이 특정한 상황들 내에서 야기될 수 있는가를 보여 준다. 그들은 또한 변화와 다중적 관점들을 발생시키는 역사적 과정들을 탐색한다.

　미국에서의 장애에 대한 로버트 머피의 분석(6장)은 고전적인 문화적 접근법과 상징적 상호작용론의 사회학적 전통 사이에 매개 고리를 제공하면서, 그 사회가 지닌 어떤 이상理想들로부터 시작하여 사회적 만남들로 이동해 간다. 그는 손상이 육체적 아름다움이라는 미국적 이상에 대한 하나의 모욕임을 보여 주고 있으며, 결함 있는 몸을 지닌 사람들과 비장애인 간의 만남을 특징짓는 어색함과 회피에 대하여 기술한다. 어떤 기능에서의 결손은 또한 다른 기능들에까지 확장된다고 여겨진다. 그의 이야기에 등장하는 웨이터는 휠체어에 탄 머피에게는 메뉴판을 주지 않았다. 걷지 못하는 그가 읽는 것 또한 할 수 없을 것이라 추정하고는 말이다. 이러한 경계적 상태는 다른 종류의 낙인화된 일탈들과 일률적으로 다루어져서는 안 된다. 극단적인 몸의 차이는 두려움·회피·부인을 발생시키는데, 왜냐하면 그것이 미국적인 인격 개념에서 중심이 되는 아름다움·활동성·능력·성공이라는 특정한 이상들에 대한 모욕이기 때문이다. 머피는 여러 다양한 유형의 사회적 상호작용들에서 이러한 가치와 의미들이 갖는 관련성을 보여 준다. 그의 손상은 여성과 남성, 동료 교수와 학생, 높은 지위를 지닌 사람과 낮은 지위를 지닌 사람들에 따라 그가 맺는 관계에 있어 상이한 함의를 지니고 있었다.

우간다에서 이루어진 현지조사 기간 동안, 나인다 센툼브웨는 맹이라는 한 가지 장애 유형의 젠더적 측면들에 특히 초점을 맞추었다(7장). 그는 우간다에서 교육받은 맹인 여성의 성적 경험 및 결혼의 경험이 남성들의 그것들과는 다르다는 것을 발견했다. 여성들은 눈이 보이는 연인이 있을지는 모르지만 맹인을 남편으로 두고 있기가 쉬웠고, 반면에 교육을 받은 맹인 남성들은 눈이 보이는 배우자를 두는 가능성이 좀더 높았다. 센툼브웨는 고정화된 젠더 역할, 특히 아내의 역할에 대한 기대는 맹인 남성들보다 여성들에게 더 큰 핸디캡이 됨을 의미한다고 주장한다. 남편들은 자신의 아내들에게 사회적으로, 경제적으로 의존한다. 아내들은 가정을 지키고, 식량을 생산하고, 결정적인 중요성을 갖는 이웃 및 친족들과의 관계들을 형성해 낸다. 근면한 노동, 효율적인 가정 경영, 사회적 관계성은 신체적 매력보다 중요한 특질이다(이는 잉스타 또한 보츠와나에서 확인하고 있는 양상이다). 단지 제한적인 무능력이 아니라 확장으로 인한 전반적인 무능력, 그리고 영속되는 병으로서의 맹에 대한 관점이 널리 퍼져 있는 것이라면, 남성들과 그 가족들은 당연히 맹인 아내를 받아들이기를 꺼릴 것이다.

인격과 장애라는 개념들은 어떻게 변화하며, 국내적·국제적인 정치적 과정들은 손상을 지닌 사람들이 접근 가능한 선택지들에 어떻게 영향을 미치는 것일까? 베네딕테 잉스타는 개발이라는 이름 아래 개념들과 프로그램들이 새로운 상황 속으로 이식되는 것을 수반하는, 담론의 이전이라는 역사적 현상을 예증한다(8장). 여타의 개발도상국들처럼 보츠와나도 다수의 재활 프로젝트와 프로그램을 지니고 있다. 그리스도교 선교단체에 의해 특수학교들이 설립되었고, 소규모 NGO들에 의해 재활센터들이 운영되었다. 그리고 더 큰 비영리기구들에 의해, 그리고 국가적 보건의료 서비스의 일부로서 정부에 의해 지역사회기반재활 프로그램들이 운영되었다. 이러한 재활 노력들의 배후에 존재하는 주도성과 자금 제공은 대부분 유럽으로부터 왔다. 노르웨이는 그 주요한 원조자들 중의 하나이며, 잉스타는 모든 시민들에게 평등한 권리를 보장하는 것이 의무화된 복지국가라는 맥락 속에서, 재활에 대한 공적 담론의 요소들이 노르웨이에서 어떻게 형태를 갖추게 되었는지를 보여준다. 그녀는 이러한 요소들이 보츠와나로 이식되는 것에 있어서의 문제점들을 논하고 있는데, 보츠와나에서는 노르웨이에 필적할 만한 토착적인 정치적 과정이 전혀 존재하지 않았고 국가·가족·개인에 관한 가정들이 매우 상이했던 것이다.

9장에서 프랑크 잘레 브룬에 의해 기술되고 있는 것처럼, 니카라과에서의 상황은 보츠와나와 흥미로운 대조를 이룬다. 이곳에서 서로 경합하는 장애의 문화적 구성들이 등장한 것은 국내의 정치적 과정과 좀 더 밀접히 관련된다. 니카라과 사회에서 장애인들은 여러 다양한 이해 집단들에 의해 영웅적인 것으로, 불쌍한 것으로, 자율적이고 유능한 것으로 제시되고 있다. 너무나 많은 남성들을 불구로 만든 전쟁, 그리고 병사들의 장애화에 의미를 부여했던 정치적 투쟁은 장애인 일반이 처한 상황에 대해서도 보다 더 큰 인식을 생성해 냈다. 신문들과 장애인에 의한 단체 및 장애인을 위한 단체들은 다양한 가치들에 의지했는데, 그러한 가치들은 토착적이기도 했고 수입된 것이기도 했다. 마초주의, 그리스도교적 자선, 평등한 권리가 바로 그것이다. 정부의 보상 프로그램들, 정치적 슬로건들, 스포츠 이벤트들, 대중매체의 보도들은 손상을 지닌 사람들에 대한 정체성들을 제시했다. 그러나 브룬이 다리를 잃은 채 산악지대로부터 귀향했던 한 젊은 병사인 카를로스의 사례에서 보여 주고 있는 것처럼, 정체성의 협상은 복합적인 문제이다.

리스베트 사크스는 그와 같은 하나의 협상을 조사한다(10장). 그 환경은 매우 다르지만, 그 협상 또한 손상에 관한 다양한 관점들과 가정들을 수반하고 있다. 그렇지만 여기서 조사의 목적은 좀더 넓은 역사적 분석을 제공하는 것이라기보다는, 복합적인 사회적 상황을 통과하고 있는 한 가족의 경험을 분석하는 것이다. 사크스는 스톡홀름의 한 터키인 이주자 여성과 그녀 가족의 이야기를, 그리고 그들이 어떤 비정상성을 해석하고 이에 반응하는 과정을 들려준다. 그녀는 한 병약한 아기의 어머니가 어떻게 그 아이를 단지 정상이 아닌not normal 상태로 간주하는 것에서 "장애가 맞는"yes-disabled 상태로 이해하는 것으로 이동해 가는지를 보여 준다.[1] 그러한 분석은 상징적 상호작용론의 요소들을 지닌다. 아이의 상태에 대한 그와 같은 해석은 타자들과의 상호작용의 산물이며, 그 어머니와 아이가 대해지는 방식에 있어 중요성을 갖는다. 그러나 사크스는 상징적 상호작용론의 사회학적 전통에서는 전형적이지 않은 다른 관심 또한 지니고 있다. 그녀는 그 상황에 대한 상반되는 해석들의 공존을 보여 준다. 그리고 이를 문화적 배경에서의 차이들, 그리고 이주라는 상황 내에서 새로운 해석들을 산출해야 할 필연성과 관련시킨다.

해석과 표상의 과정들에 대한 관심은 동아프리카에서의 간질에 대

---

1 본문에서 좀더 자세히 설명되겠지만, '정상이 아닌'이 변화의 여지가 존재하는 불확정적 개념이라면, '장애가 맞는'은 더 이상의 변화가 불가능한 확정적 개념이다. ─옮긴이

해 다루고 있는 수잔 레이놀스 휘테가 쓴 장에서도 또한 나타난다(11장). 그녀는 연구자들이 어떻게 실질적인 인격체·관념·관행과 간극을 갖고 이러한 요소들을 탈맥락화한 간질의 이미지들을 강조하는 경향을 지니게 되었는지를 보여 주면서, 문화적 구성의 이중적 과정에 주의를 기울이고 있다. 그러한 탈맥락화 대신, 낙인·전염·사회적 고립·'전통적 신념'은 행위자들이 해석을 수행하고 그들의 삶을 살아가고 있는 실제적인 사회적 맥락들 내에서 이해되어야만 한다. 어떤 이상을 '간질'이라고 명명할 것인지 아닌지의 선택에서부터 시작하는, 그러한 문화적 구성의 과정 내에는 언제나 가능성들과 우연성들이 존재한다.

재정적 원조자들이나 권위 있는 보건의료 관료들에 의한 공식적 발표들 또한 문화적 구성물이다. 12장에서 베네딕테 잉스타의 기고문은 "숨겨진 장애인에 대한 신화"가 하나의 표상임을 보여 준다. 손상을 지닌 개인들을 수치심, 몰인정함, 무지 때문에 숨기고 있는 타자들(이웃 마을의 계몽되지 않은 사람들이든, 후진국의 국민들이든, 저개발된 나라들의 '저개발된' 시민들이든)이라는 표상 말이다. 요점은 이러한 신화가 타자들이 장애를 어떻게 생각하고 있는지에 대한 하나의 고정관념에 불과하다는 것이다. 그것은 다양한 타자들의 경험과 처지를 무시하고 있으며, 병약한 구성원들을 돌보고자 하는 가족들의 노력을 평가절하하고 있다. 단지 타자들이 고매한 좌담가들이 지닌 이미지와 부합하지 않는다는 것만을 강조하면서 말이다. 장애인을 숨기고 있다고 여겨지는 가족들 및 그렇게 이야기하는 재활사무관의 예들과 더불어, 이 장에서 제시되고 있는 상황은 8장에서의 보츠와나 재활담론에 대한 개관을 보충한다.

전체적으로, 2부의 글들은 가족 및 이웃들과의 개별적인 상호작용으로부터 국내적인 정치운동들에서의 갈등, 그리고 국제적인 개발원조의 세계에 이르기까지 여러 다양한 수준들의 폭넓은 범위에서 사회적 과정들에 대한 분석을 제공한다. 그것들은 주어진 환경 내에서 사회적 특징과 권력관계가 장애의 의미에 어떻게 영향을 미치는가를 보여 준다. 그리고 그것을 넘어, 2부의 글들은 해석의 과정, 전문담론들의 역할, 변화 및 복합성의 발생과 관련된 방법론적이고 분석적인 이슈들을 제기하고 있다.

6장 사회적 만남들
: 미국 사회의 침묵하는 몸

로버트 머피[*]

> 심장이 유기체 안에 있는 것처럼 우리 자신의 몸은 세계 안에 있다. 몸은 눈에 보이는 광경을 계속적으로 살아 있게 유지하고, 그것에 생명을 불어넣고 내적으로 지속시키며, 그것과 더불어 하나의 체계를 형성해 낸다.
> — 모리스 메를로-퐁티, 『지각의 현상학』[1]

최근에 마비성 장애를 갖게 된 사람은 변화된 몸과 변경된 정체성의 세계에 직면한다. 그러한 상황 자체가 그의 사회 재진입을 까다롭고 불확실한 문제로 만들지도 모른다. 그러나 그의 미래는 오래된 친구와 동료들, 심지어 가족들 중 일부를 포함하는 비장애인들이 그를 대하는 방식에 의해 한층 더 위기에 처하게 된다. 비장애인들이 장애인을 대하는 방식은 상황에 따라 상당 정도 차이가 있지만, 미국에서도 그리고 많은 다른 나라들에서도 하나의 분명한 양상이 존재한다. 장애인들을 향한 편견과 그들이 지닌 사회적 지위의 저하라는 양상 말이다. 이는 회피, 두려움, 노골적 적대감이라는 그 양상의 가장 극단적인 형태들 속에서 명

---

[*] 로버트 머피Robert Murphy는 컬럼비아대학교Columbia University의 인류학과 교수로서 그의 경력이 절정에 이르러 있을 때, 근경련과 신체협응기능의 악화를 겪기 시작했다. 52세가 되던 1976년에, 척수종양 진단을 받았다. 점차 몸이 마비되어 감에도 불구하고, 그는 1990년 사망할 때까지 계속해서 강의를 하고, 연구를 하고, 저술 활동을 벌였다. 주요 현지조사는 브라질 문두루쿠Mundurucu족 사이에서 수행했으며, 신화와 우주론, 사회조직과 젠더, 인류학 이론, 미국에서의 장애에 대한 각종 저작들을 출간했다. 이 장의 원 출처는 『침묵하는 몸』(The Body Silent, New York: Henry Holt, 1987)이며, 재수록되면서 약간의 수정을 거쳤다.

1 Maurice Merleau-Ponty, Phénoménologie de la perception, Paris: Gallimard, 1945.

확히 드러난다. 어빙 고프먼Erving Goffman이 그의 기념비적인 1963년의 저서 『낙인: 손상된 정체성의 관리에 대한 소고』[2]에서 언급했던 것처럼, 장애인들은 전과자, 민족적·인종적 소수자, 정신질환자와 마찬가지로 가치 절하된 지위를 점하고 있다. 신체적 손상을 지닌 사람이 스스로를 어떻게 생각하든 그는 사회에 의해 부정적인 정체성을 부여받으며, 그의 사회생활 중 많은 부분은 이렇게 부여된 부정적 이미지와의 투쟁이 된다. 우리가 낙인화란 장애의 실체라기보다는 다소간 부산물에 가깝다고 말할 수 있는 것은 이러한 이유 때문이다. 어떤 사람이 사회에 완전히 참여하는 데 있어 가장 큰 장애물은 그의 신체적 결함이 아니라, 오히려 사회가 그러한 결함에 덧붙인 일련의 신화·두려움·오해들이다.

왜 이렇게 되었는지를 이해하기 위해서는, 미국 문화의 중심적 테마들 중 어떤 것, 특히 몸을 향한 우리의 태도를 고찰하는 것이 반드시 필요하다. 몸이 미국 문화의 상징체계에서 너무나 중요한 위치를 점하다 보니, 인류학자를 포함한 우리의 대부분은 몸에 대한 돌봄과 관리가 실용성으로부터 맹목적 물신숭배로 변화했다는 것을 깨닫지조차 못하고 있다. 이러한 변화는 단지 지난 10년 사이에 일어난 현상이 아니다. 1956년에, 인류학자 호러스 마이너Horace Miner는 그가 나시레마 Nacirema족(American의 철자를 거꾸로 적은 것)이라고 불렀던 사람들에 대하여 경탄할 만한 조롱 조의 에세이를 썼다.[3] 아주 정확히, 마이너

---

2 Erving Goffman, *Stigma: Notes on the Management of Spoiled Identity*, Englewood Cliffs, N.J.: Prentice-Hall, 1963[어빙 고프먼, 『스티그마: 장애의 세계와 사회적응』, 윤선길·정기현 옮김, 한신대학교 출판부, 2009].

3 Horace Miner, "Body Ritual among the Nacirema", *American Anthropologist* vol. 58 no. 3, 1956, pp.503~507[이 에세이는 현대 미국 사회의 몸에 대한 관심과 관습들을 마치 낯선 문화를 방문한 인류학자가 민족지를 기록하듯 서술하고 있다. 흥미로운 일부를 옮겨 보면 다음과 같다. "나시레마족 여성들은 두세 달에 한 번, 주로 여성들만이 모이는 곳으로 가서 머리에 이상한 물질을 바른 후

는 욕실을 나시레마족 주민들이 몸의 아름다움에 대한 찬미 속에서 그들만의 세정의식을 행하는 하나의 종교센터로 묘사했다. 그 시절 이래로, 분명히 우리 문화의 주춧돌 중 하나인 욕실은 더욱 진화해 왔다. 부유한 자들은 이제 물을 순환시키는 장치가 내장된 커다랗고 움푹 들어간 통을 가지고 있으며, 불경스러운 변기는 신성한 목욕 지대로부터 격리되어 있다. 미국인들에 관해 뭐라고 말하든 간에, 그들은 명백히 청결한 사람들이다.

그러나 몸은 청결한 것 이상이어야만 했다. 몸은 어떤 일정한 형태를 지녀야만 했던 것이다. 인류학자 마빈 해리스Marvin Harris는 예전에는 비만이 부와 위세를 나타내는 상징이었던 반면 —— 다이아몬드 짐 브래디Diamond Jim Brady[4]와 제이피 모건J. P. Morgan[5]을 떠올려 보라 —— 그것이 이제는 하층계급이라는 지위와 지나치게 기름기 많은 섭식의 표지가 되었음에 주목한다. 즐거운 90년대Gay Nineties[6]에 널리 퍼져 있던 아름다움은 오늘날의 기준에 의하면 좀 풍만하거나 뚱뚱하기까지 한 것으로 여겨질 것이며, 20세기 동안 이상적인 아름다

다른 몇몇의 사람들이 자신의 머리카락을 마구 잡아당기고 쥐어뜯도록 한다. 그러고 나서 머리를 오븐에 한두 시간 구운 후, 거금을 지불하고 감사하다며 웃고 나오는 의식을 치르며 자신의 여성성을 확인하곤 한다", "비만인 사람을 날씬하게 하기 위한 의례적 단식과 마른 사람을 살찌게 하기 위한 축연祝宴이 있다. 여성의 유방이 작으면 크게 하고 반대로 너무 크면 작게 하기 위하여 집행되는 또 다른 의례도 있다" —— 옮긴이].

4 본명은 제임스 뷰캐넌 브래디James Buchanan Brady(1856~1917)이다. "다이아몬드를 지닌 사람은 다이아몬드를 차고 다닌다"라고 말한 그는 미국에서 다이아몬드를 유행시킨 장본인이다. 미국의 철도가 대륙으로 뻗어나가던 '즐거운 90년대'에 철도차량 판매업으로 천만 불 이상의 재산을 축적했다. 그는 개인적으로 2만 개 이상의 다이아몬드를 소유하고 있었던 것으로 알려져 있으며, 귀금속으로 치장한 자동차와 탱크 등을 소유하기도 했다. 황금시대의 황태자라고도 불린다. —— 옮긴이

5 미국의 유명한 금융 억만장자로, 현 뉴욕 월가의 제이피 모건 체이스 앤 컴퍼니J.P. Morgan Chase & Co.를 만든 인물이다. ——옮긴이

6 1890년대를 지칭하는 미국식 용어이다. 이 시기는 예외적인 경제적 확장의 시기로 특히 뉴욕과 보스턴을 중심으로 급속한 부의 증대가 이루어졌으며, 대외 무역과 도시가 급속히 확장되었다. ——옮긴이

움은 릴리언 러셀Lillian Russell,1861~1922[7]로부터 메릴린 먼로Marilyn Monroe,1926~1962로, 그리고 트위기 로슨Twiggy Lawson,1949~[8]으로 진화해 왔다. 오늘날의 이상적인 몸은 마르고 근육이 있어야 하며, 이는 남성에게 그런 것처럼 여성에게도 구속력을 갖는 하나의 명령이 되었다. 여성적인 이상은 부드러운 곡선에서 탄탄한 몸으로 전환되었다.

그렇다면 1980년대의 아름다운 몸을 어떻게 성취할 수 있을까? 운동, 다이어트, 그리고 살을 빼는 여타의 고행에 의해서 가능할 것이다. 올바른 종류의 몸——아마도 로맨틱한 사랑과 경제적 성공에 대한 보장수단이 될 터인——을 원한다면 밖으로 나가서 하루에 몇 마일의 조깅을 해야 한다. 조깅의 유행은 곧 달리기에 대한 열광으로 전환되었는데, 왜냐하면 심장을 격렬하게 펌프질시키는 것이 살을 빼는 데 필수적인 것으로 간주되어 왔기 때문이다. 이상적인 몸에 이르는 또 다른 경로는 헬스클럽이며, 수백만의 미국인들이 수영, 스쿼시, 라켓볼, 역도, 사우나, 월풀, 마사지, 에어로빅과 같은 프로그램을 지닌 수천 개 종합 헬스센터의 회원이 되었다. 운동에 대한 이러한 명령은 중산계급으로 상향 이동한 사람들 사이에서 특히 일사불란하게 실행된다. 비록 노동자계급 사이에서도 그 생활양식의 일부분이 되기는 했지만 말이다. 이러한 언급들 중 어떤 것도 운동이 유익하고 건강에 도움이 된다는 것을 부정하는 것은 아니다. 그렇지만, 인류학자들의 관심을 끄는 것은 현대 미

7 19세기 후반과 20세기 초를 주름잡았던 미국의 여배우이자 가수. 고운 목소리와 무대매너뿐만 아니리 아름다운 외모와 패션 스타일로 많은 사랑을 받았다. 오늘날의 시선으로 보자면 다소 통통한 몸매를 지니고 있었다. ——옮긴이

8 영국 태생의 모델. 16세의 나이에 데뷔해 1960년대를 주름잡은 최고의 틴에이저 모델이었으며, 가수와 영화배우로도 활동했다. 그녀는 특히 커다란 눈과 긴 속눈썹, 그리고 야윈 몸매로 사랑을 받았다. ——옮긴이

국 사회에서 그러한 운동의 실천이 합리적인 이기심을 넘어 일종의 광신적 행동으로까지 확대되었다는 것이다. 그리하여 날씬하고 잘 발달된 몸의 추구는 심미적인 문제일 뿐만 아니라 도덕적 의무가 되고 있다.

좋은 몸의 도덕학은 TV 광고방송 속에서 매일같이 퍼부어 대는 메시지 속에서 분명히 드러난다. 그 메시지란 '자기개발'은 이제 신체적 건강함의 성취를, 즉 1970년대에 유행했던 초월명상transcendental meditation[9]보다도 더 머리를 쓸 필요가 없는 활동을 의미한다는 것이다. 비만은 나태함과 나약한 의지에 대한 징벌로 간주되며, 이는 미국 사회의 다이어트에 대한 몰두에서 가장 명백히 드러난다. "당신이 먹는 것이 당신을 만든다"You are what you eat나 "몸은 마음의 전당이다"The body is the temple of the mind라는 표현은 이제 우리가 살아가면서 일상적으로 듣는 가장 평범한 말들 중 하나이다. 비록 그 의미들이 무엇인지 간파한다면, 양자 다 일종의 난센스이기는 하지만 말이다. 그럼에도 불구하고 어쨌든 몸이 신성한 지대라면, 누구든 몸이 섭취하는 것에 관해 주의를 기울여야만 한다. 이제는 수많은 건강식품 가게들이 존재하고, 유기 농산물들이 인기가 있으며, 채식주의가 증가하고 있다. 단식과 스스로 자초하는 신체적 혹사는 중세 플래저런티즘flagellantism[자기 스스로를 채찍질하는 고행 — 옮긴이]의 현대적 등가물이다. 그러한 일들은 더이상 영혼의 구원을 믿지 않고 대신 몸의 구원을 향해 돌아선 세속화된 중산계급의 종교적 의례이자, 불멸을 위한 프로젝트의 일부가 되었다.

---

9 인도의 요가 수도승 마하리시 마헤시Maharishi Mahesh가 인도의 수행방법을 기초로 현대인에게 맞게 대중화시킨 명상법이다. 자리에 편안히 앉아 눈을 감고서 입속으로 짧은 단어나 구로 이루어진 여러 가지 산스크리트 진언(만트라)을 외는 비교적 간단한 방법으로 큰 효과를 내 1960년대부터 세계적으로 명성을 얻었다. 비틀스의 멤버였던 조지 해리슨George Harrison이 심취했던 것으로도 잘 알려져 있다. ―옮긴이

남성과 여성 양자 모두 젊어 보이는 외모는 비즈니스의 세계에서 중요한 자산이 됨을 알게 되었다. 일본에서는 정반대의 상황이 벌어지는데, 그곳에서는 성숙함이 존경을 불러온다. 미국에서는 여성들을 위한 미용 성형수술이 최근 증가해 왔는데, 그러나 더욱 극적인 것은 남성들 사이에서도 그러한 성형수술이 급격히 증가하고 있다는 것이다. 젊음에 대한 경쟁은 또한 패션의 영역으로까지 확장되어 왔다. 1960년대 동안, 젊은이들은 기성세대와의 구분 및 반항의 행위로 머리를 기르기 시작했다. 불과 얼마 시간이 지나지 않아, 사람들은 긴 머리가 증권중개업자나 광고업자에게로 퍼져 나가는 것을 보게 되었는데, 그들은 이제 회원제 살롱에서 머리카락을 자른다(오히려, 스타일링한다고 말하는 편이 좋겠다). 의상 역시 더욱 젊어지고 캐주얼해졌다. 교사들은 그들의 학생들과 같은 청바지를 입으며, 정장도 덜 딱딱한 스타일을 지니게 되었다. 젊음의 미모를 두드러지게 하기 위하여, 남자들도 이제는 화장품을, 나의 뒤떨어진 시대에는 남성적 적격성을 훼손할 수 있는 물건을 사용한다. 그러나 이제 **이러한** 것들은 남성적인 사내들을 위한 생산품이다. 단지 한 가지 예를 들어 보자면, 디자이너 랠프 로런Ralph Lauren은 (카우보이들이 입던 가죽바지의 명칭과 같은) '챕스'Chaps라고 이름 붙인 남성용 향수를 '디자인'했으며, TV 광고방송은 옛 서부의 남성적 가치들을 선전함으로써 우리를 납득시켰다. 우리 인류학자들에게 있어, 오늘날의 시대를 매우 흥미로운 것으로 만든 것은 이와 같은 야심적인 엉터리 수작이다.

내중매제늘에 의해 공급되는 이상적인 미국인상像의 대부분은 단지 중산계급으로 상향 이동한 사람들에게 적용되는 것이지만, 자세히 검토해 보면 그것은 사람들을 둘러싼 환경까지도 왜곡시키고 있다. 실제로, 미국은 가진 자와 못 가진 자 사이의 격차가 매우 클 뿐만 아니라 점점 증대되고 있는 나라이며, 미국의 전반적인 생활수준은 1960년대 중반 이래로 조금씩 떨어지고 있다. 이러한 엄연한 진실은 평균적인 가구의 구매력이 1971년 이래로 거의 5% 정도 떨어졌다는 충분한 증거에 기반을 두고 있다. 그러한 하락폭은 일하는 주부들의 숫자가 극적으로 증가하지 않았다면 더욱 가팔랐을 것이다. 그렇지만 미국은 우리가 이전보다 더 잘살고 있다는 환상 아래서 작동해 왔다. 어쨌든, 고위 공무원들도 공장 노동자들도 이제는 휴가 기간 동안에 유럽으로 여행을 떠나는데, 이것은 예전에는 단지 부유한 자들만이 할 수 있었던 것이다. 그러나 이는 단지 제트여객기 —한 번에 거의 4백 명을 실어 나르는, 날아다니는 비좁은 탈 것— 가 이제는 런던까지의 운임을 불변달러 가치 기준으로 보았을 때 1950년에 나이아가라 폭포까지 여행하는 것만큼 싸게 만들었기 때문이다. 그렇지만 예전보다 더 젊어 보이는 외모를 하고 유럽으로 떠나는 여행자들 대부분은 자기 집을 사거나 한두 명 이상의 아이를 가질 여유가 없는데, 1950년에 그들의 부모들은 충분히 그럴 만한 여유를 지니고 있었다. 그것도 그들은 한 명의 수입으로 그렇게 했다. 우리는 정말로 예전보다 더 잘살고 있는 것일까?

미국은 자원과 가족이 줄어들고 있는 나라이며, 젊은이들을 그다지 관대하게 대하지 않는 반면 아름다운 몸과 젊음을 찬양하는 문화를 지닌 사회이다. 미국이 만연한 나르시시즘 속에서 점점 더 자신을 향해 고립화되어 가는 사람들을 품고 있는 것은 별로 이상한 일이 아니다. 설상가상으로, 상위 중산계급과 상류계급으로 집중된 부는 하층계급의 절망을 증대시키고 있다. 하층계급 사람들의 경제적 곤궁이 흑인 가정을 침식해 들어가고 있으며, 한때 긍지를 가지고 자립적인 생산직 노동자로 살았던 사람들이 이제는 무료 급식소에 줄지어 서 있고, 그들의 일자리는 미국 자본에 의해 바다 건너로 보내지고 있다. 미국의 도시들은 버스정류소나 문간에서 잠을 청하고, 음식을 찾아 쓰레기통을 뒤지는 홈리스들로 넘쳐나고 있다. 그들은 스스로가 그러한 방식으로 살기를 선택한 사람들이라 말해 버리고는 책임을 회피하는 사회에 의해 버려진 존재들이다. 성공한 이들은 단지 자신의 어깨를 으쓱하고는 "나만 좋으면 됐지, 뭐"라고 말할 뿐이다. 미국의 도시들은 거의 인도 캘커타를 연상시키는 광경들을 보여 주고 있지만, 대다수의 미국 도시인들에게 홈리스들은 비가시적인 존재가 되었다. 미국인들은 누더기를 걸친 수많은 사람들의 곁을 스쳐 가지만 눈길을 딴 쪽으로 돌려 버리며, 몇몇 정치가들이 '언덕 위의 빛나는 도시'a shining city on a hill라고 불렀던 그러한 곳에서 살아가고 있다는 신화를 유지해 나간다.

미국인들은 장애인들도 마찬가지로 대한다.

장애를 지닌 미국인은 마치 그가 매일같이 사용하는 휠체어만큼이나 그의 장애를 둘러싼 환경의 일부분으로서 그러한 종류의 문화에 직면해야만 한다. 비록 대다수의 개인들이 아주 조금씩이나마 젊음·사나이다움·활동성·신체적 아름다움이라는 가치들을 구현할 수 있다고는 해도, 장애인이 개별적으로든 하나의 집단으로서든 미국인들이 신봉하는 그러한 모든 가치들과 배치된다는 것은 두말할 필요가 없다. 나 자신을 포함한 대부분의 장애인들은 다른 사람들이 이러한 이유 때문에 장애인들을 불쾌히 여긴다는 것을 알아채고 있다. 빈민들이 아메리칸 드림에 대한 배반자인 것처럼, 우리 장애인들은 미국적 이상을 타락시키는 자들이다. 그리고 우리들이 그러한 이상에서 이탈해 있는 정도만큼, 우리는 비장애인들에게 불쾌하고 혐오감을 일으키는 존재가 된다. 사람들은 특히 안면의 손상이나 신체적인 기형이 있을 때, 우리로부터 뒷걸음질 친다. 장애인들은 비장애인들에게 지속적으로 어떤 사실을 떠올리게 만드는 가시적인 존재이다. 그들이 살고 있는 사회가 불평등과 고난으로 가득 차 있고, 그들이 가짜 낙원 속에서 살고 있으며, 그들 역시 이러한 조건에 취약한 존재라는 사실을 말이다. 우리 장애인들은 회피하고 싶은 두려운 가능성을 표상한다.

장애인들을 특히 위협적인 존재로 만드는 것은 투사projection와 동일시identification라는 심리적 기제이다. 이러한 기제들에 의해 사람들은 자신의 감정·계획·동기를 타인에게 귀속시키고, 다시 타인의 감정·계획·동기를 자기 자신의 것으로 통합시켜 낸다. 이러한 과정을 통해, 장애인들은 비장애인들에게 손상이 그들 자신에게도, 친척과 친구들 사이에서도 발생할 수 있다는 두려움을 불러일으키게 된다. 존 글리드먼John Gliedman과 윌리엄 로스William Roth는 그들의 탁월한 저서 『예기치 않은 소수자』에서 장애인은 타자가 된다고, 즉 실패·연약함·무력화의 살아 있는 상징, 정상성의 대척점, 그들의 인간성 자체가 의문시되는 존재가 된다고 적고 있다.[10] 장애인의 비인간화가 그처럼 널리 퍼져 있어, 나는 이러한 상황이 장애인들에 의해 반복적으로 통렬히 비판되는 것을 들어 왔다. 또 한편 그것이 단지 미국만의 특징은 아니라는 사실은, 노르웨이의 저자 핀 칼링Finn Carling의 저서 『그럼에도 아직 우리는 인간이다』의 제목을 통해 증명된다.[11]

---

10 John Gliedman and William Roth, *The Unexpected Minority: Handicapped Children in America*, New York: Harcourt Brace Jovanovich, 1980.
11 Finn Carling, *And Yet We Are Human: The Emotional Problem of Cripple*, London: Chatto and Windus, 1962.

장애인들이 전 세계에 걸쳐 사람들에게 어떤 원초적 감정을 불러일으킨다는 것은 분명하다. 그러나 비교할 수 있는 자료의 부족은 언제, 어떻게, 왜 그렇게 되는지 말하는 것을 어렵게 만든다.[12] 우리는 장애에 대한 낙인이 미국보다 일본에서 훨씬 더 심하다는 것을, 그리고 대개 장애인을 둘러싸고 있는 오염된 존재로서의 아우라aura가 다른 가족 구성원들에게도 덧붙여져 있다는 것을 알고 있다. 1977년에 출간된 어떤 글에서, 일본인 저자 고지마 요코小島蓉子는 선천적 기형아동을 낳은 한 어머니에 대해 썼다.[13] 그녀는 너무나도 수치심과 절망감을 느껴서 자살을 시도했다. 저자는 그/그녀 자신의 불운에 대한 책임은 어쨌든 그 개인에게 있다는 일본 사회의 신념, 그리고 인구집단에 대한 문화적이고 민족적인 동질성의 강조가 이러한 가혹한 상황을 만들어 냈다고 보고 있다. 이와 대조적으로, 장애인을 향한 북유럽 사회들의 태도는 일본이나 미국보다 좀더 유연하고 긍정적이며, 이에 상응하여 그들의 재활 프로그램도 좀더 발전되어 있다. 나의 컬럼비아대학교 동료인 모턴 클라스Morton Klass는 인도에서 어느 날 한 무리의 사람들이 어떤 맹인을 놀려 대는 것을 목격했고, 처음에는 이를 잔혹한 짓이라 생각했다. 그렇지만 나중에 그는 그러한 악의 없는 농담이 그 맹인을 집단에 포함시키는 한 방식임을 이해하게 되었다. 인류학자들이 몇몇 원시 부족사회의 인척집단 사이에서 발견하곤 하는 것도, 인도의 경우와 유사하게 장애를 가지고 격의 없이 농담을 나누는 관계이다. 이는 대개 시부모나 장인·

---

12 장애인들을 향한 태도에 대한 비교문화적 소사보는 Jane Hanks and L. M. Hanks, Jr., "The Physical Disabled in Certain Non-Occidental Societies", *Journal of Social Issues* vol. 4 issue 1, 1948, pp. 11~20을 보라.

13 Yoko Kojima, "Disabled Individuals in Japanese Society", *Rehabilitation World* vol. 3, 1977, pp. 18~25.

장모는 제외하고, 결혼하게 될 사람이나 그 형제·자매들과 농담을 나누는 형태를 띤다. 따라서 그러한 농담은 사람들 간의 거리감을 좁히는 하나의 대안적 방식으로 간주될 수 있다. 이러한 견지에서 보면, 그 맹인과 인도 사람들의 관계는 장애인에 대한 미국인들의 기피와 정반대의 상황인 것이다. 나는 앞으로의 연구를 통해 빈곤과 질병이 매우 일반적인 곳에서는 장애인들이 미국에서처럼 사회생활로부터 배제되지 않는다는 것이, 그러나 아마도 그들 역시 언제나 다소간 특별한 대우를 받는다는 것이 밝혀지지 않을까 생각해 본다.

미국 문화로 다시 되돌아오면, 이곳에서는 장애인과 비장애인 간의 관계에 있어 뿌리 깊고 간단치 않은 양가성이 존재한다. 우선 누군가가 유사類似 인간, 즉 말 그대로 공포와 혐오를 불러일으키는 사람을 향해 어떻게 반응할지를 생각해 보면 그 한쪽 측면은 쉽게 이해될 것이다. 반면 그와 동시에, 이러한 감정은 무슨 일이 있더라도 감추어져야만 하는 것인데, 왜냐하면 그것이 장애인을 향한 관심과 친절함을 요구하는 사회적 가치들을 거스르는 것이기 때문이다. 사람들 간의 사회적 만남은 언제나 종잡을 수 없는 까다로운 게임, 즉 상대가 어떻게 반응해 올지 미리 예측하기 위해 양편 모두가 노력하는 스파링 시합과 같다. 그리고 그러한 게임은 상대방이 어떠한 존재인지에 대해 아무런 단서를 갖고 있지 않을 때 더 어렵게 된다. 이방인, 즉 마비성 장애인의 경우에서처럼 말이다. 사람들이 장애인을 외계종처럼 생각하는 한, 그들은 장애인의 반응을 예상할 수 없다. 장애를 지닌 개인은 비장애인의 정상적인 기대 범위 밖에 있게 되며, 비장애인은 장애인이 그/그녀에게 말한 것이 무엇인지 알지 못한 채 남겨지는 것이다. 그러한 딜레마에서 벗어나는 한 가지 방법은 아예 어떠한 접촉의 발생 자체를 억제하는 것이다. 이는 휠체어를 탄 사람을 신체적으로 회피함으로써 간단히 이루어질 수 있으며, 걸을 수 있는 두 다리를 지닌 사람에게는 손쉬운 해결책이다.

사람들이 장애로부터 눈길을 딴 데로 돌리거나 물리적으로 거리를 두는 방식은 너무나 두드러지고 널리 퍼져 있어서, 나는 이에 대해 언급을 하지 않는 장애인을 만난 적이 없다. 그리고 이러한 점을 짚고 있는 장애 관련 문헌은 너무나 많아서 일일이 언급할 가치가 없을 정도이다. 장애인들은 대개 "그처럼 행동하는 사람들은 확산되는 경향성이 있다"라고 말한다. 히로시마 원폭 투하에 의해 불구가 된 한 일본인 여성은, 아무도 더 이상 희생자들을 방문하지 않는다는 사실을 설명하는 가운데 정확히 이러한 표현을 한 바 있다. 암 환자, 상을 당하거나 이혼에 의해 상실을 겪고 있는 사람도 유사하게 회피의 대상이 된다는 점은 주목할 가치가 있다. 그들은 모두 정체성의 오염을 경험한다. 그렇지만 악성의 병도 비탄도 일시적인 상태이다. 마비성 장애는 그렇지 않다.

어빙 고프먼은 사회학자로서 교육과정을 밟았지만 실제로는 인류학자로 활동했는데, 그는 1956년에 모든 사회적 상호작용의 가장 핵심적이고 출발점이 되는 전제는 관련 행위자들에 의해 상대방에 대한 존중과 처신의 태도가 일정하게 확립되는 것이라고 썼다.[14] 사회적 상호작용에서 양자는 가치 있고 내실 있는 사람으로서 처신해야만 하며, 각자 자신의 주변에 일정한 사회적 간격 및 거리를 두어야만 한다. 그러면 다시 상대방은 그에 대해 존중을 보임으로써, 이러한 처신을 중시하게 된다. 이러한 상호 존중의 정도는 물론 관련 상황과 행위자들에 따라 다르

---

14 Erving Goffman, "The Nature of Deference and Demeanor", *American Anthropologist* vol. 58 no. 3, 1956, pp. 473~502.

며, 존중이 표현되는 방식은 하나의 인위적인 문화라고 할 수 있다. 그러한 표현은 제스처나 말의 뉘앙스와 같은 잠재의식적인 어법을 통해, 그리고 말하는 사람이나 듣는 사람 양자 모두의 의식을 벗어나 있을 만큼 아주 미묘한 언어적 차이를 통해 이루어진다. 신체적 손상을 지닌 사람들과의 관계에서 흔히 그러한 것처럼, 타인에 의해 제지될 경우가 아니라면 스스로 알아차리지 못할 만큼 말이다.

아무리 문화적이고 상황적인 편차가 존재한다고는 하지만, 대부분의 일반 대중은 장애인과의 관계에서 이러한 존중을 불공평하게 철회하곤 한다. 사람들은 이를 무의식적으로, 그리고 다양한 방식으로 행한다. 저명한 바이올린 연주자 이츠하크 펄먼Itzhak Perlman[15]은 소아마비의 후유증으로 장애를 갖게 되었다. 그는 자신이 수행원과 함께 휠체어를 타고 항공사 카운터에 가면, 항공사 직원은 통상적으로 펄먼이 아닌 자신의 수행원에게 "그는 어디로 가나요?"라고 묻곤 한다고 말한다. 이와 비슷한 일은 나에게도 무수히 많은 경우들에서 발생해 왔다. 그리고 그것이 단지 미국적인 현상만은 아니라는 사실을, 나는 한 한국 식당에서 웨이터가 우리 일행 네 명 중 세 명에게만 메뉴판을 건넸을 때 다시금 상기하게 되었다. 나는 웨이터를 다시 불러 그에게 나 역시 읽을 줄 안다고 말해 주긴 했다. 그러나 그것은 별로 소용이 없었는데, 왜냐하면 두 달 후 그 식당을 다시 방문했을 때 같은 일이 반복되었기 때문이다. 사람들은 또한 맹인들이 듣지도 못할 거라는 가정하에 그들에게 큰 소리로 말하기도 한다. 대부분의 장애인들은 서로에게 이러한 주제에 대

---

15 이스라엘 출신의 미국인 바이올리니스트로 네 살 때 소아마비를 앓아 장애를 갖게 되었으며, 줄리아드 음악학교를 졸업했다. 20세기 후반의 가장 뛰어난 바이올리니스트 중 한 명으로 꼽히며, 지휘로까지 활동 영역을 넓혀 디트로이트 심포니 오케스트라 수석 객원지휘자를 지내기도 했다. —옮긴이

해 무수히 많은 일화들을 이야기해 줄 수 있다.

　이러한 종류의 모욕은 장애인들이 경험하고 있는 거의 보편적인 불만사항이라 할 수 있을 것이다. 장애인들은 "누군가는 내가 지적인 발달 또한 더디다고 생각했을지 모른다"라고 말한다. 비장애인들이 장애인들과 마주하도록 강제되었을 때——즉, 비장애인들이 장애인을 회피할 수 없었을 때——그들은 대개 장애인을 미성년자나 무능력자처럼 취급함으로써, 존중을 보류함으로써, 그리하여 장애인들로부터 동료 인간으로서의 당연한 권리를 박탈함으로써 그러한 강제상황의 위협에 대처한다. 비장애인들은 또한 자신의 우월함을 단언함으로써 그들 자신을 장애인들과 구별 짓곤 한다. 마치 이것이 그들로 하여금 장애인과 유사한 운명에 빠질 위험성을 완화시켜 주거나 하는 것처럼 말이다. 설상가상으로 장애인들, 특히 기형의 몸을 지닌 사람들은 때때로 악마적 존재로 간주되기도 한다. 셰익스피어William Shakespeare의 『리처드 3세』[16]나 빅토르 위고Victor Hugo의 『노트르담의 꼽추』에서처럼 말이다. 이는 아마도 장애인들을 향한 비장애인들의 내적인 적의의 투사일 것이다. 분명히 존재하고 있는 그러한 감정이 아무리 좀처럼 겉으로 드러나지 않는다고 하더라도 말이다. 그리고 신체적 손상이 한 사람의 전반적 인격까지를 포괄할 정도로 일반화되어 버리는 것, 즉 사회심리학자 비어트리스 라이트Beatrice Wright가 '확장'이라 불렀던 과정은 바로 이러한 이유들 때문이다.[17]

---

16 영국 요크 왕조의 마지막 왕 리처드 3세(재위 1483~1485)는 형 에드워드 4세가 죽은 후 조카 에드워드 5세의 섭정이 되어, 어린 왕과 왕의 아우를 런던탑에 유폐시킨 후 왕위에 올랐다. 희곡 속에서 리처드 3세는 불구인 탓에 의심 많고 음흉하며, 음모로 정적을 처형한 야심가로 그려진다.——옮긴이

17 Beatrice Wright, *Physical Disability: A Psychological Approach*, London: Harper and Row, 1960.

의료인들을 포함한 대다수의 미국인들은 그들의 머릿속에 장애인들의 사회적 지위에 관한 일련의 관념을 지니고 있다. 그러한 관념의 여타 특질이 무엇이든 간에, 이러한 태도는 장애인들을 사회의 주류가 아닌 주변부에 위치시킨다. 연금으로 연명을 하며 대개는 비가시화되는 그러한 주변부로 말이다. 내가 병원에 입원해 있는 동안, 병원 직원들조차도 나를 이례적인 존재로 여겼던 듯하다. 왜냐하면 내가 온전한 직장을 지녔을 뿐만 아니라, 그들 자신의 전문적 영역에서 연구를 수행하고 있었기 때문이다. 한 사회복지사는 나에게 "당신의 직업은 무엇이었나요?"라고 물었다. 이렇게 과거형으로 물은 것은 그들이 일자리를 지닐 수 있는 나의 능력을 시샘해서가 아니다. 정확히 그와 반대로, 그들은 진심으로 그러한 사실을 기쁘게 받아들였다. 하지만 중증의 장애인인 내가 온전한 직장을 지니고 있다는 사실은, 정말로 나를 다른 장애인들과는 매우 상이한 사회적 유형이자 특별한 사례로 취급되도록 만들었다. 나를 담당하는 의사들은 물론 나의 상황에 대해 알고 있었고, 동료 의사들이 나를 위해 일자리를 추천하면 다음과 같이 말함으로써 종종 이를 바로잡아 주곤 했다. "그는 그 일을 할 수 없네, 그는 현재 일하고 있는 중이니까." 사지마비임에도 불구하고 직장인이라는 사실, 이러한 단 한 가지 특징이 현재 나라는 존재를 규정하고 있다. 그렇지만 항상 그러할 필요는 없다. 그러한 편견 어린 총체적 범주화에 대한 프랭클린 루스벨트Franklin Roosevelt의 승리를 고려해 보라. 그는 연설할 때 항상 서 있고, 휠체어에 앉아 있는 모습이 사진에 찍히는 것을 결코 허락하지 않음으로써 자신의 장애가 알려지지 않도록 했다.

장애인들이 한 명의 자율적이고 가치 있는 개인으로서 그 지위를 확립하기 위해서는 추가적인 노력을 기울여야만 한다. 그러나 상호작용 속에서 상대편의 반응은 어떤 생각 없는 행동이나 등한시로 인해 이러한 자부심을 전적으로 깎아내릴지도 모른다. 설령 비장애인이 장애를 지닌 상대편에게 존중을 표하기 위해 의식적인 시도를 하고 있다 할지라도, 비장애인은 그러한 만남에 가로놓여 있는 어떤 모호함, 어떻게 처신해야 하는가에 대한 명확한 문화적 지침의 부재, 그리고 아마도 완전히 떨쳐 버릴 수 없는 혐오감과 맞서 싸워야만 할 것이다. 이것이 대부분의 경우에 있어 억지스럽고 부자연스러운 분위기를 만들어 내게 된다. 그러한 분위기는 격식을 따라야 할 필요성, 과장된 표현, 위조된 명랑함, 유머의 시도 또는 넘쳐흐르는 친절을 통해 완화될 수도 있다. 비장애인과 장애인 간의 만남들은 실로 어색하고, 긴장이 흐르고, 애매한 일이다.

사회적 만남에서 양편 중 한쪽의 어떤 두드러지고 이례적인 특징에 의해 그러한 만남의 장면들이 뒤틀어지는 경험은 장애인에게만 한정되는 것은 아니다. 한 친구가 언젠가 자신이 참석했던 어떤 파티에 대해 이야기해 주었는데, 그 파티에서 한 여성 참석자는 성기게 짜인 망사 드레스 외에는 다른 어떤 것도 입지 않았다. 실제적으로 그녀는 알몸이나 다름없었던 것이다. 젊은 여성의 경우라면 심각한 위험에 노출될 수도 있는—만약 남성으로부터가 아니라면, 다른 여성으로부터라도—몇몇의 사교 서클이 현재 존재하고 있다. 그렇지만 그 친구가 말해 준 것은 중산층 지식인들의 모임이었고, 그들은 자신들의 세련됨과 고도의 지적 교양, 그리고 성차별주의가 존재하지 않음을 자랑스럽게 여기는 사람들이었다. 누구도 그 드레스나 그 옷을 입은 여성에 대해 이야기하지 않았고, 그곳의 남성들은 그녀를 쓸데없이 바라보지 않도록 주의를 기울였다. 한 남성은 그녀와 대화를 나눌 때, 시선이 아래쪽으로 향하지 않도록 세심히 노력하면서 눈길을 그녀의 얼굴로만 향하게 했다. 누구도 그녀에 대해 별다른 얘기를 하지 않은 것은 당연했다. 나의 친구는 그 파티가 실패작이었다고 평가했다. 분위기는 매우 형식적이고 딱딱한 상태로 유지되었고, 유쾌함은 억지로 짜낸 것이었으며, 모임은 이른 시간에 파해 버렸던 것이다.

그 여성의 환히 비치는 드레스는 모임의 대화에서 무언의 초점이 되었고, 그것이 파티의 다른 모든 활동을 망쳐 버렸으며, 다른 모든 관계들도 왜곡시켰다. 사람들이 급히 가 버린 것은 별로 이상한 일이 아니다. 내가 생각하기에 지금까지 출간된 것 중 장애의 사회학에 관한 최고의 에세이에서, 프레드 데이비스Fred Davis는 그와 동일한 일이 비장애인과 장애인 사이의 사회적 만남이 이루어지는 동안에, 특히 그러한 만남이 처음일 경우에 더 빈번히 발생한다고 썼다.[18] 나 자신의 연구와 개인적 경험은 그의 명제를 확인시켜 준다. 장애인으로서의 정체성이 그/그녀 자신의 마음속에서 가장 주요한 위치를 점하고, 손상이 그/그녀의 모든 행동에 있어 하나의 원리가 되는 것처럼, 결함에 의해 압도되어 있는 장애인에 대한 상대편의 반응 또한 그러하다. 이러한 하나의 명백한 사실, 즉 장애인이 지닌 근본적인 육체적 차이와 인간 표준으로부터의 일탈이라는 현실이 상대편의 생각을 지배하며, 심지어 그/그녀를 거부토록 만들지도 모른다. 그러나 이것은 공개적으로 선언되는 것은 고사하고, 좀처럼 명시적으로 표현되지도 않는 생각들이다.

그러한 장애 ── 반신마비, 맹, 또는 그것이 다른 무엇이라 할지라

---

18 Fred Davis, "Deviance Disavowal: The Management of Strained Interaction by the Visibly Handicapped", *Social Problems* vol. 9 no. 2, 1961, pp. 121~132.

도——는 사회적 만남이 이루어지는 양편 모두에게 중심적 위치를 점하고 의식의 전면에 놓이게 되며, 양자는 그러한 만남을 정상화하는 단계, 즉 데이비스가 '일탈 부인'이라고 불렀던 과정을 밟아 나가야만 한다. 만남의 참여자들은 아무것도 잘못된 것이 없는 것처럼, 감춰진 문제가 없는 것처럼 처신하기 위해 노력한다. 회피와 온정적 후원관계를 별도로 하면, 몇 가지 상이한 시나리오가 가능하다. 한 가지 기법은 만남의 도입부에 "아 참, 그것이 테이블 위에 있으니, 밖으로 나가도록 하자", "이제 우리가 할 일을 다시 하도록 하자"와 같이 말하는 것처럼, 상호작용이 오래 지속되지 않고 적절히 전환되도록 간단한 말을 에둘러 던지는 것이다. 이러한 계열의 행동은 대개 손상을 지닌 사람에 의해 이루어지는데, 그는 다른 사람들을 마음 편하게 만들어 주는 데 있어 전문가가 되어야만 한다. 앞서 말했던 것처럼 그는 매우 명랑한 태도로 이러한 행동을 취하는데, 그렇지 않다면 상대편을 떠나가 버리도록 만들 수도 있다. 그러나 때때로 장애인 쪽에서 상대편을 난처하고 괴롭게 만들기도 한다. 그것은 원치 않는 만남의 상대를 제거하는 훌륭한 방법이다.

데이비스는 이러한 최초 만남의 장면들에서 숨겨지는 문제들과 분위기를 지배하지만 언급되지 않는 결함이 사회적 관계성을 왜곡한다고 정확히 진술하고 있다. 비장애인은 상대방에게 상처가 되는 어떤 말을 할까 봐 마음을 졸이게 되며, 마치 지뢰밭을 통과하는 것처럼 사회적 만남 속으로 신경을 곤두세운 채 들어오게 된다. 장애인은 상대편이 무슨 생각을 하고 있는지 알고 있으며, 상대편도 자신이 생각하고 있는 것을 장애인이 알고 있다는 사실을 알고 있다……. 마치 서로를 비춰 주는 거울방에 있는 것처럼 말이다. 그러나 그것은 또 한편 기묘한 거울이어서 비추는 동시에 왜곡하며, 정상화 과정은 흘러 움직이는 모래층과 같은 불안한 지반 위에서 작동한다고 할 수 있다. 왜냐하면 그러한 정상화 과정은 언제나 흔적도 없이 빨려 들어가 사라져 버릴 위험 속에 놓여 있기 때문이다. 근대 사회학의 창시자 중 한 명인 게오르크 짐멜Georg Simmel은 일찍이 모든 사회적 만남이 임박해 있는 재난을 현실화할 우려가 있다고, 그리고 장애인과의 사회적 만남은 이러한 일반적 진실의 극단적 실례라고 썼다. 짐멜은 또한 사회적 행위는 "상호 간에 목적론적으로 결의된 무지"에 입각해 있다고 적었다.[19] 이러한 진술은 만약 사람들이 서로에 관해 너무나 분명하고 정확한 개인적 정보를 가지고 있고 전적으로 정직하게 발언한다면, 그것이 사회적 관계성을 파괴하고 인간사회를 존립 불가능하게 만들지도 모른다는 것을 의미한다. 우리는 사회적 만남에서 양쪽 모두 상대방에게 정보의 제공을 억제할 뿐만 아니라, 또한 공개되는 사실의 핵심적인 부분을 왜곡하거나 미화한다고 덧붙여 말할 수 있을 것이다. 그리고 각자 불신은 잠시 보류하고, 이러한 사소한 악의 없는 거짓말들을 함께 살아가는 불가피한 대가로서 절반쯤은 받아들인다고 말할 수 있을 것이다. 장애인과 비장애인의 상호작용을 매우 주의를 끄는 대상으로 만드는 것은, 그것이 단지 사소한 악의 없는 거짓말들뿐만 아니라 터무니없는 거짓말——신체적 결함이 아무런 차이도 발생시키지 않는다는 것——에도 또한 의존하고 있다는 사실이다. 그것은 정말 터무니없는 거짓말이다. 그리고 장애인과 비장애인 간의 편치 않은 상호작용 속에서, 오해들은 확대되고 사회적 관계성은 전도되어 버린다.

19 Georg Simmel, *The Sociology of Georg Simmel*, ed. Kurt H. Wolff, Glencoe: Free Press, 1950, p. 312.

장애의 기저에 놓여 있는 중요한 특징이 무엇인지는 소아마비 때문에 목발을 사용하는 나의 한 친구에 의해 깔끔하게 예증된다. 그는 비행기를 탔고, 좌석에 앉았으며, 그의 목발을 승무원에게 주었다. 한 여성이 그의 옆에 앉았고, 그 둘은 화기애애한 대화를 나눴으며, 이는 그들이 탄 비행기가 착륙할 때까지 지속되었다. 비행기가 공항에 도착하자, 승무원이 그의 목발을 가지고 왔다. 그것을 보자 그 여성은 당황해서 부산을 떨었고, 급히 작별 인사를 중얼거리고는 허둥지둥 비행기에서 내렸다. 그녀는 너무나 늦게야 그의 정체에 설정되어 있는 중대한 저당물, 즉 장애를 알아차렸다. 나는 그녀가 그날의 나머지 시간 동안 무언가 '잘못된' 말을 한 것은 아닌지 어쩔 줄 몰라 했을 것이라고 확신한다. 그리고 그녀가 내 친구의 장애를 일찍 알았다면, 다르게 행동했을 것임에 분명하다. 즉, 그녀는 회피라는 해결책을 사용했을 것이다.

데이비스는 한 비장애인 정보제공자가 "첫번째 문제는 눈을 어디로 향해야 하는가이다"라고 말을 했던 경우와 같은, 최초의 사회적 만남에 주로 관심을 지니고 있었다. 그렇지만 데이비스의 견해는 한쪽이 중도에 장애를 갖게 된 오래된 지인들의 만남에도 또한 적용된다. 이러한 경우가 서로 낯선 장애인과 비장애인 간의 사회적 만남보다도 더 괴로운 것일 수 있다. 왜냐하면 이전에 확립된 사회적 역할 관계를 유지하기 위해 어떤 의식적인 노력, 즉 장애인 쪽의 새로운 정체성이나 비장애인 쪽의 혐오감·죄책감·공포감과 충돌을 일으키는 어떤 시도가 이루어져야만 하기 때문이다. 장애인은 비장애인 친구의 내적인 혼란을 알고 있고, 비장애인은 마치 그/그녀가 알고 있던 오래된 친구가 어딘가 다른 곳으로 가 버린 듯한 어떤 소원감을 느낀다. 그들의 관계는 재규정되어야만 하며, 그것은 새로운 관계를 형성하는 것보다 대개 더 어려운 일이다. 그 결과, 최근에 새롭게 장애를 갖게 된 사람은 대개 그들의 오래된 친구와 친척, 심지어 배우자와도 결별을 하거나 결별을 당하게 된다.

장애인들의 사교 서클은 축소되거나 위축되어 있다. 회원은 수적으로 줄어들고 대개는 다른 사회계층들과 분리되어 있다. 나의 축소된 사회적 활동 범위 탓에, 나는 더 이상 인류학자들의 모임(나는 술을 끊은 이래로 그 모임을 시간 낭비로 생각하고 있다)에는 나가지 않으며, 그에 따라 내가 옮겨 간 전문가 모임은 더 규모가 작은 것이었다. 일반적인 대학 생활로부터 멀어지게 되면서 내가 나의 학과에만 파묻혀 있게 되고, 보다 직접적인 동료들이나 학생들과의 관계를 강화시켰던 것처럼 말이다. 같은 상황이 내가 살고 있는 지역사회에서도 발생했는데, 이전에 나는 지역 정치에 관여하는 것을 취미로 삼고 넓은 범위의 교우관계를 맺었다. 처음에 그들은 나를 위해 모여들었지만, 점차 보이지 않게 되었다. 여기에는 부분적으로 나의 잘못도 있는데, 왜냐하면 내가 좀처럼 그들을 초대하지 않았기 때문이다. 고립이란 그렇게 상호적인 것이다.

그렇지만, 근디스트로피증muscular dystrophy[유전적 요인으로 인해 근육의 위축과 근력저하가 나타나는 퇴행성 질환—옮긴이]을 지닌 한 친구와 내가 마을 도서관에서 잘 알려진 장애에 관한 프로그램을 조직했을 때, 나의 고립이 오직 나 자신의 잘못만은 아니라는 사실을 강하게 자각하게 되었다. 순진하게도, 나는 친구들·이웃들·정치적 동료들이 구름처럼 모여들 것이라고 예상했지만, 단지 여덟 명의 사람들만이 나타났을 뿐이었다. 나는 사람들이 그러한 주제에 대해 얼마나 많은 거부감을 느끼고 있는지, 그리고 나를 향한 그들의 감정이 얼마나 양가적인지 자각하는 데 완전히 실패하고 있었다. 그 사건은 나를 분개토록 만들었지만, 나는 결국 나의 장애를 편하게 느끼게 된 가까운 친구들만의 작은 모임으로 물러났다. 이제 나는 그러한 나의 행동이 나에게 어떻게 다가설까를 진심으로 고심하고 있던 다수의 선량한 사람들로부터 스스로를 단절시켰다는 사실을 깨닫고 있다. 몇몇 사람들은 그들이 나에게 발생한 일을 감당할 수 없음을 시인한다. 그래서 그들은 떠나간다. 전하는 바에 의하면, 그다지 가깝지 않았던 한 친구는 다음과 같이 말했다고 한다. "정말 애석하구나. 그는 참 좋은 사람이었는데." 그 친구가 과거 시제를 사용한 것이 단지 우연은 아니었는데, 왜냐하면 내가 죽음의 문턱에 있다는 풍문이 때때로 떠돌고 있기 때문이다. 나는 이러한 일들을 하나의 미가공된 자료로서 음미하게 되는데, 왜냐하면 그것들이 은유적 진실을 담고 있기 때문이다. 즉, 어떤 의미에서 나는 죽었다. 죽은 것은 과거의 사회적 존재로서의 나이다.

장애인을 회피하는 것이 단지 장애에 익숙지 못한 사람들의 무지와 두려움에 의한 결과라고만은 말할 수 없다. 1982년에 저명한 『뉴잉글랜드의학저널』에 실린 데이비드 래빈David Rabin 박사의 한 논문에 의해 미국 의료계의 위선적인 태연함은 크게 동요되었다.[20] 당시 래빈은 밴더빌트대학교Vanderbilt University 메디컬스쿨의 교수였다. 래빈은 지금은 고인이 되었는데, 흔히 루게릭병으로 알려진 근위축성측색경화증Amyotrophic Lateral Sclerosis, ALS을 앓고 있었다. 이 병은 항시 생명을 위협할 수 있는 것이며, 이러한 사실은 잘 알려져 있다. 래빈은 그의 동료들로부터 공감적인 이해를 기대했지만, 그들이 자신을 회피한다는 것을 확인해야만 했다. 이러한 상황은 병이 진행될수록 점점 더 두드러

---

20 David Rabin, Pauline L. Rabin, and Rotti Rabin, "Compounding the Ordeal of ALS: Isolation from My Fellow Physicians", *New England Journal of Medicine* vol. 307 no. 8, 1982, pp. 506~509.

져 갔다. 어느 날 래빈이 중심을 잡지 못하고 미끄러져, 병원 바닥에 쓰러졌을 때까지 말이다. 당시 래빈이 쓰러졌던 곳 바로 가까이에는 다른 동료 의사가 지나가고 있었지만, 그는 래빈을 보았을 때 눈길을 돌려 버렸다. 일반적으로, 래빈은 그의 동료들보다는 하급 직원들로부터 더 많은 지지와 원조를 받았다. 어떤 거대한 장벽이 의사들을 그들의 불치병 환자들로부터 분리시키고 있었고, 래빈은 위험스럽게도 이 벽을 넘어 버린 존재였다. 의료 전문직은 사회적 지위를 굳건히 해주는 것이었고, 래빈을 고립시키는 것을 통해 치료자와 불운한 환자의 뒤섞임을 봉쇄해 버렸다. 나의 인류학 동료들은 그것보다는 훨씬 더 낫게 행동하지만, 그러나 그러한 행동 속에서 그들이 견지하고 있는 인간의 다양성이란 그들 작업의 재료일 뿐이다.

누군가의 사회적 활동 범위가 축소된다는 것은 양적인 문제일 뿐만 아니라 질적인 문제이기도 하다. 장애인들은 종종 새로운 관계 맺음을 시작하기도 하는데, 연구자들은 한결같이 이러한 관계 맺음이 과거의 동료집단들보다 더 낮은 사회적 지위의 사람들과 이루어지는 경향이 있다고 보고한다.[21] 그들은 클럽이나 종교단체를 통해 만난 다른 장애인들과 친구가 되고, 다른 실직자들과 교제한다. 그리고 부유한 사람들과의 만남에서는 거북함을 느낀다. 부유한 자들 역시 장애인들을 피하는 최우선의 무리들 가운데 속해 있기도 하다. 데이비스의 상위 중산계급에 속하는 비장애인 정보제공자 중 한 명은 "우리와 같은 지위의 사람들"에게 있어 심각한 손상의 발생은 쉽게 받아들이기 어려운 일이라고

---

21 Betty E. Cogswell, "Self-socialization: Readjustment of Paraplegics in the Community", *Journal of Rehabilitation* vol. 34, 1968, pp. 11~13, 35를 보라.

말했다.[22] 이러한 진술은 나 자신이 경험한 작은 에피소드와 공명한다. 나는 한 장애인권단체의 모임에 참석 중이었는데, 휠체어를 사용하기 이전의 정치활동을 통해 알고 있던 한 주써의원이 건너편에 서 있는 것을 발견했다. 그는 처음에 나를 알아보지 못했는데, 왜냐하면 휠체어가 일종의 변장 도구로 작용했기 때문이다. 그러나 그는 나중에 내 얼굴도 알아차리고 내가 어떤 일을 하는 사람이었는지도 기억해 내고 나서, "당신과 같은 사람"을 그러한 모임에서 만나게 되리라고는 전혀 예상치 못했다고 말했다. 그러한 장애는 단지 인생의 실패자들에게만 발생한다고 가정되는 것이다.

나의 나이와 오랫동안 확립된 기성의 지위 덕분에, 나는 가장 가깝고 가치 있는 유대관계들은 유지할 수 있었다. 비록 얼마간 주변적인 것들은 약화시키는 것이 불가피했지만 말이다. 나는 나의 교제관계를 그 사회적 계급을 하향시키는 방향으로 이동시키지 않았다. 비록 1980년부터 1983년 사이에 이루어진 장애인의 사회관계에 대한 나의 연구가 경제적으로 주변부에 놓인 많은 사람들과의 교제관계 속으로 나를 데려다 주기는 했지만 말이다. 그렇지만 나는 아마존 인디언들 사이에서의 연구보다 이러한 연구의 초기 단계들에서 더 많은 불편함을 느꼈음을 시인해야만 한다. 나 역시 장애인이라는 사실에도 **불구하고**가 아니라, 나 역시 장애인이라는 사실 **때문에** 말이다. 나는 연구의 대상인 **집단** 내에 있지만 그 **집단**의 **일원**은 아닌, 독립적이고 객관적인 관찰을 수행하는 조사자로서의 입장을 취함으로써 다른 휠체어이용 장애인들 사이에서 느낀 일마간 예상치 못했던 불편함에 대처했다. 주체와 객체의 이

22 Davis, "Deviance Disavowal", pp.121~132.

러한 교묘한 분리는 결코 유효하지 않았고, 그것은 나의 경우에 있어 이중적인 의미에서 허위적인 것이었다. 나는 개인적으로 거의 정상에 가깝다는 그릇된 신념을 품고 있었고, 나의 생산적인 삶에 자부심을 가지고 있었다. 또한 나는 자신을 온전히 장애인으로 정체화할 준비가 아직 되어 있지 않았다. 나와 동일한 반응은 칼링에 의해서도 보고된 바 있는데, 그는 "기억을 거슬러 올라가 보면, 나는 매우 예민하게 다른 불구자들과의 어떠한 접촉도 거부했다"고 적고 있다.[23] 지체장애인들 사이에서 수행한 연구와 그들 단체에의 참여는 그들의 삶 속에서 나 자신을 발견하는 것을 피할 수 없게 했고, 이는 나로 하여금 나 자신의 지위도 안전하지 않으며 위협받을 수 있는 것이라는 사실을 느끼도록 만들었다. 그 연구는 편안함을 느끼기에는 내 삶과 너무 밀접하게 연관되어 있었다. 그리고 나는 사회적 지위와 장애 사이의 관계에 관한 가치 있는 교훈을 얻었다. 나는 또한 나 자신에 관해 많은 것을 알게 되었다. 모든 인류학적 연구는 자신에 관한 재발견의 과정을 포함하는데, 장애인들 사이에서의 나의 경험은 대개 고통스러운 것이었다.

휠체어에서의 삶을 시작한 지 오래지 않아, 나는 나의 사회적 활동 범위 내에서 또 다른 기이한 변화와 미묘한 차이들을 인지하기 시작했다. 1980년에 한 치과를 방문했을 때 그 병원의 치과의사는 내 머리를 쓰다듬었고, 나는 다시는 그 치과에 가지 않았다. 한편 학부의 학생들도 나와 헤어질 때 종종 팔이나 어깨를 가볍게 만지곤 했다. 그들은 내가 걸어 다니던 시절에는 결코 그러한 행동을 보이지 않았는데, 나는 이를 유쾌하게 받아들였다. 왜 그랬을까? 그 치과의사는 나를 장애인이라

23 Carling, *And Yet We Are Human*.

는 지위로 환원하면서 마치 아이처럼 대했던 것이지만, 그 학생들은 어떤 유대를 확인하고 있는 것이었기 때문이다. 그들은 학생과 교수 간의 벽 너머로 손을 내밀어 그들이 나의 편임을 강하게 표현하고 있었다. 나는 중년의 교수였고, 다른 모든 교수들처럼 단지 그들에게 커다란 시험의 위협감을 주는 존재일 수 있었다. 그러나 나의 신체적 손상은 그들로 하여금 좀더 친근하게 다가설 수 있도록 해주었는데, 왜냐하면 나는 그들에게 사회적으로 덜 위압적이었기 때문이다. 대학원 학생들의 경우에도, 내가 장애를 갖고 난 이후에야 많은 이들이 성을 제외한 이름만으로 나를 부르기 시작했는데, 그 역시 어떤 무례함이라기보다는 친근감을 실증해 주고 있었다.

유사한 일들이 흑인들과의 접촉에서도 일어났다. 이전에 나는 캠퍼스 내의 흑인 청원경찰들에게는 일종의 비가시적인 존재여서, 그들은 대개 나와 함께 걸어가고 있는 흑인 동료 교수에게만 "안녕하세요, 교수님. 오늘은 기분 어떠세요?"라고 인사를 했다. 일부러 그리고 명확히 단수형을 사용해서 말이다. 그들은 이제 내가 누군지 알고 있으며, 나에게도 인사를 한다. 나는 이제 그들보다도 어떤 면에서 더 열악한 처지에 놓여 있는 백인이며, 공적인 위신의 미묘한 상실은 나를 그들 자신의 지위에 보다 가깝게 만들어 주었다. 우리는 이제 사회의 주변부에서 어떤 공통의 처지를 공유하고 있다. 우리는 같은 아웃사이더인 것이다.

휠체어에서 생활했던 처음 2년 동안, 나는 남성과 여성들이 상이한 방식으로 나에게 반응한다는 사실을 알아차렸다. 중년의 중산계급 남성들인 내 동료집단은 나의 장애에 가장 위협감을 느끼고 경직되어 있는 듯 보였는데, 이는 아마도 그들이 나와 가장 밀접하게 일체감을 지니고 있었기 때문일 것이다. 그러나 나와 여성들과의 관계는 모든 연령대에 있어 일반적으로 좀더 유연하고 개방적이 되었음을 발견하게 되었다. 그녀들은 남성들보다 이내 더 배려적인 모습을 보였고, 나와 함께 있는 것을 더 편안히 여겼던 것이다. 나는 또한 엘리베이터에 어떤 여성과 동승하게 되었을 때, 대개 그녀 쪽에서 인사를 하거나 말을 걸어온다는 사실도 알아차렸다. 내가 걸어 다니던 시절에는, 보통 양자 모두 말 없이 층수 표시기만을 응시하고 있었는데 말이다. 같은 일들은 휠체어를 타고 캠퍼스를 이동하고 있을 때에도 일어났다. 다소간 실험적으로, 나는 시선이 마주칠 때까지 내 쪽으로 다가오는 한 여성의 얼굴을 바라보곤 했다. 이 시점에서, 다른 보통의 경우라면 그녀는 눈길을 돌렸겠지만, 내가 경험한 대부분의 경우에는 그렇지 않았다. 눈을 맞춰 주고 목례를 하거나 미소를 보내 주었던 것이다. 시선의 교환은 자신에 대한 개방, 타인에 대한 인정, 폐쇄성 없는 만남을 의미했다.

나는 이러한 새로운 개방성을 신선하고 기분 좋게 받아들였으며, 일부일처제라는 규범이 갖는 사회적 분위기에 별다른 신경을 쓰지 않고 언제나 여성들과의 교제를 즐겼다. 그녀들은 일반적으로 남성들보다 더 좋은 친구들이었다. 비록 이러한 그럴듯하고 비인류학적인 일반화에 대한 많은 예외들이 존재한다는 사실을 얼마 안 가 알아차려야 했지만 말이다. 그렇다면 과연 여성들의 이러한 개방적인 반응은 남성과 여성 간의 관계에 관하여 나에게 무엇을 말해 주고 있는가? 그것은 남성과 여성이 적대감이라는 벽에 의해 분리되어 있고, 양자 모두 상대방에 대해 대개 무의식적이지만 정교한 방어기제를 지니고 있다는 프로이트의 명제를 역설적으로 확인시켜 주었다. 그리고 이러한 명제는 단지 프로이트가 살았던 오스트리아의 빈에만 적용되는 특징은 아니다. 아내인 욜란다와 나는 문두루쿠족[24] 사이에서 이러한 적대감에 대한 생생한 증거를 발견했는데, 그곳에서 남녀 간의 적대감은 남성과 여성들이 서로 분리된 가옥에서 잠을 자도록 하는 것과 같은 일상적 제도 속에 깊이 묻어 들어가 있었다.[25] 나는 또한 다른 논문에서 여성들이 세계 어느 곳에서나 일반적으로 단정하고 조심스럽게 보이는 것을 통해 그녀들 자신을 방어하는 경향이 있음을 주장한 바 있다. 즉 그녀들은 어린 시절부터 '아니오'라고 말하도록, 그리고 모든 남성들을 잠재적인 위협으로 간주하도록 훈련받는다.[26] 그리고 성적 규범에 있어 최근의 모든 변화들에도 불구하고, 나는 이러한 무의식적인 적대감이 여전히 널리 퍼져 있는 태도라고 믿는다.

여성들과 나 사이에 새롭게 형성된 편안한 관계는 내가 더 이상 위험의 근원으로서 간주되지 않기 때문이었다. 그렇다면 결국, 내가 여성과의 관계를 추구하기를 원한다 할지라도, 내가 무성적인 존재에서 남성적인 존재로 인식되는 순간 그녀는 쉽게 나를 떠나갈 수 있다. 여성들은 전반적으로 남녀관계에서 이러한 무의식적인 적대감과 위험성이라는 측면에 의해 제어된다. 누군가는 나이 들고 존경받는 교수는 별다른 위협감을 주지 않을 것이라고, 그 자신은 예외라고 주장할지도 모르지만, 이는 여성의 방어감이 몸에 깊이 배어들어 있는 전前의식적인 불안에 기초하고 있다는 사실을 경시하고 있다. 그것은 젠더적 관계에서 다른 어떤 무언의 전제보다 덜 활성화되어 있는 요소이다. 따라서 언제든

---

24 남미 아마존 밀림에 사는 원주민 부족 가운데 하나. 5까지만의 수 개념을 지니고 있다는 사실이 많이 알려져 있다. ─옮긴이

25 Yolanda Murphy and Robert F. Murphy, *Women of the Forest*, New York: Columbia University Press, 1974.

26 Robert F. Murphy, "Man's Culture and Woman's Nature", *Annals of the New York Academy of Science* vol. 293, 1977, pp. 15~24.

지 활성화되어 효력을 발휘할 수 있다. 우리들 대다수는 이러한 성향의 깊이를 깨닫지 못하고 있으며, 나는 그것을 다만 한 남자로서의 나의 지위가 반신마비 장애인이라는 나의 새로운 정체성에 의해 수면 아래로 묻혀 버렸기 때문에 인식하게 되었다.

다른 연구자들 또한 여성들이 일반적인 남성들보다는 장애인들과 더 쉽게 사회관계를 맺는다는 사실에 주목하고 있으며,[27] 어떤 이들은 이것을 양육과 환자를 돌보는 전통적인 여성의 역할과 연관 짓고 있다. 이것이 실제로 여러 가지 요인 중 하나일지는 모르지만, 나는 그것이 주요한 원인인지에 대해서는 회의적이다. 과거에 여성들은 간호 분야가 그녀들에게 열려 있는 최고의 직업들 중 하나였기 때문에 그러한 영역으로 진출했다. 이제 그녀들은 의사나 은행원이 되는 것을 더 선호한다. 간호라는 일에 대해 여성들이 특별한 적성을 지니고 있는가에 관해서라면, 나는 단지 내가 받아 본 최선의 간호 중 일부는 남성들로부터 행해진 것이었고, 최악의 간호 중 일부는 여성들로부터 행해진 것이었다고 말할 수 있을 뿐이다. 여성들에게 어떤 종류의 모성적 본능이 있다고 생각하기보다는, 오히려 장애가 어떤 사람을 무성적 존재로 만든다는 사실에 다시 주목하는 것이 훨씬 더 적절할 것 같다. 그것이 권력 투쟁에서 패배한 여성의 성적 역할이라는 오래된 설명방식을 차단하면서, '남성의 우월성'이라는 케케묵은 관념에도 종지부를 찍는다.

고프먼의 『낙인』은 장애인, 범죄자, 그 밖의 소수자 집단이 어떤 공통의 운명을 공유하고 있는 것으로 간주될 수 있는 일반적 인식틀을 제

---

27 R. William English, "Correlates of Stigma towards Physically Disabled Persons", *Rehabilitation Research and Practice Review* vol. 2, 1971, pp. 1~17을 보라.

공함으로써[28] 장애의 사회학적 연구에 커다란 영향력을 미쳤다. 그들은 모두 사회적 표준으로부터의 아웃사이더, 일탈자들인 것이다. 그렇지만, 이러한 인식틀에는 여러 문제점이 존재한다. 무엇보다도 우선, 그것은 고의로 법적·도덕적 기준을 위반한 사람들과 자신의 낙인화된 상태로 인해 결코 비난받아선 안 될 사람들을 하나의 용광로 안에 밀어넣어 버렸다. 어떤 사람은 범죄자의 삶을 살 것을 선택하기도 하지만, 누구도 흑인으로 태어날 것을 요청할 수 없으며, 또한 누구도 사지마비가 되기를 원치 않는다는 것은 분명하다. 삶에서의 이러한 상태들은 선택을 통해서가 아니라, 유전이나 불운에 의해 찾아온다. 물론 이러한 사실 자체가 타인들이 그 희생자들을 비난하는 것을 막아 주지는 못하며, 무지몽매한 수많은 백인들은 흑인들을 생계를 위해 일하기보다는 복지급여나 범죄를 선호하는 게으르고 우둔한 사람들로 바라보고 있다. 장애인들조차 종종 그들의 상태로 인해, 또는 하다못해 최대한의 회복을 성취하지 못했다는 이유로 인해 막연히 비난을 받는다. 그리고 장애인들이 낙인화된 정체성을 지니고 있다는 것에 대한 명확한 증거로서, 신체적 손상은 존경받을 만한 사람에게는 발생하지 않는 것으로 간주된다. 맹인은 보호 작업장에서 빗자루를 만들거나, 또는 양철 컵과 함께 거리 모퉁이에 앉아 있는 사람이어야만 한다. 그들은 분명히 사회적 지위가 상승되는 사람들 틈에는 속해 있지 않은 것이다.

장애인들과 흑인들은 비난에 대한 책임성의 문제에 있어 흉악한 범죄자들과는 상이하다. 그러나 흑인과 장애인들 또한 서로 다르다. 미국에서 인종적 편견은 깊은 역사적·경제적 뿌리를 지니고 있는데, 왜냐하

28 Goffman, *Stigma*.

면 흑인과 히스패닉 이주민들은 수 세기 동안 값싼 노동력 풀로서 기능해 왔기 때문이다. 그들은 이제 점점 더 여성들——낙인화된 사람들 가운데 가장 잘 통합되어 있는——과 유사한 처지를 공유하고 있다. 그들을 억압하는 것은 경제적 이득이 있는 것이다. 그렇지만, 신체적 장애인들을 체계적으로 배제하고 비하하는 데에는 아무런 강력한 경제적 이유가 존재하지 않는다. 그들이 대개 공적 비용으로 지원과 돌봄을 받고있다는 소소한 사실을 제외하고는 말이다. 그러한 지점이 아니라면, 장애인에 대한 차별이 중요한 사회적 기능에 어떻게 도움이 되는지 이해하기 어렵다. 그럼에도 불구하고, 여러 연구들은 장애인들에게 적대감을 품고 있는 사람들이 통계적으로 다른 소수자들에게도 편견을 지니고 있을 가능성이 높다는 것을 보여 준다.[29] 이러한 모든 차별과 편견에는 얼마간의 단순하고 근거 없는 비열함이 존재한다. 편협하고 완고한 신앙은 경계를 가리지 않는다.

인종과 핸디캡 사이에 존재하는 구조적인 차이들에 더하여, 장애인에게는 인종적 소수자와는 상이한 차원의 가치 부여와 감정적 대응이 이루어진다. 사람들은 인종적 편견을 갖도록 사회화된다. 즉, 유대인과 흑인들을 혐오하도록 교육받는다. 그러나 장애인을 차별하라고 교육을 받지는 않는다. 이러한 사실에도 불구하고, 신체적 손상을 지닌 사람들은 대개 다양한 정도로 혐오감·공포·노골적인 적대감을 불러일으킨다. 이러한 감정들은 마치 본능적이고 '자연스러운' 듯한데, 왜냐하면 장애인들이 우리 사회의 가치와 아이의 훈육을 침해하는 것처럼 보이기 때

---

29 Mark A. Chesler, "Ethnocentrism and Attitudes toward Physically Disabled", *Journal of Personality and Social Psychology* vol. 2 issue 6, 1965, pp. 877~882.

문이다. 그러나 **정말** 그러한가? 아이들은 매우 당연하게도 장애인에 대해 호기심을 가지며 대개 눈길을 주곤 한다. 그러나 이는 부모가 아이의 팔을 잡아당기며 "바라보지 말거라"라고 말하는 것으로 이어진다. 다른 어떤 것도 이보다 더 아이가 장애에 대해 두려움을 갖도록 가르칠 수는 없다. 장애라는 상태는 매우 끔찍한 것이 되어 버리고, 아이는 장애에 대해 말하지도 심지어 쳐다볼 수도 없게 된다. 많은 아이들이 그러한 방식들 속에서 인종적 편견을 훨씬 뛰어넘는 차원의 강한 혐오감을 가지고 장애를 바라보도록 훈육된다. 장애가 자신에게도 발생할 수 있다는 공포감을 강화시키는 것은 바로 이러한 정서라고 할 수 있다.

장애인을 도와야 한다는 도덕적 명령에 관해서 보자면, 사람들은 안전한 거리를 둔 채 이를 수행하곤 한다. 자선단체에 기부를 하거나, 구걸하는 장애인에게 동전을 던져 줌으로써 말이다. 이러한 방식으로, 비장애인들은 장애인과 지나치게 가까워짐 없이 그들의 양심을 달랜다. 그들은 자선행위를 통해 그들 자신은 비양심적인 사람들과 다름을, 그리고 자신은 흠잡을 데 없는 존재임을 강조하고자 하는 것이다. 친절함과 거부의 이러한 모순적인 반응들은 장애인의 대우라는 문제를 터무니없이 상반된 가치들이 경합하는 장으로 만드는 데 일조한다.

장애를 사회적 일탈의 한 유형으로서 간주하는 것은 많은 이슈들을 혼동케 하며, 그러한 이슈들을 다루는 사회과학자들로 하여금 이론적으로 막다른 골목에 이르게 한다. 우리의 연구를 수행하는 과정 동안에, 나와 나의 동료들은 장애를 상이한 인식틀 내에서 바라보는 것이 훨씬 더 도움이 된다는 것을 발견했다. 장애라는 상태를 보편적으로 개념화하면서도 동시에 그 특이성을 보존할 수 있는 그러한 인식틀 말이다. 우리는 장애를 **경계성**——통과의례와 밀접히 연관된 하나의 개념——의한 형태로서 다룬다. 가입의례들은 한 개인이 사회 속에서 지닌 하나의 지위로부터 또 다른 지위로 변환하는 과정에 해당 공동체를 함께 참여시키려는 목적을 지닌다. 그러한 가입의례들은 전형적으로 다음의 세 단계를 거쳐 이루어진다. 신입자의 분리와 교육, 의례를 통한 출현, 새로운 역할 속에서 사회로의 재통합이 그것이다. 어떤 사람이 경계적 상태——글자 그대로, 문턱——에 있다고 말해지는 것은, 분리에서 출현으로의 과도기적 단계 동안이다. 그러한 상태는 그/그녀가 공식적인 사회 체계의 외부에 정지된 채 남아 있게 되는 일종의 사회적 림보이다.

의례에 대한 사람들의 이해에 있어 많은 부분은 아르놀드 방주네프와 에밀 뒤르켐Émile Durkheim에게, 그리고 뒤르켐의 제자인 앙리 위베르Henri Hubert와 마르셀 모스Marcel Mauss에게 빚지고 있지만, 그들의 생각을 현대 문화 및 사회 이론과 조화시켜 낸 대부분의 작업을 수행한 것은 인류학자 빅터 터너Victor Turner였다. 그가 쓴 에세이들 중 하나의 제목인 「이도 저도 아닌」은 미국 내 장애인의 모호한 지위에 대한 실질적이고도 간결한 묘사이다.[30] 장기간 신체적 손상을 지닌 채 살아가는 사람들은 아픈 것도 건강한 것도 아니고, 죽은 것도 완전히 살아 있는 것도 아니며, 사회의 외부에 있는 것도 완전히 그 내부에 있는 것도 아니다. 그들은 인간이지만, 그들의 몸은 뒤틀리거나 제대로 작동하지 않으며, 그들의 온전한 인간성은 의문 속에 남겨져 있다. 그들은 병자도 아닌데, 왜냐하면 질환은 죽음 또는 회복 중 어느 하나로 이행해 가는 것이기 때문이다. 사실, 질환은 비종교적이고, 비의례적인 경계적 상태

30 Victor Turner, "Betwixt and Between", *The Forest of Symbols: Aspects of Ndembu Ritual*, Ithaca, N.Y.: Cornell University Press, 1967.

의 좋은 예이다. 병자는 그/그녀가 나아질 때까지는 사회적 유예의 상태에서 살아간다. 장애인은 유사한 유예의 상태에서 일생을 보낸다. 그들은 어류도 조류도 아니다. 그들은 확정되지 않은, 모호한 사람들로서 사회로부터 부분적으로 고립된 채 존재한다.

이러한 불확정성의 특질, 정상성으로부터의 실존적 이탈은 연구자들이 보고하고 있는 장애인에 대한 광범위한 혐오에 기여하고 있다. 인류학자 메리 더글러스Mary Douglas는 그녀의 1966년 저서 『순수와 위험』에서 문화적 상징화가 관례적 실재conventional reality를 정돈된 범주들로 분류한다고, 그리고 이러한 정돈된 분류로부터의 이탈은 많은 문화들에서 위험한 것으로서 간주된다고 썼다.[31] 그녀는 갈라진 발굽을 가진 동물이면서도 되새김질을 하지 않는다는 돼지가 지닌 이례성이, 돼지고기를 먹어서는 안 된다는 유대인이 지닌 금기에 대한 이유임을 주장한다. 명확함의 결여는 곧 순결함의 결여를 의미한다. 그러므로 돼지는 오염되어 있는 것이고 피해야만 한다. 영구적인 장애인 또한 대체로 같은 이유 때문에 오염된 존재의 범주에 속하게 된다. 그들은 이례적인 존재이다. 심각한 경련성 환자, 또는 당대에 가장 심각한 안면기형을 지닌 사람으로서 모호한 영예를 누렸던 소위 엘리펀트맨Elephant Man[32]의 경우처럼 말이다. 대개는 상스러운 현대의 은어 속에서, 중증 장애인

---

31 Mary Douglas, *Purity and Danger: An Analysis of Concepts of Pollution and Taboo*, London: Routledge and Kegan Paul, 1966[메리 더글러스, 『순수와 위험』, 유제분 옮김, 현대미학사, 1997].

32 나발성신경섬유종증(학명 레클링하우젠병)에 의해서 머리가 비대해지고 기형의 얼굴을 지닌 조지프 메릭Joseph Merrick(1862~1890)이라는 실존 인물로, 서커스단에서 일하다 사람들에게 널리 알려지면서 유명세를 탔다. 그의 이야기는 1980년에 데이비드 린치David Lynch 감독에 의해 「엘리펀트 맨」이라는 제목으로 영화화되었으며, 소설로도 출간되었다. 그에 대한 좀더 자세한 분석은 이 책의 종장을 참조하라. —옮긴이

들은 '밥맛 떨어지는 존재'이다. 장애인들은 사람들의 기분을 저하시키며, 편안함과 즐거움을 주는 것과는 가장 멀리 떨어져 있는 존재인 것이다. 그들은 또한 평범한 사람들을 '역겹게 하는' 존재이며, 이러한 표현은 그들이 불쾌감과 혐오감을 일으킨다는 것을 의미한다. 물론 모든 사람들이 이러한 식으로 반응을 하는 것은 아니지만, 그러한 반응은 여전히 매우 통상적이다. 매우 최근까지도 식당들은 때때로 겉으로도 장애인임이 분명해 보이는 사람들은 받으려 하지 않았으며, 이러한 태도는 대중의 인식을 바꾸기 위한 공동의 노력이 이루어진 후에야 변화되었다. 어떤 장애들은 다른 장애들보다 비장애인들을 더 불편하게 한다. 장애의 심한 정도와 유형에 따라 가치 절하의 위계가 존재하는 것이다. 그 등급의 맨 밑바닥에는 안면의 손상이나 현저한 몸의 뒤틀림을 지닌 사람이 존재하며, 휠체어를 이용하는 장애인은 대략 중간쯤에 위치한다. 그러한 가치 절하의 주요한 기준은 표준적인 인간의 형태와 상이한 정도에 기반을 두고 있는 것처럼 보인다.

인간 사고의 모든 이원론적 구별 중 가장 큰 것은 자연과 문화의 분리라는 클로드 레비-스트로스Claude Levi-Strauss의 생각이 더글러스의 이론에 더해질 수 있을 것이다. 이러한 커다란 이원론의 인식틀 내에 위치되었을 때, 신체적 손상이란 문화의 담지자로서 한 사람이 갖는 지위를 하락시키는 자연에 의한 침해이다. 이와 동일한 과정은 월경 시기나 아이의 출산 후 일정 기간 동안 여성들을 격리시키는 사회들 내에서도 작동한다. 이것이 결정적으로 다른 종류의 '일탈'과 장애를 매우 상이하게 만드는 것이라 할 수 있다. 장애인을 일탈된 존재로 만드는 것은 도덕률로부터의 이탈이 아니라, 인간에 대한 관례적 분류 및 이해와의 불일치이다. 장애인이 인간이라는 바로 그 사실과 타협하기 위해서, 자연에 의한 장애인의 오염은 논리상 필연적으로 그들의 몸이 이례성을 지녔다는 인식과 결합한다.

터너는 의례를 통한 지위의 변화를 겪고 있는 사람들은 "더 이상 예전처럼 분류되지 않고 동시에 아직 새롭게 분류되지도 않은 상태에 있다"라고 썼다.[33] 그들은 자신의 구래의 지위를 상실했으며, 아직 새로운 지위를 획득하지도 않은 것이다. 이는 그들을 향해 어떻게 행동해야 하는가의 문제에 관해 다른 사람들을 불확실한 상태로 놓아두게 된다. 그리고 이 지점에서 우리는 장애인에 대해 어떻게 행동해야 하는가라는 문제에 있어 동일한 곤경이 반복됨을 보게 된다. 이러한 불확정성은 경계적 사람들——더글러스적인 의미에서는 의례상으로 오염된 사람들——을 분리하거나 회피함으로써 해결될 수 있다. 단순한 원시사회들에서 사춘기의례의 신입자들은 몇 주, 몇 달, 심지어 몇 년 동안 격리될 수도 있다. 현대의 복합사회들에서는 방과 후의 종교적 교육이나 기념여행과 같은 완화된 수단에 의해 그러한 분리의 과정이 완수된다. 훨씬 더 심각한 격리의 형태는 병원과 요양원에 장애인을 감금하는 것이나, 또는 도로의 턱·계단·접근할 수 없는 대중교통과 같은 물리적 장벽으로 장애인이 거주지 밖으로 나갈 수 없게 만드는 것에 의해 이루어진다.

장애인과 의례의 신입자 사이에는 또 다른 두드러진 유사성이 존재한다. 터너는 "가르치는 사람과 신참자 사이에는 대개 완전한 권위와 완전한 복종이 존재한다. 신참자들 사이에서는 대개 완전한 평등이 존재한다"라고 쓰고 있다.[34] 이것은 확실히 의료인들의 권위주의적이고 후견

33 Turner, *The Forest of Symbols*, p.96.
34 ibid., p.99.

적인 역할의 서술과 유사하다고 할 수 있으며, 재활병동에서 의료인들은 부족의 연장자들이 오지 학교에서 수행하는 것과 동일한 목적에 이바지하고 있다. 병원에 들어온 신참자들 사이에서의 평등 또한 마찬가지로 존재한다. 병원은 사람들로부터 그들이 지닌 이전의 정체성을 제거하고 그들을 모호한 '환자'라는 지위로 환원시킨다. 그리고 이러한 병원에서 오랜 기간을 보낸 사람은 누구나 환자들이 서로가 지닌 이전의 사회적 차이들을 무시한 채, 대개는 동등한 존재로서 상호작용한다는 것을 알고 있다.

이러한 동급의 관계는 병원 외부의 장애인들 사이에서도 발생한다. 지난 십 년 동안, 나는 다수의 장애인단체에 참여하고 셀 수 없이 많은 장애인 모임에 참석했는데, 여기서 보편화되어 있는 평등주의적인 분위기에 깊은 인상을 받았다. 이러한 평등한 관계는 나에게까지도 어김없이 적용되었다. 함께 모인 장애인들 사이에서 대개는 내가 가장 연장자이고, 거의 항상 가장 상층의 직업적 지위의 소유자라는 사실에도 불구하고 말이다. 누구도 나를 '박사님'이나 '교수님'이라고 부르지 않았으며, 심지어 '씨'라는 관례적 존칭도 잘 쓰지 않았다. 그들은 성을 제외한 이름만을 사용해 나를 부르곤 했다. 내가 그들 대부분보다 장애에 관해 좀더 학식이 풍부하다는 사실에 대한 얼마간의 존중이 있기는 했지만, 그것은 나에게 거의 아무런 권위도 부여하지 않았다. 실제로, 나는 종종 내 견해 중 많은 것들이 무시되어 버리는 것을 확인하고 원통함을 삼켜야 했다. 이러한 상황은 내가 말하는 모든 것을 청중들이 주목해주는 것에 익숙했던 나의 자존심에 얼마간 타격을 주었던 것이다. 그렇지만, 나의 직업적 자부심을 한층 더 깔아뭉갠 것은 비장애인인 외부의 '전문가들'에게 훨씬 더 진지한 주의가 기울여진다는 사실이었다. 장애인들은 그렇게 비장애인들과 마찬가지로 부당한 구별 짓기에, 그리고 그들이 겉으로는 개탄해 마지않는 관행에 참여하기도 한다.

우리가 공유하고 있는 장애인으로서의 정체성은 연령·학력·직업이 갖는 전통적 위계들보다 우선하며, 많은 성 역할의 장벽들 또한 무화시킨다. 나는 이러한 사실을 1976년에 물리치료를 받을 때 처음 알게 되었다. 다리에 편마비를 지닌 한 젊은 여성과 인사를 나눈 직후 나는 그녀에게 "치료는 잘되어 가나요?"라고 물었고, 그녀는 "저는 최근엔 힘들어서 엉엉 울었어요"라고 대답했다. 그리고 나는 다시 "나는 체면상 전혀 울지도 못하는데, 그게 더 나쁜 거 같아요"라고 응답했다. 이는 전적으로 자연스럽게 이루어진 의사의 교환이었는데, 나중에 나는 그것이 통상적인 상황에서는 참 이루어지기 힘든 대화였겠다고 생각했다. 장애인이 아니었다면 내가 방금 만난 여성에게 어찌 그런 말을 할 수 있겠는가? 나중에 재활병동에 입원해 있는 동안에, 나는 세 명의 여성과 함께 같은 병실에 배치되었다. 이는 통상적인 병원의 일 처리 절차에서 벗어난 것이었고, 병실이 만원이어서 스케줄 조정 문제 때문에 부득이하게 요구된 일이었지만, 그것이 우리 모두를 괴롭게 하지는 않았다. 우리들 중 누구도 혼자서 침대를 벗어날 수 없었으며, 나에 의해서든 그녀들 중 누구에 의해서든 성추행의 시도가 이루어졌다면 하나의 기적으로 환호를 받았을 것이다.

경계적 사람들로서, 장애인들은 사회적 구별 짓기에 의해 분리되지 않은 전인적 개인으로 서로와 마주한다. 그리고 장애인들은 대개 서로에게 숨김없이 사실을 털어놓는다. 나는 반신마비 장애여성과 어떤 방향설정 없이 자연스럽게 이끌려 대소변 문제에 대해 격의 없는 대화를 나눈 적이 있다. 그리고 한 다발성경화증 연구자는 그녀 자신이 다발성경화증을 지니고 있었는데, 남성 정보제공자들이 대개 그녀에게는 자신들의 발기부전 문제에 관해 자발적으로 이야기한다고 말하였다. 이러한 개방성은 장애인 연구자로 하여금 장애인들 사이에서의 현지조사를 용이하게 해준다. 물론 장애인 연구자는 자신의 손상에 대한 경험이 정보제공자의 경험과 동일하다고 섣불리 가정하지 않도록 주의를 기울여야 하겠지만 말이다. 장애인들 사이에서의 이러한 민주성이 갖는 또 하나의 결과는, 그들이 지닐 수 있는 초기의 반감——그것은 단지 그들의 고립을 더해 줄 뿐이다——을 넘어선 후에는 많은 경우 서로 친구가 되기를 추구한다는 것이다. 대개는 장애단체에서의 멤버십을 통해서 말이다. 그곳에서 장애인들은 동료관계를, 그리고 대개 그들을 주변부로 밀어내는 이 세계로부터의 피난처를 찾게 된다.

장애인은 많은 사회학자들이 따르고 있는 사회적 일탈 모델보다 경계성의 인식틀에 훨씬 더 잘 들어맞는다. 원시사회들에서의 의례 과정에 관해 적으면서, 터너는 "경계성은 대개 죽음, 자궁 속의 존재, 비가시성, 어둠, 양성성bisexuality, 미개간지, 일식 또는 월식에 비유된다"라고 말한다.[35] 이는 우리가 논의했던 모든 것과 너무나 잘 들어맞는다. 가끔씩 나도는 나의 죽음에 대한 루머, 장애인의 사회적 비가시성, 대중들의 사고 속에 존재하는 장애인의 무성성asexuality, 남녀 구별 없는 병실, 장애인들의 동료관계 내에서 성 역할의 흐려짐 등 그 모든 것과 말이다. 장애인은 일탈자 이상의 존재이다. 그들은 타자인 것이다.

장애인의 몸이 영구히 손상되어 있는 것처럼, 사회 구성원으로서의 그들의 지위 또한 그렇게 손상되어 있다. 장애인들의 존재 상태에 있어 지속되는 불확정성은 그들의 사회적 지위에 대해 유사한 규정성의 결핍을 생산하며, 그러한 불확정성과 규정성의 결핍은 어쨌든 그들이 손상된 정체성을 지니고 있다는 것으로 대체되고 무마된다. 그들의 인격은 오염된 것으로 간주된다. 장애인들로부터 시선은 회피되고 사람들은 휠체어에 너무 가까이 다가가지 않도록 주의한다. 나의 동료인 제시카 셰어Jessica Scheer는 휠체어를 "이동 가능한 격리 오두막"이라고 지칭했는데, 왜냐하면 그것이 진정으로 일종의 격리실이기 때문이다.[36] 장애인의 거주지 또한 그러한데, 나의 동료 리처드 맥Richard Mack은 뉴욕시의 엘리베이터가 없는 아파트에서 살고 있는 많은 가난한 반신마비 흑인 장애인들의 어려운 처지에 대해 보고한 바 있다. 그들은 오직 몇 개 층의 계단을 들려 내려질 때만이 그 아파트에서 떠날 수 있다. 이는 그렇게 아파트를 벗어나는 일이 좀처럼 일어나지 않는다는 것을 의미한다.[37] 그들은 갇혀 있는 수인囚人들인 것이다.

　미국에서 장애인들은 그들 자신의 상실감과 무력감, 모든 것을 포기한 채 물러나고픈 충동에 의해 그들 내부에 갇혀 있으며, 이러한 감정들은 사회에 의한 장애인들의 평가절하와 결합하여 그들을 더더욱 고립 속으로 밀어넣게 된다. 여기에 장애인들이 온전한 몸을 지닌 사람을 위해, 온전한 몸을 지닌 사람들에 의하여 구축된 물리적 환경에 직면해 있다는 사실이 더해진다면, 장애인들 중 누군가가 어떻게 이 세상 속으로 용케 뛰쳐나올 수 있는지 의아하게 여기는 것도 무리는 아니다. 그러나 장애인들은 세상 속으로 나오고 있고, 점점 더 많은 장애인들이 그렇게 할 것이다.

35 Turner, *The Forest of Symbols*, p.95.
36 Jessica Scheer, "They Act like It Was Contagious", eds. Stephen C. Hey et al., *Social Aspects of Chronic Illness, Impairment, and Disability*, Salem: Willamette University, 1984.
37 1985에 리처드 맥이 쓴 원고.

7장 눈이 보이는 애인과 맹인 남편
: 우간다에서 맹인 여성들의 경험

나인다 센툼브웨[*]

우간다에서 1987년과 1989년에 진행된 11개월간의 현지조사 기간 동
안에, 나는 맹인들blind people[1]이 이용할 수 있는 교육 및 재활 프로그
램에 참여해서 다양한 성과를 거두었던 정보제공자들의 사회적·경제
적 경험들을 조사했다. 내가 특별히 정보제공자들의 혼인 경험에 대한
자료를 수집한 것은 아니다. 그럼에도 불구하고, 나는 여성 정보제공자
들과 남성 정보제공자들의 결혼 양상 사이에 어떤 상이함이 존재함을
인식하게 되었고, 적절한 때에 그러한 문제들에 관해 물어보곤 하였다.
그 연구는 30명의 맹인 정보제공자들을 대상으로 이루어졌고, 그 중에
는 12명의 여성이 포함되어 있었다. 5명의 여성은 결혼을 했거나 동거

---

[*] 나인다 센툼브웨Nayinda Sentumbwe는 오슬로대학교에서 사회인류학으로 연구석사학위를 받았으
며, 우간다 등지에서 현지조사를 수행했다. 5세 때 시각장애를 갖게 되었으며, 시각장애무슬림발전을
위한 우간다네트워크 창립회원, 재노르웨이우간다협회 회원 등으로 활동하였다. 주요 연구 관심사는
장애에 대한 비교문화적 관점, 맹인의 재활이다.
[1] 나는 이 글에서 앞으로 좀더 포괄적이지만 번잡스럽게 느껴지는 '시각적 손상을 지닌'visually im-
paired이라는 표현 대신 '맹'blind이라는 용어를 사용할 것이다. 우간다에서 맹이라는 용어의 대중적
용어법은 생의학적 정의보다 훨씬 더 광범위하다. 한편 진자 병원Jinja Hospital의 무탐보Mutambo 박
사에 따르면, 우간다에서 의료 전문가들은 WHO의 정의와 일치되게, 6피트의 거리에서 손가락의 수
를 셀 수 없는 사람을 '맹'으로서 규정한다.

를 하고 있었고, 1명은 이혼을 했다. 나머지 여성들 중 5명은 아직 학교에 다니고 있었고, 마지막 1명은 직장에 다니고 있었으며 당시에 어떤 안정된 이성관계를 맺고 있지는 않았다. 결혼을 했거나 동거를 하고 있던 5명의 여성들은 맹인 남편이나 동거인이 있었으며, 이혼을 한 여성도 맹인 남성과 결혼을 했던 것으로 확인되었다. 더욱이, 이러한 정보제공자들 중 다수는 여러 맹인 남성들과 다양한 성적 관계를 맺고 있었다.

나는 이러한 여성 정보제공자들의 경험을 통해서, 우간다 맹인 여성들의 성교 및 결혼 기회에 대해 자세히 살펴보고자 시도할 것이다. 교육 또는 재활 프로그램에 참여하는 대부분의 맹인들은 눈이 보이고 '교육을 받은' 친족 및 동료들과 별로 다르지 않은 삶을 살 것이라 생각하고 있었다. 결혼 및 아이의 양육을 포함해서 말이다. 예를 들어, 한 맹인 중등학교 학생은 "내가 운 좋게 공부를 마칠 수 있다면, 밝은 미래가 있을 거라고 확신해요. 나는 좋은 일자리를 얻고, 결혼을 하고, 집을 마련하게 될 거예요.…… 나는 내 나라의 쓸모 있는 시민이 되기를 바랍니다"라고 말했다. 비록 현재 우간다에서는 많지 않은 숫자인 약 300명의 맹인들만이 교육 및 재활 프로그램의 혜택을 받고 있지만, 맹인들을 대표하는 이들로서 그들의 역할과 영향력은 중요하다고 할 수 있다.

문제의 정의

나의 자료에 따르면, 우간다에서 맹인 여성들의 결혼 기회는 제한되어 있다. 결혼한 여성 정보제공자를 모두는 맹인 배우자를 지니고 있었다. 그렇게 맹인 배우자를 맞는 것이 여성들에게만 한정된 경우는 아니지만 말이다. 더 적절한 용어가 없기 때문에, 나는 장애인들 간 결혼의 관행을 **족내혼**in-marriage[2]으로 지칭할 것이다. 나의 연구는 우간다에서 맹인 남성들보다 맹인 여성들이 족내혼을 하는 경향이 더 높다는 것을 보여 준다. 맹인 여성들의 족내혼은 눈이 보이는 남성들이 그녀들과 법적인 부부관계를 맺고 싶어 하지 않는다는 현실로부터 연유한다. 맹인 여성들에 대한 관심이 이렇게 떨어지는 이유는, 두 가지 양상에 대한 분석을 통해 가장 잘 이해될 수 있다. 하나는 맹과 맹인에 대한 사람들의 인식이며, 다른 하나는 젠더관계, 특히 우간다 가구의 주부 역할에서 명확히 나타나는 젠더관계이다.

이러한 분석적 접근은 족내혼이 일반적으로 맹인에 대한 교육 및 재활서비스의 공급방식에 의해 촉진된다는 사실을 간과하고 있는 것은 아니다. 시설을 기반으로 한 교육 및 재활서비스의 한 측면은, 그것이 대개 유사한 생리학적 손상을 지니고 있는 개인들 사이에 최초의 사회적 접촉의 장을 제공한다는 것이다. 따라서 그러한 시설들은 사회관계를 시작하고 만들어 나가는 데 있어 중요한 기능을 하게 되며, 그러한 사회관계는 나의 자료에 의해 입증되는 바와 같이 장기간 지속된다. 나의 1987년 연구에서 족내혼을 한 부부들, 그리고 내가 다른 곳에서 전해 들은 족내혼의 사례들 모두가 그 배우자들을 시설에서 만났다. 그럼에도 불구하고, 우리는 여전히 맹인 여성들이 맹인 남성들보다 족내혼을 하는 경향이 더 높다는 사실에 대해 설명을 해야만 한다.

맹인에 대한 학교 교육과 훈련 프로그램들은 맹인들의 상황대처 가능성을 변환시키고, 그리하여 그들의 **생활공간**life space을 변환시키는

---

2 인류학자들이 통상적으로 'in-marriage'라는 단어에서 연상하는, 동족 내에서 이루어지는 결혼의 관행과 혼동하지 않기를 바란다.

경향이 있기 때문에, 그러한 프로그램들은 맹인들의 사회적·경제적 기회를 향상시키기 위해서 취해진 조치들로서 간주될 수 있다. 생활공간이란 사람들이 활동을 하는 또는 그들의 삶이 국한되어 있는 사회적·문화적 관계의 장場의 유형과 특성이라 할 수 있다. '상황대처'란 주로 일상생활의 상황들에서 발휘되는 어떤 한 개인의 기능적 능력을 가리킨다. 장애인에게 있어 그러한 기능을 발휘하는 것은 사회관계의 관리를 포함하여 매일의 일과를 수행하는 데 적용되는 전략들을 수반한다. 교육과 재활 프로그램들은 후원자-클라이언트적인 관계의 양상을 최소화하고 생활공간이 확대될 수 있도록 상대적 자립을 극대화하는 방식으로 삶을 조직화하는 능력이라는 의미에서의 상황대처를 뒷받침하게 된다.

맹에 대한 인식

맹인의 가까운 친족들을 포함하여, 눈이 보이는 대다수의 우간다 사람들은 맹이 정상적인 사회적 상호작용에 문제가 된다고 생각한다. 시력의 상실은 사람을 가장 무능력하게 만드는 것이라고, 따라서 모든 신체적 장애들 중 최악의 것이라고 여겨진다. 열아홉 살의 르쿠로는 "맹인이 되었을 때, 나는 많은 사람들로부터 맹인이 된 것이 나에게 일어날 수 있는 최악의 일이라는 인상을 받았어요. 예를 들어, 나는 마을 사람들이 내가 차라리 다리 한쪽을 잃거나 농인이 되는 편이 더 나았을 것이라고 말하는 것을 들었지요"라고 설명했다. 다섯 살에 맹인이 된 르쿠로는, 당시 그녀가 다니던 부속 고등학교의 유일한 맹인 여학생이었다.

부분적으로 맹을 지닌 서른 살의 정보제공자였던 마틴은 눈이 보이는 아내와 결혼하여 네 명의 아이를 두고 있었는데, 그는 다음과 같이 씁쓸하게 말했다.

기회가 주어지기만 한다면 맹인들도 거의 모든 것을 할 수 있다는 사실을 대다수의 사람들은 인식하지 못하고 있어요. 사람들은 맹인을 쓸모없는 존재로, 가족과 사회에 대한 손실로 생각하지요. …… 가장 절망적인 것은 좀더 낫다고 여겨지는 핸디캡을 지니고 있는 사람들도 대부분의 경우 우리 맹인들보다 나을 게 없는 대우를 받고 있다는 겁니다.

서른두 살인 아켈로는 한 살 때 맹인이 되었고 지금은 아버지 없이 네 아이를 키우고 있는 여성이었는데, 그녀는 좀더 경험적으로 그러한 문제에 대해 말해 주었다.

부모님은 내가 교육을 받았기 때문에, 맹인 딸도 쓸모가 있다는 걸 겨우 깨달았을 뿐이에요. 교육을 시켰다는 것을 제외하면, 부모의 태도는 나와 관계된 다른 모든 것에서 차별적이었어요. 예를 들어, 나의 누이들이 농사지을 수 있는 땅을 분배받았을 때, 내 몫은 없었답니다. 내게는 아무것도 분배되지 않았는데, 이는 단지 내가 맹인이었기 때문이지요.

이러한 부모들의 편견은 특수교육 담당부서의 한 공무원에 의해서도 언급되었다.

우선, 맹인 아동을 교육시키는 것에 대한 취지를 이해하는 부모들이 많지 않습니다. 맹인 아이를 보냄으로써 신이 그들을 저주했다고 생각하기 때문에, 부모들은 맹인 아동을 교육시키는 것을 돈 낭비라고 여겨요. 그러한 가정의 맹인 아동은 자연적으로 죽음을 맞이할 때까지 집에서 지내야만 하지요. 또한 부모들은 맹인 딸이 맹인 아들보다 무력한 존재라고 생각하므로 자신의 맹인 딸을 돕는 데 그다지 열성적이지 않습니다. 이는 남성이 여성보다 더 중요하다는 전통적인 성차별적 신념 때문이라고 할 수 있지요.

이러한 진술들은 맹인에 대해 부정적 인식과 행동을 초래하는 맹에 관한 신념과 태도들을 지적하고 있다. 그러한 부정적 인식은 무엇보다도 시력과 연관된 기능적 속성 때문이다. 즉, 시력의 상실은 다른 기본적인 신체적 기능의 결함으로 이어진다고 인식되는 것이다. 이러한 현상은 일반적으로 **확장**이라는 개념으로 언급되어 온 것이다. 우리는 확장을 한 가지 기능의 상실이 여타 신체적 기능의 능력 감소로 이어지게 된다는 가정으로 정의할 수 있을 것이다. 그러한 가정은 아켈로의 경우에서처럼, 일정한 활동에 있어 장애인의 참여를 가로막는 원인이 될 수 있다. 비어트리스 라이트Beatrice Wright는 "확장은 추가적인 신체적 활동 영역에 영향을 줄 뿐만 아니라, 사회적 능력 및 사건들과도 또한 연관된다. 타인들은 아마도 그 사람을 덜 가치 있고, 덜 받아들일 만한 존재로 간주할 것이다"라고 지적한 바 있다.[3] 따라서 확장은 상황대처 및 누군가의 생활공간이라는 측면과 관련하여 이해되어야 한다. 우리가 눈이 보이는 대중들의 맹인에 대한 태도와 행동을 파악하고자 할 때 특

3 Beatrice Wright, *Physical Disability: A Psychological Approach*, London: Harper and Row, 1960, p.118.

히 중요한 것은, 행위자들 사이의 대면적 만남이 요구되는 초기 사회적 상호작용의 상황이다. 그러한 상황들 내에서, 눈이 보이는 많은 사람들은 맹인의 입장에 처한 그들 자신을 상상해 보게 되며, 대개는 단지 무능력과 절망적인 상황을 마음에 그리게 된다. 이는 "앞도 볼 수 없는데, 당신이 그것을 어떻게 할 수 있는지 상상할 수가 없다"와 같이, 통상적으로 듣게 되는 감정적으로 표현된 진부한 말들에서 명백히 드러난다.

맹인의 취약성

안 괴르트Ann Goerdt는 바베이도스에서의 신체적 장애에 대한 그녀의 연구에서, 맹인에 대해 근거 없이 가정된 취약성이 그들의 능력에 대한 부정적 인식의 원인이 되고 있음을 발견했다. 맹인이 할 수 있는 것이 무엇인지 인식하고 있었음에도 불구하고, 대다수의 바베이도스 사람들은 맹을 누군가가 지닐 수 있는 최악의 핸디캡으로 지목했다. 그들은 맹인의 기능적 결핍에 대해, 특히 맹인의 취약성에 대해 언급했다. "따라서, 바베이도스 사람들이 누군가가 지닐 수 있는 최악의 핸디캡을 맹이라고 인정했을 때, 그들은 스스로를 잘 통제하는 것에 대한 관심을, 그리고 타자의 통제에 쉽게 넘어가는 것에 대한 두려움을 드러낸다."[4]

　우간다에서 장애인의, 특히 맹인의 무력함과 절대적인 취약성에 대한 가정은 카테얌바kateyamba와 아고로agoro라는 용어에서 명백히 드러나는데, 이는 바간다Baganda족과 아촐리Acholi족이 각각 신체적 장애

---

4 Ann Goerdt, *Physical Disability in Barbados: A Cultural Perspective*, Ann Arbor: University Microfilms, 1984, p.13.

인을 분류할 때 사용하는 용어들이다. 카테얌바는 스스로를 도울 수 없음을 의미하며, 아고로는 연약한 또는 무력한 사람으로서 번역될 수 있는 말이다.[5] 맹인이 '쓸모없는' 존재로서 인식된다는 것은, 스스로를 도울 수 없다고 생각되는 사람들 중에서도 그들이 대개 가장 무력한 것으로 간주됨을 의미한다. 다음 절에서 보게 되는 바와 같이, 맹인에 대한 이러한 인식은 다양한 방식으로 사회적 현실이 된다.

지속되는 병자 역할

우간다에서 맹은 대개 교정적 치료 행위가 필요한 병으로 간주된다. 맹인이 지속적으로 **병자**로서 간주되는 현상은 친척들과 새롭게 알게 된 사람 양자 모두와의 사회적 상호작용 속에서 자주 경험된다. 사람들은 내게 통상적인 친근한 인사말 중 하나로, 루간다어로 "**병세는 좀 어때?**"라고 자주 묻곤 했다. 자신들이 아직 시험해 보지 않은 치료법에 관한 지식을 갖고 있다고 믿기 때문에, 악의 없는 사람들은 그럴싸한 치료법에 관한 정보를 주기도 했다. 언젠가 내가 형제들 중 한 명을 방문했을 때, 내 흰 지팡이의 끝이 구부러져 버리는 일이 발생했다. 지팡이 끝 부분이 그렇게 쉽게 망가져 버린 것에 당황하면서, 형수는 '나의 처지'에 대한 그녀의 걱정을 털어놓았다. 그녀는 내가 이전에 방문해 있던 동안 나의 맹에 대해 민간치료사와 상담을 했다고 고백했다. 그러나 나의 상실된 시력에 대해 무언가를 해보려 했던 그녀의 시도는 좌절되었다. 그

---

5 장애인을 가리키는 명칭으로서 그 용어들은, 장애인을 위한 시설의 도입이라는 상황과 필연적으로 연동된 명백히 근래적 기원을 갖는 것이다.

녀는 "그때 치료사가 도련님의 지팡이 끝 부분이 있어야만 도움을 줄수 있다고 했거든요. 지팡이가 금속으로 만들어져 있다 보니, 도련님 모르게 끝 부분을 잘라 낼 도리가 없었네요"라고 말했다.

확장과 더불어, 병자 역할이라는 현상은 그러한 방식으로 인식된 사람에게 중요한 사회적 결과를 가져올 수 있다. 이를 설명해 주고 있는 다음의 사례는, 결혼에 합의하고 결혼식 이전의 관련 의례도 대부분 밟았지만 결국 파혼을 해야만 했던 한 쌍의 남녀에 대한 이야기이다. 남자가 맹인이었는데, 그들은 임박한 결혼을 알지 못하고 있던 나이 어린 여성 쪽의 친척들로부터 압력을 받았다. 이 친척들은 '그들의 아이'가 맹인 남성과, 즉 병든 남성과 결혼하는 것을 상상할 수가 없었다. 그들이 결혼하려 한다는 것을 믿을 수 없었던 젊은 여성의 고모(셍가senga)는 "우간다에는 너처럼 아름다운 소녀를 신부로 맞아들이기 위해 기꺼이 싸움에 나설 건강한 남자들이 많단다. 네가 결혼할 남자를 찾을 수 없다면, 우리에게 말하렴. 우리가 네가 원하는 만큼 많은 남자들을 데려다 놓으마"라고 말했던 것으로 알려졌다. 딸의 결혼이라는 것은 가급적이면, 어려움이 존재하는 시기에 그 인척들에게 도움을 줄 수 있는 가능성을 지니는 것이어야만 했다. 그 고모는 맹인 약혼자가 병자일 뿐만 아니라, 그가 지닌 손상이 다른 모든 능력에까지 영향을 미쳐 시력에 직접 의존하지 않는 역할들조차도 해낼 수 없을 것이라고 생각했다.

맹인에 대한 부정적 인식을 발생시키는 병자 역할 및 확장의 한 측면은, 사람들이 믿고 있는 장애의 원인이다. 어떤 피해자나 부모에 의한 마법에서 비롯되는 경우와 같이 벌 받을 짓 또는 사회적으로 바람직하지 않은 행위가 맹의 원인으로 의심될 경우, 그러한 맹인과 가족 전체는 영구히 낙인화될 수도 있다. 이러한 형태의 확장은 관련된 사람들의 일생에 영향을 미치게 되는데, 왜냐하면 이들에 대한 사회적 상호작용이 최저한도까지 제약되기 때문이다. 이것이 바로 많은 우간다 사람들이 마법을 두려워하는 이유이다.

우리는 사회적 상호작용의 과정에서 맹인들이 긍정적인 인식 또한 경험할 수 있다는 것에도 주목해야만 한다. 내가 수집한 자료와 로저 바커Roger G. Barker와 같은 연구자들에 의해 이루어진 사회적 인식에 대한 연구들은, 장애인과 비장애인 사이의 친밀한 상호작용은 대개 비장애인이 장애인을 인식하는 방식에서의 변화로 이어짐을 나타내 준다.[6] 더 가깝게 알게 되는 것은 장애인을 장애보다는 여타의 인격적 특성에 기초하여 판단하는 것으로 이어진다.

그렇지만, 친밀한 상호작용이라 할 수 있는 부부관계에 대해서는, 맹인 여성에 대한 부정적 인식을 불러일으키는 요인들이 우간다 가구 내 주부의 역할이라는 견지에서, 그리고 그러한 역할을 떠받치고 있는 문화적 가치·신념·관행과의 관련 속에서 파악되어야만 한다. 대다수의 상황들에서 그러한 요인들은 맹인 여성을 신체적 결함과는 무관한 인격적 특성에 기초하여 판단하는 것을 가로막는다.

우간다 여성의 가사 역할

남성이 지배하는 다른 모든 곳들에서처럼, 우간다에서도 여성들은 남성의 성적 욕구를 충족시켜야 하는 것으로 기대된다. 그렇지만 우간다

---

6 Roger G. Barker, "The Social Psychology of Physical Disability", *Journal of Social Issues* vol. 4 issue 4, 1948, pp. 28~38.

에서는 다양한 종족집단의 문화적 신념과 가치들에 따라, 어떠한 여성들과 성교를 갖는 것이 허용되는지, 그리고/또는 결혼이 용납되는지는 매우 다양하다. 여타 사회들에서의 대다수 여성들과 마찬가지로, 우간다의 주부들은 다양한 가사 역할을 수행해야 한다. 어머니, 안주인, 살림꾼, 식사의 제공자, 집에서 재배한 음식물의 제공자 등의 역할들을 말이다. 가사 업무의 대부분이 다른 사람들에 의해 수행되었을 때조차도, 그에 대한 칭찬과 비판은 주부에게 돌아가게 된다.[7] 그녀는 또한 그녀 자신의 가족과 그녀 남편 가족 사이의 '사회적 매개자'이며, 이웃들과 바람직하고 협력적인 관계를 유지해 나갈 의무를 지게 된다. 이러한 역할들을 만족시키는 여성의 능력은 큰 의식이나 중대 국면의 시기에——결혼식이나 장례식과 같은 경우인데, 이는 이웃들 간의 그리고 가족 간의 모임을 촉진한다——언제나 시험에 들게 된다. 한 여성의 신체적 외양과 주부에게 요구되는 과업의 수행능력에 대한 비평이 이루어지는 것은 바로 그러한 행사들에서이다. 그러한 비평은 어떤 남성의 아내 선택에 대한 하나의 평가라고 할 수 있다. 예를 들면, 아름답다, 매력적이다, 열심히 일한다, 못생겼다, 게으르다 등등의 평가가 이루어지는 것이다.

아내라는 지위는 매우 중요한 경제적·사회적 측면들을 수반한다. 그러므로 우간다의 대다수 종족집단들 사이에서, 아내가 한 명도 없는 가구는 남성 집주인에게 훌륭한 가정으로 여겨질 수가 없다. 예를 들어, 여성에 대한 남성의 사회경제적 의존은 독신생활의 고난을 애통해하는 많은 민요, 대중가요와 농담의 주제이다. 타드리아H. M. K. Tadria에 따르

---

7 아동들, 여성 친족들, (대개는 부유한 가족들, 특히 도시지역 내에 존재하는) 여성/남성 하인과 같은 가구의 여타 구성원들도 대부분의 가사 업무에서 주부를 도와야 할 의무가 있다.

면, 위에서 기술된 우간다 여성의 역할은 최근까지도 그 중요성이 줄어들지 않았으며 본질적으로 변화하지도 않았다. 그렇지만 "그러한 역할들에 대한 사회적 해석은 변화했으며, 여성의 과업들은 이제 생존과 삶의 발전에 있어 불가결한 일부분이나 결정적인 것으로서가 아니라, 남성의 과업에 대해 보조적인 것으로서 사고된다".[8]

그 결과 여성들은 흔히 더 많은 착취와 억압의 가능성 아래 노출된 채, 대개 열악한 환경 속에서 그러한 과업들을 수행한다. 우간다의 수도인 캄팔라 교외 지역에 대한 한 연구에서, 크리스틴 오보Christine Obbo는 여성들이 사회적·경제적 자립을 추구하기 위해 우간다의 전 지역으로부터 그 도시로 이주해 왔다는 것을 확인했다.[9]

이러한 사실들을 통해 우리는 남성들에게 결혼을 하는 것이 얼마나 중요하며, 남성들이 왜 유능한 여성을 아내로 얻으려고 하는지 알게 된다. 그리고 맹인 여성들이 왜 맹인 남성들에게 매력적인 결혼 상대로 인식되지 않는지를 더 잘 이해할 수 있다.

넌더리 나는 가사에 찌든 삶처럼 보임에도 불구하고, 대다수의 우간다 여성들을 결혼하기를 열망한다. 이는 사회적 견지에서 여성성womanhood이 ①결혼생활, ②(결혼생활이 수반하게 되는) 가정을 지님, ③ 어머니임, ④ 특정한 가사 역할들을 수행할 수 있는 능력을 의미하기 때문이다. 부모들은 결혼을, 특히 축복 속에 이루어지는 결혼을 그들의 딸들이 꿈을 실현한 것으로 간주한다. 노처녀가 되어 가고 있는 것처럼

---

8 H. M. K. Tadria, "Changes and Continuities in the Position of Women in Uganda", eds. Paul D. Wiebe and Cole P. Dodge, *Beyond Crisis: Development Issues in Uganda*, Kampala: Makerere Institute of Social Research, 1987, p.79.

9 Christine Obbo, *African Women: Their Struggle for Economic Independence*, London: Zed Press, 1980.

보이는 여성은 강제로 결혼을 당하지 않는다면, 중매를 위한 노력들이 진전됨에 따라 다양한 부추김에 둘러싸이게 될 것이다. 무엇보다도 결혼에 대한 여성의 욕망은 부분적으로는 **자립**(어떤 사회적 지위를 누릴 수 있게 해주는 그녀 자신의 가정을 갖는 것)에 대한 기대와 관련되며, 또 부분적으로는 사회보장에 대한 기대와도 관련된다. 아이를 양육하는 것은 남편의 사후에도 그러한 사회보장의 연속성을 확보하는 과정의 일부분인 것이다.

성교 및 부부관계

최근 에이즈로부터의 위협이 있기까지, 난교亂交는 비록 묵과되지는 않았지만 통상적인 것이었다고 할 수 있다. 특히 남성들에게 말이다. 여성들에게, 특히 도시지역의 청춘기 여성들에게, 그러한 가벼운 관계들은 흔히 가까운 친족이 제공할 수 없는 소비재들을 획득하는 수단이 된다.

남성과 여성 간에 허용될 수 있는 성적 관계들은, 관련 당사자들 사이의 사회관계뿐만 아니라 관련 의례가 수행되었는가의 여부에 따라, 보통 변동하는 사회적 제한과 합법성을 부여받게 된다. 그러한 의례들은 종교적인 것(즉 그리스도교적인 것, 이슬람교적인 것 등)일 수도 있고, 종족 전통의 것(소위 관습적인 것)일 수도 있다. 혼인계에 등록된 결혼 외에도, 이러한 성적 관계들은 우간다의 결혼법에 따라 합법적인 지위를 부여받는다. 그렇지만 동거를 하고 있지 않은 경우까지도, 그리고 비록 아무런 의례가 수행되지 않았다 하더라도 어떤 안정적인 성적 관계에 있는 파트너들은 일상적인 대화 속에서는 보통 남편과 아내로 이야기된다. 어떠한 형태에 의해서든 결혼이 합법성을 부여받은 경우, 특히 아내가 될 여성과 그녀의 가족 측에서는 관습적 의무들이 이행될 것으로 기대를 한다. 이러한 의무들에는 인척이 될 사람들에 대한 공식적 인사, 신부대의 지불, 결혼식 등이 포함된다. 파트너의 어느 한쪽은, 특히 의견이 맞지 않는 경우에, 제대로 이행되지 않은 의례를 이유로 파혼을 하려 할지 모른다. 실제로, 일정한 의례들을 준수하지 못하는 것은 남성 파트너로부터 특정한 권리들을 박탈할 수 있다. 예를 들어, 필수적인 신부대가 지불되기 전까지, 아켈로의 아이들은 그녀의 종족 관습에 따라 남편이 아닌 아켈로의 씨족에 속해 있었다. 그러나 이러한 결혼 절차와 과정은, 비록 다소 혼란스럽기는 하지만, 일정한 융통성을 지니게 되었다. 예를 들어, 맹인인 르와마는 눈이 보이는 여성과 결혼했는데, 그는 나에게 자신의 아내에 대한 신부대를 1974년에 지불했다고 말해 주었다. 8년 후인 1982년에, 그들은 교회 의식에 따라 결혼식을 올렸다. 그때 그 부부는 이미 여러 명의 아이를 가지고 있었다.

성적 관계를 둘러싸고 있는 권리, 의례, 합법성 부여의 여러 다양한 형태들에도 불구하고, 그러한 관계들은 다음과 같이 분류될 수 있다.

① 애인: 이러한 범주에 속하는 관계들에는, 이미 결혼을 한 사람들까지를 포함하여 모든 연령집단과 다양한 사회적 지위를 지닌 사람들의 가벼운 연애사건들이 포괄된다. 그러한 관계들에는 보통 비밀스러운 요소들이 존재한다. 비록 몇몇 지인들은 그 연애관계에 대해 알고 있을 수도 있고, 그러한 부정기적인 은밀한 만남을 주선하는 매개자였을 수도 있지만 말이다. 미혼자일 경우나 일부다처가 허용되는 곳일 경우, 특히 임신이나 동반 도주가 발생하게 되면, 이러한 관계는 결국 합법적인 결혼으로 발전하게 될 수도 있다.

② **정부**情夫: 이것은 남자가 여성의 성적 서비스 및 (빨래를 해주는 것과 같은) 기타 서비스에 대한 답례로 그 여성의 생활에 대한 경제적 책임을 지는 비공식적인 관계이다. 이 경우에는, 어떠한 의례도 수행되지 않는다. 그러한 관계 내에서는 동거가 수반되지 않으며, 보통은 출산 또한 희망되지 않는다. 그렇지만 그 관계는 관련 의례들의 수행에 의해 첩의 관계나 온전한 부부의 상태로 전환될 수 있다.

③ **아내**: 결혼은 전통적으로 성적 관계를 수반하는 모든 관계 중 가장 합법적인 것으로 인정된다. 그것은 법적으로 용인된 결혼의 세 가지 유형 중 최소한 어느 하나와 관련된 의례가 수행된 후 완성된다.

④ 언급할 가치가 있는 또 다른 관계는, 가장의 역할을 하는 경제적으로 자립적인 여성이 남성의 성적 서비스에 대한 답례로 그 남성 파트너를 부양하는 관계이다. 우간다의 몇몇 반투Bantu족 집단들 사이에서, 이러한 지위를 지칭하는 단어들인 퀘욤베케라kweyombekera, 나키에욤베케데nakyeyombekedde는 그 여성이 자신의 집을 지었다는 것을 의미한다.

위의 유형들 중 어떠한 형태의 관계를 맺고 있든지 간에, 남성과 여성은 양자 모두 대개 자신의 파트너가 친척 및 친구들로부터 승인받기를 희망한다. 병자라는 이유로 남편이 되지 못하고 퇴짜를 맞았던 맹인 남성의 경우가 예증하는 것처럼 배우자가 될 사람, 특히 여성은, 가까운 친족과 친구들에 의해 '추천되고', 그다음 '지지를 받고', 마지막으로 '승인되는' 것이 전통적 관행이다. 이웃들을 포함하여 그러한 친족과 친구들은 보통 물질적으로나 다른 방법으로 신부대의 마련과 결혼식 양자 모두에 기여를 한다. 더욱이, 어떤 가족의 새로운 일원으로서, 배우자가 될 사람은 신체적이고 사회적인 대부분의 측면에서 인척이 될 사람들의 마음에 들어야 한다. 그러한 인척들은 다양한 서비스를 제공받으리라 기대를 하고 있는 것이다. 맹인 여성이 파트너의 가족 및 주변사람들에게 어느 정도까지 받아들여질 수 있는가, 또는 어떤 남성과 어떠한 유형의 성적 관계에 참여할 수 있는가는 여성의 일생과 온전한 여성성의 성취에 있어 매우 중요한 것이다.

맹인 여성들의 성교 및 결혼 기회

우리는 맹인 여성들의 성적 관계에 있어, 사회적·생리학적·여타 요인들이 생성해 내는 기회에서의 차이들을 고려해야만 한다. 예를 들어, 어떤 여성이 전맹全盲인지 아닌지는 대개 그녀의 상황대처 능력에 영향을 미치고, 그 결과 그녀가 타인들에게 어떻게 인식되는가에 영향을 미친다. 부분적으로 맹을 지닌 여성의 부모가 전맹인 여성의 부모보다는 그들의 딸에 대해 덜 보호적인 태도를 취하게 된다. 마흔 살의 말리티니 부인은 태어난 지 1년 6개월 만에 전맹이 되었는데, 그녀는 다음과 같이 설명했다. "나이를 먹고도 여전히 부모나 다른 친척들과 함께 살아가는 여성들은 너무나 과호보를 받습니다. 부모들이 지나치게 동정적이고 자신의 맹인 딸들이 집에서 어떤 것도 하지 못하도록 막기 때문에, 맹인 여성이 수동적이고 어떠한 일에도 참여할 수 없다고 여기게 된 다른 사람들은 그녀와 결혼할 필요가 없다고 생각하게 되지요."

말리티니 부인의 견해는 맹인을 위한 직업훈련시설에 참여하기 이전 그녀 자신의 경험에 부분적으로 기반을 두고 있으며, 그곳에서 그녀는 자신의 맹인 남편을 만났다. 그녀의 견해는 맹인에 대한 사람들의 인식이 어떻게 실제로 사회적 현실이 되는지를 잘 예증해 준다. 자신의 딸을 미리 가정된 위험으로부터 보호하려다, 부모들은 소녀들을 능력 있는 주부로 변환시키기 위한 전통적인 사회화 과정들을 소홀히 하게 된다. 그리하여 맹인에 대한 고정관념들을 재확인시키는 결과를 낳는다. 맹인 여성이 일정한 교육을 받은 경우라 하더라도, 앞서 언급된 승인의 관행 때문에 그녀는 여전히 축소된 결혼 기회만을 갖는다. 따라서 비록 성적으로 매력적이고 범주1(애인)의 성적 관계에 참여할 수는 있다고 하더라도, 맹인 여성은 보통 사회적으로는 가능성 있는 주부로서 받아들여지지 않는다.

눈이 보이는 남성들은 맹인 여성과 [지나치게 깊은] 관계를 맺는 것에 대한 다른 사람들의 반응을, 대개는 자신의 친척들의 반응을 두려워합니다. 예를 들어, 눈이 보이는 남성이 앞을 볼 수 없는 여성을 자신의 친척과 친구들에게 소개하기란 쉽지 않은 일이지요. 우리의 문화에서 결혼이란 단지 두 사람 간의 일이 아니기 때문에, 그는 부끄러움을 느끼게 될지도 모릅니다. 눈이 보이는 남성이 맹인 여성을 임신시켰다고 할지라도, 그는 아무개가 장애여성과의 사이에서 아이를 가졌다는 사실이 알려지는 것을 원치 않을 것입니다.

위의 내용은 우리가 눈이 보이는 사람과 맹인 사이의 결혼이라는 주제를 다루며 진행했던 한 면담 과정에서, 말리티니 부인이 설명했던 내용이다.

말리티니 부인의 이러한 견해들은 주디스와 줄리아나의 경험에 의해 확인되는데, 그녀들은 이전에 눈이 보이는 남성과 각각 유형1(애인)

과 유형2(정부)의 관계를 맺은 적이 있었다. 주디스는 다음과 같이 말하고 있다.

그 청년은 같은 마을의 집 근처에 살고 있었어요. 그는 나의 첫번째 남자친구였고, 나를 너무나 사랑하며 내가 학교를 마치면 우리는 결혼하게 될 거라고 언제나 말하곤 했지요. 피터는 그때 이미 학교를 중퇴한 상태였습니다.……나는 기숙학교에 다니고 있었기 때문에, 휴일에만 피터를 만났어요. 학교에서, 나와 같은 맹인 학생들은 눈이 보이는 여학생들과 섹스에 관해 이야기하곤 했습니다. 그렇지만 나는 당시 맹인 학생들 가운데 내가 남자친구를 지닌 유일한 경우였을 거라 생각합니다.……우리의 연애가 일 년 넘게 지속되기는 했지만, 그 기간 동안 누군가가 특별히 우리를 의심했을 거라고는 생각하지 않습니다.……그렇지만, 교사들이 내가 임신했다는 것을 알아채게 되자, 부모님이 학교로 불려 왔고 나는 퇴학을 당했습니다. 처음에 나는 누구의 아이를 임신한 것인지 말할 용기가 없었지만, 결국 말을 했지요.……나는 부모님의 반응을 다시 상기하기조차 무서워요. 피터의 아버지가 자신의 아들이 맹인 여자아이와 관계를 가졌을 리가 없다고 주장하자 부모님은 그에게 격노했습니다.……사실을 말하자면, 처음에는 나의 가족조차도 내가 임신했다는 것을 믿으려 하지 않았지요.……비록 내가 어머니에게 피터의 약속에 관해 말하기는 했지만, 누구도 피터와 나의 결혼에 대해서는 언급하지 않았습니다.

주디스는 나중에 한 맹인 남성과 결혼했다. 이 연구가 이루어지던 1987년에, 그들은 20년을 넘게 함께 살아왔으며 7명의 아이를 낳았다.

주디스의 사례는 또한 맹인 딸들의 운명에 대해 대다수 부모들이 지니고 있는 양가성과 체념을 예증해 준다.

줄리아나의 경험은 맹인 여성과 눈이 보이는 남성 간의 관계에 존재하는 문제적 본질을 또 다른 견지에서 설명해 준다. 줄리아나는 서른여섯 살이고 지금은 거의 전맹에 가까운 상태인데, 그녀는 다양한 성적 관계를 가져 왔으며 그 중 한 명은 눈이 보이는 남성이었다.

루타가 나를 좋아한 것은 그다지 어려운 일이 아니었다고 생각합니다. 왜냐하면 나는 전맹이 아니었고, 일자리를 갖고 있었으며, 누군가의 도움을 필요로 하지 않았으니까 말이죠. 눈이 보이는 사람들 중 어떤 이들은 평소에는 당신과 같은 장애인이 지닌 핸디캡에 그다지 주의를 기울이지 않습니다. 당신도 알다시피, 특히 대부분의 일을 혼자서도 잘 처리할 수 있는 경우라면 말이죠.……루타와 나는 아마 3년 정도 함께 지냈던 것 같습니다.……나는 우리의 관계가 왜 깨졌는지에 대해 확신할 수는 없어요. 그렇지만 앞을 잘 볼 수 있는 사람들의 말에 따르자면, 그렇게 된 것은 내 시력이 나빠지기 시작했을 때, 내가 맹인들처럼 부자연스럽게 일을 처리하게 되었을 때였다고 할 수 있습니다.

루타와의 관계가 끝난 이래로, 줄리아나는 한 맹인 남성과 관계를 지속해 오고 있다. 그녀는 여전히 자신의 일을 가지고 있고, 어머니의 도움을 받아 6명의 아이를 키웠다. 그들 중 한 명은 루타와의 사이에서 태어난 아이다. 루타가 그녀와의 관계로부터 이탈해 간 이유는 아마도 맹인 여성과의 결혼을 거부하는 여타 남성들의 그것과 별로 다르지 않을 것이다. 줄리아나의 시력이 악화되는 것과 더불어 **맹인** 여성과 함께 지내야 한다는 두려움이, 그녀와는 제대로 결혼할 수 없을 것이라는 생각이, 루타로 하여금 그 관계를 끝내도록 만든 것이다.

섹슈얼리티와 가정생활에서의 사회관계들

사회관계들의 유형 및 이와 관련된 과업의 종류들을 섹슈얼리티와 가정생활이라는 두 가지 차원에서 분석해 보면, 우리는 왜 눈이 보이는 남성들이 통상적으로 모든 범주의 장애여성들과 기꺼이 가벼운 성적 관계를 가지면서도 그녀들을 부적절한 배우자로 간주하는지를 어느 정도 파악할 수 있다. 생활공간, 상황대처, 확장이라는 세 가지 개념이 그러한 분석 작업에서 유용한 도구가 된다.

성교는 일반적으로 단지 관계를 맺는 두 참여자만을 필요로 하며, 때때로 그 성사를 위해 매개자가 개입될 뿐인 **사적 영역**에서의 활동이다. 그러므로 그 생활공간의 여러 측면들은 성교의 본질과 대상에 의해서, 즉 성적 만족에 의해서만 제한된다. 여타의 신체적 능력이나 다른 사람들에 의한 장애인 파트너의 승인은 그러한 관계의 실현에 요구되지 않는다. 따라서 적절한 시점에 적절한 장소에서 만난 맹인 여성은 통상적으로 그녀의 장애에 부여되는 요인들에 의해 가능성 있는 성적 파트너로서의 자격을 박탈당하지 않는다. 요컨대 맹인 여성은 눈이 보이는 남성의 **성적 욕구를 만족시킬** 수 없을 정도로 그렇게 무능력한 것으로 인식되지 않는다. 이는 눈이 보이는 파트너의 성적 만족에 기초한 관계가 '표준적인' 사회적 상호작용을 제어하는 잠재적 요인들로 작용할 가능성을 지니고 있음을 의미한다. 이러한 성교에 기초한 관계는 통상적인 연애관계와는 구별되는데, 후자는 여러 가지 복합적인 진정한 감정적 고려 및 여타의 사회적 고려들을 수반한다. 우리는 좀더 정확하게는, 눈이 보이는 남성들 중 일부가 장애를 지닌 성적 파트너를 단순한 '성적 대상물'로 인식한다고 말할 수 있을 것이다. 그렇지만 이러한 경우에는, 남성들이 통상적으로 성적 파트너의 선택에 있어 주의를 기울이는 신체적인 속성들과 여타의 여성적인 속성들이 그다지 중요하지 않을 수 있다.

이에 반하여, 우간다에서 집이란 상대적으로 공적인 영역이다. 여기서의 가정적 관계들은 사회구조 내에서 다른 관계들과 서로 얽혀 있으며, 그러한 관계들 모두는 문화적 가치들과 관행들에 의해 유지된다. 요컨대 **가정 영역**에서의 관계들은 단지 배우자들 자신 이상의 많은 사람들이 관련되며, 그리하여 앞서 지적했던 바처럼 사회적 상호작용의 과정 내에서 가치평가적인 비평의 여지가 더 많이 존재한다. 주부의 거의 모든 가사 역할에는 공적인 특질이 부여되어 있기 때문에, 이는 단순한 성적 역할에서보다 신체적인 손상과 다른 신체적 속성들 사이에 존재하는 연계고리를 부각시킬 가능성이 더 높다. 따라서 사회관계의 어떤 한 영역이나 분야에서 상황대처를 할 수 있었다는 것이, 다른 영역이나 분야에서의 상황대처 잠재력에 대한 인정을 의미하는 것은 아니다. 대다수의 사람들은 한 가정의 경영이 시력 및 완전한 신체적 기능의 발휘를 필요로 한다고 가정한다.

주디스와 줄리아나의 경험은 눈이 보이는 남성들이 맹인 여성들과 기꺼이 맺고자 하는 관계가 어떠한 종류의 것인지를 설명해 준다. 줄리아나의 사례는 또한 전맹보다는 부분적으로 맹을 지닌 여성들이 성적 관계들에 참여할 수 있는 더 많은 여지를 지니고 있음을 예증해 주고 있다. 그렇지만 이러한 관계들은 보통 가벼운 것이며, 장애인이 아닌 사람들의 성적 관계보다 사회적으로 받아들여질 가능성이 적다. 족내혼은 장기적이며 사회적으로 온당하다고 여겨지는 관계들에 관심을 갖고 있는 맹인 여성들에게 실행 가능한 대안으로서 지속되고 있는 것이다.

유능한 우간다 여성의 예로서의 맹인 여성들

나의 자료에 따르면, 맹인 여성들의 무능에 관한 가정들이 전적으로 진실인 것은 아니다. 족내혼을 한 맹인 여성, 동거 중인 맹인 여성, 그리고 여타의 여성 정보제공자들에 의해 예증되었던 바처럼, 맹인 여성들은 우간다의 여성들에게 맡겨진 다양한 가사 역할들을 성공적으로 수행해 낼 수 있는 능력 있는 주부이자 살림꾼이다. 맹인 여성들 중 일부는 다른 우간다 여성들과 다를 바 없는 상황 내에서 살아가고 있는 것이다.

① 결혼을 했고, 전업주부이며, 친정에 머물면서 아이들을 키우고 있음. 식량의 생산을 포함하여 가구에 대한 책임을 짐. (주디스)

② 결혼을 했고 밖에서 고정된 수입의 일자리를 갖고 있지만, 여전히 가사 업무들에 대한 책임을 짐. (말리티니 부인)

③ 동거 중이고 결혼을 예정하고 있으며, 몇몇의 상이한 관계들로부터 태어난 아이들을 함께 키우고 있음. (줄리아나)

④ 몇몇의 상이한 관계들로부터 태어난 아이들을 아버지 없이 키우고 있음. (아켈로)

이러한 경우의 여성들 중 일부는 그들의 지역사회에 잘 통합되어 있고 복잡한 사회관계들에 참여하고 있으며, 그러한 관계들 중에는 은

밀한 성적 관련 활동들 또한 포함된다. 예를 들자면, 맹인 여성들의 이웃관계 및 여타 사회관계 관리 방식이 나의 주의를 끌었던 적이 있는데, 그러한 관리 방식은 내가 우스갯소리로 던졌던 말이 학교 동창들 사이에서 오해되면서 확인되었다. 나는 맹인 여성인 X부인과 막역한 사이였는데, 내 아내는 멀리 떠나 있기 때문에 그녀가 나에게 적당한 여성 친구들을 소개시켜 주어야만 한다고 농담으로 말했다. 그날 저녁, X부인은 나에게 소개시켜 주기 위해 정말로 그녀의 친구 두 명을 데리고 왔다. 두 명 모두 눈이 보이는 이웃 여성들이었고, 나는 이전에 그들 중 한 명인 Y부인의 집을 방문했던 적이 있었다. 나의 정보제공자인 이웃들에 대한 가벼운 인사차 말이다. X부인은 자신의 친구들이 집으로 돌아간 것을 확인한 후에 되돌아와서, 자신은 자기의 역할을 완수했다고 매우 만족스럽게 말했다. 그녀는 자신의 친구 Y부인이 나에게 매우 관심이 있고 친구의 남편 또한 둘째 아내를 방문하러 집을 떠나 있는 상태이기 때문에, 내가 Y부인과 가벼운 연애를 시작하는 것(!)은 따 놓은 당상이라고 설명했다. 그와 같은 개인적 경험은 맹인 여성의 상황대처와 생활공간의 여러 측면들, 특히 사회관계의 관리와 관련된 측면들을 명확히 설명해 주고 있다. X부인은 은밀한 성적 관계, 특히 애인 유형의 가벼운 관계에 있어 매개자의 표준적인 사회적 역할을 수행했던 것이다.

눈이 보이는 남성들과의 성적 관계가 갖는 사회적 함의들

눈이 보이는 남성들과의 성적 관계는 맹인 여성 파트너에게 있어 어떤 주목할 만한 결과들을 가져온다. 특히 그 결과로 그녀가 어머니가 된다면 말이다. 아이들은 미래의 사회보장 제공자로서의 가치를 지닌다. 자녀들은 성인이 되었을 때 맹인 어머니를 부양할 것으로 기대된다. 그뿐만 아니라 대개는 어머니의 일을 돕는 조력자이자 동반자로서 양육되며, 성장 중에도 믿을 수 있고 불평 없는 가족의 구성원으로서 다른 가족 구성원에게서 어머니의 부양이라는 과업에 대한 부담을 경감시켜 줄 것으로 기대된다.[10] 더욱이, 어머니가 되는 것은 맹인 여성의 사회적 지위를 향상시킨다. 왜냐하면 출산의 경험과 어머니의 지위를 통해 그녀가 자신의 여성성을 입증했을 뿐만 아니라, 임신능력 또한 입증했기 때문이다. 아이가 없다는 것은 전통적으로 임신능력의 부재와 연계하여 사고된다. 어머니의 역할을 수행하는 과정 속에서, 맹인 여성은 또한 자신의 상황대처 능력과 생활공간을 개선시킨다. 아이를 키우면서, 그녀는 돌봄과 생존에 대한 새로운 기술들을 배우고, 새로운 가치들을 발전시키며, 여러 다양한 범주의 사람들과 상호작용을 하기 때문이다. 그러한 사람들 중 일부는, 그들이 이전에 지녔던 그녀와 그녀의 운명에 대한 인식과 비교하여, 상당 정도 상이한 견지에서 그 맹인 여성을 인식하게 된다. 더욱이 신뢰할 수 있다고 여기는 자기 아이의 존재는 맹인 여성에게 자립감을 제공한다.

한편 장애여성과의 사이에서 자식을 본 대다수의 남성들이 아이를 어머니만의 돌봄 아래 맡겨 두고 떠나 버리기 때문에, 맹인 여성은 일자리를 갖고 있는 경우에도 수업료와 같은 아이의 필요를 충족시키는 데

---

10 맹인 부모들에게 있어 아이의 가치는 아무리 강조해도 지나침이 없다. 다른 종족과의 결혼을 통해 태어난 경우라 할지라도 말이다. 이는 1968년 이래로 맹인으로 살아온, 56세의 남성 티리가나에 의해 예증된다. 내가 그에게 그의 열두 살짜리 아들을 읽교로 되돌려 보내는 내신 길 안내자로 데리고 있는 것이 부적절하다고 느끼지 않는지에 관해 물었을 때, 그는 다음과 같이 대답했다. "오! 나는 진정 그렇게 느끼고 있어요. 그 아이는 학교에 가지 못해 많은 것을 잃었을 테죠. 그렇지만 그 아이는 내가 의지할 수 있는 유일한 사람이랍니다. …… 나는 나의 아들만큼 다른 어떤 누구에게도 의지할 수가 없어요."

어려움을 겪게 될지 모른다.[11] 여러 해 동안에 걸친 정치적·경제적 혼란이 야기한 일자리·경제·사회적 양상들에서의 변화 때문에, 그러한 처지에 있는 맹인 여성은 친족들로부터 필수적인 생계지원을 제공받는 것 역시 더 이상 당연시할 수 없게 될지도 모른다.[12]

결론

우간다에서 눈이 보이는 남성들은 맹인 여성들을 가능성 있는 성적 파트너로는 인식하지만, 보통 적절한 주부로는 여기지 않는다. 맹인에 대한 사람들의 인식(무력하고, 쓸모없고, 취약하며, 병들어 있다는)과 문화적으로 정해진 여성들의 가사 역할은 그러한 관계의 본질을 결정하는 중요한 요인들이다. 시력에 부여되어 있는 기능적 특성들 때문에, 소위 정상적인 사람들은 시력의 상실을 신체적 기능 전반의 결여와 연계하여 사고한다. 이것이 확장으로 언급되어 왔던 것이다. 그러한 확장 때문에, 남성들은 어떤 맹인 여성이 부딪히는 일상생활의 여러 상황들에서 단지 그녀의 활동에 지장을 초래하는 것들과 상황대처 능력의 결여만을 마음속에 그리게 된다. 공적 영역인 우간다의 가정에는 확대가족의 구성원들, 이웃들, 친구들이 활발히 참여를 하게 되는데, 그 참여자들은 맹인 여성이 주부 역할을 맡으리라고 상상하지 않는다. 그럼에도 불

---

11 결손가정에서 태어난 이러한 아이들이 겪고 있는 문제는 우간다맹인재단Uganda Foundation for the Blind의 대표자들에 의해 제기되어 왔다. 맹인 정보제공자들 또한 그러한 문제를 반복적으로 언급했다. 몇몇 가정들은 아이에 대한 교육 원조를 외국의 그리스도교 단체들로부터 받고 있는 실정이다.

12 이에 대한 예로는 Firimooni R. Banugire, "The Impact of the Economic Crisis on Fixed-Income Earners", eds. Paul D. Wiebe and Cole P. Dodge, *Beyond Crisis*; Josephine Wanja Harmsworth, "The Ugandan Family in Transition", *Beyond Crisis*를 보라.

구하고, 눈이 보이는 남성들과 맹인 여성들은 성적인 관계를 맺으며, 그러한 관계들은 대개 덜 합법적이며 따라서 남성 쪽에게 더 낮은 사회적 지위를 부여하는 것으로 여겨진다. 종종 발생하는 것처럼, 만약 이러한 관계에서 임신이 이루어진다면 맹인 여성의 사회적 지위는 긍정적으로 변화된다. 이는 어머니의 지위에 부여되어 있는 문화적 가치와 관행 때문이라고 할 수 있다. 이러한 임신은 새로운 상황대처 기술과 생활공간에서의 변화를 발생시키는 더 넓은 사회적 네트워크에의 참여를 수반한다.

족내혼의 사례들에서 명백히 나타나는 바와 같이, 맹인 여성들은 전통적으로 우간다의 주부들에게 기대되는 가사 역할들을 성공적으로 수행할 수 있다. 그렇지만, 눈이 보이는 남성이 그러한 성공을 인식하도록, 그리하여 맹인 여성과의 결혼이 충분히 가능한 것임을 인식하도록 만들고자 한다면, 시각적 손상과 신체적 무능력 사이의 등식이 논파되어야만 한다. 이는 맹인 여성들이 장애인에 관한 고정관념을 재확인시키는 살아 있는 예가 되지 않도록, 맹인들을 위한 교육의 제공을 통해 어느 정도까지는 성취될 수 있다. 더불어 또 다른 차원에서는, 맹인 아동의 부모와 눈이 보이는 일반 대중을 대상으로 한 교육과 정보의 제공이 이루어져야만 한다. 그러한 공공의 교육을 통해, 눈이 보이는 이들은 맹인을 볼 수 없기 때문에 사회적·신체적으로 핸디캡을 갖는 존재라기보다는 시각적 손상이라는 차이를 지닌 사람으로 여기게 될 수 있을 것이다. 이러한 생각은 장애인과 비장애인 간의 더 밀접한 친분 관계가 보통은 장애 자체보다 여타의 인격적 특성에 기초하여 장애인을 판단하는 것으로 이어짐을 지적하고 있는 많은 정보제공자들의 경험 및 과학적 연구들과도 일치된다. 그렇지만, 신체적 장애인의 고용 기회와 관련된 연구들은 그들이 일자리를 얻으려면 보통 비장애인 경쟁자들보다 더 큰 능력을 보여 주어야만 함을 지적한다. 따라서 맹인 여성들이 우간다의 눈이 보이는 남성 가정에서 호감을 갖는 아내로서 인식되는 것 역시, 단순한 공적 정보제공 프로그램이나 눈이 보이는 사람들과 맹인 간의 가까운 접촉 이상을 필요로 한다 할 것이다.

비교문화적 관찰은 결혼에 있어 맹인 여성들이 겪는 문제적 경험들을 확인해 준다. 프랑크 잘레 브룬은 니카라과에서도 우간다와 유사한 족내혼의 경향이 존재함을 보고하고 있다.[13] 브룬의 견해는 콘스탕스 부볼렌Constance Buvollen이 노르웨이맹인협회Norwegian Association of the Blind에 제출한 마나과Managua 시각장애 여성들에 대한 연구보고서에 의해서도 뒷받침된다.[14] 헤우안Else Momrak Haugann은 성적 평등과 기술적 진보의 수준이 높다고 주장되는 노르웨이에서조차, 다른 무엇보다도 전통적인 젠더 역할이 눈이 보이는 남성과 맹인 여성 간의 결혼을 방해한다고 말한다.[15] 슐로모 데셴Shlomo Deshen은 이스라엘에서도 유사한 문제들이 존재함을 보고하고 있다.[16] 안 괴르트는 비장애인 남편을 찾는 데 있어 '문제'를 경험하는 것은 대다수 범주의 장애여성들 사이에서 일반적인 현상이라고 주장한다.[17]

우간다에서 맹인 여성의 결혼 가능성을 개선시키기 위해서는, 일

---

13 프랑크 잘레 브룬과의 개인적 대화.

14 Constance R.A.Buvollen, "Blind Women in Managua: A Field Study", Report to Norges Blindeforbund, Oslo, 1983.

15 Else Momrak Haugann, "Synshemma kvinner i eit feministisk perspektiv" [Visually Impaired Women in a Feminist Perspective], Norges Blinde 24, 1989, pp.5~13.

16 Shlomo Deshen, "Coming of Age among Blind People in Israel", Disability and Society vol.2 issue 2, 1987, pp.137~149.

17 안 괴르트와의 개인적 대화.

정한 문화적 관행들 및 가치들의 문제와 더불어, 그녀의 삶의 기회와 생활공간을 제한하는 사회경제적 요인들을 완화하도록 설계된 조치들이 우선되어야만 한다. 자립적인 '정상적' 여성은 자신의 사회경제적 지위로 인해 언제나 결혼 상대로서 남성들의 관심을 끌 수 있는 가능성을 지니고 있다. 자립은 맹인 여성에게도 동일한 기회를 제공할 수 있을 것이다. 예를 들어, 자립에 대한 역량은 맹인 남성과 눈이 보이는 여성들 간의 결혼이 상대적으로 흔한 현상이 된 주요한 이유들 중 하나이다. 눈이 보이는 여성들은 소득을 창출하는 활동에 활발히 참여하고 있으며, 증대된 교육과 여타의 사회적·경제적 변화들과 더불어, 점진적으로 남성이 주도하는 활동들을 받아들이고 있다. 그러므로 그녀들은 생존을 위해서 맹인 배우자에게, 또는 친족들의 호의에 전적으로 의존할 필요가 없다. 이와 대조적으로, 대다수의 남성들은 어떠한 '여성의 활동들'도 떠맡기를 거부한다. 이로 인해 남성들은 여전히 어떤 우간다의 가구를 좋은 가정으로 만드는 데 필요한 가사 역할들을 수행할 수 있는 유능한 가정주부를 요구한다.

이 글은 더 진전된 연구를 위한 몇 가지 중요한 질문들을 제기하고 있다. 평생을 집 안에서만 살아가며 맹인 남성을 만날 기회조차 갖지 못한 맹인 여성은 어떻게 되는가? 학교 중퇴자, 그리고 교육과정이나 재활 프로그램을 마치고 고향마을로 돌아와 맹인 동료들과 사회적 접촉의 기회를 거의 또는 전혀 가질 수 없게 된 이들은 어떻게 되는가? 결혼한 여성이 시각적 손상을 입었을 경우 어떤 일이 발생하게 될 것인가?

이 글에서 취하고 있는 관점으로부터 그러한 문제들에 관해 일정한 추정을 해보는 것이 가능할 수도 있겠지만, 우간다에서 맹인들의 성교 및 결혼 기회에 관한 종합적인 연구들이 필요하다고 할 수 있다. 성교와 결혼 양자의 활동 모두 보통은 중요한 문화적·경제적·사회적 고려들에 기초하여 맺어지는 거래이기 때문에, 그러한 연구들은 모든 우간다 사람들에게 있어 근본적인 삶의 양상들을 좀더 명료하게 밝혀 줄 것이다. 그리고 그러한 연구들은 또한 시각적 손상을 지닌 우간다 사람들이 처해 있는 특정한 삶의 상황들을 더 잘 이해하는 데에도 기여할 것이다.

8장 재활에 대한 공적 담론들
: 노르웨이에서 보츠와나로

베네딕테 잉스타

최근 개발도상국에서 재활 프로그램의 채택은 거의 대부분 아래의 방식들 중 하나를 통해 이루어져 왔다.

선진국의 비정부기구NGO가 개발도상국에서 재활사업을 시작하기를 원하여 그 나라 정부에 승인을 구하기 위해 접근한다. 때때로 그러한 NGO는 해당 지역의 자매단체와 연결되어 있거나 또는 그러한 자매단체의 설립을 돕기도 한다. 재활사업에 착수하는 데 필요한 자금은 북부의 나라들(즉 북미나 유럽)로부터 유입되는데, 여기에는 거의 대부분 그러한 자원의 조달이 궁극적으로 모금활동이나 정부의 지원을 통해서 그 지역 자체적으로 지속될 수 있을 것이라는 기대가 수반된다. 이러한 방식으로 착수된 재활 프로젝트들은 통상적으로 특정한 유형의 손상을 지닌, 어떤 한정된 지역의 클라이언트들에게 주로 서비스를 제공하는 센터나 특수학교의 형태를 띤다. 그렇지만 최근 몇몇 NGO들은 보통 지역사회기반 프로그램을 통하여, 더 많은 사람들에게 서비스를 제공하고자 노력해 왔다.

그렇지 않을 경우(또는 때때로 위의 방식과 동시적으로), 어떤 개발도상국의 정부가 하나의 사회적 필요로서 재활이 요구됨을 확인하고, 재활 프로그램에 착수하는 데 있어서의 쌍방 간 원조를 위하여 다른 나라의 정부나 NGO에게 접근한다. 재활이 시작되는 이러한 양상은 국제 장애인의 해(1981년)를 바로 전후하여 매우 빈번하게 관찰된다. 그즈음 국제사회의 의식이 각성되었고, 많은 나라들에서 장애인들이 일정한 권리를 지닌 집단으로서 처음 공식적으로 규정되었다. 그러한 나라들의 정부를 통해 시작된 재활 프로그램은 대개 (궁극적으로는) 전체 장애 인구를 포괄하는 것을 목표로 한다. 그렇지만 원조를 매개로 하지 않고 정부가 직접 설립한 재활센터들에 대한 근래의 예들 또한 존재한다. 특히 전쟁에 뒤이어서 말이다.

이 장은 북부 나라들에서 남부 나라들로의 재활에 관한 담론들의 이전과 관련된다. 그리고 이 장은 역사적 변환들을 다루고 있는데, 그 안에서 인격체로서의 장애인에 대한 대중적 인식은 전체 사회의 지속적인 변화 과정과 연관되어 있다.

두 개의 나라——노르웨이와 보츠와나——와 그 나라들 사이의 관계가 이러한 담론의 이전과 역사적 변환의 예로서 활용된다. 노르웨이는 오랜 기간 동안 보츠와나 보건의료 영역 개발의 주요 지원자들 중 하나였으며, 재활은 당연히 그러한 보건의료 영역의 통합된 일부였다. 그리하여, 그러한 재활담론들은 프로그램이라는 형식 속에서 북부의 노르웨이로부터 남부의 보츠와나로 '개발'이라는 이름하에 전달되었다.

비록 여타 유럽 나라들에서의 재활 프로그램 발전에 의해 영향을 받기는 했지만, 그리고 많은 면에서 다른 스칸디나비아 나라들에서의 재활에 대한 공적 담론들과 유사성을 갖기는 하지만, 오늘날의 재활에 대한 노르웨이의 공적 담론들은 고유한 역사를 지니고 있다. 그것은 보든 시민의 평등과 복지라는 개념에 기반을 둔 특정한 국가구조의 발전으로부터 자라났다. 따라서 현대의 노르웨이 재활 프로그램들은 장애인을 평등한 시민들로서, 일정한 권리들을 누려야 할 개인들로서, 그리고 국가와 지역사회는 그러한 개인들에 대해 책임을 갖는 것으로서 규정한다. 그러나 언제나 이와 같기만 한 것은 아니다. 나는 재활에 대한 노르웨이 공적 담론의 핵심요소들이 어떻게 발생했는지를 기술할 것인데, 이는 노르웨이의 상황과 보츠와나의 상황을 대조해 보이기 위함이다. 보츠와나에는 노르웨이 재활담론의 핵심요소들 중 일부가 전해져서, 노르웨이와는 매우 상이한 보츠와나 재활 발전 역사의 일부분을 형성했다. 최근 노르웨이는 장애인에 대한 재활을 목표로 **통합**과 **정상화**의 원리를 확립하는 데 있어 (스웨덴 및 덴마크와 더불어) 개척자들 중 일원으로서의 지위를 점하고 있으며, 이러한 원리들은 보츠와나에서 재활에 대한 노르웨이의 원조가 입각해 있는 주요한 전제이다.

보츠와나에서 재활담론의 역사는 노르웨이보다 훨씬 더 짧다. 겨우 최근에야 다양한 유형의 장애인들이 개선에 대한 잠재력을 지닌 사람들로서 인식되기 시작했고, 장애인들은 여전히 주로 해당 장애가구와 확대가족의 책임으로 간주된다. 처음에는 영국과 독일로부터, 그리고 나중에는 노르웨이와 스웨덴으로부터 들어온 '장애인에게 있어 무엇이 최선인가'에 대한 담론들은 보츠와나 지역 고유의 개념이나 사회조직과는 잘 들어맞지 않는다. 그러한 담론들이 사람들 사이에서 내면화되고 국가적 수준에서 우선권이 부여되기 위해서는 시간이 걸린다. 북부의 나라들로부터 온 재활사들은 다른 영역의 개발 '전문가들'과 마찬가지로 이 점을 인식하지 못하는 경향이 있다. 그리하여 재활 프로그램들이 보츠와나의 경우에 그랬던 것처럼 원조자들이 기대했던 바대로 실행되는 데 실패했을 때, 이는 입안자와 실행자들이 아니라 피원조자들의 탓으로 돌려지는 경향이 있다(12장을 보라).

재활에 대한 공적 담론들에 초점을 맞출 때, 우리는 이러한 담론들이 반드시 모든 장애인들, 심지어 대다수의 장애인들이 어떻게 다루어지는가를 반영하고 있는 것은 아니라는 점을 기억해야만 한다. 담론들은 전형적인 것들, 어떤 경우에는 부정적으로 치우쳐진 것들, 어떤 경우에는 이상화된 모습들, 그리고 또 어떤 경우에는 행동을 위한 '방침들'을 담고 있다. 장애인들과 그 가족 구성원들이 처한 실제 삶의 상황은 오직 그들 자신의 경험에 관한 그들 자신의 목소리를 직접 듣는 것에 의해서만 탐사될 수 있다. 그럼에도 불구하고, 공적 담론들의 생성에 대한 이해는 중요하다. 그러한 담론들이 특정한 사회문화적 환경 내에서 장애인이 할 수 있는 선택들과 의미 있는 삶을 살아갈 수 있는 기회들에 대한 제약 및 가능성들을 나타내 준다는 점에서 말이다.

노르웨이

공적 책임, 교육, 보호

노르웨이는 거의 400년 동안 덴마크의 식민지였고, 거의 100년 동안 스웨덴과 합병 상태에 있었으며, 1905년에야 독립을 획득했다. 세계 다른 곳의 식민지들과 마찬가지로, 노르웨이는 대체로 산업적 투자는 거의 이루어지지 않고 국외로 유출되는 목재·광물·수산물에 커다란 가치가 부여되는 농촌사회였다. 최상의 농지와 삼림은 (때때로 외국인인) 소수 소유주들의 지배하에 있었으며, 그 소유권은 아버지로부터 맏아들에게 대대로 상속되었다. 이는 지주의 경작지 중 직은 일부를 경작할 수 있는 권리에 대한 대가로 무상 노동을 제공하고, 이에 더해 때로는 지대 또한 지불해야 하는 무토지 농민 제도를 낳았다. 그리고 이러한 상황은 광범위한 농촌 빈곤의 기반이 되었고, 결국 미주 대륙으로의 대규모 이주로 이어졌다.

19세기 후반부 이전까지, 노르웨이 사회에서는 '장애'가 어떤 특정한 정체성을 부여하지 않았던 것처럼 보인다. 손상을 지니고 있는 사람들은 가족의 정당한 구성원이었고 능력에 따라 그들 가구의 삶과 과업에 참여했다. 그렇지만 적어도 빈곤한 가정들에서는, 심각한 손상을 지닌 사람들이 잠재력을 개발할 수 있도록 충분한 격려와 자극을 제공하는 데 할애할 수 있는 시간이나 인적 자원이 거의 존재하지 않았다고 할 수 있다. 그리고 전체 국민들 내에서, 경우에 따라 장애인 개인에게 어떤 개선이 실질적으로 이루어질 수 있다는 생각은 아마도 거의 존재하지 않았던 것 같다.

사회적 위계의 맨 밑바닥에는 토지에 대해 어떠한 권리도 없고, 아무런 생계수단도 없는 이들이 존재했다. 극빈자들, 고아들, 돌봐 줄 가족이 없는 노인들이 바로 그러한 사람들이었다. 이러한 맨 밑바닥의 사람들 가운데에는 분명히 장애인들 중의 일부 또한 포함되어 있었다. 비록 유럽의 여타 지역들에서처럼 그들은 이 당시 별도의 특별한 범주로서 추려 내졌던 것이 아니라,[1] 앞서 언급된 다른 사람들과 더불어 **원조를 받을 자격이 있는 빈민들**로 분류되긴 했지만 말이다. 이와 대조적으로 몇몇 인종적 소수자들뿐만 아니라 좀도둑들과 여타의 범죄자들은 원조를 받을 사격이 없는 자들로서 간주되었다. 그들은 구빈원으로 보내

---

1 Henri-Jacques Stiker, *Corps infirmes et sociétés*, Paris: Aubier Montaigne, 1982.

지거나, 일자리와 자선을 구걸하며 이 농장 저 농장을 정처 없이 떠돌았다.[2] 이러한 상황 속에서 농장주들이 일정한 수의 부랑자들을 한정된 기간 동안 돌보는 제도가 발전했으며, 그러한 방식으로 지주들 사이에서 빈민 부양에 대한 부담을 분배하였다. 훨씬 더 후에, 정부가 장애인에 대한 더 많은 책임을 맡게 되었을 때에도, 이러한 전통의 흔적은 완전히 사라지지 않고 살아남았다. 몇몇 주변적인 농업지구들에 대해 정부로부터 추가소득이 제공됨으로써, 농장주들은 특별한 유형의 '환자들'(주로 정신질환자들과 정신지체인들)에게 음식과 잠자리를 제공하는 데 대한 비용을 지불받았다. 그러나 이것이 허용했던 노동력 착취에 대한 가능성은 대부분 이야기되지 않았다.

1814년의 새로운 헌법 채택에 뒤이어, 모든 아동들에 대한 무상 의무교육의 확립에 많은 노력이 기울여졌다. 그렇지만, 일반 학급의 수업을 따라갈 수 없는 얼마간의 아동들이 있다는 것이 곧 분명해졌다. 맹인과 농인을 위한 학교들이 1870년경 설립되었는데, 이는 여타 유럽 지역의 맹학교 및 농학교들을 모델로 삼았으며, 그후에 정신지체아동에 대한 공교육도 곧 시작되었다. 그리고 1881년에는 맹, 농, 정신지체를 지닌 아동에 대한 의무교육을 제도화하는 법률이 통과되었다.

정신지체인, 즉 당시 공문서에서는 '백치' 또는 '비정상인'이라 명명되었던 이들의 교육은 특정한 문제들을 제기했다. 특수교육의 목적은 "공교육제도로부터 이러한 문제로 인한 부담을 덜어 주는 것, 그리고 집중적인 훈련을 통해 궁극적으로 이러한 아동들을 그들이 되돌아가

2 Per Sundby, "Sosialmedisin: Teori og praksis"[Social Medicine: Theory and Practice],
ed. Per Sundby et al., *Sosial Velferd og Sosial Omsorg: En Innføring i Sosialmedisin*[Social
Welfare and Social Care: An Introduction to Social Medicine], Oslo: Fabritius, 1981.

야 할 단계로 돌려 보내 공교육제도로부터 이득을 얻을 수 있도록 하는 것"이었다.[3] 우리는 노르웨이에서 정신지체장애인들에 대한 특수교육의 개척자들 중 한 명으로부터 얻어진 이 인용문이 커다란 낙관론을 드러내 준다고 판단한다. 정신지체아동은 적절한 양의 훈련과 자극이 주어지기만 한다면, 궁극적으로 '정상'이 될 수 있다는 것이다. 그러나 이러한 낙관주의는 불가피하게 상당 정도의 낙담으로 이어지게 되었다. 몇몇 주요한 도시들에서 특수학급이 개설된 후, 그러한 훈련이 몇몇 학생들에게서 놀라운 결과를 가져오기는 했다. 그렇지만 정신지체아동들은 여전히 그들의 동년배 친구들보다 뒤떨어졌으며, 그들 중 다수는 결코 '교육'으로부터 당시에 그 용어가 이해되었던 방식대로 이득을 얻을 수는 없음이 확인되었다.

특수교육은 농인, 맹인, 경도輕度의 정신지체인에 대하여 최초의 개척자들에 의해 기획된 방침에 따라 지속되었다. 특수학급과 그 이후에 확대된 특수학교를 통해서 말이다. 그렇지만 보다 중도重度의 정신지체인들에게 있어, 특수교육의 발전은 궁극적으로 가장 취약한 이들에 대한 보호에 더 많은 목적을 두는 방향으로 이어졌다.

특수학급이 중등도中等度와 중도의 정신지체아동들에게까지 미칠 수 없다는 깨달음에 뒤이어, (공문서에서 그들이 명명되었던 바에 따르자면) '훈련될 수 없는 이들'을 위한 거주홈을 만들자는 것에 찬성하는 목소리들이 들려오기 시작했다. 이러한 거주홈의 목적은 부분적으로

---

3 NOU, *Omsorg for psykisk utviklingshemmede* [*Care of the Mentally Retarded*], Norges offentlige utredninger 25, Oslo: Sosialdepartementet, Universitetsforlaget, 1973, p.11 [NOU는 Norges offentlige utredninger(Norwegian Official Report)의 약자로, 노르웨이 정부에 의해 지정된 위원회 또는 위원단에 의해 발간되는 공식 보고서를 말한다——옮긴이].

는 가족에게서 그들의 과중한 부담을 덜어 주는 것이었고, 부분적으로는 돌봄과 보호를 제공하는 것이었다. 이러한 종류의 최초의 '거주홈'은 1907년에 사립의 형태로 설립되었으며, 이후 짧은 시간 동안에 몇 개가 더 지어졌다. 그렇지만 그 이후 십 년이 지나지 않아 이러한 거주홈의 대부분은 정부에 의해 인수되었으며, 그러한 사실은 이미 이러한 초기 시절부터 장애인을 돌보는 것이 공적 책임이어야 한다는 이데올로기가 존재했다는 것을 보여 준다. 그러나 자원봉사와 자선의 정신은 헌신적인 사람들(주로 여성들)의 '지원단체'라는 형태 속에서 1970년대까지 계속해서 중요한 역할을 수행했다. 그들은 이러한 '거주홈'의 입소자들에게 제공되는 예산 외의 비용을 위해 다양한 방식으로 자금을 모았던 것이다.

장애인을 위한 이러한 '거주홈'들은 가족과 함께하는 삶에 대한 긍정적 대체 공간을 제공한다는 매우 좋은 의도로 시작되기는 했지만, 그러한 거주홈의 존재 자체가 이내 과잉된 수요의 창출로 이어졌다. 그러한 선의는 점차 더 실현되기 어려워졌고, 이러한 공간의 주요한 효과는 정신지체인들을 주류적 삶으로부터 격리하는 것이었다. 유사한 양상은 여타 유럽 나라들에서 이루어진 시설의 발전에서도 명백히 나타나며, 우리가 최근에 루마니아에서 보았던 것은 그 극단적 형태라 할 수 있다. 그럼에도 시설이 장애인과 관련된 모든 이들에게 좋은 해결책이라는 생각은 존속되었으며, 소수의 사람들이나마 그러한 시설들 내에 실제로 존재하고 있다는 현실이 보여 주듯 여전히 이러한 생각은 부분적으로 살아남아 있다. 불과 일이십 년 전까지만 해도 다운증후군 아동의 출산 시 일부 소아과 의사들은 그 부모들에게 아이를 시설에 보내고 아이에 관해 잊어버리라고 충고했을 것이다.

정신지체인을 위한 학교 및 시설과는 그 정도에 있어 본질적으로 다소간 상이하기는 하지만, 맹 아동이나 농 아동을 위한 특수학교 또한 학생들을 사회로부터 격리하는 경향을 지녀 왔다. 이러한 학교들은 몇 몇의 산재된 지역들에만 설립되었기 때문에 대다수의 학생들에게 숙소를 제공하는 경향을 지녔으며, 학생들은 대개 집으로부터 먼 거리를 이동해 와야만 했기 때문에 일 년에 단지 한두 번 정도만 그들의 가족들을 만날 수 있었다. 나는 그러한 농학교 바로 근처에서 자랐다. 그런데 나는 그 학교의 농 아동이 이웃들과 함께 어울리도록 밖으로 자유롭게 내보내졌던 경우를 진정 한 번도 기억할 수가 없다. 우리가 가장 가깝게 상호작용을 했던 것은 그 학교를 둘러싸고 있는 울타리 양편에서 서로에게 눈뭉치를 던졌던 것이다. 이는 농 아동에 대한 보호 정책의 한 단면을 반영한다고 할 수 있을 것이다. 그러한 정책은 확실히 이러한 농아동의 용이한 사회통합을 이루어 내지 못했다.

복지국가, 통합, 평등

노르웨이에서 장애인에 대한 인식이 어떻게 한층 더 발전하게 되었는지를 이해하기 위해서는, 우리는 제2차 세계대전에 뒤이어 노르웨이 사회에서 어떤 일이 발생했는지를 검토해야만 한다. 제2차 세계대전 후 20년 동안 지속적으로 집권한 노동당Arbeiderpartiet과 더불어, '복지국가'가 그 형태를 드러냈다. 그러한 복지국가는 보건의료 발전에 대한 주요 책임을 떠맡았으며, 다양한 유형의 연금제도[4]를 통해 빈곤층을 지원했다. 복지국가의 주요 목표는 가능한 한 전체 인구집단 내에서 더 많은

---

4 이러한 연금제도의 일부는 전쟁 이전에 시작된 것이지만, 전후 시기 동안에 한층 더 발전하게 된다.

평등을 성취하는 것이었다. '권리'rights라는 관념이 일제히 발전되었다. 필요가 있을 때 사회가 지원을 하는 것은 더 이상 자선의 문제가 아니라 보호에 대한 **권리**로, 그리고 시민권(과 납세)의 결과로 사람들이 누려야 할 최저생활수준 보장의 문제로 간주되었다.

이러한 생각들이 결국 장애인에 대한 돌봄——그리고 재활——의 영역에까지 미치게 된 것은 아마도 필연적이라 해야 할 것이다. 1965년에, 저명한 저자이자 저널리스트이며 지적장애아동의 아버지였던 아르네 스케우엔Arne Skauen은 중앙 일간지 『다그블라데트』*Dagbladet*에 세 번에 걸친 열정적인 논설을 썼다(6월 5, 9, 12일자). 여기서 그는 정부가 지적장애인에게 동등한 권리를 부여하지 않는다고 비난했다. 그리고 장애인의 부모들이 이러한 권리를 옹호하고 투쟁하지 않는 것에 대해 비판했다. 이러한 논설과 뒤이은 대중적 논쟁은 자신의 지위가 위협받는다고 느꼈던 시설 및 특수학교 종사자들 사이에서 한바탕 소동을 불러일으켰다. 또한 그들 자신의 자아를 고양하기 위해 정신지체인들을 "막대사탕"과 같은 위안거리로 남겨 두기를 원한다며 스케우엔이 비난했던, 장애인을 위한 단체의 "자애로운 숙녀들" 사이에서도 마찬가지였다. 그러나 시설과 특수학교의 부정적 측면들은 『다그블라데트』가 정신지체인들을 위한 국립시설들에서 행해진 장애인들에 대한 학대의 사례들을 제출하면서, 이후에도 한층 더 상세히 보도되고 예증되었다.

대중적 인식에서 이러한 변화——보호받고 분리되어 치료/훈련받아야 할 존재로서의 장애인에서 평등한 권리를 지닌 시민으로——의 씨앗이 지적장애인의 부모로부터 와야만 했다는 것은 의미심장하다. 신체적·시각적·청각적 손상을 지닌 사람들은 어느 정도 그들 자신을 스스로 대표하리라 기대될 수 있다. 비록 대개는 권리로부터 소외된 그들의 처지로 인해, 그들 역시 스스로를 옹호하는 것이 어려운 일이라는 것을 확인하게 될지도 모르지만 말이다. 그러나 정신지체인들은 불가피하게 그들의 부모나 가까운 친족에 의해 대표되어야만 했으며, 그러한 부모나 친족들 중 일부는 법률가·의사·교사 등으로서 영향력을 발휘했다. 개발도상국들에서도 같은 상황이 벌어졌음은 잘 알려져 있다. 정치인이나 여타 유력 인사에게서 정신지체아동이 태어나는 것은 장애인운동을 크게 강화시켰다.[5]

그러한 흐름들이 계속해서 확장됨에 따라, 장애인에 대한 정의를 외치는 협회가 만들어졌는데, 이 협회는 주로 정신지체인의 부모들로 구성되었다.[6] 그리하여 약자 중의 약자들의 권한 강화를 추구하는, 장애 관련 인사들(및 그 가족들)에 의한 최초의 이익단체가 등장하게 되었다. 얼마간의 간격을 둔 후, 다른 유형의 장애들을 대표하는 단체들이 평등한 권리에 대한 그들의 요구를 주장하며 잇따라 생겨났고, 현재는 장애인과 관련된 문제에 대하여 이러한 모든 단체들을 대표하는 우산조직 umbrella organization과 정부 사이에 직접 대화가 이루어지고 있다.

주요한 문제는 '장애인에 대한 평등한 권리'라는 관념을 어떻게 실제로 작동시켜 낼 것인가가 되어 왔다. 강조되었던 최초의 논지들 중 하나는 가족과 지역사회 내에서 양육되고 성장하는 것이 모든 장애아동에게 최선이라는 것이었다. 실제로도 이것은 대다수 부모들이 언제나 느껴 왔던 사항일 것이다. 예를 들어, 그녀 자신이 정신지체아동의 부모

---

5 케냐와 니카라과는 그러한 두 가지 사례라 할 수 있다.
6 이 단체는 후에 그 명칭을 노르웨이정신지체인권익협회Norsk Forbund for Psykisk Utviklingshemmede(Norwegian Association for the Mentally Retarded)로 변경하였으며, 정신지체인을 대변하는 주요 이익단체가 되었다.

였던 소설가 시그리드 운세트Sigrid Undset가 1928년에 노벨문학상을 받았을 때, 그 상금의 대부분은 부모들이 그들의 정신지체아동을 집에서 양육하는 것을 가능하게 만들기 위한 기금에 기부되었다.

1960년대 후반에 이루어진 시설 장애인들에 대한 학대 폭로와 대중적 논쟁 이후 새롭게 달라진 것은, 이러한 과정에서 제시된 의견들이 점차 재활에 대한 공적 담론의 일부가 되어 갔다는 점이다. 사람들은 중도의 장애아동들이 시설에 남겨진 채 '잊혀져' 가는 것이 그들에게 최선이라고 더 이상 여기지 않게 되었다. 이러한 새로운 담론에 있어 핵심어는 **통합**과 **정상화**가 되었다. 통합은 장애인들이 그들 자신의 집에서, 그리고 평등한 기반 위에서 사회에 참여해야 한다는 것을 의미했다. 그리고 정상화는 사회의 다양한 영역들이 또한 장애인의 필요들에 대해서도 책임을 져야 한다는 것을 의미했다(장애인의 보건에 대해서는 보건 영역이, 운송에 대해서는 운송 영역이, 학교 교육을 위해서는 교육 영역이 각각 말이다). 장애인들의 문제를 떠맡는 특별한 부서나 시설들이 존재해서는 안 되며, 현존하는 특별 서비스들, 특히 정신지체인에 대한 특별 서비스들은 10년 이내에 폐지되어야만 했다. (정신지체인들에 대한) 이러한 정책은 1973년에 실무위원회(그 안에서 정신지체인의 부모들에 의해 만들어진 바로 그 협회가 강력한 역할을 하였다)가 정부에 제출한 안에서 최종적으로 승인되었다.[7]

주요 이슈들 중 하나는 이러한 통합과 정상화의 새로운 정책하에서 교육의 문제를 어떻게 풀 것인가였고, 이로 인해 또 다른 핵심어가 곧 등장하게 되었는데, 그것은 바로 **탈집중화**였다. 노르웨이는 영토가 길고 전국적으로 고르게 인구밀도가 희박한 나라이다.[8] 탈집중화는 정상화 이데올로기의 일부분이었고 또한 특수교육을 제공할 책임을 해당 지방의 학교들에게 부여하는 데 있어 가장 실제적인 방편이기는 했지만, 그러한 지방 학교들은 대개 그 이전까지는 특수아동들에 대한 경험이 거의 없거나 전혀 없었다. 경제적인 문제들은 차치하더라도, 대다수의 학구學區는 이러한 기대에 어떻게 부응할 수 있는가의 문제에 직면했다. 중심지로부터 더 멀리 떨어진 지역일수록 특수교육 전문가가 부족했고, 구인광고를 낸다 해도 그곳으로 이주해 올 특수교육 교사를 구하는 것이 언제나 용이한 일은 아니었다. 그렇지만 가장 큰 걱정은 일반학교로의 장애아동 통합이, 특히 중등도나 중도 정신지체아동의 통합이 비장애아동의 교육에 어떤 영향을 미칠까 하는 문제였다. 비장애아동의 부모들은 교사들이 특수아동 또한 돌봐야만 한다면, 그들의 아이들은 교사들로부터 거의 관심을 받지 못하게 될 것이라 주장하며 항의했다.[9] 아마도 더욱 놀라운 것은 몇몇 장애아동의 부모들 또한 항의를 했다는 사실일 텐데, 그들은 (때로는 정당하게) 그들의 아이들이 특수학교에 있을 때보다 교사로부터 덜 관심을 받을 수 있다는 사실을 염려했다.

새로운 이데올로기하에서의 두번째 중요한 이슈는 시설에서 살고 있는 장애인들에 대한, 그리고 통상적으로 기대되는 연령을 지나서까지 부모의 집에서 살고 있는 장애인들에 대한 주거의 문제였다.[10] 그

---

7 NOU, Omsorg for psykisk utviklingshemmede[Care of the Mentally Retarded].

8 수도인 오슬로에서 노르웨이 북단 노스케이프North Cape곶까지의 거리는 오슬로에서 로마까지의 거리와 같다. 노르웨이의 인구는 4백만 명이다.

9 대부분의 경우에 있어 이러한 문제는 학급에서 장애아동을 돌보는 특수교육 보조원을 고용함으로써 해결될 수 있는 것처럼 보였다. 때로는 상애아동늘늘 위한 소규모 그룹이 형성되었다. 어떤 과목에 대해서는 보조원들과 함께 그들끼리만 분리되어 교육을 받고, 다른 과목에 대해서는 원래 학급에서 다른 급우들과 더불어 교육을 받을 수 있도록 하기 위해서 말이다.

10 통합/정상화 담론은 개별 장애인의 자립생활에 대한 권리를 자주 역설했다. 그러나 부모가 그들의 아이들을 일정한 연령기에 집 밖의 거주홈이나 시설에 거주시킬 '권리'는 거의 언급되지 않았다.

러한 문제는 특히 그때까지도 시설에 살거나 부모와 함께 살아 왔던 중등도나 중도의 정신지체인들에게, 그리고 자립생활의 모델이 적용되기 어려워 보였던 장애인들에게 있어 시급한 것이었다. 1973년 안에 따르자면, 그러한 장애인들은 그들 원原지역사회(즉 장애인들이 부모와 함께 살았던 지역사회)가 책임을 져야만——그리고 그곳에 통합되어야만——하는 것이었는데,[11] 장애인들 중 다수가 다른 지역의 시설에서 오랜 기간 동안 살고 나면 그러한 원지역사회에서는 거의 또는 아무런 연줄을 갖고 있지 않았다. 어떤 부모들은 만족스러운 해결책을 제공할 만한 충분한 자금을 주州정부가 지급하지 않아서 그들이 다시 책임을 떠맡게 되지 않을까 걱정했다. 잘 운영되는 시설도 있음을 인정했던 다른 부모들은 안전한 거처가 사라지는 것을 염려했고, 또 장애인 입소자들이 혼자서 살거나 더 작은 단위에서 살아가면서 고립감을 경험하지 않을까 걱정했다. 시설에 거주했던 정신지체인의 부모들 중 일부는 그들의 아이들이 '통합되지' 않을 것을 선택할 수 있는 권리를 옹호하는 대안적 부모단체를 설립하기까지 했다.[12]

최초의 안이 나온 지 10년이 지난 후, 그 안에 의해 제시된 권고에 따른 진보를 평가하기 위해 새로운 실무위원회가 지명되었다. 비록 통합이 일정한 궤도에 올라 많은 장애인들이 "그들의 원지역사회들로 재배치되어"[13] 갔지만, 대다수의 시설과 특수학교들은 여전히 이전과 같이 운영되고 있음이 확인되었다. 그리고 이러한 시설의 존재 자체가 통합

---

11 NOU, *Omsorg for psykisk utviklingshemmede*[*Care of the Mentally Retarded*].

12 이러한 단체는 통합계획을 발전시키는 데 있어 동력을 제공했던 부모단체에 대한 대안조직적 성격을 띠었다.

13 이러한 재배치는 때때로 장애인 자신이나 그들 부모의 바람에 반해서 일어났는데, 이것이 1973년 안의 의도했던 바는 아니었다.

을 향한 길로의 진전을 방해하고 있다고 결론 내려졌다.[14] 이에 뒤이어, 정신지체인들의 삶에서 '통합'과 '정상화'가 성취되어야 함을 승인하는 법안이 의회를 통과하였고, 모든 국립시설들과 특수학교들은 몇 년 이내에 폐쇄되어야만 했다. 장애인들의 교육에 대한 책임은 일반학교 체계에 넘어갔고, 주거에 대한 책임은 지방자치단체에게 주어졌다.[15]

비록 여타 장애 유형에 대해서는 의회 차원의 위원회들이 구성되거나 안들이 만들어지지는 않았지만, 일단 정신지체인 부모들에 의해 명확히 주장된 '장애인에 대한 권리'의 흐름은 다른 유형의 장애 범주에 대한 인식과 조치들에도 강력하게 영향을 미쳤다.

인격체로서의 장애인들에 대한 인식의 변화는 또한 앞서 기술되었던 시기 동안에 사용된 공식 용어에도 반영되어 왔다. 백치idioter라는 용어는 낙인화를 피하기 위하여 정신박약åndssvake을 거쳐 최종적으로 정신지체psykisk utviklingshemmded로 변경되었다. 신체적 손상을 지닌 사람들을 지칭하는 용어도 같은 목적에서 불구krøplinger로부터 움직임에 제한을 지닌 자vanføre를 경유하여 신체적 장애인fysisk funksjonshemmede으로 변해 갔다. 청각 및 시각 손상을 가리키는 용어는 그와 동일한 변화의 과정을 겪지 않았다(아마도 이는 그러한 장애가 다른 장애에 비해 덜 낙인화되는 것으로 인식되어 왔음을 나타내는 것 같다). 그렇지만 지난 수십 년 동안 **핸디캡을 지닌**handicapped이라는 용어

---

14 Odelstingsproposisjon, *Midlertidig lov om avvikling av institusjoner og kontrakter om privat pleie under det fylkeskommunale helsevern for psykisk utviklingshemmede*[Provisional Law on the Discontinuation of Institutions and Private Care Contracts under County Health Service for the Mentally Retarded], No. 49, 1987–1988.

15 *Om gjennomføring av reformen for mennesker med psykisk utviklingshemning*[On the Implementation of the Reform for People with Mental Retardation], Stortingsmelding No. 47, 1989–1990.

가 모든 장애를 포괄하는 용어로서 사용되어 왔는데, 최근에 이는 제한된 기능funksjonshemmede이라는 용어로 대체되었다.

1970년대 초반 이래로 노르웨이의 장애인에 의한 단체들은 대체로 정책적 차원에서 그들의 운동에 대한 어떠한 형태의 자선기금이나 사적인 기부도 금지해 왔는데, 이는 정부가 보다 많은 책임을 지도록 하기 위함이었다. 그러나 이러한 단체들 중 세 곳은 노르웨이 적십자사와 협력하여 1981년에 TV를 통한 전국적인 모금 캠페인에 착수했다. 이는 '새로운 삶'Et Nytt Liv이라는 타이틀 아래 진행되면서 9천만 노르웨이 크로네(약 1천 2백만 미국 달러) 이상의 모금 결과를 가져왔고, 이러한 모금활동은 1991년에도 비슷한 성과를 낳으며 다시 한번 반복되었다. 그 돈은 개발도상국들의 장애인에게 서비스를 제공하는 프로젝트를 위해 쓰이기로 되어 있었다. 그 개발도상국들 중의 하나가 보츠와나였고, 이는 보츠와나에서의 재활 발전에 있어 매우 큰 의미를 지니게 된다. 그리고 그 프로젝트는 장애인들에 대한 평등한 권리라는 이슈를 촉진해야 한다는 것, 그리고 가능하다면 장애인 당사자들에 의한 단체들을 지원해야 한다는 것 또한 명확히 표명되었다.

보츠와나

배경

우리는 보츠와나에서 초기에 장애인들이 어떻게 인식되고 대우를 받았는지에 관해 거의 아무것도 알지 못한다. 보츠와나의 한 민간설화는 처음에는 외모 때문에 가족에게 버림을 받아야 했던 백색증 소녀에 관하여 이야기해 주고 있다. 그녀는 가까스로 가족들에게 다시 받아들여졌고 자신이 근면하고 공동체 전반에 도움이 된다는 것을 증명하자, 나중에는 그녀의 부모가 가장 아꼈던 정상적이지만 게으른 누이의 자리를 대신하게 된다. 이러한 이야기는 그/그녀가 하나의 인격체로서 어떻게 평가되는가에 있어 현재의 신체적 외모보다는 가구와 공동체에 무엇을 기여할 수 있는가가 더욱 중요하다는, 농촌사회인 츠와나Tswana족 사이에서 여전히 지배적인 시각을 반영하고 있는 것처럼 보인다.

(특히 유럽인들 사이에서) 일반적인 사회적 통념은 예전에는 장애아동들이 죽임을 당하거나 죽도록 방치되었다는 것이라 할 수 있다. 그러나 현재 생존해 있는 나이 많은 노인들에게 이에 관해 물어보면, 그들은 그것이 사실은 아니라고 주장한다. 또한 1992년에 보츠와나에서 모든 낙태를 8년 이하의 징역으로 처벌했던 법률이 태아에게 (의심되는) 손상이 존재하는 경우나 산모의 생명이 위태로운 경우에는 낙태를 허용하는 것으로 개정되었을 때, 이는 격렬한 논쟁을 불러일으켰다. 신문들은 장애를 지닌 가족 구성원들을 받아들이고 돌보는 것이 언제나 츠와나족의 전통이었음을 주장하는 독자들의 편지를 기사화했다. 보다 자유로운 낙태 법률에 대한 발상이 많은 농촌지역의 노인들에게는 더 적은 아이들만을 갖도록 강제함으로써 츠와나족의 가족제도를 약화시키고자 하는 서구 제국주의의 바람으로서 받아들여졌다. 츠와나족의 문화에서는 모든 아이들이 기꺼이 받아들여져 왔다고 그들은 주장했다.[16]

선교사들과 영국보호령관리국은 보츠와나의 이러한 상황을 극복해 나갈 수 있는 상당히 용이한 발판을 발견했다. 영국은 영국의 법률제

---

16 나는 당시 보츠와나에서 노령화에 대한 연구를 수행하고 있었고, 그래서 많은 노인들에 대한 면담을 진행할 수 있었다.

도를 보츠와나에 소개했고, 이는 현재까지 부족의 법률과 함께 공존해 오고 있다. 선교사들은 처음에는 영국으로부터 그 이후에는 몇몇 다른 유럽 나라들로부터 왔는데, 그들은 자신의 신에게 츠와나족의 오래된 신의 명칭인 모디모Modimo를 부여했다.[17] 우리는 이러한 두 가지 요인 이 장애인에 대한 인식에 어느 정도 영향을 미치지 않았을까 하고 단지 추측할 수 있을 뿐이다. 만약 이전에는 장애를 지니고 태어난 아이들이 죽임을 당했다는 통념이 진실의 어떤 핵심을 담지하고 있는 것이라면, 영국보호령관리국은 분명히 이러한 관행을 중단시키기 위해 가능한 시 점에서 어떤 노력을 기울여야 했을 터이지만 그럴 필요는 없었다. 다만 사람들이 불운한 친척과 이웃들을 향해 자비와 자선을 베풀도록 동기 화하는 데 있어 "살인하지 말라" 그리고 "네 이웃을 사랑하라"라는 그 리스도교의 신조는 좀더 중요한 것이었다고 할 수 있다.

그러나 보츠와나에서 자선이 반드시 외래적 개념인 것도 아니다. 부유한 자(특히 부족장)가 불운한 사람들과 함께 나누어야만 한다는 생 각은, 특히 소와 음식물의 분배 속에서 표현되는 츠와나족의 뿌리 깊은 가치이다. 그렇지만, 원칙적으로 장애인에 대한 돌봄은 언제나 가족의 책임이 되어 왔으며, 여전히 가족의 책임으로 간주되고 있다. 보츠와나 정부는 하나의 지원제도로서 가족을 약화시킬 수도 있는 정책들을 시 행하는 것을 매우 꺼린다. 예를 들어 보자. 빈곤 부조(가난한 사람들에 대 한 유일한 정규의 국가 지원)[18]는 극빈을 준거로 해서 지급되는데, 이에

---

17 Jean Comaroff and John Comaroff, *Of Revelation and Revolution: Christianity Colonialism and Consciousness in South Africa* vol.1, Chicago: University of Chicago Press, 1991.
18 극심한 가뭄의 시기에는, 식량 배급이 임신 중이거나 수유 중인 여성, 영양실조 상태에 있는 아동들, 결핵 환자들에게도 제공된다.

대한 자격을 부여받으려면 그 사람은 어떠한 가까운 친척도 없어야만 한다. 친척들이 실제로 도움을 주고 있건 말건, 또는 그들의 행방이 알려져 있건 말건 상관없이 말이다. 손상이나 노령은 "가족이 부유하다면 상관없지 않은가?"라는 이유 때문에, 그 자체로는 누군가에게 공적 지원의 자격을 부여하는 준거로 간주되지 않는다.

보건서비스와 교육

보츠와나의 독립 시(1966년), 현대적 보건의료는 선교단체에 의해 운영되는 소수의 병원들에 대부분 집중되어 있었고, 농촌 인구의 대다수는 현대적 의료에 거의 또는 전혀 접근할 수 없었다. 따라서 새로운 정부에게 요구되는 급선무들 중 하나는 외딴 지역의 사람들에게까지 도달할 수 있는 보건서비스 발전에 대한 계획을 마련하는 것이었다. 이 시기는 또한 세계의 다른 지역들에서도 일차보건의료에 관한 새로운 사고들이 발전한 때이기도 했다. 보건 영역의 발전에 대한 강력한 해외 원조(노르웨이는 주요한 원조국들 중 하나였다)[19]는 '2000년까지 모든 이들에게 건강을'Health for all by the year 2000이라는 목표의 실현을 위한 계획 속에서 알마아타 선언Alma-Ata declaration[20]이 이루어질 당시 보츠와나가 대다수의 개발도상국들보다 앞서 나가 있는 것을 가능하게 했다.

　선교단체가 운영하던 병원을 정부가 인수한 것은 이러한 새로운 보건계획 실현의 일부분이었다. 이렇게 병원들을 인계했지만, 몇몇 선교

---

19 보츠와나에서의 보건 영역 발전에 대한 노르웨이 원조의 주요한 부분은 기술적 지원의 형태로 이루어졌다. '복지국가'하에서 발전된, 탈집중화된 보건의료에 관한 노르웨이의 개념들 또한 보건부 고문들에 의해 보츠와나로 도입되었다.

20 WHO/UNICEF, *Primary Health Care: Report of the International Conference on Primary Health Care*, Alma-Ata, U.S.S.R., 6-12 September, Geneva: WHO/UNICEF, 1978.

단체들은 일부 핵심적인 자리에 대해서는 계속해서 직원들을 파견해 주었다. 시각장애인과 청각장애인들을 위한 특수교육 서비스들이 그러한 선교활동(특히 독일)의 일환으로 시작되었다. 또한 독립 초기의 기간 동안에, 발도르프 이론Waldorf principles[21]에 의해 영감을 받은 독일인 부부에 의해서 정신지체아동을 위한 (기숙시설을 갖춘) 교육센터가 설립되었다. 이러한 센터들은 모두 도회지에 세워졌으며, 한정된 숫자의 기숙교육생을 받았다. 따라서 그러한 센터들은 소규모시설의 특색을 일정 정도 띠게 되었고 장애인들을 그들의 지역사회로부터 오랜 기간 동안 떠나 있도록 만들었지만,[22] 그나마도 단지 특수교육 요구 아동의 일부에 대해서만 서비스를 제공할 수 있을 뿐이었다.[23]

전국적인 초등교육제도는 독립 이후에 성립되었다. 그 목표가 비록 모든 아동들을 포괄하는 것으로 설정되어 오기는 했지만, 초기에는 장애아동들을 포함시킬 수 있는 아무런 서비스 제공도 이루어지지 않았고, 학교 교육은 의무적으로 이루어지지 않았다.[24] 학령기에 있지만 아직 학교에 들어가지 않은 15%의 아동 중, 아마도 장애인과 소수종족 아동이 절대 다수를 차지할 것이다.[25] 일반학교 내에서의 장애아동

---

21 독일인 철학자 루돌프 슈타이너Rudolf Steiner가 토대를 마련한 인지학anthroposophy의 개념에 입각해 있다. 발도르프 학교들의 교수활동 대부분은 예술적 창조성을 통한 아동 각각의 발달에 그 바탕을 둔다.

22 이후에 맹인과 농인을 위한 센터들은 일반학교 내에 장애 학생들을 위한 학급을 개설해 왔다. 그렇지만 그러한 학생들의 대다수는 여전히 다른 도시들에서 오며, 학교에서 기숙을 하고 있다. 발도르프센터는 정신지체 학생들을 훈련시키고 그들과 더불어 일할 수 있도록 이웃마을로부터 장인匠人들을 데려옴으로써 통합의 문제에 (그리고 또한 자금을 모아야 할 필요에) 응답했다.

23 이후에 이러한 센터들 중 일부는 외부방문 상담outreach counseling을 진행해 왔지만, 여전히 그 주요 활동은 센터 내에서 이루어지고 있다.

24 원칙적으로 학교 교육은 무상이긴 했지만, 가난한 가정에 있어 한 아동당 지출되는 교복 값, 신발 값, 그 밖의 다양하고 소소한 납부금들은 결국 부담키 어려운 상당한 정도의 비용에 이르게 된다.

에 대한 교수활동을 촉진하기 위하여 1984년에 교육부 내에 특수교육 부서가 설치되었다. 이 부서는 스웨덴국제개발기구Swedish International Development Agency, SIDA로부터 강력한 재정 지원을 받았고, 스웨덴 특수교사가 이 부서장에 대한 고문으로 2년 동안 파견되었다. 몇 년 후 이렇게 보츠와나와 인연을 맺은 스웨덴 사람들은 일반학교 내에서의 통합 특수교사 양성을 위한 교육센터 건립을 지원했는데, 이 프로젝트는 전체 교육체계 내에서 지금까지는 매우 한정된 영향력만을 미쳐 왔다.

지역사회기반재활

1973~1978년의 보츠와나 국가개발계획은 지금까지 장애인의 문제에 대해 불충분한 주의가 기울여져 왔다고 진술하고 있다. 그 계획은 보츠와나 정부가 장애인의 보호·돌봄·훈련·재활을 위한 프로그램의 마련을 지원해야 한다고 권고했다. 1977년에, 한 사람의 고문으로서 에이나르 헬란데르 박사는 WHO의 지역사회기반재활Community-Based Reha-bilitation, CBR 프로그램의 발전에 큰 영감을 주었다.[26] CBR 프로그램에 대한 영감은 부분적으로 알마아타 선언의 이데올로기로부터 온 것처럼 보이는데, 알마아타 선언은 간단하고 적정한 비용의 기술을 활용하는, 모두를 위한 접근 가능한 서비스의 필요성을 역설했다. 우리는 또한 훈련매뉴얼의 행간에서 스칸디나비아의 영향력을 읽어 낼 수 있는데,[27] 비

---

25 Ulla Kann et al., *The Missing Children: Achieving Universal Basic Education in Botswana, the Barriers and Some Suggestions for Overcoming Them*, Gaborone: National Institute for Development Research and Documentation, 1989.

26 1987년 에이나르 헬란데르와의 개인적인 대화.

27 그 훈련매뉴얼의 작성자 중 두 명은 스웨덴으로부터 왔는데, 스웨덴은 노르웨이에 대해 설명한 것과 매우 유사한 맥락을 갖는 재활담론 발전의 역사를 지녀 왔다.

록 권리의 문제에 대한 강조가 전략적으로 다소 약화되어 있기는 하지만, 그러한 권리의 의미는 명확히 함축되어 있다.

1979년에 이르러 CBR 프로그램은 9개의 개발도상국들에 대한 현장 테스트를 실시할 준비를 마쳤고, 그러한 나라들 중에 보츠와나가 포함되었다. 처음에는 CBR의 업무가 보건부에 배치되어야 하는지, 아니면 사회서비스국에 배치되어야 하는지에 대한 논쟁이 존재했다.[28] 보건부로의 선택은 장애인이 건강상의 문제를 지닌 사람으로서 파악되어야 한다는 어떤 경계를 확정했다.[29] 그 결정은 사회서비스국이 장애인과 관련된 문제의 논의에 참여하는 것을 얼마간 중단시키는 상황으로 이어졌다. 최소한 CBR의 시행 초기 몇 년 동안은 말이다.

장애인 업무를 담당하는 국장에 의해 지휘되는, CBR 프로그램을 위한 특수사회복지사들이 투입된 피라미드형 조직이 설립되었다. 그러한 특수사회복지사들은 총 15개 보건지구 내의 지구별 보건팀의 일원으로 배치되었고,[30] 이러한 배치를 통해 CBR 프로그램을 일차보건의료체계에 통합시켰다. 지구담당 의료사무관들——그들 중 몇몇은 노르웨이 출신 귀화자였다——은 CBR 프로그램의 직접적인 감독관 역할을 담당하게 되었다. 전체 지역사회에 프로그램이 미치기 위하여, CBR 담당 특수사회복지사들은 지역사회의 클리닉들과, 특히 그러한 클리닉의 가족복지지도사들[31]과 협력해야 했는데, 그들이 CBR 프로그램의 현지조사원 역할을 수행하기로 되어 있었기 때문이다.

---

28 사회서비스국은 지방자치 및 국토·주거부 산하에 있다.
29 이러한 선택에 있어 CBR이 WHO의 프로그램이었다는 사실이 아마도 하나의 중요한 요인이었던 것 같다.
30 이러한 자리들 중 몇몇은 전혀 충원되지 못했고, 일부 자리는 오랫동안 공석으로 남아 있어야 했다.
31 그들은 해당 마을로부터 선발되었고, 기본적 보건 업무에 대한 3개월 과정의 훈련을 받았다.

몇 년 후 1981년에, 노르웨이 적십자사의 후원을 받은 보츠와나 적십자사에 의해 또 다른 전국적 CBR 프로그램이 시작되었다. 노르웨이 적십자사는 (위에서 언급된) '새로운 삶'이라는 텔레비전 모금행사에서 모인 기금을 통해 후원을 했던 것이다. 보츠와나 적십자사는 이전부터 2년간의 기숙제도를 기반으로 하는 신체적 장애인을 위한 교육센터를 운영하면서 재활사업에 참여하고 있었으며, 그 센터는 모금활동을 통해 자금을 조달했고, 자선과 자원봉사의 정신에 기반을 두고 있었다. 국제 장애인의 해의 도래와 함께, 보츠와나 적십자사는 CBR의 이념을 실현하기 위한 WHO와 노르웨이 적십자사 양자의 공동 노력에 의해, 그리고 5년 동안의 후한 자금지원 약속에 의해 고무되었다. 이러한 흐름 속에서 한 명의 프로그램 코디네이터와 두 명의 선임 지구담당 사무관이 배치된 또 다른 피라미드형 조직이 설립되었다. 사무관 한 명은 북부를, 다른 한 명은 남부를 관할하여 각각 일곱 명의 지구담당 사무관들을 감독했다. 한 명의 노르웨이인 물리치료사가 2년 동안 그 프로그램에 대한 고문으로 선임되었다. 적십자사의 현지조사원들은 각 지역 적십자사 지부의 자원봉사자로 활동하게 되었다.

양자의 CBR 프로그램 모두는 곧 곤경에 빠지게 되었다. 이론적으로 보츠와나 적십자사의 프로그램은 정부의 지역사회기반재활 노력을 뒷받침해야 하는 것이었지만, 효과적인 협력관계는 결코 수립되지 않았다. 반대로, 자금이 더 많이 지원되고 차량이 더 잘 갖춰지게 되자, 보츠와나 적십자사 지구담당 사무관들이 현장으로 나갈 수 있는 더 많은 기회를 갖게 되었다. 그리고 이는 정부의 CBR 사회복지사들 사이에서 일정한 무력감과 지원을 확보하기 위한 불공정한 경쟁으로 이어졌다.

양자의 프로그램 중 어느 쪽도 해당 가구와 지역사회의 장애인들에게 서비스가 미치도록 한다는 CBR의 이상을 온전히 실행할 수 없었다. 양자 모두 그들의 현지조사원들로 하여금 장애인 구성원을 지닌 가구들을 일일이 확인하고 점검을 하도록 해야 하는 문제에 직면했다. 적십자사 쪽에 있어서는, 자원봉사의 정신이란 것이 처음 기대했던 것만큼 그렇게 강력한 동력이 되지 못한다는 사실이 증명되었는데, 이는 특히 극심한 가뭄과 빈곤이 발생했던 몇 해 이래로 그러했다. 파산한 자급생계경제는 그 이전 어느 때보다도 사람들을 현금에 의존하게 만들었고, 그들은 대가가 지급되지 않는 어떤 일도 하기를 꺼렸다. 정부 프로그램에 있어서는, 가족복지지도사들이 그들에게 기대되었던 열정을 가지고 CBR을 받아안지 않았다. 가족복지지도사들은 CBR을 충분한 지도와 사후점검도 없이, 그리고 아무런 별도의 보수도 없이 그들에게 부과된 추가적 부담으로만 느꼈다. 또한 그들의 직접적인 상사인 클리닉의 간호사들은 CBR의 개념을 받아들이지 않았으며, 어떤 경우에는 그것에 반대하기까지 했다. CBR 사회복지사들이 가족복지지도사의 업무시간을 빼앗아 가는 것에 분개하면서 말이다.

이러한 문제들에 직면하여 양자의 프로그램 모두가 진정으로 지역사회에 기반을 두는 것을 곧 중단하게 되었고, 몇 명의 현장사무관들이 광범위한 지구 내에서 한정된 숫자의 장애인들과 그 가족들만이라도 점검하기 위해 고군분투하는 외부방문 프로그램의 형식을 띠게 되었다. 적십자사의 현장사무관들의 경우, 그들은 노르웨이로부터 차를 지급받아 왔기 때문에 이것이 어느 정도까지는 가능했다. 그러나 부족한 교통수단을 놓고 지구별 보건팀의 다른 구성원들과 경쟁해야만 하는 정부 CBR 사회복지사들의 경우에는, 그러한 일이라도 수행하기란 거의 불가능한 것이 되고 말았다.

한 평가에 따르면, 적십자사의 CBR 프로그램은 합병 정리되었다.[32] 과거 몇 해 동안의 문제점들과 노르웨이 적십자사의 지원이 점차 감소했을 때 현실화될 경제적 문제에 대한 평가가 이루어진 후, 현재 적십자사의 CBR 프로그램은 상대적으로 규모가 작은 북부의 한 지역에만 한정하여 실시되고 있다. 그 지역은 노르웨이로부터의 물리치료사 지원과 더불어 몇 년 동안 CBR 프로그램이 꽤 성공적으로 실행되어 온 곳이었다. 하나의 한정된 지역에 대해 재활서비스 발전 노력을 집중시키는 것은 원조자들 사이에서는 그다지 예외적인 일이 아니다. 왜냐하면 그들은 가시적인 성공의 사례를 원하기 때문이다(지금은 아니더라도 이후에 나라 전체로 확대될 수 있을 것이라는 대부분 비현실적인 기대 속에서, 그러한 성공은 '시범사업'으로 언급될지도 모른다). 그렇지만, 원조자 자신의 나라들에서 일정 지역으로의 서비스 한정은 장애 프로그램의 이상과는 합치될 수 없는 것이다.

정부 CBR 프로그램의 경우, 그것은 원칙적으로 여전히 전국적으로 지속되고는 있는데, 여기서의 문제점은 기본적으로 자원의 부족이라는 것으로 요약된다. CBR 사회복지사 자리는 충원되기 어려운 상태가 계속되어 왔는데, 급여 기준이 너무 낮기 때문이다. 오랜 기간 동안의 결원은 특정 지구에서 아무런 CBR 활동이 이루어지지 않는다는 것을 의미하며, 그러한 자리가 드디어 채워졌을 때, 새로 고용된 사람은 정도의 차이는 있지만 출발선부터 다시 시작해야 한다. CBR 사회복지사 자리의 높은 이직률은 새로운 직원의 적절한 훈련을 수행하는 것조차 어렵

---

32 Benedicte Ingstad and Turid Melsom, *An Evaluation of the Botswana Red Cross Society Primary Health Care and Community-Based Rehabilitation Programmes*, Gaborone: Botswana Red Cross Society, 1985.

게 했고, 사회복지사들 중 몇몇은 맡은 직분을 수행하는 기간 동안 어떠한 공식적인 CBR 관련 훈련도 받지 못해 왔다. 교통수단은 여전히 주요한 문제이며, 일단 한 사람의 장애인에게서 어떤 필요가 확인된다고 해도, 그것을 충족시켜 줄 자원이 거의 또는 전혀 존재하지 않는다.

CBR은 현존하는 일차보건의료체계(또는 다른 어떤 선재하는 구조)에 통합되는 것으로 가정되었기 때문에, 하나의 값싼 프로그램으로서 WHO에 의해 '판매되었다'. 비록 보츠와나에서 정부 CBR 프로그램이 관련된 주요 비용을 수반하지 못한 채 시작되었을지라도, 그것의 지속가능성은 서비스 인력에 대한 훈련, 교통수단, 그리고 장애인들이 자신의 몫을 가져야 할 사회의 여러 영역들(교육, 고용, 2차 보건서비스)에 대해 지속적으로 투자를 할 수 있는 의지에 달려 있다는 점이 현재로서는 명백한 듯 보인다.

정부 CBR 프로그램을 안정화시키고 강화하기 위한 노력 속에서, 그리고 정부와 NGO들 간 책임의 구분을 명확화하기 위한 노력 속에서, 노르웨이개발협력기구Norwegian Agency for Development Cooperation, NORAD는 전국적 재활계획의 수립을 위한 컨설턴트 비용을 제공하겠다고 나섰다.[33] 이를 통해 입안된 계획은 CBR을 강화하기 위해 정부의 개입 증대에 대한 몇 개의 제안을 내놓았으며, CBR의 성공을 위해 가장 중요한 기간인력 중 하나인 중간층 재활사 집단을 새롭게 대규모로 훈련·양성해야 할 필요성을 강조했다. 불행하게도, 다양한 부처를 통해 이러한 계획을 현실화하려는 운동은 오히려 더 축소된 CBR 활동으로 귀결되기까지 했다. 필요한 자원 요청의 대부분은 "계획이 승인되기를 기다려라"[34]라는 답변에 가로막혔던 것처럼 보인다. 그 계획이 통과되는 데 있어서의 어려움들은 아마도 CBR이 국제 장애인의 해가 지나가 버린 지금에는 더 이상 높은 우선성이 부여되는 영역이 아니라는 사실을 반영하는 듯하다. 그것은 이제 정부의 주목과 부족한 자원들을 획득하기 위해 경합을 벌여야만 하는 많은 사업들 중 하나에 불과한 것이다.

국가 역할의 철회?

정부가 CBR에 대한 개입의 폭을 줄여 나가고 있다는 최초의 징후들은 적십자사 프로그램과의 비공식적인 경쟁이 이루어지던 시기로 거슬러 올라가 추적될 수 있을 것 같다. 비록 CBR 프로그램으로부터 철수하겠다는 공식적인 표명은 없었지만, 프로그램의 집행자들 사이에서는 일정한 권태감에 대한 증거들이 존재했고, 그들은 자신들이 헛되이 애만 쓰고 있다고 느끼는 듯했다.

적십자사 활동이 축소되고 정부 CBR 활동이 거의 고사 상태에 빠짐으로 인해 남겨진 빈 공간에는, 새로운 사업이 시작될 여지가 존재했다. 가톨릭교회로부터의 강력한 지원과 더불어 영국 자선단체인 체셔 거주홈재단Cheshire Homes Foundation의 뒷받침 아래, 보츠와나에 오랫동안 거주했던 한 유럽의 신체적 장애인이 수도 가보로네 바로 외곽에 현대적인 재활센터를 건립했다. 그 센터는 전국에서 찾아오는 신체적 장애인들에게 사정查定과 단기 훈련을 제공하고, 센터 인접 지역[35]에서는 CBR 프로그램에도 또한 착수했다. 이 사람은 장애인들을 위한 자금

---

33 C.Omphile et al., *Proposals for a National Plan for Services for Disabled People*, Gaborone: Ministry of Health Botswana and Norwegian Development Cooperation, 1987[그러한 컨설턴트팀의 구성원들 중 두 명은 노르웨이인이었다. 그리고 그 중 한 명은 장애인 당사자들에 '의해' 만들어진 단체에서 일한 다년간의 경험을 갖고 있었다].

34 1994년 2월까지도, 그 계획은 여전히 승인되지 않았다.

35 이 지역은 정부 CBR 프로그램이 시행되었으며, 그 이전에는 적십자사의 CBR 프로그램 또한 이루어졌던 곳으로 추정된다.

을 모으고자, 그리고 대개는 장애인들의 숨겨져 있는 재능에 관한 의식을 각성시키고자, 몇몇 아프리카 나라들에 걸쳐 많은 '사업장들'을 만들었다. 센터의 운영을 위한 자금은 이러한 사업장들로부터, 그리고 보다 최근에는 지역의 사업장들로부터 마련되고 있으며, 여기에는 대통령까지도 관여하고 있었다. 그러한 모험적 사업의 정신은 민간의 주도성에, 그리고 어느 정도는 자선에 기대고 있다. 이를 통해 전달되는 메시지는 (장애와 대조되는) 능력이었다. '권리'의 이슈는 명확히 이야기되지 않았다. 비록 이야기된다고 하더라도 말이다.

어쩌면 매우 당연하게도, 이러한 민간의 주도성은 장애인과 지역사회들이 어떻게 스스로를 도울 수 있는지에 대한 하나의 예로서 공식적으로 찬양되어 왔다. (CBR 복지사의 훈련·양성과 같이) 재활계획 내에서 정부에 대해 제안된 활동들 중 일부는 이제 이러한 센터들에게로 넘어가게 될 것처럼 보인다. 이러한 상황이 NGO들에 대한 선호 속에서 CBR로부터 정부의 이탈이 시작되었음을 나타내는지 아닌지는 아직까지는 조금 더 두고 보아야 할 문제로 남아 있다.

현재 재활의 영역에서 활동하고 있는 또 다른 새로운 행위자들 중에는 한 루터교 선교단체가 있다. 이 루터교 선교단체는 앞서의 재활센터와 다소간 유사한 재활 및 사정 센터를 북부 지역에서 운영하고 있으며, 규모가 큰 두 개의 마을에서는 정신지체아동을 위한 소규모의 주간보호센터도 열고 있다. 이러한 주간보호센터 양자 모두 5년 후에는 지방의회가 책임을 인계받는다는 조건하에서(정부에 의해서는 결코 공식적으로 설립이 승인된 바 없다) 노르웨이개발협력기구의 강력한 지원으로 설립되었다. 그렇지만 이러한 주간보호센터 중 한 곳의 개소식 축사에서, 영부인은 상애인 구성원을 지닌 가족과 지역사회들은 그들 스스로를 위해 기여할 수 있어야만 하며(그러한 기여가 어떤 유형의 것인지는 분명히 밝히지 않았다), 모든 것을 제공해 준다는 의회에 의지해서는 안 된다고 명확히 진술했다.

처음에는 장애인 재활과 관련된 정부와 NGO의 모든 활동들을 조정하기 위해 설립된, 장애인을 위한 보츠와나 평의회Botswana Council for the Disabled는 장애인 재활에 대한 국가계획이 최종적으로 승인이 나기를 기다리는 동안 대부분 그 기능이 중단되었다.

최근의 국가개발계획(1991~1997년) 내에서도, 장애인과 그들이 지닌 사회적 필요는 여전히 하나의 우선 사항으로 언급되고 있다. CBR, 정형외과, 청각학 등이 초점이 맞추어져야 할 영역들로서 언급된 것이다. NGO들, 특히 재활센터들은 주요한 지원적 역할을 수행할 것으로 기대되고 있으며 정부 보조금을 받는다.[36] 그렇지만, NGO와 정부 활동 사이에서 상대적으로 어디에 더 중요성이 부여되어야 하는가는 명확히 진술되지 않고 있다.

재활담론들의 이전

노르웨이와 보츠와나의 예는 북부의 나라들에서 남부의 나라들로 재활 담론이 이전되는 과정을 여러 다양한 역사적·문화적·사회적 맥락의 견지에서 바라보아야 한다는 중요성을 우리에게 일깨워 준다. 역사적 관점은 우리에게 그러한 담론들이 어떻게 생산되었고 시간이 지남에 따

---

36 Ministry of Finance and Development Planning, *National Development Plan 7, 1991-1997*, Gaborone: Government Printer, 1991.

라 어떻게 변화되었는가에 대한 이해를 제공해 주며, 그리하여 그러한 담론의 이전이 '개발'이라는 이름 아래 이루어질 때 수반되는 문제들에 대한 더 나은 이해를 가능케 해준다.

담론 이전 과정의 특징들

앞 절에서 기술된 재활담론의 이전 과정은 매우 단기간 내에 이루어졌다는 사실이 하나의 특징이라고 할 수 있다. 국제사회(WHO) 및 몇몇 원조국들은 노르웨이(와 다른 유럽 나라들)에서는 그 발전에 있어 100년 이상이 걸렸던 재활담론을 보츠와나가 30년도 채 안 되는 기간 동안에 받아들일 것으로 기대했다.

노르웨이에서 장애에 대한 사람들의 인식 변화는 내부로부터, 사회의 다른 변화들과 밀접히 연계되고 내적인 경제 자원들을 통해 뒷받침되면서 전개되었다. 보츠와나는 상이하고 때로는 모순적이기까지 한 여러 담론들을 외부로부터, 다양한 원조국들과 기구들로부터의 상당 정도 후한 자금의 기부와 연계되어 받아들였다. 보츠와나는 이러한 담론들이 발전될 수 있었던, 대개는 명확치 않은 전제조건들을 그대로 따르게 될 것이라 기대되었다.

보츠와나 정부가 처음에 CBR을 기꺼이 받아들인 것은 부분적으로는 CBR이 저렴한 비용이 들 것으로, 그리고 그 초기 단계에서 북부의 나라들로부터 상당한 정도의 자금이 지원될 것으로 여겨졌다는 사실과 관련된다. 여러 지원 서비스들을 지속시키고 발전시키는 것이 결국 그다지 저렴하지 않다는 것이 분명해졌을 때, 비록 그것이 여전히 공식적 정책의 일부로 남아 있기는 하지만, 관심은 점차 약화되는 듯 보였다. 그렇지만 한편, 보츠와나는 (비록 일부 농촌지역들에서는 광범위한 빈곤이 존재하기는 하지만) 국민경제의 수준에서 보자면 더 이상 가난한 나라는 아니며, CBR에 우선성을 부여하기만 한다면 이를 무난한 수준에서 유지해 나갈 수 있었다.

보츠와나에서 재활은 주요한 정치적 논쟁 없이 받아들여져 왔다. 그리고 또한 (여태까지는) 재활의 발전을 안내해 줄 일반적으로 인정된 계획도 없이 받아들여져 왔는데, 이는 특히 정부와 NGO들 간의 관계에 있어 그러하다. 장애인들에 의해 만들어진 이익단체들 자신은 매우 미미한 역할만을 했으며, 그들 자신을 통합하여 공통의 기반을 찾아내거나 정부 정책들에 영향을 미쳐 오지 못했다. 이와 대조적으로, 노르웨이에서 재활은 적극적 기획자로서 행동하는 장애인 교육의 개척자들 및 정신지체아동의 부모들과 더불어,[37] 그리고 장애인의 삶의 질을 개선하고 평등한 권리를 촉진하기 위한 새롭고 독창적인 방식들(학교 관련 법률들, 복지국가 이데올로기들, 언론) 속에서 현존하는 자원들과 결합하면서, 그 초기 단계에서부터 정치화되었다.

보츠와나의 재활 분야에서 이러한 기획자에 가장 근접해 있던 사람은, 자신의 '사업장들' 및 체셔 거주홈과의 연계를 통하여 재활센터의 자금을 모았을 뿐만 아니라, 재활 사업을 위한 의식 역시 이럭저럭 상당 정도 끌어올렸던 바로 그 장애인이었다. 민간의 주도성이 무엇을 이루어 낼 수 있는가에 대한 하나의 예로서 정부에 의해 기꺼이 받아들여지기는 했지만, 한 명의 백인(레크고아lekgoa)으로서 그가 보츠와나의 통상적인 장애인을 대표한다고 말하기는 어렵다.

37 Fredrik Barth, *The Role of the Entrepreneur in Social Change in Northern Norway*, Bergen, Oslo: Universitetsforlaget, 1963.

보츠와나에서 재활에 대한 대중적 논쟁의 결여는 사람들로부터 츠와나족의 가치체계 내에서 재활담론들을 내면화할 수 있는 기회를 박탈했다. 그렇지만 재활담론의 이전 과정은 그 영역에서의 대다수 영향력 있는 행위자들이 동의한 듯 보이는 재활의 몇 가지 원칙들을(즉 통합과 정상화)을 확립하는 데에는 성공했다. 이러한 원칙들이 노르웨이에서는 분리의 경향을 반전시키고 장애인들을 지역사회로 되돌아오게 한 반면, 통상적인 보츠와나인들에게는 거의 아무런 의미를 갖지 못했는데, 왜냐하면 그들은 가족과 지역사회 내에서 언제나 어떠한 형태의 '통합'을 실행해 왔기 때문이다.

영어의 장애에 해당하는 츠와나어 단어인 디골레digole가 이전에는 거의 대부분 신체적 손상에 대해 사용되었는데, 이러한 재활담론 이전의 과정을 통해 '장애'는 단일 범주가 되었고 모든 유형의 장애를 포괄하게 되었다. 그렇지만 보츠와나인들에게 재활은 여전히 거의 아무런 의미도 갖지 못한다. 손상은 그들이 인식하고 있는 원인(예컨대 마법)과 적절한 치료라는 기반 위에서 다루어진다. 전반적인 삶의 맥락과 분리된 기술들 속에서 어떤 개선이 이루어진다는 생각, 그리고 하나의 가치로서 삶의 질이라는 사고가 그 자체로는 아직 자리 잡고 있지 못하다. 많은 이들은 장애인들에 대한 도움은 음식과 의복이라는 형태로 제공되는, 돌봄을 제공하는 가족에 대한 도움을 의미해야 한다고 느낀다. 그리고 그러한 형태의 도움이 보이지 않을 때, 기만적이라고 느낀다.

원조를 받는 정부들과 원조자들, 어디에 우선성을?
국제 장애인의 해 ——그리고 이에 뒤따른 유엔 장애인 10년 ——를 선포하기로 한 국제사회의 결정과 전 세계적으로 적용될 수 있는 재활 프로그램을 구성하고자 했던 WHO의 시도는 원조자와 피원조자 양쪽 모두에게 있어 기본적인 우선성을 어디에 둘 것인가라는 딜레마를 명백히 드러내 주었다. 우리는 1억 이상의 전 세계 장애인 중 가능한 한 많은 장애인들에게 최소한 어떤 종류의 기본적 재활서비스라도 미치도록 노력해야만 하는가? 아니면 필요를 지닌 사람들 중 단지 소수에게만 서비스가 미치는 것을 감수하면서도, 북부 나라에서 살아가는 우리들이 최선이라고 여기는 서비스를 제공하는 것을 목표로 해야 하는가? 그건 그렇고, 무엇이 충분한 것이고 무엇이 최선인가를 결정하는 이는 누구인가? 이것들은 모두 쉬운 답변이 존재치 않는 문제들이다. 아마도 대답은 응답자의 처지, 인격체로서의 장애인에 대한 인식, 선택이 이루어지는 사회문화적 맥락을 반영할 것이다.

보츠와나에서 재활과 관련한 그러한 문제에는 그다지 많은 논쟁이 존재하지 않는데, 이는 대부분 별다른 조정이 이루어지지 않은 다양한 접근법들이 동시에 이루어지기 때문이다. 이러한 접근법들 각각은 어떠한 전문적 기술의 수준에서 누구에게 도움이 제공되는가와 관련을 맺고 있다. 그리고 이에 따른 결과들은 아직 진지한 대중적 논쟁의 주제가 되지 못하고 있다. 일차보건의료가 (최소한 원칙적으로는) 누구나 이용할 수 있는 의료서비스인 것처럼, 이와 마찬가지로 모든 장애인들에게 재활서비스가 미칠 수 있는 하나의 방식으로서 CBR에 착수하기를 원하기는 하면서도, 보츠와나 정부는 이를 성공적으로 수행하기 위한 필수적인 투자(인력, 운송수단 등)를 꺼려 왔고, 그리하여 정부 투자의 문제를 경감시켜 줄 수 있는 민간과 NGO의 주도성을 기꺼이 받아들이고 있다.

재활 분야에서 원조자(및 정부)가 활동을 펼치고 있다는 것에 대한 가시적 증거로서 특수학교와 다양한 종류의 센터 건립이 추구되고 있다.[38] 그러한 시설들은 많은 방문단들에게 과시될 수 있고, 지역사회 모금활동의 대상으로서 기능할 수 있다. 그렇지만 그러한 시설들은 여러 가지 이유로 기대가 충족되지 않았을 때 비용만 잡아먹는 쓸모없는 공간이 될 위험을 무릅써야 하며, 또는 원조자의 지원 기간이 종료되었을 때 심각한 어려움에 빠지게 될지도 모른다.[39] 원조자의 철수는 단지 협의된 지원기간의 종료를 나타내는 것일 수도 있다. 생산성을 갖는 활동이나 지역사회 모금이나 정부지원을 통해 자체적인 유지가 가능하다는 예상 속에서 말이다. 원조자의 철수는 또한 충분히 잘 운영되는 것으로 판단되지 않거나, 원조국 내에서 더 이상 '최근 유행하는' 지원의 형태가 아닌 대상으로부터 벗어나려는 하나의 방식일 수도 있다. 그렇다 하더라도 이러한 프로젝트는 스스로의 힘으로 길을 개척하기 위해 애쓰는 클라이언트 및 직원들과 더불어 거의 대부분 (최소한 잠시 동안이라도) 살아남게 될 것이다.

이에 반해서 CBR 프로그램은 특수학교나 센터들과 같은 가시적 호소력을 갖지 않는다. 그것이 성공적일 때조차도 말이다. 그리고 만약 실패한다면, 실망한 가족들과 좌절한 현지조사원들을 제외하고는 아무것도 남지 않게 된다.

---

38 1984~1985년에, 체셔거주홈재단으로부터 온 사람들이 보츠와나에서 프로젝트를 시작하기 위하여 최초의 현지 접촉을 시도했을 때, 나는 그들과 함께 몇몇 초동모임에 참석했다. 그때 그들이 원하는 것은 기존에 존재하는 CBR 활동에 기부하는 것이 아니라, 그들의 이름을 넣을 수 있는 시설이나 센터라는 것이 명확히 진술되었다.

39 이것은 실제로 맹인을 위한 한 작업장에서 최근에 나타난 사례이다. 그 작업장은 독일 선교단체가 지원이 철회될 시기임을 결정한 후 폐쇄 직전의 마지막 순간에, 한 지역 기업으로부터의 기부에 의해 소생되었다.

문화적 차이들

CBR을 촉진하는 데 있어 정부의 주도성이 (지금까지) 보츠와나에서는 대체로 실패한 것처럼 보인다. 이는 평등한 권리와 약자에 대한 국가의 책임이라는 이데올로기가 스칸디나비아 복지국가들에서처럼 CBR의 배경으로 동일한 힘을 발휘하지 못했기 때문이다. 이러한 이데올로기들은 평등한 개인이라는 강력한 개념 위에서 구축되지만, 츠와나족 사회는 가계와 부에 따라 어떤 사람들이 다른 이들보다 더 높은 신분에 위치해 오면서, 언제나 **위계적인 구조**를 띠어 왔다. 츠와나족의 가치들은 개인 이전에 집단을 강조하며, 가족에 기여하는 것이 최상의 가치들 중 하나로 간주된다. 진 코마로프Jean Comaroff와 존 코마로프John Comaroff가 지적한 것처럼, 츠와나족의 가치는 "존재론 및 근대 서구 개인주의의 토대로부터 매우 동떨어져 있다. 존재론과 근대 개인주의 내에서 정신과 물질, 사람과 대상은 명확히 분리되어 있으며, 모든 남성과 여성들은 그들 자신의 판단과 그들 자신의 권리라는 기반 아래, 철저하게 세속화된 세계 내에서 그들의 정신적·사회적·물질적 상황에 대한 책임을 진다".[40]

장애를 지닌 개인들에 대한 '평등'이 북부의 나라들에서는 그들의 정치적 옹호자의 손에 쥐어진 강력한 도구가 되었던 반면, 장애인이 일차적으로 더 큰 공동체 ——돌봄을 제공하는 가족——의 일부로 간주되는 곳에서는 평등이라는 관념은 별다른 적절성을 갖지 못했다. 그리하여 CBR 프로그램에 대한 공적 자원의 투입이라는 문제는 부족한 재화의 할당과 특정한 유형의 필요에 대한 우선성의 부여라는 문제가 될 뿐

---

40 Comaroff and Comaroff, *Of Revelation and Revolution*, p.144.

만 아니라, 보다 근본적으로는 어떻게 (확대)가족으로부터 책임성을 박탈하지 않을 것인가, 그리하여 어떻게 그러한 가족을 사회보장의 주요한 원천으로서 약화시키지 않을 것인가의 문제가 된다. 우리는 이것을 빈민들에 대한 공적 지원에서 명확히 확인한 바 있다. 그것은 개인의 필요(극심한 빈곤)를 충족시키도록 설계되어 있지만, 공적 지원을 받을 수 있는가에 대한 기준은 그 가족의 경제적 능력과 관련되어 있는 것이다.

기본적으로 우리는 두 개의 상이한 우주론들을, 한 인격체로서의 장애남성·장애여성·장애아동에 대한 두 개의 상이한 인식들을 다루고 있다. 그러나 그러한 인식들은 고정적이지 않으며, 우리는 '개발'이 진행되고 일반 대중들이 확대가족의 안녕보다는 그들 자신의 이익에 관심을 갖게 됨에 따라,[41] 개인의 권리라는 문제가 보다 정치적인 이슈가 되리라 예견할 수 있다.

보츠와나에서는 통합이라는 이데올로기의 중요한 부분이 실현되는 데 있어 어려움이 존재해 왔는데, 이는 초등교육이 의무가 아닌 선택사항이기 때문이다. 노르웨이에서 아무리 중도의 정신지체아동일지라도 정부로 하여금 교육적 선택권을 부여하도록 압력을 가할 수 있었던 무기는, 바로 그러한 모두를 위한 교육에 대한 권리였다. 보츠와나도 보편적 교육을 목표로 하고 있으며, 다른 많은 개발도상국과 비교했을 때 그러한 보편적 교육의 성취에 상당 정도 근접해 있다. 그러나 장애아동들은 여전히 다른 학령기 아동과는 별개의 대상으로서 간주되며, (지방수준에서 교육에 대한 책임을 지고 있는) 자치구 의회들이 특수학교와 훈

---

41 Benedicte Ingstad et al., "Care for the Elderly, Care by the Elderly: The Role of Elderly Women in a Changing Tswana Society", *Journal of Cross-Cultural Gerontology* vol. 7 no. 4, 1992, pp.379~398.

련센터의 교사들에게 봉급을 지급해야만 하는지 아닌지는 (통합의 원칙과 관련하여) 여전히 미해결의 문제로 남아 있다.

재활담론들의 이전

앞서 언급된 바처럼, 유럽의 장애담론들이 보츠와나로 이전되는 것은 매우 짧은 시간의 틀 속에서 이루어졌다. 츠와나족의 문화에 우선성을 부여해 주고 CBR 프로그램이 보츠와나의 독특한 상황에 어떻게 조화될 수 있는지 충분히 고려를 할 수 있는 더 많은 시간을 가졌더라면, 그러한 담론의 이전은 보다 성공적이었을지 모른다. 그렇지만 국제 장애인의 해의 도래와 더불어, 보츠와나 자신을 포함하여 모두가 그러한 재활 프로그램을 진행시키는 데 있어 조급했던 것처럼 보인다.

그리고 다른 사회 영역들에서보다도 의료 프로그램들의 문화적 적합성에 관하여 너무나 적은 질문들만이 제기되었다는 것 또한 전반적인 문제였던 것처럼 보인다. 이러한 문제는 재활 프로그램에서도 그대로 유지되었다. 비록 재활 프로그램들이 언제나 '의료적인 것'으로 규정된 것은 아니었지만, 이러한 프로그램들 역시 생의학을 특징짓는 절대적 진리와 단순한 기술적 해결책이라는 특질을 어느 정도 수반하는 경향을 나타냈다. 이러한 경향은 제3세계 나라들에서 (훨씬 더 궁벽한 농촌 지역까지도) 사람들의 통합과 정상화는 발달된 원격통신 기술과 컴퓨터 기술의 이전을 통해 성취될 수 있다고 제안했던 프랭크 보위Frank Bowe에 의해서 가장 극단적으로 실증된다.[42]

---

42 Frank G. Bowe, "Disabled and Elderly People in the First, Second and Third Worlds", *International Journal of Rehabilitation Research* vol. 13 issue 1, 1990, pp.1~14.

보츠와나는 WHO의 CBR 모델이 적용되었던 최초의 나라들 중 하나가 되었던 것에 대한 대가를 지불했다. CBR 프로그램을 실행해 보았던 이전의 경험이 전혀 없었기 때문에, 그러한 나라들은 주로 그들 자신의 임의적 판단에 의존했고 다른 나라의 경험으로부터 도움을 받을 수 없었다.[43]

CBR은 이제 더 이상 단순히 WHO의 재활 모델이 아니라 여러 다양한 프로젝트들 내에서 다양하게 적용되는 하나의 **개념**이 되었다. WHO는 단지 소소한 조정만을 통해 모든 개발도상국들에서 적용될 수 있으리라 가정된, 문화적으로 중립적인 모델을 설계했다. 여타의 나라들은 동일한 개념들에 기반을 두려 노력하면서도, 그러한 모델을 보다 문화 특정적인 어떤 것으로 변형시켰다. 예를 들면 CBR상의 활동들을 기존에 이미 존재하고 문화적으로도 통합되어 있는 지원체계들과 연계시키는 것을 통해서 말이다. 만일 CBR이 주로 외부로부터의 전문지식을 필요로 하는 **새로운** 어떤 것이 아니라 지역사회 그 자체의 자원을 동원하는 하나의 방식으로 인식될 수 있다면, 그것은 지속될 수 있는 훨씬 더 많은 가능성을 지닐 것이다. 이것이 CBR 모델이 활용되고자 의도했던 방식이지만, 통상적으로 어떤 프로그램이 시작되기 **이전**에 그러한 지역사회를 조사하는 데 있어 충분한 노력이 기울여지지 않기 때문에, CBR 모델이 언제나 이러한 방식으로 시행되는 것은 아니다. 대신 보츠와나의 경우에서처럼, CBR 모델은 지역사회기반 프로그램이라기보다

---

43 이에 대한 하나의 예는 CBR매뉴얼을 츠와나어로 번역하는 것이었는데, 이는 자금의 부족과 기간조차 정해지지 않은 수차례의 연기로 상당히 오랜 시간이 걸렸다. 보츠와나가 최초의 WHO CBR매뉴얼에 대한 번역을 마쳤을 때에는 이미 새로운 개정판이 존재했고, 그때 이후 또 다른 개정판이 출간되었다.

는 하나의 외부방문 프로그램이 되기도 한다.

나는 이 장에서 담론 이전 과정에 대한 역사적 관점의 중요성을 보여 주었다. 어떤 유형의 재활 프로그램을 계획하거나 분석함에 있어, 우리는 무엇이 정치적·경제적·문화적으로 적합한 것인가에 대해 우리 자신에게 질문할 필요가 있다. 이러한 고려들은 어떤 다른 유형의 개발 관행을 분석하는 데 있어서만큼이나, 재활담론들의 이전을 고찰하는 데 있어서도 필수적이다.[44]

---

44 나는 이 장을 읽고 가치 있는 논평을 해준 데 대해 수잔 레이놀스 휘테, 미카엘 휘테Michael Whyte, 한스 크리스티안 세르헤우Hans Christian Sørhaug에게 감사하고 있다. 나는 또한 관련 문헌의 수집에 도움을 준 데 대해 비그디스 크리스티Vigdis Christie, 프랑크 잘레 브룬, 잉거 부스케루Inger Buskerud에게 고맙게 생각한다.

보츠와나에서의 현지조사는 노르웨이 외무부/노르웨이개발협력기구와 WHO로부터의 보조금 제공을 통해 가능했다. 오슬로대학교는 나에게 관대하게도 1984~1985년에 걸쳐 반급半給 안식년을 제공해 주었다. 최초의 보츠와나 현지조사 이래로 거의 매해 이루어진 다양한 목적에서의 재방문은, 내가 보츠와나 재활 영역의 발전 현황을 끝까지 놓치지 않고 추적하는 것을 가능하게 해주었다.

9장 영웅, 거지, 또는 스포츠 스타
: 니카라과에서 장애인 정체성의 협상

프랑크 잘레 브룬*

그의 어머니는 왼쪽 다리가 없는 그의 모습을 누구도 보길 원치 않았다. 그러나
그 자신은 자랑스럽게 말했다. "나는 수치심을 느끼지 않아요. 나의 친구들은 커
다란 존경심을 가지고 나를 만나러 오게 될 겁니다."
— 『라 바리카다』*La Barricada*[1], 1987년 8월 12일자

산디니스타스Sandinistas[2]가 정권을 잡은 1979년부터 그들이 총선에서
패배한 1990년까지, 니카라과는 장애인의 정체성을 변화시키기 위한
투쟁의 현장이었다고 할 수 있다.[3] 나는 경직된 심리학적인 의미에서
의 정체성identity에 대해 이야기하고 있는 것이 아니라, 장애인들 자신

* 프랑크 잘레 브룬Frank Jarle Bruun은 오슬로대학교에서 의료인류학으로 박사학위를 받았으며 노르
웨이 릴레함메르단과대학Lillehammer University College 건강·사회연구학부 부교수로 재직 중이다
(2009년 현재). 니카라과와 보츠와나에서 현지조사를 수행했으며, 주요 연구 관심사는 장애와 재활,
개발도상국들에서 노인들의 지위 변화, 젠더 연구이다.
1 『라 바리카다』는 1979년 7월 26일에 제1호가 발간된, 혁명 프로젝트의 촉진을 공식적인 목표로 삼았
던 산디니스타스의 기관지이다. — 옮긴이
2 니카라과는 1936년 쿠데타로 정권을 잡은 소모사Somoza 족벌 독재정권이 수십 년간 장기집권하고
있었으나, 1979년 7월 산디니스타민족해방전선Frente Sandinista de Liberación Nacional, FSLN에 의
해 수행된 니카라과 혁명을 통하여 타도되었다. 이러한 산디니스타민족해방전선 성원들을 산디니스
타라고 하며, 복수형인 산디니스타스는 산디니스타민족해방전선과 같은 의미라고 할 수 있다. — 옮
긴이
3 이 글은 1989년 10월 5~6일 장애와 문화에 관한 오슬로 워크숍에 제출되었던 논문의 수정본이다. 워
크숍 이후 논문에 대해 많은 가치 있는 논평을 받았기에, 이에 대한 응답이 필요했던 것이다. 특히, 나
는 많은 지지와 격려를 해준 데 대해 베네딕테 잉스타와 수잔 레이놀즈 휘테에게 감사드리고 싶다.
나는 또한 글쓰기의 처음과 마지막 단계에서 각각 건설적인 비평을 해준 데 대해 오슬로대학교의 사
회인류학연구소·박물관의 3팀과 오눈 브로트베이트Ånund Brottveit 및 게르트 홀름뵈 오테센Gerd
Holmboe Ottesen에게도 감사드린다. 스페인어에서 영어로의 번역 작업 전체는 본인이 직접 하였다.

및 그들을 둘러싼 타인들에 의해 지속적으로 형성되는 사회적 정체화 identification에 대해 말하고 있는 것이다. 1980년대에 생성된 새로운 정치적 상황 속에서, 모든 장애인들을 가치 있는 사회 구성원으로 재규정하는 데 있어 핸디캡이라는 낙인을 하나의 지렛목으로 전환시켜 내려는 시도가 이루어졌다. 새로운 사회적 정체화의 지향들이 제안되고 또한 경합되었다.

이러한 투쟁에서는 니카라과 사회 내에서 이미 유의미성을 지녔던 구래의 가치들과 새로운 외래적 사고들 양자 모두가 도구들로서 활용되었다. 전자 중에는 정치적 대의를 위해 자신의 생명이나 몸의 일부를 기꺼이 내놓는 영웅적 남성에 대한 '마초적' 이상이 있었다. 자선이라는 그리스도교적 관념 또한 니카라과의 전통에서 오랫동안 지속되어 온 테마였다. 새로운 요소는 장애인도 다른 모든 이들과 마찬가지로 사회에 참여하고, 스스로를 부양하고, 동일한 책임을 질 수 있다는 평등한 권리에 대한 북부적(즉 유럽과 북미적) 이상이었다.

우월성을 확보하기 위한 투쟁 속에서 주장된 의미들에 대한 사람들의 태도는 불균등하게 분배되고 통제되는 이득 및 정보에 좌우된다. 로저 키싱Roger Keesing이 말했던 것처럼 "우리는 누가, 무슨 목적으로 문화적 의미들을 생성하고 규정하는지 질문할 필요가 있다".[4] 따라서 어떤 경합의 최종적인 결과는, 대중에 의해 수용될 수 있는 견해를 제시하는 각 당파의 역능에 대부분 달려 있다. 니카라과의 상황은 장애와 인격의 사회적 구성에 대한 이러한 정치적 측면들을 예증해 준다.

---

4 Roger M. Keesing, "Anthropology as Interpretive Quest", *Current Anthropology* vol. 28 no. 2, 1987, p.161.

이 연구의 출발점은 니카라과에서 장애인들을 과보호하려는 주지의 경향성이었다. 과보호는──나의 정보제공자들이 진술했고, 나 자신이 관찰했던 바처럼──장애를 지닌 개인의 인격적 진보에 하나의 문제가 되어 왔다. 그렇지만 혁명 후 나타난 새로운 사회적 맥락 속에서, 심하게 부상당한 병사들은 혁명의 상징으로서 그들이 지닌 정치적 중요성 때문에 새로운 역할들을 맡게 되었다. 다른 장애인들 역시 장애인의 단체 또는 장애인을 위한 단체의 도움과 더불어 새로운 가능성들과, 니카라과에서는 전혀 새로운 어떤 상황과 대면하게 되었다.

이러한 주변적 집단의 새로운 정체성을 위한 투쟁에 초점을 맞추면서, 나는 영웅주의나 순교와 같은 니카라과의 어떤 중요한 문화적 가치들을 소묘해 볼 것이다. 그러한 소묘 속에서, 나는 그 집단의 목표들을 촉진하기 위하여 이러한 가치들이 어느 정도까지 활용되었는지, 또한 외래적 가치들이 실제로 요청되었다고 보아야 하는지를 분석해 볼 것이다. 그러한 작업을 통해, 이 연구는 니카라과 사회에 대한, 그리고 산디니스타스가 집권해 있던 동안 그 사회가 거쳐 왔던 발전에 대한 더 나은 이해로 이어질 수 있을 것이다.

이러한 과정을 분석하기 위하여, 나는 어떤 새로운 정체성을 규정하는 문제로서 장애인 문제에 대해 다룰 것이다. 니카라과에서 전쟁 영웅들은 다른 장애인들보다 훨씬 더 성공적으로 이러한 새로운 정체성을 구성해 냈다. 내가 기술하게 될 내용은 로버트 머피와 그의 공저자들이 "사회적으로 양가적이고 불명확한" 상황으로부터 빠져나올 수 없는 장애인들의 딜레마로 기술하고 이해했던 것과는 대조된다.[5] 니카라과에서 어떤 장애인들은 좌익운동에 의해 생성된 정치적 맥락 때문에 명확한 지위를 획득했다.

나의 주요 관심사가 새로운 사회적 정체성을 위한 투쟁이 어떻게 나타날 수 있는지를 이해하는 것이기 때문에, 나는 다양한 관련 행위자들이 어떤 위치에 서 있었는가, 그리고 그들에게 문제가 되었던 것은 무엇인가에 초점을 맞출 것이다. 이러한 점들을 염두에 두고, 나는 불구가 된 한 병사의 귀향을 기술할 것이며, 장애인을 다룬 신문 기사들에서 흔히 나타났던 세 가지 관점들을 분석할 것이다.

배경

1979년에, 니카라과에서 진행되어 왔던 하나의 긴 투쟁이 소모사 독재 정권의 타도와 더불어 종료되었다. 소모사 정권은 1936년에 쿠데타로 정권을 장악한 후 약 40여 년 동안이나 지속되어 왔다. 새로운 산디니스타 정권은 사회주의였다. 새로운 이데올로기에 따라, 보건서비스들은 모든 사람들이 무상으로 평등하게 접근할 수 있는 것이어야 했다.[6] 그렇지만, 이후의 정치적 결정들은 이용할 수 있는 자원들의 접근에 있어 전쟁 희생자들의 우선권을 보장했다.

이 연구가 이루어지던 당시(1987~1988년) 니카라과에는 장애에 대한 어떠한 통계자료도 존재하지 않았다. 단, 전쟁 희생자들은 예외였으며, 그들은 모두 등록되어 있었다. 관련 당국들은 장애인들의 숫자를 파악하기 위한 설문조사에 자원을 투자하는 것을 꺼려 했던 것처럼 보였

---

5 Robert F. Murphy et al., "Physical Disability and Social Liminality: A Study in the Rituals of Adversity", *Social Science and Medicine* vol. 26 issue 2, 1988, pp. 235~242.

6 Lea Guido, "La salud en Nicaragua" [Health in Nicaragua], *Revista Centroamericana de ciencias de la salud* [Central American Review of Health Sciences], January~April: 21, 1982.

는데, 왜냐하면 이것이 충족시켜 줄 수 없는 치료에 대한 기대를 불러일으킬지도 몰랐기 때문이다.

그렇지만, WHO의 공식을 사용하여 대강의 추정은 할 수 있다. 에이나르 헬란데르에 따르면, 개발도상국에서는 전체 인구의 7~10%가 장애인으로 규정될 수 있으며,[7] 3%는 훈련·특수교육·직업배치가 포함되는 재활이 요구되는 것으로 볼 수 있다.[8] 1987년에 인구가 350만 명 정도였던 니카라과의 경우, 이는 약 10만 5천 명이 재활을 필요로 했다는 것을 의미한다. 사실상, 그 실제 수치는 훨씬 더 높았음에 틀림없다. WHO의 추정치는 전시가 아닌 평시를 가정하고 있기 때문이다.

혁명 후의 내전은 많은 중증의 부상자들과 장애인들을 양산해 냈다. 산디니스타 정권은 17세 이상의 남성들에 대해 2년간의 의무병역 제도를 도입했다. 병역 기간 동안에, 사람들은 보통 콘트라 반군Contras[9]과 40~50차례의 교전을 치를 것을 예상해야만 했다. 그리고 교전 중에 전사하거나 불구가 될 가능성은 상당히 높았다. "그것은 죽음과의 예정된 만남이었다"라고 한 병사의 어머니는 말했다. 어떤 추정치에 따르면, 1989년에 중증의 장애를 지닌 퇴역군인은 3,000~4,000명 정도가 존재했다(『라 바리카다』, 1989년 3월 28일자).

이 장이 기반을 두고 있는 연구는 장애인의 단체들 및 장애인을 위한 단체들, 그리고 이러한 단체들과 아무런 관련이 없는 장애인들 양자

---

7 Einar Helander, *Rehabilitation for All: A Guide to the Management of Community-Based Rehabilitation 1. Policymaking and Planning*, WHO/RHB/84.1 Provisional version, Geneva: WHO, 1984, p.26.
8 장애 출현율의 추정 문제에 대한 논의로는, Einar Helander, *Prejudice and Dignity: An Introduction to Community-Based Rehabilitation*, United Nations Development Programme Report No. E93-III-B.3, New York: UNDP, 1993, p.20을 보라.
9 콘트라는 산디니스타 정권을 전복하기 위해 싸우는 반혁명 게릴라들이었다.

모두 내에서 수행되었다. 현지조사는 주로 참여관찰의 방법으로 이루어졌으며, 1987년 9월부터 1988년 7월까지 니카라과의 수도 마나과의 한 마을에서 수행되었다. 그러한 조사가 이루어진 순수한 기간은 7개월이다. 이 지역 인구의 다수는 메스티소mestizo[중남미 원주민인 아메리카 인디언과 에스파냐계·포르투갈계 백인과의 혼혈인종——옮긴이]이며, 스페인어를 사용한다.

혁명적 보건의료

1950년대와 1960년대의 번창하는 국민경제에도 불구하고, 니카라과에서 1979년 이전에 장애인을 위한 사업에 정부가 개입하는 일은 거의 없었다. 레아 기도Lea Guido는 보건의료 문제들 거의 대부분을 종교단체 및 자선단체에 내맡겨 버린 것에 대해 소모사 정권을 비판했다.[10] 비록 경제 상황이 극도로 나쁘기는 했지만, 산디니스타스는 혁명 후 즉각적으로 모든 이들이 이용할 수 있는 보건서비스 제도를 만들어 내도록 조치를 취했다.[11] 여기서 나는 이러한 이데올로기적 목표의 달성을 가로막았던 수많은 문제들을 자세히 논하려는 것은 아니다. 그보다는 사회주의적 재건으로부터 정치적 이해와 경제 자체의 생존으로 초점이 조정된 산디니스타스의 정책 변화가 보건 영역에도 또한 영향을 미쳤다는 사실에 주목할 것이다. 이러한 영향의 결과로 전쟁 희생자들에게 특혜를 부여하고 그들에게 국가가 제공할 수 있는 모든 지원들을 보장하

10 Guido, "La salud en Nicaragua" [Health in Nicaragua], pp.55~63.
11 ibid., pp.55~63.

는 법률이 1984년에 통과되었다.[12] 이 법률은 당시 산디니스타스의 정치적 이해에 있어 이데올로기로부터 실용주의로의 일반적인 변화를, 그리고 경제적 위기로부터 야기된 어떤 변화를 반영하는 것이었다. 경제가 악화됨에 따라, 진보가 아니라 생존이 강조되어야만 했다. 장애인과 관련해서 보자면, 이는 니카라과가 모두에게 재활서비스를 제공할 여유가 없다는 것을, 그리고 그 국가가 전쟁에서 부상을 입은 이들에게 모든 노력을 집중하기로 결정했다는 것을 의미했다. 그 결과, 전사戰士들을 위해 입안된 모든 정부 프로그램의 이행을 감독하기 위하여, 1984년에 국가전사원조위원회National Commission for help to the Fighters가 만들어졌다. 그 위원회는 보건부, 노동부, 사회서비스부와 같이 퇴역군인들에 대해 책무를 지니고 있는 모든 정부 부처들의 업무를 조정하는 일을 했다. 에르네스토 체게바라를 따르는 혁명장애인협회Organisation of Revolutionary Disabled, ORD는 니카라과에서 가장 큰 장애인의 단체였는데, 이 단체 또한 그 위원회에 참여하고 있었다. 1984년 8월에 통과된 그 법률에서, 장애를 지닌 전사들은 병원 및 보건센터에서의 특혜와 고용·교육·주거·사회보장에 대한 우선권을 부여받았다.

산악지대로부터의 귀향

여기서 예로 들고 있는 그 마을은 도시 지구에 약 1,800명이 거주하고 있었다. 마을의 장애인들 가운데 세 명은 맹인이었고, 한 명은 휠체어를

---

12 Instituto Nicaragüense de Seguridad Social y Bienestar(INSSBI), Resolución No. 58. Managua, 12 Junio 1984. And Decreto No. 1488, "Ley que concede beneficios a los combatientes defensores de nuestra patria y su soberania". Managua, 6 Augusto 1984.

이용했으며, 두 명은 정신지체를 지니고 있었고, 또 두 명은 소아마비였으며, 한 명은 간질을 지니고 있었다. 한 남자의 오른쪽 손은 봉기 기간 동안에 절단되었고 또 다른 이는 발에 부상을 지니고 있었다. 그러나 내가 그곳에 있던 동안에, 누구도 전쟁 때문에 중증의 장애인이 되지는 않았다. 즉, 카를로스[13]가 양쪽 다리의 무릎 위까지 절단되고 한쪽 손에 심하게 부상을 입은 채로 산악지대로부터 귀향하던 그날까지는 말이다.

모두가 그 전쟁 영웅을 보러 나왔고 그의 귀향을 환영했다. 마을 학교의 아이들은 선생님들과 함께 한 학급씩 잇따라 그를 방문했다. 카를로스는 이전까지 부상이 약간 남아 있었지만, 그 학교 학급의 학생들이 조용히 찾아왔던 때에 접견은 기꺼이 이루어졌다. 각 학급의 아이들은 카를로스의 집에 들어가서 잠시 동안 그의 주변에 서 있었다. 그다지 많은 말들이 오가지 않았으며, 몇 가지 질문들만이 낮은 목소리로 이루어졌다. 작은 양철지붕으로 만들어진 그 집 안은 매우 뜨겁고도 조용했다. 우기가 시작되기 직전인 4월의 태양은 강렬했다. 그 영웅 자신은 주변의 모든 관심이 약간은 성가신 듯 했지만, 방문자들로부터의 질문에 답을 할 때면 때때로 그의 얼굴에선 희미한 미소가 보이기도 했다.

카를로스는 그의 전우들에 대해서, 그리고 콘트라 반군을 토벌하던 때 산악지대에서의 생활에 대해 이야기했다. "우리 부대가 큰 강을 건너 적들을 추적한 후, 내가 막 어떤 길을 가로질러 가려던 참이었어요. 갑자기 내 몸이 자욱한 먼지 속에서 공중으로 떠올랐는데, 나는 어떤 소리도 들리지 않았고, 어떤 고통도 느끼지 못했습니다. 내가 의식을 잃은 그 순간으로부터, 전우들이 나를 데리고 그 강을 다시 건너 야전병원으

---

13 이 글에서 나오는 몇몇 이름들은 익명성을 보장하기 위하여 가명을 사용하였다.

로 데리고 가기까지 이틀이 지나갔지요. 이후, 나는 신체적 재활을 위하여 마나과에 있는 알도 차바리아Aldo Chavarría 병원으로 이송되었습니다. 그곳에 있는 동안, 이번 공세 기간에 심하게 다친 20명의 부상병 모두를 보기 위해서 국방장관이 개인적으로 방문을 했습니다. 그는 우리가 이 나라에서 제공될 수 있는 최상의 치료를 받게 될 것이라고 약속했지요. 지금 내 상태는 좋은 편이고 사기도 높지만, 밤에 때때로 총을 찾으며 잠을 깨기도 합니다."

군대에 가기 전까지 그는 선반공으로 일했다. 선반공은 젊은 남성들 사이에서 인기 있는 직업이었는데, 왜냐하면 그 일이 비교적 쉽고 수입도 좋았기 때문이다. 다리가 없고 단지 한쪽 손만 제대로 쓸 수 있었기 때문에, 이제 그가 다시 선반공으로 일을 하기는 어려웠다. 이 마을에서 사람들은 수공업을 하거나 소규모의 농사를 지었다. 이러한 양쪽 분야 모두에서 손과 다리의 사용은 필수적이었다. 마나과에는 그와 같은 장애인들을 위한 직업학교[14]가 있었지만, 이 학교는 모든 장애인들을 받아들일 수 있을 만큼의 수용규모는 되지 못했다. 그리하여 많은 이들이 해외로, 특히 사회주의 국가들로 보내졌다.

카를로스는 국가로부터 소액이나마 연금을 보장받았고, 극장과 버스도 무료로 이용할 수 있었다. 재활 기간 동안에, 그는 또한 수송기를 지원받아 주말에 가끔 집에 올 수 있었다. 그 당시에 비행기는 매우 비쌌고 타기도 어려웠다. 그의 어머니가 그러한 비행기 삯을 지불한다는 것은, 그녀가 한 달 동안 번 수입과 동일한 돈을 단지 아들의 한 차례 방

---

[14] 가스파르 가르시아 라비아나 재활심리사회직업센터Centro de Rehabilitación Psicosocial Vocacional Gaspar Garcia Laviana.

문을 위해 써 버린다는 것을 의미했다. 그녀는 다섯 명의 자녀를 둔 과부였는데, 그 아이들 중 막내는 소아마비로 인한 장애가 있어서 거의 걸을 수 없었다. 그 가족은 어머니가 거리에서 빵과 과자를 팔아 번 수입으로 생계를 유지했다.

잃어버린 양쪽 다리와 못쓰게 된 손이 카를로스와 그를 만나러 왔던 마을 사람들에게 의미했던 것이 무엇이었을지 정확히 말하기는 어렵다. 그렇지만, 6주 후에 내가 그와 다시 이야기를 나누었을 때, 카를로스는 미래에 대해 매우 낙관하고 있다고 말했다. 알도 차바리아 병원에서의 재활훈련은 그의 몸 상태가 나아지도록 도왔고, 그는 당시 의족을 착용하고 걷는 연습을 하고 있었다. 자신의 일자리 계획과 관련하여, 가스파르 가르시아 라비아나 재활센터에는 그를 위한 자리가 남아 있지 않았기 때문에, 카를로스는 직업훈련을 위해 불가리아에 가고 싶다는 희망을 피력했다. 대체로 그는 긍정적이며, 그 자신이 말했던 것처럼 '높은 사기'를 유지하고 있는 것처럼 보였다. 그 마을 사람들은 카를로스가 처한 상황에 관해 더욱 조심스럽게 의견을 표명했다. 어떤 이들은 카를로스의 어머니가 그를 돌보기 어려울 것이라고 걱정했다. 다른 이들은 사람들이 일상적 삶으로 되돌아가고 누군가가 그의 휠체어를 밀고 돌아다녀야만 할 때가 되면, 아마도 지금처럼 많은 이들이 그를 찾지 않게 될 것이라고 말했다. 그렇지만, 카를로스의 귀향을 어떤 새로운 정체성이 획득되는 출발점으로서 분석하는 것은 충분히 가능하다. 이전에 그는 선반공, 맏아들, 누군가의 동료, 술친구, 자신의 어머니와 형세 및 누이들에 대한 무양자 등으로 구성된 정체성을 지닌 채 산악지대로 떠났다. 내가 확인할 수 있었던 한에 있어, 그는 과거에 마을에서 매우 활동적인 소년이었다. 오랜 기간 동안 떠나 있은 후 그는 불구가 된 채 돌아왔고, 그가 선반공 일과 같은 이전의 활동을 다시 시작하는 것은 여러 가지 면에서 불가능했다. 그가 지녔던 구래의 정체성은 이전에 자신이 맡았던 모든 역할을 제대로 수행할 수 없다는 사실에 의해 크게 약화되었다. 그러나 전투에서 부상을 입은 한 명의 병사로서, 그는 영웅이라는 새로운 정체성을, 정부 당국에 의해 의식적으로 만들어진 어떤 정체성을 지니게 되었다. 이러한 정체성은 그가 국가로부터 받았던 치료——니카라과가 제공할 수 있는 바로 그 최상의 재활서비스——와 여타 장애인들에 비해 특혜가 주어졌다는 것, 그리고 국방장관이 그를 방문했다는 사실에 의해 처음으로 확신되었다. 앞서 언급된 재활병원에 있는 동안에, 그는 자신의 집을 방문하도록 도움을 받을 수 있었다. 집에 와서도 또한 카를로스는 영웅으로 대우를 받았다. 경의를 표하기 위해 그를 방문했던 학생들에 의해서 예증되었던 것처럼 말이다.

누군가는 어빙 고프먼의 입장에 근거하여, 그의 핸디캡이 하나의 낙인이라고 말할 수 있을지도 모른다. 왜냐하면 그의 몸은 현저히 주의를 끄는 것이었고 그는 그 핸디캡으로부터 벗어날 수 없었기 때문이다.[15] 그렇지만, 고프먼의 낙인 및 일탈 모델은 그것이 지닌 전적으로 부정적인 함의들 때문에, 낙인화가 이루어지도록 한 실제적 이유들이 그 사람에게 어떤 새로운 지위를 부여하도록 작동했을 때, 이러한 사태를 어떻게 이해해야 하는지에 대한 수단을 우리에게 제공하지 않는다. 머피와 그의 공저자들은 장애인이 처한 상황을 정체성의 '결여'가 실제적 문제가 되는 어떤 것으로서 해석했다.[16] 장애인은 "어떤 '경계적' 상태에 놓

---

15 Erving Goffman, *Stigma: Notes on the Management of Spoiled Identity*, Englewood Cliffs, N.J.: Prentice-Hall, 1963.

16 Murphy et al., "Physical Disability and Social Liminality", pp.235~242.

여 있고……사회적으로 양가적이고 불명확하며, 많은 원시사회의 사춘기의례들에서 신입자의 격리와 다를 바 없는 실제적인 어떤 종류의 격리에 처하도록 운명 지어져 있는 것으로 간주된다".[17] 이것이 어떤 경우에는 진실일지도 모른다. 그렇지만, 머피가 연구한 사례들이 어떤 정체된 상황을 제시했던 반면, 여기서 니카라과의 사례는 전쟁 희생자가 되는 것의 결과로서 주어지는 사회적 의례의 도움을 통해 장애인들이 실제적으로 새로운 정체성을 획득해 나가는 과정을 보여 준다. 그러한 의례가 하나의 지위로부터 또 다른 지위로의 전환을 특징짓는다. 카를로스가 산악지대로부터 돌아왔을 때, 그는 마을 사람들과 관련 당국 양자 모두에 의해 많은 신망과 인정을 받았다. 그의 핸디캡 때문에, 카를로스는 새로운 지위와 정체성을, 즉 자기 나라 영웅으로서의 지위와 정체성을 획득하는 데 성공했다. 이러한 정체성의 변화를 실제로 가능하게 만든 것은 그의 손상이 갖는 정치적 맥락이었다. 그러한 정치적 맥락이 그가 처음부터 장애인으로 태어났다면 지녔을 특별함보다 그를 더욱 특별하게 만들었던 것이다.

이러한 사고의 계열을 따라가며, 나는 장애를 지닌 전쟁 희생자들이 표현되는 것과 관련하여 어떤 일반화된 방식이 존재하는지 아닌지를 확인하기를 원했다. 그래서 나는 장애인의 단체들 및 장애인을 위한 단체들을 방문했으며, 또한 카를로스와 유사한 사례들을 다룬 신문 기사들을 자세히 조사했다. 다음의 예들에서 내가 보여 주게 될 것처럼, 매우 상이한 경향성들이 확인되었다.

17 ibid., p.235.

거지와 영웅에 대한 신문 기사들

1989년에 니카라과에서는 세 개의 일간지가 발행되고 있었다. 『라 프렌사』*La Prensa*는 반정부파를 대표했고, 『라 바리카다』는 산디니스타스의 기관지였으며, 『엘 누에보 디아리오』*El Nuevo Diario* 또한 산디니스타 정부에 대해 호의적이었다. 이 신문들은 정부에 대해 찬성하거나 반대하는 어떤 상징적인 방식으로 그들이 다루는 모든 기삿거리들을 활용했다. 그리고 이는 또한 우리가 아래에서 보게 되는 바와 같이, 그 신문들이 전쟁 희생자들에 관해 무엇을 어떻게 쓸 것인가에 영향을 미쳤다.

후안은 내가 재활센터를 방문하는 동안 만났던 젊은 맹인 남성이었다. 그는 모임에서 항상 가장 먼저 일어나 슬로건을 외치는 사람 중의 하나였다. 그는 진정한 산디노Sandino[18]의 추종자라는 인상을 주었다. 어느 날 그의 이름이 반정부파 신문인 『라 프렌사』에 "한 젊은 의무병의 드라마"Drama de un joven SMO[19]라는 헤드라인 아래 등장했을 때, 나는 크게 놀랐다. 이 기사에서 후안은 어떻게 그가 강제로 병역에 동원되었고 전투에서 자신의 시력을 잃었는지에 대해 설명하고 있었다. "나를 전쟁터에 보낸 산디니스타 정부 때문에 내몰리게 된, 황폐감과 좌절감과 미래가 없음을 느낄 뿐인 이러한 상황 속에서, 나는 누군가가 어떤 종류의 직업이라도 구할 수 있도록 도와주기를 간절히 바라고 있습니다.…… 나는 미국 대사관 밖에서의 시위도, 산디니스타스에 의해 조직

---

18 1930년대를 전후하여 미국의 니카라과 침공에 맞서 게릴라 투쟁을 벌인 아우구스토 세사르 산디노 Augusto César Sandino를 가리키며, 산디니스타라는 명칭도 그의 이름에서 유래되었다. ──옮긴이
19 Servicio Militar Obligatorio [Obligatory Military Service] (SMO)는 『라 프렌사』가 자체적으로 사용했던 명칭이다. 이의 공식 명칭은 Servicio Militar Poular [Popular Military Service] (SMP)이다.

된 거리 행진도 지지하지 않습니다"(『라 프렌사』, 1988년 6월 21일자). 이는 전쟁 희생자를 소재로 작성된 반정부파 신문 기사의 한 예이다. 후안이 실제로 의도했던 것이 무엇이었는지는 여기서 쟁점이 아니다. 관심사는 그 신문이 자신의 기사를 선정했던 방침, 그리고 그 기사가 제시되었던 방식이다. 이는 장애인의 문제들과 관련된 그 신문의 입장을 드러내 주고 있다. 『라 바리카다』는 『라 프렌사』와는 전혀 다른 태도를 지니고 있었다. 우리가 "전쟁 희생자들—강철의 병사들"Liciados de guerra—Cachorros de acero[20]이라는 그 신문의 헤드라인에서 확인하게 되는 것처럼 말이다(『라 바리카다』, 1987년 12월 7일자). 이러한 병사들이 콘트라 반군의 지하 소굴을 소탕하던 당시 있었던 일에 관하여 이야기를 할 때, 그들은 웃는 모습으로 그려지고 있다. 우리에게 흥미로운 것은 이 기사에서 강조되고 있는 것이다. 프레디는 말한다. "나는 모든 것을 만족스럽게 느끼고 있습니다. 나의 사회통합과 정치활동은 매우 정상적이에요. 나는 산디니스타스 청년 조직의 투사이고, 현재 일을 하면서 이웃 사람들을 돕고 있지요." 또 다른 이는 "자신의 삶의 일부를 바쳤기 때문에" 자긍심을 느낀다고 말했다.

1987년과 1988년에 니카라과의 신문들에서는 이러한 방식으로 표현된 기사들이 빈번했다. 장애인들은 정치적 지지의 확보를 위한 투쟁에서 하나의 상징으로서 활용되고 있었다. 산디니스타스는 전장에 투입된 이들에 대해서 "영웅과 순교자들"이라는 표현을 사용했다. 이러한 상징의 함의들은 다양하며 또한 강력하다. 빅터 터너Victor Turner의 용

---

20 'Cachorros'는 병사들에게 사용되는 명칭이다. 예를 들어 'Los Cachorros de Sandino'라는 말은 산디노의 충견들, 진취적인 정신을 지닌 병사들이라는 의미를 갖는다.

어법으로 하자면 이는 "지배적" 상징들이다. 그것들은 "일정한 의례의 공언된 목적들을 달성하기 위한 수단으로서 간주되는 상징일 뿐만 아니라, 더욱 중요하게는 [이러한 상징들은] 그 자체로 목적으로서 간주되는 가치들, 즉 자명한 가치들을 나타낸다".[21] 산디니스타스는 영웅주의와 순교를 활용하여, 니카라과에서 일상의 중요한 두 측면인 종교와 마초주의의 함의들을 혁명의 가치들과 결합시켰다. 전쟁 희생자들은 그들이 자진하여 순교자와 영웅 양쪽 모두에게 요구되는 기준에 따라 살아왔다는 것을 몸으로 입증하고 있었다. 장애를 지닌 전쟁 희생자들에 대한 산디니스타스의 표현방식은 장애인들 자신과 혁명 양자 모두에게 있어 중요한 어떤 감정들을 환기시켰다. 혁명은 그것이 가치 있는 대의라는 것을 되풀이해서 보여 주는 것을 필요로 했다. 장애를 지닌 영웅들은 영웅에 대한 인정이 제공해 줄 수 있는 심리적인 지지를, 그리고 또한 그러한 인정이 가져다줄 수 있는 모든 실제적인 도움을 필요로 했다.

반정부파는 순교의 어떤 측면을 표현했지만, 그것이 영웅주의는 아니었다. 『라 프렌사』는 전쟁 희생자를 산디니스타스 정책의 피해자로, 그리고 상실된 대의로 고통받고 있으며 이에 따라 동정과 자선을 받아야 할 존재로 묘사했다.

요컨대 우리는 이러한 신문들이 보여 주는 몹시 상이한 표현들이 장애인이 된 병사들에 대한 순수한 관심보다는 여타의 준거들에 기반을 두고 있었다는 것을 확인할 수 있다. 양자의 신문들은 모두 장애인들을 정치적 투쟁 속에서 활용했다. 그러나 그들의 숨겨진 의도와는 무관

---

21 Victor Turner, "Symbols in Ndembu", ed. Max Gluckman, *Closed Systems and Open Minds: The Limits of Naivety in Social Anthropology*, London: Oliver and Boys, 1964, pp. 21~22.

하게, 이러한 신문들이 작성한 기사들은 아마도 장애인들에 대한 대중의 인식에 강력한 영향을 미쳤을 것이다. 따라서 장애인들 자신이 이러한 미디어 투쟁에 참여하는 것이 중요했음은 당연하다. 아래에서 우리는 이러한 투쟁 내에서 장애인 당사자들이 어떻게 제3의 관점을 표현할 수 있었는지에 관한 하나의 예를 살펴볼 것이다.

장애 관련 단체들과 장애인 스포츠 스타들

산디니스타 정부가 경제를 통제하기 위하여 1988년 2월에 도입한 과감한 수단 중 하나는 통화의 평가절하였다. 그 결과 시중에서 유통되는 자금이 거의 사라지고 모두가 매우 어려운 시간을 보냈지만, 인플레이션은 한동안 줄어들었다. 이에 대한 대응으로『라 프렌사』는 정부의 정책을 공격하기 위하여, 산디니스타 정부 때문에 사람들이 맹인 거지들에게 적선할 돈이 씨가 말랐다고 주장하면서 두 명의 거지들을 특집기사로 다뤘다(기사화된 사람들이 전쟁 희생자들은 아니었다). 기사의 헤드라인은 다음과 같았다. "맹인들은 통화가치의 변경으로 인한 충격을 느끼고 있다. 부디…… 신의 사랑으로, 기부를"(『라 프렌사』, 1988년 2월 23일자). 이 기사는 또한 일정한 정치적 메시지를 담고 있다. 즉, 현재의 모든 곤궁함은 산디니스타스의 탓으로 돌려질 수 있다는 것이다. 신문을 읽는 독자들 역시 맹인 거지들이 자비로운 사람들의 손에 그 운명이 달려 있는 무력한 어릿광대와 같다는 인상을 받았다. 니카라과맹인협회는 이 기회를 활용하여, 『엘 누에보 디아리오』에 다음과 같은 헤드라인 아래 구걸에 대한 그들의 견해를 표명했다. "제발! 맹인들이여, 자선을 바라며 구걸을 해서는 안 된다!!"(『엘 누에보 디아리오』, 1988년 2월 28일자). 이 기사에서 맹인협회의 협회장은 100명 이상의 맹인들이 공무원으로 일하고 있고, 많은 맹인들이 집에서 노동을 하고 있으며, 또 다른 맹인들은 더 좋은 교육을 받기 위해서 현재 공부를 하고 있음을, 따라서 맹인들이 스스로와 자신의 가족들을 존엄한 방식으로 부양할 수 있음을 강조했다. 맹인들은 바로 이러한 점들을 대중들이 인식하기를 원했다. 즉, 거지라는 고정관념은 그 맹인단체가 싸워서 제거해야 할 대상이었던 것이다. 그래서 맹인들 또한, 그들의 핸디캡을 극복하고 가치 있는 시민들로 살아가는 이들에 관한 영웅적 함의들을 환기시키기 위하여 노력했지만, 그것이 당파적인 정략적 관심사로부터 기인한 것은 아니었다.

자신의 정치적 경향에 따라, 『라 프렌사』는 장애인들에 대하여, 그리고 장애인들의 권리와 현 산디니스타 사회에서의 가능성들에 대하여 특정한 정치적 태도를 나타냈다. 『라 프렌사』는 전쟁 희생자들과 다른 장애인들을 도움을 바라며 구걸을 하는 이들로, 대중들이 동정을 해야 할 존재로, 사람들이 자선을 베풀어야 할 대상으로 표현했다. 내가 생각하기에 이는 그 신문의 어떤 편집 방침에 따른 것이 아니라, 오히려 산디니스타 정권에 반대하기 위한 분투 속에서 어떠한 논법이라도 활용하려는 노력의 결과였다. 산디니스타스의 기관지인 『라 바리카다』는 여전히 혁명을 위해 싸우고 있으며 그러한 방식으로 사회에 통합되어 있는 영웅으로서의 전쟁 희생자를 강조했다. 반면 이 글에서 맹인협회의 예를 통해 제시되고 있는 제3의 관점은 장애인의 단체 및 장애인을 위한 단체의 관점이며, 그러한 단체들은 장애인들의 정상적인 노동 및 사회생활에의 참여를 가능케 하는 권리와 수단을 쟁취하기 위해 일하고 있다. 그렇지만, 다양한 장애 관련 단체들이 정상적인 노동 및 사회생활로서 간주하고 있는 것은 각자의 규정에 따라 다르다. 장애 관련 단체들은 최소한 두 개의 집단으로 나뉜다고 말할 수 있을 것 같다. 혁명장애인협회와 같이 명확하고 적극적인 정치적 입장을 취하는 집단이 있는가 하면, 맹인협회처럼 비정치적이기를 원하는 단체들도 존재한다.

그 당시 니카라과에서 어떤 장애 관련 단체가 비정치적인 입장을 유지한다는 것은 어려운 일이었다. 정치적으로 중립적이고자 노력하는 단체는 사람들에 의해 정부에 반대하는 것으로 여겨졌다. 그렇지만, 이것이 단지 친정부적인 몇몇 장애 관련 단체들만 정부지원을 받았다는 것을 의미하지는 않는다. 나는 산디니스타 정부가 장애인에 대한 지원을 목표로 하는 모든 자발적 시도들에 대해 적극적인 태도를 취하는 것을 여러 차례 보았다. 그러한 사업들을 하려는 단체들이 정부로부터 받을 수 있는 도움은 경작을 위한 토지, 운송수단, 행정적 지원 등이 있었다. 그러나 니카라과의 빠듯한 경제적 상황 때문에, 직접적인 재정적 지원은 전혀 제공되지 않았다. 혁명장애인협회의 적극적인 성원이 된다는 것은 정부에 대한 확실한 지지를 의미했던 반면, 정치활동에 적극적으로 참여하지 않는 단체의 구성원이라는 사실은 산디니스타 정부에 반대하는 것으로 해석될 수 있었다. 그리하여 혁명장애인협회에게는 **통합**이라는 단어가 산디니스타 정부를 지지하는 적극적인 정치활동을 의미했던 반면, 맹인협회에게는 **통합**이 경제적으로 자립적인 상태가 되기 위한 교육 및 노동 활동을 의미했다.

니카라과에서 장애인들에 대한 이러한 태도변화 과정의 제어를 선도하고 있었던 것은 명백히 어떤 선별된 집단이었다. 전쟁 영웅들은 거의 대부분 어떤 유형의 교육을 받은 20대의 젊은 남성들이었고, 이러한 사실은 그들을 평균적인 장애인들보다 더 많은 개인적 자원을 지닌 사람들로서 두드러져 보이게 만들었다. 그들과 산디니스타민족해방전선의 다른 지지자들이 장애인에 대한 정체성을 규정하고자 시도했던 정치적 엘리트층을 형성했다.

내가 접촉했던 다섯 개의 장애 관련 단체들 중 니카라과에서 가장 중요한 네 개의 단체에서, 전쟁 영웅이나 봉기 기간 동안에 부상을 당한 사람이 지도자로 있었다. 니카라과 사회에서는 그 지도자들의 다수가 대개는 '산악지대에서', 즉 소모사 정권의 전복을 위한 전투에서 명성을 얻는 것이 전형적인 일이었다. 장애인의 단체들이나 장애인을 위한 단체들의 경우 또한 마찬가지였다. 그러한 장애 관련 단체들 중 가장 빠르게 성장한 것은, 정신지체아동을 가진 부모들을 위한 단체인 로스 피피토스Los Pipitos였다. 이 단체의 장은 그 자신이 코만단테comandante, 즉 많은 신망을 받고 있던 혁명기의 군 지도자였다. 그는 부인과의 사이에서 다운증후군을 지닌 쌍둥이를 얻은 후에, 그 단체의 설립을 주도했다.

이러한 장애 관련 단체들이 자기 성원들의 대의를 고무하기 위하여 열중하고 있는 다른 유형의 활동들 중에서는, 스포츠가 아마도 가장 눈에 띄는 것이었다고 할 수 있다. 스포츠는 재활센터들에서 중요한 것이었고, 장애 관련 단체들은 이러한 활동들을 촉진하는 데 관심을 가졌다. 이에 따라, 1987년 11월에 니카라과에서는 장애인을 위한 전국적인 스포츠 행사가 처음으로 개최되었다. 맹인, 농인, 절단장애인, 휠체어 이용자, 정신지체인을 위한 경기가 나흘 동안 열렸다. 이 행사는 혁명장애인협회, 국가전사원조위원회, 보건부, 니카라과스포츠협회, 사회복지부 등에 의해 조직되었다. 산디니스타 군 당국은 음식, 교통수단, 숙소를 제공했다. 경기 참가자들은 학교, 장애 관련 단체들, 재활센터 소속의 장애인들이었다. 그 경기는 1988년에도 다시 개최되었고, 이번에는 엘살바

도르와 파나마에서도 선수들을 파견했다. 그 경기는 대중매체들에 의해 상세하게 보도되었고, 경기 결과 자체 외에도 다양한 이슈들이 대중들 앞에 제기되었다. 예를 들어, 경기 참가자들 중 한 명인 토마스 알바라도Tomás Alvarado는 휠체어 경주에서 우승을 거둔 후 이루어진 인터뷰에서 다음과 같이 말했고, 이는 언론에 의해 기사화되었다. "우리 장애인들, 맹인, 전쟁 희생자, 절단장애인들은 무능력한 사람들이 아닙니다. 우리는 우리가 마음먹은 것을 충분히 해낼 수 있습니다." 혁명장애인협회의 전국 코디네이터인 페르난도 로페스Fernando López의 다음과 같은 말도 기사화되었다. "이러한 국제적 참여는 장애인들의 투쟁, 즉 장애인들이 사회의 일부분을 구성하고 있다는 견해를 공고히 하는 일이 어디에서나 마찬가지임을 보여 주는 하나의 방식입니다." 같은 인터뷰에서 로페스는 체육 예산에 장애인들의 스포츠활동을 위해 지정된 기금이 포함되어야 한다고 요구했다.

그러한 스포츠 행사의 개최는 대중들의 눈에 장애인을 긍정적인 방식으로 보이게끔 만들었으며, 장애인들로 하여금 이전에는 일어나지 않았던 어떤 것을 경험케 했다. 많은 이들이 놀라곤 했는데, 왜냐하면 최근까지도 사람들은 집 밖을 돌아다니는 장애인을 본 적이 없었는데, 이제는 장애인들이 휠체어를 타고 거리를 질주하고 있었기 때문이다.

이러한 스포츠 행사에서의 장애인들에 대한 언론 보도와 장애인단체들에 의해 마련된 여타의 일자리들은, 장애인들이 그들의 핸디캡에도 불구하고 사회생활에 참여하며 더 나은 삶을 살아갈 수 있을 뿐만 아니라, 괜찮은 일자리를 통해 그들 자신의 가속을 부양하는 데 기여할 수 있다는 것을 대중들에게 분명히 각인시켰다.

영웅과 순교자들

"영웅과 순교자들", 산디니스타스가 콘트라 반군과의 전투에서 목숨을 잃은 사람들에 대해 사용했던 그 표현이 지니는 함의는 매우 강력한 것이어서, 그것은 자신의 삶을 바친 것이나 다름없었던 사람들——살아남은 전쟁 영웅들——의 상황 또한 정당화해 주었다.

산디니스타 정부가 (모든 장애인들에 대한 공평한 치료 대신) 전쟁 희생자들에게 치료의 특혜를 제공하고 그들을 영웅들로서 표현한 것은, 산디니스타스의 정책에 대한 지지를 이끌어 내기 위하여 사용된 정치적 의사표시로서 간주될 수 있다. 폭력·게릴라전·혁명을 경험했으며 구성원 모두가 생존을 위한 일상의 투쟁에 직면해 있는 사회에서, 그러한 나라의 지도자들로서는 고통을 겪고 있는 모든 사람들에게 그들의 희생에 대한 가치를 상기시키는 것이 극히 중요했다. 산디니스타스의 지도자들은 1979년에 승리한 단 한 번의 전투로서가 아니라, 진행 중인 과정으로서의 혁명을 반복적으로 강조했다. 요컨대 그들은 많은 사람들이 실제로 이러한 대의를 위해 여전히 스스로를 희생하고 있음을 보여 주려 했다. 장애인이 된 병사들을 대중들에게 영웅으로서 제시하는 것은, 그러한 혁명의 과정이 얼마나 가치 있는 것인가를 증명하는 데 도움이 되었을 것이다. 또 다른 의도된 메시지는 전쟁 영웅들이 행했던 희생에 비추어 보면, 많은 사람들이 경험하고 있는 일상의 문제들은 비교적 미약하다는 것이었을 터이다.

그러나 그러한 영웅이라는 상징은 어디에서 그 힘을 얻는 것일까? 산디니스타스는 불구가 된 병사들을 대중들 앞에 보여 주는 것에 의해 어떻게 추종자들을 얻을 수 있었으며, 장애인이 된 사람들의 모습은 고통을 겪고 있는 다른 사람들에게 어떻게 위안을 줄 수 있었을까? 그에 대한 설명은 니카라과가 상당 정도 '마초 사회'로 간주될 수 있다는 사실로부터 구해질 수 있다. 이러한 사회에서 하나의 상징으로서 영웅은 실제로 가치를 지닐 수 있는데, 왜냐하면 영웅주의는 마초주의의 가치와 연계될 수 있는 것이기 때문이다. 마초주의는 아마도, 적어도 서구인들에게 있어서는 거의 대부분 라틴아메리카와 연계되어 사고되는 일군의 가치라 할 수 있을 것이다. 에벌린 스티븐스Evelyn P. Stevens는 그것을 "사나이다움에 대한 숭배"라고 불렀는데, 여기서 그 "주요한 특성은…… 남성 대 남성 간 대인관계에서 나타나는 과시적인 공격성과 비타협적 태도이다".[22] 다른 연구자들은 니카라과 사람들이 그들 자신의 '용맹함'에 대해 자주 이야기를 하며 또한 신봉하고 있다고 지적했다.[23] 산디니스타스는 그 자체로 가치를 지닌 어떤 것으로서 영웅들과 영웅주의를 활용하면서, 바로 이러한 마초주의와 관련된 가치들에 호소하고 있었던 것이다.

그렇지만 반정부파는 산디니스타 정부를 공격하기 위하여 언급될 수 있는 예들로서 장애인들을 활용했고, 따라서 산디니스타스 정책의 피해자로 장애인들을 표현했다. 맹인이 된 병사 후안에 관한 『라 프렌사』의 기사는 "나의 의지에 반해서", "산디니스타 정부 때문에"와 같은 문구를 사용했다. 독자들은 후안에게 동정을 느끼도록, 그리고 그가 처

22 Evelyn P. Stevens, "Marianismo: The Other Face of Machismo in Latin America", ed. Ann Pescatello, *Female and Male in Latin America*, Pittsburgh: University of Pittsburgh Press, 1973, p. 90.

23 Stener Ekern, *Street Power: Culture and Politics in a Nicaraguan Neighbourhood*, Bergen Studies in Social Anthropology no. 40, Bergen: Dept. of Social Anthropology, University of Bergen, 1987, p. 95.

한 상황에 대해 책임이 있는 자들을 향해 반감을 느끼도록 유도되었다.

산디니스타스와 반정부파 사이의 정치적 투쟁 속에서, 장애인들은 거의 흑백처럼 전혀 상이하게, 두 개의 극단적인 방식으로 표현되는 경향을 보였다. 한쪽은 단지 전쟁 영웅, 즉 정당한 대의를 위해 싸운 희생자로서의 모습만을 표현했다. 다른 한쪽은 장애인을 부당한 정책의 피해자 내지는 순교자로서 표현했다. 양쪽 모두 장애인을 정치적 수사 속에서의 상징들로 활용하고 있었던 것이다.

장애인의 단체와 장애인을 위한 단체들은 서구의 새로운 사고들에 의해 영향을 받았는데, 이러한 단체들 또한 그들의 좀더 성공한 성원들을 어떤 영웅적인 방식 속에서 표현했다. 맹인협회의 협회장이 쓴 기고문에서처럼 말이다. 그러나 이것은 또 다른 유형의 영웅, 일상 속에서 가능한 한 정상적인 삶을 살고자 분투하는 어떤 영웅이었다. 장애인들이 그들 자신을 위해 조직하고 발언을 할 수 있게 되었을 때, 이러한 마지막 관점이 대중들에게 통용될 수 있었다. 그들의 관점은 1979년 혁명 이전보다는 상황을 덜 흑백논리적이고, 좀더 다각적으로 만들었다.

많은 수의 전쟁 희생자들과 그들을 위해 무언가를 할 수 있는 니카라과 사회의 능력 및 의지는 제1차 세계대전 이후 유럽 및 미국에서의 상황과 비교될 수 있다. 그 전쟁 이후, 새롭게 성장하는 사회적 의식들은 연금 및 통합적 재활의 도입으로, 그리고 장애인이 된 전쟁 희생자들의 또는 그들을 위한 다양한 이익단체의 형성으로 이어졌다. 니카라과에서의 현재적 발전 또한 나머지 장애 인구에 대한 파급효과를 생성해내고 있으며, 나는 장애인의 단체 및 장애인을 위한 단체들에서 그것을 목격할 수 있었다. 그렇지만, 이러한 효과가 실제로 어느 정도인지 아직은 평가될 수 없다.

결론

장애인들이 정치적인 맥락에서 활용되었던 것은 장애인들에 대한 새로운 정체성을, 자선과 보호를 필요로 하는 무력한 사람들로서의 그것과는 상이한 어떤 정체성을 규정할 수 있는 협상의 여지가 존재하는 상황을 생성해 냈다. 이러한 협상 내에서, 장애인들 스스로가, 특히 장애인들 자신의 단체를 통하여 중요한 역할을 했다. 새로운 정체성에 대한 협상은 대부분 신문과 같은 대중매체 내에서 진행되었다. 장애인이 된 전쟁 희생자들에 대한 중요한 사회 구성원으로서의 인정은, 그것이 어떤 핸디캡을 좀더 통상적인 것으로 바라보게끔 만든다면 장애인 일반에게 있어서도 하나의 이점이 될 수 있을 것이다.

니카라과에서 장애인이 처한 상황은 이 연구가 이루어지던 당시에도 사실 이미 어느 정도 변화가 이루어졌다고 할 수 있는데, 왜냐하면 이전에 장애인들은 공공장소에서 거의 눈에 띄지 않았기 때문이다.[24] 하지만 그 당시 어떤 이들은 일자리를 갖고 있었고, 어떤 이들은 대중교통을 이용했으며, 또 어떤 이들은 스포츠에 참여하고 신문에 그들에 관한 기사가 나가기도 했다.

대중매체——이 연구에서는 신문——는 장애인과 관련하여 사람들 사이에서 발견되는 다양한 관심과 감정들을 잘 보여 주었다. 그러한 대중매체는 또한 장애인에 관해 쓴 기사를 통해서 새로운 태도들을 생성해 냈다고 할 수 있다. 장애문제가 국가적 관심사로서 공식적으로 정부의 의세로 나무어져 온 것, 니카라과가 십여 년 동안 혁명의 과정을 경

---

24 혁명장애인협회 및 맹인협회와의 개인적 대화.

험해 왔던 것, 그리고 해외로부터의 새로운 사고방식들을 이용할 수 있게 된 것은 전반적인 사회적 맥락을 바꾸어 놓았다. 이러한 새로운 맥락 내에서 새로운 장애인의 단체들과 장애인을 위한 단체들이 많이 생성되었다. 이러한 단체들은 이제 그들 자신의 견해를 직접 사회에 표명하고 있다.

도시와 일정하게 도시화된 지역들에서 수집된 자료들, 그리고 이 글에서 다루어졌던 예들에 근거해 보았을 때, 나는 1980년대에 니카라과의 대중들이 장애인들에 대한 그들의 태도를 변화시켜 왔으며, 장애인 당사자들도 새로운 자신감을 획득하게 되었다고 생각한다.

이 장에서, 나는 전쟁 희생자들과 여타 장애인들 사이에 존재할 수 있는 이해의 충돌을 다루지는 않았다. 그리고 산디니스타스 전쟁 영웅들과 장애인이 된 콘트라 반군 병사들 사이의 갈등을 언급하지도 않았다. 이러한 문제들이 아마도 앞으로는 더욱 긴급한 이슈들이 될 것이다. 영웅으로서 새로운 정체성을 획득한 전쟁 희생자와, 여전히 가치 있는 시민으로서의 지위를 얻기 위해 노력하고 있는 선천적 장애인들 사이의 불편한 관계 역시 충분히 예상해 볼 수 있는 일일 것이다.

장애인 당사자들이 가치 있고 존중받는 정체성을 획득하기 위하여 수행하고 있는 활동의 지속에 있어 하나의 중요한 이슈는, 전쟁 영웅들이 미래에 어떤 종류의 역할을 하게 될 것인가이다. 우리는 앞으로 들어설 새로운 정부들이 이러한 집단에게 적극적인 지원을 계속하리라 예상할 수 있을까? 아니면 전쟁 영웅들의 역할보다는 장애인들이 민간인으로서 성취해 낸 업적과 같은 여타의 조건들이 더욱 중요성을 갖게 될 것인가? 맹인협회 협회장이 쓴 기고문에 반영되어 있던 것과 같은 맹인단체의 활동은 장애인 당사자들과 그들의 단체들이 미래의 활동에 있어 역점을 두고자 노력하게 될 것이 무엇인지를 알려 주는 하나의 단서가 될 수 있을 것이다.

비록 내가 여기서 제기된 모든 문제들에 대해 답을 할 수는 없지만, 나는 1980년대의 사회적·정치적 변화들이 어떻게 장애인들에 대한 새로운 정체성을 낳게 되었는지 보여 주고자 노력하였다. 그러한 변화들 속에서 처음으로, 많은 장애인들이 그들의 권리와 니카라과 사회에 대한 참여의 가능성을 인식하게 되었다.

리스베트 사크스*

스웨덴의 수도인 스톡홀름 교외라는 새로운 환경 내에서 병과 장애를 인지하고 다루어야만 하는 터키의 농촌 출신 여성들은, 어느 정도까지는 하나의 문화적 범주로서의 일탈이라는 견지에서 기술될 수 있는 어떤 형태의 적응을 겪어야 했다.[1] 일탈(병과 장애)과 연관된 그 여성들의 행위는 자신을 둘러싼 새로운 세계에 대한 그녀들의 인식 및 해석을 파악할 수 있도록 안내해 준다. 실제로, 병과 일탈에 대한 그녀들의 인식에 변화를 야기한 것은 바로 그녀들이 처한 새로운 상황이다. 터키인 이주자 가족들이 일탈에 대해 더욱 분명히 인식하게 된 것은 스웨덴에서의 새로운 삶에 적응하는 과정 속에서였다. 그들 자신의 세계 내에서 정상으로 간주되어 왔던 것뿐만이 아니라, 그들을 둘러싼 새로운 세계 내

* 리스베트 사크스Lisbeth Sachs는 스톡홀름대학교 사회인류학과 부교수이다. 스톡홀름 소재 카롤린스카 연구소Karolinska Institutet 국제보건의료연구부Division of International Health Care Reserch(IHCAR) 연구원 및 슈퍼바이저를 역임했다. 터키, 스웨덴, 스리랑카에서 현지조사를 수행했으며, 주요 연구 관심사는 웰빙의 의료적 문제에 대한 비교연구 작업, 일상적 건강관리에서 건강과 비건강 간의 경계의 생성, 새로운 문화적 신드롬들이 생성되는 과정, 신체화 장애somatization disorder에 대한 정신의학적 진단 과정이다.

에서 정상으로 간주되는 것까지를 반대되게 비춰 주는 것으로서의 일탈에 대해서 말이다.

서구의 여러 사회들과 마찬가지로 스웨덴에서, 생의학체계는 신체적·정신적 손상이라는 형태를 띠는 일탈을 극복되어야 할 기술적이고 경제적인 문제로 바라본다. 그렇지만 장애인들과 그 가족들은 그렇지 않다. 일탈된 아동을 정상적인 일상생활이라 간주되는 것으로부터 배제하는 것은 오늘날 덜 일반적이다. 맹 또는 농 아동은 정규학교에 통합되어 있다. 여타의 다양한 신체적·정신적 손상을 지닌 아동들 역시 그러하다. 스웨덴 사람들은 보건의료 기관들 안팎에서 불구의 팔다리와 같은 명백한 심신의 이상에 대해 별달리 이러쿵저러쿵하지 않는데, 이는 터키인 가족들을 놀라게 했다. 간호사들은 그러한 장애를 가진 어린 소년과 함께 온 어머니를 "이 멋진 꼬마 아이가 지금 기분이 어떤가요?"라고 말하며 맞이하곤 한다. 터키인 공동체 내의 구성원들이 그러한 장애를 지닌 소년을 놀리며 손으로 가리키는 경향이 있는 반면, 스웨덴 사람들은 그를 빤히 바라보거나 그에 관해 이야기하는 것을 피한다. 스웨덴 의사들은 그들이 '정신지체'라 부르는 것으로 이어질 수 있는 비가시적인 신진대사의 변화에 대해 걱정하고 관심을 가질 것이다. 그러한 진단이 스웨덴의 보건의료체계 내에서는 대단히 적극적인 의료적 개입으로 이어지게 되지만, 터키인 가족들에게는 하나의 일탈로 받아들여지기 어렵다.

---

1 Eliot Freidson, *Profession of Medicine: A Study of the Sociology of Applied Knowledge*, New York: Dodd, Mead, 1970, pp.231~243; Lola Romanucci-Ross, "On Madness, Deviance, and Culture", eds. Lola Romanucci-Ross et al., *The Anthropology of Medicine: From Culture to Method*, New York: Praeger Publishers, 1983, pp.267~281.

몇 가지 개념들

터키인 이주자들과 스웨덴 의사들 사이에서 일탈에 대한 해석에 그와 같은 명백한 차이가 존재한다면, 누군가는 다양한 종류의 일탈을 분석하는 데 있어 '질환'illness과 '질병'disease이라는 개념을 사용하고 싶어 할지도 모른다.[2] 그러나 나의 견해로는, 우리는 먼저 그러한 개념들을 재정의할 필요가 있다. 더욱이 일탈의 한 형태로서 장애라는 문제는 복합성을 지니고 있다.

세계보건기구WHO의 손상·장애·핸디캡에 대한 정의를 언급하면서, (이 책에서) 수잔 휘테와 베네딕테 잉스타는 그러한 정의가 근본적으로 심신의 이상에 대한 의학적 관점을 내포하고 있으며, 이것이 문제적일 수 있음을 지적한다. 생의학적 진단(즉 질병) 역시 다른 진단과 마찬가지로 문화를 기반으로 구축되어 있으며, 그리하여 보편적 관점에서 보면 객관적인 것은 아니라는 사실에 동의한다면, 우리는 질환 및 질병과 같은 개념을 일탈의 사례에서 유용한 것으로 만드는 데 좀더 가까이 갈 수 있을지 모른다. 터키의 농촌 출신 여성들이 겪어 온 생의학적 돌봄은 스웨덴에서의 그것과 매우 다르며,[3] 이러한 조건 때문에 스웨덴에서의 돌봄에 대해 그녀들이 지닌 기대 중 많은 부분이 스웨덴 의사들의 관점에서는 비현실적으로 보였다. 기술적 장비들이 부재한 사회에

---

2 Leon Eisenberg, "Disease and Illness: Distinctions between Professional and Popular Ideas of Sickness", *Culture, Medicine and Psychiatry* vol.1 no.1, 1977, pp.9~23; Allan Young, "The Anthropologies of Illness and Sickness", *Annual Review of Anthropology* vol.11, 1982, pp.257~285.

3 Lisbeth Sachs, *Evil Eye or Bacteria: Turkish Migrant Women and Swedish Health Care*, Stockholm Studies in Social Anthropology no.12, Stockholm: University of Stockholm, 1983, pp.58~63.

서 생의학 의사들은 스웨덴의 의사들보다 가시적인 기준들에 의거해 진단을 내리고 치료를 한다. 스웨덴에서는 발달된 진단 도구들이 신체 내부의 병리학적 과정에 대한 진단을 가능케 하며, 그 중 일부는 환자가 아직 하나의 질환으로 경험하지도 않은 것이다.[4] 그러므로 질환과 질병을 구별할 때, 두 범주 모두 문화적 상징에 기초하고 있으며, 이에 따라 타인에 의해 정상으로부터의 일탈로 인지되기도 하고 인지되지 않기도 한다는 것을 고려하는 것이 중요하다. 어떤 경우엔 병리(질병)로, 또 다른 경우엔 정서적 경험(질환)으로 다루는 것[5]보다 풍부하고 유익한 정의는 두 범주 모두를 사회 내에서의 상이한 권력적 위치로부터 형성된 꼬리표label로서 분류하고, 그러한 꼬리표의 효과를 병sickness[6] 또는 사회적 낙인stigma[7]으로 간주하는 것이다. 일탈이란 사람들이 그렇게 꼬리표를 붙인 것이며, 우리는 그 개념이 사회생활과 문화에 관해 말해 주는 것을 민족지학적 자료들을 통해 기술할 필요가 있다.

상징적 상호작용론 학파에 속하는 사회과학자들은 일탈 행동에 관한 연구에서 꼬리표 붙이기 과정의 중요성에 대해 논리적으로 적절한

4 Göran Djurfeldt and Staffan Lindberg, *Pills against Poverty: A Study of the Introduction of Western Medicine in a Tamil Village*, Scandinavian Institute of Asian Studies Monograph Series no. 23, Lund: Student Litteratur and Curzon Press, 1975, p.158; Robin Horton, "African Traditional Thought and Western Science", *Africa* vol. 37 no. 2, 1967, pp.50~71; Robert Paine, "Making the Invisible 'Visible': Coming to Terms with Chernobyl and Its Experts, a Saami Illustration", *International Journal of Moral and Social Studies* vol. 4 no. 2, 1989, pp.141~143; Sachs, *Evil Eye or Bacteria*, p.165.
5 Arthur Kleinman, *Patients and Healers in the Context of Culture: An Exploration of the Borderland between Anthropology, Medicine, and Psychiatry*, Berkeley, Los Angeles, London: University of California Press, 1980.
6 Young, "The Anthropologies of Illness and Sickness".
7 Erving Goffman, *Stigma: Notes on the Management of Spoiled Identity*, Englewood Cliffs, N.J.: Prentice-Hall, 1963.

하나의 사례를 구성해 냈다. 그들은 일탈이 광범위하게 편재되어 있는 것이라고, 즉 시간·장소·보는 사람에 따라 상대적이며, 그 형태·과정·결과에 있어 다양한 것이라고 주장한다. 그들은 일탈의 형성——그것이 어떻게 발견되고, 승인되고, 정의되고, 다루어지는가——이 사회과학에서 중심적 과제가 되어야만 한다고 처음으로 생각했다.[8] 따라서 우리는 우리가 다루는 대상의 실재성이라는 문제에 논의의 기반을 둘 필요가 있다. 이는 장애의 인류학 내에서도 또한 필수적이다.

행동의 형태들 그 자체가 일탈자를 비일탈자와 구별 짓는 것은 아니다. 사람들을 일탈자로서 변환시켜 내는 것은 어떤 행동을 일탈된 것으로서 식별하고 해석하는 사회 구성원의 반응이다. 일탈이라는 개념에 대한 어떠한 정의도 문화적 맥락 내에 경험적으로 기반을 두는 것을 목표로 해야만 한다. 이 모두가 또한 장애에도 적용된다고 할 수 있다. 이 글의 민족지학적 사례 속에서 나는 스웨덴에서의 이주자집단에 의해 장애가 규정되는 과정을 분석하기 위하여 조르주 데브뢰George Devereux에 의해 제출된 바 있는 이분법을 활용하고자 한다.[9]

데브뢰는 일탈의 소극적인 분류와 적극적인 분류로서 '정상이 아닌'non-normal 방식과 '미친 것이 맞는'yes-insane 방식을 구별했다. 그는 어떤 분류가 정상적인 것으로부터의 이탈이라는 기준의 견지에서 이루어지고 있는지('정상이 아닌' 방식), 아니면 어떤 주변적인 것의 전형에

---

8 Erving Goffman, *Asylums*, New York: Doubleday, 1961; Edwin M. Lemert, *Human Deviance, Social Problems, and Social Control*, Englewood Cliffs: Prentice-hall, 1967; Thomas J. Scheff, "Toward a Sociological Model of Consensus", *American Sociological Review* vol. 32 no. 1, 1967, pp. 32~46.

9 George Devereux, "Primitive Psychiatric Diagnosis: A General Theory of the Diagnostic Process", ed. Iago Galdstone, *Man's Image in Medicine and Anthropology*, New York: International Universities Press, 1963.

들어맞는다는 견지에서 이루어지고 있는지('미친 것이 맞는' 방식)를 고려하였으며, 후자를 지지하는 판정을 내렸다. 어떤 일정한 개인은 그/그녀가 정상적으로 행동하지 않는다는 이유 때문에 미친 것으로 간주되는 것은 아니다. 그/그녀는 미친 사람이 행동하는 것으로 알려진, 행동하리라 예견되는, 또는 행동할 것이라 가정된 방식대로 행동하기 때문에 미친 것으로 간주된다.[10] 실제로——그리고 이것이 데브뢰의 핵심 논지이다——적극적인 방식으로 명명된 일탈의 유력한 모델들에 관한 초기의 지식이 현재 알려져 있는 증상들의 성립에 크게 영향을 미쳤다. 아래에 기술된 사례에서처럼, 어린 아동들이 일탈로 규정될 때, 해당 집단 내에서 성인들에 의해 이루어지는 증상의 해석은 어떤 적극적인 분류의 성립 과정 속에서 반드시 납득되고 합의되어야만 한다.

터키인 이주자 가족들 사이에서 누군가가 정상이 아닌 것으로 간주되었을 때는, 여전히 이러한 상태를 정상적인 상태로 정정할 수 있다는 가능성이 존재하는 것처럼 보인다. 그러나 그 사람이 미친 것이 맞는 것으로 분류되었을 때, 그것은 영속적인 상태이며 달리 할 수 있는 것이 아무것도 존재치 않는다. 누군가를 장애가 맞는yes-disabled 것으로 분류한다는 것은 그/그녀가 해당 사회집단의 구성원들에 의해 수용되고 규정된 어떤 범주 내에 있다는 것을 의미한다. 우리가 아래의 사례에서 보게 되는 것처럼, 장애가 맞는 방식에 따른 한 아동의 분류에 대한 이 연구는 사회적이고 문화적인 변동의 과정에 있어 정서라는 문제에 관하여 우리에게 많은 것을 말해 준다.

---

10 결국 정상이란 비정상이 무엇인지를 먼저 규정하고 난 이후에야 규정될 수 있는 잔여적 범주라는 이야기이다. ——옮긴이

여기서 나의 목적은 위에서 이야기된 것을 명확히 할 수 있는 하나의 긴 사례를 제공하는 것이다. 본 사례는 어떤 사회변동의 상황 내에서 장애가 문화적으로 구성되는 방식을 설명해 준다. 이 사례에서 어머니는 그녀의 아이를 일단 정상이 아닌 것으로 간주한다. 그리고 그녀는 스웨덴과 그녀의 고향마을 양쪽에서 아이의 치료를 위해 노력하기는 하지만, 아이의 상태를 치료될 수 없는 것으로 규정하는 과정에 있는 것처럼 보인다. 스웨덴 의사들은 이 사례에서의 아이가 아픈 것이지 장애는 아니라고 말한다. 그들은 아이가 치료될 수 있다고 믿고 있는 것이다.

배경

젊은 여성 되네 및 그녀의 두 아들에 관한 이 사례 이야기[11]는 스웨덴 스톡홀름 교외 지역과 터키 아나톨리아 중부 지역 한 도시의 터키인 이주자 가족들 사이에서 내가 추적했던 많은 질환 과정 사례들 중의 하나이다.[12] 아들의 증상과 관련된 그녀의 반응은, 그녀가 속한 집단의 다른 여성들과 공통적으로 견지하고 있는 지식체계에 기반을 두고 있다. 그녀는 자신의 지식과 경험에 비추어, 옳다고 믿는 바를 실행했다. 이러한

---

11 이 장의 기반이 되는 현지조사는 1976년과 1981년 사이에 스웨덴에서 수행되었는데, 그 기간 동안 나는 또한 고향을 방문하는 이주자 가족들과 함께 아나톨리아로 두 차례의 여행을 하였다. 스웨덴에서 나의 정보제공자였던 나이 든 여성들은 비문해자였으며 터키인 교사들에게 그들 자신의 언어로 문해 수업을 받았다. 나도 이 수업에서 터키어를 배웠으며, 내 정보제공자들의 도움으로 그들이 사용하는 방언에 익숙하게 되었다. 되네와 같은 더 젊은 여성들은 읽고 쓸 줄 알았다. 비록 그녀들이 이러한 읽고 쓰는 능력을 일상생활에서 그다지 많이 활용하지는 않았지만 말이다. 되네는 스웨덴어를 매우 빨리 배웠고, 우리는 상황에 따라 양쪽 모두의 언어로 이야기를 나누었다. 나는 내 연구가 막 시작되던 바로 그 시기에 아동보건센터에서 되네를 만나면서 그녀를 알게 되었다. 우리는 매우 가까워졌고, 되네의 가족은 내가 아나톨리아로 여행할 때 함께 동행했던 가족들 중 하나였다.
12 Sachs, *Evil Eye or Bacteria*.

지식체계는 일정한 사회문화적 제도 내에서 살아가는 사람들의 사고와 행위들로부터 축적된 것이다. 개인적인 경험은 차이가 있을 수 있지만, 그러한 경험은 공유된 지식체계 내에 통합되어 있으며, 공유된 지식체계의 일부를 이룬다. 개인적인 경험은 또한 일정한 때가 되면 공통의 지식체계를 변경시킬 수 있을지 모른다. 비록 대개는 매우 더딘 과정이기는 하지만 말이다. 그렇지만 이주라는 상황 속에서, 이러한 과정은 다양한 예측할 수 없는 경험들에 의해 가속화될 수 있다.

터키인 이주자 가족들은 정상으로부터의 일탈을, 즉 질환이나 여타의 고통을 인간의 의지에서 벗어나 있는 힘들에 의해 야기되는 것으로 인식한다. 신의 의지가 삶에서 발생하는 모든 것의 궁극적 응답이자 원인이다. 모든 것이 신의 뜻이다. 악의 작인은 (인간과 가깝게 접촉하며 살아가는 악령인) 진jinn 또는 흉안이다.[13] 터키인 이주자 마을 사람들은 일반적으로 정신질환이나 정신적 장애가 진들에 의해 홀리거나 '뒤죽박죽이 된' 것의 결과라고 믿는다. 홀림은 통상 우연히 발생한다고 여겨지지만, 때로는 일정한 금기들의 위반에 대한, 또는 진들에 대비한 의례적 예방조치를 행하지 않고 일상활동을 한 것에 대한 징벌로 여겨지기도 한다. 그 결과는 실어증·발작·간질, 또는 정신의학에서 정신분열적 반응·조증躁症·심각한 망상적 우울증으로 알려져 있는 어떤 '뒤죽박죽이 된' 상태일 수 있다.[14] 그 마을 여성들은 그들이 말하는 바에 따르자면 "진들에 의해 질려 있는", 불안에 떨고 있는 사람들을 목격해 왔다.

터키인 이주자들은 흉안을 질환과 인생에서의 실패에 대한 또 다른

13 ibid., pp.75~79.
14 Orhan M.Özturk, "Folk Treatment of Mental Illness in Turkey", ed.Ari Kiev, *Magic, Faith, and Healing*, New York: Free Press, 1964.

원인으로 간주한다.[15] 어떤 사람들(특히 푸른색 또는 녹색의 눈을 지닌 사람들)은 흉안으로 타인을 바라보는 능력을 소유하고 있다고 여겨진다. 성공한, 인생이 잘 풀리는, 건장한, 매력적인 사람들은 특히 흉안의 공격을 받기 쉽다. 그러한 사람들은 타인들에게서 시샘과 적의를 불러일으킨다고, 그리고 그렇게 시샘과 적의를 지닌 사람들의 눈은 단지 흘긋 보는 것만으로도 다양한 고통들을 부과할 수 있는 힘을 지니고 있다고 여겨진다.[16] 때때로 가장 가깝고 친밀한 사람의 눈길이 악영향을 지닐 수 있다고 여겨지기도 한다. 예를 들어, 어떤 사람들은 어머니가 자신의 아이들을 감탄하며 칭찬하거나 그러한 눈길로 바라보아서는 안 된다고 믿는다. 그 마을 사람들은 통상 자신의 아기들을 악영향으로부터 보호하기 위하여 타인들의 눈길로부터 숨긴다.

스웨덴에서 터키인 여성들이 질환·일탈·장애에 관하여 공유하고 있는 생각들은 많은 새로운 영향들에 노출되고 있는데, 이는 특히 스웨덴 보건의료와의 맞닥뜨림 속에서 그러하다. 그리고 이는 하나의 집단적인 과정이다. 이 사례 이야기에서 되네와 그녀의 아이들에게 발생한 모든 것은 그녀가 속한 집단 내에서 함께 논의되고 있으며, 이는 그녀들의 생각과 태도를 강화시킬지도 또는 약화시킬지도 모른다. 우리는 이러한 여성들의 사고체계가 살아남고 강화되도록 만드는 것은 무엇인지, 그리고 또 무엇이 그녀들로 하여금 그러한 사고체계를 하나의 오류로 인지하도록 만드는지에 대해서 질문할 수도 있을 것이다.

15 Enya Flores-Meiser, "Philippines: The Hot Mouth and Evil Eye", ed. Clarence Maloney, *The Evil Eye*, New York: Columbia University Press, 1976.
16 George Foster, "The Anatomy of Envy: A Study in Symbolic Behavior", *Current Anthropology* vol. 13 no. 2, 1972, pp. 165~202.

서구 생의학과의 맞닥뜨림

젊은 터키인 여성인 되네는 그녀의 네 살 난 아들인 알리의 건강진단을 위해 스톡홀름 교외 지역의 아동보건센터를 방문해 달라는 전화를 받았다. 그녀는 알리와 그녀의 6개월 된 아기를 데리고 그곳에 갔다. 그 아동보건센터의 의사는 알리의 진찰을 마치자마자 곧 엄마의 품에 있는 아기에게 관심을 돌렸다.

되네는 이내 머뭇거리고 불안해하는 모습을 보이며, 통역자에게 자신은 단지 알리의 건강진단을 위해 여기에 왔을 뿐이라고 말했다. 통역자는 아동보건센터에 왔으니 의사로 하여금 양쪽 아이 모두를 보도록 해야만 한다고 대답했다. 그 말을 듣고 나서 되네는 담요 속에 싸인 아이를 의사 책상의 진찰대 위에 올려놓았다. 손을 씻고 나서 그 의사는 겹겹이 싸여 있는 담요와 옷을 벗겨 내어, 잠든 것도 깨어 있는 것도 아닌 상태로 움직임 없이 누워 있는 작은 아이의 모습이 드러나도록 했다. 의사는 자신의 손을 아이의 작은 머리 부근에 갖다 대어 목과 귀를 진찰하고, 반사행동들을 검사했다. 되네에게 말하는 대신, 그는 곧바로 통역자에게 질문을 하여 아이가 얼마나 오랫동안 이러한 상태로 있었는지를 물었다. 되네는 아이가 항상 그처럼 있어 왔다고 대답했다.

"아이가 무엇을 먹기 시작했나요?"

"내가 그 아이를 돌봐요. 아이가 이따금 우유를 먹기는 하지만, 그것을 뱉어 내요."

"왜 아이를 진작 이곳에 데리고 오지 않았나요? 아이는 건강 상태가 좋지 않아요."

그 순간 되네는 의사의 책상으로 다가와서 아이에게 옷을 입히기 시작했다. 의사들은 문제가 무엇인지 이해하지 못하기 때문에, 아이를 데리고 병원에 와 봐야 아무런 소용도 없다고 말하면서 말이다. 그러자 의사는 통역자에게 그 아이가 병원에서 즉각적인 돌봄을 받을 필요가 있음을 설명해 줄 것을 요청했다. 그는 자리에 앉아서 진찰의뢰서를 작성했고, 되네가 아이를 즉시 스톡홀름의 주요 병원들 중 한 곳에 데리고 가야만 한다고 말해 주었다. "그 아이를 그렇게 생기 없고 어떤 것에도 관심을 보이지 않는 상태로 놓아두어서는 안 됩니다"라고 당부하면서 말이다.

의사가 그 병원에 어떻게 가는지를 설명하고 그녀가 반드시 오늘 안으로 병원에 가야만 한다는 사실을 강조하는 동안, 되네는 두 아이 모두에게 옷을 입히고 문을 향해서 걸어가 버렸다. 되네가 가 버렸을 때, 의사는 그 아이가 오랫동안 설사병을 앓았고 그로 인해 탈수증을 동반하고 있었으며, 이에 더해 합병증을 일으킬 수 있는 상기도감염上氣道感染이 있는 것으로 생각된다고 말했다. 그가 염려하고 있는 것은 뇌막염이었다.

그 아동보건센터에서는 무슨 일이 일어났던 것인가? 이것을 해명하기 위해서 우리는 그 젊은 어머니가 지니고 있는 배경을 스케치하고, 그녀가 시부모와 함께 살고 있는 아파트로 동행해야만 한다. 그리고 또한 민간치료사로 하여금 그녀와 그녀의 가족이 아이가 겪고 있다고 생각했던 일탈로부터 그 아이를 치료하도록 하기 위하여, 그녀가 자신의 시아버지와 함께 떠났던 아나톨리아 고향마을로의 여행에도 동참해야 한다.

되네의 이야기

되네는 아나톨리아 중부 지역의 한 작은 농촌마을에서 태어나고 자랐다. 그녀에게는 한 명의 여동생과 두 명의 남동생이 있다. 그녀의 아버지는 그녀와 형제들이 아주 어릴 때 돌아가셨고, 그 이후로 그녀의 어머니는 주로 상업적 농장 경영자로서 양을 먹이고 밭을 갈면서 직접 생계를 꾸려 나가야 했다. 그녀의 어머니는 직접 마차를 몰고, 장사를 하고, 자기 자신의 길을 가는 한 명의 일탈된 여성으로서, 그 마을에서 유명한 사람이다. 남자들이 때때로 어머니와 함께 살기도 했지만, 그녀의 어머니는 결혼은 하지 않았다. 최근에는 그러한 농장일들 중 일부를 두 명의 아들에게 넘기기는 했지만, 그녀의 어머니는 여전히 마을 여기저기의 먼지 나는 길 위에서 말고삐를 잡은 채 모습을 드러내고 있다.

집안의 맏이로서, 되네는 어린 시절부터 더 어린 동생들을 돌보고 집안일을 해야만 했다. 그녀의 어머니와 고모는 비슷한 시기에 임신을 했으며, 자신의 아이들을 결혼시킬 계획을 갖고 있었다. 따라서 되네는 자신의 사촌이 남편이 될 것이라 알고 성장했다. 그렇지만 그러한 일은 실제로 일어나지 않았는데, 왜냐하면 아버지의 죽음 이후 여러 가지 면에서 그녀의 삶에 변화가 있었기 때문이다. 되네의 어머니는 자신의 시어머니에게 복종하기를 거부했고, 고부간의 관계는 단절되어 버렸다. 되네와 결혼하기로 되어 있던 사촌은 결국 다른 젊은 여성과 결혼했으며, 되네의 어머니는 자신의 딸에 대해 다른 계획들을 세웠다.

되네가 사춘기에 접어들었을 때, 그녀는 터키의 수도인 앙카라에서 몇 달 동안 이모와 함께 머물렀다. 그곳에서 그녀는 옷과 화장에 관심을 갖게 되었고, 도시에서 유행하는 옷을 입고 지냈다. 그녀는 당시 열세

살이었는데, 고향마을로 돌아가는 길에 한바탕 소동을 야기했다. 한 젊은 남성과 관심을 갖고 사귀게 되자, 되네는 어머니에게 그와의 결혼을 허락해 줄 것을 요청했던 것이다. 되네의 어머니는 그녀가 하고 싶은 대로 하도록 했다. 되네와 결혼할 남자의 가족은 이미 스웨덴으로 이주해 있었고, 결혼식을 치른 후 되네는 스톡홀름의 한 교외지역에서 어린 며느리로서의 새로운 삶을 시작했다.

그녀의 시아버지는 고향마을에서 되네 가족이 갖고 있던 좋지 않은 평판을 이유로 처음부터 그 결혼에 반대해 왔지만, 아들이 워낙 완강했기 때문에 결국 포기하고 말았다. 되네는 스웨덴에 도착해서 그녀의 새로운 가족 중 제일 아랫사람의 위치를 맡게 되었다. 비록 낯선 사람들로 구성된 가구였지만, 그녀는 자신에게 부과된 집안의 허드렛일을 하면서 한 명의 딸과 같은 역할을 지속했다. 되네가 그 가구의 일원이 되었을 때, 그 집안은 그녀의 시부모와 다섯 명의 아들, 그리고 맏아들의 아내와 그 부부의 어린 딸로 구성되어 있었다. 막내아들은 단지 다섯 살에 불과했고, 나머지 아들 중 두 명도 아직 학교에 다닐 나이였다.

낮 동안 집에는 아무도 없었다. 시아버지는 스톡홀름의 한 식당에서 접시를 닦았고, 일이 많을 때는 맏아들도 함께 일을 나갔다. 되네의 남편은 아침에는 스톡홀름 외부에 위치한 교회묘지에서 길을 닦고 꽃을 심는 취로사업에 참여했고, 저녁에는 피자 가게에서 일했다. 그는 되네가 잠자리에 든 후에야 집에 돌아왔고, 그녀가 일어나기 전에 일을 나갔다. 되네의 동서는 스톡홀름에 있는 한 병원의 간호조무사였고, 되네가 스웨덴에 온 이래로 줄곧 그곳에서 일했다.

되네는 결혼 후 곧 임신을 하게 되었고, 스웨덴에 온 지 갓 1년이 지난 후 첫아들이 태어났다. 그녀는 집안일을 하고 아이들을 돌보면서 주로 집에 머물렀다. 그녀는 일 년간 출산수당을 받았는데, 그것을 자신의 시아버지에게 넘겨주었다. 누군가가 아무 일도 하지 않고 돈을 벌 수 있다는 사실이 그녀는 놀라웠다. 아들의 출산과 더불어, 되네를 둘러싼 많은 것들이 변하기 시작했다. 그 아기는 되네의 시부모에게 첫번째 손자였다. 그들은 손자를 매우 자랑스럽게 여겼으며, 그들이 생각할 수 있는 최선의 방식으로 그 아이를 돌봤다. 그러나 그 아이의 존재는 두 명의 며느리 사이에서 긴장을 증대시키는 것으로 이어졌다.

되네의 동서는 그녀의 고향에서 존경받는 큰 지주의 딸이다. 그녀의 아버지 가족들 중 많은 이들이 스웨덴으로 이주를 했고, 그녀는 애초부터 많은 시간을 그들과 함께 보냈다. 그녀는 자신의 친척과 친구들 사이에서뿐만 아니라 시부모에게도 되네를 헐뜯었다.

되네의 아들이 한 살이 되었을 때, 시아버지는 되네도 돈을 벌기 위해 일을 하러 나가야 한다고 결정했다. 시아버지의 형제들 중 한 명이 그녀를 위해서 스톡홀름의 한 호텔에 일자리를 마련해 주었다. 그 호텔에서는 일자리를 소개해 준 시아버지의 형제도 접시 닦는 일을 했고, 터키인 이주자 마을의 다른 여성들도 여러 명 청소부로 일을 하고 있었다. 되네는 자신의 급여 전부를 시아버지에게 드렸으며, 시아버지는 집안 전반의 재정을 관리하면서 시어머니에게 생활비를 주었다.

되네가 스웨덴에 온 지 막 2년이 넘었을 때, 그녀의 남편은 21개월 동안의 군복무를 위해 터키로 돌아가게 되었다. 되네의 두번째 임신이 시작되었을 때였다. 그녀는 계속해서 일을 했는데 등 쪽의 통증이 진전되었고, 그에 대해 병원의 의사는 임신의 마지막 4개월 동안 병가가 필요하다는 진단서를 발급해 주었다. 되네는 집에 머물면서 시어머니가 학교 청소부로 일하는 오후 동안 그 가족의 세 명의 어린아이들을 돌보게 되었다. 그 세 명의 아이들이란 시어머니의 막내아들, 되네의 아들, 동서의 딸이었다.

되네는 임신 기간 동안 몸 상태가 좋지 않았고, 낮 시간에 혼자 남겨지는 것을 싫어했으며 두려움과 불안함을 느꼈다. 혼자 남겨지는 시간이 올 때 그녀는 몹시 두려웠고, 이러한 상황은 그녀의 출산과 관련된 모든 것에 악영향을 미쳤던 것처럼 보인다. 비록 그녀는 두번째 아들을 얻었지만, 이는 그녀를 조금도 행복하게 하지 못했다. 그 아기는 작고 말랐으며, 너무 허약해서 모유를 빨지도 못했다. 그리고 아기는 끊임없이 안절부절못했다. 산부인과에 입원해 있는 동안, 그녀는 코란 한 부, 그녀가 간직했던 부적들, 작은 가위, 남편의 스웨터 중 하나를 지니고 있었다. 밤이 되어 불이 꺼지고 나면 그녀는 두려움을 느껴서 옆에 놓인 등불을 켰는데, 그에 대해 병실의 다른 여성들은 불평을 늘어놓았다. 되네는 자신이 창문 밖에 있는 알카리시Alkarisi(신생아와 그 어머니들에게 출몰한다고 하는 악령)를 보았다고 확신했다. 그 순간 그녀는 뜨거워짐을 느꼈고 정상적으로 숨을 쉴 수가 없었다. 그녀는 두려움 속에서 뜬눈으로 밤을 지새웠다. 다음 날 아침에 아기가 간호사의 품에 안겨 들어왔을 때, 아이는 얼굴에 생채기를 지니고 있었고, 그래서 그녀는 알카리시가 그 아이를 공격했음을 알아차렸다. 그녀는 즉시 집에 가기로 결심했다. 병원의 의사는 그녀에게 가벼운 발열 증상이 있고, 그것이 가라앉을 때까지는 집에 가는 것을 허락할 수 없다고 말했다. 그러자 그녀는 가족들이 자신을 데리고 가도록 시어머니에게 전화를 했다. 그녀는 알카리시가 창밖에 있었다고, 병실이 밤에는 어둠 속에 있어야만 했다고, 직원들이 침상들을 정리하러 돌 때는 어쩔 수 없이 코란을 자신의 베개 밑에 두지 못했다고 말했다. 그녀는 알바스미시albasmisi(산욕열産褥熱[17]에 대한 민속용어)에 걸린 것이 확실했고, 가족들이 되네를 데려가지 않는다면 그녀는 필요한 치료를 받을 수 있었을 것이다.

시아버지는 자신의 아내와 함께 되네를 데리러 왔다. 그리고 이는 한바탕 소란을 야기했다. 왜냐하면 아기는 소아과 의사에 의해 기본적인 검진을 받지 못했고, 모든 것이 정상인지 확인되기 전에는 퇴원할 수 없었기 때문이다. 의사는 직원들이 그녀와 이야기하여 그녀의 상태를 진정시킬 것이라고, 통역자의 도움을 받아 되네의 시아버지에게 말했다. 아마도 그녀가 젖의 울혈 때문에 가벼운 열이 있는 듯하고, 이곳 병원에서 분명히 최상의 돌봄을 받고 휴식을 취하게 될 것이라고 설명했다. 시아버지는 되네가 집으로 돌아가야만 하고, 그곳에서 더 나은 돌봄을 받게 될 것이라고 응답했다. 그래서 의사는 되네가 스스로의 책임하에 혼자서만 떠나는 것을 허락했다. 아기는 적어도 검진이 이루어지는 그다음 날까지는 머물러야만 했던 것이다.

아들을 남겨 두어야만 한다는 것에 대한 되네의 낙담도, 자신이 병원에 머물게 되면 어떤 일이 발생할지 모른다는 두려움에 의해 압도되었다. 그녀는 집에서 안전하게 시어머니로부터 치료를 받았고, 다음 날 아들이 돌아올 것에 대한 준비를 했다. 그날 밤 내내 되네는 그녀가 보았던 알카리시를 생각했다. 그녀의 시어머니와 동서가 교대로 그녀 곁을 지켰다. 그 동서에게는 자신의 고향마을 밖에서 어느 날 밤 알카리시를 보았던, 그리고 용케도 그 알카리시의 긴 머리를 부여잡고 결코 자신의 가족 성원들을 공격하지 않겠다는 약속을 받아 냈던 아버지 쪽의 친

17 분만할 때에 생긴 생식기 속의 상처에 연쇄상구균 따위가 침입하여 생기는 병이다. 산후 10일 내에 발병하여 보통 38도 이상의 고열이 이틀 이상 계속된다. ──옮긴이

척이 있었다. 그렇지만 그 동서는 이제 그녀 남편의 가족에 속했기 때문에, 알카리시가 공격을 하지 않으리라는 확신을 별로 가질 수 없었고 자신 또한 두려움을 느꼈다. 그녀 고향마을의 많은 여성들이 출산 이후 이러한 악령이 야기한 질병으로 인해 죽어 갔던 것이다.

다음 날 아침 시아버지는 그의 손자를 데리러 병원에 다시 갔다. 그 의사는 현재의 아기 상태로는 시아버지의 책임하에 퇴원을 시킬 수 없다고, 그리고 가능한 한 곧 간호사가 도움을 주기 위해 방문하게 될 것이라고 반복해서 말했다.

되네는 그녀의 아기에게 모든 것이 잘못되어 가고 있음을 감지했다. 그녀는 아기가 혼자 있는 동안 알카리시에 의해 공격을 받아 그 악령에 홀렸다고 확신했다. 그 아기는 태어난 직후부터 되네의 다른 아들과는 달랐다. 출생 후 처음 몇 달 동안, 아기는 그녀의 노력에도 불구하고 거의 아무것도 먹지 않았다. 아기는 여위었고 생기가 없었다. 아동보건센터로부터 간호사가 방문했고, 의사에게 보이기 위해 되네와 아기를 데려갔다. 의사는 아기가 매우 여위었음을 확인하고, 한꺼번에 많은 음식보다는 소량의 음식을 보다 자주 주어야 한다고 되네에게 말했다.

되네는 계속해서 자신의 아이가 악령에게 홀렸다고, 정상이 아니라고 믿었다. 그녀는 어떠한 낯선 사람도 아이를 보도록 허용치 않았고 아이를 집 안에만 두었다. 되네의 어머니는 고향마을로부터 봉투에 싸인 부적 하나를 보내왔다. 아이의 출생 후 5개월 동안, 시아버지는 앞을 볼 수 없을 정도로 극심한 장기간의 두통 때문에 집에 머물렀다. 그는 대부분의 시간 동안 거실에 누워 있었고, 안정을 취해야 했다. 되네는 시아버지에게 때맞춰 음식과 차를 제공했고, 집안의 어린아이들이 시아버지를 방해하지 않도록 했다. 시아버지가 가끔 아파트를 떠날 때, 되네는 담배를 피우고, TV를 보고, 고향 집에서 받은 터키음악 테이프를 들을 수 있었다. 이 기간 동안 되네는 결코 아파트를 떠나지 않았다.

얼마간의 시간이 지난 후 되네와 그녀의 시어머니는 아기가 쿠르바가지크kurbagacik를 앓고 있는 것이 아닐까 생각했다. 아기의 정수리 부분 숫구멍은 내려앉은 채 팔딱거렸고, 입천장에는 작고 하얀 덩어리들이 생겼으며, 등에는 검은 줄이 나타났는데, 이 모든 것이 쿠르바가지크가 틀림없음을 가리키고 있었다. 아기는 점점 더 여위는 것처럼 보였고, 계속해서 설사를 했으며, 지치고 생기가 없었고, 거의 아무것도 먹지를 못하고 있었다. 그 아기를 본 몇몇 친척들은 그것이 쿠르바가지크임에 틀림없다고 동의했다. 쿠르바가지크를 앓는 아이는 극도로 취약한 상태에 있다. 그 병은 본래 어떤 무방비의 순간에, 외부의 악영향에 의해서, 통상적으로 진jinn에 의해 야기된다. 일정한 시점이 되면 사람들은 모든 걸 포기하고, 그 병에 걸린 아이가 치료될 수 없으며 도움을 주는 것이 불가능하다고 간주하는 경향이 있다. 이주자 마을들에서 이러저러한 방식으로 주변적인 상태에 있는 듯 보이는 몇몇 아이들은 유아기에 쿠르바가지크를 앓았었다고 말해졌다. 이러한 아이들은 모두 매우 여위고, 소심해 보였으며, 말이 없었고, 대개 훨씬 더 어린아이들과 섞여 어울리고 있었다. 그들은 모두 '신의 아이들'로서 간주되는 아이들이지만, 사회 내에서 어쨌든 이례적인 존재로 남겨져 있다. 쿠르바가지크는 그 아이가 악령에 홀려 있음을 나타내 주는 징표이다. 쿠르바가지크는 장애가 맞는 것으로 규정되거나, 또는 그러한 상태로 이어지게 된다.

시아버지는 치료를 받도록 하기 위해서 자신의 손자와 되네를 아나톨리아의 고향마을로 데려가기로 결정했다. 그러는 사이, 아동보건센터의 간호사가 다시 방문했고, 되네에게 그녀의 네 살 난 아들 알리를 건강진단을 위해 센터에 데리고 와 줄 것을 요청했다. 약속이 정해졌고, 그 간호사는 건강진단을 하기로 한 당일 아침에 확인 전화를 했다. 되네는 그녀의 두 아이 모두를 센터로 데리고 갔고, 그곳에서 앞서 기술했던 것처럼 의사와 대면했다.

센터로부터 돌아왔을 때, 되네는 몹시 지쳐 버렸고 또 두려웠다. 그녀는 그 병원 사람들의 푸른색 눈과 간호사의 금발머리를, 그리고 자기 아들에 대한 간호사의 찬탄을 잊을 수 없었다. 되네는 흉안을 두려워하고 있었던 것이다. 그 간호사는 아이를 칭찬할 때 흉안을 막기 위해서는 반드시 마샬라mashallah[신의 가호를 빈다는 의미 —옮긴이]라고 말해야만 한다는 것을 알지 못했다. 되네는 자신의 아이에게 부적을 달아 주고는 시어머니를 기다렸다.

시어머니가 집으로 돌아왔을 때, 되네는 그녀에게 의사로부터 받은 진찰의뢰서를 보여 주었고, 아기를 병원에 데려가야 한다고 의사가 말했음을 이야기해 주었다. 시어머니는 자신의 남편이 결정을 해야 할 일이라고 응답했지만, 스웨덴 의사에게 진찰을 받으러 가 봐야 아무런 소용도 없을 게 분명하다고, 스웨덴 의사는 아기에게 무엇이 잘못되어 있는지 알지 못한다고 덧붙였다. 여하튼, 스웨덴에서는 사람들이 이 아기를 도울 수 없었다.

며칠 후, 시아버지는 되네와 손자를 데리고 터키로 떠났다. 그곳에서 그들은 즉시 쿠르바가지크의 치료를 위한 절개술에 전문성을 지닌 여성 민간치료사를 찾아갔다. 그 여성은 아이의 머리를 붙들고는 숫구멍 부근을 몇 군데 조금씩 절개했고, 거기에 닭의 간을 넣은 후 머리에 붕대를 감았다. 얼마 후 치료사가 붕대를 제거했을 때, 숫구멍은 더 이상 내려앉아 있지 않았다. 되네는 그 치료가 효과적이며 아기에게서 증상이 제거되었음을 직접 확인할 수 있었다. 되네는 기뻤고 그 치료사에게 감사함을 느꼈으며, 다음에 다시 방문할 때 답례의 선물을 가져가야겠다고 마음먹었다. 아이는 태어날 때 자신에게 침범한 악영향을 물리쳐 줄 부적 하나를 받았다. 그러나 어떤 것도 아이에게서 그러한 악영향을 완전히 제거하도록 도울 수는 없었다. 아이는 극히 취약했고 특별한 보호를 받아야만 했다.

되네는 터키에서 일주일밖에 시간을 보내지 않았으며, 그곳에 있는 시아버지의 집에서 그를 돌봤다. 그녀는 자신의 어머니를 간신히 단 한 번 방문했으며, 시아버지와 함께 갔기 때문에 이야기를 나눌 짬도 거의 없었다. 스톡홀름으로 다시 돌아와서, 되네는 곧 아기의 소화력이 열악한 상태에 있음을 발견했다. 얼마 후부터 그녀의 두 아이 모두가 귀에서 통증이 나타났고, 그로 인해 밤새 울어 댔다. 되네는 시숙과 함께 스톡홀름의 한 병원에 있는 응급실로 아이들을 데리고 갔다. 페니실린과 점비약點鼻藥이 처방되었고, 되네는 그것들을 약국에서 구입했다. 알리는 처방된 약을 복용했지만 어린 아기는 거부했는데, 되네는 강제로 먹이고 싶지 않았다. 특히나 악령에 홀린 아기의 상태는 그가 건강해지는 것을 가로막고 있었기 때문에, 그 약 역시 어떠한 효력도 없을 것이라 여겨져서 더욱 그러했다.

큰아들 알리는 회복되었지만 아기는 상태가 더욱 나빠졌는데, 어느 날 아기가 혼수상태에서 깨어나지 못했다. 되네는 너무나 무서웠다. 집에는 어린아이들을 제외하고는 그녀 혼자 있었던 것이다. 되네는 다른 아이들을 집에 남겨 둔 채, 아기를 담요에 싸안고는 스톡홀름의 한 병원으로 가는 지하철을 탔다. 병원에서 의사는 그녀에게 아기가 영양분과 수액을 공급받기 위해 며칠간은 입원해 있어야만 한다고 말했다. 의사들은 아기를 침대에 눕히고는 몸에 튜브를 부착했다. 되네는 다시 아이들이 있는 집으로 돌아왔고, 두려움과 불안함에 떨며 시어머니를 기다렸다. 그리고 집에 온 시어머니에게 그녀는 아기를 다시 터키로 데려가기를 원한다고 말했다.

일주일 후 시아버지가 아기를 병원에서 데려왔는데, 그곳에서 의사는 아기가 탈수 상태에 있었고 영양실조 상태에 있는 듯 보인다고, 그리고 오랜 기간 동안 설사를 해왔음에 틀림없다고 말했다. 아파트로 돌아온 아기는 평온했고 만족한 듯한 표정을 보였지만, 되네는 아기가 더 나아졌다고 생각하지 않았다. 시어머니와 동서는 모두 아기가 이전보다 나아졌다고 여겼지만, 되네는 그런 식으로 바라보지 않았던 것이다. 자신의 아기에 대한 그녀의 견해는, 아기가 장애를 갖게 되었으며 어떤 것도 그를 도울 수 없다는 것이었다. 되네는 결코 스웨덴 의사들이나 병원을 방문하는 것이 자신의 아기를 도울 수 있다고 여기지 않았다. 그녀는 때때로 아기의 증상들을 다양하게 해석하기도 했지만, 그가 태어날 때 알카리시에 의해 침범을 당했고 그래서 이제는 평생 동안 장애를 갖게 되었다고 변함없이 믿고 있었다.

되네의 아들에 대한 터키인 이주자 마을 여성들의 견해

되네에게 있어 자신의 아기가 앓고 있다는 것에 대한 최초의 표지는 그가 먹으려 하지 않는다는 것이었다. 어떤 사람이 그에게 요구되는 표준적인 직무들을 처리하고, 성 및 연령과 연관된 주변 사람들의 기대를 충족시키는 한, 그 사람은 정상적인 것으로서 간주된다. 농촌마을 출신의 여성들에게 있어 그녀 자신들 사이에서의 장애나 병이란, 집안 청소·바

느질·물 긷기·음식 준비·아이 돌보기 등으로 이루어지는 일상의 과업들을 수행할 수 없는 것과 동등한 개념이다. 병은 무엇보다도 일상의 활동과 직무의 수행을 방해한다. 병의 존재를 다른 사람들에게 드러나도록 하는 것은 그러한 무능력이다.

되네의 사례에서, 그녀 고향마을 출신의 친척 및 친구들뿐만 아니라 되네 가족의 몇몇 구성원들은 그 아기가 일탈되어 있으며 정상이 아니라고, 너무나 바싹 말랐고 창백한 상태에 있다고 여기고 있다. 어떤 바싹 마른 아이들에게서 나타나는 증상들은 하나의 병(치료할 수 있는)이나 또는 장애(치료할 수 없는)로서 간주될 수 있다. 되네의 아기가 보인 증상이 그 집단 내의 모든 여성들에 의해 치료될 수 없는 것으로 해석되었던 것은 아니다. 되네와 그녀의 시어머니는 아기의 장애를 태어날 때 진(알카리시)에 의해 홀린 것과 관련되어 있다고 간주했지만, 이러한 판단이 주변 여성들의 전반적인 합의와 일치하는 것도 아니다. 어떤 여성들은 오히려 그 문제를 되네가 그녀 자신의 모친과 마찬가지로 엄마로서 훌륭하지 않고, 자신의 아이를 보호하는 능력이 결핍되어 있음을 나타내는 증거로 간주하는 경향을 보였다.

자신의 아이에게 무엇이 잘못되어 있는지 알고 있었으므로, 되네는 이러한 비방에 동요되지 않았다. 그녀는 아이가 보인 증상의 원인을 자신이 통제할 수 없는 힘들에 귀착시켰기 때문에, 그녀에게는 어떠한 죄과도 덧붙여지지 않았다. 한 여성은 그 아기가 아들이 없는 동서의 시샘에 의해 마법에 걸린 것이라고 믿었다. 다른 여성들은 그 아이가 스웨덴에서 태이났기 때문에 장애를 갖게 된 것이라고 확신했다. 그녀들은 되네가 그녀의 새로 태어난 아기를 그 스웨덴 병원에 무방비 상태로 놓아둔 것을 가장 낭패스럽게 생각했다. 그곳에서는 사람들이 생각 없이 함부로 행동하고 말하기 때문에, 이는 매우 위험스러운 것이었다. 그 여성들은 또한 병원 직원들이 아기를 넘겨주도록 강제하지 않은 것에 대해 되네의 가족을 비난했다. 그 아기는 되네의 것이었다. 그들의 것이 아니라 말이다. 어떻게 병원이 다른 사람의 아이들을 아무런 이유 없이 데리고 있을 수 있단 말인가?

그러한 여성들 중 몇몇은 스웨덴에서 태어난 아이들이 '질이 떨어지며', 그녀들의 고향마을에서는 결코 경험해 보지 못한 방식으로 일탈되어 있다고 말한다. 그녀들은 움직일 수 없고, 먹을 수 없고, 말할 수 없는 것과 같은, 명백히 치료될 수 없는 결함을 지닌 아이들과 마주치게 된다. 명백히 기형인 아이들이 이러한 '질 떨어지는 아이들'의 범주에 속하게 되지만, 일반적으로 기대되는 바와 상이한 것으로 인식되는 아이들 또한 그러하다. 그 미묘한 상징적 해석은 다차원적이고 복합적인 상황들에 기반을 두고 있다. 태어날 때 이러한 방식으로 장애를 갖게 된 아동들은 '신의 아이들'인 것이며, 그들의 부모들이 죽었을 때를 대비하여 신에 의해 거두어져야만 한다. 스웨덴 사람들은 그들이 신의 의지에 대항할 수 있다고 생각할지도 모르지만, 그렇다면 그들이 그 아이들을 돌봐야만 한다. 스웨덴에 와서 장애아동을 낳은 터키 농촌마을 출신의 몇몇 여성들은 자신의 아이들을 스웨덴의 시설에 의해 돌봐지도록 맡겨 버리기도 했다.

이러한 터키인 가족들에 의해 견지되고 있는 장애에 대한 이해방식이란, 일정한 표지들이 어떤 아동이나 사람이 일정한 장애가 맞는 범주에 속해 있음을 나타내 준다는 것이다. 그러한 표지들은 신체적이거나 정신적인 것일 수 있지만, 언제나 궁극적으로는 특정한 악인惡因과 연관된다. 되네 주변의 어떤 여성들은 자신의 아이가 정상이 아닌 상태라는 것은 **알고** 있지만, 그 아이가 치료될 수 없는 것인지 그렇지 않은지는 알지 못한다고, 그리고 그 아이를 장애가 맞는 것으로 범주화하는 데에는 여러 어려움들이 존재한다고 말한다. 그들은 그러한 미묘한 표지들과 증상들을 다른 모든 의사소통의 메시지들을 읽어 내는 것과 마찬가지의 방식으로, 자신들의 문화적 문법의 일부로서 읽어 낸다. 그들은 또한 그 궁극적 원인을 신의 의지인 것으로 간주하지만, 되네가 무엇을 할 수 있는가에 관해서는 논쟁을 벌이고 있다. 그들은 어떤 사람이 통상적으로 진이나 흉안에 의한 공격 그 자체에 대해서는 책임을 질 수 없지만, 자신의 아이를 보호하지 못한 것에 대해서는 비난을 받을 수도 있다는 것에 동의한다. 이것은 새로운 세계 내에서 그들의 새로운 삶의 상황이 변화된 사고로 이어질 수 있음을 나타내 주는 하나의 지점이다. 그들의 아이들에게 발생한 일에 대해서 누가 비난을 받아야만 하는가? 그것은 신의 의지를 알아차리지 못하고 무시한 스웨덴, 스웨덴 사람들, 스웨덴의 기관들인가? 아니면 그들의 고향마을에서, 그리하여 또한 스웨덴의 터키인 공동체에서 공유되고 있는 어떤 의미 내에서 주변적인 것처럼 보이는 그 아이의 어머니와 그녀의 가족인 것인가? 스웨덴이라는 환경 내에서 진들은 정말로 존재하는 것인가? 스웨덴 사람들은 흉안을 보낼 능력을 지니고 있는 것인가? 이러한 질문들에 대해서 어떤 이들은 그렇다고, 어떤 이들은 아니라고 답을 하고 있다.

되네는 무엇을 해야 하는지 아직 확신하지는 못하고 있지만, 자신의 어린 시절에 겪었던 고향마을 보건의료체계의 일부 실패를 설명함에 있어서는 결코 주서하지 않는다. 그녀가 사용하고 있는 설명의 조합에 있어, 민간치료의 실패들은 흉안을 물리치는 것에서의 어려움들뿐만 아니라, 신의 손에 달려 있다고 하는 어떤 장애의 궁극적 결과들과도 또한 관련된다. 그러한 생각을 하게 된 것은 그녀가 자신의 행동이 반드시 의도했던 치료의 결과를 낳으리라 예상했는데, 그것이 어그러졌기 때문은 아니다. 그녀는 정말로 자신이 옳은 것을 했다고 느끼고는 있다. 비록 그것이 언제나 효과를 발생시키지 못한다고 하더라도 말이다. 스웨덴의 보건의료체계에 대해 말하자면, 되네는 아직 민간치료에 대한 것과 같은 이차적인 해석을 갖고 있지 않으며, 따라서 그것을 이전의 신념에 따라 비난하고 있다.

쿠르바가지크라는 질환은 되네와 그녀의 가족이 악, 즉 알카리시와 흉안에 의해 추적을 받았음을 그녀에게 확증시켜 주는 하나의 표지이다. 그녀는 그 질환을 스웨덴에서의 삶에 대한 그녀 자신의 엇나간 예상—풍요로운 생활, 아름다운 옷, 메르세데스 벤츠—을 포함해서, 그녀 삶의 몇 가지 특징들을 설명하기 위하여 사용하고 있다.

되네의 아들에 대한 스웨덴 의사들의 견해

되네의 아들을 검진한 그 의사는 처음에는 아기가 뇌막염에 걸렸다고 믿었으며, 그리하여 지체 없이 병원 치료를 받을 것을 강력히 주장했다. 그는 또한 그 아기가 설사병을 앓아 왔으며 매우 허약한 상태임을 알아차렸다. 그 증상은 탈수증을 나타내는 것일 수 있었지만, 의사는 확실히 말할 수는 없었다. 병원에서 진단을 위한 검사가 이루어지기 전까지는 어떤 것도 명확히 확정될 수 없었던 것이다. 의사는 그 아기가 질병에 걸려 있음을 결코 의심하지 않았다. 그 의사에 따르자면, 아기의 상태에 책임이 있는 것은 주되게는 아기의 어머니였다.

그녀는 너무 어리고 미숙했으며, 낮 동안에 너무 많은 아이들을 돌봐야만 했어요. 아주 단순하게 말하자면, 그녀는 어린아이들을 돌보기에는 어울리지 않았습니다. 그녀 자신이 단지 또 하나의 아이였던 것입니다. 그녀는 그 아이들을 결코 밖으로 데리고 나가지도 않았고, 그들이 할 수 있는 최선의 방식대로 그냥저냥 알아서 커 나가도록 내버려 둘 뿐이었지요. 그녀는 여러 아이들을 데리고 몇 차례 아동보건센터에 왔는데, 언제나 다가서기 어렵고 무관심하며, 거의 자신을 드러내지 않는 것처럼 보였습니다.

되네를 방문했던 그 간호사는 의사에게 좀더 진전된 정보를 제공해 주었다. 아기의 좋지 못한 건강 상태의 원인들에 관한 의사의 견해는 그녀의 보고에 의해 강화되었다. 간호사가 방문하는 동안, 아이들은 여기저기 뛰어다니거나 그 아기를 어르며 놀았고, 되네는 담배를 피우며 잡지를 읽고 있었다. 다른 아이들이 감기에 걸렸거나 질병에 걸린 것처럼 보였을 때조차도 그 어린 아기를 껴안고 입맞춤하도록 허용했다. 간호사에게는 되네가 열악한 사회적 여건에 놓여 있는 것처럼 보였다. 그녀의 아이들은 어머니로부터 아무런 자극도 받지 못한 채, 너무나 많이 방치되어 있었다. 간호사는 그 아이들이 밤에는 옷을 입지 않고, 아무런 장난감도 갖고 있지 않으며, 다른 한편 그 아기도 자신의 욕조나 침대를 갖고 있지 않음을 강조해 언급했다. 간호사는 그 상황을 '진정한 궁핍'으로 묘사했다.

그 병원의 의사와 그의 동료들은 아기가 여러 필요한 돌봄을, 특히 감염에 대한 조치를 제대로 받지 못하고 있는 것으로 생각했다. 그 아기는 해당 연령의 아이에게 적합하게 짜여진 보다 다양한 식단을 제공받고, 지속적으로 치료를 받을 필요가 있었다. 규칙적인 식사 시간 또한 요구되었다. 그 의사는 의학적인 견지에서 아이에게 근본적으로 잘못된 것은 없다고 믿고 있다. 문제는 단지 그 아기가 새로운 병균에 감염되는 시점에서도, 그 이전의 감염으로부터 결코 적절히 회복되지 못한 상태에 있다는 점이었다. 정말로 잘못되어 있는 모든 것은 그 아기의 관리 상태였다. 아기를 스웨덴의 탁아소에 보내기 위한 조치들이 취해져야만 했다. 그곳에서라면 아기가 필요로 하는 돌봄이 제공될 수 있을 터였다.

그 병원의 의사들은 되네와 아기의 터키 방문에 관해 매우 불안해했다. 스웨덴에서 태어난 아이는 그곳 터키에서의 세균총細菌叢[18], 감염성 질병, 기생충을 제대로 견뎌 낼 수 없다. 좋지 못한 건강 상태에 있는 아이는 절대로 그러한 여행을 해서는 안 된다. 터키의 농촌마을은 유아 사망률이 높으며, 의사들은 일부 어머니들에게 터키에서 휴가를 보내는 동안 아기를 스웨덴에 남겨 두고 가도록 권고하는 것에 찬성하고 있다. 여름휴가 기간 동안에 부모와 함께 터키에 갔던 아이들이 그곳에서 사망하는 일이 발생하기도 했던 것이다.

그 의사들은 또한 터키인 이주자 가족에게서 태어난, 손상을 지닌 아동들이 스웨덴의 시설에 버려진다는 것을 알고 있었다. 이는 그곳의 보건의료 종사자들에게는 이해될 수도 없고, 또한 매우 충격적인 것이었다.

---

18 일정한 장소에서 서로 평형을 유지하면서 공존하고 있는, 바이러스·세균을 포함한 각종 미생물집단을 말한다. ―옮긴이

결론

누구에게나 그러한 것처럼, 되네의 현실감은 두 부분으로 이루어져 있다. 우선 그녀가 지니고 있는 현실의 '모델'이 있는데, 이는 그녀의 세계 내에 존재하는 대상들을 대조하면서 그러한 대상들과 연결된다. 그리고 이를 통해 얻어진 인식이 진실이며 그녀 자신에 대해 외재적이라는 그녀의 신념이 있다. 이전에는 그녀가 지닌 현실의 모델이 그녀에게 현실감을 제공해 줄 수 있었으며, 그녀는 그러한 현실감을 경험을 통하여 확인했음에 틀림없다. 현실의 모델은 현실'의 모델'이면서 동시에 현실을 '위한 모델'이다.[19] 그렇게 현실감이란 실제적 활동을 통하여 일정한 질서를 부과한다는 것을 의미한다. 실제적 활동이란 현존의 상황을 변화시키기 위하여 그 현존의 상황을 넘어 나아가고자 하는 어떠한 활동이라고 말할 수 있다.

한 아동의 장애는 언제나 어떤 대응을 이끌어 낸다. 행동과 질문 양자 모두를, 그러한 장애의 의미와 관련해서 말이다. 심각한 고통의 에피소드에는 거의 대부분 어떤 행동들을 추동해 내는 동기가 존재한다. 우리가 위에서 보았던 것처럼, 되네는 끊임없이 자신의 아들에 대한 치료법을 찾아내기 위해 노력했다. 아들이 치료될 수 없는 장애를 갖게 되었다는 그녀의 인식에도 불구하고 말이다. 어떠한 맥락 내에서 무언가를 한다는 것은 심리적으로 만족을 주며, 근심을 경감시키는 하나의 방식이다. 단지 수동적으로 남겨지거나 기다리는 것보다는 어떤 것이라도

---

19 Clifford Greetz, "Religion as a Cultural System", ed. Michael Banton, *Anthropological Approach to the Study of Religion*, London: Tavistock, 1967, pp.6~8; Ward Hunt Goodenough, *Culture, Language, and Society*, Reading: Addison-Wesley Publishing, 1971, pp.36~38.

하는 것이 더 나은 것이다. 일탈은 이 세계의 의미체계에 이의를 제기하는 하나의 사건이다. 신념과 실천들이 그 사건을 하나의 에피소드로, 그 사건에 형식과 의미를 부여하는 그러한 에피소드로 조직해 낸다.

그리하여, 한편에서는 증상의 완화에 대한 추구가 존재한다. 그리고 다른 한편에서는 일탈된 행동에 대한 변호를 추구하는 사회적 동기가 존재하고 있다.[20] 되네의 사례에서, 그녀의 행동에 대한 사회적 책임성은 그녀 자신의 의지를 넘어선 어떤 작인에게로 이전될 수 있었다. 즉, 홍안과 알카리시에게로 말이다. 그 아기의 장애는 이러한 방식으로 되네 삶의 안정성에 기여를 할지도 모른다. 왜냐하면 이러한 방식 속에서 아기의 장애는 스웨덴의 공동체 내에서뿐만 아니라 터키의 공동체 내에서도, 의사소통을 하고 그녀의 사회적 관계들을 정당화하는 매개체로서 활용될 수 있기 때문이다. 그녀는 죄가 있는 것이 아니라 외부적 힘들에 의해 고통을 당했을 뿐인 것이다.

되네는 자신이 보건의료 종사자들에 의해서는 '좋지 못한 엄마'로, 다른 터키인 여성들에 의해서는 '충분한 보호를 제공치 않은' 것으로, 그리고 터키의 고향마을에서는 '이방인'으로 간주되는 스웨덴에서의 새로운 상황에 적응을 해가고 있는 중이다. 이러한 상황이 그녀가 '표지들'(그녀 아기의 행동적·신체적 표현들)을 쿠르바가지크라는 범주로 해석하고 그에 따른 행동을 선택하는 데 어떻게 영향을 미치는가는 상당히 복합적인 과정이다. 그녀는 정상이 아닌지 장애가 맞는지의 문제에 관해 양가적인 태도를 지닌 듯 보인다.

---

20 Allan Young, "Some Implications of Medical Beliefs and Practices for Social Anthropology", *American Anthropologist* vol. 78 no. 1, 1976, pp. 12~13.

되네 고향마을에서의 장애에 대한 생각을 따르자면, 정상이 아닌 것으로 간주되지만 살아남은 아이들은 치료될 수 없다는 것이 명백해 질 때까지는 통상적으로 병든 것처럼 취급된다. 그래서 다른 모든 아이 들과 마찬가지로 다루어진다. 그러한 아이들은 그들의 사회적 관계망 내에서 자신의 힘으로 살아남아야만 한다. 이와는 상이한 종류의 아이 들, 즉 신의 아이들 또한 존재한다. 그들 역시 사회에서 배제되지 않고 통합된다. 그들은 예측 가능하고 잘 알려져 있는 방식으로 일탈된 존재 들이다. 그들은 장애가 맞는 존재들인 것이다. 스웨덴에 이주해 온 여성 들에게 있어 문제는 그녀들의 아이들이 때때로 아직까지 인정되지 않 은 방식으로 일탈된 모습을 보인다는 것이다. 그리고 이는 그 아이들이 장애가 맞고 치료될 수 없는 것으로서 쉽사리 범주화될 수 없다는 것을 의미한다. 이러한 상황이 발생했을 때, 그녀들은 아이들의 돌봄을 스웨 덴의 시설에 맡겨 버릴지도 모른다.

되네의 아들은 그녀의 공동체 내에서 외부의 악영향에 의해 야기 된, 통상 치료될 수 없는 장애로 이어지는 하나의 민속 질병을 지닌 것 으로 인정되기는 했다. 그러나 되네 아들의 상태는 이주라는 조건 내에 수반된 복합적 상황과 상이한 유형의 관련 행위자들로 인해 어떤 양가 성을 생성해 내고 있는 것처럼 보인다. 그 아기를 장애가 맞는 것으로서 분류하고 꼬리표를 다는 것은, 되네의 새로운 삶 속에서 의미에 대한 끊 임없는 탐색의 과정이 되었다고 말할 수 있을 것이다.

11장 간질의 문화적 구성

: 동아프리카에서의 이미지와 맥락들

수잔 레이놀스 휘테

1960년대 이래로 동아프리카에서 활동하는 의사들은 그곳에 사는 간질 환자들이 지니고 있는 생소한 신념들과 열악한 상태에 대한 이목을 끄는 이야기들을 발표해 왔다. 1965년에 루이세 일레크-올Louise Jilek-Aall 은 『스칸디나비아 정신의학회보』Acta Psychiatrica Scandinavica에 탄자니아의 와포고로Wapogoro족 사람들 사이에서 간질 환자들이 겪고 있는 '학대와 방치'를 기술하는 긴 글을 썼다. 간질은 그곳에서 큰 두려움의 대상이 되며 또한 매우 잘 알려져 있어서, 그녀는 간질을 그들 '부족tribe 의 병'으로 언급했다. 그녀는 그곳에서는 간질이 전염성을 지니는 것으로, 그리고 간질이란 죄악에 대한 징벌이나 악령의 화신 또는 마법의 결과라 확신되고 있다고 적었다.

어떤 외부인이 그것[간질]과 관련된 와포고로족의 생각들을 파악하기란 매우 어려운 일이다. 필시 질문을 받는 사람은 많은 사실들을 비밀로 유지하려 할 터인데, 이는 부분적으로는 음강가mganga[주술사]에 대한, 그리고 또한 혼령의 복수에 대한 두려움 때문이다. 그러나 가족 내에 간질 환자가 있다는 사실을 수치스럽게 여기는 것 또한 정보의 제공을 꺼리는 데 있어 큰 역할을 한다. 질문을 받은 그 사람들은 고통받는 환자들을 낯선 사람들로부터 멀리 떨어진 움막에 숨기고 싶어 한다.[1]

그럼에도 불구하고, 일단 그녀가 치료를 제공하고 있다는 사실이 알려지자, 많은 사람들이 치료를 받겠다고 나섰다. 전형적인 초진 환자들은 다음과 같은 모습을 보여 주었다.

형언할 수 없이 더럽고 머뭇거리는 사람이 문을 통해 천천히 들어왔다. 의자를 내어 주자 그는 감히 거기에 앉지 못하고는, 불결한 냄새와 빈곤한 인상을 풍겨 내면서 눈을 내리깐 채 바닥에 움츠리고 있었다. 처음에는 아무 말도 하지 못했고, 두려움과 열등감에 너무나 압도되어 있었다. 얼마간의 시간이 지나자 그 환자는 주변 상황에 조금 익숙해지는 모습이었고, 동행한 친척들과 처음으로 이야기를 나누기 시작했다. 그리고 잠시 후 그 친척들의 도움을 받아 가며 몇 가지 질문을 받았다. 친척들이 그에게 말을 거는 거칠고 비우호적인 태도로부터, 누구나 그를 둘러싸고 있는 전적인 경멸의 분위기를 감지할 수 있었다.[2]

에티오피아에 대해서도, 로베르트 힐Robert Giel은 교회묘지와 공동묘지 주변을 나환자leper들과 함께 배회하고 있는, 멸시받고 버려진 자로서의 간질 환자들에 대해 유사한 묘사를 제시한 바 있다.

---

1 Louise Mathilde Jilek-Aall, "Epilepsy in the Wapogoro Tribe in Tanganyika", *Acta Psychiatrica Scandinvica* vol. 41 issue 1, 1965, pp. 63~64.
2 ibid., p. 69.

간질 환자들……, 그들이 어떤 공동묘지를 자신의 집으로 삼을 때까지는, 제정신이 아닌 그들 중 다수는 두려움의 대상이 되며 거의 완전히 방치된다. 고약한 냄새를 풍기는 상처, 나환자들과 공통적으로 지니고 있는 또 다른 기형들은 별문제로 하더라도, 그들은 대개 예측할 수 없는 행위들과 공격적인 행동으로 인해 더 많은 혐오감을 일으킨다.[3]

우간다에서 연구를 수행한 존 오를리John Orley도 정신질환과 간질을 둘러싼 사고 및 관행에 대해 인류학적으로 풍부한 기술이 담긴 글을 발표했다. 그 또한 간질이 주는 공포와 그것이 전염된다는 그곳 사람들의 사고를 기술했다. 간질 환자들은 따로 분리되어 음식을 먹고 잠자야 했으며, 간질에 걸린 아이는 다른 아이들과 함께 놀 수 없었다. 그러한 낙인은 죽음 이후까지도 좀처럼 사라지지 않았다. 누구도 간질 환자로부터 무언가를 상속받을 수 없었으며, 간질 환자는 다른 가족 구성원들처럼 집 부근에 무덤을 가질 수 없고 관목 숲 속에 매장되어야만 했다.[4] 전염에 대한 두려움은 특히 발작과 연관되어 크게 나타났는데, 발작은 이를 보는 이들을 도망가 버리도록 만들었다. "만일 그가 불길 속에 휩싸여 있거나 물에 빠지게 된다면 아무도 그를 그 속에서 끌어내려 하지 않을 가능성이 매우 높으며, 그는 불에 타거나 물에 빠져 죽도록 방치될 것이다."[5] 실제로, 아프리카 어디에서나 심각한 화상이 간질에 수반되는 경우가 많으며,[6] 화상은 진단 시 그 질병의 지표로 기능할 수 있다.[7]

3 Robert Giel, "The Epileptic Outcast", *East African Medical Journal* vol. 45 no. 1, 1968, p. 27.
4 John H. Orley, *Culture and Mental Illness: A Study from Uganda*, Nairobi: East African Publishing House, 1970, pp. 38~39.
5 ibid., p. 35.

이러한 초기의 출간물들 이래로, 다양한 아프리카 지역들에서의 간질에 대한 다량의 문헌들이 축적되어 왔다. 국립병원들에서 신경학과와 정신의학과가 늘어남에 따라, 그리고 특히 통상적인 신경정신학적 이상에 대한 치료를 일차보건의료primary health care, PHC에 통합시키려는 시도들이 이루어짐에 따라, 메드라인Medline[8]에서의 출력 정보도 늘어났다(아프리카 지역에서의 간질에 대한 최근의 검색 결과는 1975년 이후로 조건을 맞출 경우 114건이 출력되었다). 이러한 연구들은 초기의 연구들에서 개요가 그려진 문화적 특징들의 다수를 사실로 확인해 주고 있다. 간질에 대한 낙인, 전염에 대한 관념, 전통치료사에 의해 이루어지는 치료에 대한 선호 등을 말이다. 그러나 그러한 묘사는 또한 여러 중요한 점에서 객관적인 인식을 흐리게 하는 발단이기도 하다. 몇몇 연구자들은 간질에 대한 낙인이 그들이 예상했던 것만큼 크지 않다는 것을 발견했다. 다른 연구자들은 '전염에 대한 신화'가 실제로 그렇게 광범위하게 유지되고 있는지에 대해 의문을 제기한다. 게다가, 또 다른 연구자들은 치료방법의 선호도 사람들이 생각하기에 실제로 소용이 있는가에 좌우된다고 말한다. 대체적으로 볼 때, 이제는 우리가 현재 알고 있는 것과 그것을 어떻게 알게 되었는가의 문제에 대해 질문을 제기하는 것이 허용될 만큼 충분한 연구가 존재하는 것 같다. 보고서들에서의 차이

---

6 Charles R. Swift and Tolani Asuni, *Mental Health and Disease in Africa*, Edinburgh: Churchill Livingstone, 1975, p.165.

7 Louise Jilek-Aall et al., "Clinical and Genetic Aspects of Seizure Disorders Prevalent in an Isolated African Population", *Epilepsia* vol. 20 issue 6, 1979, p.614.

8 미국 국립의학도서관National Library of Medicine이 제공하는 의료문헌 분석 및 정보검색 시스템을 말한다. 생의학·생명과학·병리학·정신의학·의료공학·약물학·영양학·수의학 분야의 광대한 온라인 데이터베이스이자, 정보검색 엔진이라고 할 수 있다. 전 세계 70여 개 국가에서 출간되고 있는 3,700여 종 이상의 전문저널과 보고서 등 다양한 정보원에 대한 서지사항이 제공되며, 1975년 이후 자료의 60% 이상은 초록도 함께 제공된다.──옮긴이

들은 역사적 변화들 그리고/또는 지역적 편차로 인한 실재하는 차이들을 반영하는 것인가? 혹은 연구방법들에서의 차이 때문인가? 아니면 아프리카에서 간질이라는 문화적 현상이 처음 파악되었을 때보다 유동적이고 복잡해져서, 연구자들이 단지 그러한 현상의 제한적이지만 상보적인 측면들만을 파악해 내고 있기 때문인 것인가?

이 장에서 나는 내가 탄자니아에서 연구하는 동안에 모은 자료들을 제시하고 그것을 다른 연구들과 비교함으로써, 다른 문화적 맥락 내에서 간질을 이해하는 데 있어서의 몇 가지 문제점을 고찰해 보고 싶다. 여기서 나의 작업은 모로고로Morogoro와 킬리만자로 지역에서 수행된 탄자니아 정신보건 프로그램에 대한 기초 연구[9]의 일부분이다. 이 연구는 탄자니아 보건부와의 협력, 그리고 탄자니아 의료요원들 및 WHO의 고문 정신과 의사들의 조력 속에서 이루어졌다. 1983년과 1984년에 9주 동안의 현지조사가 실시되었다. 일정 지역의 주민들·전통치료사들·생의학 의료요원들에 대한 민족지학적 면담과 더불어, 우리는 200명의 응답자들을 대상으로 한 태도 설문조사와 정신질환·간질·정신지체를 지닌 구성원이 있는 170가구에 대한 면담을 수행하였다. 그러한 170가구 중 66가구에 간질 환자가 있었다.

---

9 그 연구는 덴마크국제개발기구DANIDA에 의해 자금 제공이 이루어졌으며, 탄자니아 정신보건 프로그램에 대한 WHO의 지원과 유기적으로 결합되어 수행되었다. 그 프로그램에 대해 기술한 내용과 우리의 연구결과에 대한 보고서는 술징거와 야블렌스키의 저작에서 활용된 바 있다(Fini Schulsinger and Assen Jablensky eds., *The National Mental Health Programme in the United Republic of Tanzania*, Acta Psychiatrica Scandinavica Supplement vol.83 no.364, 1991). 이 장은 실질적으로 Susan Reynolds Whyte, "The Cultural Construction of Epilepsy in East Africa", eds. Raben Rosenberg et al., *Psychiatry and Its Related Disciplines: The Next Twenty-Five Years*, Copenhagen: World Psychiatric Association, 1986의 수정 및 확장본이며, 1992년 덴마크 신경학회 및 덴마크간질학회의 세인트밸런타인 강연을 위해 제출되었다.

하나의 문화적 범주로서의 간질

탄자니아의 국어인 스와힐리어에서 보통 '간질'로 번역되는 단어는 키파파Kifafa인데, 이는 글자 뜻 그대로 하자면 '조금씩 다가오는 죽음'을 의미한다. 다른 동아프리카 언어들에서는 '쓰러져 버리는 병' 또는 '닭처럼 죽음'을 의미하는 단어들이 간질을 지칭하는 데 사용된다. 이 범주의 병이 갖는 주요한 특징인 대大발작성 경련을 강조하면서 말이다. 사람들은 키파파를 활동의 정지와 의식의 혼미함에 뒤이어 수반되는, 쓰러짐·수족의 경련·입에서 거품을 냄·실금失禁의 반복적인 에피소드로 묘사한다. 소발작의 에피소드들만으로는 키파파로 간주되지 않는다. 대발작성 경련을 겪는 사람들 중 일부 또한 그저 정신이 나간 것으로 말해지기도 하지만 말이다. 우리는 이 지점에서 이미 번역의 문제들을 느끼게 되는데, 왜냐하면 서구의 의학 교본상의 '간질'보다 탄자니아에서의 범주인 키파파가 더 제한적이기 때문이다.

키파파는 탄자니아에서 매우 잘 알려져 있는 질환이다. 우리의 태도 설문조사에 응답한 사람들 중 97%는 누군가가 그 병을 지니고 있는 것을 보았거나 들은 적이 있었다. 키파파는 이 지역에서 광기나 정신지체보다 훨씬 더 잘 알려져 있으며, 아마도 유럽에서의 유사한 설문조사상에서 간질이 알려져 있는 것보다도 훨씬 더 그러할 것이다. 아프리카에서 간질이 잘 알려져 있다는 것은 다른 연구들에서도 또한 확인할 수 있다. 1,500명 이상의 사람들을 대상으로 한 에티오피아의 한 설문조사에서는, 86%가 어떤 사람이 발작 증세를 지니고 있는 것을 보았다고 답했으며, 14%는 가족 구성원 중 누군가가 간질을 지니고 있다고 말했다.[10] 나이지리아에서 이루어진 또 다른 연구는 285명의 응답자 전원이

간질의 사례를 본 바 있다고 보고하고 있다.[11]

이것이 아프리카에서의 높은 간질 발병률 때문일까? 간질을 지닌 사람을 만나고자 하는 우리의 요청은 언제나 많은 명단을 확보해 주었고, 특히 모로고로 지역에서 그러했다. 이는 간질이 흔하게 나타난다는 것을 말해 주는 것이긴 했지만, 탄자니아에서의 우리 연구는 구체적인 발병률에 대한 자료를 모으지는 않았다. 와포고로족 사람들에 대한 일레크-올의 개척적인 연구는 이 지역에서 수행되었는데, 그녀는 간질 발병률을 1,000명당 20명으로 추정했다.[12] 탄자니아 일부 지역을 포함하여, 잔지바르에서 이루어진 보다 최근의 연구는 그 발병률이 1,000명당 4.9명으로 훨씬 낮음을 발견했다.[13] 서아프리카에서의 어떤 간질 발병률 수치는 1,000명당 38명으로 나올 만큼 높은 반면, 위에서 언급된 에티오피아에서의 연구는 이전에 간질 발병률이 1,000명당 5.2명으로 확인되었던 지역에서 수행되었는데,[14] 이는 개발도상국들에서 흔히 보고되고 있는 수치의 범위 내에 있다.[15] 전반적으로 아프리카에서의 간질 발병률 수치에는 상당히 큰 편차가 존재하기 때문에, 나는 그 질병의 대중적 인식 정도를 해명해 주는 것으로서 그러한 발병률을 활용하기가

10 Redda Tekle-Haimanot et al., "Attitudes of Rural People in Central Ethiopia towards Epilepsy", *Social Science and Medicine* vol. 32 no. 2, 1991, p. 204.

11 Alfred Awaritefe, "Epilepsy: The Myth of a Contagious Disease", *Culture, Medicine and Psychiatry* vol. 13 no. 4, 1989, p. 450.

12 Jilek-Aall et al., "Clinical and Genetic Aspects of Seizure Disorders Prevalent in an Isolated African Population", p. 616.

13 S. Bondestam et al., "Prevalence and Treatment of Mental Disorders and Epilepsy in Zanzibar", *Acta Psychiatrica Scandinavica* vol. 81 no. 4, 1990, p. 329.

14 Tekle-Haimanot et al., "Attitudes of Rural People in Central Ethiopia towards Epilepsy", p. 206.

15 Bruce S. Schoenberg, "Epidemiologic Aspects of Epilepsy", *Progress in Clinical and Biological Research* vol. 124, 1983, p. 337.

망설여진다.[16] 아마도 보다 중요한 것은 매우 극소수의 간질 환자들만이 정규의 약물치료를 받고 있어서, 경련이 빈번하게 일어난다는 사실일 것이다.

간질은 탄자니아에서 단지 잘 알려져 있기만 한 질환이 아니라, 또 한 매우 심각한 것으로 간주된다. 우리의 태도 설문조사에 참여한 응답 자들에 따르자면, 그 병이 보여 주는 예후는 끔찍한 것이었다. 대다수 (79%)는 어떤 간질 환자가 그 질병으로 죽게 될 것이라고 예상했고, 나 머지 사람들은 그 병이 만성화되거나 더 나빠질 것이라고 말했다. 어떤 사람들은 간질 환자들이 대개 불에 타서 혹은 물에 빠져 죽는다고 자진 해서 말해 주기도 했다. 오를리는 우간다에서 이루어진 자신의 연구에 서, 그곳 사람들이 어째서 간질이 "뇌를 못쓰게 만든다"고 생각하게 되 는지를 기술했다. 그는 다음과 같이 부언한다. "간질 환자들이 겪고 있 는 사회적 고립이, 특히 아이들의 경우에 있어, 그들의 사회적 발달에서

---

16 은크위와 은동코는 서카메룬 지역의 한 마을에서는 7%(500명의 주민들 중 35명)가 간질을 지니 고 있음을 확인했다(Paul Nchoji Nkwi and Falvius Tioko Ndonko, "The Epileptic among the Bamileke of Maham in the Nde Division, West Province of Cameroon", *Culture, Medicine and Psychiatry* vol.13 no.4, 1989, p.438). 반 데르 발스 등은 라이베리아의 그랜드바사Grand Bassa주 에서는 간질 환자의 비율이 1,000명당 38명이며, 전체 간질 환자의 38%에서 간질에 선행하는 열병 이 나타난다고 보고했다(Fransje W.Van der Waals et al., "See-ee: Clinical Characteristics of Highly Prevalent Seizure Disorders in the Gbawein and Wroughbarh Clan Region of Grand Bassa County, Liberia", *Neuroepidemiology* vol.2 no.1-2, 1983, p.37). 가장 이목을 끄는 것은 오 순토쿤 등에 의해 보고된 편차이다(B.O.Osuntokun et al., "Neurological Disorders in Nigerian Africans: A Community-Based Study", *Acta Neurologica Scandinavica* vol.75 issue 1, 1987, p.18). 그들은 나이지리아의 한 시골 마을에서 1,000명당 37명의 발병률을 확인했다. 반면에 동일 한 종족집단이 거주하는 단지 20킬로미터 떨어진 한 도시에서는, 같은 방법을 사용하여 1,000명당 5.3명이 발병률이 확인되었다(이러한 현지힌 차이에 대한 논의로는 Bruce S.Schoenberg, "Recent Studies of the Epidemiology of Epilepsy in Developing Countries: A Coordinated Program for Prevention and Control", *Epilepsia* vol.28 issue 6, 1987, p.721을 보라). 간질의 발병률에 대한 연구들은 어느 경우에서나 여러 문제점들이 수반되며(Schoenberg, "Epidemiologic Aspects of Epilepsy"), 개발도상국들에서는 더욱 그러하다.

의 실패로 이어지게 되고, 그래서 뇌가 정말로 못쓰게 된 것처럼 보인다는 사실에는 조금도 의심의 여지가 없다."[17]

하나의 범주로서의 간질은 아이들에게 흔히 나타나는 발열성 경련과는 구분된다. 이러한 발열성 경련은 탄자니아에서는 데게데게dege-dege라고 불리며, 그것은 간질로 발전될 수 있다고들 말하기 때문에 근심스럽게 다루어진다.[18] 많은 이들이 발열성 경련은 토착치료사가 돌봐야 한다고 말했다. 그들의 의술이 데게데게를 현 상태로 묶어 두며 키파파로 발전되는 것을 막는다고 믿는 것이다.[19] 이러한 두 질병 간의 개념적 경계는 중요하지만 다소 모호하다. 일반적으로 혀를 깨물거나 실금과 같은 증상, 발작의 반복은 간질을 가리키는 것으로 간주되고 있다. 경련과 함께 나타나는 발열은 그 자체로 결정적인 차원의 문제는 아니다. 설상가상으로, '벌레'를 의미하는 단어의 지소어指小語[20]인 키창고 kichango라는 용어가 때때로 간질에 대한 완곡어법으로서 사용되기도 하며(나는 잠시 후 이러한 벌레와 간질의 연관성에 대해 설명할 것이다), 또 누군가에게는 '고열성 경련'으로 전환 중인 이상을 나타내기도 한다.

---

17 Orley, *Culture and Mental Illness*, p.37.

18 오순토쿤을 비롯한 연구자들은 나이지리아에서 발열성 경련은 간질에 대한 중대한 위험 요인임을 지적한다(B.O.Osuntokun, "Epilepsy in Africa", *Tropical and Geographical Medicine* vol.30, 1977, p.28; Osuntokun et al., "Neurological Disorders in Nigerian Africans: A Community-Based Study", p.18). 그들은 중요한 예방적 조치로서 말라리아의 억제, 홍역과 같은 아동기 질병들에 대한 면역주사, 해열 방법에 대한 부모 교육을 강조한다.

19 페이어만은 탄자니아 북동부에 있는 우삼바라 산맥 지역에서의 음상고 와 데게데게mshango wa degedege를 예방하는 치료법에 대해 언급한 바 있다(Elizabeth K.Feierman, "Alternative Medical Services in Rural Tanzania: A Physician's View", *Social Science and Medicine* 15B, 1981, pp.399~404).

20 지소어diminutive란 한국어에는 없는 문법적 형태로, 특정한 접미사나 접두사가 붙어 원래 단어보다 축소된 대상을 가리키는 의미로 쓰이는 것을 말한다. 예를 들어, 영어에서 지소형 접미사인 -let이 붙으면 book(책)은 booklet(소책자)이라는 지소어가, star(별)는 starlet(작은 별)이라는 지소어가 된다.──옮긴이

어떠한 증상들이 간질로 식별되는 과정은 길고도 불분명한 것일 수 있다. 우리는 마을의 공무원들이 키파파, 즉 간질을 지닌 사람이 있다고 지적해 준 가정들을 방문했다. 그러나 66가구들 중 세 가족의 경우에는 이러한 키파파라는 꼬리표가 그들 자신에게 적용되는 것을 꺼리는 것처럼 보였다.[21] 매일 밤 발작을 일으키는 그의 여섯 살 난 딸에 대하여, 한 아버지는 다음과 같이 말했다. "어떤 사람들은 이것이 키파파라고 말하지만, 아이 입에서는 거품이 전혀 나온 적이 없어요. 그래서 우리는 그것이 키파파가 아니라는 희망을 가집니다. 비록 아이가 자라남에 따라, 어쩌면 그것이 진전되어 실제로 키파파가 될지도 모르겠지만 말이죠." 또 한 소녀는 일련의 경련을 일으켜 왔고, 그러는 동안 자신의 혀를 너무 심하게 깨물어서 여러 날 동안 아무것도 먹을 수가 없었지만, 그녀의 어머니는 그 소녀가 발작이 오는 동안 실금을 하지 않았기 때문에 키파파인지 아닌지 확신할 수 없다고 말했다. 한 달에 두 번씩 발작을 일으켜 온 다섯 살 난 소년에 대해, 그의 아버지는 아이가 키파파가 아닌 발열성 경련을 겪고 있다고 말했다. 아버지는 그 병에 대한 약초요법을 알고 있었고 스스로 아이를 치료하고 있었다. 다른 가족들은 그들이 일정 기간의 의심 후에 —— 때때로 어떤 치료의 시도를 통해서 —— 어째서 아이가 실제로 간질에 걸렸다고 최종적으로 확정하게 되었는지를 말해 주었다. 만약 어떤 아이가 발열성 경련에 대한 치료를 받았는데도 그것이 도움이 되지 않았다면, 그후에 그들은 그것이 간질임에 틀림없다고

---

21 라고스에서 ÷행뛴 간질에 내한 환자 자신의 관점에 대한 연구에서, 다네시는 비록 그들 모두가 주기적으로 발작이 일어남을 인정했지만, 36%는 자신들이 간질을 지니고 있다는 것을 받아들이지 않았으며, 단지 30%만이 친구나 고용주에게 간질을 지니고 있음을 말하는 데 개의치 않는다는 것을 확인했다(M.A.Danesi, "Patient Perspectives on Epilepsy in a Developing Country", *Epilepsia* vol.25 issue 2, 1984, pp.184~190).

결론을 내리게 되는 것이다.[22]

심신의 이상을 식별하는 데 유효한 개념들이 활용되는 과정에서, 그 가족 및 이웃들의 심의는 결정적으로 중요하다. 특정한 에피소드 및 이상들에 대한 해석과 평가는 보건의료체계의 대중적 영역에서 일어난다.[23] 우리는 모시Moshi[킬리만자로 지방에 위치한 농산물의 집산 도시—옮긴이]의 한 가정에서 이에 대한 실제적 과정의 한 단면을 일별할 수 있었다. 한 어머니가 자신의 딸이 의식을 놓을 정도로 심한 배탈을 앓았다는 것에 대해 설명을 하고 있는 중이었다. 그런데 한 이웃사람은 그것이 그 아이를 쓰러지게 하고, 눈을 뒤집히게 하고, 오줌을 흘리게 만드는 기묘한 종류의 복통이었다고 넌지시 말했다.

식별의 과정은 또한 민간적 기원을 지닌 전문가들의 영역으로 나아가게 된다. 치료사들의 권위가 심신 이상의 특정한 분류를 뒷받침하는 것으로서 흔히 인용된다. 키파파에 대한 치료가 이루어진 것으로 간주된 몇 개의 사례가 있었는데, 이 경우에는 아이들이 발열과 연계된 발작이 단지 두세 번 있었을 뿐인데도 치료사는 그 아이들이 확실히 키파파를 앓아 왔던 것이라고 단언했다. 그 치료사의 보조원과 아이의 부모들도 이러한 단언을 의심하지 않았으며, 치료사들이 간질을 진정 성공적으로 치료할 수 있다는 증거라고 지적했다. 모로고로의 한 치료사는 간질의 유형들에 대한 하나의 분류법을 만들어 냈다. 그는 표면에 불빛이

---

22 오를리는 간다Ganda족의 두 가지 질환 범주인 에야브웨eyabwe와 키갈랑가kigalanga에 대해 기술하고 있는데, 그러한 질환들은 간질(엔심부ensimbu)과 중복되는 증상을 나타낸다. 오를리는 "간질에 부여되어 있는 끔찍한 사회적 함의 때문에, 해당 가족은 가능하기만 하다면 그 질병들을 언제나 키갈랑가나 에야브웨와 같은 다른 어떤 것으로 진단하기를 선호한다"라고 적고 있다(Orley, *Culture and Mental Illness*, p.10).

23 A. Kleinman, *Patients and Healers in the Context of Culture*, pp.50~53.

어른거리는 사발 속의 물을 응시하는 것에 의해서 발작이 야기되는지 아닌지를 확인하는 것으로 간질 환자들을 검사했다. 비록 나는 치료사가 키파파의 진단에서 이처럼 경험적 증상들에 주의 깊게 초점을 맞추는 것은 드문 일이라 생각하지만, 환자 가족들은 생의학 의료요원들보다는 치료사들이 그러한 이상에 대해 자신들과 논의하고 이해할 수 있는 진단을 내려 줄 가능성이 훨씬 더 높다고 말했다. 어떤 치료사와 이루어지는 진찰은 실제로 대화와 협의를 수반하고, 심신의 이상에 대해 어떤 꼬리표를 부여할 것인가에 관하여 잠정적 합의로 나아갈 가능성이 높다. 로버트 에저턴Robert B. Edgerton이 탄자니아 치료사들에 의해 이루어지는 정신 이상의 승인 및 꼬리표 부여에 관하여 쓴 뛰어난 글에서 보여 주었던 것처럼 말이다.[24]

전문 개업의들도 가족들로 하여금 어떤 구성원이 간질 환자임을 확인하도록 만드는 역할을 할 수도 있다. 에티오피아에서 활동하는 의사인 힐은 다음과 같이 썼다.

부모들은 종종 아이의 병력에 대한 이야기를 나누는 동안, 처음으로 그 병의 진정한 본질을 인식하게 된다. 그들은 어느 순간 갑자기 그리고 크게 비통해하면서, 그들이 보아 왔던 것을 더 이상 은폐하지 않는다. 자신의 아이가 사실은 졸도 후에 경련성 움직임을 보여 왔다는 것이, 그들에게 받아들여지기 시작하는 것이다.[25]

24 Robert B. Edgerton, "On the 'Recognition' of Mental Illness", eds. Stanley C. Plog and Robert B. Edgerton, *Changing Perspectives in Mental Illness*, New York: Holt Rinehart and Winston, 1969.
25 Giel, "The Epileptic Outcast", p. 29.

그렇지만 우리가 탄자니아에서 면담했던 가족들 중 대다수는, 병원에서 거의 아무런 설명을 들을 수 없었고, 어떠한 진단이라고 할 만한 것을 결코 받아 본 적이 없다고 역설했다. 더 하위 단계의 일차보건의료 시설, 진료소, 보건센터들은 더욱 상황이 좋지 않다. 문제가 있다고 치료가 수행된 경우의 단지 11%에서만, 실제로 신경정신학적인 이상이 존재하는 것으로 확인되었던 것이다. 자신의 아들이 발작을 일으킨 후 보건센터에 나흘 동안 입원해 있었던 한 응답자는, 당시의 진단에 관해 센터 측에 질문을 했던 일을 말해 주었다. 그에 따르면, 보건센터 직원으로부터의 대답은 "그것은 당신이 알 바가 아닙니다"라는 것이었다. 부분적으로 이러한 의사소통의 결핍은, 주변적인 보건시설에서 일하는 준의료적 성격의 직원들이 간질을 확인하고 치료할 수 있는 훈련을 특별히 받아 오지 않았다는 사실 때문일지도 모른다. 사실상 그러한 현실을 타개하는 것이 탄자니아 정신보건 프로그램의 목적이었다. 그러나 생의학 의료요원들이 질환에 대해 환자들과 논의할 것이라는 기대를 환자들 자신이 미리 접어 버리는 경우에도, 또한 이러한 의사소통의 결핍이 발생한다.

벌레와 오염에 대하여

우리의 연구에서 탄자니아의 응답자들 중 일부는 간질을 벌레(음창고 mchango)와 연계하여 사고했다. 벌레가 척수를 따라 기어올라가 뇌에 이르고, 그래서 그것이 뇌 속으로 들어갔을 때, 그 사람이 경련을 일으키며 쓰러지게 된다는 것이다. 이러한 생각은 오를리에 의해 보고된 우간다에서의 관념과 상당히 유사한데, 그곳에서는 간질이 미릿속에서 돌아다니며 어지럼증과 발작을 유발시키는 도마뱀 때문인 것이라 여겨진다.[26] 자신의 생각을 생의학적 견지에서 표현하도록 배워 왔던 사람들의 귀에는, 그러한 표현방식이 이상하고 원시적으로까지 들릴지도 모르겠다. 그러나 직접적인 방식으로는 이해와 의사소통이 어려울 수 있는 경험을 말로 설명하는 데 은유와 유비가 사용되는 것은 매우 통상적인 것이다.[27] 예를 들어, 현대 생의학에서 전조를 의미하는 아우라aura라는 단어는 그리스어로 '미풍'을 의미한다. 2세기에 어떤 환자가 의사 클라우디우스 갈레누스Claudius Galenus, AD 129~199[28]에게 자신의 경련이 다리 아래쪽에서 시작되어 "허벅다리를 통해 일직선으로 위로 올라와서는 옆구리와 목의 측면을 통해 머리에까지 이르렀다"고 말했다. 머리에까지 올라온 것은 무엇이었는가? 또 다른 사람이 "그것은 찬 미풍 같았다"고 말했다.[29] 여기서 벌레가 척수를 기어올라와 뇌에까지 이른다는 관념과의 유사함은 매우 인상적이다. 레비-스트로스는 우리에게 '구체具體의 논리'에 귀를 기울이라고, 즉 사람들이 그들의 경험에 관해 사고하기 위해 그들을 둘러싼 일상적 환경으로부터 현상들을 활용하는 것을 올바르게 인식하라고 가르쳤다. 서아프리카와 동아프리카에서는, 대

26 Orley, *Culture and Mental Illness*, p.38.
27 Sjaak van der Geest and Susan Reynolds Whyte, "The Charm of Medicines: Metaphors and Metonyms", *Medical Anthropology Quarterly* vol.3 no.4, 1989, pp.345~367.
28 고대 그리스의 의사·해부학자이다. 그리스 의학의 성과를 집대성하여 방대한 의학체계를 만들었고 중세와 르네상스 시대 유럽의 의학 이론 및 실제에 절대적 영향을 끼쳤다. 점액·황색 쓸개즙·흑색 쓸개즙·혈액의 4가지 체액이 균형을 이루어야 한다고 믿었으며, 의학 기초서인 『오페라 옴니아』 *Opera Omnia*를 비롯하여 수많은 의학서를 썼다. ─옮긴이
29 Owsei Temkin, *The Falling Sickness: A History of Epilepsy from the Greeks to the Beginnings of Modern Neurology*, 2nd ed, Baltimore: Johns Hopkins Press, 1971, p.37. 18세기에 아우라라는 개념은 '미풍'에 한정되지 않았다. "컬렌Cullen은 '아우라'를 몸의 어떤 부분으로 접근해 와서 머리를 향해 기어올라가는 무언가의 느낌으로서 설명했다"(Temkin, *The Falling Sickness*, p.247).

개 경련과 특정 종류의 새들 사이에 관념적 연계가 존재한다. 와포고로족[30]과 바간다Baganda족[31] 사람들은 독수리를 피해야 한다고 말한다. 독수리는 공중을 선회하다가 먹이를 급습하는데, 이러한 모습과 발작을 일으키는 사람들이 보여 주는 어지럼증 및 쓰러짐 사이에서 어떤 유사함을 발견하는 것이다. 목이 잘린 닭의 퍼덕거림도 마찬가지로 경련에 대한 유비가 존재하며, 와포고로족은 간질 환자들이 그러한 모습을 보는 것을 피해야 한다고 말한다.[32] 보츠와나에서 발작을 가리키는 용어는 '작은 비둘기'를 의미하는데, 이는 아이들이 비둘기나 다른 야생 조류들을 먹음으로써 그러한 병에 걸릴 수 있다는 관념과 관련된다.[33] 간질과 연관하여 도마뱀·벌레·새를 말한다는 것이 반드시 어떤 미신이나 편견을 나타내는 것은 아니다. 몇몇 연구자가 그런 식으로 결론을 내리고 있는 것처럼 보이기는 하지만 말이다. 에티오피아에서의 간질에 대한 태도를 주제로 한 최근의 한 글은 오를리의 저작을 언급하며 시작된다.

우간다 중부에서, 간질은 뇌 속에 있는 도마뱀의 존재 때문이라고, 도마뱀이 움직일 때마다 간질 환자의 쓰러짐이 발생한다고 여겨진다. 따라서 아프리카 토착 사회에서 간질 및 간질을 지닌 사람에 대한 태도는 항상 비우호적일 수밖에 없는데, 왜냐하면 그러한 태도가 그 질병에 관한 미신적 신념을 반영하고 있기 때문이다.[34]

---

30 Jilek-Aall, "Epilepsy in the Wapogoro Tribe in Tanganyika", p.71.

31 Orley, *Culture and Mental Illness*, p.10.

32 '새의 병'은 어린아이들의 경련을 지칭하는 카메룬 바밀레케Bamileke족의 용어이며, 이 또한 새 날개의 퍼덕거림에 대한 유비라고 할 수 있다.

33 Benedicte Ingstad, "The Myth of the Hidden Disabled: A Study of Community-Based Reha-bilitation in Botswana", Working paper, Oslo: Section for Medical Anthropology, University of Oslo, 1991, p.109.

나의 견해로는, 이는 은유적 표현방식에 대한 지나친 축어적 독해이며, 그로부터 지나치게 단순화된 결론이 도출된 것이라 할 수 있다.

간질의 전염이라는 이슈는 연구자들의 가장 많은 관심을 끌었던 문화적 테마이다. 그것은 생의학에서 중심적 개념인 전염에 대한 명백한 오해를 나타내는 듯 보였을 뿐만 아니라, 또한 간질 환자들의 방치와 고립에 대한 원인인 듯 보였던 것이다. 그러나 몇몇 저자들은 이러한 관념이 또한 유럽 의료 역사의 일부분임을 지적한다. 오우세이 템킨Owsei Temkin은 '쓰러져 버리는 병'에 대한 자신의 권위 있는 역사 저술에서, 고대 그리스로부터 중세 시대로 이어진 간질의 전염에 대한 관념을 추적하고 있다. 간질 환자들의 입으로부터 나오는 "끔찍한 날숨"의 위험성에 대한 공고문을 인용하면서 말이다.[35] 학술 논문들은 경련을 하는 사람들에게는 접근하지 말라고, 그리고 그러한 사람들 근처에서는 함께 숨조차 쉬지 말라고 경고했다. 여러 성자들도 간질과 연계되어 사고되었다. 성 밸런타인St.Valentine을 포함해서 말이다. 간질을 지니고 있었던 사람들에 대해 그가 지녔던 호소력은, 그의 이름이 발작에 대한 중세 독일의 단어인 팔런틴fallenthin과 매우 유사하게 들렸다는 사실과 관련되었던 것 같다. 알자스 지방의 루파흐Rufach에 있는 성 밸런타인 수도원에는, 전염병에 걸린 순례자들이 일반 대중으로부터 분리된 채 머물렀던 격리 병원이 1486년에 지어졌다.[36]

34 Tekle-Haimanot et al., "Attitudes of Rural People in Central Ethiopia towards Epilepsy", p.203.

35 Temkin, The Falling Sickness, pp.115~116.

36 Wolfgang G. Jilek, "The Epileptic's Outcast Role and its Background: A Contribution to the Social Psychiatry of Seizure Disorders", Journal of Operational Psychiatry vol.10 no.2, 1979, p.130.

광범위한 비교분석을 수행한 글에서, 볼프강 질렉Wolfgang Jilek은 간질이 전염성 질병이라는 관념, 간질 환자의 '버려진 자 역할'에 대한 설명에서 그가 중요한 것으로 확인하고 있는 어떤 관념의 보편성에 가까운 성격에 대해 기술한다.[37] 그는 어느 곳에서나 가장 두려운 대상이 되는 발작이 일어나는 동안에, 입에서 거품이 일며 나오는 것이 바로 타액임을 우리에게 상기시킨다. 그리고 이러한 거품에 대한 공포를 합리적인 것으로 표현하려고 노력하면서, 그는 실제로 대부분 타액에 의해 전염되는 광견병과 간질이 사람들에게 서로 겹쳐지며 인식되는 것임을 주장한다.[38] 이러한 설명은 흥미를 자아내며 독창적인 것이긴 하다. 그러나 나는 이 또한 사람들이 자신이 생각하는 바를 나타내는 도구가 되는 상징적 표현의 본질을 경시하는 '의료적 유물론'에 대한 하나의 예를 우리가 확인한 것일 뿐이라고 생각한다.

만일 간질 환자의 타액이 신경학적 이상을 전염시키는 하나의 방식으로 간주되는 것이라면, 우리는 간질의 구체적 사례들이 대개는 발작을 일으키는 누군가와의 접촉에 의해 설명되리라 예상할 수 있을 것이다. 그러나 우리가 진행한 탄자니아에서의 연구에서, 이러한 경우는 좀처럼 존재하지 않음을 확인했다. 비록 전염에 대한 관념이 자주 언급되고 드러나기는 하지만, 거의 어느 누구도 특정한 간질의 사례들을 다른 간질 환자로부터의 전염에 의한 것으로 설명하지는 않았다. 이러한 동일한 역설이 한 나이지리아 연구팀 역시 곤혹스럽게 했다. 그들은 1985년에 하나의 연구 결과를 발표했는데, 그 연구 결과는 무엇보다도 응답

37 Jilek, "The Epileptic's Outcast Role and its Background", pp.127~133.
38 ibid., p.31.

자들이 다른 간질 환자로부터의 전염을 간질의 주요 원인으로서 언급하고 있지 않음을 보여 주었다. 그들은 다음과 같이 결론을 내렸다. "이러한 연구 결과는 나이지리아 사람들이 간질을 전염성으로 간주한다는, 널리 퍼져 있는 견해를 지지하지 않는다."[39] 1989년에, 앞선 연구의 주 저자는 또 다른 연구를 발표했다. 여기서는 285명의 일반 응답자들 100%가 간질이 전염되었을 것이라 응답했고, 상당수의 의대 학생들조차 이에 동의했다. 그 저자는 두 연구에 참여했던 응답자들의 교육 수준에 존재하는 차이를 제시함으로써 연구 결과의 상이함을 설명하고자 했다. 그렇지만 그러한 상이함의 실제 이유는 두번째 연구에서 저자가 간질의 원인에 관하여 물었던 것이 아니라, 발작이 있는 동안 기꺼이 간질 환자와 접촉하거나 간질 환자와 같은 접시에서 음식을 먹을 의향이 있는지 물었던 것에 있음이 분명한 듯 보인다.[40] 내가 주장하고자 하는 바는, 전염에 대한 관념이 주로 병인과 관련된 것은 아니라는 사실이다.

이미 1968년에 빌링턴W. R. Billington은 아프리카적인 개념이 전염 contagion보다는 오염contamination으로서 더 잘 표현될 수 있다고 제안했던 바 있는데,[41] 나는 이러한 제안이 올바른 방향을 가리키고 있다고 생각한다. 오염이라는 단어는 펄루션pollution[42]이라는 개념과 깊이 연루되어 있음을 암시하며, 펄루션은 세균적이고 병인학적인 의미뿐만 아니라 어떤 도덕적이고 우주론적인 의미 또한 지닌다고 할 수 있다. 첫번

---

39 Alfred Awaritefe et al., "Epilepsy and Psychosis: A Comparison of Societal Attitudes", *Epilepsia* vol. 26 issue 1, 1985, p.8.

40 Awaritofo, "Epilepsy", pp.449~456.

41 W. R. Billington, "The Problems of the Epileptic Patient in Uganda", *East African Medical Journal* vol. 45 no. 8, 1968, pp.563~569.

42 영어 단어 pollution은 오염 또는 타락이라는 의미를 지니고 있다. 이후 본문에서는 contamination 과 pollution 양자 모두를 오염으로 옮겼음을 밝혀 둔다.—옮긴이

째 실마리는 타액뿐만이 아니라 경련이 일어나는 동안 통제되지 못한 채 몸으로부터 배출되는 장내 가스·소변·대변 또한 위험한 것으로서 언급된다는 사실이다. 이는 우리가 수행한 탄자니아에서의 연구에서도 그러했으며, 다른 연구들에서도 또한 다양한 몸의 산물들이 위험한 것으로서 언급되고 있다(끔찍한 것으로 이야기되었던 것 중의 하나가 그리스에서는 간질 환자의 날숨이었다는 것을 기억하자). 메리 더글러스Mary Douglas는 자신의 저서『순수와 위험』에서 불결 및 위험과 몸의 경계물境界物, exuviae[허물이나 각질과 같은 것을 말한다——옮긴이] 및 배설물 사이에 널리 퍼져 있는 관념적 연계를 논의한 바 있다.[43] 어떤 몸의 산물이 몸과 외부 세계 사이의 경계를 넘어설 때, 이러한 산물들은 기본적인 질서의식과 어긋나며 따라서 위협적인 것이다. 탄자니아 북부 사메Same 부근의 어떤 마을 사람들은 간질이 전염성이라는 것은 부정했지만, 또 다른 방식의 위협감에 대해 명확히 말했다. 그들은 누군가가 결코 경련을 일으키는 사람의 입으로부터 나오는 거품을 중단시키거나 닦으려 해서는 안 된다고, 왜냐하면 그렇게 할 경우 그/그녀가 죽을지도 모르기 때문이라고 말했다. 몸의 산물들과 경계물들은 문제적인 것이다. 전염되는 것은 아니지만 말이다.

발작이 일어나는 동안의 오염의 위험에 대한 신념을 면밀히 조사하는 것은 탄자니아 사회에서 중요하고도 미묘한 차이를 지닌 어떤 상황을 확인할 수 있도록 해주었다. 많은 사람들이 오염에 대해 언급하기는 했지만, 간질 환자의 가족들은 **다른** 사람들이 오염을 두려워한다고, 그

43 Mary Douglas, *Purity and Danger: An Analysis of Concepts of Pollution and Taboo*, London: Routledge and Kegan Paul, 1966.

러나 그 간질 환자를 잘 아는 사람은 그렇지 않다고 강조했다. 많은 가족들은 그들이 간질을 지닌 가족 구성원들을 그 다른 사람들 쪽에서의 오염에 관한 신념들로부터 보호할 필요가 있다고 믿었다. 어떤 아이들은 학교에 보내지지 않거나 집으로부터 멀리 나가 놀도록 허락되지 않았는데, 그들이 경련을 일으킨다면 아무도 도우려 하지 않을 것이라 생각되었기 때문이다. 한 어머니는 자신의 아들이 화상 때문에 지역의 병원에 입원해 있었는데, 그가 병원에서 경련을 일으킨 후에는 다른 환자들로부터 격리되어 있어야 한다고 확신하기까지 했다. 자신의 아들이 다른 이들을 오염시킬지 모른다는 사람들의 두려움 때문에 말이다. 그렇지만, 우리는 그 가족들이 간질을 지닌 구성원을 가정 내에서 고립시킨다는 거의 아무런 증거도 발견하지 못했다. 사발과 컵들은 함께 사용되었고, 가족 구성원들은 발작이 일어나는 동안에 그를 돌봤다.

더글러스가 지적했던 바에 따르면, 사회적 경계를 강화시킨다는 것이 바로 오염에 관한 신념이 지닌 특질이다. 오염의 위험은 자기 자신이 속한 집단 외부에 있는 사람들과의 상호작용에서 가장 큰 것으로 여겨진다. 마치 우리가 가족 구성원보다는 어떤 낯선 사람과 숟가락을 함께 사용하는 것에 대해 덜 편안하게 느끼는 것처럼, 그와 마찬가지로 오염의 위험은 누군가의 직접적인 소속집단 외부에 있는 간질 환자로부터 훨씬 더 현저하다고 간주되는 것이다. 가장 명백한 예들 중의 하나는, 모시Moshi의 시내에서 살고 있던 이상행동을 수반한 간질을 앓는 한 소년의 어머니로부터 발견되었다. 그 어머니는 다음과 같이 말했다. "차가Chagga족은 그 아이를 볼 때면, 매매로 '빨리 지나가서 그 아이가 너와 접촉하지 못하도록 해'라고 말합니다. 그들은 아이가 발작을 하고 있지 않을 때조차, 자신들에게 전염을 시킬 수 있다고 생각해요. 아마도 타액을 통해서 말이지요." 여기서 두 가지 흥미로운 점이 존재한다. 그 환경은 도시였고, 그래서 행인은 한 촌락에서 살아가는 경우에서처럼 그 소년이 누군지를 알지 못했다. 그리고 자신이 보았던 것을 차가족의 태도로써 묘사한 그 어머니는, 또 다른 종족집단 출신이었다.

전반적으로 볼 때, 탄자니아에서 얻어진 자료들은 우리가 오염이라는 개념을 간질에 대한 보편적인 인식을 형성하는 **바로 그러한** 문화적 구성 개념으로서 받아들이지 않도록 주의해야만 함을 말해 주고 있다. 비록 오염을 색다르고 부정적인 개념의 한 예로서 지적하는 일이 흔히 있어 오기는 했지만, 그 개념을 맥락 속에서 고찰하고자, 그 개념이 언제 적극적으로 표현되고 언제 무시되는지 이해하고자 노력을 기울였던 연구자들은 거의 없었다. 간질을 지닌 사람들과 그 가족들의 삶에 대한 정확한 묘사들을 생산해 내기보다는 다소간 판에 박힌 모습들을 소묘한 채 끝을 맺을지 모른다는 위험성은 우리에게도 존재하고 있다.

원인과 치료법들

아프리카에서 간질을 주제로 한 사회의학social medicine에 관여해 온 연구자들은 그 질병이 초자연적인 원인에 의해 발생한다는 사람들의 신념을 기술하면서, 이러한 관념을 생의학적 의료시설보다 토착치료사에 의한 치료를 선호하는 것과 연결시켜 왔다. 이와 같은 이해는 아프리카에서 불운의 설명 및 치료에 대한 고전적인 인류학 연구들과 잘 들어맞으며, 그러한 연구들은 아프리카 사회 특유의 우주론들, 의례들, 사회관계들을 제시해 왔다. 민족지학적인 상세 기술이 풍부하게 담겨 있는 최근의 예로는 카메룬 바밀레케족 사람들 사이에서의 간질에 대한 한 연구를 들 수 있다. 그 연구의 저자들은 마녀가 때로는 돌들에, 오래된 옷들에, 특히 그 지역에서 흔한 특정 유형의 선인장에 주문을 걸어서 간질을 야기한다는 신념에 대해 기술한다. 어떤 한 시점에 간질의 발병이 증가했을 때, 대추장은 점쟁이에게 공중 보건을 위한 조치로서 모든 선인장을 뿌리째 뽑아 불태워 버리라고 명령했다. 같은 남편을 둔 시샘이 많은 아내들은 자신이 낳지 않은 아이들이 간질에 걸리도록 마법을 사용한 것으로 흔히 의심을 받는다. 어쨌든 그로 인해 간질에 걸린 아이의 어머니에게는 가혹한 매질이 가해지고, 그녀는 "그녀의 남은 일생을 간질에 걸린 아이를 돌보고 그 질병에 대한 치료법을 끝없이 찾아다니는 데 바쳐야 할" 운명에 처하게 된다.[44]

혼령이나 마법에 의해 야기된 질병들은 특히나 토착치료사에 의한 치료가 적절한 것으로 간주된다.[45] 잠비아의 수도인 루사카의 한 병원에서 132명의 간질 환자들을 대상으로 한 어떤 연구는, 최초의 발병 이후 환자들이 생의학적 치료를 찾는 데까지 걸리는 시간이 평균적으로 3.4년임을 확인했다. 그 연구의 저자들은 이렇게 시간이 소요되는 이유를 사람들이 처음에는 전통치료법을 찾는다는 사실에서 찾고 있다.[46] 그렇

---

44 Nkwi and Ndonko, "The Epileptic among the Bamileke of Maham in the Nde Division, West Province of Cameroon", pp.441~442.

45 간질은 대개 전통치료사들에 의해 치료가 이루어지기는 하지만, 그러한 이상을 실제로 치료하는 능력에 대해 완전한 확신이 존재하는 것은 아니다. 화염 속에서 화상을 입은 간질 환자는 그 어떤 치료사도 고칠 수 없다는 신념이 널리 보고되고 있다. 케냐에서 이루어진 한 연구는, 나이로비에서 이루어진 설문조사에서 치료사들 중 16%가 그들이 가장 잘 치료할 수 있는 3대 질병 중 하나로서 간질을 지목한 반면, 또 다른 16%는 그 병을 치료 불가능한 것으로 말했음을 확인하였다(Charles M.Good, *Ethnomedical System in Africa: Patterns of Traditional Medicine in Rural and Urban Kenya*, New York: Guilford Press, 1987, p.268).

46 L.J.Cardozo and M.G.Patel, "Epilepsy in Zambia", *East African Medical Journal* vol.53 no.8, 1976, p.492.

지만 병의 원인에 대한 인식과 치료방법에 대한 선호 사이의 관계라는 이슈는, 보츠와나에서 이루어진 한 연구가 보여 주는 것처럼 그렇게 간단한 것은 아니다. 보츠와나에서도 또한 전통적 수단으로 간질을 치료하는 것에 대한 선호가 발견된다. 171명의 마을 주민을 대상으로 한 표본조사에서, 단지 38%만이 간질 환자가 치료를 위해 처음부터 병원을 찾아야만 한다고 생각하는 것으로 밝혀졌다. 그러나 이러한 수치는, 현대적 치료법이 간질에 소용이 있는 것으로 생각하는 사람은 같은 표본에서 단지 13%에 불과하다는 또 다른 조사 결과에 비추어 이해될 필요가 있다. 이 연구의 결론 중 하나는 보건교육이 과학적인 설명 그 자체보다는 현대의 효과적인 치료법에 대한 효용성을 이해시키는 데 강조점을 두어야만 한다는 것인데, "왜냐하면, 과학적인 병인에 대한 신념과 치료법의 선택은 거의 아무런 관련을 갖지 않는다는 것이 분명하기 때문이다".[47]

탄자니아에서의 우리의 연구는, 간질의 원인에 대한 인식과 치료법 선택 사이의 관계에 대하여 진실의 일단을 드러내 주고 있다. 그곳에서 우리는 마법이 간질의 원인으로 가장 빈번히 언급되고 있음을 확인했다. 다양한 종류의 조상의 유령 및 혼령들이 또한 그러한 원인으로 제시되었다. 그러나 어떤 사람들은 간질이 유전이나 신체적 질환, 치료되지 않은 발열성 경련이나 벌레들 때문이라고 말했다. 또 다른 사람들은 간질은 '신의 일'이라고 생각했는데, 동아프리카에서 그것은 곧 운명임을, 변화가 일어날 수 없음을 의미한다(이와 대조적으로 마법과 같은 '사람의

---

47 Jeremy R. Dale and David I. Ben-Tovim, "Modern or Tradition? A Study of Treatment Prefe-rence for Neuropsychiatric Disorders in Botswana", *British Journal of Psychiatry* vol. 145 issue 2, 1984, p. 191.

일'은 사람에 의해 치료될 수도 있다). 사람들이 답변할 수 있는 적절한 질문을 하길 원하는 인류학자들에게 가장 혼란스럽게 느껴지는 것은, 우리의 태도 설문조사에서 응답자의 41%가 간질의 원인을 알지 못한다고 말했다는 사실이다. 나이지리아의 설문조사에서는 26%가 마찬가지의 답변을 했다.[48] 그리고 에티오피아의 설문조사에서 그러한 답변의 수치는 52%에 이를 만큼 높았다.[49]

간질의 원인에 관한 이와 같은 조사 결과들의 편차와 불확실성을 우리는 어떻게 해석해야만 할까? 부분적으로 그러한 결과들은 설문조사 방법에 의한 산물일지도 모른다. 조사의 방법 자체가 사람들로 하여금 이해하기 어렵고 불분명한 생각을 표명하도록 만든 인위적인 방식이었기 때문일 수 있다. 그러나 나는 상이한 설명들과 불확실성은 연구자들이 사람들의 마음속에 있는 분명한 확신을 발견하는 데 실패한 것이라기보다는 진실의 어떤 본질적인 부분이라고 믿는다. 이러한 관점을 채택한다면, 문제의 핵심은 사람들이 어떻게 그들의 경험에 대한 이해를 구성해 나가는가가 된다. 우리는 아프리카 사람들을 모든 답변을 이미 지니고 있는 문화의 포로라기보다는, 자신들의 경험을 해석하는 과정에 있어 적극적인 행위자들로 간주한다.

어떤 치료법을 추구하는가는 경험에 대한 해석의 과정에서 중심적인 것이다. 사람들은 자신들이 명확히 말했던 병의 원인에 대한 관념에 의거하여 도움을 구하기도 했지만, 그들은 또한 그 치료법이 효과가 없다면 그러한 관념 자체를 수정했다. 해석이 치료법의 선택에 영향을 미

48 Awaritefe et al., "Epilepsy and Psychosis", p.8.
49 Tekle-Haimanot et al., "Attitudes of Rural People in Central Ethiopia towards Epilepsy", p.205.

칠 뿐만 아니라, 치료의 결과 또한 해석에 영향을 미치는 것이다.

가족들이 치료의 내력을 이야기하는 것을 들어 보면, 그들이 다양한 인과론적 설명들을 고려했다는 것은 명백했다. 나는 한 젊은 남성을 잘 기억하고 있는데, 왜냐하면 그가 "콰 니니Kwa nini? 콰 니니?"와 같은 다소간 당혹스러운 표현을 반복해서 했기 때문이다. 그 표현은 스와힐리어로 "왜? 왜?"를 의미한다. 그의 가족은 그가 매우 높은 열을 수반한 병에 걸리고 혼수상태에 빠지기 전까지는 정상적이고 총명한 아이였다고 말했다. 그 이후 간질에 걸렸으며, 무력하고, 정신박약이 되었다는 것이다. 그는 병원에서 치료를 받아 왔을 뿐만 아니라, 약 15명의 서로 다른 전통치료사들이 또한 그의 치료에 개입했다. 한 치료사는 악령들을 제거하기 위해, 그 가족들로 하여금 옷을 벗은 채로 밤에 무덤 옆을 걷도록 했다. 다른 치료사들은 그가 마법을 일으키는 약에 노출되어 왔다고 생각했다. 가족들은 조상들에게 염소를 제물로 바쳤고, 그에게 약초로 제조된 약의 증기를 들이마시도록 했다. 그러나 여전히 그는 경련을 일으켰다. 그래서 이제, 그의 어머니는 병원과 치료사들의 모든 설명을 의심하고 있다. "이것은 신의 일임에 틀림없다"고, "나는 그 원인을 알지 못한다"고 그녀는 말한다. 같은 읍내에 사는 한 소녀의 아버지 또한 딸의 병인에 대한 확신이 없었다. 그는 딸의 경련에 대한 원인을 알기 위해서 몇몇 점쟁이들을 찾아갔다. 어떤 이들은 그 원인이 혼령이라고 말했고, 다른 이들은 마법이라고 말했다. 한 병원에서는 그녀의 발작이 말라리아 때문이라고 말했다. 또 다른 병원에서는 매일 복용하도록 알약을 주었지만, 그녀가 앓고 있는 병의 본질에 대해서는 설명하지 않았다. 어떤 것도 실제로 도움이 되지 않는 것처럼 보였기 때문에, 그 아버지는 무엇이 잘못된 것인지 확신할 수가 없었다.

우리가 탄자니아에서 관찰한 다양한 신경정신학적 이상들 중에서, 간질은 치료가 시도되는 빈도가 가장 높았다. 우리가 방문한 66가구들 중에서 어떠한 종류의 치료도 모색하지 않은 경우는 하나도 없었고, 평균적인 진찰의 횟수는 다섯 번이었다. 43가구가 전통치료사로부터 처음 치료를 구한 반면, 3가구는 집에서 약초로 치료를 시도했고, 20가구만이 최초의 단계에서 실제로 현대적 보건시설을 방문했다. 다른 가구들도 치료법을 구하는 동안의 어떤 시점에서 병원이나 보건센터를 방문했지만, 단지 5가구만이 정규의 치료 프로그램에 참여했던 것으로 보인다. 많은 사람들은 단지 말라리아나 신체적 증상들에 대해서만 병원 및 보건센터에서 치료를 받았다. 전체 가구의 4분의 3은 생의학시설들이 그들에게 문제에 대한 어떠한 설명도 제공하지 않았다고 말했다. 반면, 전통치료사로부터 문제의 원인에 관한 설명을 듣지 못한 경우는 단지 4분의 1에 지나지 않았다.[50]

아프리카에 간질에 대한 효과적인 치료 프로그램이 개설되었을 때, 그 프로그램은 느릿느릿 활용되었다. 대개는 치료법에 대한 필사적인 추구가 이루어진다고 했을 때, 사람들은 실제적인 치료가 가능하다고 확신하기만 한다면 아주 기꺼이 생의학적 치료를 시도할 것이다. 이것이 바로 오를리가 우간다에서 1960년대에 경험한 것이었다. 즉, 대다수

---

50 간질의 치료에 있어 전통치료사들에 의해 수행될 수 있는 긍정적 기능들이 한 연구 간행물에서 인정되고 있다. 그들은 진정으로 어떤 안도감을 제공할 뿐만 아니라, 생의학적 개입이 반드시 필요하지 않을 때 사람들이 이를 이용하지 않도록 보증해 준다. "왜냐하면, 그들의 일생에서 단 한 번만의 발작을 겪는 무수히 많은 간질 환자들의 경우, 전통치료사를 한 번 방문한 후에는 치료가 된 것으로서 선언될 것이 확실하다. 반면에 의사의 진찰을 받는다면 그들은 복잡한 진단과정에 휘말려야 하고, 부수적인 여러 부작용과 제약이 수반되는 장기 화학요법의 포로가 될 것이기 때문이다"(I.P.Ndiaye et al., "Sociocultural Aspects of Epilepsy in Africa", *Progress in Clinical and Biological Research* vol.124, 1983, p.351).

의 사람들은 서구 의학이 간질에 대한 치료법을 지니고 있다고 여기지 않았다. 오를리는 이를 수긍하면서 다음과 같이 말한다.

간질의 치료가 단지 몇 개의 알약을 제공하는 것 이상을 필요로 한다는 사실을 우리가 인정한다면, 서구 의학에 의해 간질이 치료되지 않는다는 생각에는 당연히 일정 정도의 진실이 존재한다. 간질의 치료는 또한 그 치료가 장기적일 수밖에 없다는 특성에 관한 사려 깊은 설명과, 환자들이 장기간에 걸쳐 약을 용이하게 입수하는 것을 보장하기 위한 노력을 필요로 한다. 간질의 치료가 이러한 방식으로 체계화되지 않는 한, 그것은 전혀 치료라고 할 수 없다.[51]

그러한 체계적인 치료 프로그램이 이제는 몇몇 아프리카 지역사회들 내에서 자리를 잡았다. 비록 그러한 곳에서도 다른 모든 지역들에서처럼 '환자 쪽에서 응하는가'의 문제가 존재하기는 하지만, 간질 환자들을 병원에 정기적으로 방문케 하는 것은 가능한 것으로 입증되었다. 루사카와 같은 도시지역뿐만 아니라[52] 보츠와나,[53] 말라위,[54] 케냐[55]와 같은 농촌지역들에서도 또한 말이다.

51 Orley, *Culture and Mental Illness*, p.46.
52 Cardozo and Patel, "Epilepsy in Zambia", pp.488~493.
53 David I. Ben-Tovim, "A Psychiatric Service to the Remote Areas of Botswana", *British Journal of Psychiatry* vol. 142 issue 2, 1983, pp.199~203.
54 A. E. Watts, "A Model for Managing Epilepsy in a Rural Community in Africa", *British Medical Journal* vol. 298 no. 6676, 1989, pp.805~807.
55 A. T. Feksi et al., "A Comprehensive Community Epilepsy Programme: The Nakuru Project", *Epilepsy Research* vol. 8 issue 3, 1991, pp.252~259; A. T. Feksi et al., "Comprehensive Primary Health Care Antiepileptic Drug Treatment Programme in Rural and Semi-urban Kenya", *Lancet* vol. 337 issue 8738, 1991, pp.406~409.

요점은 어떤 '이상한' 신념들 때문이라기보다는, 오히려 열악한 생의학적 서비스 때문에 많은 환자들이 현대적 치료를 찾지 않는다는 것이다. 우리는 생의학적 서비스들의 전달과 그러한 서비스들이 인지되고 활용될 수 있는 방식보다는, 그 지역의 사람들로부터 발견되는 색다른 문화적 개념들에만 훨씬 더 주의를 기울여 왔다고 할 수 있다.

간질의 사회적 맥락

나는 이미 간질 환자의 사회적 고립에 관한 문헌에서 발견되는 일반화의 일부에 대해 지적한 바 있다. 그러나 최근의 태도 설문조사와 간질을 지닌 사람들의 실제 상황에 대한 연구는 상당히 더 복잡한 실상을 보여준다. 여타의 손상을 지닌 사람들의 경우에서와 마찬가지로, 간질을 지녔다는 것으로부터 초래되는 결과들은 해당 지역사회에서 나타나는 태도 및 가능성들뿐만 아니라, 그 사람의 사회적 배경, 개별적 특성, 질환의 경중 정도에 달려 있다.

초기의 연구들 중 몇몇은 간질을 지닌 이들 중 신체적으로나 정신적으로 심한 고통을 겪고 있으며, 이런저런 이유로 인해 가족들로부터 거의 아무런 지원도 받지 못하는 사람들에 대해 기술하고 있다. 그러나 에티오피아의 공동묘지를 배회하는 비참하게 버려진 자가 그 나라에서 간질을 지닌 사람들의 모습을 대표하는 것은 아니다. 1950년대에 탕가니카[56]의 정신병원들에서는 단지 "미치고 반사회적인 간질 환자 집단

---

56 아프리카 중동부의 탄자니아 대부분을 차지하는 지역. 원래는 독자적인 공화국이었으나, 1964년에 잔지바르와 통합되어 탄자니아가 되었다. —옮긴이

들"로 간주된 사람들이 입원 사례의 12%를 차지했다.[57] 이와 대조적으로, 라고스대학교Lagos University 부속병원의 신경과 클리닉에 내왕하는 환자들을 대상으로 한 다네시M. A. Danesi와 공저자들의 연구와 같은 경우에서는 상대적으로 긍정적인 상황을 제시하고 있는데, 그 환자들은 거의 모두 교육을 받았고 고용된 상태에 있었던 것이다.[58]

바로 이러한 지점에서 체계적인 지역사회기반 연구들이 요구된다. 이상적으로 말하자면, 그러한 연구들은 오를리[59]나 은크위와 은동코[60]가 제시한 것과 같은 종류의 민족지학적 상세 기술들을, 그 지역사회의 간질을 지닌 **모든** 개인들의 실제 상황에 대한 보다 사회학적인 자료와 결합시켜야만 한다. 우리가 수행한 탄자니아에서의 연구도 이러한 기준들을 충족시키지는 못한다. 그러나 그것은 최소한 탄자니아의 전형적인 환경들 내에 있는 간질 환자들을 찾아가 면담을 하고자 하는 하나의 시도를 보여 주고 있다.

두 군데의 도시지역 및 여섯 군데의 농촌마을에서, 우리는 해당 지역의 지도자들에게 우리가 간질을 지닌 사람들을 방문할 수 있도록 안내해 줄 것을 요청했다. 이러한 방법으로 만난 66개의 사례 중, 하나를 제외하고는 모두가 그들의 가족과 살고 있었다. 그들 중 14세 이상의 연령대가 50%를 차지하고 있었고, 성인들 중 4명은 간질성 발작뿐만 아

57 Tekle-Haimanot et al., "Attitudes of Rural People in Central Ethiopia towards Epilepsy", p.206.
58 M.A.Danesi et al., "Social Problems of Adolescent and Adult Epileptics in a Developing Country, as Seen in Lagos, Nigeria", *Epilepsia* vol.22 issue 6, 1981, pp.689~696; Danesi, "Patient Perspective on Epilepsy in a Developing Country", pp.184~190.
59 Orley, *Culture and Mental Illness*.
60 Nkwi and Ndonko, "The Epileptic among the Bamileke of Maham in the Nde Division, West Province of Cameroon", pp.437~448.

니라 중증의 정신적 손상 또한 지니고 있었다. 마을 사람들과의 대화 및 우리의 태도 설문조사는 가족들이 간질을 지닌 구성원을 돌보려 하며 동정하고 있다는 것을 드러내 주었다. 실제로, 돌봄의 문제는 지역사회가 아니라 주로 해당 가족의 책임으로 간주된다. 간질 환자들 및 가족들과의 대화는 그 가족들이 장애를 지닌 구성원들에 대해 관심과 노력을 기울이고 있다는 것을 확인시켜 주었다. 어떤 경우들에서는 많은 시간과 노력들이 간질을 치료하고자 노력하는 데 소비되고 있었으며, 상태가 매우 심한 다른 경우들에서는 과중한 노동에 시달리는 어머니들에게 있어 돌봄의 부담이 지나치게 무거웠다. 확실히, 어떤 문제들이 존재했다. 즉, 아프리카의 확대가족도 취약한 가구 구성원들에 대해 언제나 보호를 제공할 수 있는 것은 아니다. 그러나 중요한 점은 간질을 지닌 사람들이 가족의 구성원이라는 것, 그리고 그러한 멤버십이 그들의 삶에 있어 단 하나의 가장 중요한 틀이라는 사실이다.

가족들은 대개 타인들이 지니고 있는 실제적인 또는 감지된 부정적 태도로부터 간질을 지닌 구성원들을 과보호하고 있는 것처럼 보였다. 이는 아동들의 교육과 관련하여 분명하게 관찰되었다. 학교에 다닐 수 있을 만큼 정신적으로 충분히 정상적인 아이들의 4분의 1 미만 정도만이 실제로 학교에 다니고 있었다. 몇몇의 사례들에서, 부모들은 교사가 자신들에게 아이를 학교에 보내지 말 것을 권했다고 주장했다. 그러나 대다수의 경우에 있어 가족들은 자신의 아이들이 학교에서 쓰러질까 봐, 그리고 아무도 도와주지 않을까 봐 두려웠기 때문이라고 이유를 설명했다. 그렇게 그 가족들은 자신들이 곁에서 돌볼 수 있는 집에 아이들을 있도록 했다. 우리는 교사들이 간질을 지닌 아이들을 학교에 보내도록 부모들을 독려하는 몇몇의 사례들을 만났는데, 그 중 한 여자아이는 실제로 보육원에 다니고 있었고, 그곳에서 아이의 부모는 자신의 아이가 지닌 문제점들을 설명하기 위해서 교사들과 회의를 열었다. 비록 간질이 아이들의 교육에 실제로 방해물이 되고 있는 것처럼 보이기는 했지만, 그러한 상황이 단순히 낙인이나 차별로 판단될 수 있는 것은 아니었다. 잔지바르는 탄자니아에서 다른 곳보다 도시화되어 있고 일반적으로 더 부유한 지역인데, 그곳에서의 한 설문조사는 간질을 지니고 있는 대다수의 아이들이 학교에 다니고 있음을 보여 준다.[61]

학교에 다니지 않는 아이들의 경우에도, 대가족과 마을 생활의 사회적 관계성은 함께 놀아 줄 수 있는 누군가가 언제나 존재한다는 것을 의미한다. 실제로 간질을 지닌 모든 아이들은 다른 사람들과 함께 놀았다. 비록 몇몇 경우에는 그들의 놀이친구가 주로 발작을 일으켰을 때 도움을 기대할 수 있는 다른 친척들이기는 했지만 말이다. 여기서 우리는 오염이라는 개념 ——외부인들은 경련을 일으키는 누군가와 접촉하지 않으려 할 것이라는 예상으로서 표현된—— 이 사회적 고립이 아니라 사회적 제한을 표현하는 하나의 방식으로서 어떻게 사용될 수 있는지에 대한 예를 확인할 수 있다.

아이들과 성인들 모두에게 있어, 사회적 상호작용에 대한 제한들은 오염에 대한 두려움에 의해서만큼이나 그 사람의 행동에 의해서 설명되었다. 어떤 간질 환자들은 주기적인 이상행동, 공격성 또는 위축을 지니고 있었다. 탄자니아의 옛 수도인 다르에스살람에 있는 국립병원의 신경과에서 이루어진 간질 환자에 대한 한 연구는, 환자의 60%가 치료

---

61 Bondestam et al., "Prevalence and Treatment of Mental Disorders and Epilepsy in Zanzibar", p.329.

를 충분히 장담할 수 있을 정도의 심리적 장애를 지니고 있음을 확인했다. 이들 중 대다수는 기질적 뇌병변과 관련되어 있었으며, 그 연구자들은 사회적 편견보다는 바로 그러한 기질적 뇌병변이 아프리카의 간질 환자들에서 나타나는 심리적 장애의 주요 원인이라고 결론을 내렸다.[62] 이러한 연구는 간질 환자들이 사회적 고립으로부터 '못쓰게 된 뇌'를 갖게 되는 상황보다는, 오히려 손상된 뇌가 정상적인 사회적 상호작용을 가로막게 될 수 있다는 사실을 제시하고 있는 듯 보인다. 이로부터 우리가 이끌어 낼 수 있는 교훈은 문화적 신념과 가족의 보호적 성격뿐만 아니라, 손상의 본질이 사회적 상황을 형성해 내기도 한다는 것이다.

우간다에서 이루어진 오를리의 연구[63]에서뿐만 아니라 우리의 태도 설문조사에서도 간질 환자들은 결혼을 할 수 없거나, 만일 결혼 후에 간질이 발병했다면 이혼을 하게 될 수도 있음을 보여 준다. 우리는 연구에 참여한 25명의 성인 간질 환자들 중 절반 가량인 12명이 결혼하지 않았음을 실제로 확인했다(간질뿐만 아니라 정신지체도 지니고 있는 4명은 포함시키지 않았다). 9명은 현재 결혼해 있는 상태이고, 4명은 이혼을 했다. 간질 환자로 알려진 후 결혼을 한 사람들에 대해서, 우리는 그들이 그다지 흡족한 결혼을 하지는 못한 것 같다는 인상을 받았다.[64] 결혼 이후 간질이 발병한 사람들의 경우, 결혼이라는 것이 일반적으로 영구적

---

62 William B. P. Matuja, "Psychological Disturbance in African Tanzanian Epileptics", *Tropical and Geographical Medicine* vol. 42 issue 4, 1990, p. 363.

63 Orley, *Culture and Mental Illness*, p. 38.

64 일레크-올은 와포고로족의 여성 간질 환자들이 대개 가난한 남자나 다른 간질 환자들과 결혼했음을 이야기힌다. 그녀들과 결혼하기 위해서는 거의 또는 아무런 신부대도 요구되지 않았고, 그래서 주변화된 남성들에게는 충분히 가능성 있는 배우자였다(Jilek-Aall, "Epilepsy in the Wapogoro Tribe in Tanganyika", p. 77). 은크위와 은동코는 간질을 지닌 바밀레케족 여성들이 통상적으로 신부대도 없이, 대개 나이 든 남성들과 결혼한다는 것을 특별히 언급하고 있다(Nkwi and Ndonko, "The Epileptic among the Bamileke of Maham in the Nde Division, West Province of Cameroon", p. 445).

인 성격을 지니는 지역사회들 내에서는, 간질 환자들의 결혼도 지속되는 경향을 나타내는 것처럼 보인다. 모로고로주州의 경우 이혼율이 높은 지역인데, 여기서는 간질이 발병한 환자들도 이혼을 했다. 일부다처제의 사회에서는 일반적으로 간질을 지닌 여성이 같은 질병을 지닌 남성들보다 결혼하기가 용이하다. 그녀들은 언제나 두번째나 세번째 아내가 될 수는 있는 것이다. 우리의 연구에서도 신경정신학적 손상을 지닌 성인들 중에서, 남성들보다 두 배 가량 많은 여성들이 결혼을 한 상태에 있었다.

결혼을 했든지 안 했든지 간에, 간질을 지닌 사람들은 대개 가정이나 가족 농장에서 정상적으로 일을 했다. 여성들의 경우에는 요리를 하는 화덕불에 빠질 수 있다는 우려가 존재했지만, 남성과 여성 양자에게 있어 노동이란 모두가 참여할 수 있는 것이었다. 매우 극소수의 사람들(25명의 성인들 중 4명)이 유급으로 고용된 일을 하고 있었는데, 이러한 경우에도 실질적으로는 자가 고용이거나 또는 직접적인 가족 구성원들을 위해 일을 하는 경향이 강했다. 농촌지역들에서 대다수의 사람들은 어쨌든 농부이며, 어느 정도까지는 그들 자신의 속도에 맞춰 일을 할 수 있다. 그들은 애초부터 출근부에 도장을 찍는 것과 같이 자신의 노동활동을 누구에겐가 규제당할 필요가 없으며, 장래의 고용주에게 자신의 가치를 입증할 필요도 없다. 농사짓기가 하나의 가업이기 때문에, 그들은 노동에서 편견에 직면하지 않아도 되는 것이다.

비록 우리는 간질 환자에 대한 편견이나 편견의 가능성과 관련된 이야기를 듣기도 했지만, 사람들을 그들의 사회적 맥락들 내에서 바라보고 그들의 가족들과 이야기를 하는 가운데, 아프리카에서의 간질 개념에 관한 문헌을 읽으며 받은 인상은 상당 정도 완화되었다. 간질을 지닌 사람들의 경험은 분명히 많은 요인들에 좌우된다. 레다 테클-하이마 노트Redda Tekle-Haimanot 등의 연구에서 흥미로운 결과들 중 하나는, 에티오피아에서 간질에 대한 부정적인 태도들이 농촌 사람들보다는 도시 사람들 사이에서 더 뚜렷하게 나타난다는 것이다. 그들은 다음과 같이 지적한다.

> 도시지역 응답자들에게서 나타나는 상대적으로 부정적인 태도들은 아마도 그들이 통제되지 않는 발작을 지닌, 보기 흉한 화상과 제정신이 아닌 상태를 드러내는 바로 그 불운한 사람들과 자주 접하기 때문인 듯싶다. 그런 사람들은 도심의 거리들과 예배 장소가 밀집된 지역에서 걸인들로서 자주 모습을 드러낸다.[65]

나는 친척들 및 이웃사람들 사이에서 자신의 가족들과 더불어 살아가는 간질 환자들은, 단지 간질 환자로서의 정체성 그 이상의 사회적 정체성을 지니고 있음을 덧붙여 말하고 싶다. 그들은 사회생활의 어떤 측면들(학교, 결혼)에서 그들의 참여가 제한되는 경우에도, 하나의 사회적 단위 속에 통합되어 있다. 걸인이나 버려진 자들이 공포를 야기하는 것은 그들이 곧 그들이 지닌 질병과 **동일시되기** 때문이다. 이러한 경우들에서 간질 환자들과 마주치는 사람들은 그들을 사회적 인격체로서가 아니라, 단지 질병에 걸린 자로서만 바라본다.

간질을 지닌 한 명의 걸인으로서만 지역사회와 관련을 맺지 않고

---

65 Tekle-Haimanot et al., "Attitudes of Rural People in Central Ethiopia towards Epilepsy", p.207.

어떤 사회집단에 속한다는 것의 중요성은, 보츠와나에서의 장애에 관한 연구에서 베네딕테 잉스타가 제시한 예들에서도 나타난다.[66] 서로 다른 마을의 두 젊은 남성들은 양자 모두 주변적 지위를 지니고 있었으며, 함께 살아가고 있는 알코올중독에 걸린 궁핍한 어머니들로부터 거의 아무런 부양도 받지 못했다. 비록 그들의 간질 상태와 그들이 지닌 특성은 몇 가지 점에서 상이했지만, 그들의 삶은 양자 모두 어떤 유사한 양상을 따랐다. 그들의 정체성이 지역 교회공동체의 삶에 통합되는 것에 의해 변환되었다는 점에서 말이다. 그들은 구걸을 그만두고 그들이 지닌 장애를 기반으로 '식객'食客이 되었으며, 츠와나족의 농촌 지역사회 내에서 거의 가족들만큼이나 중요한 관계를 교회들과 형성했다.

우리의 개념과 그들의 경험

사람들의 장애에 대한 개념화 및 경험을 연구한다는 것에는 여러 어려움과 위험성들이 수반된다. 특히 우리가 여러 문화들에 걸쳐 연구를 진행하고자 시도할 때는 말이다. 우리 자신에게서 거리를 두고 우리가 고찰하고 있는 개념을 구체화하려는 지향이 통상적으로, 거의 불가피하게 필요한 듯 보인다. 내가 여기서 논의했던 그러한 종류의 이슈들을 대하는 의학적으로 훈련된 연구자들은, "간질에 대한 올바른 관점", "올바른 태도", "그 질병에 관한 무지", 또는 "미신적 신념들"과 같은 문구들을 사용할 때 그들의 입장을 드러내게 된다. 그들은 진실을 아는 권위자들이고, 평범한 일반 사람들의 해석은 그들의 기준에서는 대개 잘못된

---

66 Ingstad, "The Myth of the Hidden Disabled", pp.302~305.

것이다. 나는 이전에 세계정신의학회World Psychiatric Association의 한 컨퍼런스에서 탄자니아에서의 간질에 관해 강연을 할 기회가 있었는데, 청중으로 있던 한 의사가 나의 이야기는 전적으로 시간 낭비임을 지적하기 위하여 일어섰다. 그는 전체 청중들을 향해 "왜 우리가 아프리카에서의 미신에 관해 들어야만 하는 거죠?"라고 질문했다. 이어서 "나는 영국에서 나의 환자들로부터도 충분히 미신들을 듣고 있어요"라고 말했다. 이러한 종류의 태도를 지니고 있는 누군가는 결코 다른 사람들의 견해를 진지하게 받아들일 수 없으며, 실제로 남의 이야기를 듣는 데 흥미를 갖지 않는다. 사람들의 '주술적 관념'에 대한 서구의 풍자만화들이 지닌 일방성은 왜 앞서 질문을 했던 의사가 알고 있는 바대로 행동하지 않는 것이 그 지역 사람들에게는 최선인지를 해명하는 데 도움이 된다.

인류학자들은 우리가 우리 자신의 선입견을 배제할 수만 있다면 다른 세계관들이 그들 자신의 견지에서는 논리적이라는 것을 보여 주면서, 그러한 다른 세계관들을 해명하고자 노력해 온 것에 대해 자부심을 갖고 있다. 그러나 우리 인류학자들은 또 다른 종류의 거리두기와 개념의 구체화에 빠져들어 있다. 우리는 이색적인 것을 강조하고, 상징들의 유효성과 다른 세계의 합리적 구조들을 보여 주려는 경향이 있다. **문화적 구성**cultural construction이라는 용어는 오늘날 인류학에서 흔히 사용되는 것이다. 이 용어를 통해 인류학자들은 문화들이 경험을 구조화한다는 것을 말하고자 한다. 즉, 문화들은 그 세계를 어떤 특정한 방식으로 해석하는 일련의 의미들로 구성된다. 이 지점에서 어떤 위험이 존재하는데, 그것은 바로 우리가 문화적 구성(예를 들어 간질의 문화적 구성)을 그 지역 사람들 모두에게 일관되게 적용되고 충분히 만족스러운, 하나의 미리 주어진 사고 및 관행들의 양식으로 제시하는 경향이 있다는 것이다. 마치 하나의 문화가 사람들이 지니고 있는 문제들에 대해 언제나 답을 제시해 주는 것처럼 말이다.

내가 전달하고 싶은 요지는, 간질의 문화적 구성들이 실제로는 문화라 명명된 한 익명의 건축업자에 의해 축조된, 명확한 윤곽과 기능들을 갖는 단순한 구조가 아니라는 것이다. 오히려 그러한 문화적 구성들은 주변에서 입수될 수 있는 재료들을 가지고 수공업적으로 얼기설기 만들어진 것이며, 괴로움을 겪는 환자들, 호기심을 지닌 이웃들, 전통치료사들 및 현대적 의사들에 의한 리모델링을 겪는다. 실제로 그것들은 어떤 완성된 구조가 전혀 아니며, 진행 중에 있는 과정들이다. 때때로, 그것들은 산만한 모습을 띤다. 사람들은 의견이 일치하지 않을 수도 있고, 불확실하거나 모호할 수도 있으며, 최악의 경우 아무것도 알지 못할 수도 있다. 만일 우리가 명료한 입장을 지닌 전문가의 이야기만을 듣거나, 일정한 양상으로부터 벗어난 것을 생략해 버리거나, 단지 가장 이색적이고 극적인 예들만을 기술한다면, 우리 연구자들은 뚜렷한 구조들을 발견할 수는 있을 것이다. 우리가 특정한 사회적 상황들 내에 기반을 두고 있는 보통의 사람들과, 그 상황들 속에서 때로는 고심하고 때로는 의심을 갖는 그런 사람들과 이야기를 나눈다면, 실상은 아마 상당히 덜 명확할 것이다. 그러나 우리는 오직 그렇게 하는 것에 의해서만, 우리가 간질이라고 부르는 것을 사람들이 실제로 경험하는 방식을 파악할 수 있다.

우리의 분석은 사람들이 이미 확립된 문화적 구성의 포로가 아니라, 사회적 맥락 내에서의 행위자들이라는 가정 위에서 이루어져야만 한다. 간질에 관한 신념들을 기술할 때, 우리는 그러한 내용들 중 일부를 그 구체적인 맥락으로부터, 그리고 그러한 신념들을 직접 표현한 사람들——그리고 어떤 상이한 맥락 내에서는 그들이 생각하는 바를 상이하게 표현했을 사람들——로부터 삭제하는 경향을 지니고 있다. 우리는 탈맥락화된 신념과 관행들의 기술보다는, 특정한 사회적·문화적·신경학적 상황들의 복합성에 따라 사람들이 자신의 개념들을 조절해 내는 방식들에 대한 더 많은 연구를 필요로 한다. 문화가 사람들을 조종하는 것이 아니다. 사람들이 특정한 처지로부터 문화를 생성하고 재생성해 낸다. 그것을 인식할 때, 우리는 동아프리카에서 간질의 경험과 개념들이 어떻게 다양화되고 또 변화하고 있는지를 이해하기 시작할 수 있다.

12장 음포 야 모디모—신으로부터의 선물

: 장애인을 향한 '태도'에 대한 조망

베네딕테 잉스타

신화의 형성

국제 장애인의 해(1981년)와 뒤이은 유엔 장애인 10년(1983~1992년)은
전 세계 장애인이 처한 상황에 주의를 기울이도록 하기 위해 지정되었
다. 여타의 목적들(여성, 아동, 물 등)을 위해 이전에 지정되었던 '~해'나
'~10년'들에서처럼, 이를 통해 대다수 지역 장애인들의 삶에서 어떤 혁
명적인 변화가 발생했음을 발견하기란 거의 불가능하다. 그러나 아마
도 전체 인구 중 이렇게 권리를 부여받지 못한 집단의 사회적 필요들에
관한 의식은 증대되었다고 할 수 있을 것이다. 특히 소위 제3세계 국가
들에서 말이다.

소위 선진국가들의 대다수는 이미 특수교육과 다양한 다른 형태의
재활 프로그램에서 오랜 역사를 지녀 왔다. 그렇지만, 많은 '개발도상'
국가들에서는 국제 장애인의 해를 기점으로 처음 그러한 동기부여가
이루어졌으며, 대체로 아무것도 갖춘 것 없는 출발선에서부터 장애인
의 삶을 개선시키기 위한 노력을 시작해야만 했다. 전반적인 자원들(자

금, 기술, 인력 등)의 부족 때문에, 그리고 대개는 또한 비생산적인 집단에게 우선권을 부여하는 것에 대한 정치적 지지의 획득이라는 문제로 인하여, 대부분의 개발도상국들은 재활사업 수행에 있어 지역사회로부터의 모금활동뿐만 아니라 외국의 원조기관들과 비정부기구들에게 상당히 심각하게 의존하게 되었다.

'개발도상' 국가들에서 살아가는 장애인들의 사회적 필요에 '선진' 국가들로부터 많은 관심이 기울여지게 되었다. 그렇지만, 모금을 하기 위해서는 동정심을 유발해야 했고, 그리하여 전적으로 비참하며 장애인을 방치하는 나라에서 살고 있는 장애인이라는 이미지를 담은 장면들이 전 세계에 유포되었다.[1] 빈곤과 보건의료서비스의 부족 등에 대해서는 거의 아무런 강조도 이루어지지 않았다. 이것이 쉽사리 상당한 정치적 논쟁으로 이어질 수 있었기 때문이다. 대신 태도에 대해, 특히 장애인을 돌보는 보호자의 태도에 커다란 강조가 주어졌다. "숨겨진 장애인에 대한 신화"가 주로 비참하고 방치되는 사례들에 초점을 맞추는 대중매체를 통해 광범위하게 유포되었고 또한 강화되었다.[2] 이러한 '신화'는 또한 세계보건기구WHO 및 국제노동기구ILO와 같은 저명한 국제기구들을 통해서도 조장되었고, 그것은 이내 '공식적 사실'이라는 성격을 띠게 되었다.

---

1 노르웨이에서 장애인에 '의한' 단체들은 20여 년 동안——스칸디나비아에서의 일반적인 경향에 발맞춰——어떤 형태의 모금과 사적인 기부도 배격해 왔는데, 이는 그러한 활동이 손쉽기는 하지만 단체 운영의 정도를 벗어나는 것으로 간주했기 때문이다. 그러나 상당히 흥미롭게도, 이러한 단체들 중 세 곳은 개발도상국들에서 살아가는 장애인들을 위한 자금을 모으기 위하여 1981년에 TV 캠페인에 참여했다. 다른 나라를 시원하는 데 있어 모금이 적절한 접근방식인지의 문제가 그들에게는 결코 고민거리가 아니었던 것처럼 보인다.

2 Benedicte Ingstad, "The Myth of the Hidden Disabled: A Study of Community-Based Reha-bilitation in Botswana", Working paper, Oslo: Section for Medical Anthropology, University of Oslo, 1991.

신의 저주로 간주되는 장애는 장애인과 그 가족들에 대한 낮은 존중감을 '정당화한다'.…… 도덕의 위반, 즉 '죄악'이나 '악한 생각'은 숨겨진 상태로 유지될 수 있지만, 어떤 가족 내에서 장애의 출현은 그러한 '죄악'을 모두에게 가시적으로 드러나도록 만든다. 긴밀한 인간관계로 얽혀 있는 사회 내에서, 이는 [누군가로 하여금] 그러한 악행의 명백한 증거인 장애인을 [자신의] 가족 내에서 제거하도록, 또는 장애인 스스로 목숨을 끊도록 만들 수 있다.[3]

장애아동의 사망률이 비장애아동보다 훨씬 더 높다는 것은 주지의 사실이다.…… 유사하게 질병의 발병률 또한 더 높다. 장애성인들은 일반적으로 비장애성인보다 낮은 수입을 올리며, 이에 따라 빈곤에 빠질 가능성 또한 더 높다. 맹과 같이 겉으로 드러나는 장애를 지닌 성인 여성들은 대개 남편들로부터 버림을 받고 아이도 빼앗기게 된다. 장애아동들은 비장애아동에 비해 학교에 다닐 기회를 거의 갖지 못한다. 어떤 가족 내에 겉으로 드러나고 낙인을 부여받는 장애를 지닌 아동이 있게 되면, 이는 향후 그 장애아동 자신의 결혼뿐만 아니라 형제와 자매들의 결혼에도 부정적인 결과를 가져오게 된다.[4]

스웨덴에서도 장애인에 대한 대우가 변화하는 데에는 상당히 오랜 시간이 걸렸다. 과거에 허약한 아동들은 죽도록 숲에 버려졌으며, 노인들

---

3 Einar Helander, *Rehabilitation for All: A Guide to the Management of Community-Based Rehabilitation 1. Policy Making and Planning*, RHB/84.1 Provisional Version WHO, p.35.
4 WHO, *Disability Prevention and Rehabilitation: Report of the WHO Expert Committee on Disability Prevention and Rehabilitation*, WHO Technical Report Series no.668, Geneva: WHO, 1981.

은 절벽으로 떠밀려 생을 마감했다.…… 장애인 및 노약자에 대한 이러한 태도 및 유기가 몇몇 개발도상국들에서는 여전히 발견된다. 가장 방치되는 사람들은, 그리고 가장 높은 사망률이 발견되는 집단은, 농촌지역의 장애를 지닌 미혼 여성들이며, 특히 이슬람 국가들에서 그러하다.[5]

장애아동의 어머니라는 처지에 있는 인류학자

최근의 인류학 저술들에서는, 연구자가 지닌 배경이 충분히 설명되어야 할 중요성이 적절하게 지적되어 왔다. 레나토 로살도Renato Rosaldo는 인류학자가 객관적이고 중립적인 것이 아니라 어떤 **처지에 있는** 주체임을 강조했다. 즉 인류학자는 "어떤 처지와 구조적 위치를 점하고 있으며 특정한 시각을 가지고 관찰을 행한다.…… 처지라는 개념은 또한 삶의 경험이 어떻게 특정한 종류의 통찰을 가능하게도 하고 가로막기도 하는지를 나타낸다".[6]

나의 경우에 있어, 사회인류학자라는 나의 직업적 배경과 결합되어 "숨겨진 장애인에 대한 신화"에 질문을 던지도록 만든 것은, 정확히 장애를 지닌 ─지금은 성인이 된─ 아들을 둔 어머니로서 나 자신이 지닌 경험이었다. 나 스스로가 수년 동안 나 자신의 견해를 다양한 유형의 장애 관련 전문가들에게 전달하는 데 어려움을 겪어 왔고, 누군가가 너무나도 쉽사리 '까다로운 어머니'라는 꼬리표를 부여받는 것을 보아 왔

5 SIDA/INFO, *Handikappade I U-länder*[*The Handicapped in Developing Countries*], Stockholm: SIDA, 1987, p.4.
6 Renato Rosaldo, *Culture and Truth: The Remaking of Social Analysis*, Boston: Beacon Press, 1989, p.19[로날토 레살도, 『문화와 진리: 사회분석의 새로운 지평을 위하여』, 권숙인 옮김, 아카넷, 2000].

다. 나는 노르웨이의 장애아동을 둔 가족들에 대한 연구를 마무리하던 중이었는데, 그 연구는 아동정신과 의사와 함께 공동으로 이루어졌고, 우리는 그러한 장애가족의 대처능력에 초점을 맞추었다.[7] 그 연구를 통해 장애가족이 대처방식을 결정하는 데 있어, 부모들의 **태도**보다는 생활환경이 훨씬 더 중요한 역할을 한다는 것이 명확히 증명되었다.

그리하여 나의 직업적 호기심이 일어나게 되었다. 다른 문화들에서는 장애인을 둘러싼 상황이 정말로 그렇게 많이 다른 것일까? 장애의 발생 이유에 관한 전통적 신념 또는 (모금 캠페인에서 사용되는 용어를 따르자면) '미신'은 반드시 부정적인 것일까? 그리고 비록 부정적인 것이라 하더라도, 대부분의 사람들이 그들의 자식과 다른 가까운 친족에 대해 느끼는 사랑을 압도할 만큼 그러한 '미신'이 충분히 강력한 힘을 지닌 것일까? 나는 이에 대해 의심을 품었고, 그래서 그러한 문제를 더 깊이 고찰해 보기로 결정하게 되었다.

보츠와나

방법론

동시에 발생한 여러 다양한 일들로 인해 나는 보츠와나로 가게 되었고, 그곳에서 나의 가족과 함께 남부의 가장 큰 마을들 중 한 곳에서 2년 동안(1984~1985년) 살게 되었다.[8] 보츠와나는 개발도상국의 장애인들이 처해 있는 상황을 연구하기에 거의 완벽한 장소로 판명되었다. 내가 그

---

7 Benedicte Ingstad and Hilchen Sommerschild, *Familien med det funksjonshemmede Barnet: Forløp, Reaksjoner, Mestring. Et Frambu-prosjekt* [*The Family with a Disabled Child: Process, Reactions, Coping. A Frambu Project*], Oslo: Tanum-Norli, 1984.

곳에 가기 몇 해 전에, 보츠와나는 WHO에 의해 지역사회기반재활CBR[9] 모델을 시험해 보기 위한 시범국가 중 하나로 선정되었는데, WHO는 이러한 시범사업 이후 CBR을 전 세계적으로 실시하고자 했다.[10] 그리하여 나의 연구는 보츠와나에서 CBR의 실행에 대한 종단연구longitudinal study[11]뿐만 아니라, 비서구(츠와나족) 문화에서 장애인이 처해 있는 상황에 대한 심층연구 양자의 방향으로 설계되었다.

그곳 현지에서 비교적 오랜 시간 동안 머무를 수 있었기 때문에, 나는 내가 설정한 주제에 대해 다중방법론적 접근법을 적용할 수 있었다. 장애가구뿐만 아니라 그 마을 전반에 대한 참여관찰, 그리고 다양한 범주의 정보제공자들(장애인들, 그 친척들, 민간치료사들, 보건의료 종사자들)에 대한 비공식적 면담이 그 연구의 기반을 형성했다. 이러한 방법론에 기초하여 나는 100개의 장애가구[12] 내에서 반구조화된 면담 과정을 진행했다. 각 가구에 대해서는 1년의 간격을 두고 두 차례씩 방문이 이루어졌다. 이후에 이러한 전체 100가구들 중 조금 더 적은 표본들을 대상으로 생활시간 연구가 이루어졌다. 그리고 마지막으로 비장애가구 중 대표적인 표본들 내에서 KAP(인식Knowledge-태도Attitudes-관행

8 이 글이 기초하고 있는 현지조사는 노르웨이개발협력기구/노르웨이 외무부와 WHO로부터의 보조금에 의해 가능할 수 있었다. 나는 2년 동안의 반급半給 안식년을 제공해 준 오슬로대학교에 감사드리며, 이 안식년 덕분에 2년 동안 보츠와나에 머무를 수 있었다. 당시 나의 남편은 노르웨이개발협력기구와의 계약에 의해 파견된 지구담당 의료사무관이었다. 우리의 아이들도 그 마을의 학교에 다녔다.
9 이 모델은 장애인의 훈련과 재활을 위하여, 간단한 텍스트와 그림으로 구성된 매뉴얼의 활용을 통해 해당 지역사회 내에서 인력자원(주로 가족 구성원들)을 동원하는 것에 기초하고 있다.
10 CBR에 대한 더 자세한 논의로는 Ingstad, "The Myth of the Hidden Disabled"를 보라.
11 종단연구는 동일한 현상에 대하여 일정한 시간 간격을 두고 측정을 되풀이하는 방법으로, 시간의 흐름에 따른 변화를 측정하는 것을 목적으로 한다. 반면 횡단연구Cross-Sectional Study는 각기 다른 특성을 가지고 있는 집단들 간의 차이를 측정·비교하는 방법으로, 특정 시점에서의 차이를 분석하는 것을 목적으로 한다. —옮긴이
12 이러한 100개의 가구는 손상의 모든 유형과 정도를 대표할 수 있도록 선정되었다.

Practice) 연구가 수행되었다. 이러한 연구 과정은 부분적으로는 전체 인구 내에서의 장애인들에 대한 태도에 관해 보다 체계적인 정보를 얻기 위해서, 그리고 부분적으로는 다른 방법들을 통해 수집된 자료와 이러한 유형의 자료들을 비교평가하기 위하여 이루어졌다.

'농업지구'에 숨겨져 있는

"이 나라에서는 사람들이 장애를 지닌 가족 구성원을 농업지구에 숨긴다는 사실을 당신은 반드시 이해해야만 합니다"라는 말은, 내가 나의 연구에 대한 공식적 허가를 확보하고자 다양한 정부 관청들을 방문할 때 듣게 되는 첫번째 말들 중 하나였다. 그리고 나는 이러한 말을 CBR의 실행에 관여하고 있는 매우 영향력 있는 한 인사로부터도 들었다. 따라서 그러한 진술은 '개발도상' 국가들에서 살아가는 장애인에 관해 내가 노르웨이에서 들었던 모든 것에 대한 하나의 확증적 증거로서 쉽사리 채택되었을 수도 있었다. 그렇지만 나는 그러한 상황이 장애인과 그 가족 구성원들 자신의 시각을 통해서는 어떻게 이해되고 있는지를 확인하기로 했다.

'농업지구'는 보츠와나가 전통적으로 곡물 및 채소 생산을 의존해 왔던 구역을 말한다. 이러한 농업지구는 대개 '마을'로부터 어느 정도 떨어진 곳에 위치해 있으며, 보츠와나 사람들은 농번기와 (만약 소를 소유하고 있다면) 그들이 소를 키우는 '목축 지구'에 머무는 기간 사이에 마을에서 시간을 보낸다. 따라서 통상적으로 보츠와나에서는 계절에 따라 옮겨 다니는 세 개의 집이 있다고 말해진다. 이러한 거주 형태는 얼마간의 변형이 존재하기는 하지만 하나의 사실이다. 근대적 개발은 농촌지역에서 학교 교육과 (적어도 어느 정도의) 고용을 발생시켰고, 그리하여 가구 구성원들 중 다수에 대해서는 계절별 이동을 어렵게 만들었다. 장기간 지속된 가뭄과 식품을 구입할 수 있는 기회의 증대 또한 가계와 일상 식량에 있어 농업적·목축적 산출의 중요성을 감소시켰다. 그러나 농촌의 빈곤은 여전히 지속되고 있는 문제이며, 대다수의 가구들은 어느 정도의 농업활동을 유지하기 위해 노력하고 있다. 대개는 잡초를 뽑고, 농작물로부터 새를 쫓고, 작은 가축류들[13]을 돌보도록, 고용되어 있지 않은 가구 구성원들을 '농업지구'에 보냄으로써 말이다. 그때 여타 가구 구성원들은 주로 밭 갈기[14]와 같이 훨씬 더 힘든 과업의 수행을 위해 농업지구에 오게 된다. '비생산적인' 가족 구성원들은 거의 대부분 농번기가 끝난 이후까지도 '농업지구'에 머물며, 때로는 일 년 내내 머물기도 한다. 농업지구는 극심한 가뭄의 시기에도 일상의 끼니를 위해 우유를 얻을 수 있고, 야생의 근채류·과일·장과류를 얻을 수 있는 곳이다. 농업지구는 또한 어린아이들을 데리고 와서 그들이 이웃에게 폐를 끼치거나 도로로 뛰쳐나가지 않을까 걱정하지 않고도 머물 수 있는 곳이다. 그리하여 '농업지구'에서는 농번기가 지난 후까지도, 다양한 숫자의 학령기 이전 손자들을 데리고 온, 때로는 목동이나 가사일의 도우미로서 소년들[15] 또한 함께 데리고 온 노년의 여성들을 쉽게 발견할 수 있다.

장애인들 또한 유사한 맥락에서 '농업지구'에서 발견된다. 특별한

---

13 작은 가축류들은 대개 '목축 지구'로 데려오지 않고 '농업지구'에서 길러진다.

14 밭 갈기는 남성들에 의해 수행되어야만 하는데, 이는 그들만이 소가 끄는 쟁기를 다룰 수 있기 때문이다.

15 이들은 대개 다양한 이유로 초등학교를 마치는 데 실패한 아이들, 또는 일자리도 확보하지 못하고 상급학교로 진학하지 못한 채 학교를 마친 아이들이다. 또한 아이들이 '농업지구'에 필요하기 때문에, 그들을 학교에서 데려오는 경우(또는 등록을 시키지 않는 경우)도 발생한다.

돌봄을 필요로 하는 아동들은 대개 더 많은 시간, 경험, 그리고 아마도 인내심을 지니고 있을 할머니에게 맡겨진다. 경한 정도의 손상을 지닌 장애소년이나 장애성인들은 도우미로서의 역할을 맡을 수 있을 것이며, '이상행동'을 수반하는 사람들도 마을의 밀접한 이웃관계[16] 내에서보다는 농업지구에서 더 많은 자유를 지니고 더 적은 소동을 일으키게 될 것이다.

어느 정도 지속적으로 '농업지구'에 머무는 이렇게 다양한 범주의 사람들이 존재하는데, 왜 단지 장애인들만이 그곳에 '숨겨진' 것으로 간주되는 것일까?

'숨김'의 사례

현지조사 기간에, 나는 해당 지구에서 CBR 촉진활동을 수행하고 있는 두 명의 재활사무관과 매우 우호적인 관계를 형성했다. 나는 그들에게서도 역시 가족들에 의해 숨겨지고, 학대받고, 방치되는 장애인들에 관한 이야기들을 자주 들었다. 마침내 나는 그 사무관들에게 그러한 행동의 실제 예라고 그들이 생각하는 지구 내의 모든 가족들에게 데려다 달라고 요청했다. 우리는 그러한 가족들을 함께 면담했고, 다음의 사례들이 보여 주는 바와 같이, 다소간 다른 상황을 발견하게 되었다.

한 마을에 복합주택이 있었는데, 그 집은 창문이 없고 문도 잠겨 있는 진흙으로 만든 움막을 지니고 있었고, 그곳으로부터 비명과 울부짖음이 규칙적으로 들려왔다. 그 움막은 나머지 가구 구성원들이 살고 있

---

16 마을의 복합주택은 전통적으로 서로 연결된 형태로 지어진다. 그래서 공중에서 바라보면, 그러한 공동주택 단지는 마치 벌집의 단면처럼 보인다.

는 듯 보이는 콘크리트 가옥 옆에 위치해 있었다. 재활사무관은 이 가족이 정신장애를 지니고 있는 성인 아들을 이처럼 감금해 둔 채 '숨기고' 있다고 말했다. 그렇지만 그 가족은 상이한 이야기를 들려주었다.

그 남자는 태어날 때부터 정신지체를 지니고 있었지만, 아이였을 때는 온화했고 돌보는 데 전혀 어려움이 없었다. 그가 대략 여덟 살이 되었을 때, 그 가족은 아들이 치료되어 '정상적'이 되기 위해서는 로바스테Lobaste[17]에 있는 정신병원에 보내야 한다고 어떤 사람으로부터 조언을 받았다. 그리고 그 조언은 실행되었다.

그 남자의 부모는 여러 해 동안 아들을 정기적으로 방문했지만 어떠한 개선이 이루어지는 것도 볼 수 없었다. 오히려 반대로, 정신병원의 북적거리는 병동 내에서 새로운 증상이 발현되었는데, 이 증상은 '선진' 국가들의 유사한 시설에서는 잘 알려져 있는 것이었다. 그는 사람들을 물지 못하도록 앞니를 뽑아내야 할 정도로까지 불안정하고 난폭하게 되었다. 아들의 상태가 이렇게 변해 가는 것을 보자, 그 부모는 아들이 퇴원하여 그들의 보호 아래 있어야 한다고 요청하기 시작했다. 그렇지만, 이제 아들은 성장하여 크고 힘이 세졌고, 그들이 아들을 통제할 수 없을 것이라는 이유로 부모의 요청은 여러 차례 거부되었다.

그러나 부모는 포기하지 않았다. 헛된 시도 속에서 몇 년이 지난 후, 그들은 마지막으로 지방의회의 의원을 찾아가 도움을 구했다. 이러한 시도는 정신보건서비스를 탈집중화하고 가능한 한 많은 정신질환 환자들을 그들의 원지역사회로 돌려보내기로 한 결정이 이루어졌던 때 (1970년대 후반)와 겹쳐져 동시에 이루어졌다. 아들은 가족에게로 풀려

---

17 로바스테는 그들이 사는 곳으로부터 버스로 약 2시간 정도 떨어진 거리에 있다.

났지만, 이는 부모가 그를 위해 특별 움막을 짓고 다른 사람들에게 해를 입히지 않도록 그를 감금해 둔다는 것을 조건으로 하였다. 부모는 만약 어떤 일이 발생한다면 그들이 이에 대해 개인적인 책임을 져야 한다는 말을 들어야 했다.

부모는 이러한 조건에 순응했는데, 왜냐하면 그러한 약속을 조금이라도 위반하면 당국이 아들을 정신병원으로 돌려보낼까 두려웠기 때문이다. 그렇지만, 그들은 아들이 이처럼 움막에 감금된 채 살아가야 할 서글픈 삶을 전적으로 인식하고 있었고, 가족과 함께 식사를 하고 일정한 보호 아래 가까운 주변에서 산책을 하도록 때때로 아들을 움막에서 데리고 나왔다. 그러나 아버지가 죽고 가족 내에서 아들을 통제할 수 있는 사람이라고는 어머니와 오직 한 명의 누이만이 남게 되자, 이러한 일은 점점 더 어렵게 되었다. 아들이 집에서 뛰쳐나가 이웃들을 위협하며 난폭한 행동을 하는 일이 몇 차례 발생한 이후, 그는 대체로 영구히 움막에 감금되었다.

비록 어머니는 아들을 다시 정신병원에 입원시키고 그리하여 힘겨운 돌봄의 부담으로부터 벗어날 수도 있었을 테지만, 그녀는 아들을 집에 머물게 하는 쪽을 택했다. 그녀는 도움을 받기 위해 정신보건서비스나 장애인을 위한 특별서비스를 요청하지도 않았다. 이것이 혹여 아들의 재입원으로 이어지게 될까 두려워하면서 말이다.

내가 1년 후 그를 다시 방문했을 때, 그의 상태는 더욱 악화되어 있었다. 그는 자신의 배설물을 몸에 묻히고 손으로 진흙바닥에 구멍을 파면서, 움막 안에 벌거벗은 채 앉아 있었다. 움막 내의 모든 집기들은 그가 자기 자신이나 다른 사람을 해하지 못하도록 밖으로 꺼내져 있었다. 우리는 그 집에 한참 동안 앉아 가족들과 이야기를 나누었으며, 아들을 정기적으로 밖으로 나오도록 해서 음식을 먹이고 다른 이들과 함께 있도록 할 것과 간단한 일들을 가르칠 것을 조언했다. 그러나 그곳을 떠날때, 우리조차도 그 가족들이 그렇게 해낼 수 있으리라는 희망을 조금도 지닐 수는 없었다.

4년 후(1989년) 내가 다시 보츠와나로 돌아왔을 때, 나는 예기치 않게 이전의 보조연구원과 함께 그 가족을 다시 방문하게 되었다. 복합주택에 갔을 때, 우리는 움막 문이 열려 있는 것을 보았다. 그 내부에는 잘 만들어진 침대, 테이블, 의자가 놓여 있었으며, 매우 깨끗하고 단정했다. 콘크리트로 지어진 본 가옥을 향해 시선을 돌렸을 때, 우리는 우리 자신의 눈을 믿을 수가 없었다. 그곳에 그 아들이 이가 없는 입을 벌리고 웃으며 앉아 있었던 것이다. 그는 깨끗한 흰색 셔츠와 말끔한 바지를 입은 채 그릇에 든 포리지porridge[오트밀에 우유 또는 물을 넣어 만든 죽—옮긴이]를 먹고 있었다. 그는 이내 우리를 알아보고는 "내 하얀 사람"이라고 외쳤고, 이전에 이야기할 때보다 훨씬 더 조리 있는 문구로 말을 이어 갔다. 그때 그와 함께 있었던 사람은 그의 누이뿐이었는데, 그녀는 이제 움막의 문을 항상 열어 놓는다고 말해 주었다. 그는 가족들이 일을 하고 있을 때 혼자서 마당에 앉아 있을 수 있었고, 자유롭게 마을을 돌아다녔다. 결코 어느 누구도 공격하지 않으면서 말이다. 그녀의 누이는 이제 그와 한 방에서 자는 것도 두려워하지 않게 되었다. 그는 곡물을 빻고, 바닥을 청소하고,[18] 나무를 할 수 있었으며, 가족들과 함께 '농업지구'에 있을 때에는 염소들을 돌보기까지 했다.

---

18 그 가족이 '여성의 과업들' 중 어떤 것을 기꺼이 정신지체 남성에게 가르치는 것을 본 것은 이러한 바닥 청소가 유일했던 것 같다.

그동안 무슨 일이 일어났던 것일까? 그다음 날 어머니를 만났을 때, 우리는 그 가족이 정신보건서비스로부터 아무런 도움이나 약물치료도 받지 않았고, 재활사들과 아무런 접촉을 하지 않았으며, 민간치료사들로부터도 역시 아무런 도움을 받지 않았다는 이야기를 들을 수 있었다. 그녀의 말에 따르면, 그들이 했던 유일한 조치는 그녀의 새로운 남편으로부터 제공된 도움에 힘입어 1985년에 우리가 그들에게 남기고 간 조언을 따른 것뿐이었다. 지금 자신의 정신지체를 지닌 아들을 바라볼 때 이 어머니의 눈에 담겨 있는 긍지와 기쁨을 보는 이라면, 누구도 그녀의 아들에 대한 사랑을 의심하려 들지 않을 것이다.

1991년에 그 가족을 다시 방문했을 때, 그 어머니의 두번째 남편이 사고로 죽고 난 후 경제적으로 불안정한 상태에 놓이면서, 그들의 상황이 더 어려워졌음을 발견하게 되었다. 그렇지만 그 장애인 아들의 긍정적인 발전은 계속되었고, 그는 이제 다양한 활동을 통해 스스로를 쓸모 있는 존재로 만들어 가면서, 그해의 대부분의 시간을 친척들과 함께 '농업지구'에서 보내는 것을 더 좋아하게 되었다. 어머니에 따르면, 그는 여전히 자신의 하얀 사람을 찾곤 했다. 내가 그에게 새 바지를 가져다줄 수 있는지 궁금해하면서 말이다.

이 이야기는 숨겨져 있는 장애인의 가장 명백한 사례 ——밤이나 낮이나 움막에 감금되어 있는 한 남자——처럼 보이는 상황조차도, 좀더 면밀히 살펴보면 가족의 사랑과 배려에 관한 사연이 드러날 수 있음을 우리에게 보여 준다. 실제로 어떤 특별한 영향력 있는 자원도 지니지 못한 이 가난한 마을의 가족은 시설에서의 삶이 그 정신지체 남성에게 나쁘다는 것을 알게 되었을 때, 아들을 다시 돌려보낼 것을 끈질기게 주장하는 비범한 능력을 보여 주었다. 외부인들이 '숨김'과 '학대'로 해석하는 실제적인 조치들은 부분적으로는 이러한 몸부림의 결과였으며, 부분적으로는 그 지역에 더 잘 발전된(그리고 더 잘 기능하는) 지원체계가 있었더라면 충분히 완화될 수 있는 불가피한 대책들이기도 했다.

그리고 이 이야기는 또한 때로는 (얼마간의 운이 따라 주기는 했지만) 적은 노력만으로도 얼마나 많은 진실이 밝혀질 수 있는지를, 그리고 모든 사실에 대한 충분한 고려 없이 어떤 장애인 가족의 상황을 예단하는 것이 지닐 수 있는 위험성을 우리에게 보여 준다. 올바른 판단은 장애인 가족 구성원들이 그들 자신의 상황을 어떻게 이해하고 있는지에 대한 면밀한 지식, 그리고 그들이 어떠한 조치를 선택함에 있어 이를 조건 짓는 가능성 및 제약이 무엇이었는지에 대한 이해에 근거해야 한다. 그리고 나서만이, 우리는 어떤 실현 가능성을 지닌 조언을 제공할 수 있고, 그리하여 지역사회 내에서 장애인의 재활과 통합을 촉진할 수 있다.

재활사들에 의해 나에게 제시된 장애인이 숨겨지고, 방치되고, 학대받는 것의 예로서 8개의 사례들 가운데, 좀더 면밀히 살펴보았을 때에는 단지 2개의 경우만이 어느 정도 그러한 것으로 볼 수 있음이 입증되었다. 그리고 그러한 두 가족들의 경우에도, 우리는 그 장애인이 처해 있는 상황이 주되게는 전체 가구 구성원들의 삶을 조건 짓고 있는 공통적인 열악함의 반영임을 확인하였다.

태도라는 개념

이제 장애인에 대한 태도라는 것이 도대체 무엇을 의미하는지 질문할 때가 되었다. 이러한 개념은 거의 대개 어떤 정의나 명확함 없이 사용되며, 장애의 기원origin에 관한 신념, 다른 이들이 어떻게 생각하거나 행동하고 있다고 말해지는 것, 사람들이 그들 스스로 생각하는 것 간의 어떤 종류의 묘한 혼합물을 의미하는 것처럼 보인다. 장애인에 대한 태도 설문조사의 질문들과 연결된 실재의 행동을 고찰한 연구들은 매우 드물며, 그러한 행동이 발생하는 사회적 환경은 지금까지 거의 연구되지 않았다. 그리하여 태도 설문조사는 대다수의 나라들에서 사실상 거의 유사한 결론들만을 제출하고 있다. 장애인들은 낙인화되어 있고, 결혼, 고용, 기타의 영역에서 열악한 가능성을 지니고 있다는 결론 말이다.[19]

『웹스터사전』Webster's Third New International Dictionary에서 태도attitude에 대한 정의들 중 하나는 다음과 같다.

대개 상당 정도의 정서가 수반되며 어떤 적절한 자극에 의해 중요하고 의미 있는 행동으로 활성화될 수 있는, 어떤 유기체의 행동할 준비가 되어 있는 상태.[20]

『사회과학 백과사전』The Social Science Encyclopedia에는 다음과 같이 나와 있다.

태도란 주되게는 정서적 평가의 문제이다. 그것은 우리가 다양한 실체들, 예를 들어 어떤 개인들·집단들·물체들·행위들·제도들에 대해 떠올리게 되는 (긍정적 또는 부정적) 평가를 나타낸다.[21]

19 Redda Tekle-Haimanot et al., "Attitudes of Rural People in Central Ethiopia towards Epilepsy", Social Science and Medicine vol. 32 no. 2, 1991, pp. 203~209.
20 Merriam Webster, Webster's Third New International Dictionary, Springfield: Merriam Webster, 1964, S.V. 4c.

마지막으로 『국제 사회과학 백과사전』*International Encyclopedia of Social Sciences*에 의해 사용되는 정의를 살펴보자.

태도란 누군가를 어떤 선택적 방식으로 반응토록 이끄는, 대상이나 상황을 둘러싼 비교적 영속적인 신념들의 유기적 구조이다.[22]

이러한 정의들을 종합해 보았을 때, 우리는 **태도**가 감정, 행동/행위, 신념들을 포함하는 개념으로서 간주되고 있다고 말할 수 있을 것이다. 마지막 정의에서 태도와 신념belief 사이의 다소간 불명확한 구별에 주목하는 것이 중요하다. 이는 장애인에 대한 태도의 연구들, 특히 제3세계 나라들의 연구들에서 가장 흔히 나타나는 용어법과 부합한다.

아프리카 사회들에서는 간질이 악령 또는 악마에 의한 홀림이나 마력 때문이라는 광범위한 신념이 존재하며, 어떤 아프리카 문화들에서는 그 혼령이 조상의 것이라고 여겨지기도 한다. 또한 그 질병의 전염이 타액과 같은 신체적 접촉에 의한 것이라는 신념이 존재한다.…… 따라서 아프리카 토착사회에서 간질 및 간질을 지닌 사람에 대한 태도는 항상 비우호적일 수밖에 없는데, 왜냐하면 그러한 태도가 그 질병에 관한 미신적 신념을 반영하고 있기 때문이다.[23]

21 Adam Kuper and Jessica Kuper, *The Social Science Encyclopedia*, London: Routledge and Kegan Paul, 1985, p.51.
22 David L. Sills, *International Encyclopedia of Social Sciences*, New York: Macmillan Company and Free Press, 1968, p.450.
23 Tekle-Haimanot et al., "Attitudes of Rural People in Central Ethiopia towards Epilepsy", p.203.

우리의 더 진전된 논의를 위해서는, 그 정의들 중 어떤 것도 태도란 그것이 행동으로 구체화될 때의 사회적 상황에 따라 변화할 수 있음을 말하고 있지 않다는 사실에도 또한 주목할 필요가 있다. 그러한 정의들에는 태도란 문화적일 뿐만 아니라 사회적으로 구성되며 그 특질에 있어 **동태적**dynamic이라는 언급이 존재하지 않는 것이다.

신념과 태도 간의 관계

신념과 태도 간의 관계를 논하는 데 있어, 아서 클라인만Arthur Kleinman에 의해 이루어진 병에 관한 **일반적 신념**general beliefs과 **설명모델**explanatory models 간의 구별을 유념하는 것이 유용할 듯하다. 일반적 신념은 다양한 보건의료 영역에서 나타나는 보건 이데올로기에 속한다고 할 수 있으며, 다양한 병의 에피소드에 앞서, 그리고 에피소드와는 독립적으로 존재한다. 설명모델은 신념체계를 기반으로 형성되지만 특정한 질환 에피소드와의 관계 속에서 등장하며, 따라서 그러한 질환 에피소드가 일어난 맥락 내에서 분석되어야만 한다.[24] 동일한 질환이나 손상의 사례에 대한 설명모델들은 관련 행위자들의 **처지**에 따라 다를 수 있으며, 그리하여 '행동할 준비가 됨'으로서의 태도에 다양한 방식으로 영향을 줄 수 있다.

모든 사회들 내에서 손상의 원인에 관한 신념은 행위에 있어 중요성을 지닐 것이다. 생의학이 사람들의 설명모델에 가장 강력하게 영향을 미치는 의료체계인 곳에서는, 생의학적 인과관계나 진단이 치료 및

---

24 Arthur Kleinman, *Patients and Healers in the Context of Culture: An Exploration of the Borderland between Anthropology, Medicine, and Psychiatry*, Berkeley, Los Angeles, London: University of California Press, 1980, p.106.

재활과 관련하여 취해질 행위에도 영향을 미치는 경향이 있다. 그리고 대안적인 설명모델의 생성과 대안적인 치료형태의 선택은 단지 생의학이 치료라는 결과를 낳는 데 실패하거나, 환자와 의사 사이의 의사소통 관계가 단절된 이후에야 이루어지는 경향이 있다.[25] 그렇지만 유럽이나 북미에서 살아가는 대다수 사람들은 아마도 장애인에 대한 그들의 **태도**가 손상의 원인에 관한 그들의 지식이나 신념에 의해 그다지 많은 영향을 받지 않는다고 주장할 것이다. 최소한 스칸디나비아에서는, 정부에 의해 촉진되는 공식적 정책들뿐만 아니라 대중매체를 통한 정보가 사람들의 '행동할 준비가 됨'에 훨씬 더 중요한 역할을 하는 경향이 있다.

소위 인격주의적 의료체계가 중요한 역할을 하는 사회들에서는, 물론 신념과 태도 간의 연결이 보다 직접적일 수는 있겠지만, 결코 사람들의 일반적 통념이 가리키는 것만큼 그렇게 강력하지는 않다.[26] 만약 특정한 유형의 손상이 궁극적으로 부모의 중요한 금기에 대한 위반에서 비롯된다고 믿어진다면, 이는 수치심을 느끼고 그들의 불운을 공공연하게 드러내기를 꺼리는 것으로 이어질 것이다. 그렇지만, 대다수의 인격주의적 의료체계들은 어떤 불운한 '진단'에 덧붙여져 있는 낙인을 경감하거나 완전히 제거하는 대안적 설명모델의 구성을 가능케 만드는 어떤 유연성을 내재하고 있는 것처럼 보인다. 이는 거의 대부분의 경우에 있어 가장 중요하다고 간주되는 것이 어떤 증상들이나 신체적 차원의 원인 그 자체가 아니라, 사람들이 믿고 있는 그러한 상태의 기원이기

25 Ingstad and Sommerschild, *Familien med det funksjonshemmede Barnet: Forløp, Reaksjoner, Mestring. Et Frambu-prosjekt* [*The Family with a Disabled Child: Process, Reactions, Coping. A Frambu Project*].

26 George Foster, "Disease Etiologies in Non-Western Medical Systems", *American Anthropologist* vol. 78 no. 4, 1976, pp.773~782.

때문이다.[27] 이에 따르면 유사한 증상들이 상이한 기원을 지닐 수도 있고, 동일한 불운의 기원이 매우 상이한 증상들을 발생시킬 수도 있다.

다른 한편, 그러한 불운에 대한 책임을 외부적 작인에 부여하는 설명모델 구성의 가능성은, 아마도 성공적인 임신에 대한 책임성의 대부분을 어머니에게 두는 생의학적 설명들보다 부모들에게 더 적은 죄책감과 수치심을 야기할 것이다.

보츠와나에서 내가 수집한 자료는 이러한 이슈에 대한 설명을 제공한다. 이 지역에서 명확히 부정적인 꼬리표가 덧붙여지는 유일한 상태는 모파콰네mopakwane인데, 이는 출산 후 산모와 신생아가 아직 해산 중에 있는 기간(3개월) 동안 성교를 해서는 안 된다는 금기사항을 위반한 부모에게서 기원한다고 믿어진다. 그러한 '진단'을 받은 사람들의 대부분은 생의학적인 견지에서는 중증의 중복장애인multihandicapped으로 불리게 될 만한 상태를 지니고 있다. 비록 그들 중 일부는 '단지' 심각한 영양실조나 탈수 증세일지도 모르지만 말이다.[28]

모파콰네로 인한 낙인은 주로 그 부모에게 덧붙여지며, 아이에게는 부모 정도만큼 그렇게 많은 낙인이 부여되지는 않는다. 그래서 그러한 아이를 갖게 된 대부분의 부모들은 처음에는 다른 사람들의 비판에 당황하기도 하고 괴로워하기도 하는 것처럼 보인다. 그렇지만, 결국 대다수는 설명모델을 수정하고 그 상태를 다른 무엇으로 호명함으로써 그

---

27 포스터를 따라 나는 이 글에서 인격주의적 의료체계가 다층적 인과관계와 더불어 작동하는 경향을 지녔다는 점에서 다른 의료체계들과는 구별되는 것으로 간주한다(Foster, "Disease Etiologies in Non-Western Medical Systems", pp.773~782). 구체적 증상들을 설명하는 첫번째 층위는 특정한 의료적 전통에 의해 인정되는 신체상의 변화들이다(불결한 피, 본래 위치에서 이탈한 자궁 등). 두번째의 보다 고차원적 층위는 불운의 궁극적 기원이다(마법/주술, 조상의 노여움 등).

28 이것이 바로 민간치료사들이 모파콰네도 초기 단계에서 개입이 이루어진다면 그것을 치료할 수 있다고 주장하는 이유일지 모른다.

러한 상황에 적응하게 된다. 그러고 나면 그들은 이제 그 손상을 '단지 발생했을 뿐인' 어떤 것, 즉 정확히 진단될 수 없고 점술이나 전통요법으로 치료될 수 없는 상태들이 포괄되는 어떤 종류의 잔여적 범주로 간주하게 된다.

낙인이 부여되는 꼬리표를 피하는 또 다른 방식은 그 아이가 음포야 모디모mpho ya modimo, 즉 신의 선물이라는 사실에 대한 승인을 구하는 것이다. 아이에게 그가 태어나 처할 삶의 상황에 있어 유의미한, 또는 부모의 바람이나 기대를 반영하는 이름을 부여하는 츠와나족의 전통을 따라, 내 연구 표본에서 시각적 손상을 갖고 태어난 아이들 중 몇몇에게는 이러한 이름이 붙여졌다. 츠와나족의 전통 신인 모디모, 그리고 이와 동일한 이름을 넘겨받은 그리스도교의 신까지도, 대개는 범접할 수 없는 전능한 힘으로 간주된다. 그리고 사람들에게 극복해야 할 특별한 도전을 부여함으로써 그 힘의 신뢰성을 증명하는 것으로 간주된다.

부모들에게 낙인을 부여하는 모파콰네와는 대조적으로, 마법에 대한 책임은 직접적인 가족집단 외부에, 이웃들이나 관계가 먼 친척들에게 부여되는 경향이 있다. 따라서 대부분의 경우에, 하나의 진단으로서의 마법은 장애인이나 그 부모에게 죄의식도 낙인도 발생시키지 않는다. 그렇지만 드물게는, 특히 고통을 겪고 있는 사람이 매우 영향력 있는 인물이거나 부유한 가족 출신이라면, 그/그녀 자신이 그러한 해악의 기원으로서 간주될지도 모른다. 그 논리는 다른 누군가에게 건 마법이 그 마법을 선 사람의 힘보다 더 강한 주술적 보호와 맞닥뜨려서, 애초 마법을 발생시킨 당사자에게 되돌아올 수 있다는 것이다.

얼마간의 명성을 지닌 민간치료사인 메리는 교통사고로 부상을 입었고 상당 정도의 손상이 남게 되었다. 병원으로부터 돌아왔을 때 그녀는 이 것이 마법 때문이 아니라 '단지 사고일 뿐'이라는 말이 주변에 퍼지기를 몹시 바랐다. 그렇지만 그녀는 그것이 확실히, 자신의 부와 힘을 시샘한 어떤 친척에 의해 야기된 마법이라고 나에게 사적으로 털어놓았다.

우리는 이 예에서 그녀 자신이 마법을 집행한 것으로 의심을 받을 수도 있는 사람인 메리가,[29] 자신이 느끼기에 정당한 책임의 소재를 드 러내는 것보다는 사건을 중립화하는 것을 더 중요시하고 있음을 보게 된다.[30] 그리고 이는 신념과 태도 간의 결합이 단순하고 직접적이지만은 않다는 것을 나타내 준다. 그러한 결합은 상황적 맥락과 행위자들의 처 지에 따라 달라지며, 설명모델의 생성 및 재생성을 통하여 모든 관련 당 사자들에 의해 조정될 수 있다.

그러한 인식은 앞 절의 인용문에서 테클-하이마노트와 공저자들 에 의해 이루어졌던 진술, 즉 아프리카 사회에서 장애(의 어떤 한 유형) 에 대한 태도는 "항상 비우호적일 수밖에 없는데, 왜냐하면 그러한 태도 가 그 질병에 관한 미신적 신념을 반영하고 있기 때문이다"라는 진술에 대한 문제제기로 반드시 이어질 수밖에 없다.

생의학적 설명들은 민간의료 영역에 기반을 둔 부정적 설명모델을

---

29 츠와나족 사이에서 민간치료사들은 마법의 예방과 치료에 관한 지식을 지닌 사람들로, 그리고 또한 마법의 주요한 근원으로 간주된다.
30 Benedicte Ingstad, "Healer, Witch, Prophet, or Modern Health Worker? The Changing Role of Ngaka ya Setswana", eds. A Jacobson-Widding and D. Westerlund, *Culture, Experience, and Pluralism: Essays on African Ideas of Illness and Healing*, Uppsala: Almqvist and Wiksell International, 1989.

중립화하는 한 방식일 수 있다. 내 연구 표본 중 한 부부는 모파콰네 상태의 아이가 태어난 후 '부정한 관계 맺음'에 대한 상호 비난 때문에 이혼을 하려던 참이었는데, 간호사로부터 그러한 상태가 분만 중의 문제에 의해 야기된 뇌 손상 때문이라는 설명을 듣자 크게 안정을 되찾았다. 여기서 요점은 그들에게 모파콰네란 존재치 않는다는 것을 확신시켰다는 것이 아니다. 그들은 아마도 실제로 그 설명을 믿지는 않았을 것이다. 중요한 것은 그들이 다른 이들에게 제시할 수 있는 대안적인 형태의 중립적 설명모델이 제공되었다는 점이다. 이는 민간의료의 신념체계에 영향을 받아 거의 대부분 부정적인 채로 유지되고 있는 설명모델을 지닌 다른 사람들의 태도에 대처할 수 있는 힘을 그 부부에게 주었다.

사회적 처지와 태도 간의 관계

우리는 가능성 있는 낙인을 최소화하기 위한 설명모델들의 조정이란, 장애인과 그 가까운 친족이 자신들과 접촉하게 되는 사람들의 태도에 영향을 미치려 노력하는 하나의 방식임을 보았다. 어느 정도까지는 그들을 둘러싼 환경이 설명모델의 변화에 따른 그러한 재규정을 수용하게 될 것이다.

베른하르드 헬란데르는 장애인들과 그 가족들의 사회적 처지 내에 차이가 존재한다면, 유사한 손상을 지니고 있는 장애인들이 동일한 공동체 내에서 상이하게 대우를 받는다는 것을 보여 주었다.[31] 해당 가족의 낮은 지위나 나쁜 평판이 장애인에게까지 확장될 수 있는 것이다.

---

31 Bernhard Helander, "Mercy or Rehabilitation? Culture and the Prospects for Disabled in Southern Somalia", pp.41~44.

유사하게, 어떤 가족 내에 장애인이 존재한다는 것이 그 가족 전체를 바라보는 타인들의 방식에도 당연히 영향을 미칠 수 있다. 이것이 바로 어빙 고프먼이 '관례적 낙인'courtesy stigma이라 불렀던 것이다.[32] (이 책에서) 나인다 센툼브웨는 이와 상이하지만 연관된 방식으로 확장이라는 용어를 사용하고 있다. 한 유형의 손상이 사람들에게 어떻게 이해되고, 그 결과 전인全人으로서의 한 사람에게 영향을 미쳐 그를 무력하게 만드는지 보여 주기 위해서 말이다.

그렇지만 위에서 본 메리의 경우에서와 같이, 높거나 영향력 있는 사회적 위치 또한 부정적인 결과를 낳을 가능성을 지닌다. 그러한 이들이 지역사회 내에서 맞닥뜨리게 되는 시샘과 적의가, 사람들이 손상을 설명하고 해당 장애인을 언급하기 위해 선택하는 방식 속에 반영된다는 점에서 그럴 수 있다.

개별적인 수준에서 보자면, 말 또는 행동을 통해 태도를 표명하는 누군가와 장애인 사이의 현재적 관계가 어떤 것인가에 따라 명백히 커다란 차이가 발생한다. 보츠와나 사람들은 일반적으로 간질이 접촉이나 타액을 통해 감염된다는 사실에 동의할지 모르지만, 그러한 간질이 그들 자신의 아이나 가까운 가족 구성원에게 발생했을 때, "나는 두렵지 않아요. 그리고 그를 다른 사람들과 마찬가지로 대하지만 아직 간질에 걸리지도 않았고요."라고 말한다. 유사하게 장애인을 만나는 것이 임신한 여성에게는, 특히 그녀가 장애인을 두려워하는 경우라면, 위험할 수도 있다는 합의가 존재한다.[33] 그렇지만 장애인들은 이러한 이유로 마을

---

32 Erving Goffman, *Stigma: Notes on the Management of Spoiled Identity*, Englewood Cliffs, N.J.: Prentice-Hall, 1963, p.30.

주변에서 그들의 활동이 제한된다는 어떠한 느낌도 표현하지 않으며, 임신한 여성들은 "나는 그를 잘 알고 있고, 그래서 나는 그가 두렵지 않아요"라고 말함으로써 장애를 지닌 마을 주민에 대한 그녀들의 관계를 합리화한다. 따라서 우리는 태도란, 말로써 표현되든 행동을 통해서 나타나든, 장애인에 대해 대응하는 사람과 장애인 자신 양자 모두의 처지와 명백히 관련되어 있다는 것을 알 수 있다.

삶의 경험, 감정, 태도 간의 관계

이전의 삶의 경험은 장애인에 대한 태도와 행동에 영향을 미치는 또 다른 중요한 원천이다. 노르웨이에서 이루어진 장애아동의 가족들에 대한 연구에서, 우리는 다른 유형의 위기에 대처해 본 이전의 긍정적인 경험은 부모들이 장애아동을 갖게 되었을 때 끌어와 참조할 수 있는 하나의 원천이 됨을 발견했다. 부모들 자신이 태어난 고향으로부터 얻어진 설명모델들 또한 그들이 어떤 대처방식을 찾는 데 도움을 줄지 모른다.[34] 개략적으로 말해, 우리는 자신의 아이가 장애인이라는 것을 알게 되는 경험에 대한 두 유형의 반응을 확인할 수 있었다. 첫번째는 끔찍한 "충격"을 받았다고 말하는 사람들이며, 그 충격을 극복하는 데에는 얼마간의 시간이 걸린다. 두번째는 이를 "삶에서 발생하는 어려운 일들 중 단지 하나"(인생의 부침Livets tilskikkelse)로 간주하는 사람들이다. 한편에

---

33 태아가 영향을 받을 수 있고, 그래서 그 아이에게 동일한 유형의 장애가 올 수 있다고 믿는 것이다.
34 Benedicte Ingstad, "A Model for Analyzing the Coping Behaviour of Disabled Persons and Their Families: Cross-Cultural Perspectives from Norway and Botswana", *International Journal of Rehabilitation Research* vol. 11 no. 4, 1988, pp.351~359; Ingstad and Sommer-schild, *Familien med det funksjonshemmede Barnet: Forløp, Reaksjoner, Mestring. Et Frambu-prosjekt*[*The Family with a Disabled Child: Process, Reactions, Coping. A Frambu Project*].

서, "충격"은 대개 그 장애아동이 즉시 교정이 되어야만 하고 그럴 수 있다는 것에 대한 높은 기대를 반영했다. 그것은 또한 (대다수) 아동들이 건강하게 태어나는 노르웨이 인구 내에서의 일반적 기대치를 반영했다. 다른 한편에서, "어려운 일들 중 단지 하나"라는 표현은 대개 삶에 대한 상이한 견해를 반영하고 있었다. 그러한 부모들은 이전에 "삶이란 그저 쉽기만 한 것이 아니다"라는 것을 경험했다. 그들 중 일부는 바다와 거친 기후가 사람들이 살아남는 데 있어 여러 세대에 걸쳐 큰 도전이 되어 왔던 노르웨이 북부지역 출신이었다. 그래서 그들은 근심 없는 삶을 기대하지 않았으며, 장애아동을 갖는다는 것이 그렇지 않은 다른 가족들과 그렇게 큰 차이를 만들어 낸다고도 느끼지 않았다.

보츠와나 사회의 가족들도 유사한 견해를 표명했다. 칼라하리 사막은 가뭄이 가축과 농작물을 절멸시킬 수도 있고, 감기나 설사와 같은 통상적 질병들조차도 아이들의 생명에 위협이 될 수 있는 곳인데, 그러한 사막 부근에서의 삶의 경험은 장애에 대한 그들의 반응에 일정하게 영향을 미친다. 그리하여 다운증후군 아이를 갖게 된 느낌에 관해 질문을 받았을 때, 자신의 아홉 아이들 중 셋을 잃어야 했던 한 어머니는 "내가 유감스럽게 생각하는 것은 다운증후군 아이가 아니라, 앞서 죽어 갔던 그 아이들입니다"라고 말했다. 보츠와나 사람들에게 있어 어떤 장애가 갖는 잠재적 비극의 정도는 주로 그 장애인이 가족 내에서 수행하리라 예기되는 장래의 역할에 따라 판단된다. 그래서 정상적인 성인 역할의 수행을 가로막지 않거나, 재활 및 교육을 통해 보완될 수 있는 장애는 하나의 자산으로까지 간주될 수도 있다. 장애인 자녀를 둔 한 어머니는 "나는 나의 [신체적 장애를 지닌] 딸이 잘 교육받기를 원해요. …… [나의 다른 아이들과 달리] 그녀는 결혼할 것 같지 않고, 그래서 그녀는 내가 늙었을 때에도 계속해서 일을 하고, 나를 부양할 겁니다"라고 말했다.

그리하여 우리는 노르웨이와 보츠와나 부모들 모두에게 있어, 어떤 아동의 장애에 대한 반응은 삶의 경험과 삶에 대한 기대(일반적인 삶에 대한 기대 및 특히 그 장애인의 삶에 대한 기대) 양자에 의해 영향을 받는다고 이해한다. 그리고 이러한 반응이 그 장애아동과의 관계를 ──결정하는 것은 아니지만 ──일정하게 좌우한다.

감정을 단지 개별적인 것이 아니라 문화적으로 정의되고, 사회적으로 규정되며, 개인적으로 절합節合된 것으로 바라보는 관점 또한 태도라는 개념에 대한 우리의 이해를 넓힐 수 있다.[35] 태도에 있어 감정적 요소는 위에서 논의된 바처럼, 특정한 사회문화적 환경 내에서 사람들의 삶의 경험뿐만 아니라 어떤 특정한 사회 내에서 감정을 표현하는 용인된 방식과도 관련된다. 보츠와나에서 거의 아무런 외적인 비탄의 표현 없이 그리고 음포Mpho ──'신으로부터의 선물'에 대한 줄임말 ──라는 이름을 부여하며 장애를 지닌 신생아를 받아들이는 것은, 그러한 아이가 긍정적인 도전으로서 받아들여진다는 맥락에서의 긍정뿐만이 아니라 감정을 다루는 문화적으로 용인된 방식과도 합치된다. 사람들은 누군가의 손상을 보고 웃거나 그에 관해 농담을 할지도 모른다. 비록 그것이 때로는 그 장애인의 기분을 상하게 하기도 하지만, 이 또한 통상적이지 않은 어떤 것에 대처하는 용인된 방식과 합치되며, 좀처럼 어떤 모욕으로 해석되지도 이를 의도하지도 않는다.

통상적인 것을 벗어난 어떤 것으로서의 장애는 사람들 내부의 감정

---

35 Catherine Lutz, *Unnatural Emotions: Everyday Sentiments on a Micronesian Atoll and Their Challenge to Western Theory*, Chicago: University of Chicago Press, 1988, p.5.

들을 일깨우게 되는 것 같다. 그들이 가족적 유대를 통해 직접적으로 관련되어 있든 단지 관찰자의 위치에 있든 말이다. 장애는 불운의 가시적인 증거이지만, 또한 많은 경우들에 있어 '정상적인' 사회 구성원들에게 적용되는 규칙과 의무 중 일부에 대한 면제 증서이기도 하다. 장애가 다른 사람들에게서 불러일으키는 감정들은 두려움, 경멸, 또는 특별한 급여나 특권이 부여될 경우 시샘과 같은 부정적인 것들일지 모른다. 긍정적으로는 동정, 자비심, 다른 형태의 특별한 대우가 존재할 수도 있다. '정상화'를 위해 분투하고 있는 많은 장애인들은 타인들로부터의 그러한 긍정적인 감정적 반응이 부정적인 것들만큼이나 대항하기 어렵다는 것을, 그리고 그것을 극복하는 것은 부정적인 감정적 반응보다 더 어렵기조차 하다는 것을 발견하게 된다.

  일상적으로 장애인들과 접촉하지 않는 사람들 또한 장애에 대한 감정의 형성에 있어 그들이 조우해 왔던 어떤 것들에 의해 영향을 받아 왔으리라 예견될 수 있다. 실제로, 이러한 감정의 문제는 통합의 이데올로기 뒤편에서 이루어지는 주요 논쟁 중 하나이다. 통합 이데올로기가 전제하는 바를 따르자면 비장애아동(과 성인)은 학교 내에서 장애인에 대한 긍정적인 경험을 갖게 되며, 따라서 긍정적인 태도를 획득하게 된다. 그러나 이러한 논리가 언제나 작동하는 것은 아니다. 노르웨이에서 장애아동을 일반학교 및 보육시설에 통합시켰던 지난 10년 동안의 시도는 확실히 많은 사람들에게 하나의 자극제가 되었으며, 많은 아동들이 이제는 장애를 지닌 친구들을 일상생활의 한 부분으로 인정한다. 그렇지만, 그러한 시도는 또한 어떤 경우에는 반발과 적대로까지 이어졌다. 장애아동이 교사들의 너무나 많은 주목을 차지한다고 비장애아동의 부모들이 느꼈던 곳이나, 장애아동이 부족한 재화나 서비스를 위한 경쟁에서(예를 들어, 보육원의 배치) 우선권을 부여받았을 경우에 말이다.

지금까지 이야기되어 왔던 것에 기초하여, 나는 장애인에 대한 태도에 관해 질문할 때는, 정보제공자가 장애인들과 어떤 종류의 경험을 지녀 왔는지를 아는 것이 상당히 중요함을 주장하고자 한다. 장애를 지닌 아동이나 가족 구성원이 있는 사람은 그러한 장애인을 알지 못하는 사람과는 다르게 대답하리라 예견될 수 있을 것이다. 그리하여 보츠와나의 장애인들을 주제로 수행한 KAP 연구에서, 나는 가족 내에 장애를 지닌 구성원이 없는 사람들만을 포함시켰다. 장애인들 자신과 그 가족 구성원들은 보다 심층적인 방법들에 의해 연구의 대상에 포괄되었다.

나는 또한 우리가 감정의 표현을 통해 성향이나 태도를 확인함에 있어 반드시 매우 깊은 주의가 필요함을 주장한 바 있다. 우리는 사람들이 감정의 표현에 부여하고 있는 의미를 이해하기 위해, 그리고 이러한 감정의 표현들이 다양한 문화적 맥락 내에서 다양한 범주의 사람들에 의해 어떻게 해석되고 또 그들에게 영향을 미치는지를 이해하기 위해 노력해야만 한다.

태도와 행동 간의 관계

우리가 이미 확인했던 바대로, 태도에 대한 정의는 태도란 행동할 준비가 됨이라는 것을 분명히 해준다. 태도가 반드시 행동과 동일한 것도 아니며, 행동이나 행위를 결정하는 것도 아니다. 이것이 비록 명백한 것처럼 보이기는 하지만, 국제적인 재활 관련 문헌[36]이나 비서구사회에서의

---

36 SIDA/INFO, *Handikappade I U-länder[The Handicapped in Developing Countries]*의 인용문을 보라.

태도에 관한 연구 속에서 그 구분은 거의 이루어지지 않고 있다.

이 분야에서 일반적으로 활용되고 있는 KAP 연구들의 주요한 약점 중 하나는 그러한 연구들이 매우 일반적인 방식 속에서 태도와 관행에 관하여 뭉뚱그려 질문하고 있다는 것, 그리고 그러한 질문에 대한 분석으로부터 개별 장애인들을 향해 이루어지는 행동에 관해 결론을 이끌어 내고 있다는 것이다. 우리가 보았던 것처럼, 사전에 추정된 행동의 성향 이외에 실제 행동에 영향을 미치는 많은 다른 요인들이 존재하기 때문에, 이는 쉽사리 잘못된 결론으로 이어질 수 있다.

한 츠와나족 치료사는 모파콰네에 관해 이야기할 때, 중증의 신체적 손상을 지닌 아들이 있는 이웃가구에 대해 언급하면서 부모들이 장애인을 숨기고 있으며 수치심을 느끼고 있다는 가정을 예증하였다. 나는 이 가족을 잘 알게 되었고, 스스로의 연구를 통해 그 장애아동이 '숨겨져' 있는 것이 전혀 아니며, 인근의 학교에 잘 통합되어 있다는 것을 확인하게 되었다. 그 부모는 아들의 뛰어난 성적을 매우 자랑스러워했으며, 그의 장래 교육에 높은 희망을 걸고 있었다. 손상에 대한 그 부모의 설명은 마법이었지 모파콰네가 아니었다.

이 경우에 있어, 우리는 그 장애아동에 대한 사람들의 행동을 예견할 수 있는 지표로서 누구의 태도를 상정해야 하는가. 그 부모의 태도인가 또는 치료사의 태도인가? 그 질문은 실제 삶의 상황과 관련 행위자들을 참조하지 않고서는 분명하게 답변될 수 없다. 그렇지만 이 사례는 어떤 사회 내에서 장애인이 처해 있는 상황에 대한 지표로서의 태도 및 KAP 설문조사가 갖는 강력한 제한점을 분명히 설명해 준다. 그 지역 사람들(또는 타인들)이 전적으로 구체적인 맥락 너머에서 인식하고, 믿고, 말한 것을 평가하는 것에 의해서만은, 우리는 실제 삶의 상황과는 거의 관련이 없는 고정관념만을 생산하는 위험에 빠질 수 있다. 따라서 KAP 연구는 진지하게 다루어질 필요가 있는 일정한 방법론적 편견을 분명히 지닌다. 그러한 연구는 실제 행동(관행)을 판단하는 데 있어 신뢰할 만한 것도 아니며 유효한 것도 아니다.

가족들이 장애아동의 돌봄에 어떻게 대처하는지, 장애인들이 그들의 삶의 상황에 어떻게 대처하는지, 사람들이 장애를 지닌 동료 및 친척들과 어떻게 관계를 맺는지 이해하기 위해서, 우리는 그 사회에서 실제로 살아가고 있는 사람들을 출발점으로 삼아야만 한다. 실상을 파악하기 위해서 우리는 실제 삶의 상황을 분석하고, 장애에 대해 대처하는 양상을 산출해 내는 제약 및 가능성들, 신념 및 가치들을 확인해야만 한다.[37] 우리는 장애인들이 사회적 공간 내에서 어떻게 모습을 드러내는지, 스스로를 어떻게 표현하는지, 다양한 범주의 관련 행위자들에 의해 어떻게 상이한 영향을 받게 되는지를 연구해야만 한다.

결론

다양한 구성 요소와 연관되어 있는 태도라는 개념 및 관련 주제들에 대한 논의는 나에게, 그리고 아마 독자들에게도 또한 매우 편치 않은 느낌을 남기게 되는 것 같다. 이러한 태도라는 개념은 하나의 분석 도구로서 정말 유용한 것인가? 그리고 그것은 특정한 지역사회 내에서 장애인들

---

37 Ingstad, "The Myth of the Hidden Disabled".

의 삶의 상황을 예견할 수 있는 지표로서 유용한 것인가?

　나는 그 질문에 대해 상당히 조건부적으로 그렇다고 답을 하고자한다. 나는 태도라는 개념이 어떤 분석적 목적에 기여할 수 있다는 사실을, 특히 장애아동의 학교 교육에 대한 부모의 욕구(예를 들어, 통합된 '주류화'인지 또는 분리된 '특수화'인지)와 같이 단순한 차원을 평가하고자 하는 경우라면 그러하다는 것에 대해 논박하지 않을 것이다. 그렇지만, 그것이 보다 복합적 차원의 문제와 관련될 때, 나는 의심을 지닐 수밖에 없다. 최소한 우리는 그 개념을 장애인에 대한 태도와 관련된 저술에서 통상적으로 정의되고 있는 것보다 훨씬 더 분명하게 정의해야만 한다. 나는 **태도**라는 것을 '어떤 사람, 집단, 또는 대상에 대한 행동의 성향에 관한 진술'로서 정의할 것을 제안한다. **진술**이라는 용어를 삽입함으로써, 우리는 우리가 모은 자료의 본질을 우리 자신에게 상기시킬 수 있다. 어쩌면 이러한 방식으로, 우리는 진술과 행동 간의 혼동의 위험성을, 그리고 해당 지역사회 내에서 장애인의 삶의 상황이 어떤 단일한 원인과 효과의 결과라고 결론 내려지는 경향을 피할 수 있을지 모른다. 우리는 또한 연구물의 독자나 이용자들에게도 이러한 진술들이 어떠한 관련 맥락으로부터 분리되어 있는 것임을 상기시킬 수 있을 것이다.

　태도를 강조하는 것에 의해, 재활에 대한 국제적 담론은 결국 쉽사리 '희생자 비난하기'가 되어 버렸다. 장애인에 대한 열악한 돌봄은 개인의 태도——거의 대부분 가족이나 돌봄을 제공하는 사람의 태도——의 문제로 간주되었고, 변화는 태도의 변화라는 문제로 환원되었다. 전문가나 정부의 태도는 거의 문제시되지 않았고, 숨겨진 장애인에 대한 '신화'는 온정주의를, 그리고 대개 관련 당사자들과 거의 아무런 접촉도 없이 생성된 프로그램의 올바름을 정당화하는 구실이 되어 버렸다. 그렇지만 많은——아마도 대부분의——경우들에 있어, 장애인이 처해 있는 어려운 상황은 그 장애인이 속해 있는 가구 전체나 돌봄 제공 단위의 어려운 삶의 결과이다. 문제는 자원의 부족, 실업, 또는 가뭄과 같은 자연재해로 인한 빈곤——그 구성원 중 누군가가 장애인이 되었을 때 돌봄 제공 단위를 특별히 더 취약하게 만드는 어떤 것——일 수 있다. 문제는 또한 움막에 '숨겨진' 젊은 남자의 경우에서처럼, 이웃으로부터든 공적 서비스로부터든 외부로부터의 지원 부족일지도 모른다.

이러한 방식으로 태도에 초점을 맞춤으로써, 두 가지 결과가 빚어졌다. 첫째, 돌봄 제공 단위의 역량이 아니라 개별 장애인에 대한 치료가 관심의 초점이 되었다. 이는 재활의 의료화 및 신체기관의 기능 회복이 주요 관심사인 생의학으로부터의 유산과 합치된다. 그리하여 돌봄 제공자가 양성 교육을 끝까지 따라가는 데 있어 능력의 부족을 나타내면 이는 부정적인 태도의 문제로 해석되었고, 가족의 자원 및 노동 역량의 전체적인 맥락 내에서 이해되지 않았다. 이러한 방식으로 시야를 제한함으로써, 돌봄 제공 단위가 좀더 발전할 수 있도록, 그리하여 재활 프로그램들이 대개 도입하고 있는 추가적 과업들을 좀더 받아안을 수 있도록 만드는 기회가 상실되었다.

둘째, '희생자 비난하기'는 이러한 문제들이 대개 정치적 이슈라는 사실로부터 다른 곳으로 주의를 돌리게 만들었다. 그것은 실상 적절한 재활 및 지원 서비스를 발전시킬 능력 또는 적극적 의지의 문제이다. 그것은 또한 대개 일반 대중의 생활수준을 상승시키고, 그리하여 장애가구를 관련 문제에 대처하는 데 보나 석합하게 만들어 주는 문제이다. 사회적 상황을 변화시킴으로써, 우리는 인식개선 캠페인에 의한 것보다 '태도'를 더 용이하게 그리고 영속적으로 변화시킬 수 있다. 이러한 관점에서 보자면 '숨겨진 장애인에 대한 신화'는 모금을 하는 자선단체들에게뿐만 아니라 '이윤이 발생하지 않는' 영역에 대한 주요 투자를 회피하고자 애쓰던 개발도상국의 정부에게도 유용한 것이었을 터이다.

나는 태도에 초점을 맞춤으로써 발생한 이러한 결과들이 반드시 의식적인 계산에 의한 귀결이라고 말하려는 것은 아니다. 얼마간, 그것들은 의도치 않은 결과들일지 모른다. 그러나 개인적 불운이라는 신화는 권력을 지닌 사람들에게 도움이 되었고, 그것들은 그러한 신화를 매우 강력하게 유지하는 데 기여해 온 어떤 결과들이었다.

우리가 목도하고 있는 것은 관점들에 대한 투쟁——즉, 클라인만이 '임상적 실재'clinical realities라고 불렀던 것——이다. 그리고 그러한 투쟁 내에서 가장 강력한 편이 승리자로서 공식적 사실을 진술하게 된다.

> [그러나] **단지** 임상적 실재일 뿐인 것을 확실한 실재로 구성하여 정당화하는…… 권력은 평등하게 분배되지 않는다. 사회적 권력은 주로 제도화의 함수이며, 대중의 영역은 분산되어 있는 반면 전문가의 영역은 철저히 제도화되어 있기 때문에, 전문가의 영역이 최고의 권위를 갖게 된다.[38]

앞서 보았던 사례에서 움막 속의 그 남자는 다른 사람들에게 폐를 끼쳐 곤란한 상황에 내몰리고 그리하여 열악한 (그리고 학대적인) 시설로 되돌려 보내지는 것으로부터 보호받고 있었던 것인가, 아니면 그의 가족에 의해 숨겨져서 학대받고 있었던 것인가? 그 판단은 전적으로 그

---

38 A. Kleinman, *Patients and Healers in the Context of Culture*, p.52.

상황을 바라보는 관점에, 그리고 진정성을 어디에 부여하기로 선택하는가에 달려 있다. 그러나 그 답변은 재활사들이 이러한 가족에 접근하는 방식에 명백히 엄청난 영향을 미친다.

나는 장애인의 살해, 방치, 학대가 결코 발생하지 않았다고 말하려는 것은 아니다. 그러나 개발도상국과 유사한 학대의 실례들이 소위 세계의 선진 지역들에서는 예외적인 것으로 간주되는 반면, 그러한 학대의 사례를 개발도상국들에서 장애인이 다루어지는 **방식**에 대한 이미지로 일반화하는 경향은 거부하고자 한다. 나는 또한 세계 어디에서나 재활 사업에 대한 충분한 토대로서 태도 설문조사와 그 결과들을 채택하는 것은 거부할 것이다. 우리는 장애인 및 그 가족들과 관련된 프로그램의 입안과 실행에서뿐만 아니라 연구에 있어서도, 관련 당사자의 관점이 중요한 위상을 갖는 접근법을 향해 나아가야 한다. 단지 그러할 때만이 우리는 '2000년까지 모든 이들에게 재활을'[39]이라는 목표의 성취를 기대할 수 있을 것이다.

---

39 '유엔 장애인 10년'의 슬로건.

종장 담론과 경험 사이에서의 장애

수잔 레이놀스 휘테

이 책의 주요한 목표는 인격의 문화적 구성이 감각·지체·정신적 손상들이 갖는 의미들을 형성해 내는 방식을 검토하는 것이었다. 다양한 문화적 환경 내에서, 이 책의 기고자들은 '치료될 수 없는 결손은 하나의 인격체로서 어떤 개인이 지닌 가능성과 유효성에 어떤 영향을 미치는가?'라는 질문을 제기하였다. 유럽과 북미 이외 지역의 장애에 대해서는 연구가 거의 이루어진 바가 없기 때문에, 이러한 질문은 하나의 예비적 탐색의 성격을 지닌다. 지금 당장 어떤 결론들을 내리는 대신, 나는 여기서 몇 가지 일반적인 이슈들을 제기하고 우리가 출발점으로 삼아야 할 지점들을 고찰하려 한다.

장애의 인류학은 손상과 인격의 문제에 대한 두 가지 근본적으로 상이한 접근법과 관련지어 그 자신의 위치를 잡아야만 한다. 한편에서는 프랑스적 전통의 포괄적인 문화사가 존재하는데, 이는 여러 역사적 시대에 걸쳐 차이에 대한 변화하는 담론들의 특성을 기술한다. 비록 인격personhood이라는 용어가 명시적으로 사용되고 있지는 않지만, 이러한 작업은 궁극적으로 인격체가 생물학, 종교, 윤리학, 사회의 제도적 구조와 관련하여 어떻게 해석되는가를 다룬다. 다른 한편으로는 이와 뚜렷이 대조되는, 개인에서 시작하며 직접 체험에 근거한 기술들을 통해 손상을 지닌 사람의 경험을 이해하려고 노력하는 접근법이 있다. 하나의 방법은 폭넓은 시야를 갖지만, 정형화의 위험성이 존재한다. 다른 하나의 방법은 깊이를 지니고 미묘한 차이를 잡아내지만, 개인들이 존재하는 사회적 맥락의 변화하는 측면을 보지 못할 수도 있다. 미래의 연구는 이러한 양자 모두의 접근법으로부터 도출되어야 하며, 손상을 지닌 사람들의 상황을 맥락화하고 분별하는 현지연구를 토대로 해야 한다.

담론분석discourse analysis은 현상이란 사람들이 그 현상에 관해 의사소통하는 방식에 의해 형성된다는 가정을 근대 사회과학의 여타 접근법들과 공유한다. 즉, 현상은 표현적 실천expressive practice을 통해 구성된다. 이는 그러한 현상의 물질적 실재를 부정하는 것이 아니며, 그보다는 오히려 그러한 종류의 실재가 파악되는 과정을 매개하는 과정들을 강조하는 것이다. 손상 또는 장애는 그것이 이야기되고, 다루어지고, 기술되는 방식을 통하여 ——학술 논문과 낙인의 조정을 통해서뿐만이 아니라 장애 급여나 구걸을 통하여—— 문화적으로 구성된다. 담론분석의 미셀 푸코적 형태에 대한 최근의 논의는 담론이란 "이야기되는 대상들을 체계적으로 형성해 내는 실천"이라는 그의 주장을 강조하고 있다.

결론적으로 담론이라는 것은 단순한 의미적 관계보다는 오히려 일종의 대규모 화용론話用論, pragmatics적 관계를 사회 이론으로서 제시하는 것을 뜻하며…… 텍스트들과 말과 온갖 종류의 사회적 실천들을 경험을 생산하는 것이자 우리 삶의 실재들 및 우리가 다루는 진실들을 구성하는 것으로서 파악한다.[1]

내가 중요하게 짚고 싶은 것은 "경험을 생산하는"이라는 구절이다. 담론은 상황·이슈·가치·인격체·관계를 구체화하는 방식들이다. 그 용어의 통상적 용법에 있어, 담론은 어떤 것을 '말한다'. 제도적 관행은 그 어떤 것을 함축한다. 어떤 수준에서, 메시지가 전달된다. 그 메시지는 어떻게 이해되는가? 담론적 실천은 손상을 지닌 사람들의 주관적 경험과 어떻게 관련되는가? 이러한 질문에 있어, 담론을 통한 어떤 유형의 구체화와 구체화의 과정 ——자기 자신을 경험하는 것과 어떤 주어진 방식 내에서의 상황——간의 관계가 핵심 이슈이다. 손상을 지닌 사람들은 담론이 제시하는 그들 자신에 대한 구성을 받아들이는가? 그들이 그러한 담론을 채택하고 있는 것이라면, 그들은 어떻게 그것을 변환시킬 수 있는가? 그렇지 않다면 손상을 지닌 사람들은 그러한 담론에 저항하는가? 어떠한 맥락들 속에서 그들은 주어진 담론을 받아들이고, 무시하고, 다투고 또는 재가공하는가?

서구사회에서는 장애의 주관적 경험에 관한 문헌들이 점점 더 많아지고 있으며, 그러한 문헌들 중 어떤 것은 담론의 구체화와 주관적 실재의 접점을 다룬다. 그렇지만 다른 문화적 환경들 내에서의 이러한 문제에 관해 쓰고 있는 문헌은 극히 소수만이 존재해 왔다. 메건 본Megan Vaughan의 최근 저작은 식민지 아프리카인들의 보건에 관한 생의학적 담론에서의 변화를 분석하고 있는데, 역사 연구에 있어 이러한 문제를 정확히 지적한 바 있다.[2] 비록 매종[3]·매독·나병을 퇴치하기 위한 캠페인들에 내재해 있는 아프리카인들의 이미지를 검토한 교과서적 자료들을

1 Lila Abu-Lughod and Catherine Lutz, "Introduction: Emotion, Discourse, and the Politics of Everyday Life", eds. Catherine Lutz and Lila Abu-Lughod, *Language and the Politics of Emotion*, Cambridge: Cambridge University Press, 1990, pp.9~10.

활용하는 것이 가능하기는 하지만, 이러한 이미지들이 아프리카인들에 의해 어느 정도까지 그들 정체성의 일부로 받아들여지고 있는지 알기는 어렵다. 나환자라는 꼬리표가 부여되고, 식민지 정책으로서 나병 치료의 제도적 관행이 확립되었던 것은 또 어떻게 받아들여졌을까?[4]

이러한 문제에 있어 역사학과 인류학의 여러 방법들은 상이한 잠재력을 지닌다. 푸코나 본이나 스티케Henri-Jacques Stiker(나는 곧 그의 논의를 다룰 것이다)와 같은 역사가들은 장애·질병·보건에 관한 텍스트들을, 그리고 어느 정도까지는 시설·프로그램·서비스에 관한 기구 및 실천들의 기록들을 가지고 작업을 수행한다. 민족지학자들은 장애와 관련된 문화적 담론 및 실천에 관한 글을 쓰기 위하여, 이러한 역사가들의 대화를 듣고, 보고, 함께 참여해야만 한다. 그들의 자료는 경험이다. 다른 사람들이 표현한 것에 대한 그들 자신의 경험인 것이다. 이러한 자료는 보건정책 입안자들의 프로그램이나 공식적인 역사적 텍스트들의 메시지보다 아마도 훨씬 덜 명쾌할 것이다. 비록 특징적인 의례들이나 면담자의 질문에 대한 답변이 하나의 일관된 관점(어떤 지배적인 관점)을 전달하는 듯 보일 수 있지만, 일상생활, 평상시의 대화, 겉으로 드러나는 전략들은 훨씬 더 다양할 수 있다.

---

2 Megan Vaughan, *Curing Their Ills: Colonial Power and African Illness*, Oxford: Policy Press, 1991.

3 딸기종이라고도 하며, 매독을 일으키는 균과 구조가 같은 세균에 의해 감염되는 피부병이다. 주로 열대지방에 사는 15세 미만의 어린이에게서 흔하게 나타난다. ─옮긴이

4 돈 블로흐Don Bloch의 소설 『근대의 저속한 바람』(*The Modern Common Wind*, London: Paladin, 1986)은 아프리카인의 관점에서 나병과 이에 대한 치료를 기술하고 있는 상상력이 풍부한 역작이다. 블로흐는 나병 치료가 혼성적 실재composite reality의 일부인 세계에서 살고 있는 나환자들을 보여주고 있다. 이러한 세계 내에서 전통적 치료 제공자의 담론적 실천은 그것을 받아들이는 사람들의 삶의 경험으로 변환된다. 그러나 그들은 백인 의사들에 의해 제시된 그들 자신에 대한 이미지와 그들의 질병은 어떤 직접적인 방식으로 전유하지 않았다.

장애의 서구적 구성

프랑스 학자 앙리-자크 스티케는 자신의 역사서인 『신체적 장애인과 사회』에서, 유럽 역사 전체 시대들의 문화적 구성에 대한 특징을 기술하는 것 속에서 푸코의 선례를 따른다.[5] 스티케는 사회들이 차이를 다루는 방식 속에서 스스로를 드러낸다고 믿으며, 신체적 비정상성에 대한 담론을 통해 서구문명을 묘사하는 기념비적인 과업을 자기 자신에게 부여한다. 그는 차이가 생물학적·사회적·윤리-종교적·의학적으로 표현되어 있을 수 있는 동위원소, 사회적 표준, 등록 명부에 대해 이야기한다. 그는 또한 차이의 특정한 범주로서 장애의 등장을, 그리고 그러한 차이의 등장이 야기한 반응——자선, 의학적 분석, 특수교육, 재활——을 추적한다. 그의 작업은 몇 가지 사실로부터 일반론을 도출해내는, 때때로 도발적인 직관적 통찰이다. 포괄적인 틀이 거의 존재하지 않는 이 분야에서 이루어진 하나의 직관적 통찰인 것이다.[6] 여기서 나는 영어권 연구자들에게 충분히 알려질 가치가 있는 그 책의 개요만을 기술할 수 있을 뿐이다.

중세에 장애(스티케가 칭하는 용어로는 infirmity)는 다른 형태의 비참함이나 고통과 명확하게 구별되지 않았다. 장애와 빈곤은 신의 다양한 창조물——사물의 질서——의 일부였다. 차이에 대한 반응은 자선, 영성靈性, 도덕이었다. 개인적으로 또는 시설(요양소, 수도원 등)의 활동

---

5 Henri-Jacques Stiker, *Corps infirmes et sociétés*, Paris: Aubier Montaigne, 1982.
6 나는 이 장의 초고를 발표할 수 있도록 나를 벨기에 루뱅에 초대해 준 데 대해, 장애에 관한 나의 사고를 자극하고 격려해 준 데 대해, 그리고 스티케의 책을 소개해 준 데 대해 르네 드비시René Devisch에게 감사드리고 싶다.

500   우리가 아는 장애는 없다

을 통해 자선을 베푸는 것은 미덕의 실행이었고, 고통은 하나님의 현존에 대한 표시였다. 스티케가 그 시기의 특성을 기술하는 바처럼, "기형은 목록이 작성되지도, 배제되지도, 일정하게 편성되지도, 특별하게 고려되지도 않았다. 그것은 그냥 그렇게, 일단의 비참함 내에 함께 있었고, 자비를 받아야만 하는 것이었다".[7] 이러한 자선의 체계 내에서 빈곤과 장애는 불가피한 것으로 간주되었고, 그 대응은 정치적이고 기술적인 것이라기보다는 윤리적인 것이었다. 그러나 차이의 윤리적이고 영적인 통합이 사회적 통합을 이루어 내지는 못했다. 장애인은 주변화되었고, 그들의 가족이나 또는 자비로운 후원자에 의해 돌봄을 받았다. 구별되는 집단으로서의 어떠한 사회적 역할이나 정체성 없이 말이다.[8]

스티케는 16세기에서 19세기까지의 발전을 이러한 자선의 체계들과 대조하고 있다. 그리스도교적인 것에 대립하는 것으로서의 의학적 담론이 장애에 대해 확립되며, 18세기가 되면 관심사는 손상을 설명하는 것보다는 그것을 기술하고 목록을 작성하는 쪽으로 옮겨 간다. 17세기에는 시설로의 감금이라는 발상이 시작되는 것을 보게 된다. (중세에 자선의 대상으로서뿐만이 아니라, 16세기 영국의 구빈법하에서) 장애인들이 빈민과 한데 모여 있던 그 이전의 시기와 대조적으로, 명확하게 장애인들을 대상으로 한 시설이 설립되었다. 의미심장하게도, 이러한 시설들 중 최초의 것은 임무의 수행 중에 손상을 겪은 병사와 선원들을 위한 것이었다. 파리에서는 1674년에 상이군인들을 위한 오텔 데 앵발리드

---

7 Stiker, *Corps infirmes et sociétés*, p. 95[스티케로부터의 모든 인용문은 나 자신의 번역이다].
8 그렇지만, 스티케는 한 가지 점에 있어서는 기형인 사람들의 특수성을 이야기한다. 세계의 알려지지 않은 변경에 존재하는 괴물들의 이미지가 근본적 타자성에 대한 공포를 불러일으키기는 하지만, 기형인 사람들은 완화된 방식으로 사회의 이면을 드러낼 수 있었다. 난쟁이와 꼽추는 어릿광대들로서, 정상적인 사람들에게는 금지된 방식으로 사회를 비판할 수 있었던 것이다.

Hôtel des invalides[9]가 설립되었다.[10] 그럼에도 불구하고, 감각 및 지체 손상을 지닌 사람들에 대한 시설에의 감금은 정신질환자에 대해 그랬던 것만큼 결코 그렇게 일반적이지는 않았으며, 그러한 감금의 시대는 푸코에 의해 기술된 바 있다.[11]

장애인들의 교육 또는 특수교육이라는 발상은 18세기 계몽주의의 산물이었다. 스티케는 손상을 지닌 사람들의 역량에 대한 유럽인들의 보편적 관심의 일부분으로서 드니 디드로Denis Diderot의 『맹인 서간』[12]을 지적한다. 프랑스에서 이때는 아베 드 레페Abbé de l'Épée, 1712~1789와 발랑탱 아우이Valentin Haüy, 1745~1822의 시대였다. 레페는 농아들을 위한 수화에 있어 선구자적인 역할을 수행했으며, 아우이는 맹인을 위한 교육을 확립했다(루이 브라유Louis Braille[13]는 그가 설립한 교육시설의 학생 중 한 명이었다). "아베롱Aveyron의 야생 소년"[14]은 언어를 쓸 줄 모르고 짐승처럼 숲에서 살아가는 채로 발견되어 1800년에 파리로 데려

9 루이 14세의 명에 따라 건립된 상이군인을 위한 요양시설로, 그 수용 규모가 약 5,000~7,000명에 이르렀다. 현재는 군사박물관과 군 관계 행정기관 등이 들어서 있다. ─옮긴이
10 영국에서는 요양소와 그에 필요한 기금이 최초에는 해군을, 좀더 이후에는 상선의 선원들을 위해 설립되었는데, 그들은 "나이·부상·여타의 사고들 때문에, 바다에서의 임무를 더 이상 수행할 수 없게 되고 스스로를 부양할 수 없는" 이들이었다(Robert Straus, "Social Change and the Rehabilitation Concept", ed. Marvin Sussman, *Sociology and Rehabilitation*, Washington, D.C.: American Sociological Association, 1965, p.7).
11 Michel Foucault, *Madness and Civilization: A History of Insanity in the Age of Reason*, trans. Richard Howard, New York: Vintage Books, 1973.
12 『맹인 서간』*Lettre sur les sourds et muets*은 프랑스 철학자인 디드로가 1749년에 두 명의 성공한 맹인, 즉 캠브리지대학교의 석좌교수였던 수학자 니콜라스 손더슨Nicholas Saunderson과 피아니스트이면서 음악교사인 마리 테레지아Marie Theresia에 대한 내용을 중심으로 쓴 철학적 에세이다. 이 책은 무신론의 경향을 짙게 나타냈고, 이 때문에 디드로는 3개월간 투옥되기도 하였다. ─옮긴이
13 여섯 개의 점으로 점자 알파벳을 고안하여, 현대적 점자의 체계를 완성한 인물이다. ─옮긴이
14 "아베롱의 야생 소년"은 장 마르크 가스파르 이타르Jean Marc Gaspard Itard가 1801년에 출간한 저서의 제목이다. 그는 농아학교와 관련을 맺고 있던 내과의사이자 이과耳科의사였는데, 발견 당시 11세로 추정되었던 빅토르Victor를 데려다 5년 동안 훈련·교육시킨 경험을 바탕으로 이 책을 저술하였다. ─옮긴이

져 왔는데, 그에 대한 관심도 손상을 지닌 사람들의 능력을 개발하는 방식으로서의 교육에 대한 동일한 관심을 반영했다.

19세기가 되자 농인과 맹인을 위한 교육시설들이 생겨나게 되었으며, 몸을 교정하는 기술과 기계들을 갖춘 정형외과시설들도 설립되었다. 가족들이 지체 및 지적 결함을 지닌 이들을 돌봤으며, 단지 가족들이 그렇게 할 수 없을 때에만 사람들은 빈민, 노인, 장애인들을 위한 시설로 넘겨졌다.[15]

제1차 세계대전은 우리가 알고 있는 바대로, 유럽과 미국 양쪽 모두에서 재활의 시작을 알렸다. 스티케는 서구사회들이 전쟁에 의해 남겨진 엄청난 수의 불구자들을 다루게 됨에 따라 광범위한 패러다임의 전환이 일어났다고 역설한다. 인공 보철술이 발달함에 따라 보다 일반화된 복원·대체·보충의 관념 또한 발전되었고, 이러한 관념은 이내 모든 선천적·후천적 손상에 적용되었다. 전쟁의 대참사가 재건을 요구했던 것처럼, 손상을 입었던 사람들도 그렇게 재활되고, 실제의 또는 가정된 선재先在하는 참조의 기준대로 회복되고, 사회에 다시 동화되어야 했다. 그 과정은 단순한 치료의 과정은 아니었다. "치료의 과정은 하나의 제명이며, 국민보건과 관련된다. 재통합의 과정은 사회적 수준에서 위치 지어지며, 어떤 결손을 제자리로 되돌린다."[16]

---

15 로버트 스트라우스는 미국에서 빈민과 장애인들을 돕기 위한 19세기의 자발적인 노력들에 대해 적고 있다(Straus, "Social Change and the Rehabilitation Concept"). 원조를 받을 자격이 있는 빈민과 받을 자격이 없는 빈민을 구별하기 위한 노력에 있어 손상은 하나의 유용한 지침이었는데, 왜냐하면 손상을 지닌 사람들은 그들 자신이 아무런 과실에 의하지 않고 빈곤한 상태에 있었기 때문이다(p.10). 손상을 지닌 이들에 대한 이러한 원조는 빈민을 겨냥한 여타의 프로그램과 마찬가지로, 자선에 대한 중세적 관념이나 교육을 통한 역량의 향상이라는 계몽주의적 사고와는 달리 노동과 직업훈련에 강조점이 주어졌다.

16 Stiker, *Corps infirmes et sociétés*, p.141.

스티케는 이 시기에 그가 현 시대의 특질로 확인하고 있는 차이의 부인이 시작되는 것을 본다. 그 이전 시대에는 어떤 식으로든 장애인들이 예외적인 것으로 위치 지어졌던 반면, 근대의 의도(또는 요구)는 그들이 정상적으로 되고 정상적인 생활과 노동으로 통합되는 것이다. 장애는 형이상학적인 문제들이라기보다는 오히려 기술적인 문제들을 제기하며, 사회복지사·직업훈련 교사·의학 및 법률 전문가에 의해 통제되고 관리된다. 여기에 깔려 있는 가정이란, 우리가 모든 결과를 지배할수 있다는 것이다. 즉 모두가 치료될 수는 없겠지만, 모든 심신의 이상을 다루고 조절할 수 있다는 것이다.

종족-기형학: 이례적인 것에 대한 담론

나는 현대 유럽 담론적 실천의 '계보학'에 대한 개관을 중세 자선담론으로부터 시작했다. 스티케는 한층 더 거슬러 올라가, 자신의 역사 서술을 유대민족의 성서 텍스트들로부터 시작하여 고대 그리스와 로마의 고전 시대로까지 나아가고 있다. 그렇지만, 그의 설명에서 그러한 초기적 장애의 구성이 오늘날의 사회적 실천들 내에서 현존하는 것은 아니다. 그리스도교는 어떤 단절을 만들어 냈고, 자선의 중세적 테마는 여전히 현대적 의미를 갖지만, 악·불순·인간성의 신과의 관계에 대한 더 고대적 테마들은 그렇지 않다. 그러나 이러한 요소들 중 어떤 것은 민족지학적 기록들 내에서 분명히 나타나기도 한다. 비서구사회들에 관한 문헌에서 보고되고 있는, 차이를 해석하는 한 가지 방식은 이례적인 것을 선정하고 우주생물론적cosmobiological 담론 내에서 그것을 다루는 것이다.[17]

몇몇 종류의 상애는 해당 종種의 생물학적 완전함이라는 견지에서 해석되며, 광범위한 차원의 우주론적 수준에서 다루어진다. 메리 더글러스Mary Douglas가 지적한 것처럼, 이례적인 것은 존재의 더 깊은 의미를 고찰하는 데 활용될 수도 있다.[18] 그것은 무언가를 자극하고 동요시키는 것으로 여겨졌다. 데이비드 파킨David Parkin이 보여 주는 것처럼, 이례적인 것은 불완전함으로서의 악과 연계하여 사고될 수도 있다.[19] 폴 리쾨르Paul Ricoeur에게 영감을 받아,[20] 그는 악을 이해하는 한 방식으로서 부패·신체적 불완전함·불순이라는 테마에 주의를 기울인다. 리쾨르가 '우주생물론적'이라고 불렀던(그리고 범죄자가 저지르는 것으로서의 죄악의 관념과 대조시켰던) 이러한 '고대적' 체계는 히브리세계에서 전형적이었다. 스티케는 구약의 레위기가 여러 손상들을 율법적 차원의 불순함으로 식별하고 있음을 지적한다.[21] 나환자·바보·맹인·농인·절름발이는 신에게 봉헌하는 것이 금지되었다. 생물학적 완전함은 신성한 것이었다. 그와 상반되는 것은 신성한 존재와의 접촉에서 배제되었다.

서구 의학 내에서, 기형학teratology(이 용어는 괴물을 의미하는 그리스 단어로부터 유래한다)이란 선천적 결함에 대한 연구이다. 생물학적 완전함으로부터의 일탈에 대한 관심은 고대로부터 이어져 온 것이

---

17 비록 해당 문헌에서는 사용되고 있지는 않지만, 나는 특정한 방향으로 손상을 구성하게 하는 방식들 내에서 사람들이 말하고 실천한다는 것을 상기시키기 위하여(예를 들어, 의례의 수행) 여기서 '담론' discourse이라는 용어를 사용한다. 여러 지역적 세계들에 관한 글을 쓰는 인류학자들 또한 일정한 해석을, 그리고 특정한 전문담론을 선택한다.

18 Mary Douglas, *Purity and Danger: An Analysis of Concepts of Pollution and Taboo*, London: Routledge and Kegan Paul, 1966, pp.52~53.

19 David J. Parkin, "Introduction", od. David Parkin, *The Anthropology of Evil*, Oxford: Basil Blackwell Publisher, 1985, p.5~9.

20 Paul Ricoeur, *The Symbolism of Evil*, trans. Emerson Buchanan, Boston: Beacon Press, 1967.

21 Stiker, *Corps infirmes et sociétés*, ch. 2.

며,[22] 이례적인 것의 개념화는 비교문화적으로 너무나 다양해서 종족-기형학에 관해 이야기하고픈 생각이 들게 할 정도이다. 딜라이앤 버크Deliane Burck는 남부 아프리카에 관한 문헌에서, 어떤 아이가 하나의 인간으로 인정받는 것을 가로막을 정도로 심한 것으로 간주되는 비정상적인 것에 대한 '전통적' 견해와 관련된 언급들의 일부를 요약하고 있다.[23] 이러한 비정상적인 것들에는 다리부터 거꾸로 태어나는 역산逆産, 윗니가 먼저 나옴, 태어나는 동안 배변함, 출산 사이에 월경을 하지 않은 어머니로부터의 분만이 포함된다.[24] 그렇지만 아마도 보다 일반적으로는, 이러한 종류의 차이들은 그 개인들을 특별한 범주에 속하게 하는 것으로 인식된다고 할 수 있다. 인격체에 미달하는 것, 불결한 것, 위험한 것으로, 그러나 또한 때로는 비범한 힘을 지니거나 표상하는 것으로 말이다. 쌍둥이라는 것은 많은 문화들에서 특별한 지위를 부여하는 생물학적 특이성들 중 하나이다. 아프리카에서 쌍둥이는 죽임을 당하거나 또는 다양한 형태의 의례를 통한 변환 속에서 경축될지도 모른다. 그

---

22 Josef Warkany, *Congenital Malformations: Notes and Comments*, Chicago: Year Book Medical Publishers, 1971; Josef Warkany, "History of Teratology", eds. James G. Wilson and F. Clarke Fraser, *Handbook of Teratology*, New York: Plenum Press, 1977.

23 Deliane Jannette Burck, *Kuoma Rupandi(The Parts Are Dry): Ideas and Practices Concerning Disabilities and Rehabilitation in a Shona Ward*, Research Report no. 36, Leiden: African Studies Centre, 1989, p. 60ff.

24 도로시 멀과 데니스 멀은 멕시코 타라후마라Tarahumara족 사이에서의 유아살해를 연구했는데, 대다수의 타라후마라족 사람들이 출생 시 죽임을 당하거나 죽도록 묵인된 결함을 지닌 아기들(백색증과 구개파열을 지닌 아기들을 포함하여)의 사례를 들은 적이 있음을 확인했다(Dorothy S. Mull and J. Dennis Mull, "Infanticide among the Tarahumara of the Mexican Sierra Madre", ed. Nancy Scheper-Hughes, *Child Survival: Anthropological Perspectives on the Treatment and Maltreatment of Children*, Dordrecht: D. Reidel, 1987). 한 인격체로서의 정체성을 확증해 주는 명명의식은 태어난 지 1년이 될 때까지 미루어질 수 있기 때문에, 인간으로서의 지위 부여 또한 연기될 수 있고, 이는 '손상된' 아기의 죽음을 살인으로 간주하지 않는 것을 좀더 용이하게 만든다. 그렇지만, 그 사회 내에서 이러한 관행이 어떤 명령을 이행하는 것과 같은 방식으로 적극적으로 부과되지는 않는 것처럼 보인다. 몇몇 다른 민족지학적 보고에서의 유사한 사례들과 미찬가지로 말이다.

러나 민족지학적 기록들에 따르면, 그들은 좀처럼 정상적인 인격체로 여겨지지 않는다. 개인의 출생, 발달, 몸 또는 정신에서 나타나는 일정한 특이성을 우주론적 의미에서 주목하는 이러한 경향은 장애에 대한 오늘날의 서구적 관념과는 매우 상이하다. 스티케의 견지에서는, 바로 그러한 경향이 생물학적 완전함을 순결·질서·불순·권력에 대한 형이상학적 또는 종교적 관심과 관련지음으로써 차이의 문제를 공식화한다.

고대 서구에서의 차이 담론에 대한 스티케의 분석은 신화들이 어떻게 기형의 의미를 다듬어 냈는지를 보여 준다. 자신의 기형인 발 때문에 발견된 오이디푸스Oedipus[25]의 이야기에서 차이와 정체성(여기서는 근친상간이라는 형태 속에서의)은 인간의 조건과 관련된 근본적 이슈다. 불구나 기형인 신들에 관한 여타의 신화들은 이례적인 것을 "가지고 생각하기 좋은"bon à penser[26] 하나의 기호로 만든다.[27] 스티케는 사회적인 수

---

25 오이디푸스란 이름은 '퉁퉁 부은 발'이라는 뜻이다. 오이디푸스는 "아비를 죽이고 어미를 범한다"는 신탁 때문에, 태어나자마자 아버지인 테베의 왕 라이오스에 의해 복사뼈에 쇠못이 박혀 키타이론의 산중에 버려진다. 그러나 그는 이웃나라 코린토스의 목동에 의해 발견되어 코린토스의 왕자로 자라고, 결국 비극적인 신탁은 잘 알려진 대로 현실화되고 만다.—옮긴이

26 이는 레비-스트로스Claude Levi-Strauss가 자신의 저서 『신화학 1: 날것과 익힌 것』(Mythologiques 1: Le Cru et le Cuit, Paris: Plon, 1964)에서 사용한 표현이다. 그는 어떤 문화에서든 "가지고 생각하기 좋은" 것이 신화의 소재가 된다고 말한다.—옮긴이

27 민족지학적 문헌에서, 북미의 트릭스터trickster와 같은 신화적 존재들은 그들의 몸을 변화시킬 수 있다. 서부 아프리카의 신 및 혼령들과 브라질의 숭배 대상들은 기형이거나 절름발이인 경우가 있다. 나이지리아 작가 벤 오크리는 자신의 기념비적인 소설에서, 이러한 특성을 매우 효과적으로 활용하고 있다. 소설의 화자인 아자로Azaro는 코토Koto 부인의 술집에서 기묘한 돌연변이 고객들—백색증 환자, 난쟁이, "인간 몸의 본래적 형상이 무엇인지 혼돈케 만드는" 존재들—을 목격하게 되며, 그들이 인간이 아니라 혼령이라는 것을 깨닫는다. "그들의 기형은 너무나 충격적이었지만, 눈이 보이지 않거나 눈이 없는 것, 곱사등, 이가 없는 입이 그들에게는 아무런 영향도 주지 않은 듯 보였다. 그들의 말씨와 움직임은 몸과 잘 조화되지는 않았다. 그들은 서로 다른 인간의 신체 부위들을 한데 모아 놓은 정체불명이 부류처럼 보였다"(Ben Ukri, The Famished Road, London: Jonathan Cape, 1991, p.136). [트릭스터는 신화 속에서 기존의 도덕과 관습을 무시하고 주술·장난 등으로 질서를 어지럽히는 초자연적 존재를 말한다. 주로 동물인간이거나 적어도 동물의 이름을 가지고 있는 경우가 많다. 트릭스터는 본질적으로 두 개의 대립항 중간에 위치하는 양의적兩義的 존재이며, 양자의 중개자이다—옮긴이].

준에서 자신의 자리가 존재하지 않는 결함들(스파르타, 아테네, 로마에서 기형아들은 유기를 통해 신들에게 바쳐졌다)은 철학적이고 사회적인 성찰을 불러일으키며, 그리하여 기형은 "주술적이고, 집단적인 수준에서" 어떤 탁월한 기능을 지닌다고 결론짓는다.[28]

하나의 뛰어난 동시대적인 예가 중부아프리카에서의 고통에 대한 종교적 의식을 다룬 르네 드비시René Devisch의 저작에서 제시된다. 드비시는 넓은 의미에서의 신체적 장애인에 초점이 맞추어진 종교적 의식으로서, 자이르 남서부 지역 야카Yaka족 사이에서의 음브울루mbwoolu 및 키타khita 신앙을 기술하고 있다. 산부인과적 문제들을 지닌 이들, 백색증 환자, 난쟁이, 쌍둥이, "두개골이 너무 약한" 아기들, 기거나 서지 못하는 아이들, 소아마비·빈혈·관절통·사고·만성 고열·설사·회선사상충증回旋絲狀蟲症[29]·몽마夢魔의 희생자가 그러한 신체적 장애인들에 포함된다.[30] 입회의례의 상징적 과정에 대한 상세한 분석 속에서, 드비시는 장애가 어떻게 표상되고 의미론적으로 변환되는지를 보여 준다. 입회의례의 과정에서 "이례적인 것의 기원"이 드러나고 파악된다. 신입자는 음브울루를 모신 사당에 있는 여덟 개 이상의 일련의 조각상들에게 경배를 드리는데, 그러한 조각상들의 모습은 계통발생론적 과정을 보여 준다. "사지가 없는 몸으로부터 뼈판을 갖춘 몸으로, 한쪽

28 Stiker, *Corps infirmes et sociétés*, p.76.
29 흑파리를 통해 전파되는 회선사상충이 신체조직에 침투하여 발생하는 열대피부병으로 실명에까지 이르게 된다. 이 병을 감염시키는 흑파리가 강에 서식하기 때문에 리버 블라인드니스river blindness 라고 불린다.—옮긴이
30 René Devisch, "The Mbwoolu Cosmogony and Healing Cult among the Northern Yaka of Zaire", eds. Anita Jacobson-Widding and Walter van Beek, *The Creative Communion: African Folk Models of Fertility and the Regeneration of Life*, Stockholm: Almqvist and Wiksell, 1990, p.111.

다리나 팔 또는 가슴만이 있는 상태에서 이것이 모두 생겨난 완전한 인간의 몸으로, 신체적 손상 또는 기형으로부터 완전한 능력을 갖춘 몸으로, 무성적 상태에서 성숙한 남성적·여성적 섹슈얼리티의 상태로, 점차 하나의 인간이 되어 가는" 과정을 말이다.[31] 여기에서 요점은 이를 통해 치료가 반드시 성취된다는 것이 아니라, 손상을 지닌 사람과 공동체가 결함의 의미에 대한 새로운 이해 속에서 치유된다는 것이다.

> 입회의례의 결과, 해당 장애인은 더 이상 사회적으로 불확정적인 중간지대에 머무르지 않게 된다. 입회의례와 영속적인 신앙을 통해, 신체적 결함과 여타 장애의 주변화 효과는 그 조각상들에게로 상징적으로 이전된다. 이는 경계지대 및 접합지점에 사회 일반의 성격과 그 신념체계를 부여한다. 이러한 시점 이후부터, 해당 장애인의 신체적 결함은 인간의 기원, 계통발생론, 조상대 이전의 시공간에 대한 근본적 상징들과 교신하는 데 있어 특별한 능력을 부여한다. 음브울루는 삶의 결함들을 주기적으로 갱신되는 문화-담지적 과정 내로 의례화하고 재활하는 역할을 한다.[32]

드비시가 말하는 요점은 결함들이 인간의 조건에 대한 강력한 규범과 그 역사를 전달하는 매개물이 되며, 그러한 결함들을 지닌 사람은 새로운 외적 인격persona을 획득한다는 것이다. 사회와 초자연적 세계 사이의 과도적 공간에 대한 점유자들로서, 그들은 존경, 경외심, 때로는 얼

31 ibid., p.123.
32 ibid., p.125.

마간의 두려움을 갖고 대해진다.[33] 스티케의 분석틀에서, 이러한 종류의 담론은 장애에 대한 근대 서구의 담론과 완전히 상반된다. 재활은 개별적 노력과 사회적 보정補正을 통해 유사한 사람들의 사회로 통합되는 것을, 그리고 차이를 확인하고도 마치 그것이 존재하지 않는 체하는 것에 대한 무언의 합의를 강조한다. 반면에 야카족의 신앙은 차이를 극적으로 드러낸다. 차이에 우주론적 의미를 부여하고, 비범한 힘을 지닌 사람을 창조해 내면서 말이다.

불운으로서의 차이: 원인에 대한 담론

드비시는 결함을 지닌 사람들을 변환시켜 내는 의례들에 주목했지만, 많은 민족지학적 보고들은 그와 같은 이례적인 것에 대한 담론들을 더 이상 사람들이 따르지 않는 '전통적 관행'으로 제시한다. 쌍둥이에 대한 살해는 과거의 것이 되었다. 비록 그들이 중부 보르네오의 경우에서처럼 여전히 "굶어 죽도록" 용인될지도 모르지만 말이다(1장을 보라). 이와 대조적으로, 원인에 대한 담론은 현대적 의미를 지니며 여전히 통용된다. 감각·지체·정신적 결함들에 관한 산재된 민족지학적 보고들은 대개 사람들이 그러한 결함들을 설명하는 방식에 대한 기술들로 구성되어 있다. 저주, 마법, 혼령, 신, 질서의 위반과 같은 용어들 속에서 장애가 제시된다. 그러한 민족지학적 보고들로부터 판단하건대, 그리고 이 책에 기고된 글들에 비추어 보건대, 상황대처·낙인·적응·사회통합보다는 병인에 더 큰 관심이 기울여지고 있는 것 같다.[34] 이는 민족지학

---

33 1992년 르네 드비시와의 개인적인 대화.

적 저술에 있어 불운의 해명을 강조하는 강력한 전통이 존재하는 아프리카의 사례들에서뿐만 아니라, 1장에서 기술되고 있는 보르네오의 푸난바족과 10장에서 기술되고 있는 스웨덴의 터키인 이주자 가족들에게 있어서도 또한 진실이다. 원인에 대해 표명되고 있는 이러한 관심은 손상을 지닌 사람들에 대한 관행에 있어서 어떤 의미를 지니는가? 그것은 손상을 지닌 사람들에 대한 타인들의 태도나, 그들이 대우를 받는 방식에 영향을 미치는가?

　문화적 대조법의 대체적인 견지에서 고찰해 보았을 때, 원인에 대한 담론은 몇 가지 두드러진 특징을 지닌다. 그러한 담론은 손상을 다른 종류의 불운과 함께 다룬다. 동일한 범주의 원인들이 곡물창고의 붕괴, 사냥의 실패, 중한 질병, 농을 모두 설명해 내는 식인 것이다. 이례적인 것에 대한 생우주론적biocosmological 담론이 생의학적으로 규정된 손상들을 다른 특이성들과 융합하는 것처럼, 그와 마찬가지로 원인에 대한 관심은 장애의 생의학적 범주에만 한정되지 않는다. 해명되어야 할 불운으로서 차이가 문화적으로 구성되어 있는 현실은 작인들과의 관계 및 규범적 명령들에 주의를 돌리게 한다. 절름발이는 어떤 혼령과의 연계를 나타내는 것일지 모른다. 광기는 마법사의 악의에 의한 결과일지 모른다. 그리고 정신지체는 그 부모가 규범을 위반했음을 가리키는 것일 수 있다. 여기서 개인은 어떤 도덕적, 관계론적 세계 속에서 사고되

---

34 메릴린 마디로스가 보여 주었던 것처럼, 어떤 한쪽에 대한 관심이 반드시 다른 한쪽을 배제하는 것은 아니다(Marilyn Mardiroo, "Conceptions of Childhood Disability among Mexican-American parents", *Medical Anthropology* vol. 12, 1989, pp.55~68). 그녀의 연구에서 멕시코계 미국인 부모들은 그들의 아이들이 지닌 장애의 원인에 대해 생의학적 설명과 사회적/도덕적 설명 양자 모두를 견지했다. 그러나 그들은 또한 신체적 이상이란 고정될 수 있는 것이 아니며, 주요한 목표는 재활—아이 및 가족의 일상의 삶을 개선하는 것—이라는 것을 명확히 이해하고 있었다.

는데, 그러한 세계에서 "마음과 일원화된 몸"mindful body[35]의 결함은 사회적이고 영적인 질서에서의 결함을 반영한다. 파트리크 데블리허르는 왜곡된 관계들에 대한 관심은 송게족에게, 그리고 추론하건대 여타 아프리카 종족들에게도 근본적인 것이라고 주장한다(4장). 원인에 대한 관심은 관계들의 견지에서 인격체가 규정되는 것의 한 측면이다. 치료는 사회적이고 도덕적인 부조화에 초점이 맞추어져야만 한다. 즉, 적어도 인격체의 관계론적 본질을 인지해야만 한다.

원인에 대한 관심은 그러한 원인을 해명하고자 하는 지적인 욕구 이상의 것을 반영한다. 그것은 대개 치료방식의 선택에 대한 의향──하나의 실천──과 같은 것을 의미한다. 이러한 종류의 담론적 실천은 인과론적 힘들에 초점을 맞추면서, 그러한 힘들을 진정시키고, 중화하고, 상쇄하고자 시도한다. 생의학적 견지에서, 그것은 하나의 치료로서 대개 비현실적인 것처럼 보인다. 왜곡된 관계들을 다루는 것이 치료의 한 형태라고 주장될 수는 있겠지만, 증상에 아무런 완화가 없을 때, 고통받는 사람들은 단지 증상의 원인이 아니라 그 증상을 완화시키기를 원한다. 어쨌든 사람들은 하나의 원인과 또 다른 원인에 대한 치료를 계속해 나간다. 그들이 이러한 일을 포기하고 운명 또는 신의 일이라고 말하기 시작하게 될 때까지 말이다. 그러한 운명 또는 신의 일은 누구도 변경시킬 수 없는 것이다. 치료의 도정道程이 원인에 대한 관심과 연계되는 방식은 베른하르트 헬란데르에 의해 소말리족에 대한 저술(3

---

35 Nancy Scheper-Hughes and Margaret Lock, "The Mindful Body: A Prolegomenon to Future Work in Medical Anthropology", *Medical Anthropology Quarterly* vol. 1 no. 1, 1987, pp.6~41["마음과 일원화된 몸"은 서구의 전통적인 몸과 마음의 이원론에 대립되는 개념으로, 마음과 하나로 융화되어 있는 것으로서의 몸을 지칭한다──옮긴이].

장)에서 탐색되고 있다. 그곳에서는 다수의 장애 형태들이 질환들과 명확히 구별되지 않으며,[36] 따라서 추정된 원인에 맞춰진 요법이 그 장애에 대한 고유한 대응방식이 된다. 그는 치료가 포기되었을 때, 주어진 상황 내에서 변화를 만들어 내는 것에 대한 어떠한 희망 또한 사라짐을 지적한다. 그 개인이 자비의 대상이 되어 감에 따라, 인격도 축소된다.

원인에 대한 담론에 내재해 있는 인격 및 일시성에 관한 가정들은 재활의 실천에서 분명히 나타나는 인격 및 일시성에 대한 가정들과 명확히 대조된다. 후자의 가정들에는 해당 개인의 적응 및 사회활동으로의 통합이 포함된다. 그 사람은 상황에 대처할 책임이, 그리고 가능한 한 정상적으로 역할을 다하고자 노력할 책임이 있는 것이다. 타인들은 기술적 원조를 제공하고, 차이를 보완해 줌과 동시에 이를 보고도 못 본 체하기 위해 노력해야만 한다. 애초에 누가 또는 무엇이 그러한 이상을 야기했는가의 문제는 아무런 의미가 없는데, 왜냐하면 병인과 관련해서 할 수 있는 게 아무것도 없기 때문이다. 장애를 지닌 개인과 가족들에게 있어 장애의 일시성이란 이상의 개시와 인정 단계에서의 일시성이며, 적응·훈련·개인의 발달에 수반되는 일시성이다. 반면에 원인에 대한 담론은 과거의 어떤 한 시점에, 손상에 앞서 발생한 하나의 사건이나 혼란에 얽매여 있다. 관심은 그러한 시점에, 그 당시 효력을 미치고 있었던 관계들의 배치에 기울여진다. 노력은 개인적인 능력의 형성

---

36 센톰브웨 또한 우간다 사람들이 그들의 맹을 치료에 대한 기대를 함축하는 하나의 병으로서 언급하고 있었음에 주목한다(7장). 이와 대소석으로, 유럽 사람들은 상반된 예후 및 치료의 기대로 인해서, 일반적으로 만성질환자와 장애인을 구분한다. 장애인들은 (운이 좋다면) 일정한 기능의 수준에서 안정화된다. 반면에, 불운한 만성질환자들(예를 들어, 다발성경화증이나 근디스트로피증을 앓고 있는 사람들)은 그렇지 않다(Irving K.Zola, *Missing Pieces: A Chronicle of Living with Disability*, Philadelphia: Temple University Press, 1982, p.53).

이나 기술적 적응보다는 그러한 사건·혼란·관계들에 집중된다. 원인에 대한 담론은 그 증상들의 변환에 대한 희망을 제공한다. 반면에 재활담론은 변화될 수 없는 증상에 대한 적응을 약속한다.

장애담론들에 대한 스티케의 관념을 현대의 비서구적 문화들에 적용해 보면, 스티케적인 유형의 문화사와 다수의 민족지 사이에 존재하는 어떤 공통점이 드러난다. 양쪽 모두 지배적 담론들에 초점을 맞추며, 그리하여 어떤 시대나 사회 내에서 나타나는 하나의 양상을 종합화하는 경향을 보인다. 계보학과 변환에 대한 역사적 접근법의 강조로 인하여, 대체적으로는 역사적 접근법이 좀더 민감하게 대안들을 인식한다고 볼 수 있다. 그러나 역사적 접근법에서 언제나 그 시대의 담론적 실천을 지적하는 경향이 존재하는 것은 아니다. 특히 좀더 먼 과거의 시대들을 기술하는 경우에는 말이다.

엘리펀트맨의 교훈

메리 더글러스가 우리에게 가르쳐 주었던 것처럼, 이례적인 것들은 가지고 생각하기 좋은 대상이다.[37] 그래서 장애의 인류학을 구상하는 가운데, 나는 19세기 유럽과 미국의 박물관·서커스·박람회·프릭[38] 숍freak shop·쇼들에서 전시되었던 '인간의 기이함들'에 잠시 동안 눈을 돌리게 되었다. 그 당시 사용되었던 용어인 '프릭스'freaks는 신체적·정신적으로 비정상인 사람들뿐만 아니라, 원시적이고 색다른 것으로 목록화

---

37 Douglas, *Purity and Danger*.
38 프릭freak은 기형이나 변종을 의미하는 단어인데, 여기서는 고유명사적으로 사용되기 때문에, 단어의 발음 그대로 옮겼다. '핀헤드'와 '하프맨' 역시 마찬가지 이유에서 원어대로 옮겼다. ──옮긴이

된 사람들을 포괄했다. 즉 수염 난 여성들, '핀헤드'pinhead(소두인), 샴 쌍둥이, '하프맨'half men(팔다리가 없는 사람), 난쟁이, 거인들과 같은 사람들이 프릭스였던 것이다. 로버트 보그던Robert Bogdan은 미국의 문화사에서 담론의 변화라고 불릴 수 있을 만한 것을 기술하고 있다.[39] 이러한 사람들을 여흥거리이자 호기심을 북돋는 대상으로 바라보는 것에서 불쌍한 병자로 생각하는 것, 그리고 최종적으로는 부적절하게 착취당하는 장애인들로서 간주하는 것으로의 전환에 대해서 말이다. 오늘날 프릭쇼는 시대착오적인 것으로 여겨지며, 프릭 상연의 중요한 일부를 이루었던 사진들과 팸플릿들은 다락방에 처박혀 있거나 특별한 수집품이 되었다. 그러나 한 명의 '프릭'은 특별한 힘을 지닌 채 우리의 시대로까지 변천을 겪어 왔다. 1884년에 런던의 한 의사에 의해 프릭숍에서 '발견된' 조지프 메릭Joseph Merrick, 엘리펀트맨이 바로 그이다. 메릭은 안면 구조와 몸을 점차 기형으로 만드는 희귀 질병을 앓았다. 이는 그가 움직이는 것을 방해했고, 그를 너무나 괴상하게 보이도록 만들어서 정상적인 사회적 교제가 불가능했다. 그는 신체적으로나 사회적으로 남다른 고통을 겪고 보기 드문 변형을 경험한, 신화적 특질을 지닌 사람이었다. 『엘리펀트맨을 말하다』라는 제목의 책에서, 피터 그레이엄 Peter Graham과 프리츠 오엘스클리거Fritz Oehlsclaeger는 그의 이야기에 대한 여러 해석들을 고찰한다.[40] 메릭을 프릭쇼의 세계에서 끌어내어 의료계와 런던 사회에 알려 냈던 외과의사인 프레더릭 트레비스Frederick

39 Robert Bogdan, *Freak Show: Presenting Human Oddities for Amusement and Profit*, Chicago: University of Chicago Press, 1988.
40 Peter W. Graham and Fritz H. Oehlschlaeger, *Articulating the Elephant Man: Joseph Merrick and His Interpreters*, Baltimore: Johns Hopkins University Press, 1992.

Treves의 회고록, 메릭의 인간성에 관한 인류학자 애슐리 몬태규Ashley Montagu의 책, 1979년 토니 상Tony Award 수상작이며 널리 알려져 있는 버나드 포머런스Bernard Pomerance의 희곡을 포함한 다수의 극작품들, 데이비드 린치David Lynch의 영화, 역사 연구물들, 아동용 도서들, 시집, 마이클 잭슨Michael Jackson의 록 비디오까지 말이다. 이 연구는 미국의 프릭쇼에 대한 보그단의 저작과 마찬가지로, 문화사와 몸의 차이에 대한 사회적 구성을 다루고 있다. 양자 모두 비정상적인 것의 의료화에 대해 기술한다. 보그단은 프릭스들이 서커스 등에서의 부수적인 쇼가 아닌 의료 교과서들 내에 속해야 한다는 견해의 확대를 지적한다.[41] 그레이엄과 오엘스클리거는 경찰이 프릭쇼를 부적절한 구경거리로 폐쇄하자마자, 트레비스가 자신의 범상치 않은 견본을 런던병리학회London Pathological Society에 **제시했던**[42] 방식을 살짝 비꼬면서 기술한다.[43] 스티케의 견지에서 보자면, 이는 담론적 실천에서의 전환이다. 그러나 의료화의 문화적 과정을 예증하는 것을 넘어, 조지프 메릭은 우리에게 또 다른 근본적 교훈을 주고 있다.

엘리펀트맨에 대해 말하고 있는 그 책은 상이한 탐색자들에게 존재하는 상이한 진상을 드러낸다. "조지프 메릭은 한 명의 고통받는 개인으로부터 하나의 전시대상으로, 보는 사람에 따라 모습을 바꾸는 호기심의 대상으로 전환되었다. 그의 서로 다른 모습들은 특정한 관객·장르·해석자의 필요들을 다양하게 충족시키고 있을 뿐이다."[44] (연극의 관

---

41 Bogdan, *Freak Show*, p.66.
42 여기서 '제시하다'로 옮겨진 영어 단어는 바로 다름 아닌 'show'다. 즉 프릭'쇼'가 막을 내리자 트레비스는 그 프릭을 다시 '쇼'한 것이고, 그레이엄과 오엘스클리거는 이를 일종의 언어유희를 사용해 비꼬아 표현한 것이다. ——옮긴이
43 Graham and Oehlschlaeger, *Articulating the Elephant Man*, p.45.

516 우리가 아는 장애는 없다

객을 위한) 하나의 판본에서, 그는 온정주의적인 의사에 의해 정상성의 횡포를 겪는다. (아동 독자들을 위한) 또 다른 판본에서, 그는 런던 병원 London Hospital 직원들이 보여 주는 우정과 친절함을 누린다. 그렇지만, 결코 나타나지 않는 것은 주체로서의 메릭이다. 프릭쇼 관객을 위해 (1인칭 시점으로) 메릭의 인생사를 말해 주는 팸플릿은 아마도 그의 매니저에 의해 쓰였을 것인데, 이는 고객들의 소비행위를 위해 작성된 그의 삶에 대한 매우 간략한 설명이다. 의사인 트레비스는 어느 누구보다도 우리를 메릭에게 가깝게 데려다 준 인물인데, 그조차도 메릭을 일관되게 잘못된 이름으로 언급하고 있다(그는 메릭을 조지프 대신 존John으로 부른다). 그리고 메릭의 어머니를 위한다며 메릭의 연인을 내쫓고는, 그녀가 메릭을 버린 것처럼 거짓되게 표현한다. 트레비스는 메릭을 한 명의 프릭으로 전시되는 것 속에서 인격을 부정당한 희생자로서 제시한다. 그렇게 함으로써 그는 메릭의 주체적인 힘을 부정하고 있는데, 그러한 삶의 기회를 추구하고 찾아낸 것은 바로 메릭 자신이기 때문이다.[45]

그레이엄과 오엘스클리거는 손상을 지닌 사람들의 표상에 관한 하나의 교훈으로 되돌아가는 것을 잊지 않고 있다. 마치 메릭이 말하기라도 한 것처럼 메릭을 보여 주며 그에 관한 이야기를 만들어 낸 모든 이들의 풍부한 말들, 그러나 그러한 풍부한 말들과 대조되는 메릭 자신의 침묵으로 말이다. 메릭의 장애는 그의 얼굴이 나타낼 수 있는 표현성과 그의 말이 지닐 수 있는 명확함을 가렸다. 처음에는 한 명의 프릭으로서, 그다음에는 자선의 대상으로서의 메릭의 계층적 배경과 사회적 지

44 ibid., p.2.
45 ibid., p.46.

위 또한, 그가 자신의 경험을 표현하고 그리하여 그의 불운과 화해할 수 있는 정도를 제한했다. 우리는 조지프 메릭이 그 엘리펀트맨에 대해 어떻게 말했는지를 거의 알지 못한다. 그의 고통에 관한 그 자신의 이야기들은 타인들의 표상들 속에 묻혀 있다. 오늘날 많은 인류학자들에게 있어 중요한 것은 바로 이러한 개인의 경험 및 표현이라는 이슈이다.

경험과 표상

우리가 스티케처럼 차이를 담론적 실천의 견지에서 접근하든, 아니면 엘리펀트맨의 경우에서처럼 차이가 신화·상징·이야기의 재료가 되든, 여기에는 본질적인 어떤 것이 누락되어 있다. 그렇다면 이례적인 것·불운·결함·장애를 지닌 채, 그런 것들에도 불구하고 살아가야 하는 개인들 및 가족들은 어떻게 되는가? 담론분석은 그들의 주관성과 주체적인 힘에 대해 별다른 여지를 제공하지 않는다.

사회생활에 대한 그러한 비인격적 이미지화는 설득력이 없는데, 이는 무엇보다도 그것이 정밀성과 민감성을 결여하고 있기 때문이며, 또한 사회적 상호작용에 있어 진행 중인 작용의 세부적인 지점들로부터 상당한 거리가 있기 때문이다. 그들 자신과 그들의 사회관계들을 생성해 내는, 관계들에 접속되어 있는 개인들에 의한 작용 말이다(진정으로, 만일 이루어져야 할 어떤 정치적 논의가 있다면, 분명히 그것은 개인의 작용에 대한 기록을 누락하고 이를 결정주의라는 망령으로 대체하는 것 ──푸코주의자들처럼, 개인의 사고방식을 틀에 박힌 '통치성'으로 대체하는 것──이 하나의 희화화라는 사실이어야만 할 것이다).[46]

비인격적 개념화가 지닌 위험성은 장애의 연구에 있어 특히 중요한 의미를 지닌다. 어빙 졸라는 장애를 분리하고 거리를 두는, 그것을 다른 누군가의 문제로 만드는, 장애인들을 정형화함으로써 그들을 사회적으로 구별되지 않는 존재로 만들어 버리는 경향에 대해 지적한 바 있다.[47] 유사한 맥락에서, 아서 클라인만Arthur Kleinman과 조앤 클라인만Joan Kleinman은 경험과 동떨어진 분석들이 그 주체들의 권한을 부정하고 비인간화한다고 주장한다.[48] 장애인이 우리와 다른 타자로 제시될 위험성이 존재하는 것이라면, 다른 문화들의 손상을 지닌 사람들에 대한 연구에서는 이중의 위험성이 존재하게 된다. 그들은 이방인이면서 동시에 장애인인데, 그들을 우리가 이해하고 일체화할 수 있는 주체로서 표현하는 것은 어려운 일이다.

그러한 거리를 극복하고 경험을 가까이 가져다 놓기 위한 노력은 의료사회학 및 유럽과 북미에서 수행된 인류학적 연구들에서 잘 확립되어 있다. 만성질환의 연구에 있어 질적 방법에 기초한 1990년의 한 연구논문집에서는 현상학으로부터의 영향력과 경험에 대한 근접성이 강하게 존재한다. 피터 콘래드Peter Conrad는 그 자신이 장애의 경험 연구에 있어 한 명의 개척자인데, 그는 이러한 접근법을 상징적 상호작용론에서 내부자적 관점의 등장으로까지 소급하여 추적한다.[49] 사람들이 그

46 Nigel Rapport, "Discourse and Individuality: Bedouin Talk in the Western Desert and the South Sinai", *Anthropology Today* vol. 8 no. 1, 1992, p. 20.

47 Zola, *Missing Pieces*, pp. 199, 242.

48 Arthur Kleinman and Joan Kleinman, "Suffering and its Professional Transformation: Toward an Ethnography of Interpersonal Experience", *Culture, Medicine and Psychiatry* vol. 15 no. 3, 1991, p. 276.

49 Peter Conrad, "Qualitative Research on Chronic Illness: A Commentary on Method and Conceptual Development", *Social Science and Medicine* vol. 30 issue 11, 1990, p. 1260.

들의 만성질환 경험을 사회적으로 구성하는 방식을 분석하기 위하여 근거이론grounded theory[50]을 활용하고 있는 캐시 샤머즈Kathy Charmaz 가 그러했던 것처럼 말이다.[51] 이러한 전통 내에서, 장애인들의 라이프 스토리는 그들 자신의 관점에서 말해진다. 비록 그들 자신의 말들을 통해서는 아니라고 해도 말이다. 정신지체인들의 삶에 대한 기술들은 처음으로 그들을 자신의 삶과 자기 자신에 대해 일관된 견해를 지닐 수 있는 주체로 제시했다.[52] 팔과 다리가 없는 한 여성과의 장시간에 걸친 대화는 자신의 기본적인 정상성[53]과 체현embodiment의 경험[54]에 대한 그녀의 통찰력을 드러내 주었다. 만성통증 환자들과의 광범위한 면담은 그들이 어떻게 자신이 겪고 있는 고통의 신체적·심리적·사회적 근원에 관한 문제들을 다루면서, 일정한 진단과 치료를 구하기 위해 분투하고 있는지를 보여 주었다.[55] 주디스 멍크스와 로널드 프랑켄버그는 다발성 경화증 환자들이 자신의 몸 및 자아와 관련하여 시간을 어떻게 개념화하는지 보여 주기 위하여, 그들이 쓴 자서전을 분석한다(5장). 출간물 형

---

50 근거이론은 1960년대 후반 사회학자 바니 글레이저Barney Glasser와 안젤름 스트라우스Anselm Strauss에 의해 제창된 하나의 질적 연구 방법론으로, 상징적 상호작용론에 철학적 근거를 두고 있다. 기성의 이론으로부터 논리적으로 연역되는 것이 아닌, 면담·관찰·기록물 등 현실세계에서의 경험적 자료를 바탕으로 하여 실제 현상을 설득력 있게 설명해 낼 수 있는 중범위 이론middle-range theory을 발견하고 구성해 내는 것을 목적으로 한다. ─옮긴이

51 Kathy Charmaz, "'Discovering' Chronic Illness: Using Grounded Theory", *Social Science and Medicine* vol. 30 issue 11, 1990, pp. 1161~1172.

52 Robert B. Edgerton, *The Cloak of Competence: Stigma in the Lives of the Mentally Retarded*, Berkeley and Los Angeles: University of California Press, 1967.

53 Gelya Frank, "Life History Model of Adaptation to Disability: The Case of a 'Congenital Amputee'", *Social Science and Medicine* vol. 19 issue 6, 1984.

54 Gelya Frank, "On Embodiment: A Case Study of Congenital Limb Deficiency in American Culture", *Culture, Medicine and Psychiatry* vol. 10 no. 3, 1986.

55 Mary-Jo DelVecchio Good et al., *Pain as Human Experience: An Anthropological Perspective*, Berkeley, Los Angeles, London: University of California Press, 1992.

태를 띤 이러한 자전적 기술들은 자아와 병든 몸 사이의 대립에 대해 일종의 내러티브적 화해의 단계들을 거치는 전개를 드러낸다. 이러한 기술들은 보다 완결된 내러티브의 형식을 취한다는 점에서, 그리고 성찰적이며 전범적인 특성을 지닌다는 점에서, 개인적 경험에 대한 여타의 기술들과는 다르다. 그러나 연구자에 의해 구성된 대화나 사례 이야기의 형식을 띤 기술들조차도 자전적 형태의 기술들과 마찬가지로 그 개인의 경험에 대한 어떤 의미에서의 직접성을 담지한다.

전통적으로, 인류학자들은 참여관찰을 통해 경험을 기술들에 가까이 가져다 놓고자 시도했다. 참여의 개념은 탄력적이며, 현지조사자들이 언제나 어떤 지속적인 방식으로 '그들이 함께하려는 사람들'에 대한 삶의 조건을 공유하는 것은 아니다. 그러나 진정한 의미에서 참여자였던 연구자에 의해 쓰인 장애의 경험에 관한 책이 적어도 세 권은 존재한다.[56] 로버트 머피, 어빙 졸라, 마이클 도리스Michael Dorris는 손상에 대

---

56 이러한 개인적 기술들을 제외하고는, 자신이 장애를 갖고 있거나 혹은 가족 중에 장애인이 있으면서 민족지학적 연구를 수행한 인류학자들의 예는 거의 존재하지 않는다. 마거릿 미드Margaret Mead의 맹인 제자였던 존 괄트니는 이러한 점에서 한 명의 개척자였지만, 그의 책은 이후의 자기성찰적인 자서전들과 비교해 보았을 때 그 자신의 맹은 거의 고려되고 있지 않다(John Langston Gwaltney, *The Thrice Shy: Cultural Accommodation to Blindness and Other Disasters in a Mexican Community*, New York: Columbia University, 1970). 나인다 센툼브웨는 (이 책의) 7장에서 자신의 시각장애를 인정하고는 있지만, 별로 중요치 않은 위상을 지닌다. 더 진전된 연구를 위한 최근의 제안에서도, 그는 '참여청취'participant audition라는 용어를 단지 주석 내에서 언급하고 있을 뿐이다. 폴 프레스턴과 잉스타와 같은 다른 인류학자들도 장애에 대한 그들 가족의 경험을 자신의 연구 작업으로 향하는 입구이자 영감으로는 활용했지만, 분석을 위한 자료로서는 사용하지 않았다(Paul Preston, "Mother Father Deaf: The Heritage of Difference", Paper presented at the American Anthropological Annual Meeting, Chicago, 1991; Ingstad and Sommerschild, *Familien med det funksjonshemmede Barnet: Forløp, Reaksjoner, Mestring. Et Frambu-prosjekt[The Family with a Disabled Child: Process, Reactions, Coping. A Frambu project]*).[오디션audition의 어원인 라틴어 오디시오auditio는 발화자와 청취자가 일정한 거리를 유지한 채 주의 깊게 듣는 행위를 가리킨다. '참여청취'란 민족지학적 현지조사에서 사용되는 연구방법의 하나로, 연구자가 개입하지 않는 상황에서 현지인들의 언어적 상호작용을 녹음하고 청취하는 것을 말한다. '참여관찰' 연구방법에 일정하게 대응되는 성격을 지닌다고 할 수 있다. ─옮긴이]

한 경험의 내부자적 기술을 온전히 써냈다. 세 권의 책 모두 손상을 지닌 삶의 세부사항들에 관한 정보가 풍부하다. 그 저자들은 자신에 대한 그들 자신의 주관적인 이해의 발전을 추적하는 한편, 세 명 모두 자신들의 전문담론의 요소들을 이러한 기술들 내에 통합시키고 있다. 그러나 그 세 권의 책들에서 이러한 요소들 간의 영향력은 매우 상이하다.

졸라는 네덜란드의 장애인들을 위한 한 마을에서 짧은 기간의 현지조사에 착수했다. 일주일 동안, 그는 자신의 흰 지팡이는 치워 두고 다른 마을 사람들처럼 휠체어에서 생활했다. 이와 같이 자신의 장애를 과장한 것은 마을 사람들이 그를 즉각적으로 받아들이게 했고, 그 '원주민들'과 긴밀한 관계를 형성해 주었다. 그것은 또한 그로 하여금 자기 자신과 자신의 손상을 새로운 방식으로 경험토록 했다. 일지 형식으로 쓰인 졸라의 기술은 민족지학적으로 정보가 풍부한 동시에 그의 내면을 드러내 준다.

머피 역시 그의 책을 하나의 현지연구의 산물로서 제출하고 있다. "그리고 지구의 정반대를 향한 것이든, 마찬가지로 머나먼 인간 경험의 깊은 곳을 향한 것이든, 그들의 여행에 대해 보고하는 것은 모든 인류학자의 의무이기 때문에, 이것은 그러한 의무에 대한 나의 정산이기도 하다."[57] 그렇지만 이 책에 재수록되어 있는 저서의 일부(6장)가 강력하게 증명해 주고 있는 것처럼, 그의 책은 단지 하나의 경험적 여행담이 아니다. 머피는 그 자신의 삶의 직접성으로부터 미국 문화에 대한 평가들로, 그리고 다시 이론적 개념들 및 다른 연구에 대한 논의로 부단히 이동해 가고 있다.

---

57 Robert F. Murphy, *The Body Silent*, New York: Henry Holt, 1987, p.ix.

머피나 졸라와 대조적으로, 도리스는 결코 하나의 민족지를 쓰고 자 의도했던 것은 아니다.[58] 비록 문학상을 받은 바 있는 그의 책 또한 한 명의 인류학자에 의한 참여관찰의 기술이기는 하지만 말이다.[59] 그는 태아알코올증후군fetal alcohol syndrome[임신 중에 있는 여성이 술을 과도하게 마심으로써, 아기에게 신체적·정신적인 이상이 나타나는 선천성 증후군─옮긴이]인 것으로 진단을 받은 자신의 양자와 더불어 살아간 삶의 이야기를 쓰고 있다(비록 이러한 손상이 도리스 자신의 몸 또는 마음에 자리 잡고 있었던 것은 아니지만, 그것은 그의 고통이었다). 도리스는 한 사람의 아버지이자 재능 있는 작가일 뿐만 아니라 아메리카 원주민 인류학자이도 하다. 그의 내러티브는 인디언의 일원, 인디언 보호 거주지, 알코올, 그리고 자신의 아들과의 경험을 분명히 표현하는 하나의 방식을 제공해 준 전문담론의 발견으로 전환되어 간다. 머피는, 그리고 머피보다는 조금 덜한 정도로 졸라는, 그들의 개인적 경험을 연구에 기여하는 하나의 자료로서 분석하고 있다. 도리스는 자신의 고통에 대한 경험에 의미와 도덕적 정당성을 부여하기 위해, 여러 연구의 결과물들과 사회과학적 관점을 전유한다.

이러한 세 권의 책들은 고통을 겪고 있는 참여관찰자에 의해 쓰였다는 점에서 예외적인 것이라고 할 수 있다. 그러나 장애의 경험에 대한 대다수의 연구들은 일인칭으로 기술되지 않으며, 그러한 연구들은 인류학의 기본적인 문제 ─차이를 지니고 있는 타자들을 어떻게 해석할

---

58 Michael Dorris, *The Broken Cord*, New York, Harper and Row, 1989.
59 마이클 도리스(1945~1997)는 1989년에 위의 저서로 국립도서비평가서클상National Book Critics Circle Award 일반논픽션 부문을 수상했으며, 위 저서는 미국 의회가 임신 중 음주의 위험성을 경고하는 법률을 승인하도록 하는 촉매제가 되기도 했다. 도리스는 이 책『우리가 아는 장애는 없다』(원제*Disability and Culture*, 1995)가 출간된 이후인 1997년에 자살로써 생을 마감했다.─옮긴이

것인가──를 반드시 다루어야만 한다. 문화적 차이를 강조하는 타자성의 찬양과는 대조적으로, 경험에 대한 관심은 종종 언어·사회적 상황·체현의 차이를 가로질러 공감으로 도약할 수 있게끔 해주는 인간의 보편성에 대한 확인으로 이어진다.[60] 인류학자의 기술art은 공명할 수 있는 민감성에, 자기 자신을 기반으로 다른 사람들의 경험을 통찰하는 능력에 존재한다.[61] 아서 클라인만과 조앤 클라인만에 의해 옹호되고 있는 고통에 대한 현상학적 접근법은 경험을 지역적 도덕세계들 내에서 간間주관적인 사회적 교류들의 감지된 흐름으로 규정한다.[62] 타자들의 경험을 이해하는 데 있어, 우리는 당면 문제에 대한 관련성의 구조들──그들의 관점에서 "이해관계가 걸려 있는 것"[63]──에 주의를 기울여야만 한다. 그러한 이해관계들 중 일부가 인간의 조건에 대한 요소들로서 보편적인 관련성을 지닌다는 사실은 경험에 대한 접근법을 발전시키는 데 있어 중요하다. 대개 어떤 기술을 설득력 있게 만드는 것은 바로 일정한 수준에서 공유되는 경험의 의미이다. 그리하여 로버트 머피는 "사회 내의 모든 삶에 대한 하나의 알레고리"로서의 신체적 손상에 대해서,[64] 그리고 "문화적 차이들이라는 겉치장을 관통하여 모든 인간 경험

---

60 광대한 시간적 간극을 가로질러 그러한 공감으로의 도약을 하고자 하는 시도들은 캐서린 뎃와일러에 의해 비판되었다(Katherine A.Dettwyler, "Can Paleopathology Provide Evidence for 'Compassion'?", *American Journal of Physical Anthropology* vol.84, pp.375~384). 그녀는 선사시대의 손상을 지닌 개인들에 대한 배려 깊은 치료의 고고학적 증거들로서 제시된 것들을 자세히 검토한 후, 동정이나 잔혹함도 그리고 무관심도 화석기록 속에는 아무런 흔적을 남기지 않는다고 결론지었다.
61 Unni Wikan, "Beyond the Words: The Power of Resonance", *American Ethnologist* vol. 19 no. 3, 1992, pp.460~482.
62 A. Kleinman and J. Kleinman, "Suffering and Its Professional Transformation", pp.275~301.
63 ibid., p.277.
64 Murphy, *The Body Silent*, p.ix.

의 근원적인 통일성에 대한 이해에 다다르고 싶은 충동"에 대해서 적고 있다.[65]

그렇지만, 실제로 장애의 경험은 여전히 문화적 가정들과 사회관계들 내에, 즉 '지역적 도덕세계들'에 묻어 들어가 있으며, 가장 헌신적이고 공감적인 형태의 휴머니즘조차도 이를 반드시 고려해야만 한다. 머피는 그의 보편주의적 목적을 미국 문화의 가치 및 태도에 대한 기술을 통해 부분적으로 성취하고 있다. 휠체어를 탄 사람의 눈높이와 관점으로부터만 가능한 문화적 통찰은 미국의 사회적 관계성에 대해, 그리고 그러한 사회적 관계성에 관한 미국의 사회학 이론들에 대해 하나의 독특한 평가를 제공한다. 여기에 장애 경험의 연구에 대한 어떤 중심적 문제가 놓여 있다. 다른 사람들의 삶을 형성(구성)하는 세계의 구조들 내에서의 차이들에 주의를 기울이면서도, 동시에 어떻게 공명감과 공통의 인간성을 유지할 것인가의 문제 말이다.

이러한 문제는 여성 악령과 결혼한 모로코 남성과의 대화에 관한 주목할 만한 저서인, 빈센트 크라판자노Vincent Crapanzano의 『투하미: 한 모로코인의 초상』에서 주요한 주제이다.[66] 그 남성은 명백히 성교불능의 상태였고, 그가 벗어날 수 없는 것처럼 보이는 어떤 정신질환의 경계적 상태에 사로잡혀 있었다.[67] 크라판자노는 투하미가 그의 세계를 드

65 ibid., p.87.
66 Vincent Crapanzano, *Tuhami: Portrait of a Moroccan*, Chicago: University of Chicago Press, 1980.
67 ibid., pp.86~87[투하미는 힌 프랑스인 가족이 운영하는 타일공장의 기술자였는데, 실제로는 거의 섹스를 하지 않으면서 정신적으로는 섹스에 대한 생각을 하는 데 대부분의 시간을 보냈다. 그가 홀려 있는 아이샤 콴디샤A'isha Qandisha라 불리는 여성 악령은 염소의 다리를 지닌 아름답고 유혹적인 여성으로 묘사되는 신화적 존재이다. 꿈에서 또는 가끔은 깨어 있을 때 남자들에게 나타난다고 이야기되며, 모로코인들에게는 친숙한 존재이다 — 옮긴이].

러내 보이는 매개 과정에 초점을 맞추고 있으며, 그 책은 통상적으로 한 장애인의 삶에 대한 기술로서가 아니라 민족지학적 기획의 본질에 대한 하나의 성찰로서 읽힌다. 그것은 또한 회복할 수 없이 손상된 어떤 삶의 모호한 구성에 관한 내러티브이기도 하다. 크라판자노는 천사와 악령의 세계뿐만 아니라, 투하미를 인간으로서 존재케 하는 불확실성·모순·희망·실망에 대한 탐색의 과정을 전달하고 있다. 그의 대담자를 위해서, 그리고 독자로서의 우리들을 위해서 말이다.

이와 대조적으로, 카리브해의 프로비덴시아Providencia 섬의 한 '광인'인 오스카Oscar에 관해 쓴 피터 윌슨Peter Wilson의 1947년 저작은, 개별적인 장애의 경험이 전개되는 '지역적 도덕세계'에 좀더 관심을 기울이고 있다.[68] 윌슨은 그가 오스카를 어떻게 알게 되었는지, 그리고 오스카가 자신의 삶에 관해 어떻게 표현하고 있는지를 기술한다. 그러나 그는 또한 오스카를 섬 사회의 한 특징적 인물——도둑, 엿듣기 좋아하는 사람, '말만 많은 사람'——로서 제시한다. 윌슨은 오스카를 통해 사회관계들을 위한 조건으로서 체면과 명성, 프라이버시와 자율성이라는 프로비덴시아적 가치들을 조명하고 있다. 이 책 역시 경험의 인류학에 속하는 것이라 할 수 있지만, '장애를 지닌' 한 개인의 주관성에 초점을 맞추고 있는 그러한 종류의 경험의 인류학은 아니다. (투하미 이야기 속에서의 크라판자노처럼) 윌슨은 오스카라는 인물을 파헤치면서 그 이야기 속에 직접 등장하며, 여타의 섬사람들——이 미치광이 같고 영향력을 지녔으며 재치 있고 예측할 수 없는 남성에게 매혹된, 어안이 벙벙해

---

68 Peter J. Wilson, *Oscar: An Inquiry into the Nature of Sanity*, 1947, Reprint, New York: Vintage Books, 1975.

있는, 양가적인, 두려움을 느끼고 있는 사람들——또한 마찬가지로 이야기 속에 등장한다. 오스카의 경험이 지닌 직접성은 부인될 수 없는데, 이는 그의 많은 말들 때문만이 아니라, 우리가 윌슨을 통하여 그를 자신의 이웃들과 상호작용을 하고 있는 하나의 사회적 인격체로서 보게 되기 때문이다. 민족지학적 현지조사에서 고유한 것은 바로 이처럼 사람들에 의해 공유되는 과정적인 사회적 맥락 내에서, 그리고 여러 다양한 행위자들의 관점으로부터 장애를 파악해 내는 역량이다.

현지조사, 담론, 경험

장애의 인류학은 민족지학적인 현지조사가 뿌리박고 있는 사회적 맥락과 지역사회에 대한 전통적인 존중을 견지하는 동시에, 담론분석과 개인적 경험의 연구 양자 모두에서 영감을 찾아내야만 한다.[69] 장애의 인

---

69 경험의 인류학이라는 이름하에서 진행된 연구들 중 어떤 것은, 넓은 의미에서의 담론에 대한 존중을 개인의 경험 및 표현에 대한 인식과 결합하고자 시도하고 있다(Victor Turner and Edward M.Bruner eds., *The Anthropology of Experience*, Urbana: University of Illinois Press, 1986). 에드워드 브루너는 "실재가 어떤 모습으로 …… 누군가의 의식에 출현하는가"의 차원인 경험과 "개인의 경험이 어떤 틀 속에서 어떻게 표명되는가"의 차원인 표현을 구별하지만, 그는 "인류학적 차원에서 알게 된 경험"에도 마찬가지로 주의를 기울인다(Turner and Bruner eds., *The Anthropology of Experience*, p.10). 그는 내러티브로서의 민족지에 대한 자신의 저작에서, 아메리카 원주민에 관한 그들 자신의 이야기와 민족지학자의 이야기들이 어떻게 동일한 테마를 공유하는지를 보여 주고 있다. 푸코의 논의를 참조하면서, 그는 인류학자와 원주민 양자 모두가 당대의 지배적인 담론적 실천에 의해 영향을 받는다고 주장한다(Edward M.Bruner, "Ethnography as Narrative", eds.Turner and Bruner, *The Anthropology of Experience*, pp.149~150). 나는 그가 말한 요점을 받아들이기는 하지만, 브루너 자신이 달아 놓은 단서들을 오히려 더 강조하고 싶다. "그러한 사례는 명백히 미국 인류학자들과 이메리기 원주민들에게 있어 좀너 강력하게 나타나는데, 이는 그들이 보다 더 큰 동일한 사회의 구성원들이기 때문이다. …… 다수의 이야기들이 문화변동에는 적용되지 않으며, 대안적인 이야기들이 동시에 존재하고, 테마의 공유는 완전하지 않으며, 동일한 기본적 플롯의 변형태들이 존재하고, 개인들은 이야기들을 자신의 상황에 맞게 조작해 낸다"(Bruner, "Ethnography as Narrative", p.148).

류학에 있어 앞으로의 작업은 스티케나 푸코의 작업처럼 문화사에 대한 광범위한 비교적 관점을 필요로 한다. 그들의 방법은 우리가 여러 다양한 문화적 논리들을 대조하고 우리 자신의 기본적 가정들을 분석할 수 있도록 도와준다. 변화하는 제도적 관행과 새로운 사회적 범주들의 등장에 대한 분석은 다른 문화들에서의 장애 연구에 있어 특히 중요하다. 전문담론들의 본질, 다양한 유형의 단체들의 실천, 국가적 법률 및 정책들의 존재가 민족지학적 연구의 논제들로서 언제나 포함되는 것은 아니다. 그렇지만, 우리가 인격과 손상이라는 주제의 대체적인 윤곽을 파악할 수 있게 되는 것은 상징·의례·표현된 가치들을 통해서뿐만이 아니라 바로 그러한 것들을 통해서이다.

개인적 경험이 지니는 정당성과 환원불가능성을 인정하는 하나의 방식으로서, 내러티브와 사례 이야기가 지닌 가치의 올바른 인식 역시 마찬가지로 중요하다. 그러한 기술들은 주관성이라는 것이 담론이 제시하는 것보다 훨씬 더 복합적이고, 불확정적이며, 개인특유의 것이라는 사실을 우리에게 일깨워 준다. 내러티브와 사례 이야기에서 우리는 그들에게 적용 가능한 다양한 담론적 실천들을 전유하거나 그것들과 경합하는 개인들을 보게 된다. 또한 우리는 하나의 해석 및 이와 반대되는 해석의 과정을, 사회적 관계망 내에서 행위자들의 움직임을, 인격과 관련하여 그 사회에서 인지되고 있는 문화적 테마들 및 가치들과 연관된 자아의 의미를 발견하게 된다. 비록 인격체의 개별성과 주체의 자아성찰이 어디에서나 북부의 나라들에서처럼 극한적인 형태를 띠지는 않지만, 그럼에도 불구하고 손상은 개별적인 몸과 마음에서 발생하는 것이며, 사람들이 손상을 다루는 것은 바로 개별적인 주체이자 행위자들로서인 것이다.

라이프스토리들은 현지조사에 의해 대단히 풍부해져 있다. 그러한 현지조사에서 우리는 공유된 세계들을, 그리고 그러한 세계들을 복잡하게 만드는 실천의 다양성을 함께 생성해 내는 일관된 문화적 양상들에 주의를 기울여야만 한다. 현지조사에 의해 제공되는 사회적 맥락이 결여된다면, 그곳의 장애인들은 그들의 손상이 도움과 재활의 새로운 담론 속에 무차별적으로 편입되는 위험에 처하게 될 것이다. 그들은 그들이 지닌 인격의 문화적 차원을 상실할 수 있다. 주마Juma도 그저 맹인, 산지트Sanjit도 그저 맹인, 샐리Sally도 그저 맹인일 뿐이게 된다. 하나의 지역적 세계 내에서 그들을 다면적인 인격체들로 만들어 내는 모든 것들이 어떤 결손의 압도적인 두드러짐 앞에 무색해지고 마는 것이다.

사람들을 어떤 장애에 의하여 규정하는 경향성은 연구문제research problem[70]의 한계 설정에서 기인한다. 연구자가 어떤 장애의 지역적 정의를 활용하든 보편적인 정의를 활용하든, 그/그녀는 관찰이 이루어지는 해당 지역사회 내에서 다수의 예들이 존재할 것이라 확신할 수 없다. 따라서 '쓰러져 버리는 병', 만성 통증, 나병, 또는 맹에 대한 연구 프로젝트들은 대개 면담연구들로서 수행되며, 이러한 면담연구에서 연구자는 관련 문제들과 연동하여 연구 프로젝트의 한계를 설정하고 해당 손상에 초점을 맞춘 논의들로 연구 프로젝트를 끌고 들어온다. 이것이 다수의 사례들을 '수집하기' 위해서 반드시 필요할지는 모르지만, 면담자의 가족과 지역사회의 보다 광범위한 참여에 의해 보충되지 않는다면, 그러한 연구 프로젝트는 여러 제한점들을 지니게 된다. 하나의 사회적

---

70 연구문제란 연구자가 관심을 지니고 있는 두 개 이상의 변수 간에 어떤 관계가 있는가를 조사하기 위하여, 이를 의문문의 형식으로 제시한 것을 말한다.—옮긴이

이고 문화적인 학문분야로서, 민족지학은 어떤 총체적인 또는 최소한 개괄적인 상황을 제시하기 위하여 다양한 원천들로부터 나오는 성격이 다른 정보들을 하나로 잇는 데 전념한다.

이 책에 실린 글들은 지역적 도덕세계들을 구성하는 인격·인과성·가치의 개념들을 소묘해 내기 위한 자료를 현지조사가 어떻게 제공할 수 있는지를 보여 주고 있다. 마찬가지로, 현지조사는 사회의 형태들에 대해, 그리고 사회적 동학이 작동되는 특정한 상황들에 대해 잘 알 수 있도록 해준다. 예를 들어, 니콜라이센은 손상을 몸의 이미지·혼령·생계활동·롱하우스 건축양식·결혼 관습·아이들의 의미를 포괄하는 총체적인 푸난바족의 세계 내에 위치시킨다(1장). 센툼브웨는 그가 면담한 여성들의 목소리들이 전달해 주는 우간다의 젠더관계·가구 구조·결혼 양상에 대한 얼개를 우리에게 제공하고 있다(7장).

확실히, 보건과 관련한 전반적인 문화적·사회적 테마들의 특성을 기술하는 일이 어떤 환경들 내에서는 더 어려운 작업이다. 민족지학자들이 전통적으로 수행해 왔던 그러한 유형의 지역사회 연구들은 도시화된 북부의 보다 파편화된 삶의 세계들에 대해서는 그에 맞게 변경되어야만 했다. 그러나 북미 사회와 같이 광대하고, 복합적이며, 빠르게 변화하는 사회들 내에서의 장애에 대한 개인적인 경험들을 주제로 작업하는 연구자들조차도 보다 폭넓은 사회적·문화적 과정들을 고려하는 것의 필요성을 강조해 왔다.[71]

이 책의 기고자들은 인격체를 구성해 내는 사회적·문화적 가치들의 견지에서 전적으로 손상을 다루는 틀을 잡고 있다. 그렇게 하는 가운

---

71 Good et al., *Pain as Human Experience*, pp. 204~206.

데, 그들은 우리가 지금까지 성취해 냈던 것에서뿐만 아니라 우리가 앞으로 나아가야 할 출발점에 있어서도 중요한 담론·경험·사회적 과정이라는 세 가지 이슈를, 때로는 함축적인 방식으로, 다루어 왔던 것이다.

지배적인 양상 및 상이한 양상들

담론적 실천이 개인의 경험을 단순하고 기계적인 방식으로 형성하지 않는다는 것은 명백해 보인다. 문제는 사람들이 지배적인 양상을 무시하거나 또는 그것과 적극적으로 경합하는 정도를 보여 주면서, 동시에 그러한 지배적인 양상을 기술하는 방식을 발견하는 것이다. 위에서 언급되었던 이례적인 것에 대한 담론을 예로 들어 보도록 하자. 많은 비서구사회에서 기형인 또는 이례적인 아기들이 살해된다는 보고들이 그러한 환경들 내에서의 '장애 문화'로 받아들여져서는 안 된다. 대개의 경우 사람들은 결함을 지닌 아기들의 살해가 '옛날에' 또는 '전통적으로' 발생했던 것이라고 말한다.[72] 그러한 진술들은 유아살해의 관행에 관해 말하고 있는 것만큼이나 근대성 또는 그리스도교적 자선에 관해서 말하고 있는 것인지도 모른다. 데이비드 파킨은 케냐 연안의 기리아마 Giriama족에 대해 적고 있는데, 그는 이례적인 아기들이 해악과 형이상학적인 위험의 근원으로 간주된다고, 그리고 그러한 아기들이 공동체의 연장자들에 의해 살해되었고 대개의 경우 여전히 살해되고 있다고 말한다. 그러나 계속해서 그는 부모들이 이를 받아들이지 않으며, 그러한 학살을 막을 수 없는 자치단체의 장들은 부모들에게 다른 지역으로 이주할 것을 권하고 있다고 말한다. "신실로, 기리아마족은 부모로서의

---

72 이에 대한 예로는 Burck, *Kuoma Rupandi(The Parts Are Dry)*, p.61을 보라.

사랑과 그러한 아기들이 불러올 공동체에 대한 위험 사이의 갈등을 이해하고 있습니다."[73] 그 부모들이 아닌 공동체의 연장자들이 기리아마족 문화를 표상한다고 말하는 것은 지나친 단순화일 것이다. 그보다는 상이한 처지 및 권위의 유형과 연계된, 장애에 대한 두 가지 견해에 대해 말하는 편이 나을 것이다. 이례적인 것에 대한 담론의 영역에서 지배적인 담론적 실천은 부모들로부터 저항을 받고 있으며, 그러한 부모들은 또 다른 실재를 표현하고 있고 아마도 경험하고 있을 것이다. 푸난바족의 한 노파가 이다 니콜라이센에게 설명했던 것처럼, 기형의 모습을 한 혼령 아이의 아버지는 그 아이를 불쌍히 여겼으며, 죽도록 내버려 두지 않았다.[74]

인류학자들은 어떤 사회들에서는 인생의 초년기 동안 마음과 일원화된 몸의 발달상의 완전함에 대한 계속적인 평가가 존재함을 보고한다. 그러한 사회들에서는 어떤 일탈들은 그 아이가 진정한 인격체가 아님을, 살기 위해 태어난 것이 아님을 의미하는 것으로 이해될지 모른다. 언제나 그렇듯이, 그러한 일탈들은 문화적으로 상대성을 지닌다. 생의학에서는 치료 가능한 것으로 규정될 수 있는 증상들이 어떤 문화에서

---

73 David Parkin, "Entitling Evil: Muslims and Non-Muslims in Coastal Kenya", ed. David Parkin, The Anthropology of Evil, Oxford: Basil Blackwell Publisher, 1985, p.226.

74 서아프리카에서 이루어진 캐롤린 사전트의 바리바족 출산풍습에 대한 연구는, 생물학적 일탈에 대한 지배적인 형태의 우려와는 얼마간 상이한 양상이 푸난바족과 동일하게 나타남을 기록하고 있다(Carolyn Fishel Sargent, The Cultural Context of Therapeutic Choice: Obstetrical Care Decisions among the Bariba of Benin, Dordrecht: D.Reidel, 1982). 출산 시 극한 형태의 결함을 지닌 아이들뿐만 아니라, 역산, 팔삭둥이, 치아를 가지고 태어난 아이, 배를 대고 미끄러져 나온 아이들은 마녀의 아이로 간주되며, 그러한 아이들은 관습적으로 태어남과 동시에 죽임을 당했다(pp.89~90). 사전트는 이례적인 존재와 위험에 관한 바리바족의 우주론이 규정력을 지니고 있음을 보여 주고 있다. 그러나 그녀는 또한 선택지들이 개방되어 있었음을 명확히 한다. 홀로 분만을 하거나, 정보가 새어 나가지 않도록 하거나, 재량권을 보장하는 지역의 산파서비스를 이용하는 것에 의해서, 어떤 여성은 일탈을 지닌 아이를 기를 수도 있었던 것이다(pp.90~91, 111~113).

는 영구적인 손상들과 더불어 하나의 단일한 범주로 묶일 수도 있는 것이다. 낸시 셰퍼-휴스Nancy Scheper-Hughes가 연구한 브라질 북동부의한 도시지역은 극도로 높은 유아사망률을 지니고 있었는데, 그녀의 연구는 우리가 장애라고 부를 수 있는 상태들(그녀는 말하거나 걷는 것을결코 배울 수 없었던 아이의 예를 제시하고 있다)과 감염 및 영양실조로부터 발생하는 허약함 양자 모두를 포괄하고 있는 '아동의 병' 또는 '불운한 아동 신드롬'doença de criança이라는 하나의 범주를 확인하고 있다. 그러한 아이들은 "해당 아동의 영구적인 장애/기형의 전조들로서 간주될 수 있는 다루기 어렵고 끔찍한 증상들에 의해 특징지어진다".[75] 셰퍼-휴스는 이러한 방식으로 인식된 아이들이 방치를 통해 죽음에 이르도록 묵인된다고, 어머니들은 갓난아기들을 즉각적으로 인격화하지 않기 때문에 그렇게 할 수 있는 것이라고 주장한다. 그녀들은 아기들로부터 일정한 거리를 유지하며, 아기들에게 "의식·의지·의도성·자기인식·기억과 같은 인간의 특질"이 있다고 생각하지 않는다.[76]

셰퍼-휴스 자신의 연구[77] 및 네이션즈Marilyn Nations와 리번L. A. Rebhun의 연구[78] 양자 모두로부터 확인되는 것처럼, 여기서도 이러한 담론적 실천이 유일한 실천의 양태가 아니라는 것은 다시 한번 분명하다.

---

75 Nancy Scheper-Hughes, "Mother Love and Child Death in Northeast Brazil", eds. James W. Stigler et al., *Cultural Psychology: Essays on Comparative Human Development*, Cambridge: Cambridge University Press, 1990, p. 554.

76 ibid., p. 559.

77 특히 Nancy Scheper-Hughes, *Death without Weeping: The Violence of Everyday Life in Brazil*, Berkeley, Los Angeles, Oxford: University of California Press, 1992를 보라.

78 Marilyn Nations and L. A. Rebhun, "Angels with Wet Wings won't Fly: Maternal Sentiment in Brazil and the Image of Neglect", *Culture, Medicine and Society* vol. 12 issue 2, 1988, pp. 141~200.

'아동의 병'을 앓고 있는 것으로 규정된 아이들은 때때로 구명된다. 네이션즈와 리번의 현지조사는 치료가 이루어지는 상황에 좀더 관심을 기울이고 있는데, 그들은 가족들이 빈곤과 비참할 정도로 불충분한 보건의료체계 내에서 압도적으로 미미한 가능성에 굴하지 않고 자신의 아이들을 살리려고 분투하는 것을 보았다. 가족들이 체념하여 '불운한 아동 신드롬'이라는 진단을 내렸던 것은, 대개의 경우 단지 그들이 해당 아동을 잃고 난 후였다.

민감성을 지닌 현지조사는 전체적인 테마들을 전달하는 것과 동시에, 이와는 상이한 양상들을 드러낸다. 에우드 탈레는 마사이족에 대해 쓰고 있는데(2장), 그는 모든 아이들이 대우를 받는 데 있어 존재하는 일관된 평등에 대해 기술한다. 기형인 또는 장애를 지닌 아이들은 다른 아이들과 동일한—덜도 아니지만, 더도 아닌—돌봄을 제공받으며 그 결과 다수는 살아남지 못하게 된다. 그러나 탈레는 또한 마사이족 부모들 사이에 존재하는 눈에 띄게 상이한 경향에 대해 기술한다. 즉 그들은 신체적 장애를 지닌 자신의 아이들이 격한 활동을 요하는 유목적인 목축생활의 업무에 대해 다른 대안을 가질 수 있도록, 그러한 아이들을 교육시키고자 했던 것이다.

전문담론과 삶의 경험

권위를 지닌 담론에서 사람들이 표상되는 방식과 그들의 (대개는 다양한) 경험이 지닌 특성 간의 격차는 특별하고 다양한 형태로 존재하는 상이한 양상을 분명히 드러내 준다. 전문가들은 대개 말하는 대상이 되는 사람들과 연루되는 것을 제한해 왔다. 그들은 해당 지역사회 외부로부터 왔거나, 다른 사회계층 출신일 가능성이 높다. 그들은 보통 사람들의 일상생활과는 멀리 떨어져 있는 전문가의 세계 내로 사회화되며, 그들의 동료 전문가에 의해 가장 높이 평가되는 용어들로 의사소통한다.

연구자들은 '그들이' 장애인들을 다루는 방식에 대해 판단을 내릴 수 있는 권위를 부여받은 전문가들이다. 11장에서, 나는 분석의 과정이 어떻게 실상을 잘못 전달할 수 있는가를 보여 주기 위해서 동아프리카에서의 간질을 예로 들었다. 내가 거기에서 논했던 연구의 대부분은 의료 전문가들에 의해 출간된 것이었지만, 인류학자들 또한 관련 문제들을 분석하고, 이론화하고, 일반화하는 작업을 하고 있다. 그리고 우리 인류학자들은 진정으로 그러한 작업들을 해야만 한다.

인류학자들이 논의를 체계화할 때, 그들 또한 하나의 담론을 구성하게 되며, 자신의 기술이 경험과 관련되는 방식에 민감할 수 있어야만 한다. 아서 클라인만과 조앤 클라인만이 지적하고 있는 것처럼, 의사들과 마찬가지로 인류학자들도 그들 자신의 이론적 용어들 속에서 어떤 주체의 경험을 구성할 때 어떤 전문가적 변환의 과정에 관여하게 된다.[79]

어떤 고통을 인류학적 관점에서 다루는 것이 그것을 의료적 관점에서 다루는 것보다 도덕적으로 우월한 것은 아니다. 생의학적 해석에서 빠트리고 있는 어떤 것 ─ 복합성, 불확실성, 어떤 남성 또는 여성의 통합된 경험세계의 일상성 ─은 질환을 사회적 역할, 사회적 전략, 사회적 상징…… 인간의 경험 이외의 어떤 것으로서 재해석할 때에도 또한 빠져 있다.[80]

79 A. Kleinman and J. Kleinman, "Suffering and Its Professional Transformation", pp.275~301.
80 ibid., p.276.

우리가 다른 문화들의 장애를 표상해 낼 때, 우리가 하고 있는 작업에 관해 이러한 자의식을 갖는 것은 방법론적으로 중요하다. 그것이 우리가 다른 문화들에 관해 배우는 방식에 대한, 그리고 우리가 전달하고자 하는 세계의 사람들을 설명하는 방식에 대한 비판적 성찰을 요구한다는 점에서 말이다. 우리의 출간물 속에 담겨 있는 표상들은 하나의 담론을 형성한다. 그것들은 또한 실재를 형성해 내는 실천의 한 형태이기도 하다.

연구자가 다른 이들이 장애를 대하는 방식에서의 특성을 제시하는 유일한 사람은 아니다. 개발 계획의 입안자, 보건 전문가, 사회복지사, 재활 전문가, 원조기관도 흔히 그들의 표적집단, 환자, 클라이언트가 어떻게 생각하고 행동하는지에 대해 간략한 형태의 묘사를 공식적으로 제출한다. 대개 이러한 묘사들은 노골적이며, 그리하여 개입의 필요를 정당화한다. 베네딕테 잉스타는 "숨겨진 장애인에 대한 신화"——어떤 일정한 문화 내에서 사람들이 손상을 지닌 사람들을 격리하고, 숨기고, 방치하고 있다는 생각——의 구체적인 예를 들면서, 이러한 이미지가 보츠와나 장애가구들의 실제 경험과 얼마나 제대로 일치하지 못하는가를 보여 주고 있다(12장). '희생자 비난하기'가 돌봄 제공 단위의 노력 및 그것을 강화해야 할 필요성으로부터 주의를 딴 데로 돌리게 한다는 점에서, 여기에는 어떤 실제적인 이슈가 존재한다. 부정적인 이미지들이 온정주의를 조장하고 정부의 방관에 대해 면죄부를 준다는 점에서 어떤 정치적인 이슈 또한 존재한다. 잉스타는 우리에게 제도화된 전문담론의 힘을 상기시키고 있으며, 연구자들에 의해 이루어지는 장애인에 대한 '태도' 연구가 각종 개발기구들 및 재활사들의 담론과 어떻게 부합되는지를 보여 주고 있다.

이러한 통찰은 우리를 이 책에서 제기되고 있는 세번째 주요한 문제로 인도한다. 우리가 변화, 개발, 문화적 복합성을 어떻게 다루어야 하는가라는 문제로 말이다.

다중적 담론들, 문화적 복합성, 역사적 과정들

어떤 시대 전체의 담론에 일정한 특성을 부여하는 스티케적 방식이 현시대의 문화들을 묘사하는 데 활용될 수 있음을 보여 주는 것은 충분히 가능한 일이다. 그러나 담론적 실천의 분류에 분석을 한정하는 것은 핵심을 놓치는 것이다. 스티케의 방법은 '계보학적인' 것이다. 즉 그는 시간의 흐름에 따른 양상들을 추적하면서, 일정한 요소들이 한 시대로부터 어떻게 그다음 시대까지 잔류하게 되는지를 보여 주고 있다. 만일 우리가 민족지학적 연구들에서 그러한 종류의 분석을 하길 원했던 것이라면, 우리는 상이한 유형의 제도와 관행들을 식별하고, 그것들이 시간의 흐름에 따라 어떻게 진화하는지를 보여 주었어야만 했을 것이다. 비서구적 맥락들 내에서의 의학적 다원주의에 대한 역사적 연구들은 그러한 방식을 환기시키고 있다. 앞으로의 연구에 있어 하나의 과제는 개발도상국들에서 새로운 장애담론들의 발전을 따라가면서, 그러한 담론이 손상을 다루는 구래의 방식과 어떻게 상호작용하는지를 추적하는 것이다.

　예를 들어, 아프리카에서 우리는 나약함과 동정에 대한 담론이 이슬람교와 그리스도교의 확산과 더불어 점차적으로 기반을 획득해 왔던 방식을 고찰했어야만 했다. 장애인들은 불쌍한 존재로서, 그리고 자비와 도움을 받아야 할 취약하고 대책이 없는 사람들의 범주에 속하는 것으로 취급된다. 자선을 행하는 이들은 그들의 선의를, 나약한 이들은 그들의 의존성을 증명한다. 이슬람교 사원 부근에서, 도시의 거리에서, 선교기관에서, 자선에 대한 담론이 실천된다. 그러나 그것이 불운의 원인에 대한 담론을 대체하는 것은 아니다. 자선에 대한 담론은 불운의 원인에 대한 담론을 보충한다. 재활 프로그램들은 이러한 계보학에서 가장 최근 세대의 형태라고 할 수 있다. 그러한 프로그램들은 장애를 해당 개인 및 가족의 기술적이고 사회적인 적응이 요구되는 하나의 특정한 상태로서 구성해 낸다. 우리는 이 책에 실린 아프리카에서의 연구들에서 이러한 역사적 과정들의 일부를 어렴풋이 볼 수 있다. 빈민·장애인·광인이 구걸생활이라는 공통의 처지를 접하고 있는 모가디슈의 소말리족 걸인들에게서(3장), 일부 마사이족 가족들이 신체적 장애를 지닌 아동을 데려오는 재활원에서(2장), 시각적 손상을 지닌 사람들이 잠재적인 배우자를 만나게 되는 우간다의 맹인을 위한 시설들에서(7장), 그리고 간질 환자들을 위한 치료 프로그램들(11장)에서 말이다. 이와 관련된 정치적 과정들 및 변화하는 시설의 형태들에 대한 가장 체계적인 고찰은 북부에서 남부로의 재활담론의 이전과 보츠와나의 현 상황에 대한 분석 속에서 잉스타에 의해 제공되고 있다(8장).

오늘날의 세계 거의 모든 곳에서는, 장애 및 인격의 이해가 변화하는 선택지들의 한가운데에서 형성되고 있다. 어떤 상황들에서는 그 복합성이 극도에 이른다. 스톡홀름에서의 한 터키인 이주자 가족에 대한 사크스의 사례 연구(10장)는 스웨덴의 생의학적 담론과 터키의 민간담론 사이에 존재하는, 우리가 어떤 다문화적 사회 내에서 발견하게 되리라 예견할 수 있는 대조를 보여 준다. 그러나 그녀는 이러한 단순한 대조를 넘어, 해당 사례를 잘 알고 있던 터키인 이주자여성 집단 내에서의 편차와 불확실성을 기술하는 데까지 나아간다. 터키의 고향마을과 긴밀한 연계를 유지하기는 했지만 스웨덴에서 살고 있었기 때문에, 그녀들은 근본적으로 상이한 상황들에 직면하게 되었고 정상성, 책임성, '일탈된' 아이들의 확실성에 대한 그들의 이해를 조정해야만 했다.

사크스는 하나의 단일한 사례를 중심으로 그녀의 분석을 수행했고, 스웨덴 보건의료 전문가들과 다양한 터키인 행위자들의 관점을 대조시켰다. 반면 프랑크 잘레 브룬은 변화 및 다중적 담론들의 분석에 있어 좀더 사회-역사적인 접근법을 취한다(9장). 그는 장애에 대한 표상들이 정치적 의제와 어떻게 밀접히 연결될 수 있는가를 보여 주고 있다. 비록 그가 **담론**이라는 용어를 사용하고 있지는 않지만, 제도, 미디어에서의 표현, 의미 및 감정의 조작에 있어서의 권력관계에 대한 그의 관심은 확실히 스티케가 옹호하고 있는 그러한 종류의 문화사와 같은 선상에 있다. 그는 세 개의 상이한 장애 이미지들이 공존하고 있는 현 상황에 대한 하나의 계보학을 제시하고 있는 것이다. 한 사람의 민족지학자로서, 그는 또한 자신이 머물렀던 마을로부터 미묘한 차이들을 잡아내고 어떤 사례를 인용할 수 있었으며, 그것들을 상이한 관점들 속에서 조명할 수 있었다.

정부 및 장애단체들의 담론적 실천과 손상을 지닌 채 살아가는 어떤 개인의 주관적 경험 사이에는 넓은 간극이 존재한다. 이 책은 민족지학적 현지조사가 그러한 간극의 일부를 일정한 문화 내에서의 의미, 가치, 사회적 처지가 갖는 중요성의 분석을 통해 어떻게 설명할 수 있는지를 보여 준다. 우리는 의료적 또는 기술적인 이슈라기보다는, 하나의 문화적이고 사회적인 이슈로서 손상이라는 문제의 틀을 잡는다. 또한 우리는 이러저러한 결손의 기능적 함의에 대한 세부적인 분석을 수행하기보다는 전체적인 질문을 하고 있다. 우리는 빈번히 인격이라는 주제로 되돌아가는데, 왜냐하면 그것이 장애에 대한 문화적 이해에 있어 매우 중심적인 것이라 판단되기 때문이다. 이 후기에서 나는 변화하는 담론과 삶의 경험 사이의 이러한 광범위한 지대에서 제기되는 이슈들을 지적하는 것을 통해, 그러한 논의를 한 걸음 더 진전시키고자 노력했다. 장애의 인류학은 자기 자신을 포함해서 담론들을 비판적으로, 그리고 권위를 지닌 담론과 다양한 경험 간의 간극에 대한 안목을 갖고 고찰해야만 할 것이다. 그러한 작업은 손상과 인격이 상이한 방식들 내에서 동시적으로 구성되며 변환의 과정들이 진행 중에 있는, 복합적이고 변화하는 상황들의 분석을 위한 도구들을 필요로 할 것이다. 우리는 그러한 작업이 또한 이 책에서 제공하고 있는 것과 같은 종류의 비교적인 시야를 필요로 한다는 것을 독자들에게 납득시켰기를 희망한다.

옮긴이 후기

내로크Naerok족 사람들은 손이나 다리가 불편한 사람, 앞을 보지 못하는 사람, 소리를 듣지 못하는 사람, 발달이 좀 늦은 사람 등 전혀 공통점도 없는 사람들을 일정한 손상을 지녔다는 이유만으로 '장애인'이라는 이름으로 뭉뚱그려 부른다. 그러나 눈이 손상되어 '안경'이라는 도구를 차고 다니는 사람들은 장애인이 아니지만, 귀가 손상되어 '보청기'라는 도구를 끼고 다니는 사람들은 장애인의 범주에 들어가는 등 그 기준에도 별로 일관성이 없는 듯하다. 더욱 희한한 것은 그러한 사람들의 몸에 내로크족이 즐겨 먹는 쇠고기나 돼지고기처럼 (1등급부터 6등급까지) 등급을 매긴다는 것이다. 자신의 자녀가 태어나 장애인이라는 판정을 받게 되는 부모들은 처음에는 높은 등급이 부여되면 충격을 받고 슬퍼하며 대성통곡을 하기도 하는데, 나중에는 오히려 조금이라도 높은 등급을 받기 위해 애를 쓰는 상반된 모습을 보인다. 이는 내로크족 내에서 장애라는 것이 결손·비정상·무능력이라는 의미가 각인되어 있는 부정적 낙인이기는 하지만, 높은 등급을 받지 못하면 공동체가 제공하는 돌봄서비스나 최소한의 경제적 지원도 받을 수 없기 때문이다. 한편 이렇게 몸에 등급이 매겨진 장애인들 중 일부는 '시설'이라고 불리는 장소에 격리되어 실제로 소나 돼지처럼 사육당하며 살아가기도 한다. 그러한 시설들을 가 보니 몇몇 곳은 가축우리처럼 밖에서만 문을 열 수 있도록 되어 있고, 때로는 장애인들의 팔이나 다리를 옷을 넣어 두는 크고 무거운 상자에 줄로 묶어 놓았으며, 그들에게 시설 관리인들은 먹지 않는 오래된 음식들만을 주기도 했다. 그리고 우리 사회에서는 사춘기의례 때에나 일시적으로 행해지는 격리상태가 그런 장애인들의 경우에는 평생토록 지속되기도 하는데, 아무리 설명을 들어도 그 뚜렷한 이유를 이해할 수가 없었다.

책을 읽으신 독자 분들은 이미 눈치를 채셨겠지만, 위에 등장하는 내로크족은 다름 아닌 한국인입니다('Korean'의 철자를 거꾸로 적은 것이지요). 호러스 마이너가 나시레마족에 대한 민족지를 통해 미국인들의 몸에 대한 집착과 숭배를 기록했던 것처럼(6장 참조), 우리 사회의 '장애인'이 처한 현실을 이방인의 시각에서 서술해 본 것이지요. 이 책에 등장하는 푸난바족이나, 마사이족, 송게족 사람들이 한국 사회에 와서 민족지를 남긴다면 이와 유사한 것이 되지 않을까 생각해 봅니다.

작년(2010년)과 올해 장애계에서 가장 큰 이슈가 되고 있는 것은 '장애등급심사제도'입니다. 보건복지부는 2007년 4월부터 장애수당을 신규로 신청하는 중증장애인에 대해, 일선 의료기관에서 장애판정을 하면 그 근거자료를 국민연금공단 장애심사센터로 보내 장애등급을 최종 결정하도록 하는 장애등급심사제도를 소리 소문 없이 시작했습니다. 이러한 장애등급심사가 2009년 10월부터는 활동보조서비스를 신청하는 1급 장애인에 대해, 2010년 1월부터는 신규로 1~3급 장애등록을 신청하는 장애인에 대해, 그리고 2010년 7월부터는 새로 도입된 장애인연금을 신청하는 중증장애인에 대해서도 마찬가지로 전면 확대되었지요. 올해부터는 (다른 복지예산들은 실질적으로 동결 내지는 삭감하면서도) 작년보다 두 배 이상 늘어난 예산을 투입하여 1~6급 전체 장애인에게 장애등급심사를 실시할 예정에 있습니다. 이러한 장애등급심사 결과 전체 장애인의 36.4%가 장애등급이 하락되었고, 상향된 경우는 0.4%에 지나지 않습니다. 1급에서 2급으로 등급이 하락된 장애인들은 하루아침에 활동보조서비스가 끊겨 버렸고, 3급 이하로 떨어진 장애인들은 몇 푼 안 되는 장애인연금을 받지 못하는 것은 물론 장애인콜택시도 이용할 수 없게 되었지요.

그러나 이러한 장애등급심사가 지닌 폭력성과 불합리성을 넘어, 사실 근본적인 문제는 '장애등급-등록제' 그 자체에 내재해 있었다고 해야 할 것입니다. 한 인간의 몸에 국가권력과 의료권력의 자의적 판단에 의해 등급을 부여하고, 국가에 일괄적으로 등록시켜 관리하고, 일정 급수가 되지 않으면 아무리 필요해도 서비스와 지원을 제공하지 않는 장애등급-등록제가 장애인을 장애인으로 재생산해 내는 강도 높은 규율권력이자 기계장치이기 때문입니다. 그것이 한정된 예산에 맞춰 장애인의 삶을 가차 없이 절단해 버리는 프로크루스테스의 침대와 같은 역할을 해왔으며, 장애등급심사는 그 침대에 달린 작두의 칼날을 한층 더 벼려 낸 것이라 보아야 하기 때문입니다.

이로 인해 2010년 하반기부터 장애계에서는 장애등급제의 폐지를 위한 공동 대응기구가 꾸려져 투쟁이 계속되고 있지만, 이 과정에서 만난 정부 관료들은 상애등급 없이 어떻게 체계적으로 복지서비스를 제공할 수 있겠느냐고 당당하게 말하더군요. 다른 많은 사람들도 장애등급심사의 문제점은 개선해야겠지만, 장애등급-등록제 자체는 불가피한 것이 아니냐고 이야기합니다. 그것이 우리나라와 일본에만 존재하는 것임에도 불구하고 말입니다. 경쟁력 강화, 규제 완화, 시장 개방을 이야기할 때는 소위 '글로벌 스탠더드'를 소리 높여 외치면서도, 이럴 때만은 '한국적 현실'이 금과옥조처럼 떠받들어지는 것이지요. 주민등록증제도처럼 장애등급-등록제 역시 너무나 자연스럽고 당연한 제도와 문화로 자리를 잡아, 그것이 없는 세상을 상상하지 않는, 혹은 못하는 것입니다.

* * *

지금 와서 보면 얼마간은 징후적인 느낌도 있지만, 2009년에 그린비에서 출간된 『장애학 함께 읽기』 서문에 중요한 장애학 관련 저작들이 번역 출간되어 사람들에게 읽힐 수 있었으면 좋겠다는 바람을 피력한 적이 있었습니다. 가만히 있으면 그 바람이 바람으로만 끝날 것 같아, 그린비가 장애학을 좀더 체계적이고 풍부하게 소개할 수 있는 컬렉션을 내 보면 어떻겠냐는 제안을 해보았지요. 사실 큰 기대를 하지 못했는데, 너무나 흔쾌히 그 제안을 받아 주셨습니다. 이후 구체적으로 그린비 장애학 컬렉션을 기획하게 되면서 맨 처음 어떤 책을 소개하는 것이 좋을까 고민하다가 최종적으로 선택한 것이 바로 이 책 『우리가 아는 장애는 없다: 장애에 대한 문화인류학적 접근』(원제 *Disability and Culture*)입니다. 그 이유는 장애학의 다양한 논의들을 공유하는 첫 단계에서, 현재 우리가 알고 있는 장애에 대해 낯설어지는 과정이 필요하다고 생각했기 때문입니다. 우리 사회를 '근대(현대) 자본주의'라 규정할 수 있다면, 문화인류학은 동시대에 존재하지만 자본주의적 가치관과 생활방식이 확고히 자리를 잡지 않은 다른 문화 속에서의 장애 ——정확히는 우리가 현재 장애라고 범주화한 대상들——를, 그리고 역사학은 근대 이전의 장애를, 구체적인 사실fact과 이야기story에 기반을 두고 살펴볼 수 있도록 해줍니다. 그래서 장애학을 처음 접하는 독자들도 조금 딱딱하게 느껴질 수 있는 이론적 논의들보다는 좀더 흥미 있게 읽을 수 있는 장점 또한 존재한다 할 것입니다.

학제적 성격을 갖는 장애학 내에서 문화인류학적 접근방식을 취하는 연구는 조금씩이나마 꾸준히 이루어지고 있지만, 이처럼 일정한 사전 기획에 바탕을 두고 다양한 지역에서 이루어진 현지조사의 성과들을 한데 담아 단행본으로 출간한 경우는 드뭅니다. 그렇기에 이 책은 장애의 인류학 분야에서 중요한 저작으로 그 가치를 인정받고 있습니다. 남부 사회들을 대상으로 한 연구들을 담고 있는 이 책에서 북부 사회를 기반으로 한 연구는 5장과 6장뿐인데, 6장에 로버트 머피의 저작『침묵하는 몸』중 가장 핵심적인 한 장을 발췌해 실은 것도 독자들을 위한 매우 적절한 배려이자 선택이었다고 생각됩니다. 그가 장애연구 분야에 도입해 확립한 '경계성'이라는 개념틀은 그것이 지닌 함의에 동의하건 이의를 갖건 간에 (다른 연구자들의 논문에서도 빈번하게 인용되고 있는 것에서 확인되듯이) 지대한 영향력을 미치고 있기 때문이지요. 더불어 서장뿐만 아니라 종장을 통해 각 연구들이 지닌 의미와 쟁점을 큰 틀에서 연결 지어 조망할 수 있도록 해주고 있는 것, 이 책에 논문을 실은 연구자들 다수가 스웨덴·노르웨이·덴마크에 기반을 두고 있기에 영국이나 미국을 중심으로 한 담론과 실천이 아닌 북구적 시각과 현실을 직간섭적으로 살펴볼 수 있다는 것도 부가적인 장점이라 할 수 있겠습니다.

조금 엉뚱한 이야기이긴 하지만, TV 드라마의 핵심 테마는 뭐니 뭐니 해도 사랑입니다. 주인공들 간의 러브라인이 잘 흘러갈 때는 그렇지 않지만, 일이 꼬이고 갈등이 발생하면 ─평온한 일상보다는 갈등과 파국이 대개 대상의 본질을 더 직시하게 만들므로─ 그들은 "도대체 사랑이 뭔데?"라고 질문합니다. 그리고 또 때때로 외칩니다. "나는 세상이 말하는 사랑 같은 건 믿지 않아!"라고 말이지요. 이 책을 읽은 독자분들은 이제 아마도 앞의 대사에서 '사랑'의 자리에 '장애'를 위치시킬 수 있지 않을까, 즉 "도대체 장애가 뭔데?"라고 질문하고 "나는 세상이 말하는 장애 같은 건 믿지 않아!"라고 말할 수 있게 되지 않을까 생각해 봅니다. 물론 이 책에 실린 문화인류학 연구들이 다양한 사회들에서 나타나는 장애에 대한 대응을 사회구조적 관점에서 정치하게 분석해 낸다거나, 장애인에 대한 억압을 철폐할 수 있는 직접적인 방향을 제시하는 것은 아닙니다. 그리고 혹시 기대하셨던 독자분들이 계셨을 수도 있겠지만, 어떤 대안적이고 이상적인 사회상을 발굴해서 제시하는 것도 아닙니다. 그러나 이 책을 통해 인간과 장애에 대한 새로운 시야, 상상력, 관계론적 관점을 확보할 수 있다면, 그리고 인간다운 삶 이전에 그 '인간다움'과 '인격'의 가치 및 기준들을 재고해 볼 수 있다면, 이 책이 갖는 의의는 결코 작지 않다 할 것입니다.

* * *

대학 때 제가 활동했던 동아리의 한 선배가 했던 말 중에서 긴 여운을 남기며 종종 떠올리게 되는 구절이 있습니다. 그건 바로 '소수자의 문화와 시선에 담겨 있는 진보성과 긍정성'인데요, 이번 번역을 마친 뒤 이진경 선생님의 『코뮨주의』를 읽으며 이 말을 다시 되새겨 보고 있습니다. 『코뮨주의』에서는 진정한 코뮨을 구성하기 위한 기본 전제로 인간중심주의humanism로부터의 탈피와 모든 존재자의 평등성을 이야기합니다. '인간', 인간이라는 주체가 대상으로 간주해 왔던 '자연', 인간이 만든 인공물로서만 사고되는 '기계', 그 존재자들 모두가 사실은 자연이자 동시에 기계이며 또한 평등하다고 이야기하는 것이지요. 그 내용을 접하며 저는 장애인을 떠올렸고, 장애인의 모습에서 어떤 '잠재력'을 읽었습니다.

요즘 예능의 대세인 리얼 버라이어티 중 「남자의 자격」이라는 프로그램이 있습니다. 실제 내용이 그 타이틀과 얼마나 상관성을 갖는지는 잘 모르겠습니다만, 어쨌든 남자의 '자격'이란 곧 남자라는 집단 내에 포함될 수 있는 '조건'과 '능력'을 뜻합니다. 이 책에 실린 연구들이 전해 주는 핵심적인 메시지 중의 하나는 어느 문화에서나 장애 ── 혹은 서구적 장애 개념에 일정하게 대응하는 무엇 ── 는 인격이라는 개념, 즉 인간의 자격이라는 문제와 불가분의 관계 속에서 형성된 범주라는 사실입니다. 장애가 인격의 개념과 불가분의 관계에 있다는 것은, 반복해서 말하자면 장애dis-ability라는 상태condition를 질문하는 것은 곧 인간의 능력ability 및 조건condition을 질문하는 것과 분리될 수 없음을 말합니다. 장애인이란 어떤 의미에서는 바로 인간 이하의 존재, 즉 비인격체 non-person로 간주되는 존재인 것이지요.

이것이 모든 인간의 존엄성을 하나의 대전제로 받아들이고 있는 듯 보이는 서구화된 세계에서는 적용되지 않을 것 같지만, 오히려 훨씬 더 정확한 진실입니다. 인간이 시민으로 존재하는civilized(문명화된!) 세계에서 장애인들이란 정확히 시민자격citizenship으로부터 배제된 자들이니까요. 전체 장애인의 설반이 초등학교 졸업 이하의 학력을 지닌 채 살아간다는 것, 전체 장애인의 3분의 2가 노동으로부터 배제되어 있다는 것은 무얼 의미할까요? 여기서 교육과 노동(근로)이 대한민국 국민의 4

대 의무 중 하나라는 사실을 상기한다면, 그것이 단순히 교육권과 노동권이라는 권리로부터의 배제만은 아님을, 즉 기본의무의 면제(배제)와 더불어 그러한 의무를 전제로 하는 일련의 권리와 공동체로부터의 배제임을 간파하는 것은 그리 어려운 일이 아닐 것입니다. 2000년대까지 장애인운동의 현장에서 가장 빈번하게 외쳐졌던 구호는 다름 아닌 '장애인도 인간이다'였습니다.

그렇다면 인간 이하의 시선에서 세상을 경험하고 또 바라볼 기회를 지닌 장애인들은, 다양한 기계나 인공물을 이미 자신의 일부로 받아들이는 중증장애인들은(집회 현장에서 강제 연행을 당하며 전동휠체어를 빼앗길 때, 제 중증장애인 동료들은 "이 자식들아, 그건 내 몸의 일부야"라고 외칩니다) 그러한 존재론적 평등성을 훨씬 더 잘 구현할 수 있는 잠재력을 지닌 존재들이 아닐까 생각을 해보게 됩니다. 말 그대로의 단상인데요, 이러한 단상들을 독자 여러분과 함께 나누고 풍부화할 수 있는 기회도 앞으로 계속될 그린비 장애학 컬렉션과 더불어 만들어 갔으면 좋겠습니다.

역자 서문이나 후기들을 보면 대부분 "잘못된 오역은 전적으로 역자 본인의 책임임을 밝혀 둔다"라는 말을 '의례적으로' 넣곤 하던데, 그런 예의 차림이 아니라 정말 이 책에 존재할 수 있는 오역의 모든 책임은 전적으로 초보 역자인 본인의 탓일 것입니다. 이러한 초보 역자의 원고를 붙잡고 오랜 시간 애쓰며 고생하셨을 띠동갑 편집자 김미선 씨에게, 그리고 이 컬렉션을 맡아 함께 고민하고 논의해 준 박태하 씨에게 고마움을 전합니다. 더불어 척박한 한국 인문사회과학의 출판 현실에서, 많은 이들의 손에 전해지기 쉽지 않을 이 컬렉션을 기꺼이 받아안아 주신 그린비의 모든 식구들에게도 다시 한번 진정으로 감사하다는 말씀을 드리고 싶습니다. 제가 수행한 모든 부족한 저술과 번역 작업은 제 손을 매개로 했을 뿐, 근본적으로 저 개인이 아닌 전국장애인차별철폐 연대의 일원으로서 이룬 것이며, 따라서 진보적 장애인운동에 헌신하고 있는 모든 활동가들이 만들어 낸 공동의 산물이라 해야 마땅할 것입니다. 그 모든 사랑하는 동지들에게, 이 자리를 빌려 건투의 인사를 전합니다.

2011년 3월

옮긴이 김도현

참고문헌

Ablon, Joan, "Dwarfism and Social Identity: Self-help Group Participation", *Social Science and Medicine Part B*, vol. 15 issue 1, 1981, pp. 25~30.

_____, *Little People in America: The Social Dimension of Dwarfism*, New York: Praeger Publishers, 1984.

Abu-Lughod, Lila and Catherine Lutz, "Introduction: Emotion, Discourse, and the Politics of Everyday Life", eds. Catherine Lutz and Lila Abu-Lughod, *Language and the Politics of Emotion*, Cambridge: Cambridge University Press, 1990.

Ahmed, Abdullahi Mohamed, "Somali Traditional Healers: Role and Status", ed. Annarita Puglielli, *Proceedings of the Third International Congress of Somali Studies*, Rome: Gangemi Editori, 1988.

Albrecht, Gary L., *The Disability Business: Rehabilitation in America*, Newbury Park, Calif.: Sage, 1992.

Århem, K., "Why Trees Are Medicine: Aspects of Maasai Cosmology", eds. Anita Jacobson-Widding and David Westerlund, *Culture, Experience, and Pluralism: Essays on African Ideas of Illness and Healing*, Uppsala Studies in Cultural Anthropology 13, Stockholm: Almqvist and Wiksell International, 1989.

Armstrong, David, "Use of the Genealogical Method in the Exploration of Chronic Illness: A Research Note", *Social Science and Medicine* vol. 30 issue 11, 1990, pp. 1225~1227.

Asch, Adrienne and Michelle Fine, "Introduction: Beyond Pedestals", eds. M. Fine and A. Asch, *Women with Disabilities: Essays in Psychology, Culture, and Politics*, Philadelphia: Temple University Press, 1988.

Awaritefe, Alfred, "Epilepsy: The Myth of a Contagious Disease", *Culture, Medicine and Psychiatry* vol. 13 no. 4, 1989.

Awaritefe, Alfred et al., "Epilepsy and Psychosis: A Comparison of Societal Attitudes", *Epilepsia* vol. 26 issue 1, 1985.

Banugire, Firimooni R., "The Impact of the Economic Crisis on Fixed-Income Earners", eds. Paul D. Wiebe and Cole P. Dodge, *Beyond Crisis: Development Issues in Uganda*, Kampala: Makerere Institute of Social Research, 1987.

Barker, Roger G., "The Social Psychology of Physical Disability", *Journal of Social Issues* vol. 4 issue 4, 1948, pp. 28~38.

Barth, Fredrik, *The Role of the Entrepreneur in Social Change in Northern Norway*, Bergen, Oslo: Universitetsforlaget, 1963.

Ben-Tovim, David I., "A Psychiatric Service to the Remote Areas of Botswana", *British Journal of Psychiatry* vol.142 issue 2, 1983, pp.199~203.

Billington, W.R., "The Problems of the Epileptic Patient in Uganda", *East African Medical Journal* vol.45 no.8, 1968, pp.563~569.

Bjune, Gunnar, "Tuberkulose og lepra som folkehelseproblem"[Tuberculosis and Leprosy as Public Health Problems], eds.B.Ingstad and S.Møgedal, *Samfunnsmedisin: Perspektiver frautviklingslandene*[*Social Medicine: Perspectives from Developing Countries*], Oslo: Gyldendal, 1992.

Bogdan, Robert, *Freak Show: Presenting Human Oddities for Amusement and Profit*, Chicago: University of Chicago Press, 1988.

Bondestam, S. et al., "Prevalence and Treatment of Mental Disorders and Epilepsy in Zanzibar", *Acta Psychiatrica Scandinavica* vol.81 no.4, 1990.

Bowe, Frank G., "Disabled and Elderly People in the First, Second and Third Worlds", *International Journal of Rehabilitation Research* vol.13 issue 1, 1990.

Brody, Howard, *Stories of Sickness*, New Haven: Yale University Press, 1987.

Brooks, Nancy A. and Ronald R.Matson, "Managing Multiple Sclerosis", eds. Julius A.Roth and Peter Conrad, *The Experience and Management of Chronic Illness*, Greenwich: JAI Press, 1987.

Brown, John, "One Man's Experience with Multiple Sclerosis", ed.Aart F.Simons, *Multiple Sclerosis: Psychological and Social Aspects*, London: William Heinemann, 1984.

Bruner, Edward M., "Ethnography as Narrative", eds.V. Turner and E. M. Bruner, *The Anthropology of Experience*, Urbana: University of Illinois Press, 1986.

Burck, Deliane Jannette, *Kuoma Rupandi(The Parts Are Dry): Ideas and Practices Concerning Disabilities and Rehabilitation in a Shona Ward*, Research Report no.36, Leiden: African Studies Centre, 1989.

Cardozo, L.J.and M.G.Patel, "Epilepsy in Zambia", *East African Medical Journal* vol.53 no.8, 1976.

Carling, Finn, *And Yet We Are Human: The Emotional Problem of Cripple*, London: Chatto and Windus, 1962.

Carrithers, M.et al.eds., *The Category of the Person: Anthropology, Philosophy, History*, Cambridge: Cambridge University Press, 1985.

Charmaz, Kathy, "Discovering Chronic Illness: Using Grounded Theory", *Social Science and Medicine* vol.30 issue 11, 1990, pp.1161~1172.

Chaudhuri, Sumita, *Beggars of Kalighat, Calcutta, Memoir* no.75, Calcutta: Anthropological Survey of India, 1987.

Cheater, Angela P., *Social Anthropology: An Alternative Introduction*, Gweru: Mambo Press, 1986.

Chellingsworth, Miriam C., "Multiple Sclerosis", eds.Harvey Mandell and Howard Spiro, *When Doctors Get Sick*, New York: Plenum Medical Book, 1987.

Chesler, Mark A., "Ethnocentrism and Attitudes toward Physically Disabled", *Journal of Personality and Social Psychology* vol.2 issue 6, 1965, pp.877~882.

Cogswell, Betty E., "Self-socialization: Readjustment of Paraplegics in the Community", *Journal of Rehabilitation* vol.34, 1968.

Comaroff, Jean and John Comaroff, *Of Revelation and Revolution: Christianity Colonialism and Consciousness in South Africa* vol.1, Chicago: University of Chicago Press, 1991.

Conrad, Peter, "Qualitative Research on Chronic Illness: A Commentary on Method and Conceptual Development", *Social Science and Medicine* vol.30 issue 11, 1990.

_____, "The Experience of Illness: Recent and New Directions", eds. Julius A.Roth and Peter Conrad, *The Experience and Management of Chronic Illness*, Greenwich: JAI Press, 1987.

Constance, R.A.Buvollen, "Blind Women in Managua: A Field Study", Report to Norges Blindeforbund, Oslo, 1983.

Corbin, Juliet and Anselm L.Strauss, "Accompaniments of Chronic Illness: Changes in Body, Self, Biography, and Biographical Time", eds. Julius A.Roth and Peter Conrad, *The Experience and Management of Chronic Illness*, Greenwich: JAI Press, 1987.

Crapanzano, Vincent, *Tuhami: Portrait of a Moroccan*, Chicago: University of Chicago Press, 1980.

Cunningham, Diane J., "Stigma and Social Isolation: Self-perceived Problems of a Group of Multiple Sclerosis Sufferers", *HSRU Report* no.27, Canterbury: Health Services Research Unit, University of Kent, 1977.

Dale, Jeremy R.and David I.Ben-Tovim, "Modern or Tradition? A Study of Treatment Preference for Neuropsychiatric Disorders in Botswana", *British Journal of Psychiatry* vol.145 issue 2, 1984.

Danesi, M.A., "Patient Perspective on Epilepsy in a Developing Country", *Epilepsia* vol.25 issue 2, 1984, pp.184~190.

Danesi, M.A.et al., "Social Problems of Adolescent and Adult Epileptics in a Developing Country, as Seen in Lagos, Nigeria", *Epilepsia* vol.22 issue 6, 1981.

Davis, Fred, "Deviance Disavowal: The Management of Strained Interaction by the Visibly Handicapped", *Social Problems* vol.9 no.2, 1961, pp.121~132.

Davoud, Nicole, *Where Do I Go from Here?: The Autobiography of a Remarkable*

Woman, London: Piatkus, 1985.

DelVecchio, Mary-Jo Good et al., *Pain as Human Experience: An Anthropological Perspective*, Berkeley, Los Angeles, London: University of California Press, 1992.

Denzin, Norman K., "Interpretive Interactionism and the Use of Life Stories", *Revista internacional de sociologia* vol.44, 1986, pp.321~337.

Deshen, Shlomo, "Coming of Age among Blind People in Israel", *Disability and Society* vol.2 issue 2, 1987, pp.137~149.

Deshen, Shlomo and Hilda Deshen, "Managing at Home: Relationships between Blind Parents and Sighted Children", *Human Organization* vol.48 no.3, 1989.

Dettwyler, Katherine A., "Can Paleopathology Provide Evidence for 'Compassion'?", *American Journal of Physical Anthropology* vol.84, pp.375~384.

Devereux, George, "Primitive Psychiatric Diagnosis: A General Theory of the Diagnostic Process", ed.Iago Galdstone, *Man's Image in Medicine and Anthropology*, New York: International Universities Press, 1963.

Devisch, René, "The Mbwoolu Cosmogony and Healing Cult among the Northern Yaka of Zaire", eds.Anita Jacobson-Widding and Walter van Beek, *The Creative Communion: African Folk Models of Fertility and the Regeneration of Life*, Stockholm: Almqvist and Wiksell, 1990.

Djurfeldt, Göran and Staffan Lindberg, *Pills against Poverty: A Study of the Introduction of Western Medicine in a Tamil Village*, Scandinavian Institute of Asian Studies Monograph Series no.23, Lund: Student Litteratur and Curzon Press, 1975.

Dorris, Michael, *The Broken Cord*, New York: Harper and Row, 1989.

Douglas, Mary, *Purity and Danger: An Analysis of Concepts of Pollution and Taboo*, London: Routledge and Kegan Paul, 1966[메리 더글러스, 『순수와 위험』, 유제분 옮김, 현대미학사, 1997].

Dumont, Louis, *Homo Hierarchicus: The Caste System and Its Implications*, Chicago: University of Chicago Press, 1980.

Duval, Louise M., "Psychosocial Metaphors of Physical Distress among MS Patients", *Social Science and Medicine* vol.19 issue 6, 1984, pp.635~638.

Early, Evelyn A., "The Baladi Curative System of Cairo, Egypt", *Culture, Medicine and Psychiatry* vol.12 issue 1, 1988, pp.66~67.

Edgerton, Robert B., "Mental Retardation in Non-Western Societies: Toward a Cross-Cultural Perspective on Incompetence", ed.Carl H. Haywood, *Social-Cultural Aspects of Mental Retardation*, New York: Appelton-Century-Crofts, 1970.

_____, "On the 'Recognition' of Mental Illness", eds.Stanley C.Plog and Robert B.Edgerton, *Changing Perspectives in Mental Illness*, New York: Holt Rinehart and Winston, 1969.

_____, *Rules, Exceptions, and Social Order*, Berkeley, Los Angeles, London: University of California Press, 1985.

_____, *The Cloak of Competence: Stigma in the Lives of the Mentally Retarded*, Berkeley and Los Angeles: University of California Press, 1967.

Eisenberg, Leon, "Disease and Illness: Distinctions between Professional and Popular Ideas of Sickness", *Culture, Medicine and Psychiatry* vol.1 no.1, 1977, pp.9~23.

Ekern, Stener, *Street Power: Culture and Politics in a Nicaraguan Neighbour-hood*, Bergen Studies in Social Anthropology, no.40, Bergen: Dept. of Social Anthropology, University of Bergen, 1987.

English, R.William, "Correlates of Stigma towards Physically Disabled Persons", *Rehabilitation Research and Practice Review* vol.2, 1971, pp.1~17.

Estroff, Sue E., *Making it Crazy: An Ethnography of Psychiatric Clients in an American Community*, Berkeley, Los Angeles, London: University of California Press, 1981.

Farmer, Paul, "Bad Blood, Spoiled Milk: Bodily Fluids as Moral Barometers in Rural Haiti", *American Ethnologist* vol.15 no.1, 1988.

Farquhar, June, *Jairos Jiri: The Man and His Work*, Gweru: Mambo Press, 1987.

Fassin, Didier, "Handicaps physiques, pratiques économiques et strategies matri-moniales au Senegal", *Social Science and Medicine* vol.32 no.3, 1991.

Feierman, Elizabeth K., "Alternative Medical Services in Rural Tanzania: A Physician's View", *Social Science and Medicine 15B*, 1981, pp.399~404.

Feksi, A.T.et al., "Comprehensive Primary Health Care Antiepileptic Drug Treatment Programme in Rural and Semi-urban Kenya", *Lancet* vol.337 issue 8738, 1991, pp.406~409.

_____, "A Comprehensive Community Epilepsy Programme: The Nakuru Project", *Epilepsy Research* vol.8 issue 3, 1991, pp.252~259.

Flores-Meiser, Enya, "Philippines: The Hot Mouth and Evil Eye", ed.Clarence Maloney, *The Evil Eye*, New York: Columbia University Press, 1976.

Fontaine, Jean S. La, "Person and Individual: Some Anthropological Reflection", eds.M.Carrithers et al., *The Category of the Person: Anthropology, Philosophy, History*, Cambridge: Cambridge University Press, 1985.

Forsythe, Elizabeth, *Multiple Sclerosis: Exploring Sickness and Health*, London: Faber and Faber, 1988.

Fortes, Meyer, "On the Concept of the Person among the Tallensi", ed.Jack Goody, *Religion, Morality, and the Person*, 1973, Reprint, Cambridge: Cambridge University Press, 1987.

Foster, George M., "Disease Etiologies in Non-Western Medical Systems", *American Anthropologist* vol.78 no.4, 1976, pp.773~782.

_____, "The Anatomy of Envy: A Study in Symbolic Behavior", *Current Anthropology* vol.13 no.2, 1972, pp.165~202.

Foucault, Michel, *Madness and Civilization: A History of Insanity in the Age of Reason*, trans. Richard Howard, New York: Vintage Books, 1973.

_____, *The Birth of the Clinic: An Archaeology of Medical Perception*, 1963, Reprint, London: Routledge, 1973[미셸 푸코, 『임상의학의 탄생』, 홍성민 옮김, 이매진, 2006].

Fougeyrollas, Patrick, "Normalité et corps différents: Regard sur l'integration sociale des handicapés physiques", *Anthropologie et Sociétés* vol.2, 1978.

Frank, A.W., "Bringing Bodies Back in: A Decade Review", *Theory, Culture and Society* vol.7 no.1, 1990, pp.131~162.

Frank, Gelya, "Finding the Common Denominator: A Phenomenological Critique of Life History Method", *Ethos* vol.7 no.1, 1979.

_____, "Life History Model of Adaptation to Disability: The Case of a 'Congenital Amputee'", *Social Science and Medicine* vol.19 issue 6, 1984.

_____, "On Embodiment: A Case Study of Congenital Limb Deficiency in American Culture", *Culture, Medicine and Psychiatry* vol.10 no.3, 1986.

Frankenberg, Ronald, "Disease, Literature, and the Body in the Era of AIDS: A Preliminary Exploration" [review article], *Sociology of Health and Illness* vol.12 issue 3, 1990, pp.351~360.

_____, "Sickness as Cultural Performance: Drama, Trajectory, and Pilgrimage", *International Journal of Health Services* vol.16 no.4, 1986, pp.603~626.

Freccero, John, "Autobiography and Narrative", eds. Thomas C. Heller et al., *Reconstructing Individualism: Autonomy, Individuality, and the Self in Western Thought*, Stanford: Stanford University Press, 1986.

Freidson, Eliot, *Profession of Medicine: A Study of the Sociology of Applied Knowledge*, New York: Dodd, Mead, 1970, pp.231~243.

Galaty, John Gordon, "In the Pastoral Image: The Dialectic of Maasai Identity", Ph.D. dissertation, University of Chicago, 1977.

Geertz, Clifford, "From the Native's Point of View: On the Nature of Anthropological Understanding", *The Interpretation of Cultures*, New York: Basic Books, 1973.

_____, "Person, Time, and Conduct", *The Interpretation of Cultures*, New York: Basic Books, 1973.

_____, "Religion as a Cultural System", ed. Michael Banton, *Anthropological Approaches to the Study of Religion*, London: Tavistock, 1966.

Geest, Sjaak van der and Susan Reynolds Whyte, "The Charm of Medicines: Metaphors and Metonyms", *Medical Anthropology Quarterly* vol.3 no.4, 1989.

Gennep, Arnold van, *The Rites of Passage*, trans. Monika B. Vizedon and Gabrielle

L.Caffee, Chicago: University of Chicago Press, 1960.

Gerhardt, Uta, "Qualitative Research on Chronic Illness: The Issue and the Story", *Social Science and Medicine* vol.30 issue 11, 1990, pp.1149~1159.

Giel, Robert, "The Epileptic Outcast", *East African Medical Journal* vol.45 no.1, 1968.

Gliedman, John and William Roth, *The Unexpected Minority: Handicapped Children in America*, New York: Harcourt Brace Jovanovich, 1980.

Goerdt, Ann, "Patron-Client Relationships for the Employment of People with Disabilities", eds.Frank Jarle Bruun and Benedicte Ingstad, *Disability in a Cross-Cultural Perspective*, Working paper no.4, Oslo: Department of Social Anthropology, University of Oslo, 1990.

_____, *Physical Disability in Barbados: A Cultural Perspective*, Ann Arbor: University Microfilms, 1984.

Goffman, Erving, *Asylums*, New York: Doubleday, 1961.

_____, *Stigma: Notes on the Management of Spoiled Identity*, Englewood Cliffs, N.J.: Prentice-Hall, 1963[어빙 고프먼, 『스티그마: 장애의 세계와 사회적응』, 윤선길·정기현 옮김, 한신대학교 출판부, 2009].

_____, "The Nature of Deference and Demeanor", *American Anthropologist* vol.58 no.3, 1956, pp.473~502.

Goldin, Carol S., "Stigma, Biomedical Efficacy, and Institutional Control", *Social Science and Medicine* vol.30 issue 8, 1990, pp.895~900.

Gomm, Roger, "Bargaining from Weakness: Spirit Possession on the South Kenya Coast", *Man* vol.10 no.4, 1975, pp.530~543.

Good, Charles M., *Ethnomedical System in Africa: Patterns of Traditional Medicine in Rural and Urban Kenya*, New York: Guilford Press, 1987.

Goodenough, Ward Hunt, *Culture, Language, and Society*, Reading: Addison-Wesley Publishing, 1971, pp.36~38.

Gordon, Deborah, "Tenacious Assumption in Western Medicine", eds.Margaret Lock and Deborah Gordon, *Biomedicine Examined*, Dordrecht: Kluwer, 1988.

Gorman, Eunice et al., "Giving the Diagnosis of Multiple Sclerosis", eds.Charles M.Poser et al., *The Diagnosis of Multiple Sclerosis*, New York: Thieme-Stratton, 1984.

Grace Harris, "Concept of Individual, Self, and Person in Description and Analysis", *American Anthropologist* vol.91 issue 3, 1989, pp.599~612.

Graham, Peter W. and Fritz H.Oehlschlaeger, *Articulating the Elephant Man: Joseph Merrick and His Interpreters*, Baltimore: Johns Hopkins University Press, 1992.

Gritzer, Glenn and Arnold Arluke, *The Making of Rehabilitation: A Political Economy of Medical Specialization, 1890-1980*, Berkeley, Los Angeles, London: University of California Press, 1985.

Groce, Nora E., *Everyone Here Spoke Sign Language: Hereditary Deafness on Martha's Vineyard*, Cambridge, Mass.: Harvard University Press, 1985[노라 엘렌 그로스, 『마서즈 비니어드 섬 사람들은 수화로 말한다』, 박승희 옮김, 한길사, 2003].

Groce, Nora and Jessica Scheer, "Introduction", *Social Science and Medicine* vol.30 issue 8, 1990.

Grünewald, Karl and Ture Jönsson, *Handikappade Barn I U-länder* [*Handicapped Children in Developing Countries*], Lund: Natur och Kultur, 1981.

Guido, Lea, "La salud en Nicaragua" [Health in Nicaragua], *Revista Centroamericana de ciencias de la salud* [*Central American Review of Health Sciences*], January-April: 21, 1982.

Gwaltney, John Langston, *The Thrice Shy: Cultural Accommodation to Blindness and Other Disasters in a Mexican Community*, New York: Columbia University, 1970.

Hahn, Robert A. and Arthur Kleinman, "Biomedical Practice and Anthropological Theory: Frameworks and Directions", *Annual Review of Anthropology* vol.12, 1983, pp.305~333.

Halantine, Fatima and Gunvor Berge, "Perceptions of Disabilities among Kel Tamasheq of Northern Mali", eds.Frank Jarle Bruun and Benedicte Ingstad, *Disability in a Cross-Cultural Perspective*, Working paper no.4, Oslo: Department of Social Anthropology, University of Oslo, 1990.

Hanks, Jane and L.M.Hanks, Jr., "The Physical Disabled in Certain Non-Occidental Societies", *Journal of Social Issues* vol.4 issue 1, 1948, pp.11~20.

Harmsworth, Josephine Wanja, "The Ugandan Family in Transition", *Beyond Crisis: Development Issues in Uganda*, Kampala: Makerere Institute of Social Research, 1987.

Haugann, Else Momrak, "Synshemma kvinner i eit feministisk perspektiv" [Visually Impaired Women in a Feminist Perspective], *Norges Blinde* 24, 1989, pp.5~13.

Helander, Bernhard, "Getting the Most Out of It: Nomadic Health Care Seeking and the State in Southern Somalia", *Nomadic Peoples* no.25-27, 1990.

_____, "Incorporation the Unknown: The Power of Southern Somali Medicine", eds.A. Jacobson-Widding and D.Westerlund, *Culture, Experience, and Pluralism: Essays on African Ideas of Illness and Healing*, Uppsala Studies in Cultural Anthropology no.13, Stockholm: Almqvist and Wiksell International, 1989.

_____, "Individual as Mysticism: on the Somali Concept Burji", ed.Annarita Puglielli, *Proceedings of the Third International Congress of Somali Studies*, Rome: Gangemi Editori, 1988.

_____, "Mercy or Rehabilitation? Culture and the Prospects for Disabled in

Southern Somalia", eds. Frank Jarle Bruun and Benedicte Ingstad, *Disability in a Cross-Cultural Perspective*, Working paper no.4, Oslo: Department of Social Anthropology, University of Oslo, 1990.

_____, "The Slaughtered Camel: Coping with Fictitious Descent among the Hubeer of Southern Somalia", Ph.D. thesis, Uppsala University, 1988.

Helander, Einar, *Prejudice and Dignity: An Introduction to Community-Based Rehabilitation*, United Nations Development Programme Report No. E93–III-B.3, New York: UNDP, 1993.

_____, *Rehabilitation for All: A Guide to the Management of Community-Based Rehabilitation 1. Policy Making and Planning*, RHB/84.1 Provisional Version, Geneva: WHO, 1984.

Helander, Einar et al., *Training Disabled People in the Community: A Manual on Community-Based Rehabilitation for Developing Countries*, Geneva: WHO/UNICEF/ILO/UNESCO, 1989.

Heller, Thomas C. et al. eds., *Reconstructing Individualism: Autonomy, Individuality, and the Self in Western Thought*, Stanford: Stanford University Press, 1986.

Herzlich, Claudine and Janine Pierret, *Illness and Self in Society*, trans. Elborg Forster, Baltimore: Johns Hopkins University Press, 1987.

Horton, Robin, "African Traditional Thought and Western Science", *Africa* vol.37 no.2, 1967, pp.50~71.

Hunt, Linda M. et al., "Views of What's Wrong: Diagnosis and Patient's Concepts of Illness", *Social Science and Medicine* vol.28 issue 9, 1989.

Ikels, Charlotte, "Aging and Disability in China: Cultural Issues in Measurement and Interpretation", *Social Science and Medicine* vol.32 issue 6, 1991, pp.649~665.

Ingstad, Benedicte, "A Model for Analyzing the Coping Behaviour of Disabled Persons and Their Families: Cross-Cultural Perspectives from Norway and Botswana", *International Journal of Rehabilitation Research* vol.11 no.4, 1988.

_____, "Healer, Witch, Prophet, or Modern Health Worker? The Changing Role of Ngaka ya Setswana", eds. A Jacobson-Widding and D. Westerlund, *Culture, Experience, and Pluralism: Essays on African Ideas of Illness and Healing*, Uppsala: Almqvist and Wiksell International, 1989.

_____, "The Myth of the Hidden Disabled: A Study of Community-Based Rehabilitation in Botswana", Working paper, Oslo: Section for Medical Anthropology, University of Oslo, 1991.

Ingstad, Benedicte and Hilchen Sommerschild, *Familien med det funksjonshemmede Barnet: Forløp, Reaksjoner, Mestring. Et Frambu-prosjekt[The Family with a Disabled Child: Process, Reactions, Coping. A Frambu Project]*, Oslo:

Tanum-Norli, 1984.

Ingstad, Benedicte and Turid Melsom, *An Evaluation of the Botswana Red Cross Society Primary Health Care and Community-Based Rehabilitation Programmes*, Gaborone: Botswana Red Cross Society, 1985.

Ingstad, Benedicte et al., "Care for the Elderly, Care by the Elderly: The Role of Elderly Women in a Changing Tswana Society", *Journal of Cross-Cultural Gerontology* vol.7 no.4, 1992, pp.379~398.

Jackson, Helen and Rodreck Mupedziswa, "Disability and Rehabilitation: Beliefs and Attitudes among Rural Disabled People in a Community-Based Rehabilitation Scheme in Zimbabwe", *Journal of Social Development in Africa* vol.3 no.1, 1988, pp.21~30.

Jilek, Wolfgang G., "The Epileptic's Outcast Role and its Background: A Contribution to the Social Psychiatry of Seizure Disorders", *Journal of Operational Psychiatry* vol.10 no.2, 1979.

Jilek-Aall, Louise Mathilde, "Epilepsy in the Wapogoro Tribe in Tanganyika", *Acta Psychiatrica Scandinvica* vol.41 issue 1, 1965, pp.63~64.

Jilek-Aall, Louise et al., "Clinical and Genetic Aspects of Seizure Disorders Prevalent in an Isolated African Population", *Epilepsia* vol.20 issue 6, 1979.

Johansson, S.R., "The Health Transition: The Cultural Inflation of Morbidity during the Decline of Mortality", *Health Transition Review* vol.1 no.1, 1991.

Kann, Ulla et al., *The Missing Children: Achieving Universal Basic Education in Botswana, the Barriers and Some Suggestions for Overcoming Them*, Gaborone: National Institute for Development Research and Documentation, 1989.

Kaufman, Sharon R., "Illness, Biography, and the Interpretation of Self Following a Stroke", *Journal of Aging Studies* vol.2 issue 3, 1988.

Keesing, Roger M., "Anthropology as Interpretive Quest", *Current Anthropology* vol.28 no.2, 1987.

Kinley, Anne Elizabeth, "MS: From Shock to Acceptance", *American Journal of Nursing* vol.80 issue 2, 1980, pp.274~275.

Kleinman, Arthur, *Patients and Healers in the Context of Culture: An Exploration of the Borderland between Anthropology, Medicine, and Psychiatry*, Berkeley, Los Angeles, London: University of California Press, 1980.

_____, *The Illness Narratives: Suffering, Healing, and the Human Condition*, New York: Basic Books, 1988.

Kleinman, Arthur and Joan Kleinman, "Suffering and its Professional Transformation: Toward an Ethnography of Interpersonal Experience", *Culture, Medicine and Psychiatry* vol.15 no.3, 1991.

Kojima, Yoko, "Disabled Individuals in Japanese Society", *Rehabilitation World* vol.3, 1977, pp.18~25.

Kuper, Adam and Jessica Kuper, *The Social Science Encyclopedia*, London: Routledge and Kegan Paul, 1985.

Lang, Gretchen C., "'Making sense' about Diabetes: Dakota Narratives of Illness", *Medical Anthropology* vol.11 no.3, 1989, pp.308, 319~320.

Langness, Lewis L. and Gelya Frank, *Lives: An Anthropological Approach to Biography*, Novato: Chandler and Sharp, 1981.

Langness, Lewis L.and Harold Gary Levine, *Culture and Retardation: Life Histories of Mildly Mentally Retarded Persons in American Society*, Dordrecht: D.Reidel, 1986.

Lemert, Edwin M., Human Deviance, *Social Problems, and Social Control*, Englewood Cliffs: Prentice-hall, 1967.

Lewis, I.M., "Dualism in Somali Notions of Power", *Journal of the Royal Anthropological Institute of Great Britain and Ireland* vol.93, 1963, pp.109~116.

Lowry, Florence, "One Woman's Experience with Multiple Sclerosis", ed.Aart F.Simons, *Multiple Sclerosis: Psychological and Social Aspects*, London: William Heinemann, 1984.

Lutz, Catherine, *Unnatural Emotions: Everyday Sentiments on a Micronesian Atoll and Their Challenge to Western Theory*, Chicago: University of Chicago Press, 1988.

Malti-Douglas, Fedwa, *Blindness and Autobiography: "Al-Ayyam" of Taha Husayn*, Princeton: Princeton University Press, 1988.

Marcus, George E. and Michael M.j.Fischer, *Anthropology as Cultural Critique: An Experimental Moment in the Human Sciences*, Chicago: University of Chicago Press, 1986[조지 마커스·마이클 피셔, 『인류학과 문화비평』, 유철인 옮김, 아카넷, 2005].

Mardiros, Marilyn , "Conceptions of Childhood Disability among Mexican-American Parents", *Medical Anthropology* vol.12, 1989, pp.55~68.

Matuja, William B.P., "Psychological Disturbance in African Tanzanian Epileptics", *Tropical and Geographical Medicine* vol.42 issue 4, 1990.

Mauss, Marcel, trans.W.D.Halls, "A Category of the Human Mind: The Notion of Person; The Notion of Self", 1938, eds.M.Carrithers et al., *The Category of the Person: Anthropology, Philosophy, History*, Cambridge: Cambridge University Press, 1985.

May, J.Thomas and Robert F.Hill, "How Shall We See Them? Perspectives for Research with Disabled Organizations", *Social Science and Medicine* vol.19 issue 6, 1984, pp.603~608.

Merker, Meritz, *Die Masai: Ethnographische Monographie eines ostafrikanischen Semitenvolkes*, 1904, Reprint, Berlin: Dietrich Reimer, 1968.

Merleau-Ponty, Maurice, *Phénoménologie de la perception*, 1945.

Miner, Horace, "Body Ritual among the Nacirema", *American Anthropologist* vol.58 no.3, 1956.

Ministry of Finance and Development Planning, *National Development Plan 7, 1991-1997*, Gaborone: Government Printer, 1991.

Misra, Bidyadhar and Amiya Kumar Mohanty, *A Study of the Beggar Problem at Cuttack*, Bhubaneswar: Dept. of Rural Economics and Sociology, Utkal University, 1963.

Momm, Willi and Andreas König, *From Community-Based to Community-Integrated Programmes: Experiences and Reflections on a New Concept of Service Provision for Disabled People*, Geneva: ILO, 1989.

Mull, Dorothy S. and J. Dennis Mull, "Infanticide among the Tarahumara of the Mexican Sierra Madre", ed. Nancy Scheper-Hughes, *Child Survival: Anthropological Perspectives on the Treatment and Maltreatment of Children*, Dordrecht: D. Reidel, 1987.

Murphy, Robert F., "Man's Culture and Woman's Nature", *Annals of the New York Academy of Science* vol.293, 1977, pp.15~24.

_____, *The Body Silent*, New York: Henry Holt, 1987.

Murphy, Yolanda and Robert F. Murphy, *Women of the Forest*, New York: Columbia University Press, 1974.

Murphy, Robert F. et al., "Physical Disability and Social Liminality: A Study in the Rituals of Adversity", *Social Science and Medicine* vol.26 issue 2, 1988.

Narasimhan, M. C. and Asish Kumar Mukherjee, *Disability: A Continuing Challenge*, New Delhi: Wiley Eastern, 1986.

Nations, Marilyn and L. A. Rebhun, "Angels with Wet Wings won't Fly: Maternal Sentiment in Brazil and the Image of Neglect", *Culture, Medicine and Society* vol.12 issue 2, 1988, pp.141~200.

Ndiaye, I. P. et al., "Sociocultural Aspects of Epilepsy in Africa", *Progress in Clinical and Biological Research* vol.124, 1983.

Nestel, P. S., "Nutrition of Maasai Women and Children in Relation to Subsistence Production", Ph. D. thesis, University of London, 1985.

Nkwi, Paul Nchoji and Falvius Tioko Ndonko, "The Epileptic among the Bamileke of Maham in the Nde Division, West Province of Cameroon", *Culture, Medicine and Psychiatry* vol.13 no.4, 1989.

NOU, *Omsorg for psykisk utviklingshemmede [Care of the Mentally Retarded]*, Norges offentlige utredninger 25, Oslo: Sosialdepartementet, Universitetsforlaget,

1973.

Obbo, Christine, *African Women: Their Struggle for Economic Independence*, London: Zed Press, 1980.

Okri, Ben , *The Famished Road*, London: Jonathan Cape, 1991.

Om gjennomføring av reformen for mennesker med psykisk utviklingshemning[*On the Implementation of the Reform for People with Mental Retardation*], Stortingsmelding No.47, 1989~1990.

Omphile, C.et al., *Proposals for a National Plan for Services for Disabled People*, Gaborone: Ministry of Health Botswana and Norwegian Development Cooperation, 1987.

Orley, John H., *Culture and Mental Illness: A Study from Uganda*, Nairobi: East African Publishing House, 1970.

Osterweis, Marian et al.eds., *Pain and Disability: Clinical, Behavioral, and Public Policy Perspectives*, Washington, D.C.: National Academy Press, 1987.

Osuntokun, B.O., "Epilepsy in Africa", *Tropical and Geographical Medicine* vol.30, 1977.

Osuntokun, B.O. et al., "Neurological Disorders in Nigerian Africans: A Community-Based Study", *Acta Neurologica Scandinavica* vol.75 issue 1, 1987.

Ots, Thomas, "The Silent Körper: The Loud Leib", Paper Read at the Joint Meeting of the American Ethnological and Southern Anthropological Societies, Atlanta, Georgia, April 26~28, 1990.

Özturk, Orhan M., "Folk Treatment of Mental Illness in Turkey", ed.Ari Kiev, *Magic, Faith, and Healing*, New York: Free Press, 1964.

Paine, Robert, "Making the Invisible 'Visible': Coming to Terms with Chernobyl and Its Experts, a Saami Illustration", *International Journal of Moral and Social Studies* vol.4 no.2, 1989, pp.141~143.

Parkin, David J., "Entitling Evil: Muslims and Non-Muslims in Coastal Kenya", ed.David Parkin, *The Anthropology of Evil*, Oxford: Basil Blackwell Publisher, 1985.

_____, "Introduction", ed.David Parkin, *The Anthropology of Evil*, Oxford: Basil Blackwell Publisher, 1985.

Parkinson, Liz, "Snow on the Daffodils: MS, A Personal Experience", Manuscript, Available from Mrs.L.Aldridge(Ddol Hir, Glyn Ceiriog, Llangollen, Clwyd, Wales, LL20 7NP), 1982.

Preston, Paul, "Mother Father Deaf: The Heritage of Difference", Paper presented at the American Anthropological Annual Meeting, Chicago, 1991.

Rabin, David, Pauline L.Rabin, and Rotti Rabin, "Compounding the Ordeal of ALS: Isolation from My Fellow Physicians", *New England Journal of Medicine* vol.307 no.8, 1982, pp.506~509.

Rapport, Nigel, "Discourse and Individuality: Bedouin Talk in the Western Desert and the South Sinai", *Anthropology Today* vol.8 no.1, 1992.

Rasmussen, Susan J., "Accounting for Belief: Causation, Misfortune, and Evil in Tuareg Systems of Thought", *Man* vol.24 no.1, 1989, pp.124~144.

Renker, K., "World Statistics on Disabled Persons", *International Journal of Rehabilitation Research* vol.5 issue 2, 1982, pp.167~177.

Ricoeur, Paul, *The Symbolism of Evil*, trans.Emerson Buchanan, Boston: Beacon Press, 1967.

Robinson, Ian, *Multiple Sclerosis*, London: Routledge, 1988.

Romanucci-Ross, Lola, "On Madness, Deviance, and Culture", eds.Lola Romanucci-Ross et al., *The Anthropology of Medicine: From Culture to Method*, New York: Praeger Publishers, 1983.

Rosaldo, Renato, *Culture and Truth: The Remaking of Social Analysis*, Boston: Beacon Press, 1989[로날토 레살도, 『문화와 진리: 사회분석의 새로운 지평을 위하여』, 권숙인 옮김, 아카넷, 2000].

Rubinstein, Renate, *Take It and Leave It: Aspects of Being Ill*, London: Marion Boyars, 1989.

Sachs, Lisbeth, *Evil Eye or Bacteria: Turkish Migrant Women and Swedish Health Care*, Stockholm Studies in Social Anthropology no.12, Stockholm: University of Stockholm, 1983.

Sacks, Oliver, *Seeing Voices: A Journey into the World of the Deaf*, Berkeley, Los Angeles, Oxford: University of California Press, 1989.

_____, *The Man Who Mistook His Wife for a Hat and Other Clinical Tales*, New York: Summit Books, 1985[올리버 색스, 『아내를 모자로 착각한 남자』, 조석현 옮김, 이마고, 2006].

Sargent, Carolyn Fishel, *The Cultural Context of Therapeutic Choice: Obstetrical Care Decisions among the Bariba of Benin*, Dordrecht: D.Reidel, 1982.

Satapati, Purushottam Rao, *Rehabilitation of the Disabled in Developing Countries*, Frankfurt: AFRA Verlag, 1989.

Schak, David C., *A Chinese Beggars' Den: Poverty and Mobility in an Underclass Community*, Pittsburgh: University of Pittsburgh Press, 1988.

Scheer, Jessica, "They Act like It Was Contagious", eds.Stephen C.Hey et al., *Social Aspects of Chronic Illness, Impairment, and Disability*, Salem: Willamette University, 1984.

Scheer, Jessica and Nora Ellen Groce, "Impairment as a Human Constant: Cross-Cultural and Historical Perspectives on Variation", *Journal of Social Issues* vol.44 issue 1, 1988.

Scheff, Thomas J., *Being Mentally Ill: A Sociological Theory*, Chicago: Aldine Publishing, 1966.

_____, "Toward a Sociological Model of Consensus", *American Sociological Review* vol.32 no.1, 1967, pp.32~46.

Scheper-Hughes, Nancy, *Death without Weeping: The Violence of Everyday Life in Brazil*, Berkeley, Los Angeles, London: University of California Press, 1992.

_____, "Mother Love and Child Death in Northeast Brazil", eds.James W.Stigler et al., *Cultural Psychology: Essays on Comparative Human Development*, Cambridge: Cambridge University Press, 1990.

Scheper-Hughes, Nancy and Margaret Lock, "The Mindful Body: A Prolegomenon to Future Work in Medical Anthropology", *Medical Anthropology Quarterly* vol.1 no.1, 1987, pp.6~41.

Schoenberg, Bruce S., "Epidemiologic Aspects of Epilepsy", *Progress in Clinical and Biological Research* vol.124, 1983.

_____, "Recent Studies of the Epidemiology of Epilepsy in Developing Countries: A Coordinated Program for Prevention and Control", *Epilepsia* vol.28 issue 6, 1987.

Schulsinger, Fini and Assen Jablensky eds., *The National Mental Health Programme in the United Republic of Tanzania*, Acta Psychiatrica Scandinavica Supplement vol.83 no.364, 1991.

Scott, Robert A., *The Making of Blind Men: A Study of Adult Socialization*, New York: Russell Sage, 1970.

Shweder, Richard A.and Edmund J.Bourne, "Does the Concept of the Person Vary Cross-Culturally?" eds.Anthony J.Marsella and Geoffrey M.White, *Cultural Conceptions of Mental Health and Therapy*, Dordrecht: Kluwer, 1982.

SIDA/INFO, *Handikappade I U-länder*[*The Handicapped in Developing Countries*], Stockholm: SIDA, 1987.

Sills, David L., *International Encyclopedia of Social Sciences*, New York: Macmillan Company and Free Press, 1968.

Simmel, Georg, *The Sociology of Georg Simmel*, ed.Kurt H.Wolff, Glencoe: Free Press, 1950.

Simon, Barbara L., "Never-married Old Women and Disability: A Major Experience", eds.M.Fine and A.Asch, *Women with Disabilities: Essays in Psychology, Culture, and Politics*, Philadelphia: Temple University Press, 1988.

Sontag, Susan, *Illness as Metaphor*, New York: Random House, 1977[수전 손택, 『은유로서의 질병』, 이재원 옮김, 이후, 2002].

Stevens, Evelyn P., "Marianismo: The Other Face of Machismo in Latin America", ed.Ann Pescatello, *Female and Male in Latin America*, Pittsburgh: University of Pittsburgh Press, 1973.

Stiker, Henri-Jacques, *Corps infirmes et sociétés*, Paris: Aubier Montaigne, 1982 [trans. William Sayers, *A History of Disability*, Ann Arbor: The University of Michigan Press, 1999].

Stone, Deborah, *The Disabled State*, Philadelphia: Temple University Press, 1984.

Straus, Robert, "Social Change and the Rehabilitation Concept", ed.Marvin Sussman, *Sociology and Rehabilitation*, Washington, D.C.: American Sociological Association, 1965.

Sundby, Per, "Norwegian Welfare Politics as Promotor of Cultural Change", eds.Frank Jarle Bruun and Benedicte Ingstad, *Disability in a Cross-Cultural Perspective*, Working paper no.4, Oslo: Department of Social Anthropology, University of Oslo, 1990.

_____, "Sosialmedisin: Teori og praksis"[Social Medicine: Theory and Practice], ed.Per Sundby et al., *Sosial Velferd og Sosial Omsorg: En Innføring i Sosialmedisin*[Social Welfare and Social Care: An Introduction to Social Medicine], Oslo: Fabritius, 1981.

Swift, Charles R. and Tolani Asuni, *Mental Health and Disease in Africa*, Edinburgh: Churchill Livingstone, 1975.

Tadria, H.M.K., "Changes and Continuities in the Position of Women in Uganda", eds.Paul D.Wiebe and Cole P.Dodge, *Beyond Crisis: Development Issues in Uganda*, Kampala: Makerere Institute of Social Research, 1987.

Talle, Aud, "Notes on the Concept of Disability among the Pastoral Maasai in Kenya", eds.Frank Jarle Bruun and Benedicte Ingstad, *Disability in a Cross-Cultural Perspective*, Working paper no.4, Oslo: Department of Social Anthropology, University of Oslo, 1990.

_____, *Women at a Loss: Changes in Maasai Pastoralism and Their Effects on Gender Relations*, Stockholm Studies in Social Anthropology, no.19, Stockholm: University of Stockholm, 1988.

Tanizaki, Junichiro, *Diary of a Mad Old Man*(1961), Tokyo: Charles E.Tuttle, 1965.

Tekle-Haimanot, Redda et al., "Attitudes of Rural People in Central Ethiopia towards Epilepsy", *Social Science and Medicine* vol.32 no.2, 1991.

Temkin, Owsei, *The Falling Sickness: A History of Epilepsy from the Greeks to the Beginnings of Modern Neurology*, 2nd ed, Baltimore: Johns Hopkins Press, 1971.

Turner, Bryan S., *The Body and Society: Explorations in Social Theory*, Oxford: Basil Blackwell Publisher, 1984.

Turner, Victor, "Symbols in Ndembu", ed.Max Gluckman, *Closed Systems and Open Minds: The Limits of Naivety in Social Anthropology*, London: Oliver and Boys, 1964.

_____, *The Forest of Symbols: Aspects of Ndembu Ritual*, Ithaca, N.Y.: Cornell University Press, 1967.

_____, *The Ritual Process: Structure and Anti-Structure*, London: Routledge and Kegan Paul, 1969.

Turner, Victor and Edward M.Bruner eds., *The Anthropology of Experience*, Urbana: University of Illinois Press, 1986.

Vaughan, Megan, *Curing Their Ills: Colonial Power and African Illness*, Oxford: Policy Press, 1991.

Verhelst, Thierry G., *Des racines pour vivre: Sud-Nord, identités culturelles et développement*, Paris/Gembloux: Duculot, 1987.

Waals, Fransje W.Van der et al., "See-ee: Clinical Characteristics of Highly Prevalent Seizure Disorders in the Gbawein and Wroughbarh Clan Region of Grand Bassa County, Liberia", *Neuroepidemiology* vol. 2 no.1-2, 1983.

Wallman, Sandra, *Eight London Households*, London: Tavistock Publications, 1984.

Warkany, Josef, *Congenital Malformations: Notes and Comments*, Chicago: Year Book Medical Publishers, 1971.

_____, "History of Teratology", eds. James G.Wilson and F.Clarke Fraser, *Handbook of Teratology*, New York: Plenum Press, 1977.

Watts, A.E., "A Model for Managing Epilepsy in a Rural Community in Africa", *British Medical Journal* vol.298 no.6676, 1989, pp.805~807.

Webster, Merriam, *Webster's Third New International Dictionary*, Springfield: Merriam Webster, 1964, S.V.4c.

Werner, David, *Disabled Village Children: A Guide for Community Health Workers, Rehabilitation Workers, and Families*, Palo Alto: Hesperian Foundation, 1987.

_____, *Where There Is No Doctor*, London: Macmillan, 1979.

Whittemore, Robert D. et al., "The Life History Approach to Mental Retardation", eds.L.L Langness and Herold Gary Levine, *Culture and Retardation*, Dordrecht: D.Reidel, 1986.

WHO, *Disability Prevention and Rehabilitation: Report of the WHO Expert Committee on Disability Prevention and Rehabilitation*, WHO Technical Report Series no.668, Geneva: WHO, 1981.

_____, *International Classification of Impairment, Disabilities, and Handicaps*, Geneva: WHO, 1980.

WHO/UNICEF, *Primary Health Care: Report of the International Conference on Primary Health Care*, Alma-Ata, U.S.S.R., 6-12 September, Geneva: WHO/UNICEF, 1978.

Whyte, Susan Reynolds, "Family Experiences with Mental Health Problems in

Tanzania", eds. Fini Schulsinger and Assen Jablensky, *The National Mental Health Programme in the United Republic of Tanzania*, Acta Psychiatrica Scandinavica Supplement no.364, vol.83, 1991, pp.77~111.

_____, "Problems in Cross Cultural Research on Disability", eds. Frank Jarle Bruun and Benedicte Ingstad, *Disability in a Cross-Cultural Perspective*, Working paper no.4, Oslo: Dept. of Social Anthropology, University of Oslo, 1990.

_____ "The Cultural Construction of Epilepsy in East Africa", eds. Raben Rosenberg et al., *Psychiatry and Its Related Disciplines: The Next Twenty-Five Years*, Copenhagen: World Psychiatric Association, 1986.

Wikan, Unni, "Beyond the Words: The Power of Resonance", *American Ethnologist* vol.19 no.3, 1992, pp.460~482.

Williams, Gareth H., "Disablement and the Ideological Crisis in Health Care", *Social Science and Medicine* vol.32 issue 4, 1991, pp.517~524.

_____, "Hope for the Humblest? The Role of Self-help in Chronic Illness: The Case of Ankylosing Spondylitis", *Sociology of Health and Illness* vol.11 issue 2, 1989, pp.135~158.

_____, "The Genesis of Chronic Illness: Narrative Re-construction", *Sociology of Health and Illness* vol.6 issue 2, 1984, pp.175~200.

Wilson, Peter J., *Oscar: An Inquiry into the Nature of Sanity*, 1947, Reprint, New York: Vintage Books, 1975.

Wright, Beatrice, *Physical Disability: A Psychological Approach*, London: Harper and Row, 1960.

Young, Allan, "Some Implications of Medical Beliefs and Practices for Social Anthropology", *American Anthropologist* vol.78 no.1, 1976, pp.12~13.

_____, "The Anthropologies of Illness and Sickness", *Annual Review of Anthropology* vol.11, 1982, pp.257~285.

Zola, Irving K., *Missing Pieces: A Chronicle of Living with Disability*, Philadelphia: Temple University Press, 1982.

찾아보기